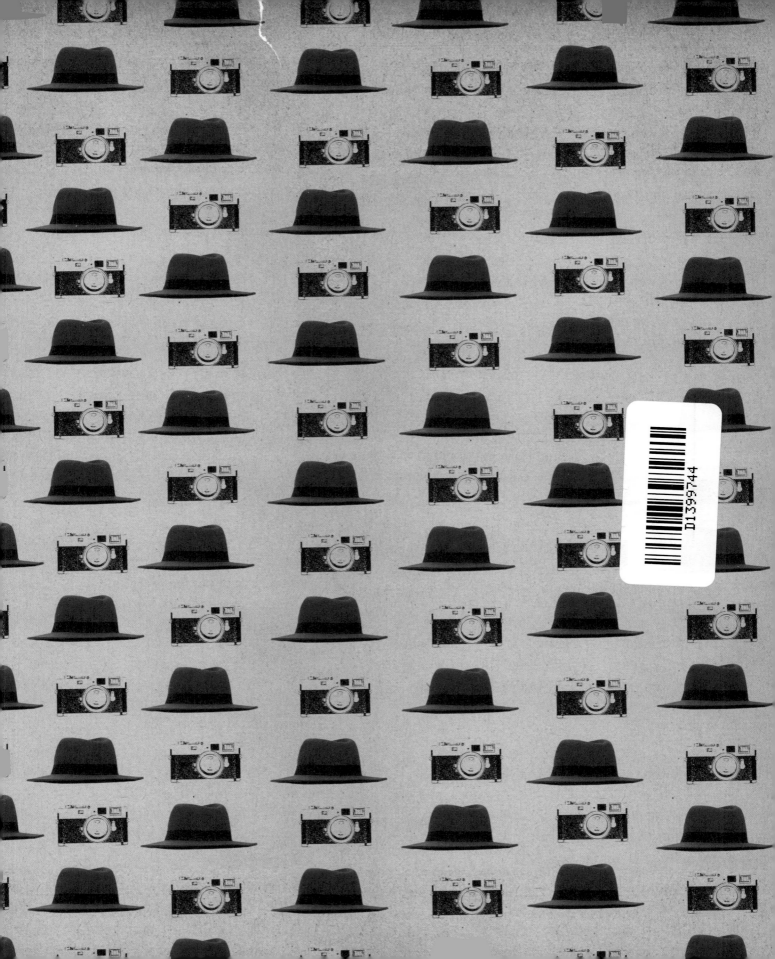

L'ENVERS DU DÉCOR

Catalogage avant publication de Bibliothèque et Archives nationales du Québec et Bibliothèque et Archives Canada

Corbeil, Guillaume

L'envers du décor

ISBN 978-2-89435-795-8

I. Titre.

PS8605.O714E58 2015   C843'.6   C2015-941314-1
PS9605.O714E58 2015

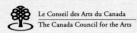

Le Conseil des Arts du Canada
The Canada Council for the Arts

SODEC
Québec

Patrimoine canadien   Canadian Heritage

La publication de cet ouvrage a été réalisée grâce au soutien financier du Conseil des Arts du Canada et de la SODEC. De plus, les Éditions Michel Quintin reconnaissent l'aide financière du gouvernement du Canada par l'entremise du Fonds du livre du Canada pour leurs activités d'édition.

Gouvernement du Québec – Programme de crédit d'impôt pour l'édition de livres – Gestion SODEC

ISBN 978-2-89435-795-8

Dépôt légal – Bibliothèque et Archives nationales du Québec, 2015
Dépôt légal – Bibliothèque et Archives Canada, 2015

Éditions Michel Quintin
4770, rue Foster, Waterloo (Québec)
Canada J0E 2N0
Tél.:   450 539-3774
Téléc.: 450 539-4905
editionsmichelquintin.ca

15-LEO-1

Imprimé en Chine

CHÉLANIE BEAUDIN-QUINTIN   GUILLAUME CORBEIL   EMILIE MANNERING

PHOTOROMAN

L'ENVERS DU DÉCOR

ÉDITIONS
MICHEL
QUINTIN

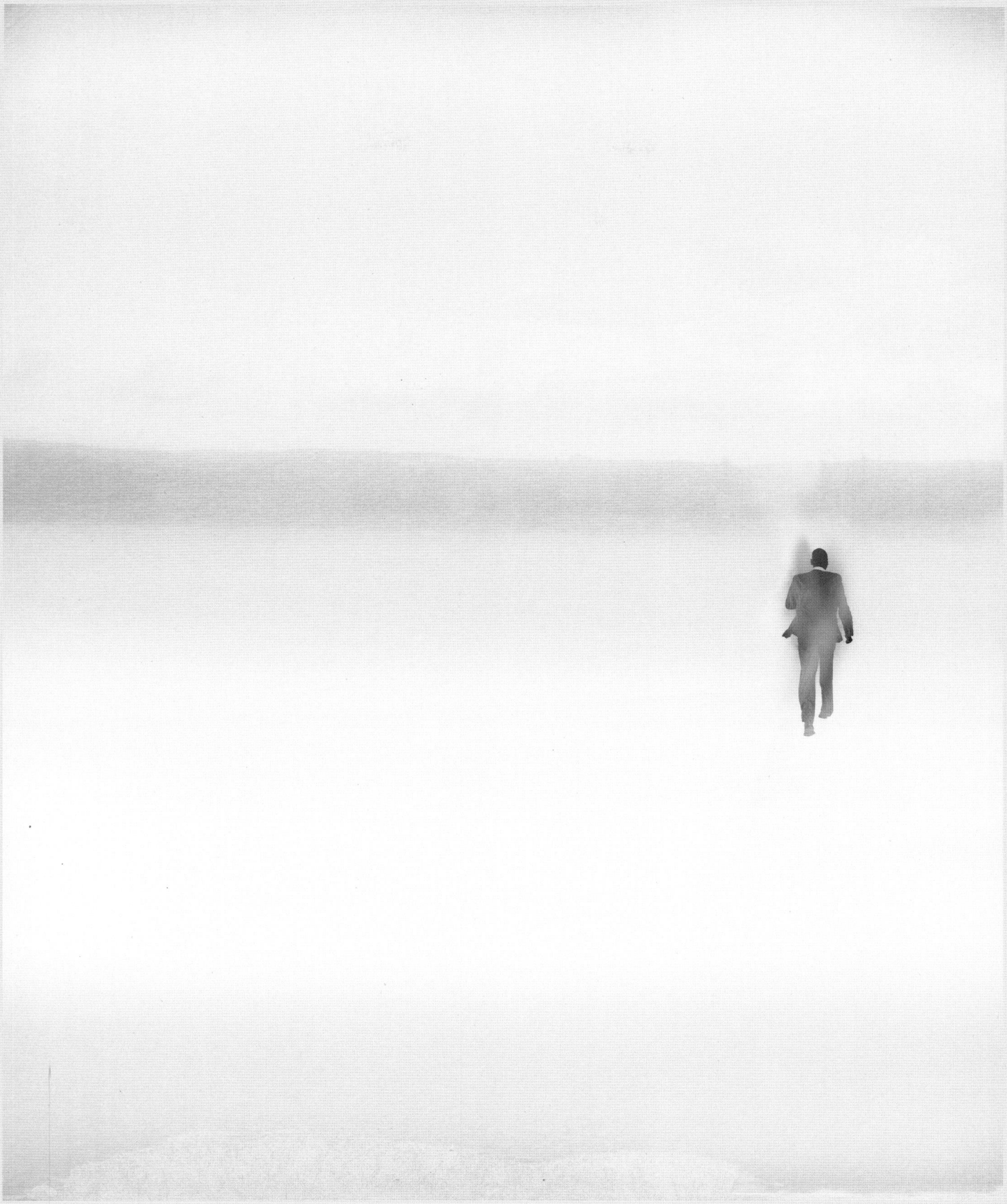

CHAPITRE 1 GALERIE *GALERIE*

15H02

MARINE LÉVY ACHÈVE DE PRÉPARER SON EXPOSITION DE PHOTOS

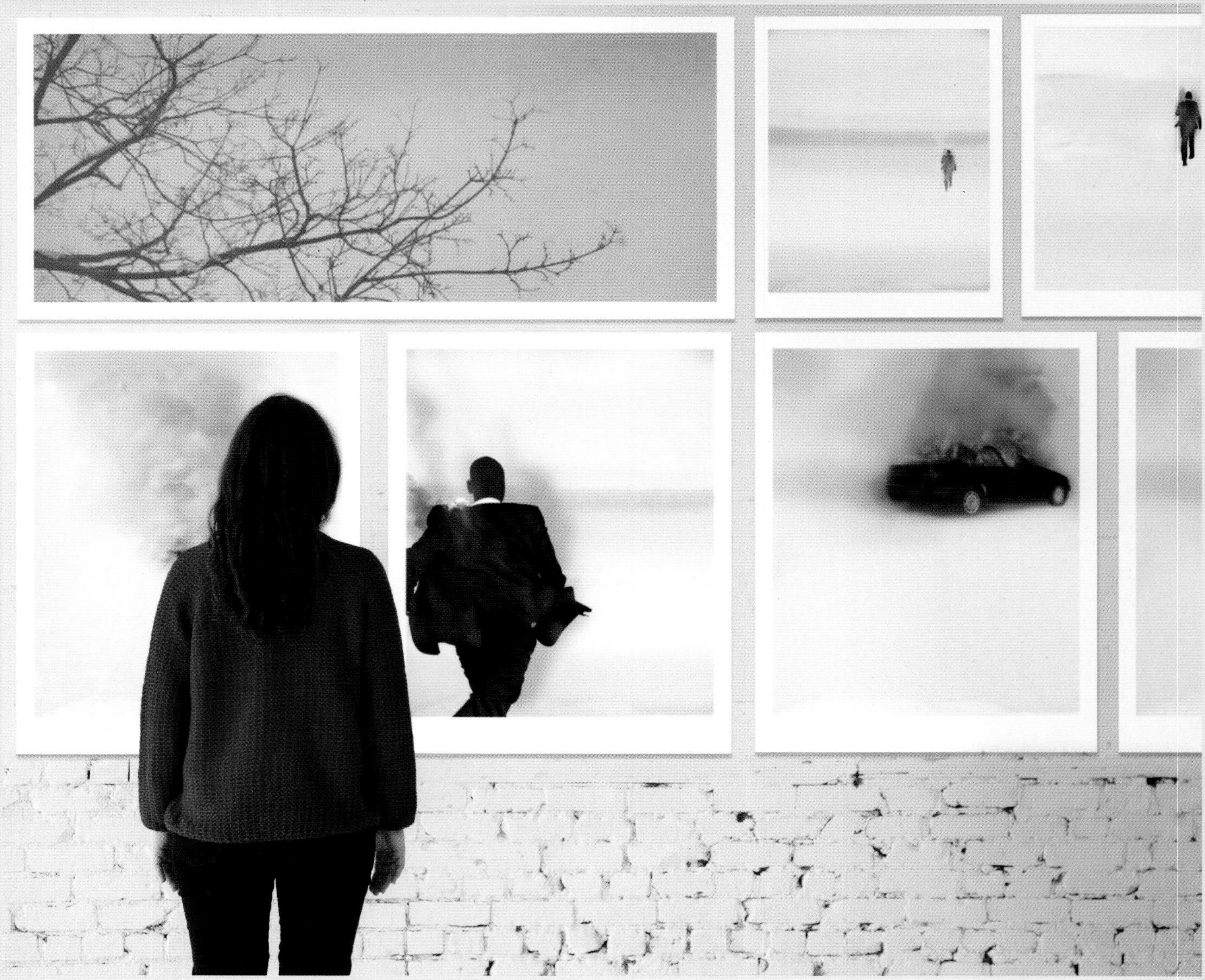

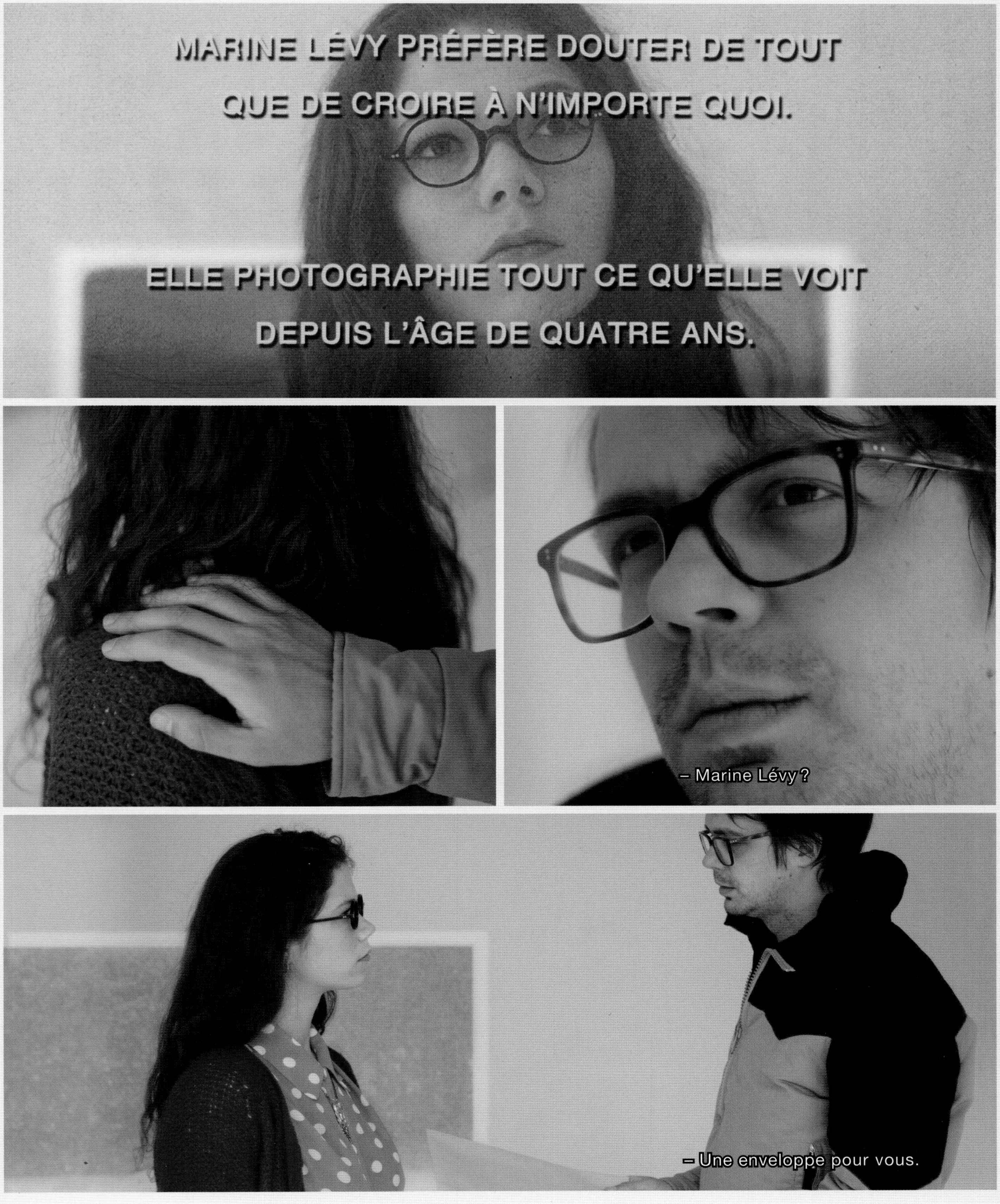
MARINE LÉVY PRÉFÈRE DOUTER DE TOUT
QUE DE CROIRE À N'IMPORTE QUOI.
ELLE PHOTOGRAPHIE TOUT CE QU'ELLE VOIT
DEPUIS L'ÂGE DE QUATRE ANS.
– Marine Lévy ?
– Une enveloppe pour vous.

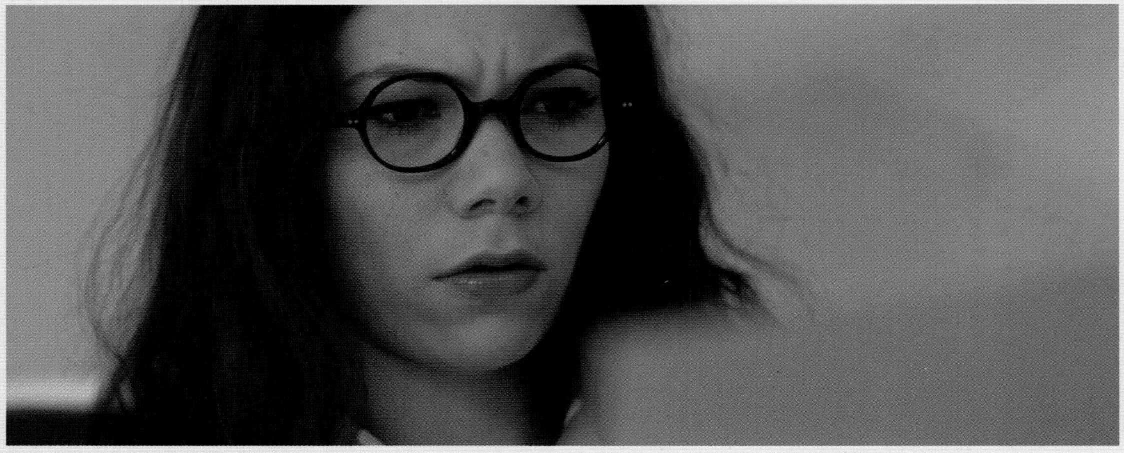

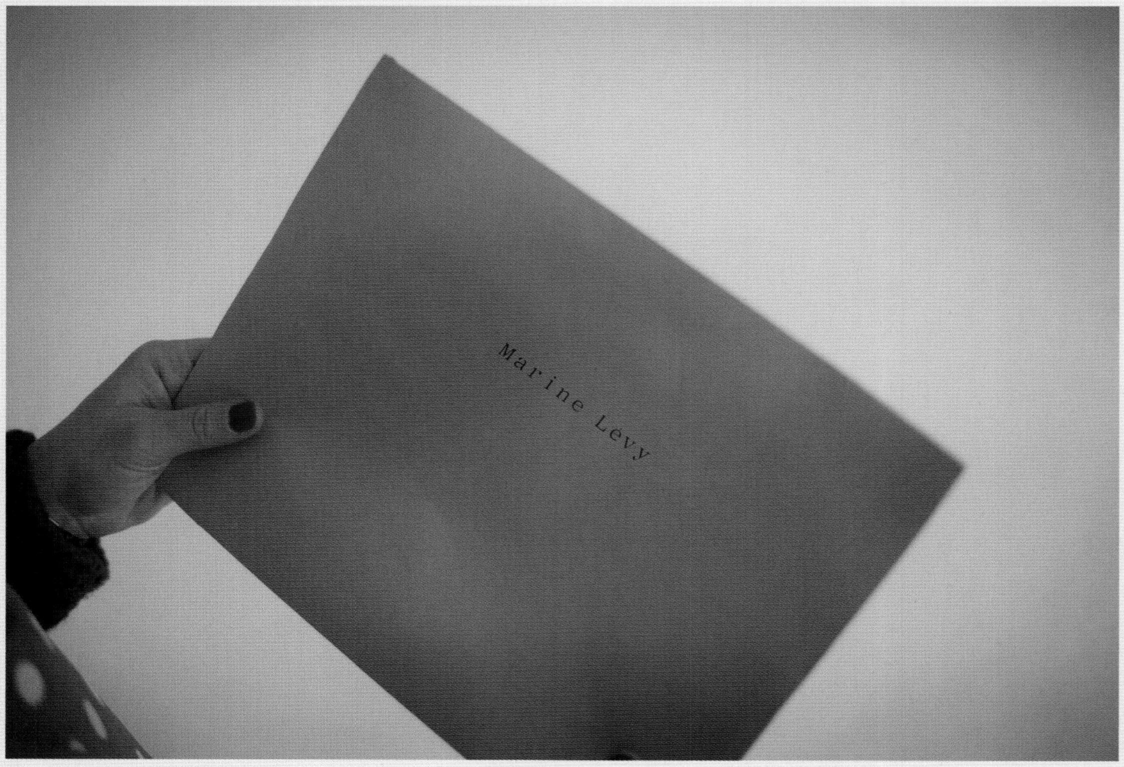
Marine Levy

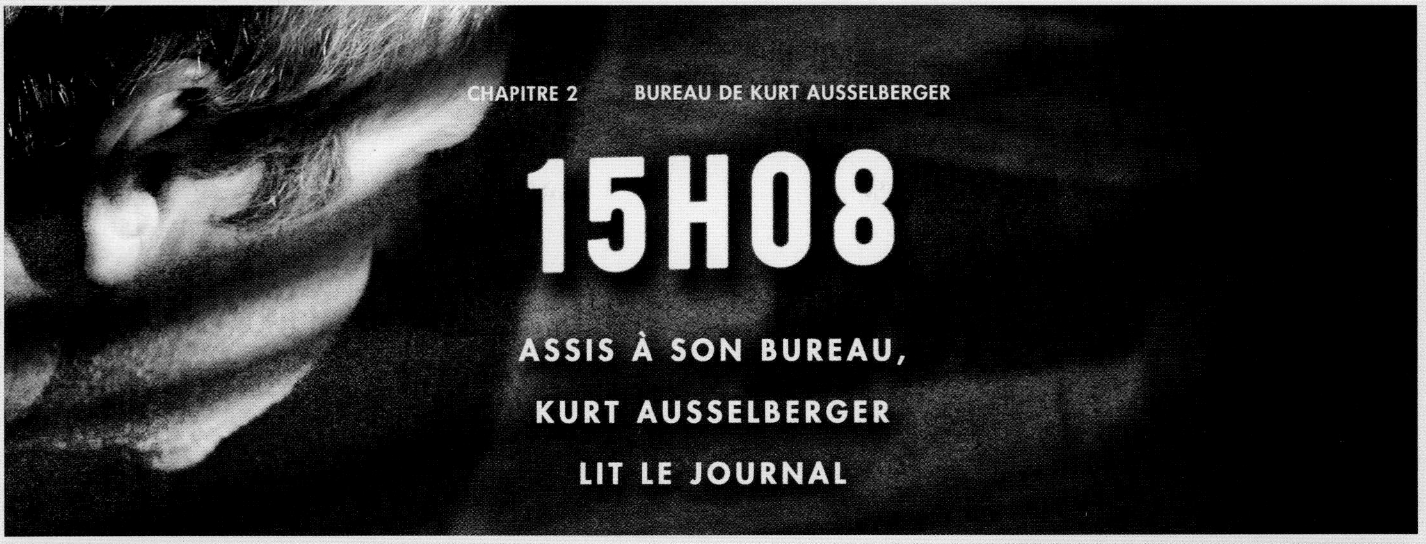
CHAPITRE 2
BUREAU DE KURT AUSSELBERGER
15H08
ASSIS À SON BUREAU,
KURT AUSSELBERGER
LIT LE JOURNAL

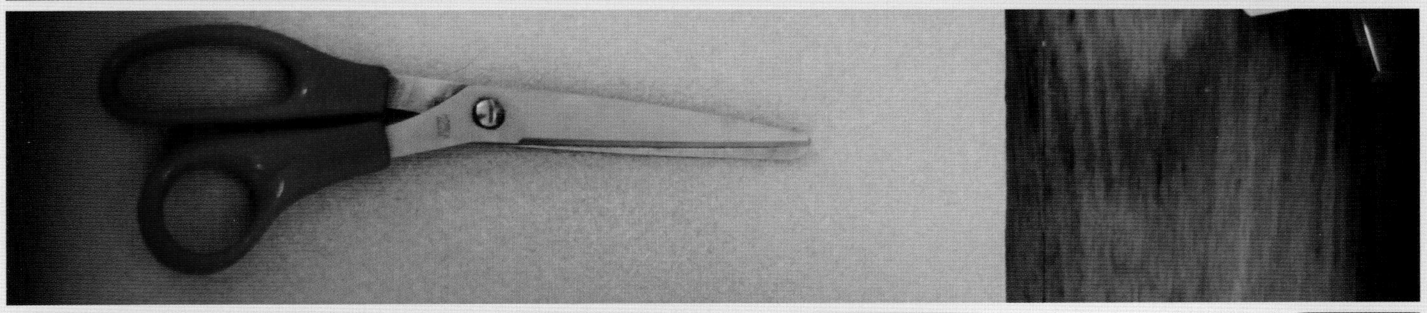

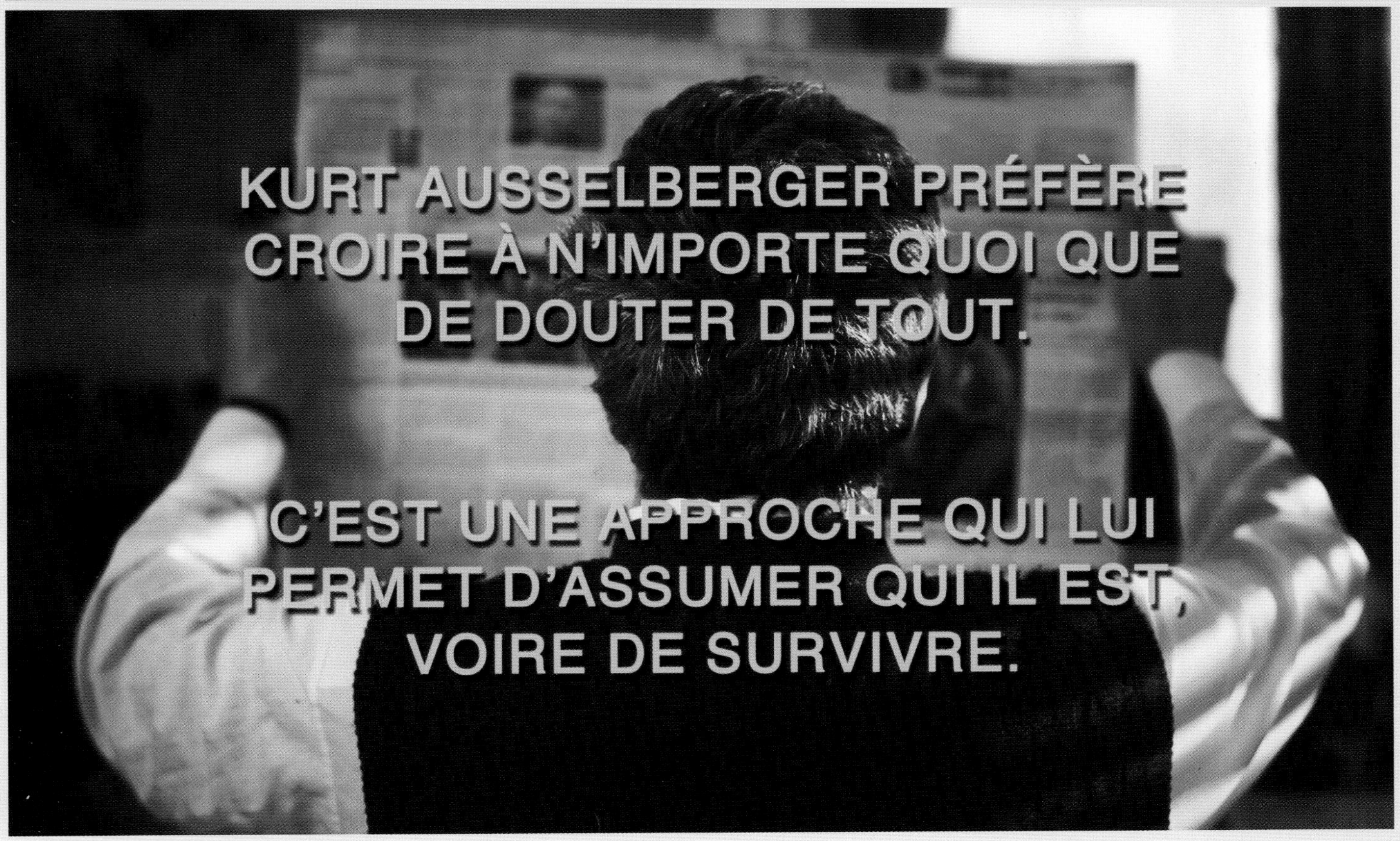
KURT AUSSELBERGER PRÉFÈRE CROIRE À N'IMPORTE QUOI QUE DE DOUTER DE TOUT.
C'EST UNE APPROCHE QUI LUI PERMET D'ASSUMER QUI IL EST, VOIRE DE SURVIVRE.

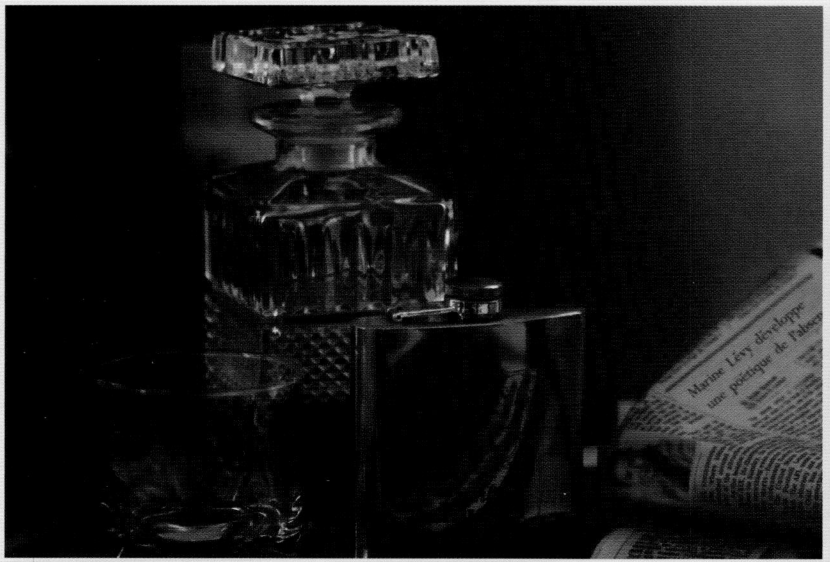
Marine Lévy développe
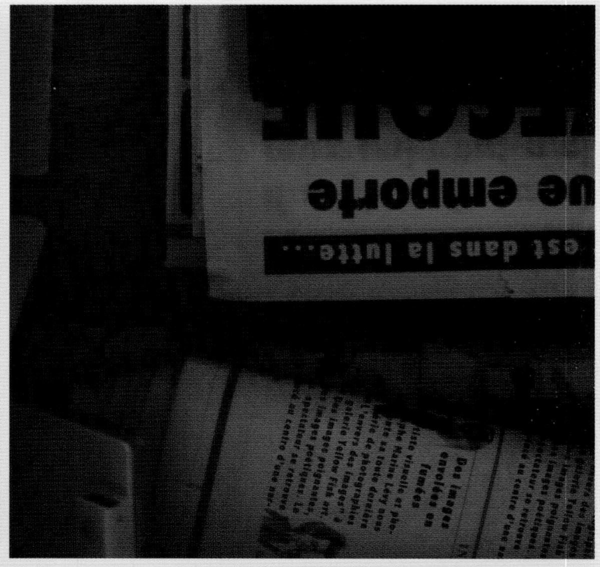
est dans la lutte...
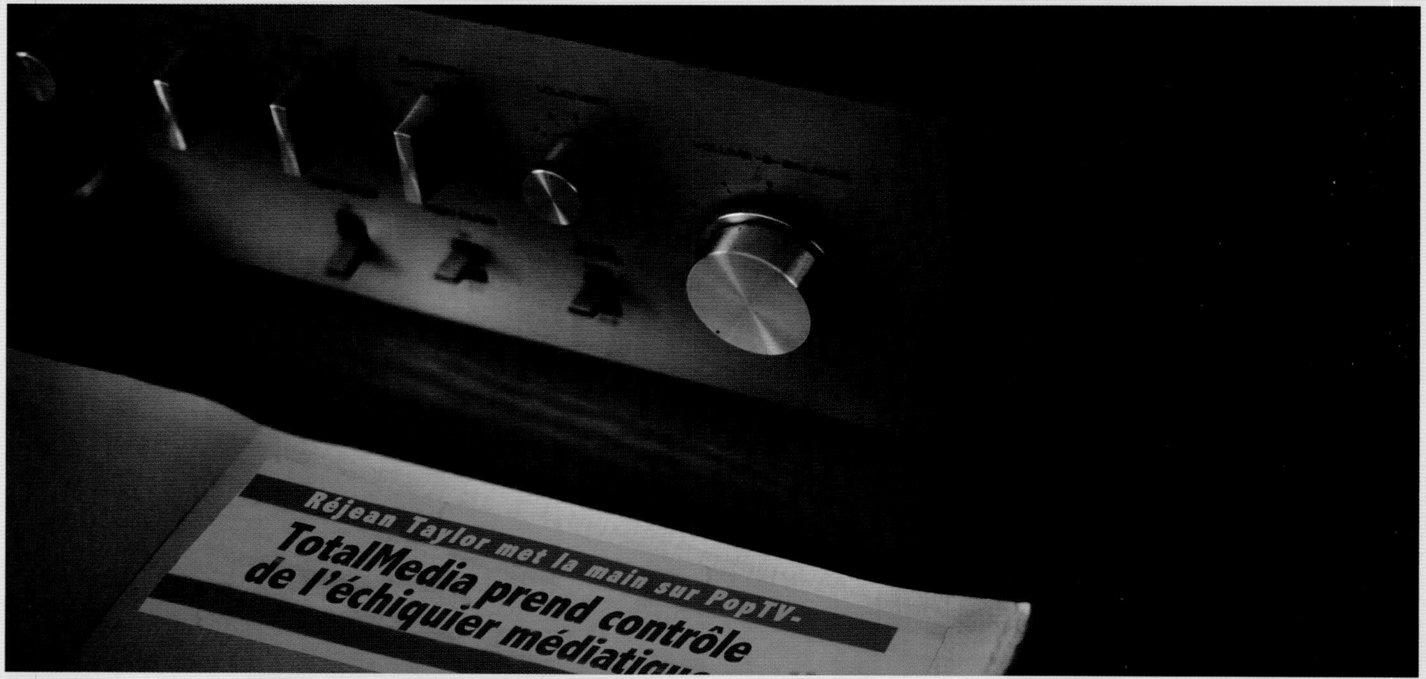
Réjean Taylor met la main sur PopTV-
TotalMedia prend contrôle
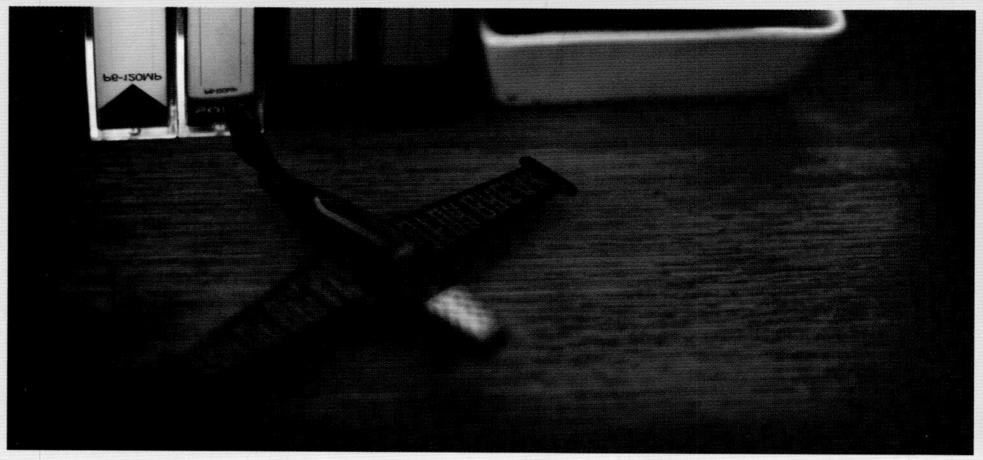
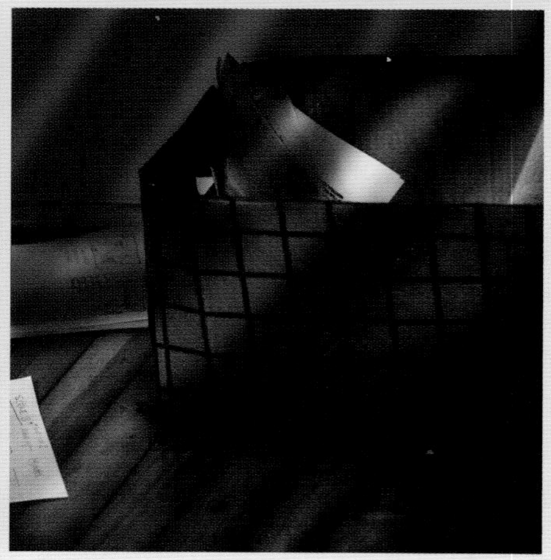

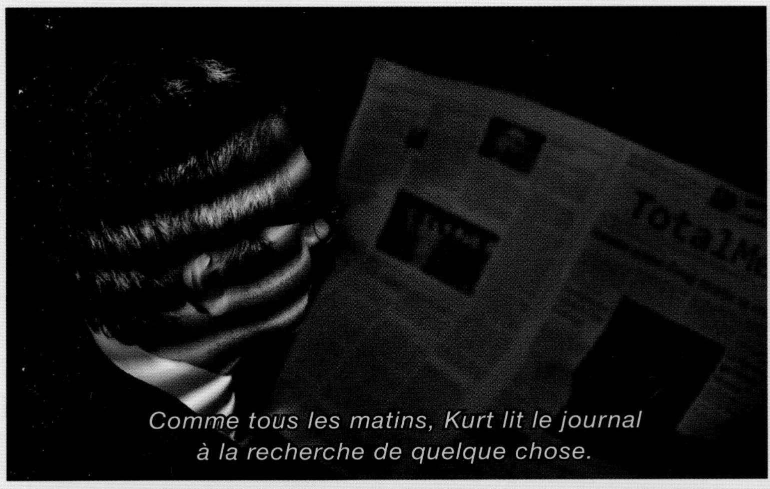
Comme tous les matins, Kurt lit le journal
à la recherche de quelque chose.

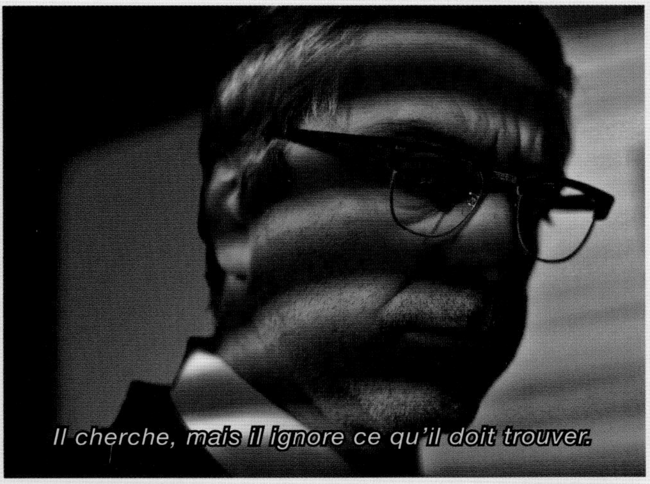
Il cherche, mais il ignore ce qu'il doit trouver.

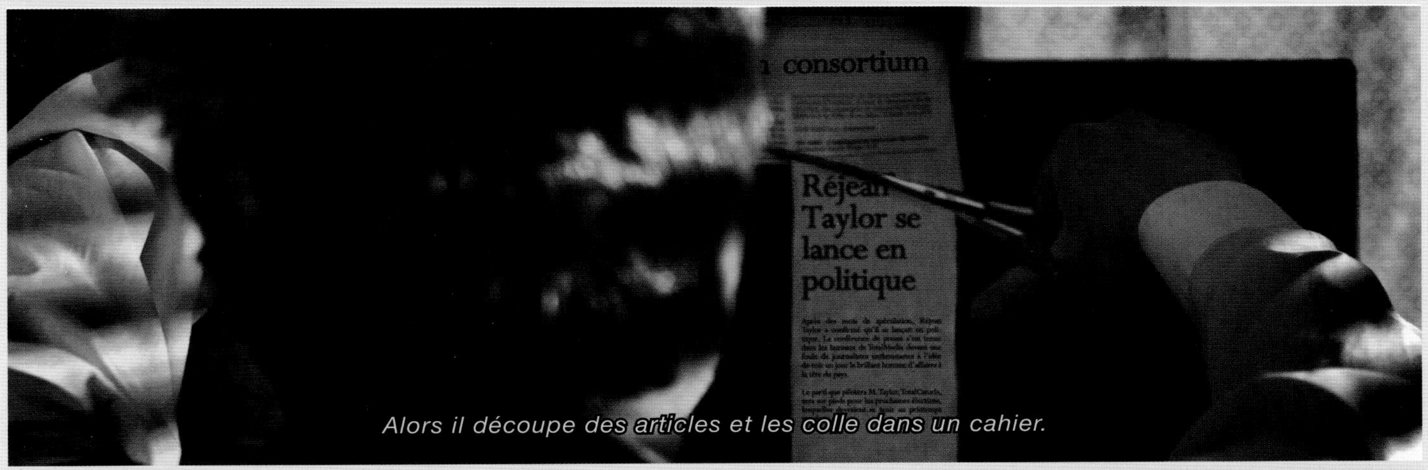
consortium
Réjean Taylor se lance en politique
Alors il découpe des articles et les colle dans un cahier.

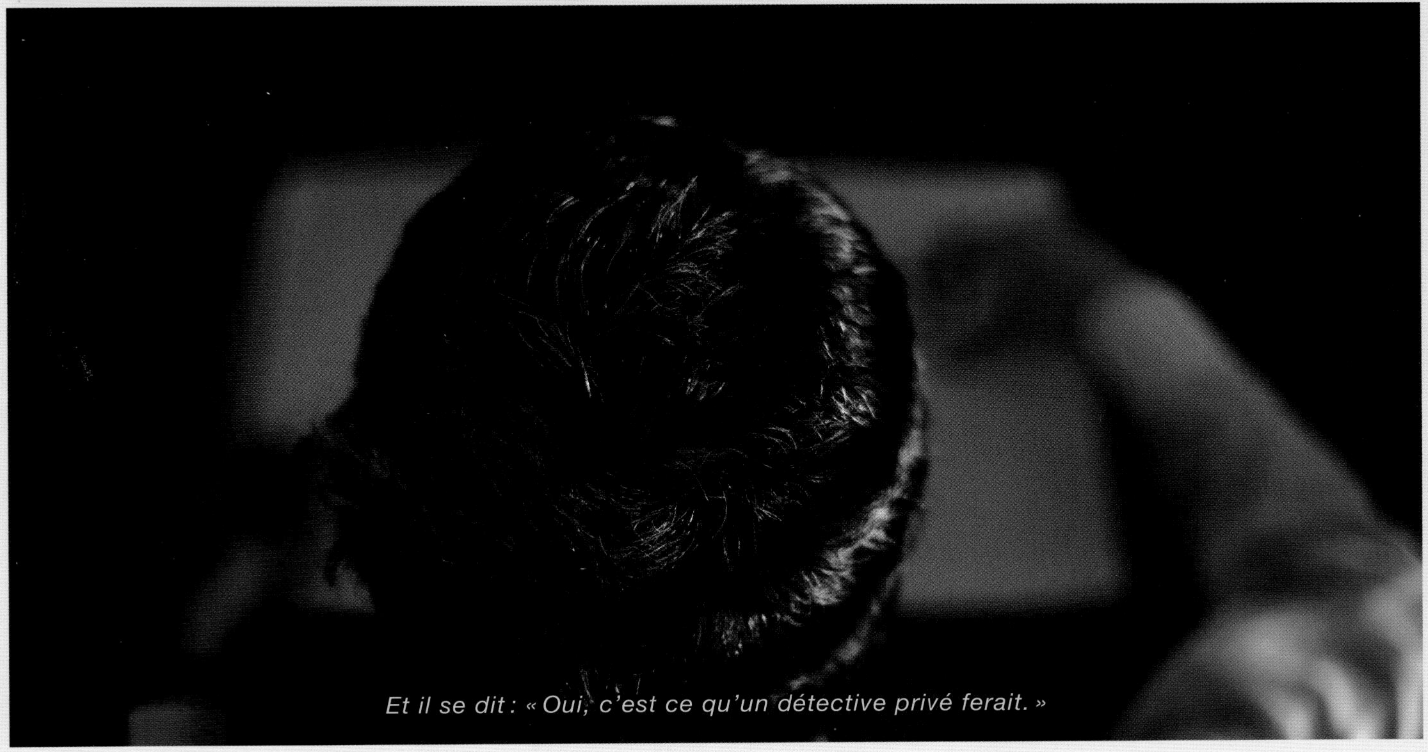
Et il se dit : « Oui, c'est ce qu'un détective privé ferait. »

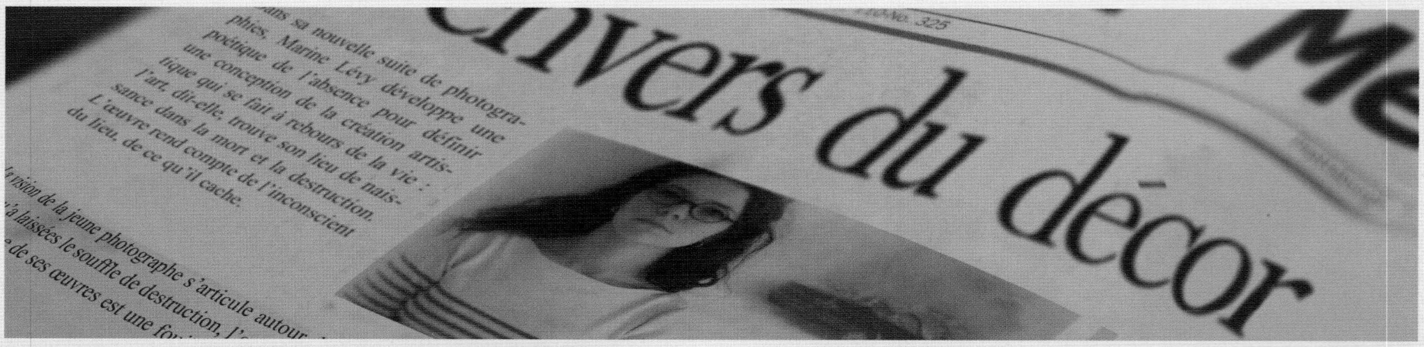
envers du décor
phies, Marine Lévy développe une
poétique de l'absence pour définir
une conception de la création artis-
tique qui se fait à rebours de la vie :
l'art, dit-elle, trouve son lieu de naissance dans la mort et la destruction.
L'œuvre rend compte de l'inconscient
du lieu, de ce qu'il cache.

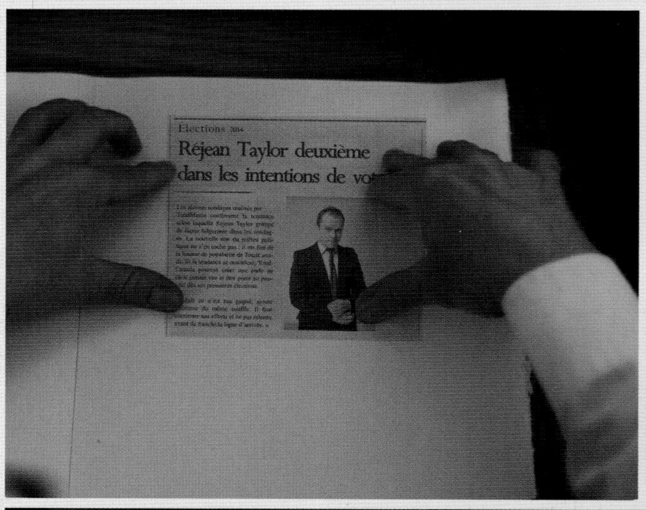
Élections 2014
Réjean Taylor deuxième
dans les intentions de

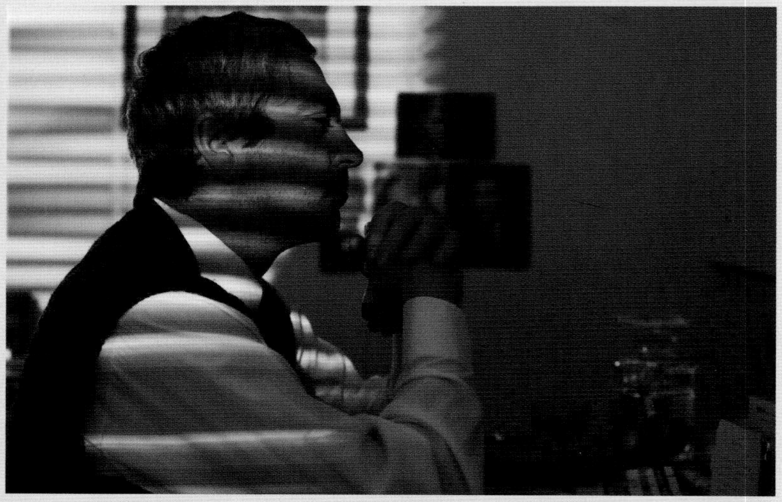

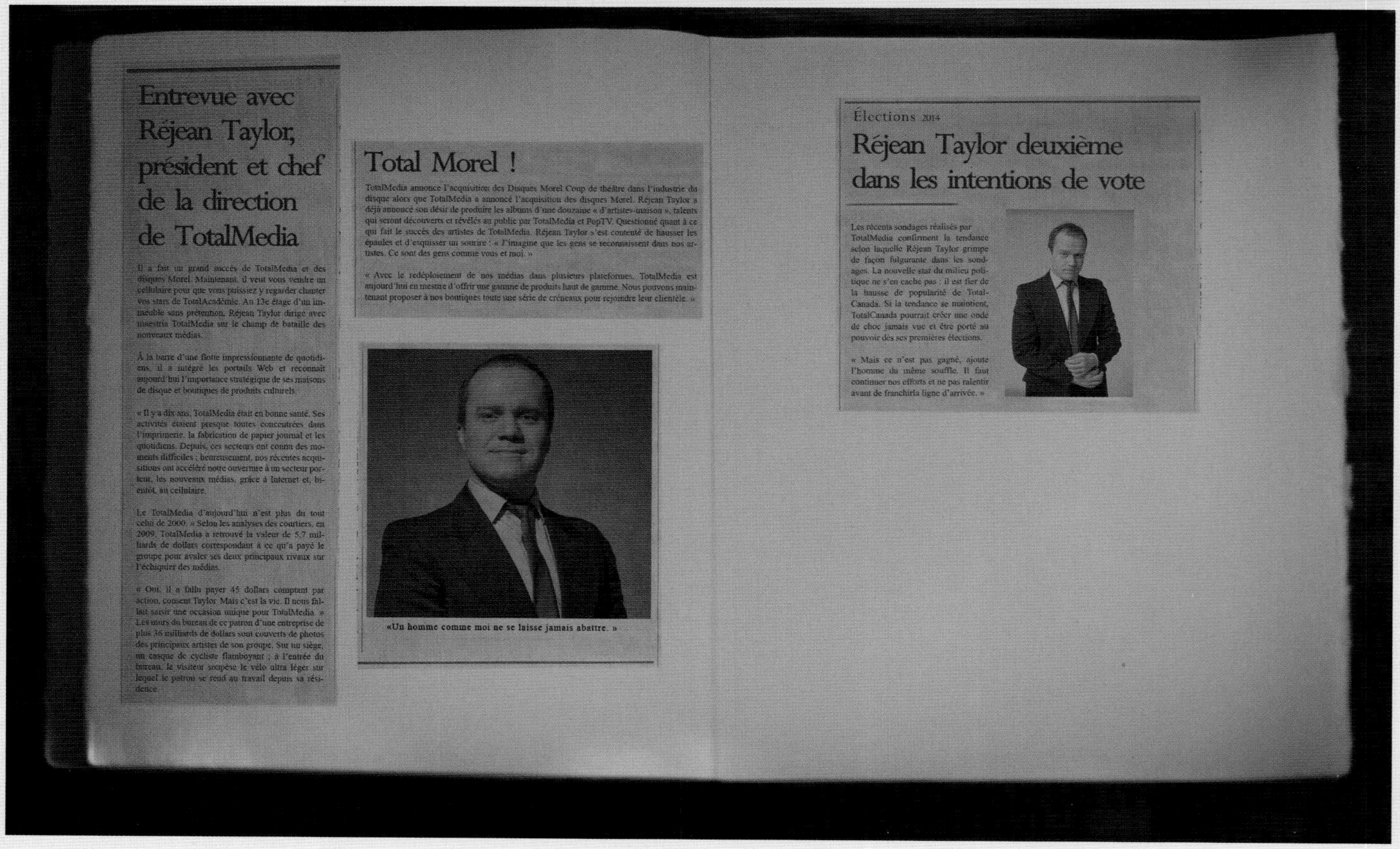
Entrevue avec Réjean Taylor, président et chef de la direction de TotalMedia
Il a fait un grand succès de TotalMedia et des disques Morel. Maintenant, il veut vous vendre un cellulaire pour que vous puissiez y regarder chanter vos stars de TotalAcadémie. Au 13e étage d'un immeuble sans prétention, Réjean Taylor dirige avec maestria TotalMedia sur le champ de bataille des nouveaux médias.
À la barre d'une flotte impressionnante de quotidiens, il a intégré les portails Web et reconnait aujourd'hui l'importance stratégique de ses maisons de disque et boutiques de produits culturels.
« Il y a dix ans, TotalMedia était en bonne santé. Ses activités étaient presque toutes concentrées dans l'imprimerie, la fabrication de papier journal et les quotidiens. Depuis, ces secteurs ont connu des moments difficiles ; heureusement, nos récentes acquisitions ont accéléré notre ouverture à un secteur porteur, les nouveaux médias, grâce à Internet et, bientôt, au cellulaire.
Le TotalMedia d'aujourd'hui n'est plus du tout celui de 2000. » Selon les analyses des courtiers, en 2009, TotalMedia a retrouvé la valeur de 5,7 milliards de dollars correspondant à ce qu'a payé le groupe pour avaler ses deux principaux rivaux sur l'échiquier des médias.
« Oui, il a fallu payer 45 dollars comptant par action, consent Taylor. Mais c'est la vie. Il nous fallait saisir une occasion unique pour TotalMedia. » Les murs du bureau de ce patron d'une entreprise de plus 36 milliards de dollars sont couverts de photos des principaux artistes de son groupe. Sur un siège, un casque de cycliste flamboyant ; à l'entrée du bureau, le visiteur soupèse le vélo ultra léger sur lequel le patron se rend au travail depuis sa résidence.
Total Morel !
TotalMedia annonce l'acquisition des Disques Morel Coup de théâtre dans l'industrie du disque alors que TotalMedia a annoncé l'acquisition des disques Morel. Réjean Taylor a déjà annoncé son désir de produire les albums d'une douzaine « d'artistes-maison », talents qui seront découverts et révélés au public par TotalMedia et PopTV. Questionné quant à ce qui fait le succès des artistes de TotalMedia, Réjean Taylor s'est contenté de hausser les épaules et d'esquisser un sourire : « J'imagine que les gens se reconnaissent dans nos artistes. Ce sont des gens comme vous et moi. »
« Avec le redéploiement de nos médias dans plusieurs plateformes, TotalMedia est aujourd'hui en mesure d'offrir une gamme de produits haut de gamme. Nous pouvons maintenant proposer à nos boutiques toute une série de créneaux pour rejoindre leur clientèle. »
«Un homme comme moi ne se laisse jamais abattre. »
Élections 2014
Réjean Taylor deuxième dans les intentions de vote
Les récents sondages réalisés par TotalMedia confirment la tendance selon laquelle Réjean Taylor grimpe de façon fulgurante dans les sondages. La nouvelle star du milieu politique ne s'en cache pas : il est fier de la hausse de popularité de TotalCanada. Si la tendance se maintient, TotalCanada pourrait créer une onde de choc jamais vue et être porté au pouvoir dès ses premières élections.
« Mais ce n'est pas gagné, ajoute l'homme du même souffle. Il faut continuer nos efforts et ne pas ralentir avant de franchirla ligne d'arrivée. »

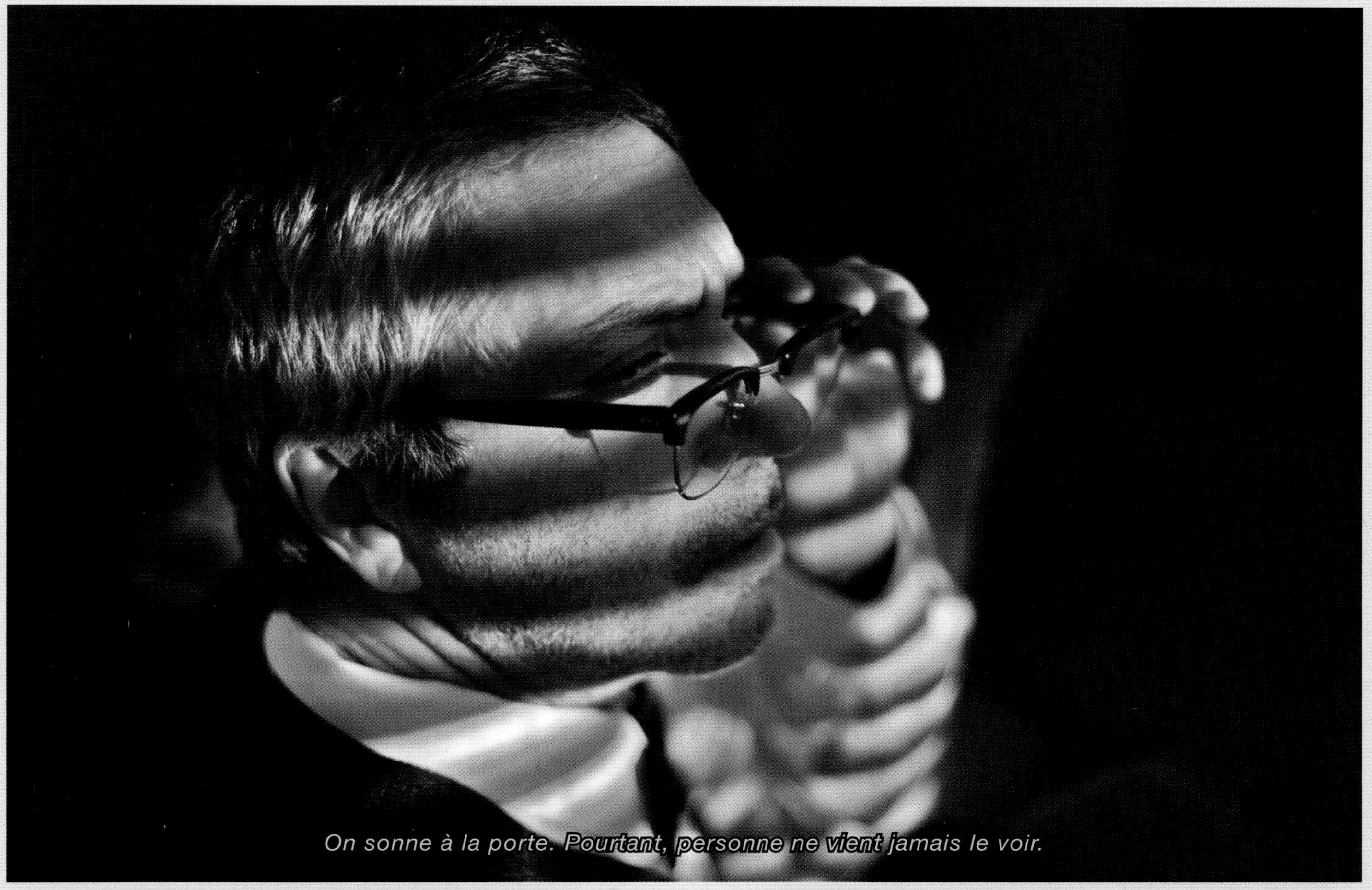
On sonne à la porte. Pourtant, personne ne vient jamais le voir.

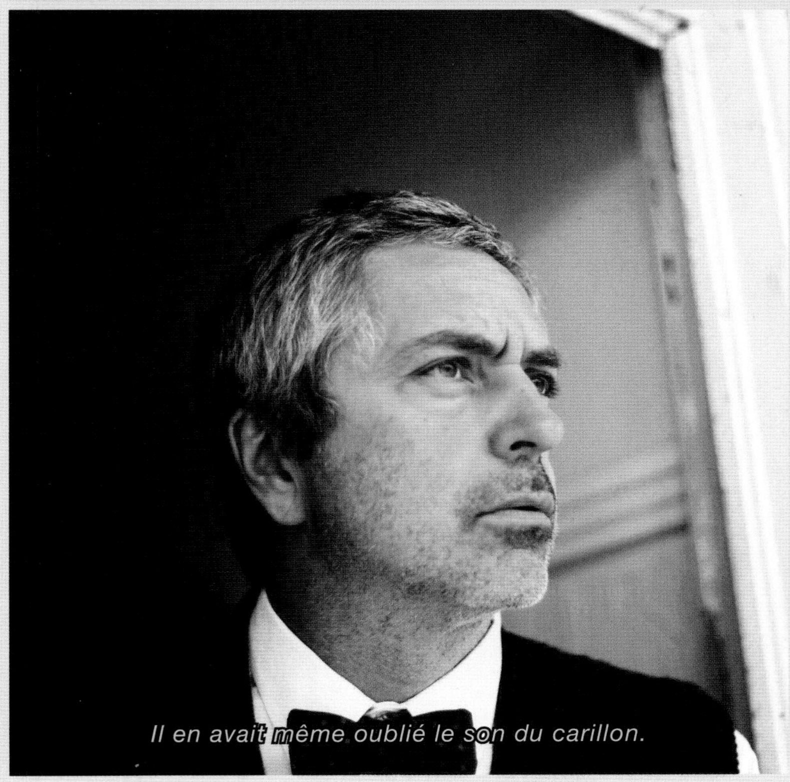
Il en avait même oublié le son du carillon.

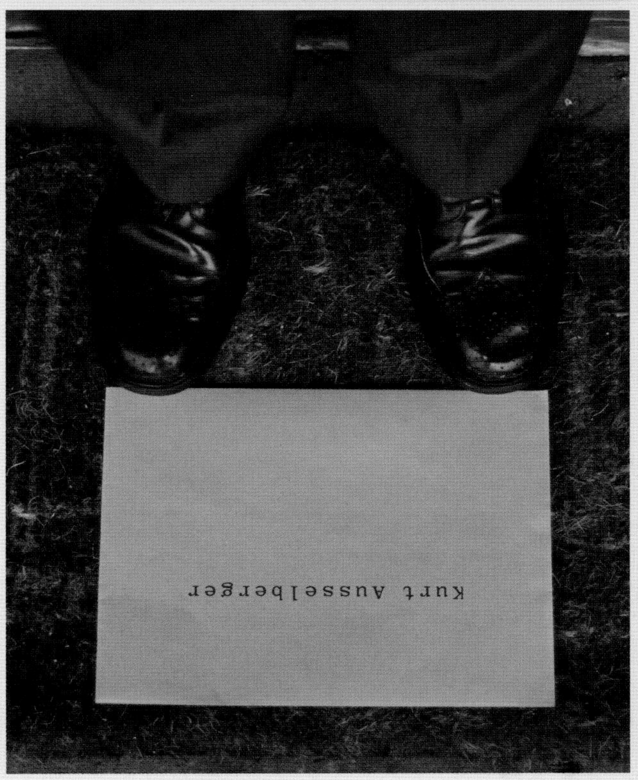
Kurt Ausselberger

Kurt Ausselberger

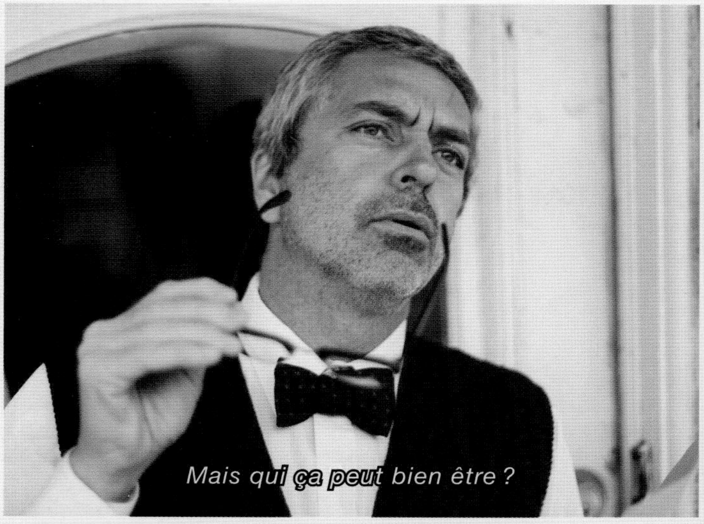
Mais qui ça peut bien être ?

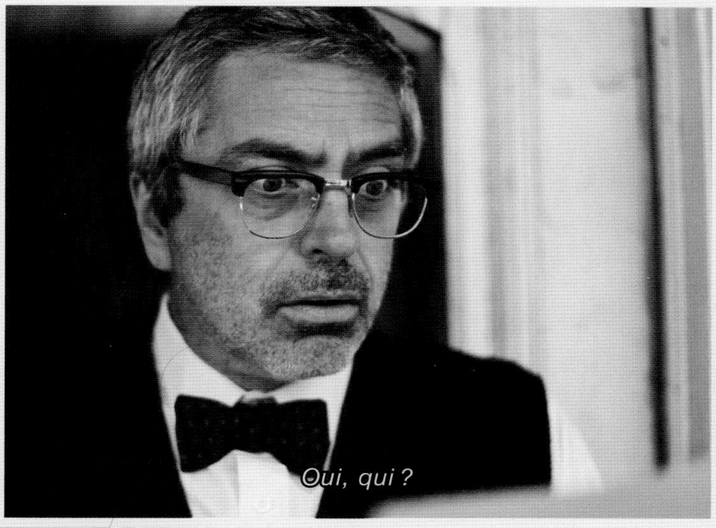
Oui, qui ?

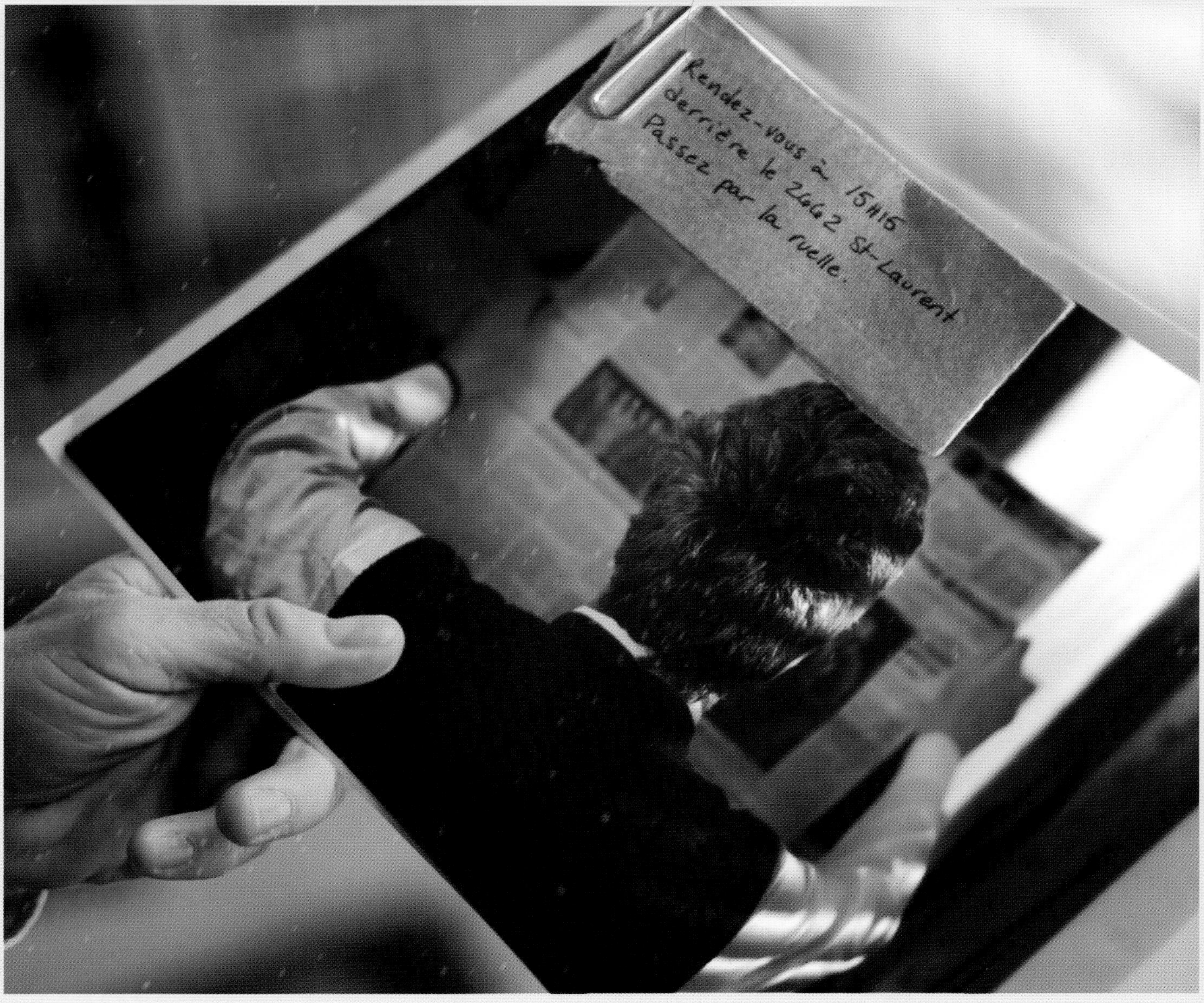
Rendez-vous à 15H15
derrière le 2662 St-Laurent
Passez par la ruelle.

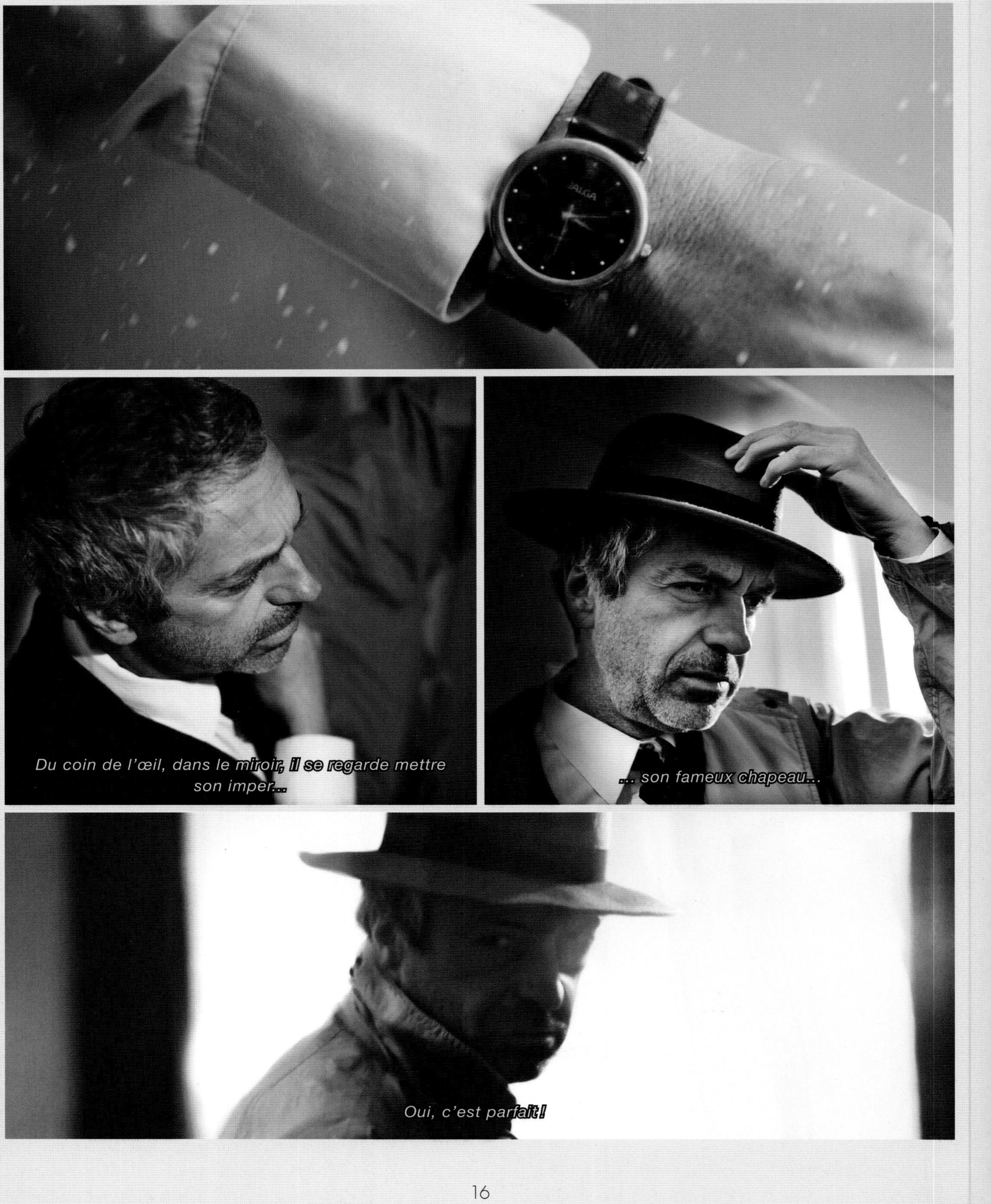
Du coin de l'œil, dans le miroir, il se regarde mettre son imper...
... son fameux chapeau...
Oui, c'est parfait!

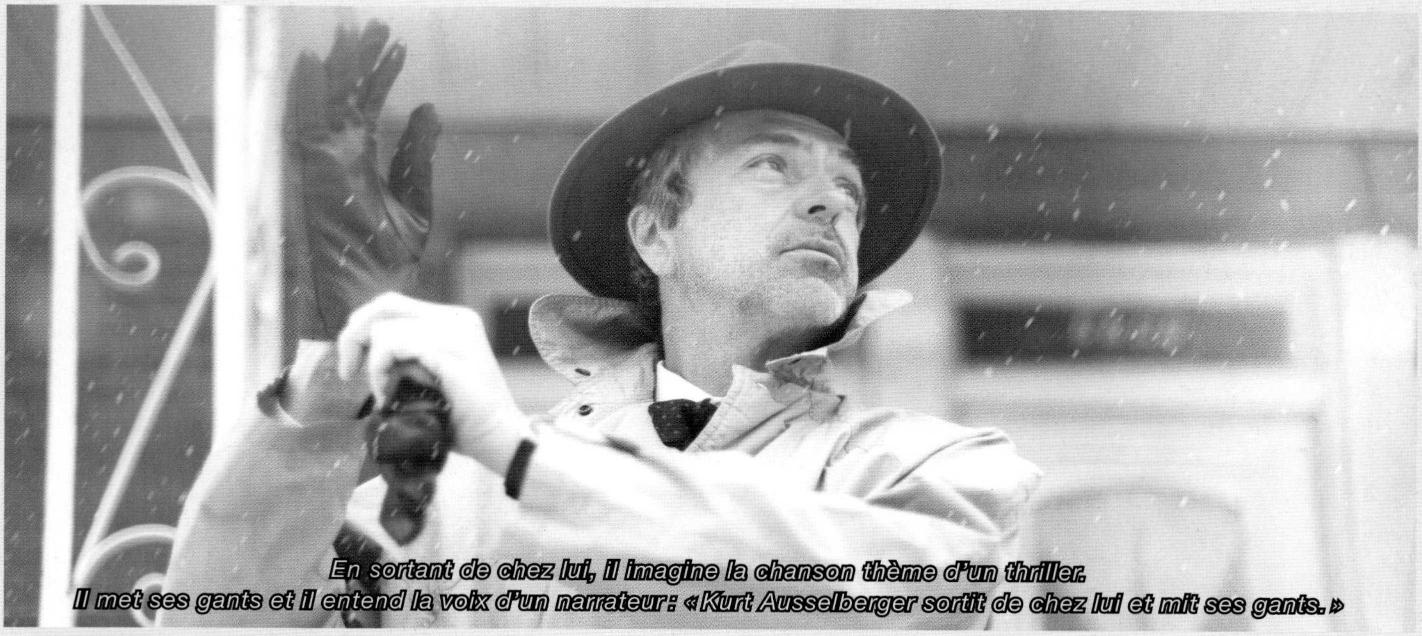
En sortant de chez lui, il imagine la chanson thème d'un thriller.
Il met ses gants et il entend la voix d'un narrateur : « Kurt Ausselberger sortit de chez lui et mit ses gants. »

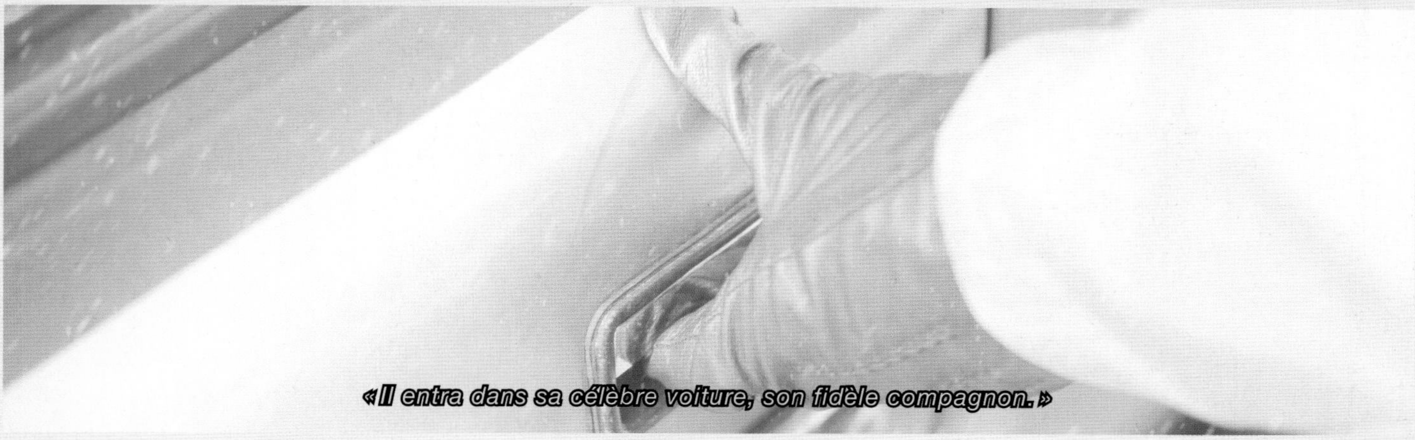
« Il entra dans sa célèbre voiture, son fidèle compagnon. »

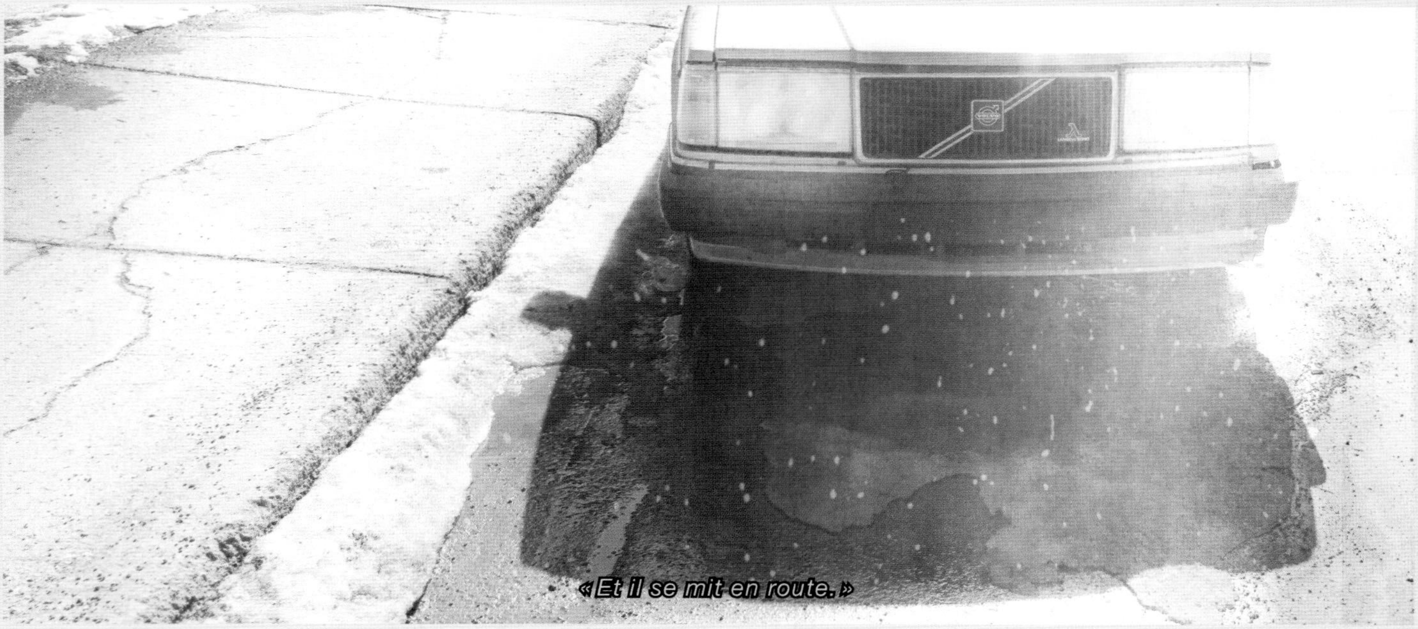
« Et il se mit en route. »

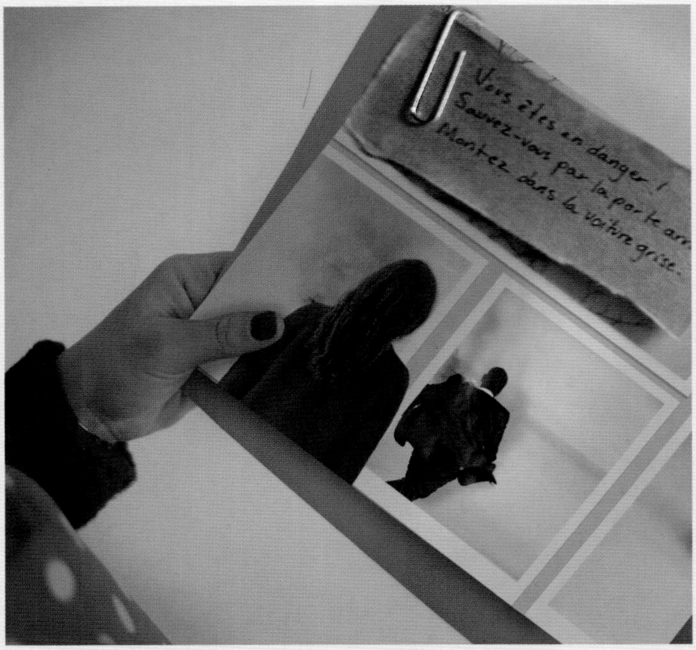
Vous êtes en danger !
Sauvez-vous par la porte
Montez dans la voiture grise.

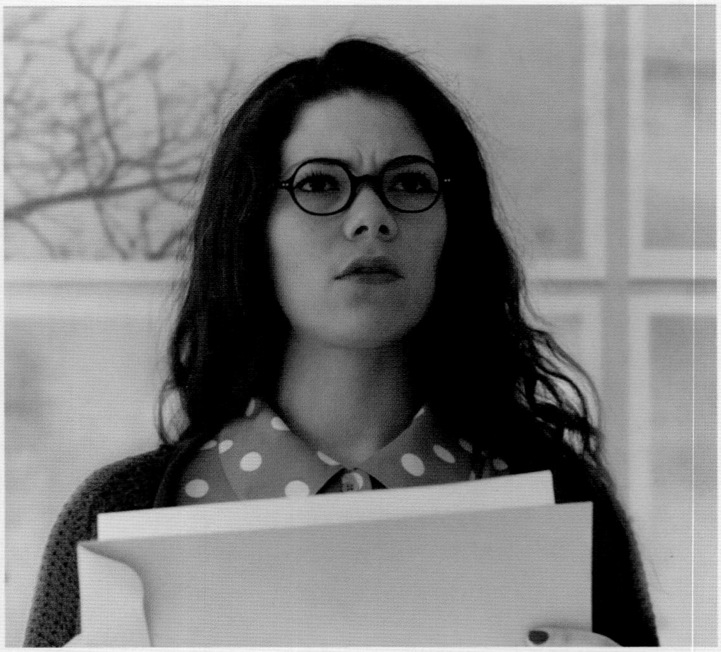

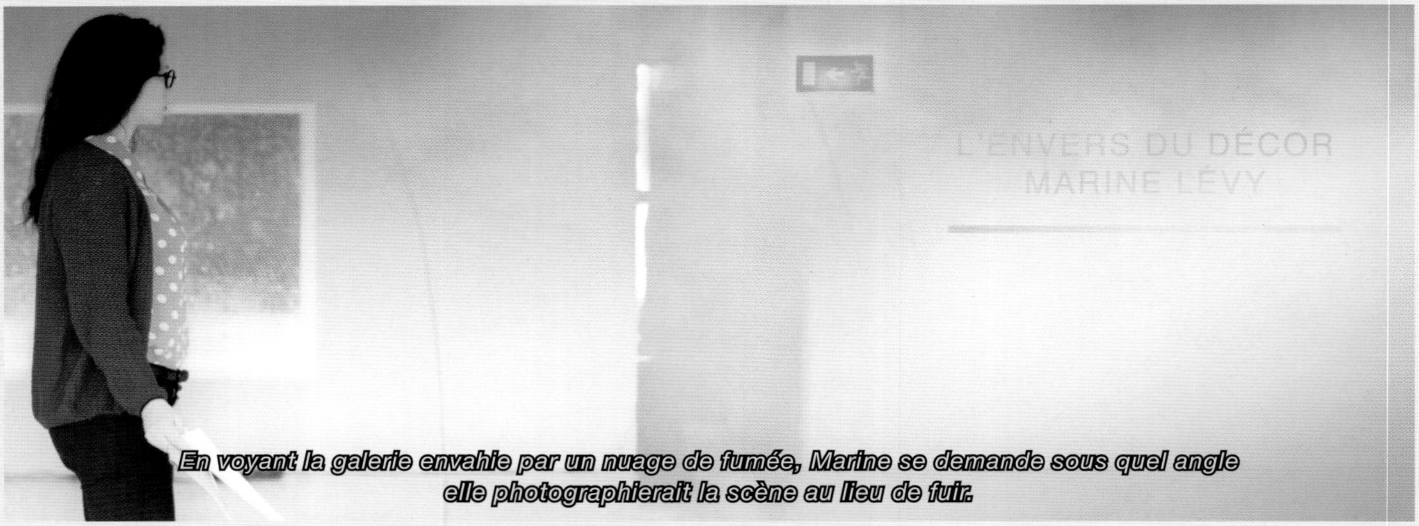
L'ENVERS DU DÉCOR
MARINE LÉVY
En voyant la galerie envahie par un nuage de fumée, Marine se demande sous quel angle elle photographierait la scène au lieu de fuir.

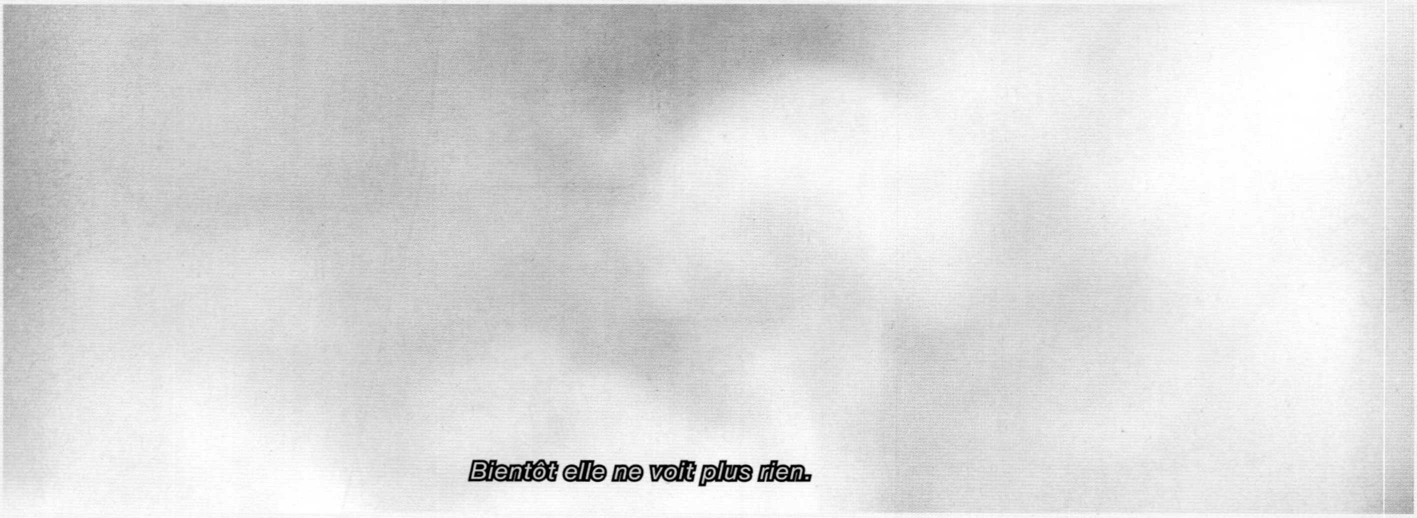
Bientôt elle ne voit plus rien.

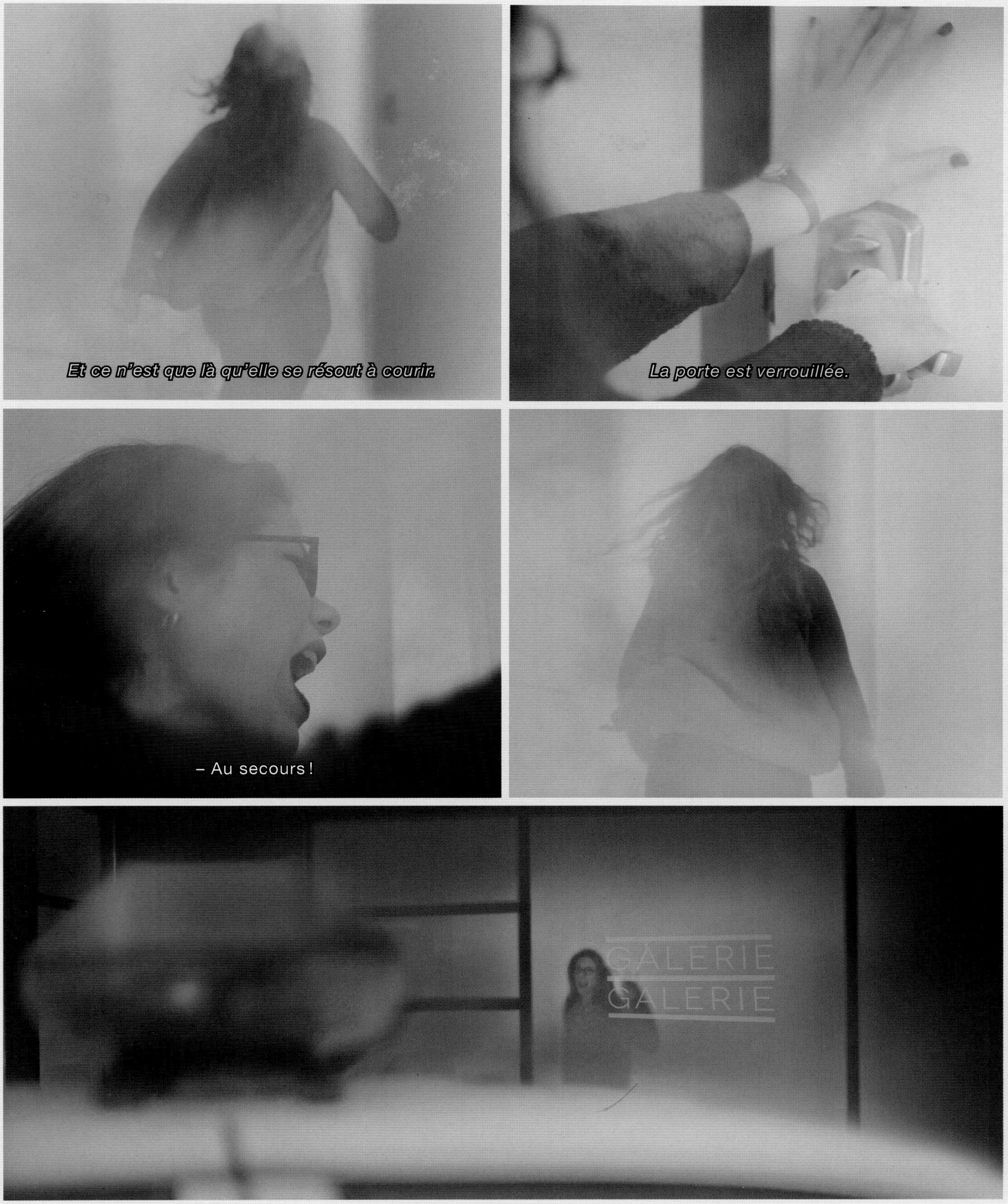
Et ce n'est que là qu'elle se résout à courir.
La porte est verrouillée.
– Au secours !
GALERIE
GALERIE

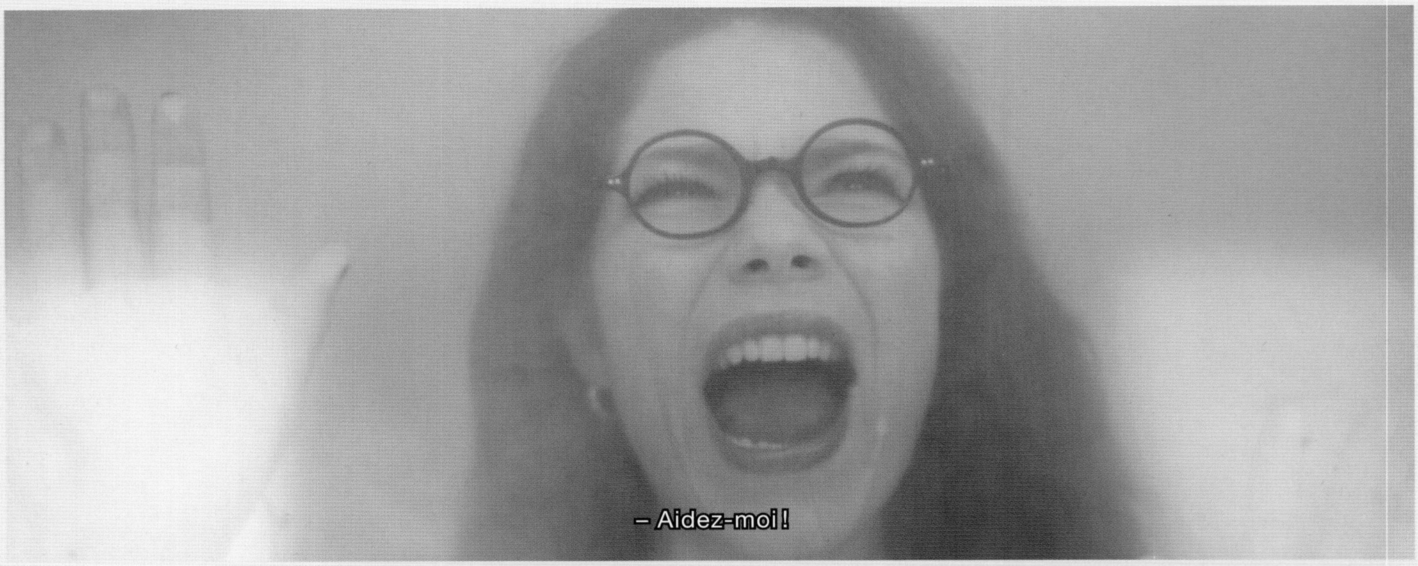
– Aidez-moi !

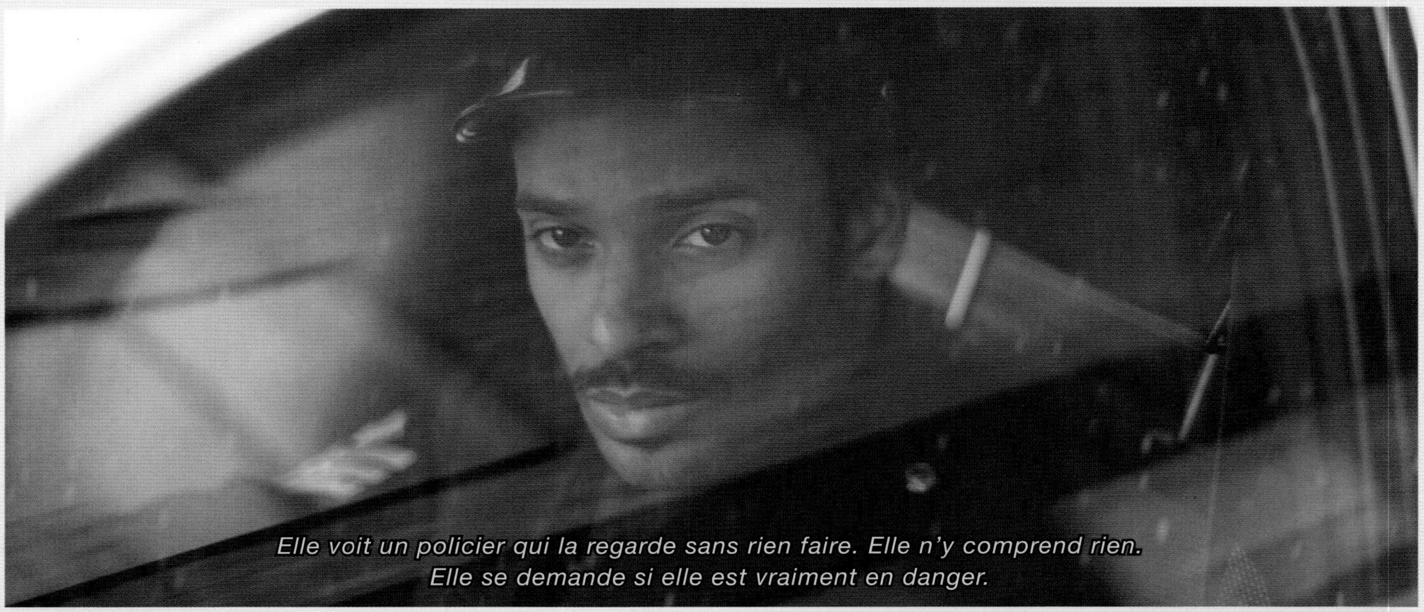
Elle voit un policier qui la regarde sans rien faire. Elle n'y comprend rien.
Elle se demande si elle est vraiment en danger.

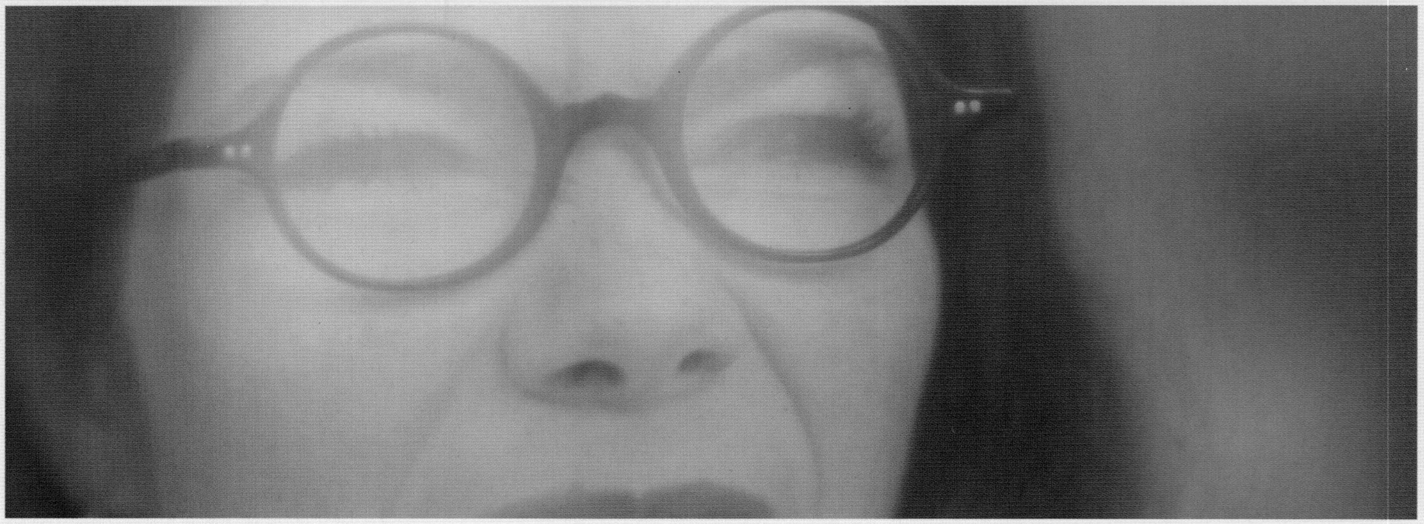

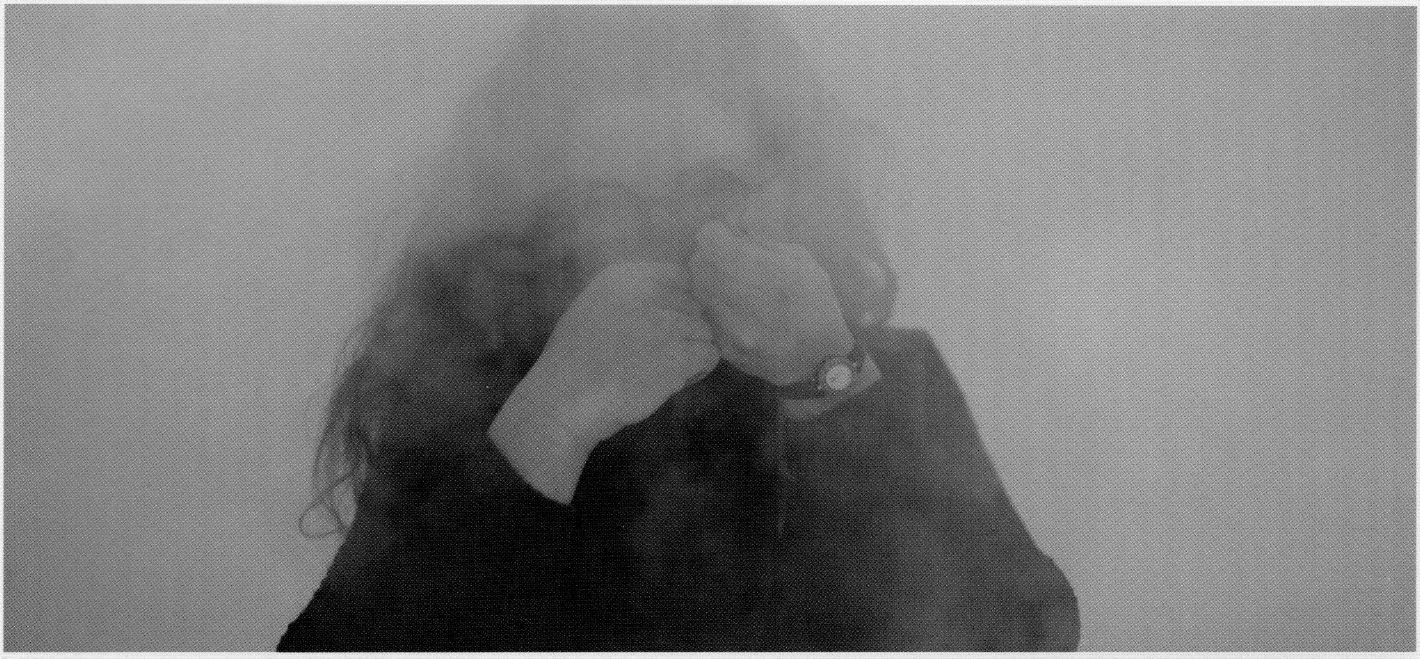
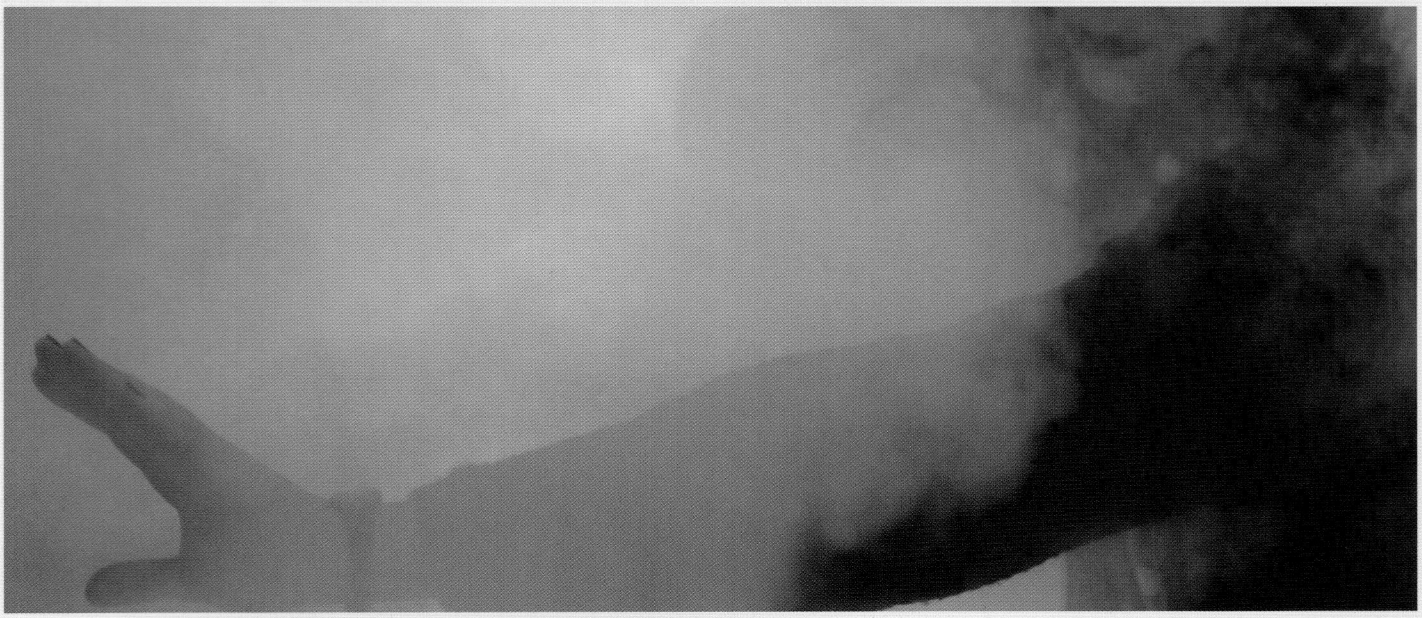
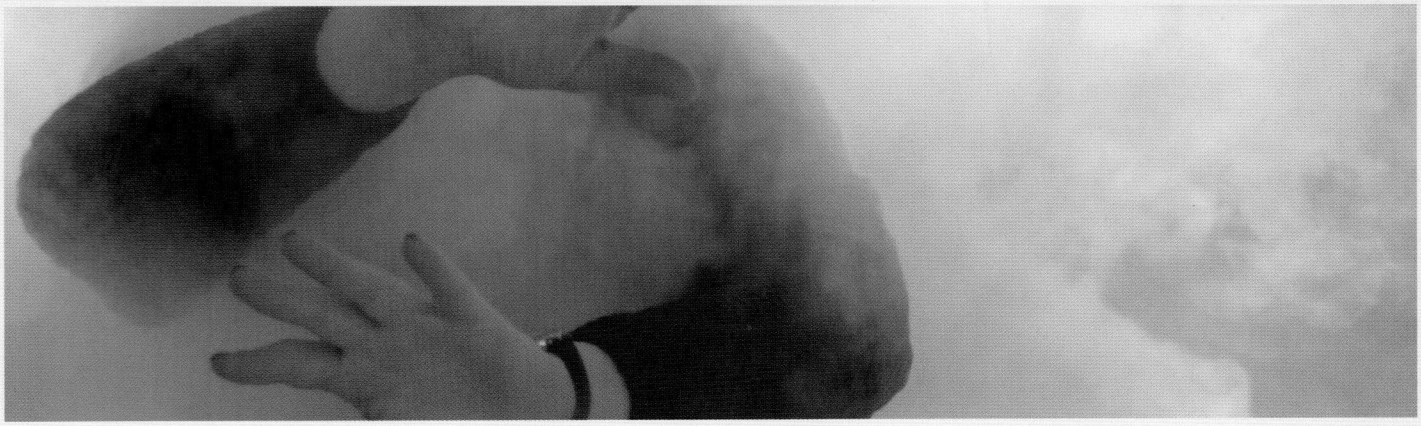

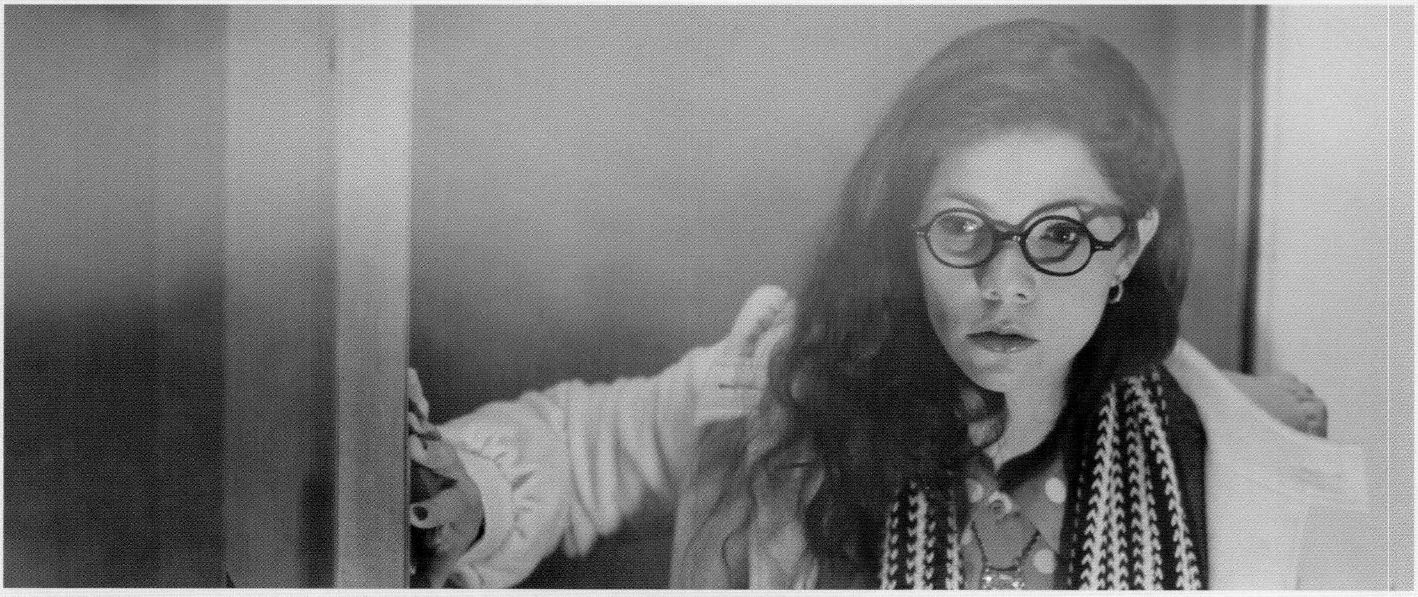

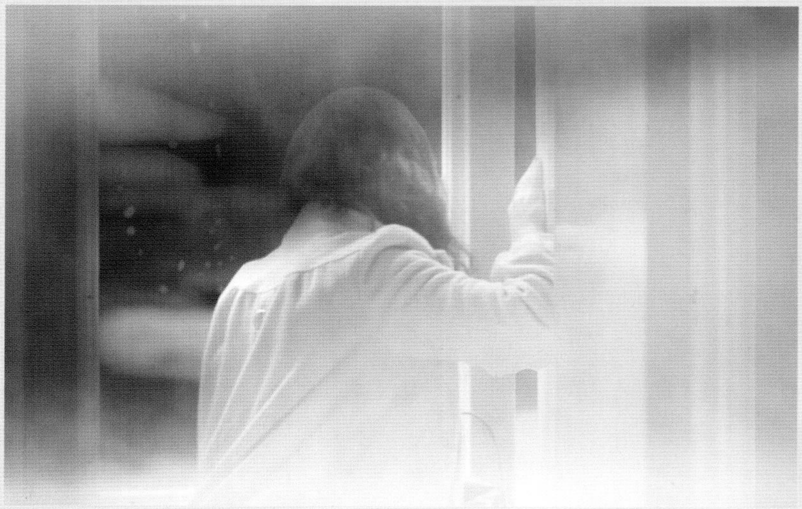

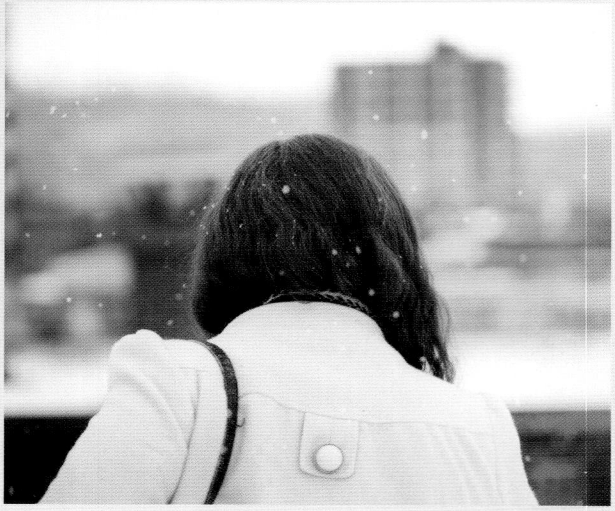

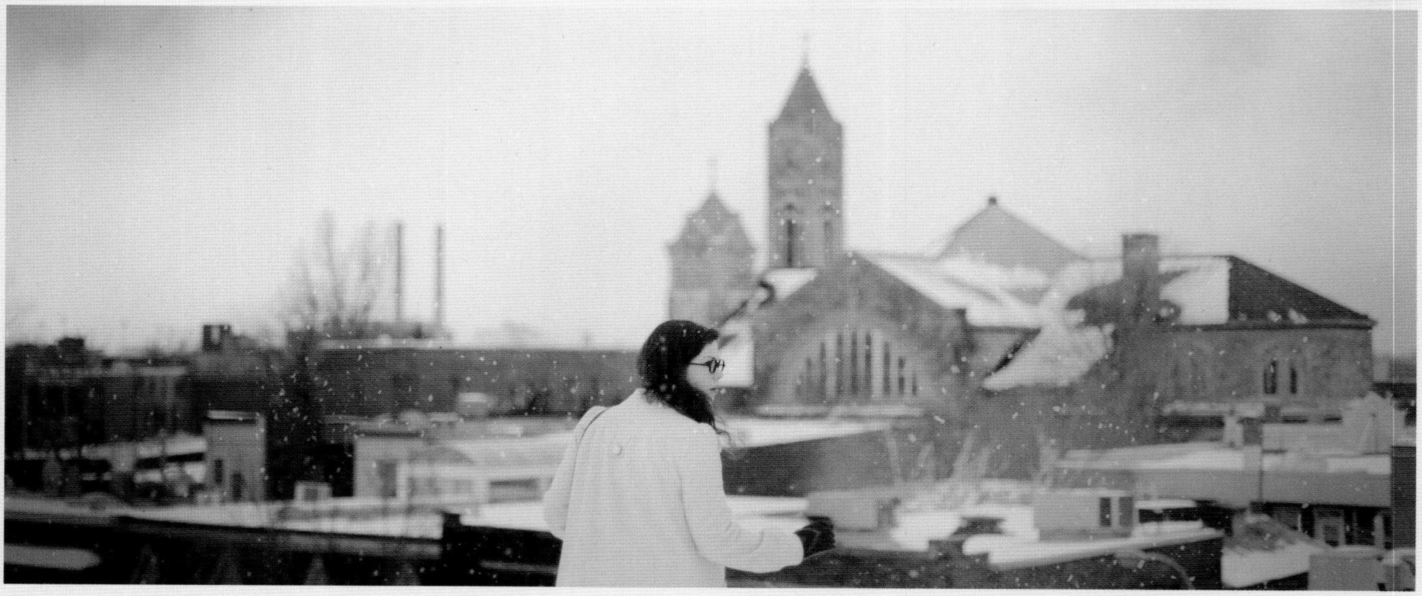

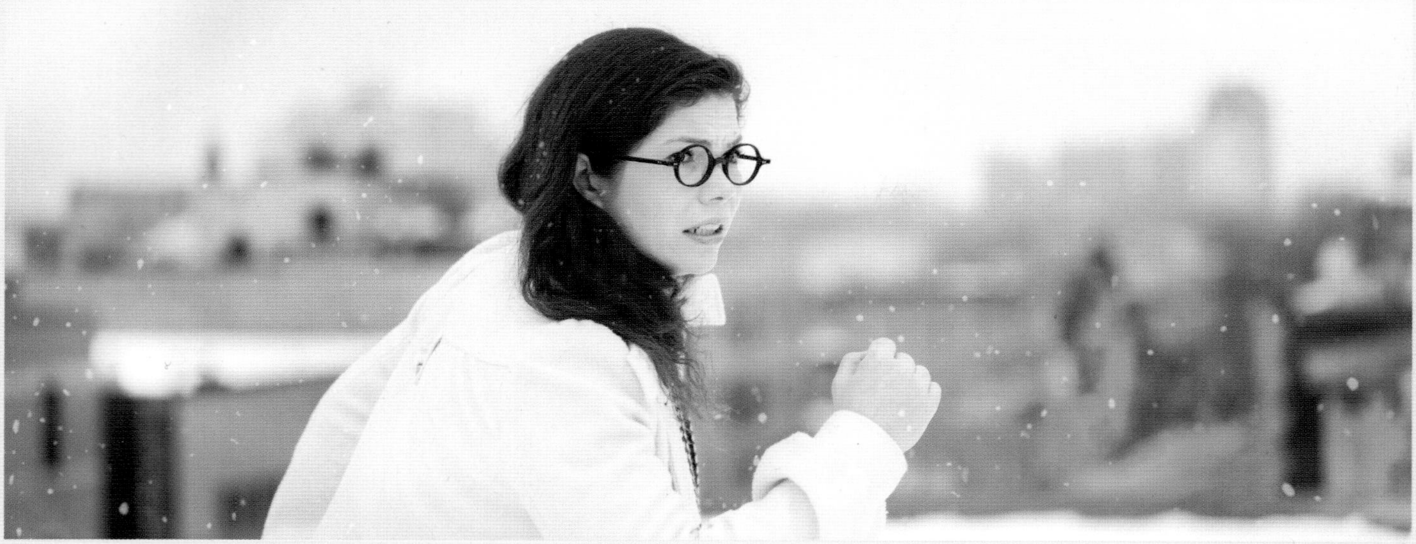
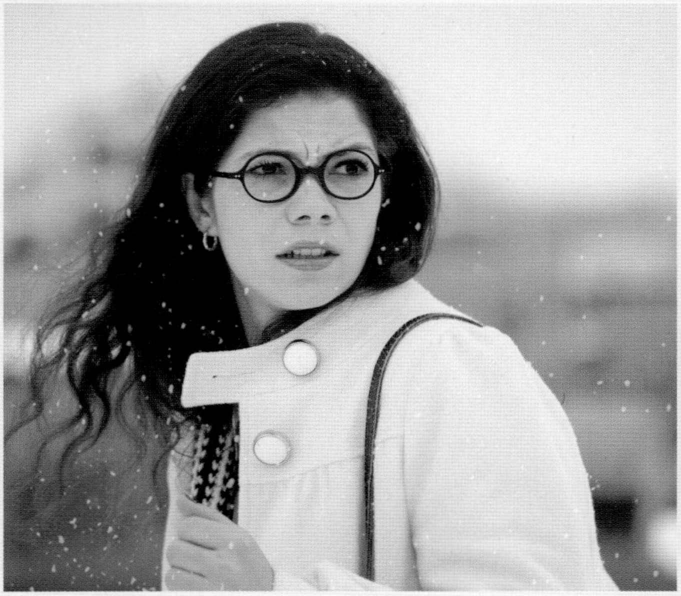
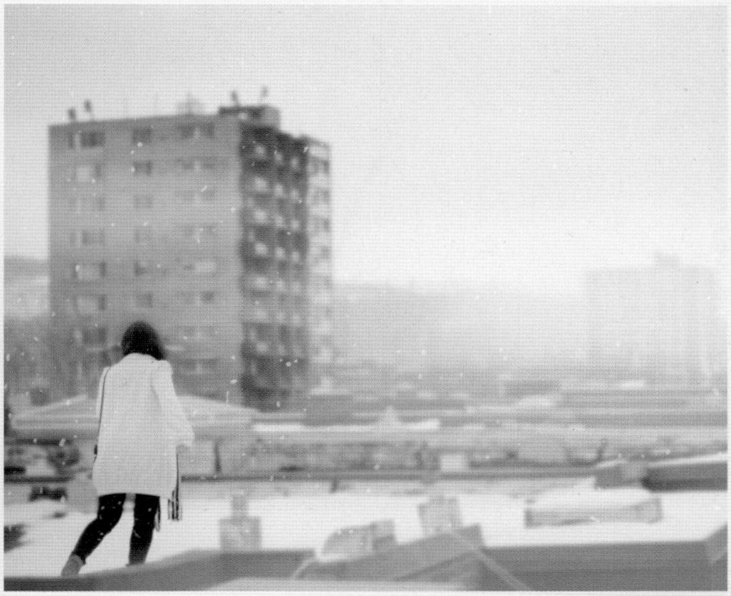
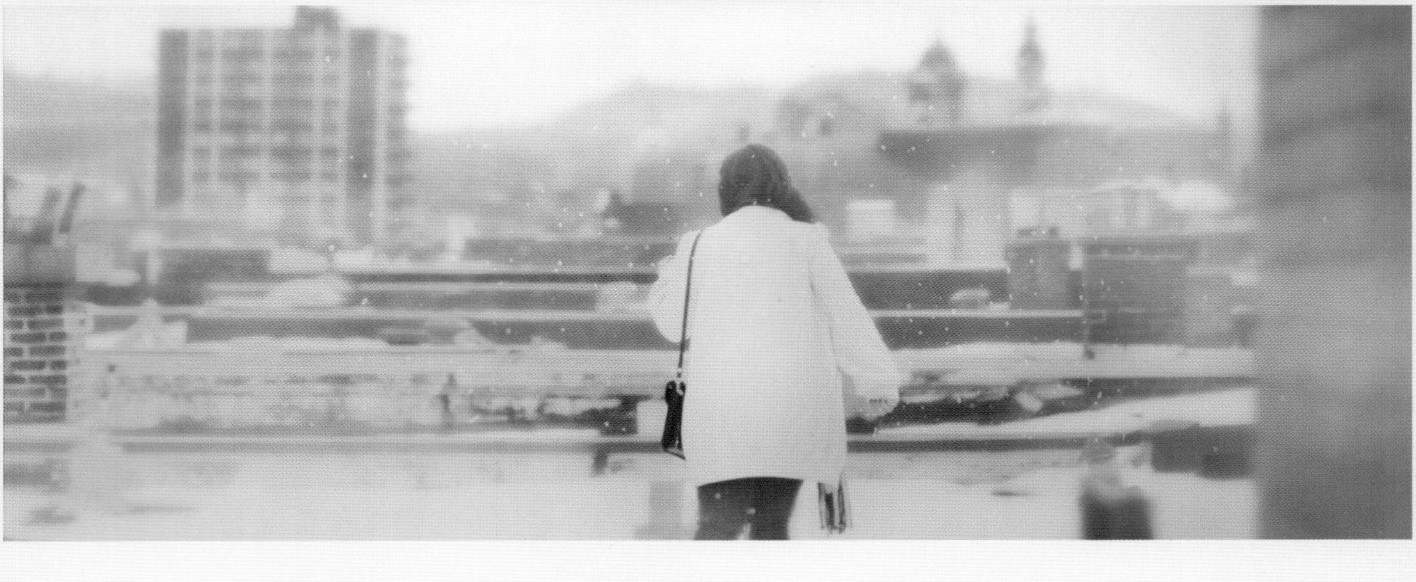

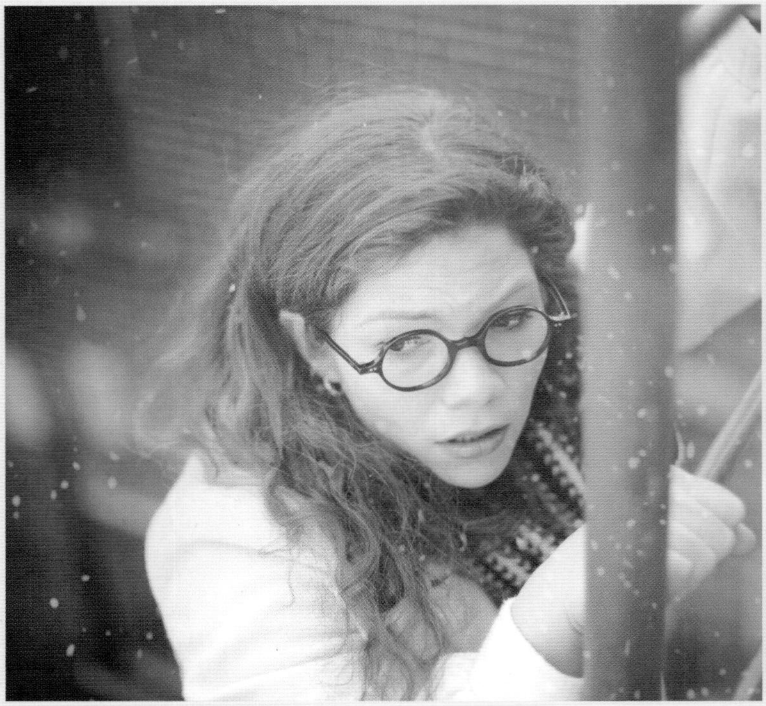

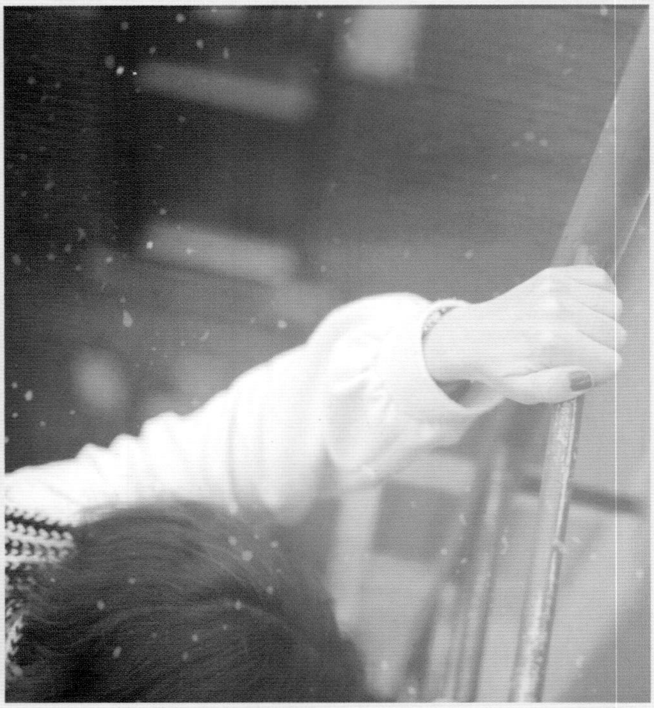

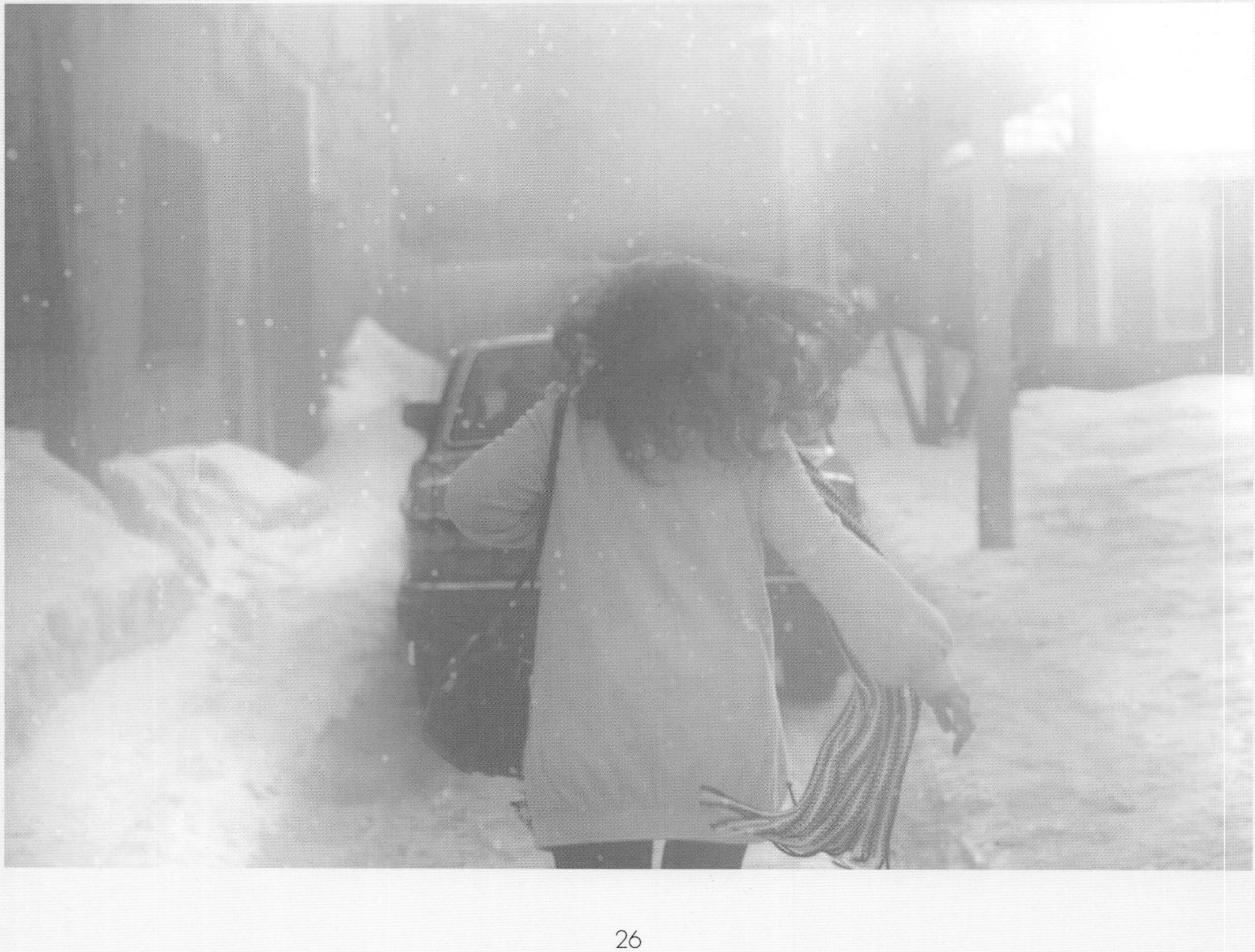

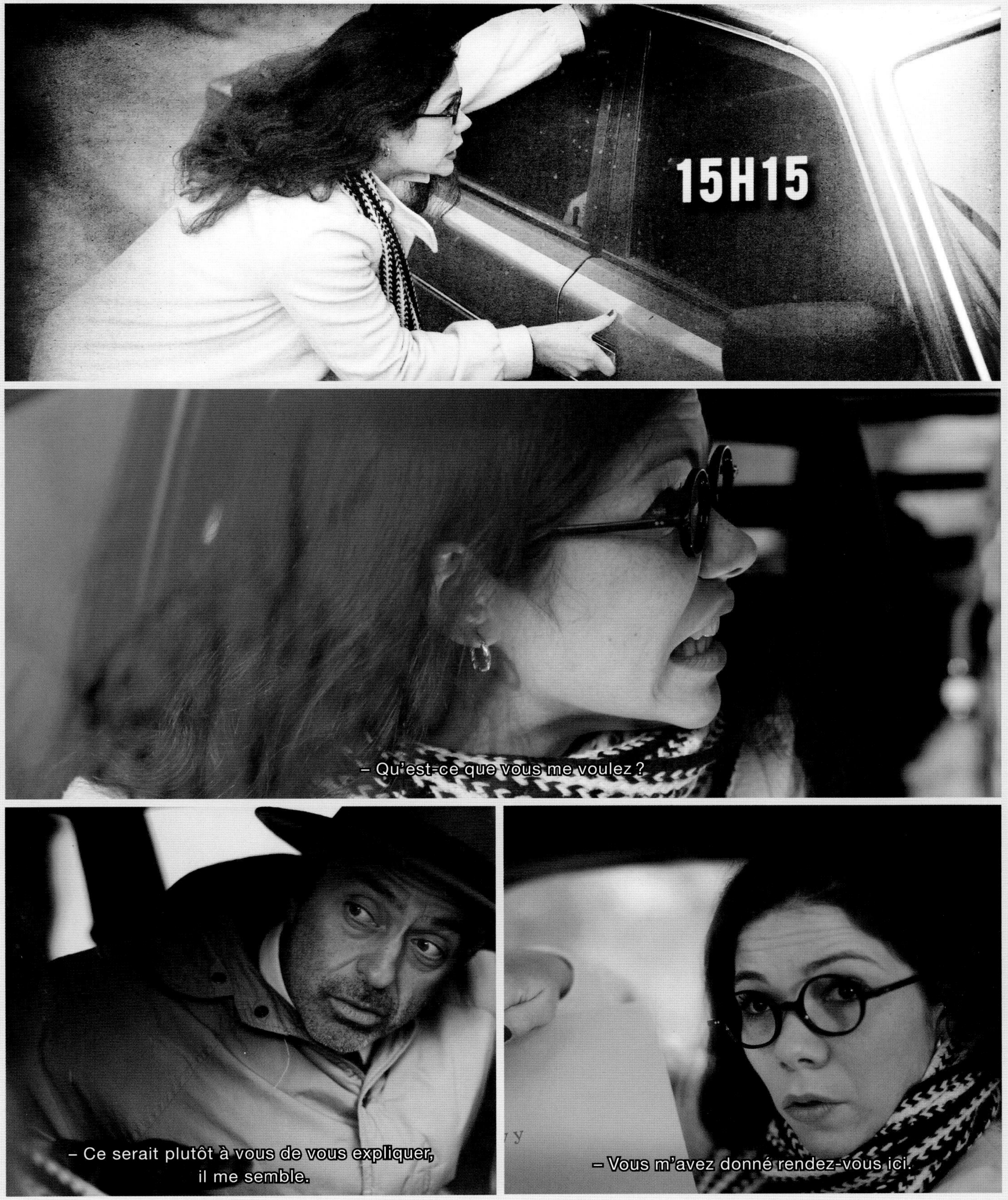
15H15
– Qu'est-ce que vous me voulez ?
– Ce serait plutôt à vous de vous expliquer,
il me semble.
– Vous m'avez donné rendez-vous ici.

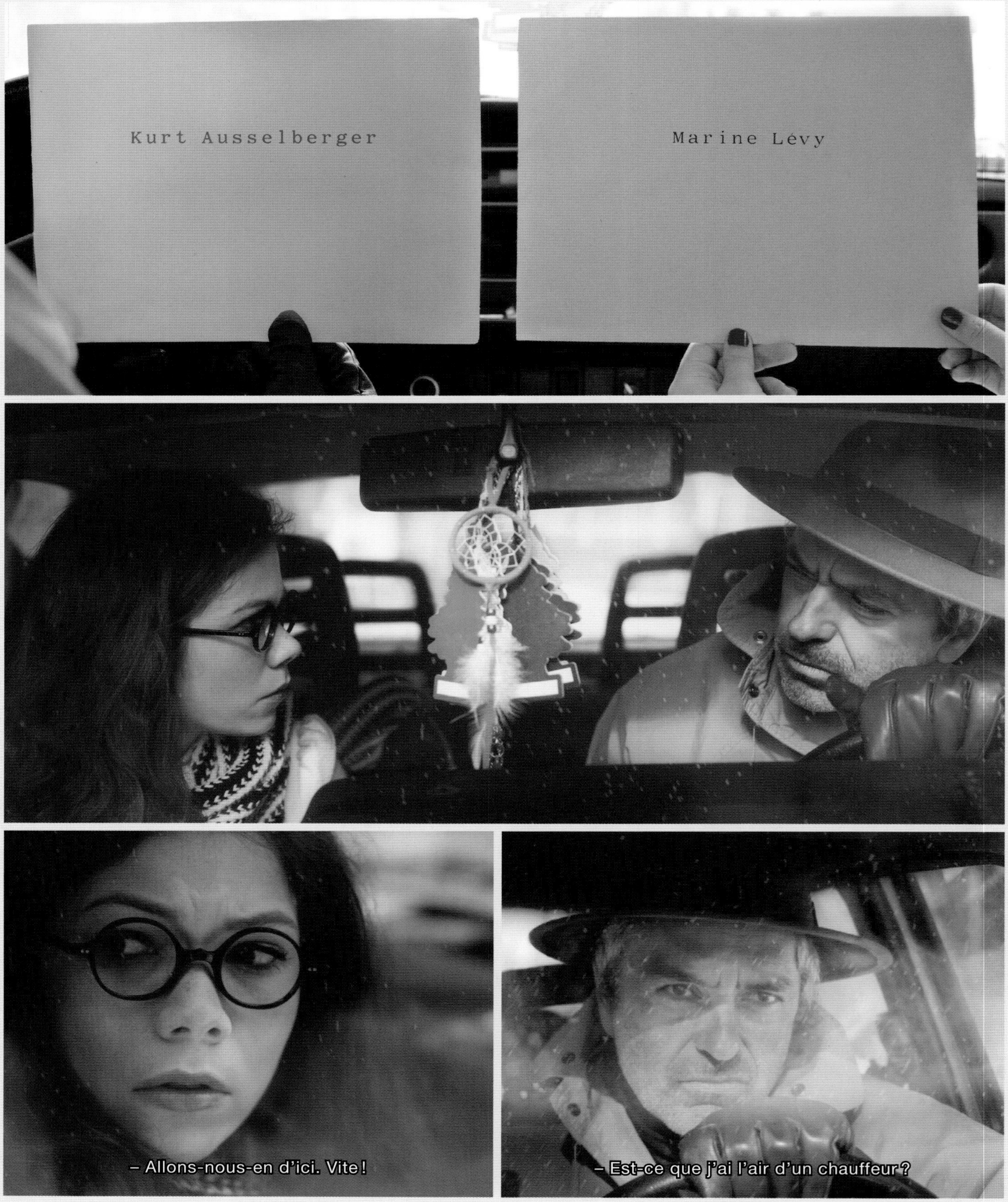
Kurt Ausselberger
Marine Lévy
– Allons-nous-en d'ici. Vite !
– Est-ce que j'ai l'air d'un chauffeur ?

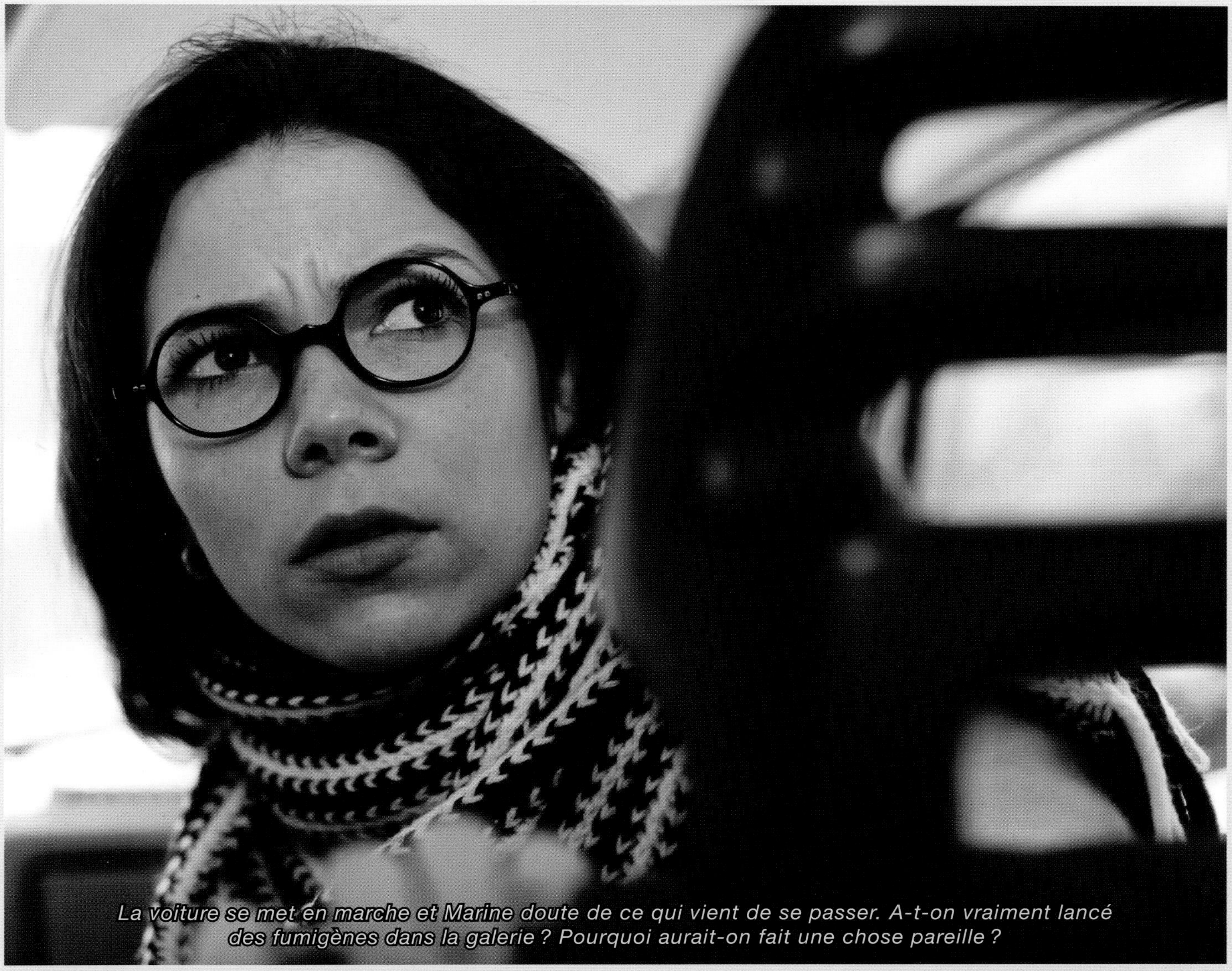
La voiture se met en marche et Marine doute de ce qui vient de se passer. A-t-on vraiment lancé des fumigènes dans la galerie ? Pourquoi aurait-on fait une chose pareille ?

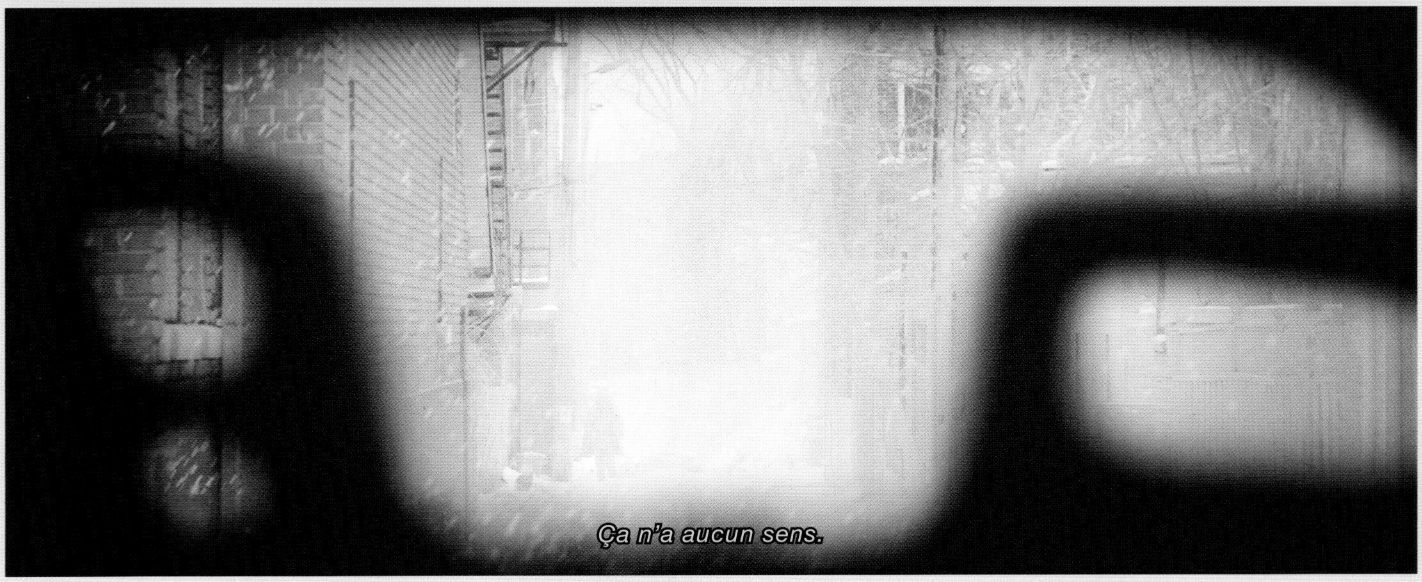
Ça n'a aucun sens.

CHAPITRE 3 VOITURE DE KURT AUSSELBERGER

15H20

KURT ET MARINE
ROULENT EN SILENCE
PERSONNE NE LES A SUIVIS

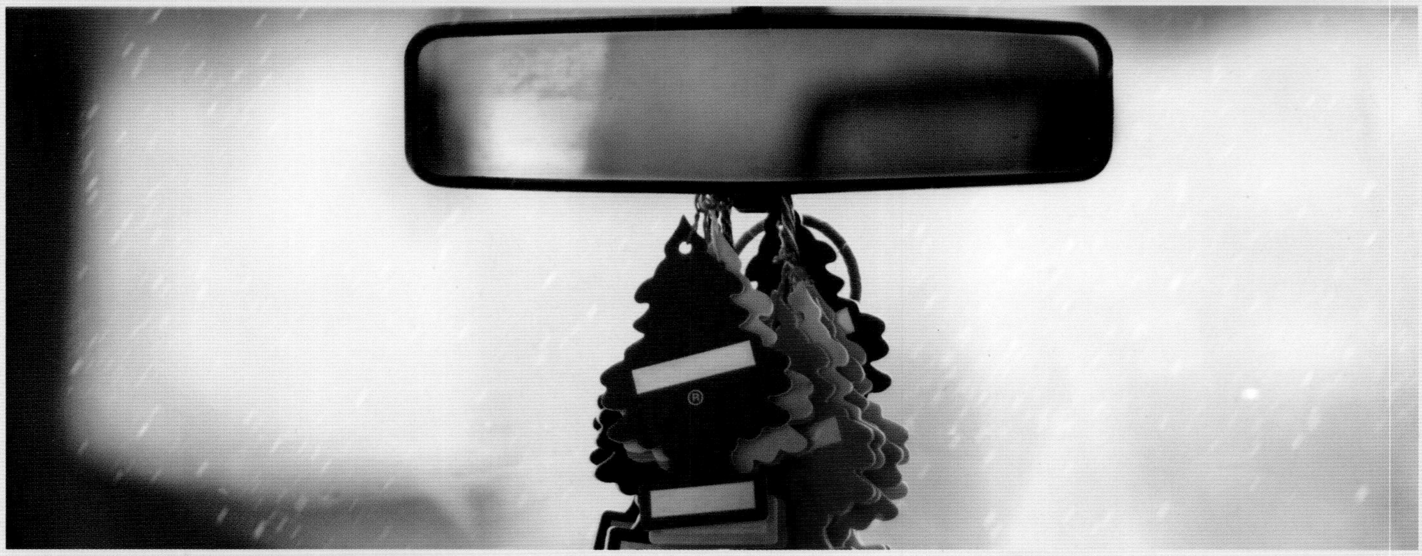

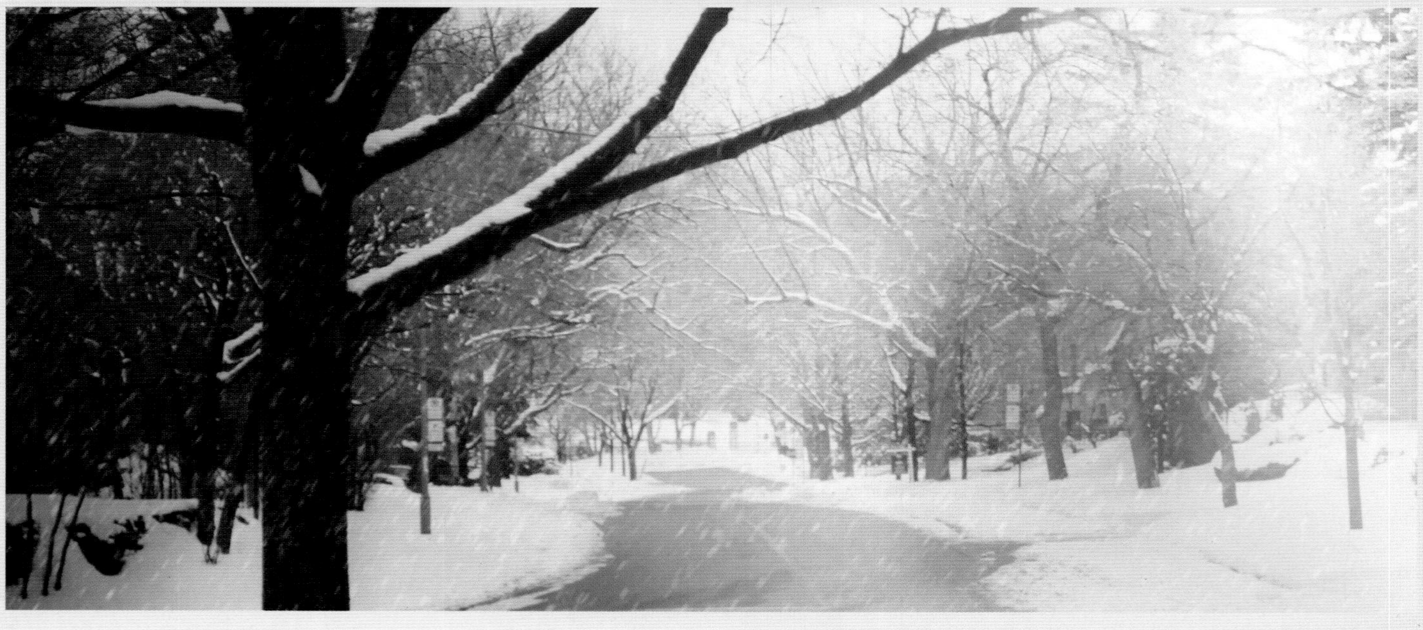

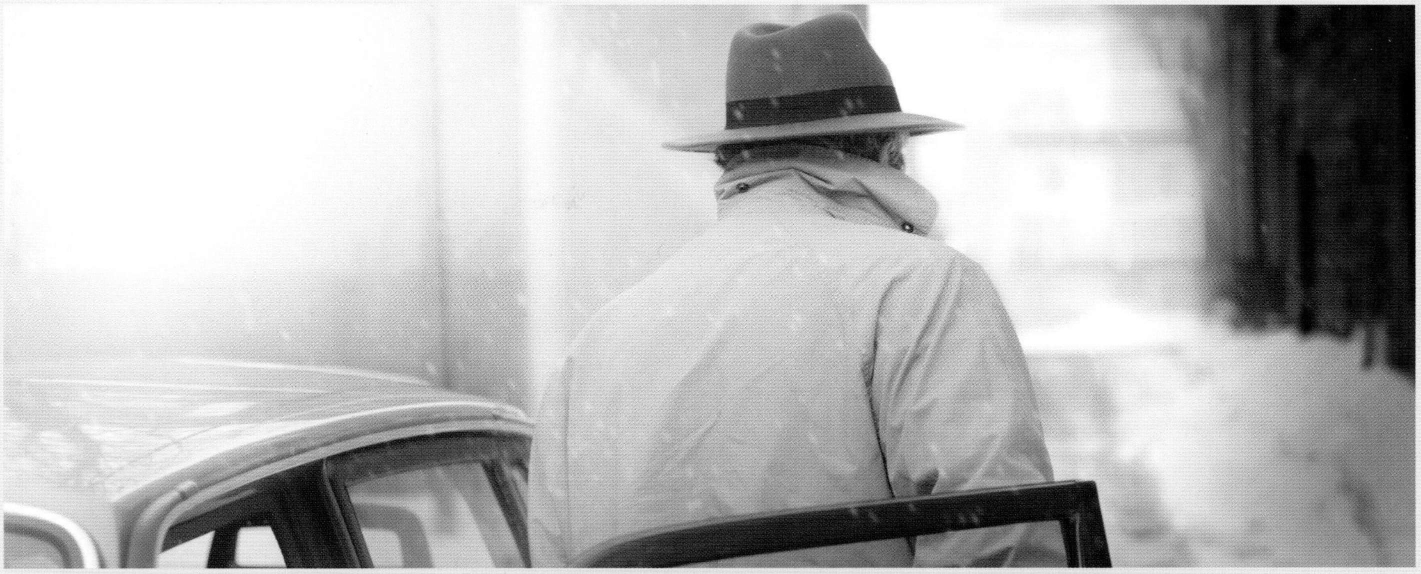

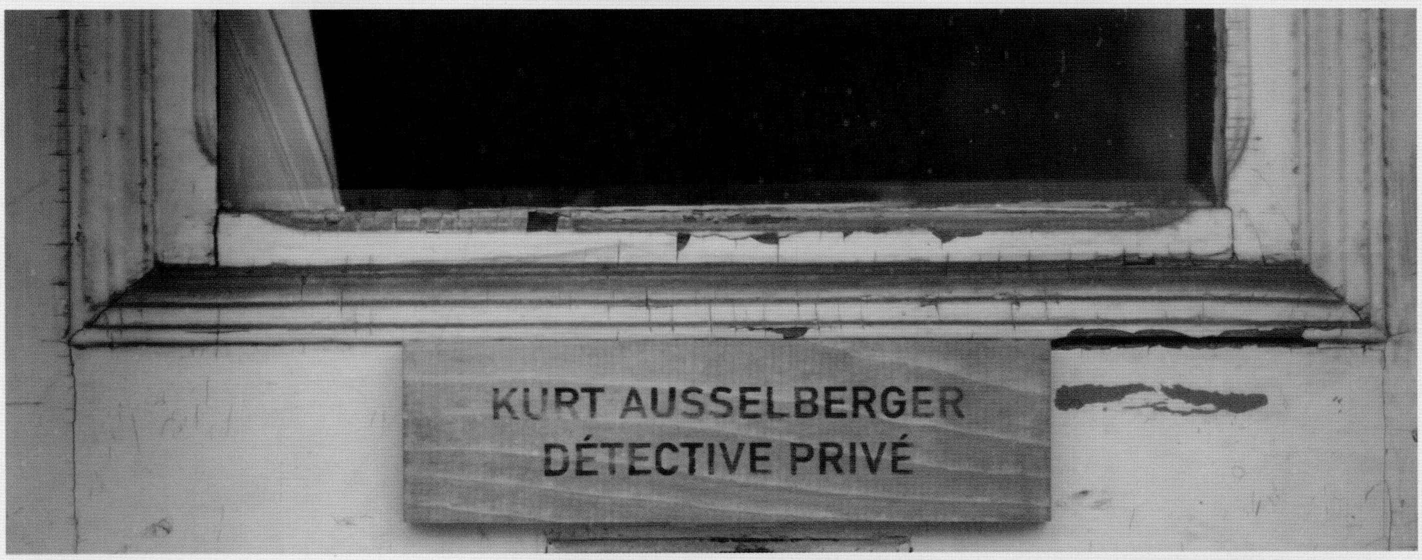
KURT AUSSELBERGER
DÉTECTIVE PRIVÉ

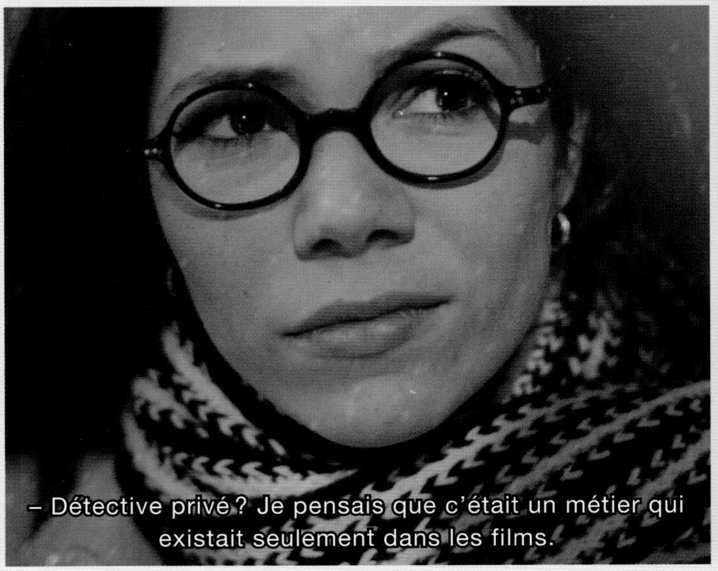
– Détective privé ? Je pensais que c'était un métier qui existait seulement dans les films.

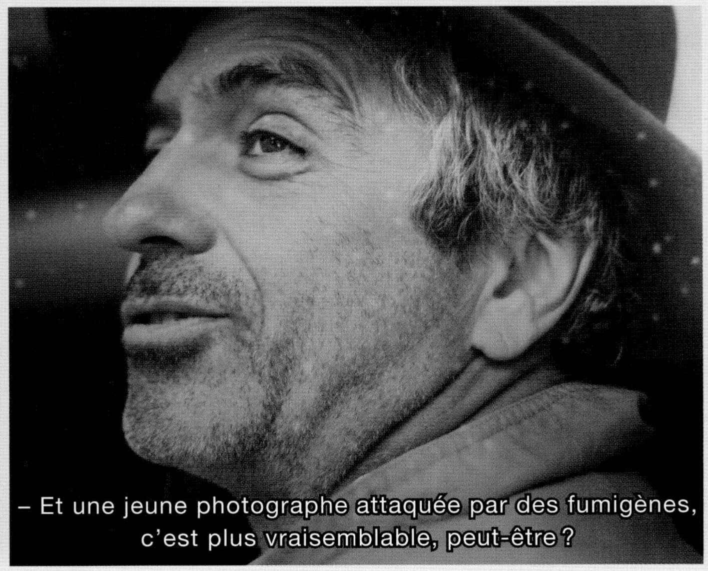
– Et une jeune photographe attaquée par des fumigènes, c'est plus vraisemblable, peut-être ?

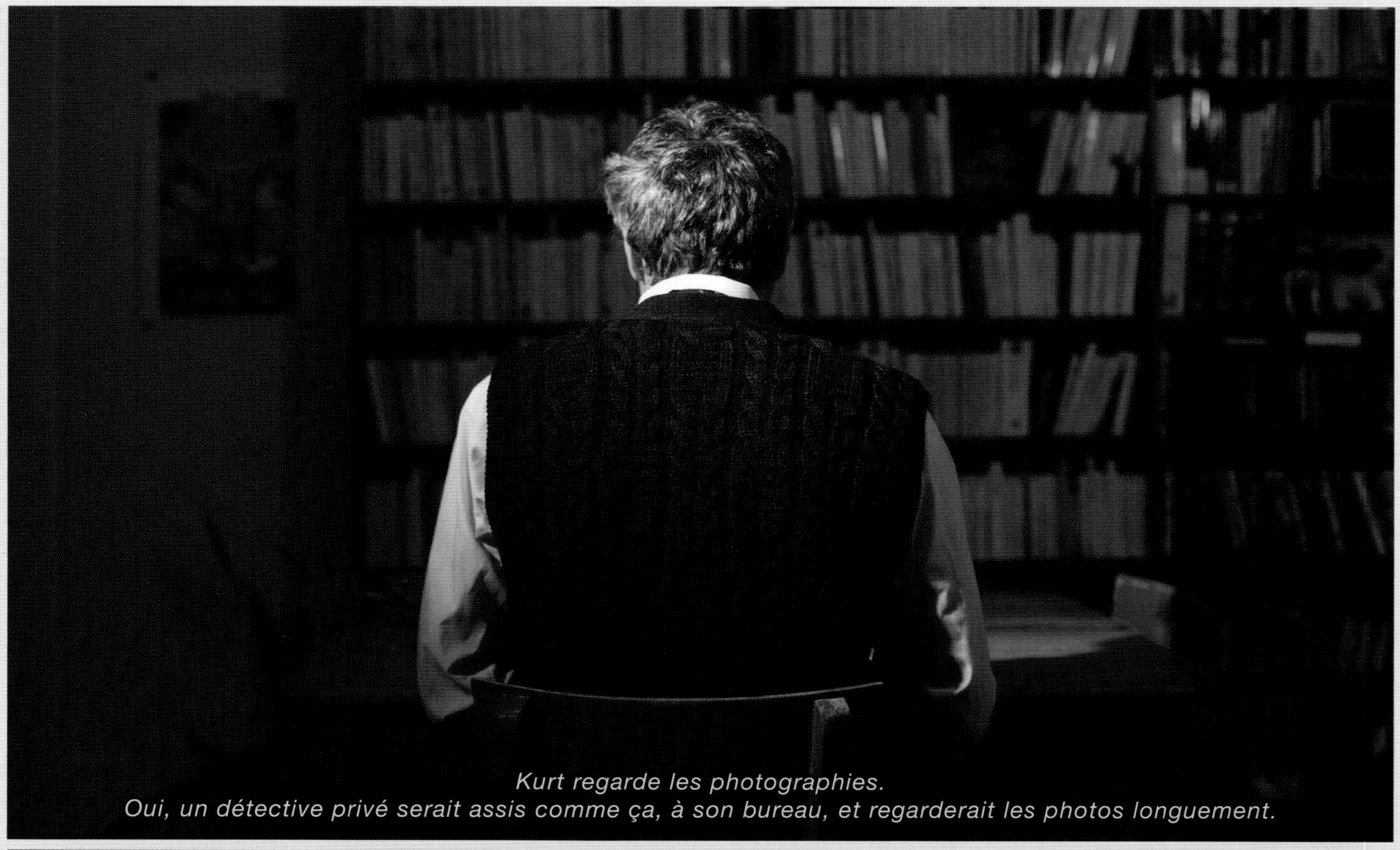
Kurt regarde les photographies.
Oui, un détective privé serait assis comme ça, à son bureau, et regarderait les photos longuement.

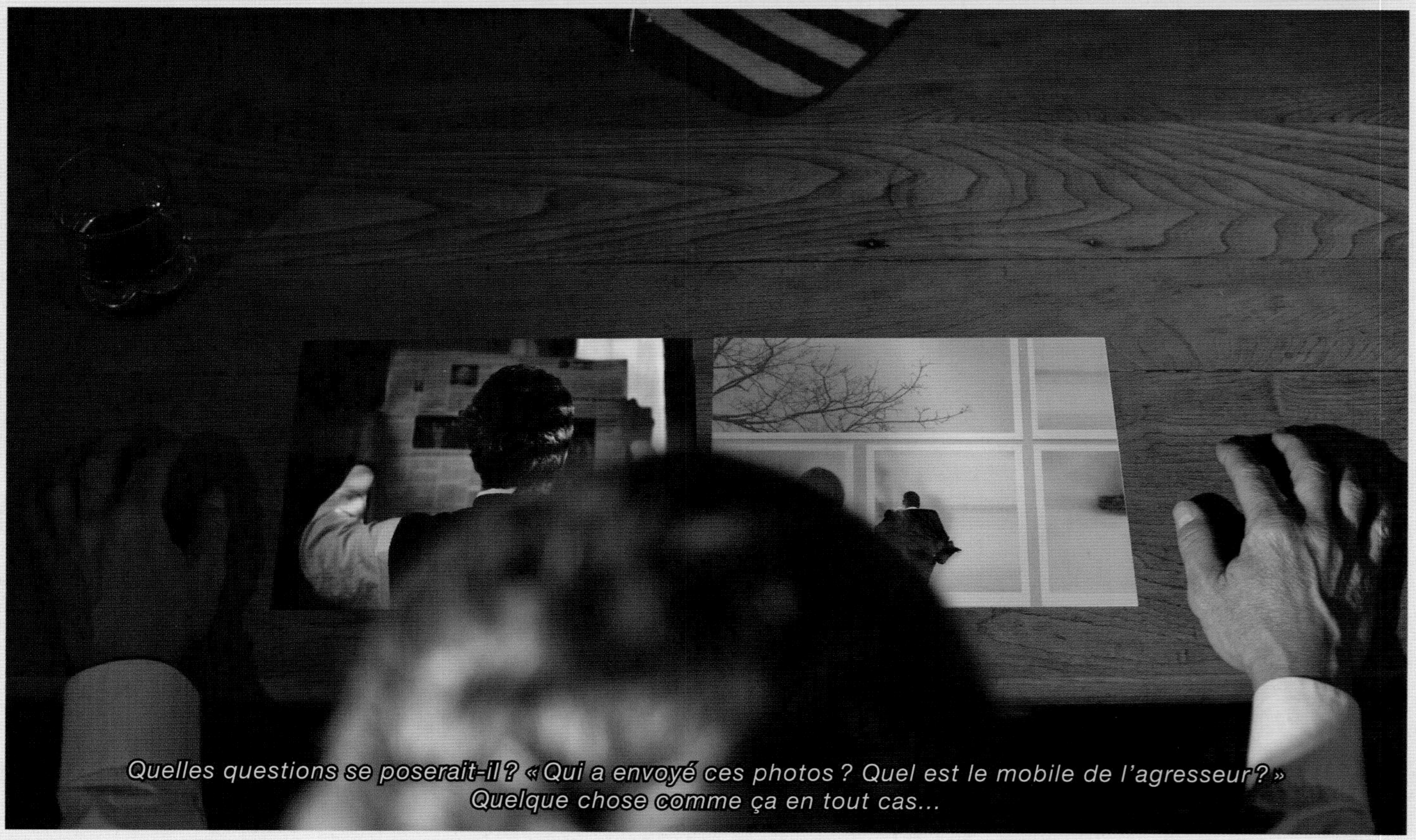
Quelles questions se poserait-il ? « Qui a envoyé ces photos ? Quel est le mobile de l'agresseur ? »
Quelque chose comme ça en tout cas...

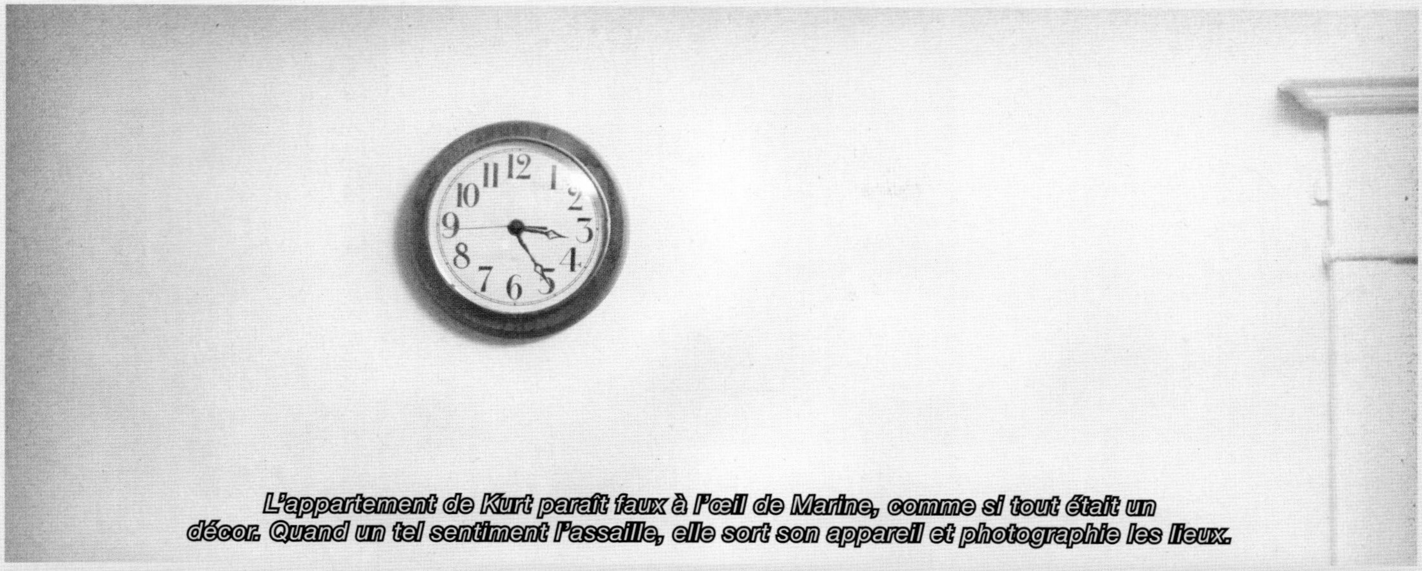
L'appartement de Kurt paraît faux à l'œil de Marine, comme si tout était un
décor. Quand un tel sentiment l'assaille, elle sort son appareil et photographie les lieux.

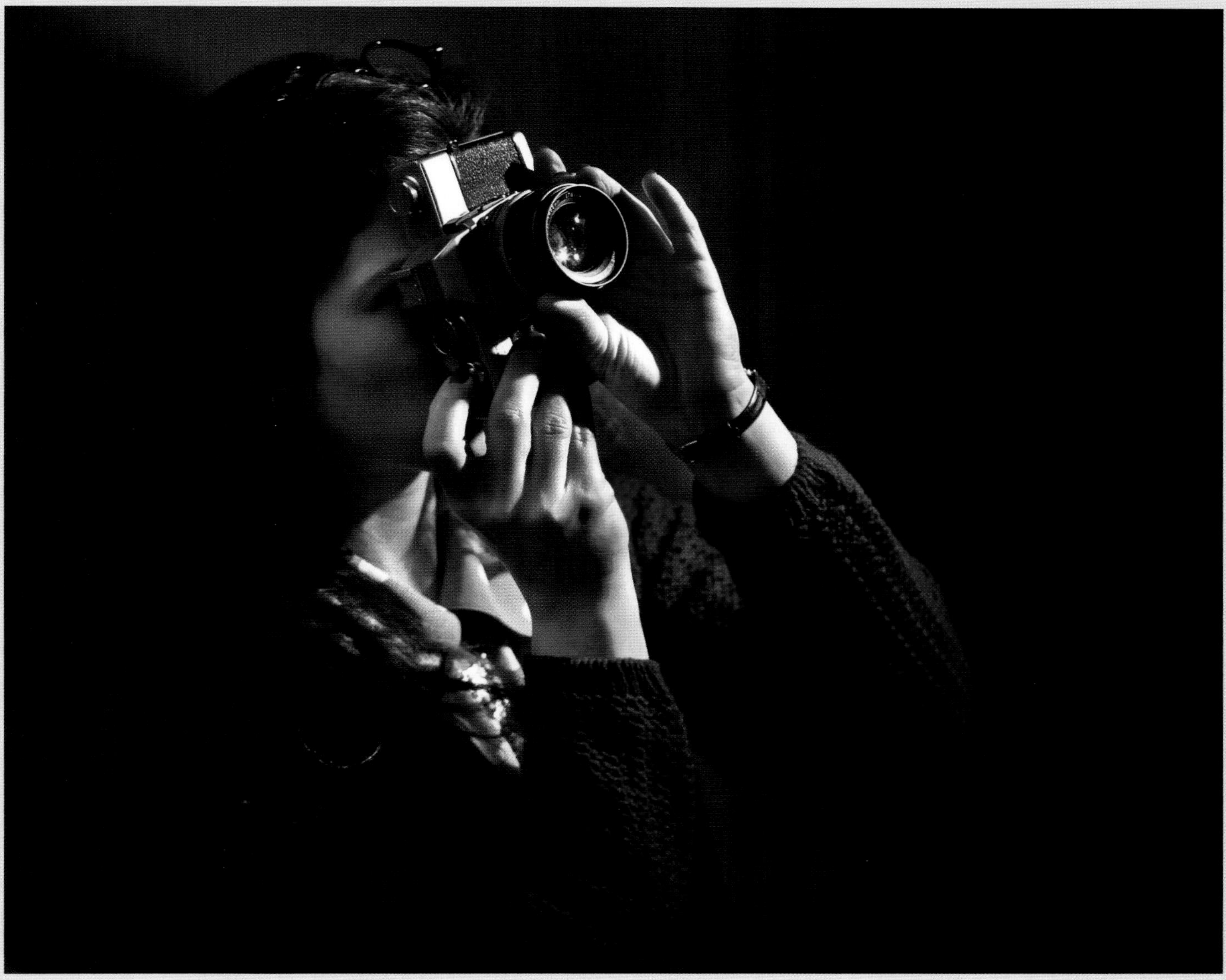

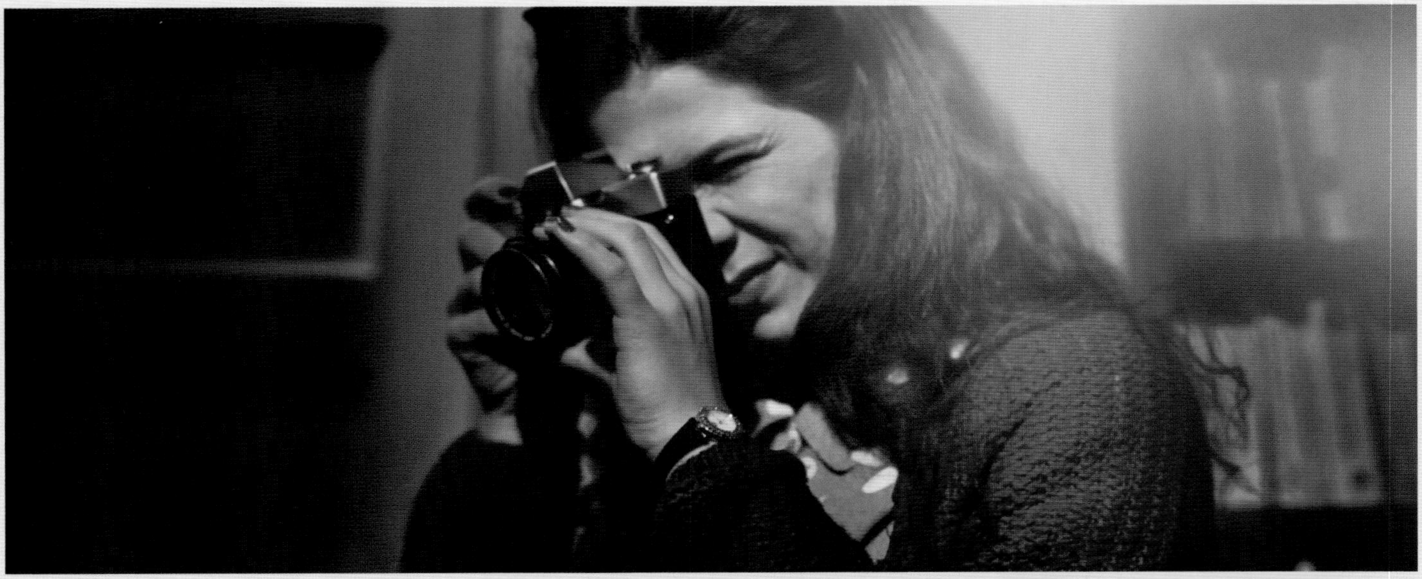

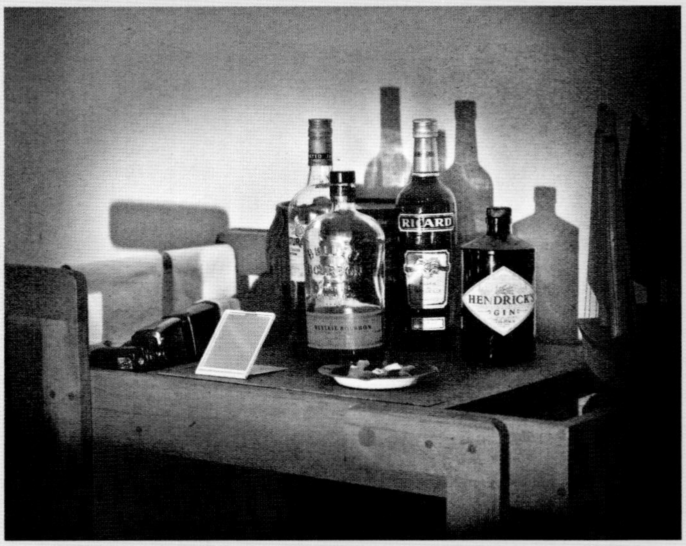
RICARD
HENDRICK'S
GIN

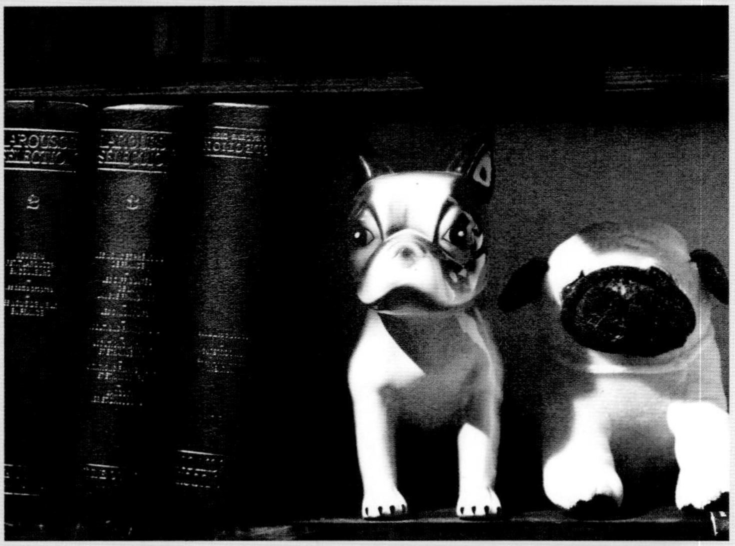

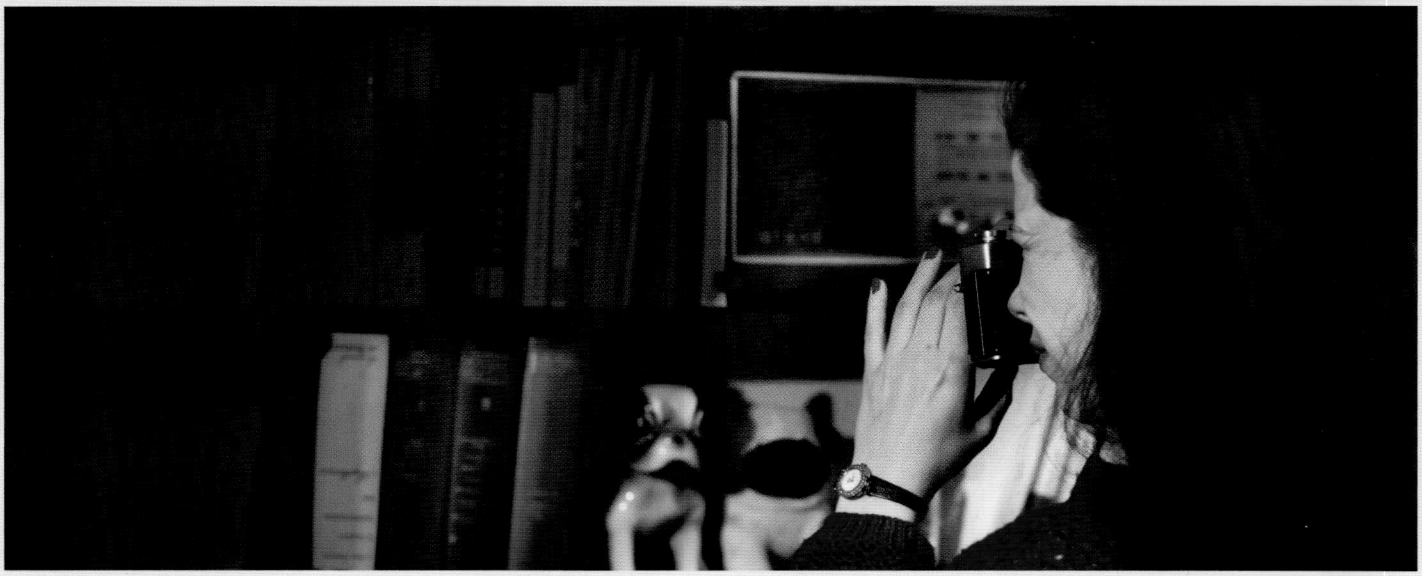

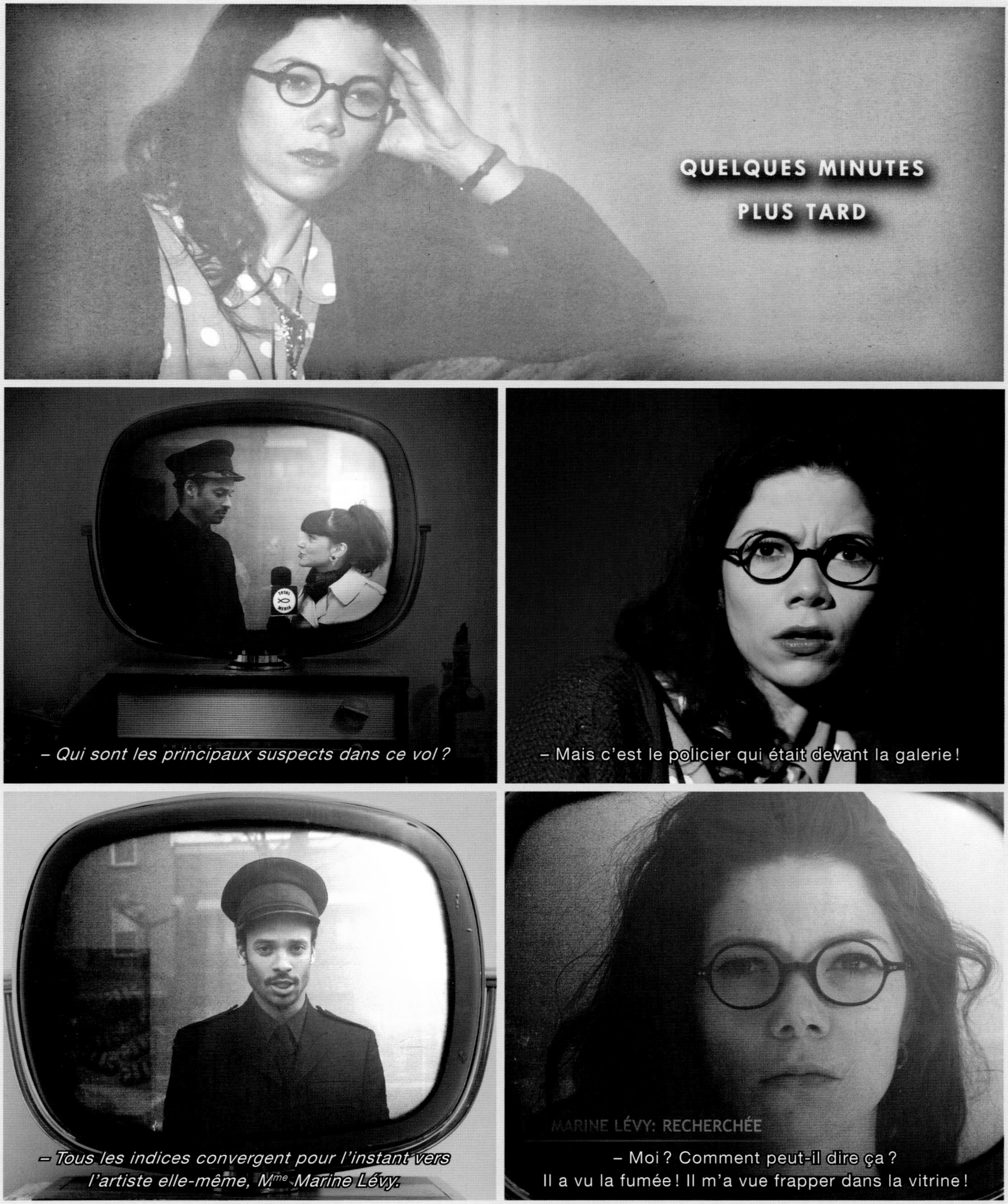
QUELQUES MINUTES
PLUS TARD
– Qui sont les principaux suspects dans ce vol ?
– Mais c'est le policier qui était devant la galerie !
– Tous les indices convergent pour l'instant vers
l'artiste elle-même, Mme Marine Lévy.
MARINE LÉVY: RECHERCHÉE
– Moi ? Comment peut-il dire ça ?
Il a vu la fumée ! Il m'a vue frapper dans la vitrine !

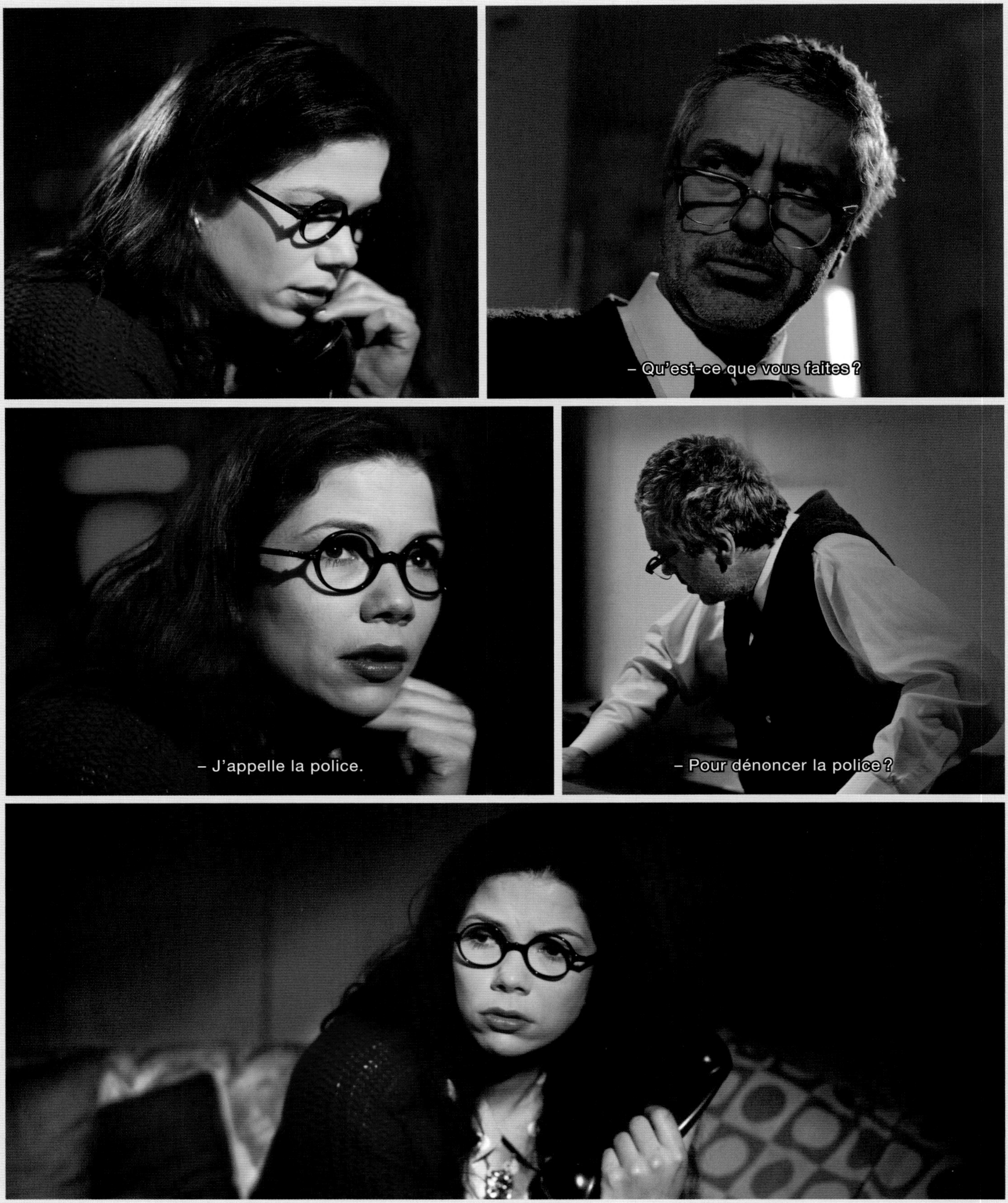
– Qu'est-ce que vous faites ?
– J'appelle la police.
– Pour dénoncer la police ?

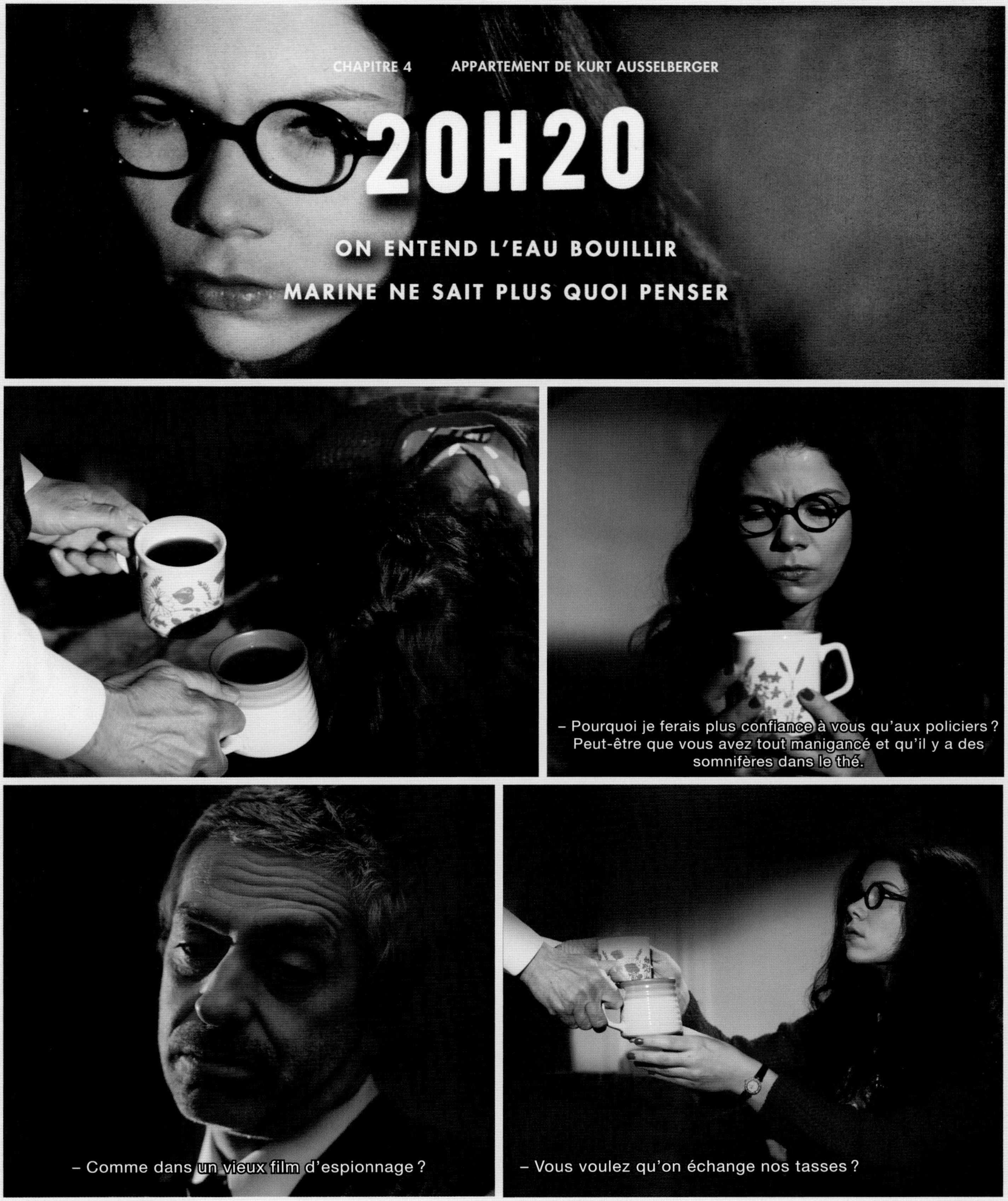
CHAPITRE 4 APPARTEMENT DE KURT AUSSELBERGER
20H20
ON ENTEND L'EAU BOUILLIR
MARINE NE SAIT PLUS QUOI PENSER
– Pourquoi je ferais plus confiance à vous qu'aux policiers ? Peut-être que vous avez tout manigancé et qu'il y a des somnifères dans le thé.
– Comme dans un vieux film d'espionnage ?
– Vous voulez qu'on échange nos tasses ?

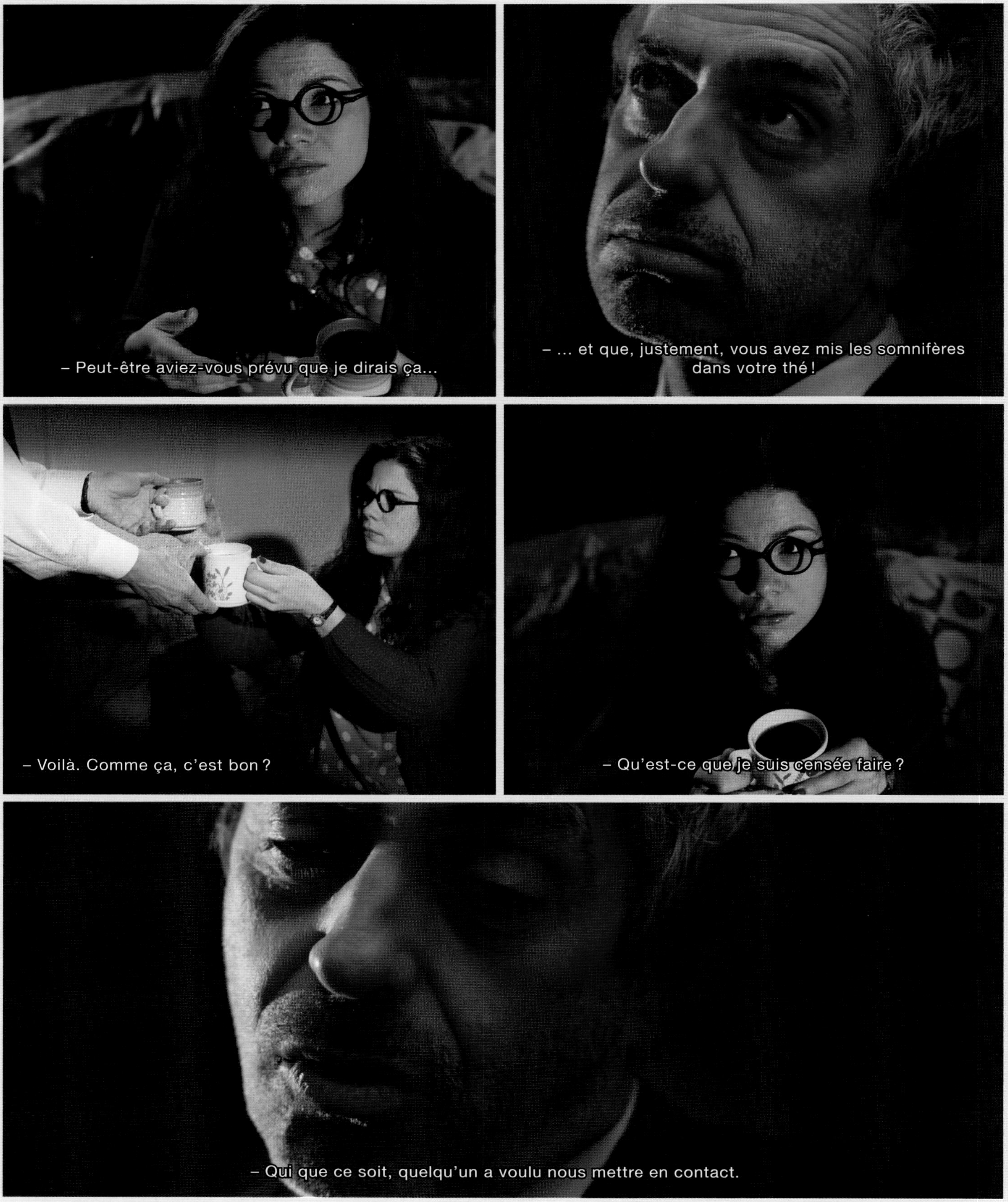
– Peut-être aviez-vous prévu que je dirais ça...
– ... et que, justement, vous avez mis les somnifères dans votre thé !
– Voilà. Comme ça, c'est bon ?
– Qu'est-ce que je suis censée faire ?
– Qui que ce soit, quelqu'un a voulu nous mettre en contact.

– Il doit y avoir une explication logique à tout ça. Vous avez un passé révolutionnaire ?
Vous complotez contre le président ? Vous êtes une espionne à la solde des communistes ?

– Je suis seulement une photographe !

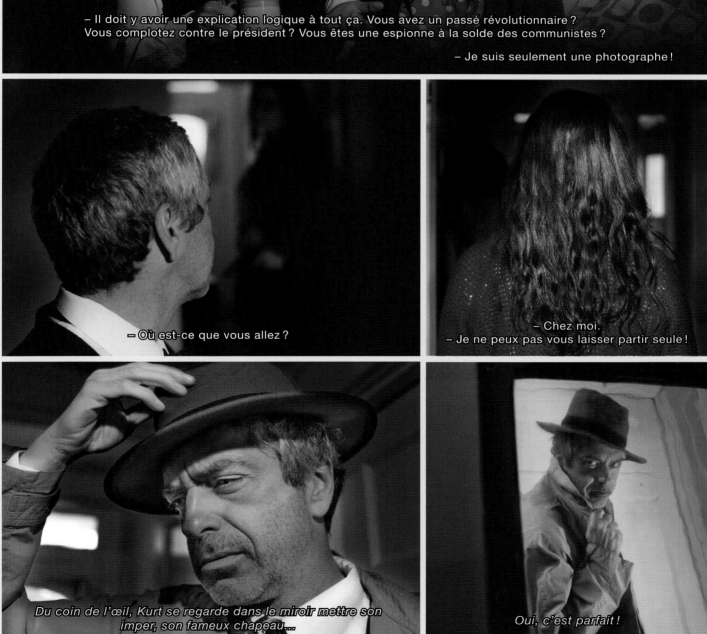

– Où est-ce que vous allez ?

– Chez moi.
– Je ne peux pas vous laisser partir seule !

*Du coin de l'œil, Kurt se regarde dans le miroir mettre son
imper, son fameux chapeau...*

Oui, c'est parfait !

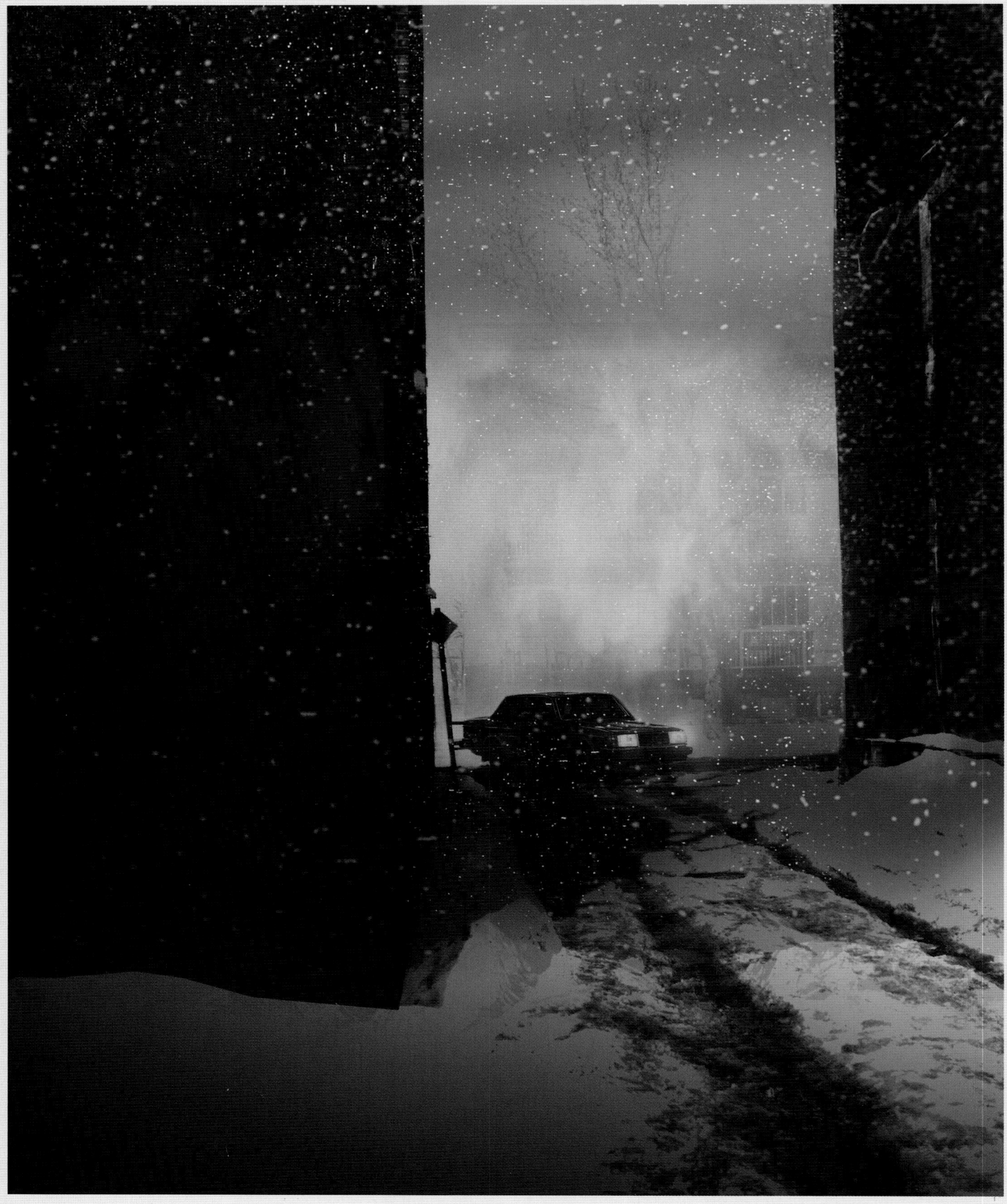

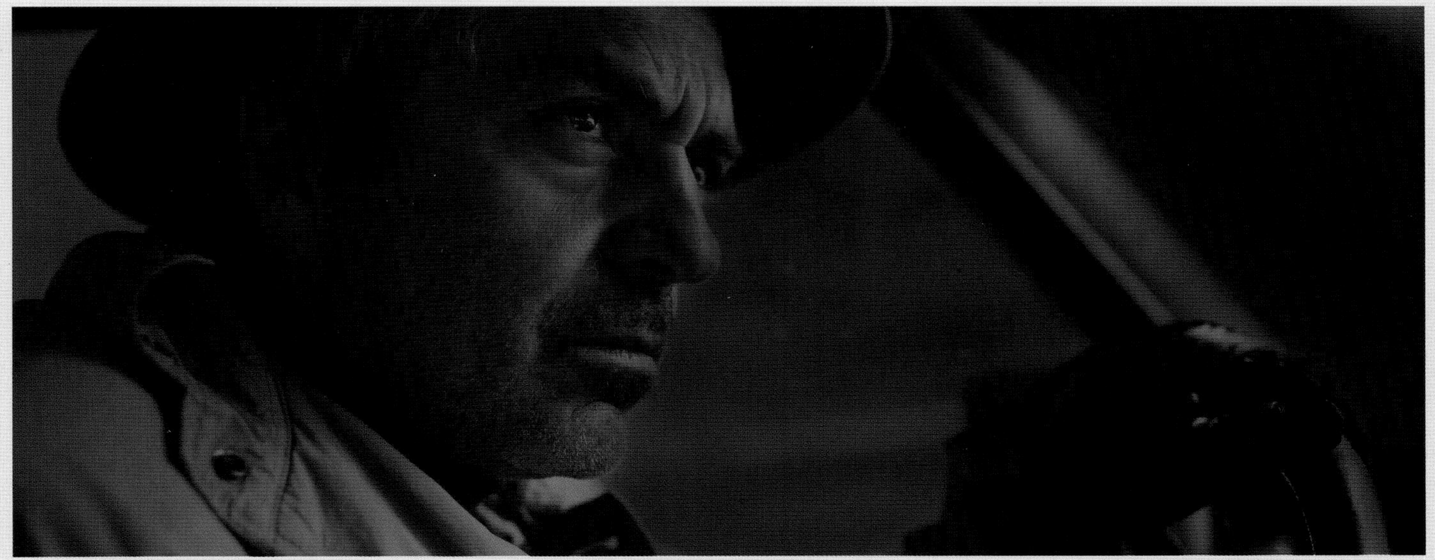

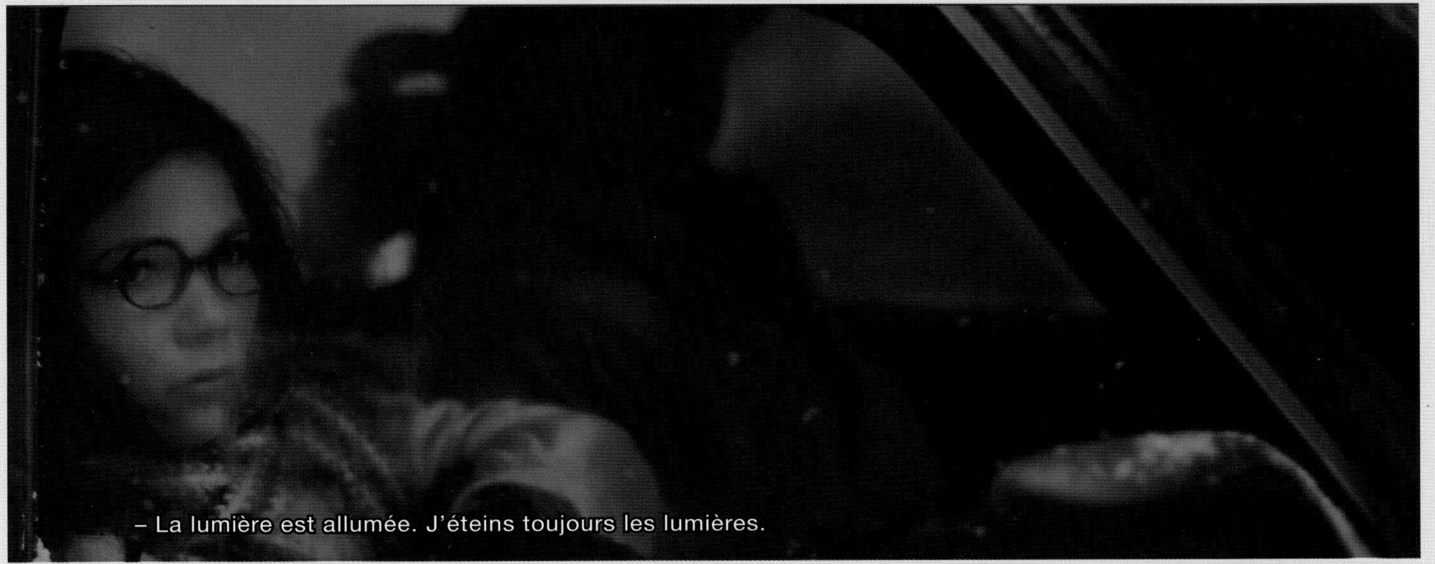
– La lumière est allumée. J’éteins toujours les lumières.

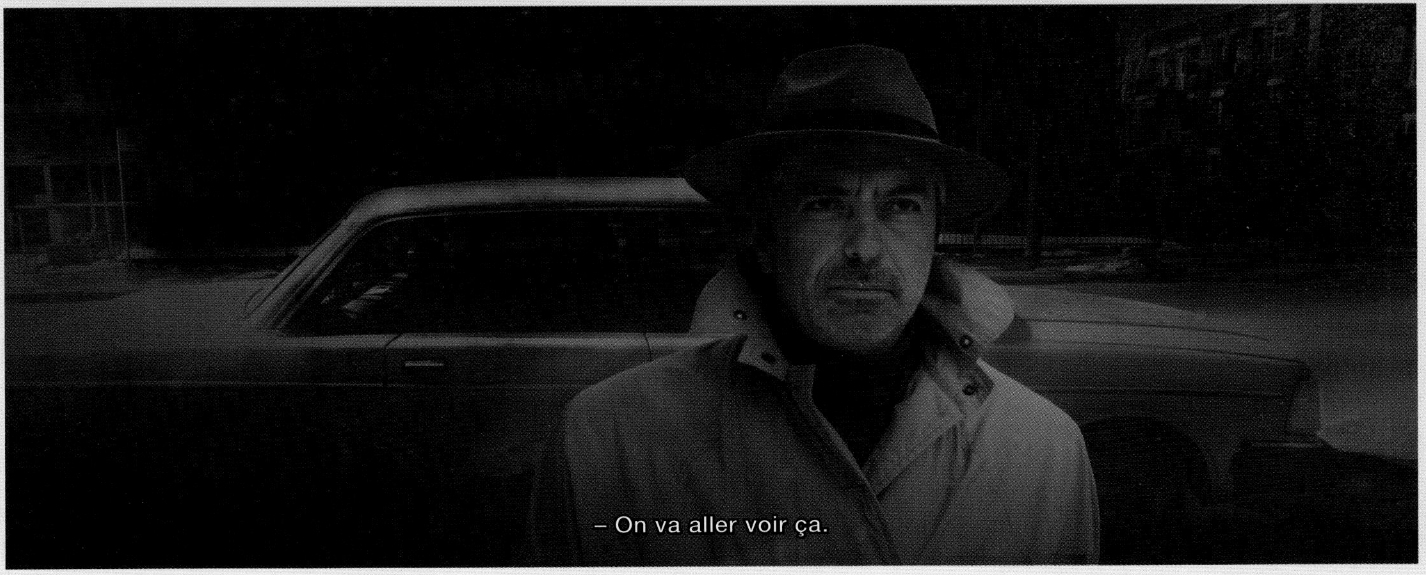
– On va aller voir ça.

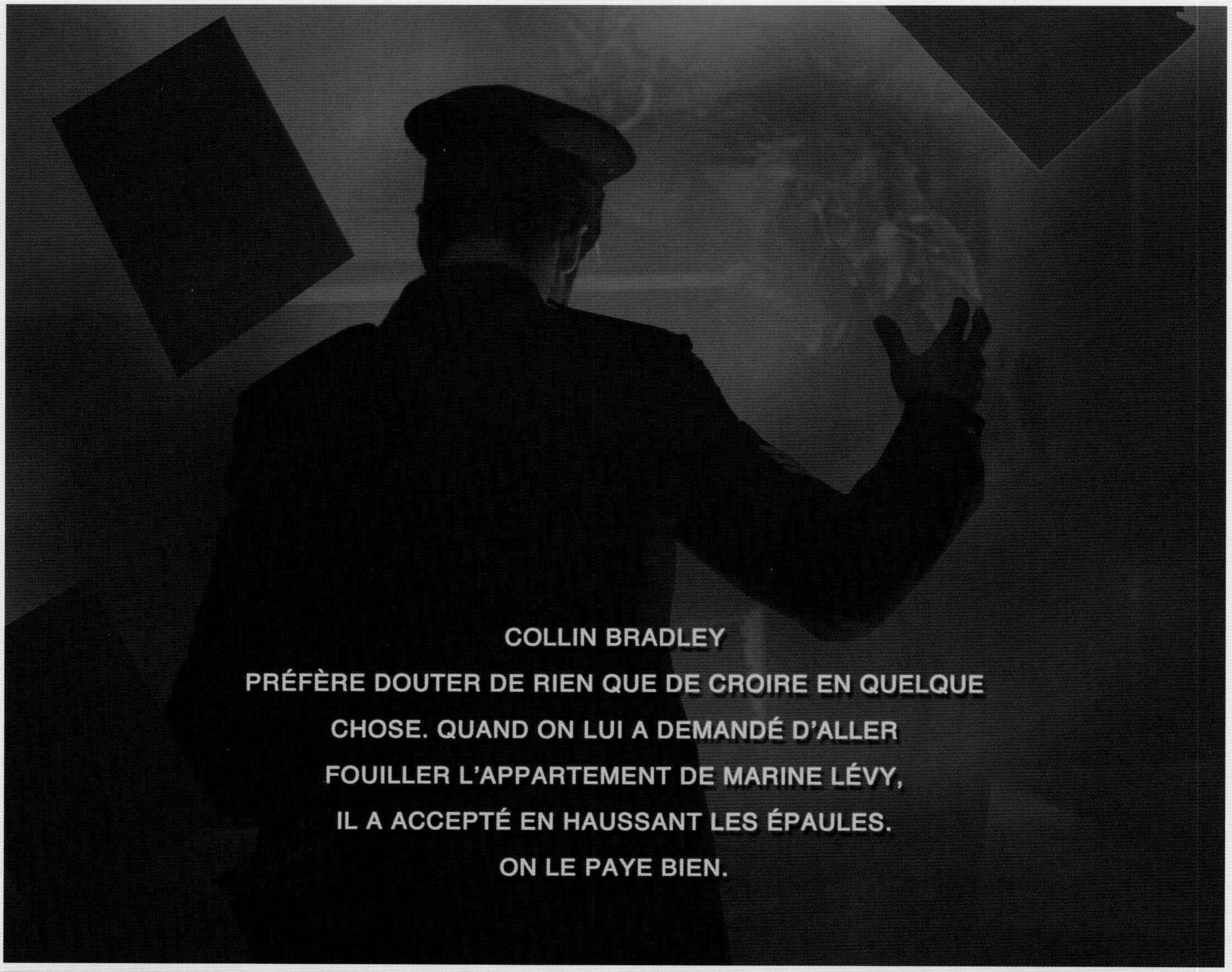
COLLIN BRADLEY
PRÉFÈRE DOUTER DE RIEN QUE DE CROIRE EN QUELQUE CHOSE. QUAND ON LUI A DEMANDÉ D'ALLER FOUILLER L'APPARTEMENT DE MARINE LÉVY, IL A ACCEPTÉ EN HAUSSANT LES ÉPAULES.
ON LE PAYE BIEN.

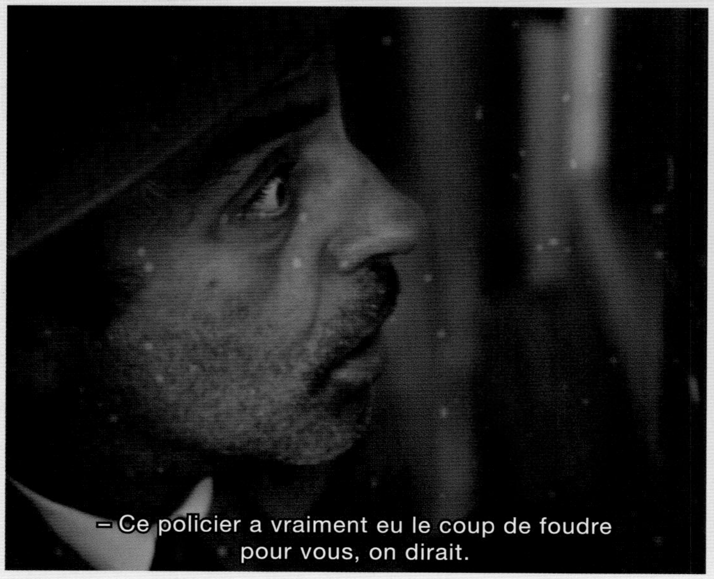
– Ce policier a vraiment eu le coup de foudre pour vous, on dirait.

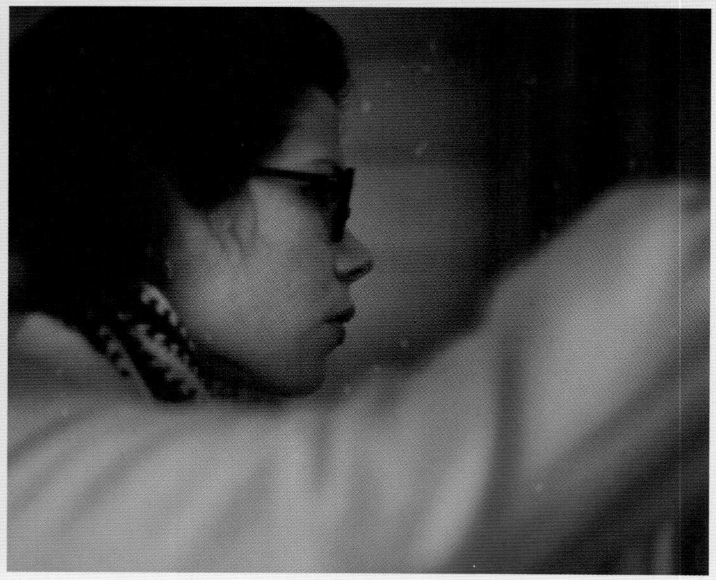

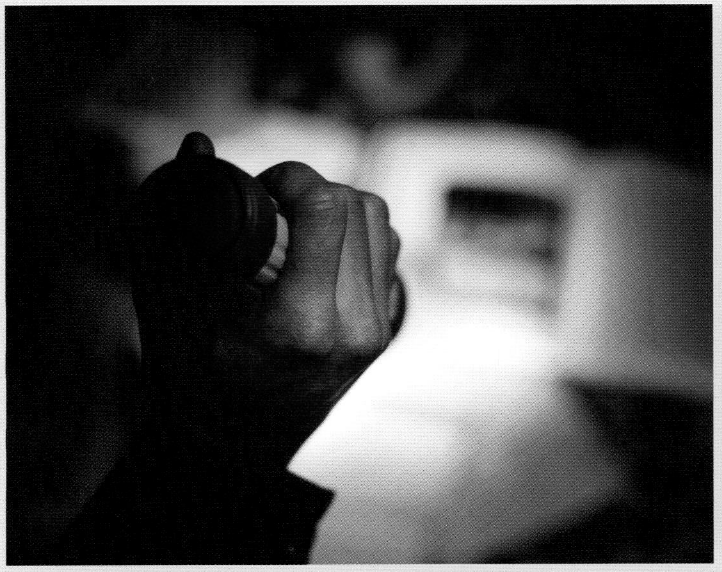

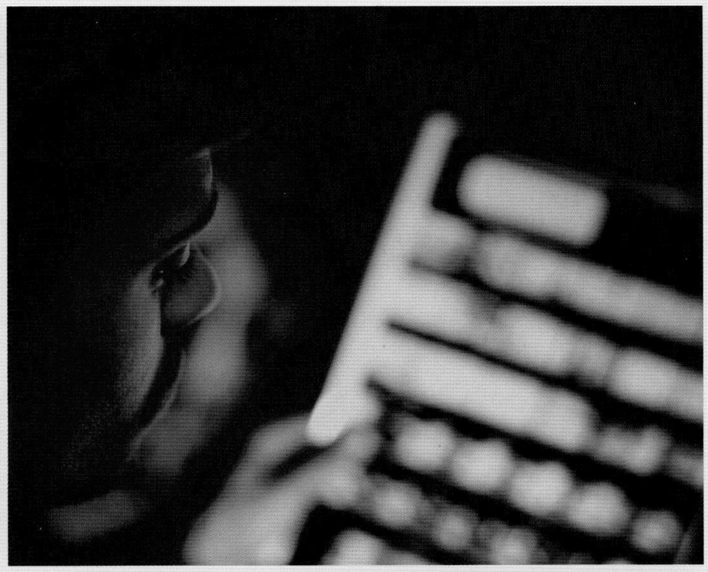

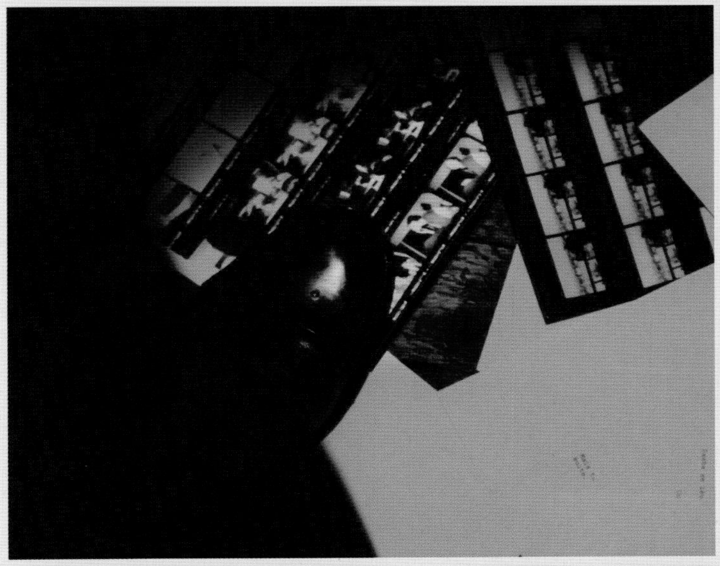

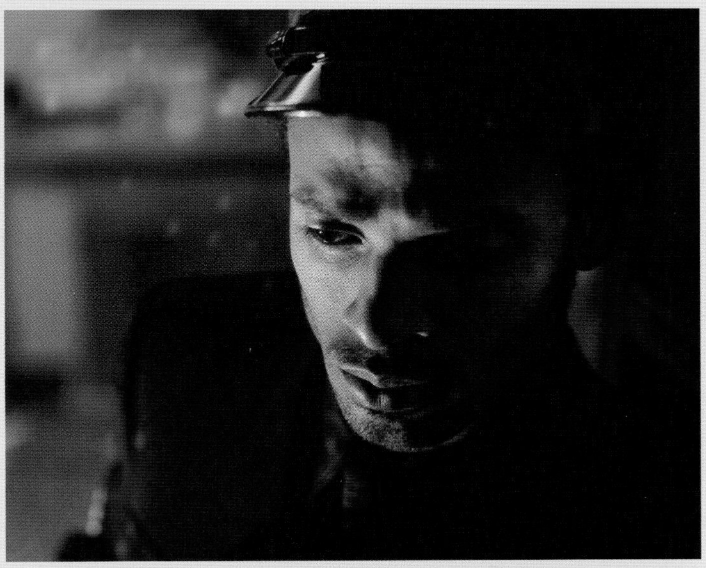

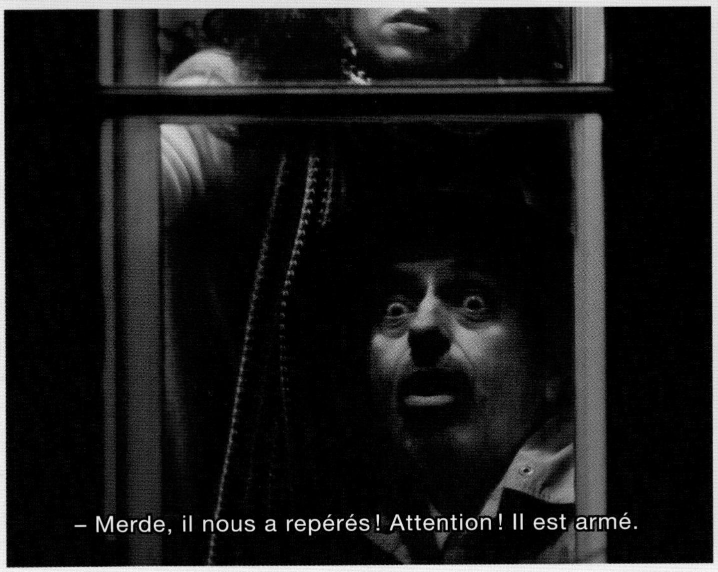
– Merde, il nous a repérés ! Attention ! Il est armé.

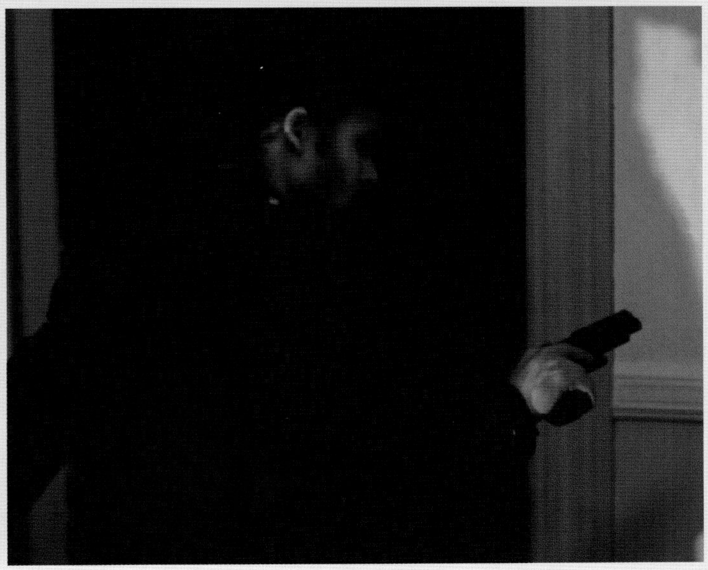

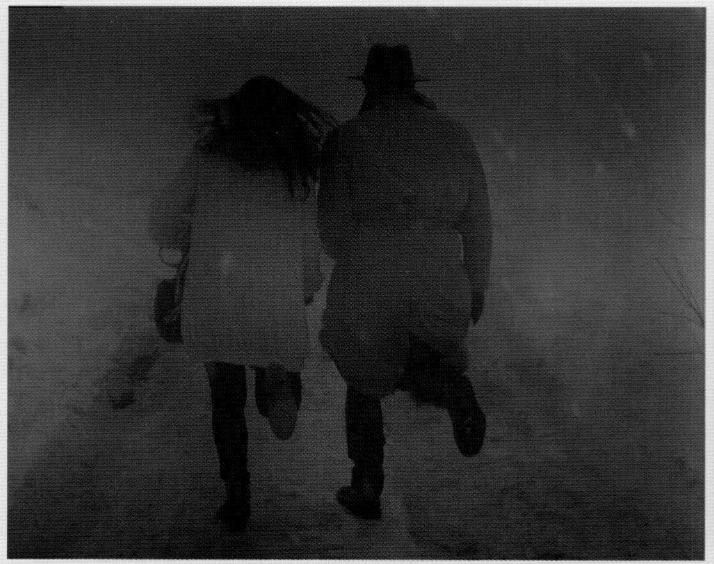

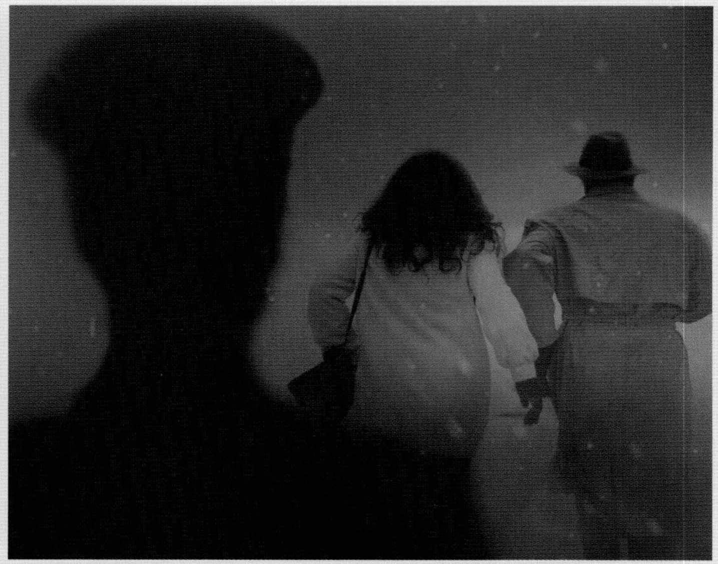

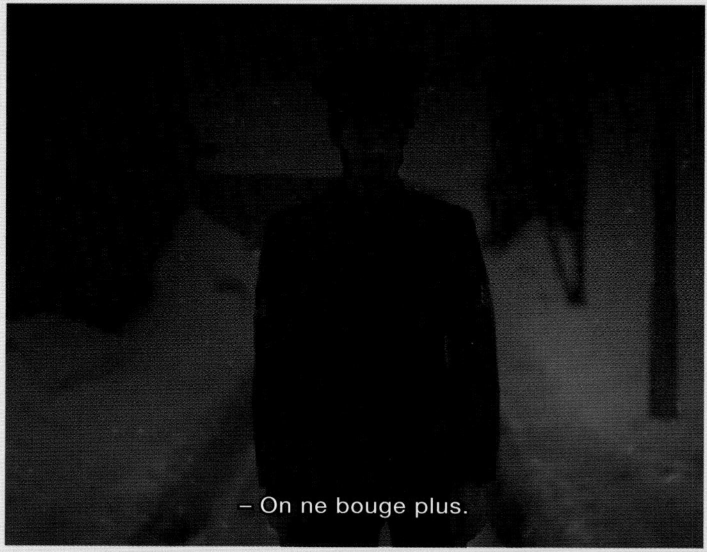
– On ne bouge plus.

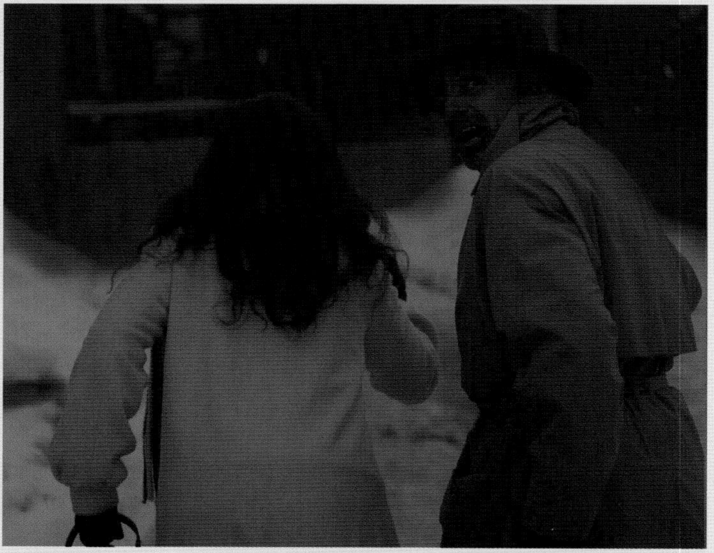

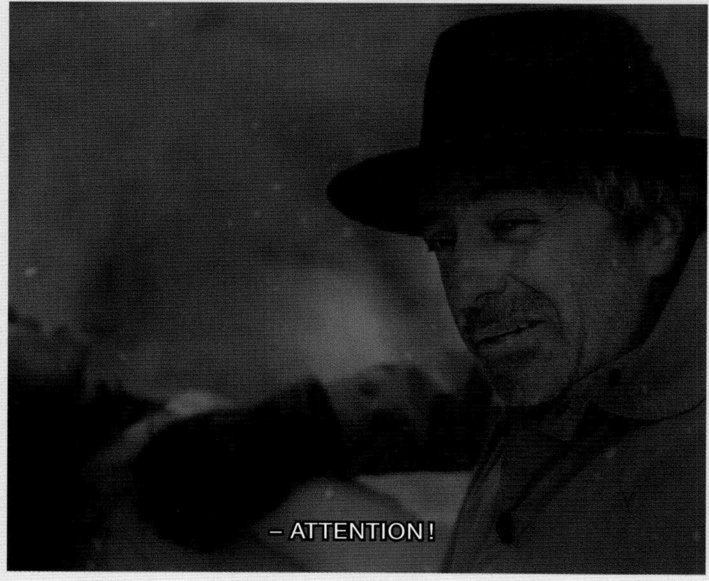
– ATTENTION !

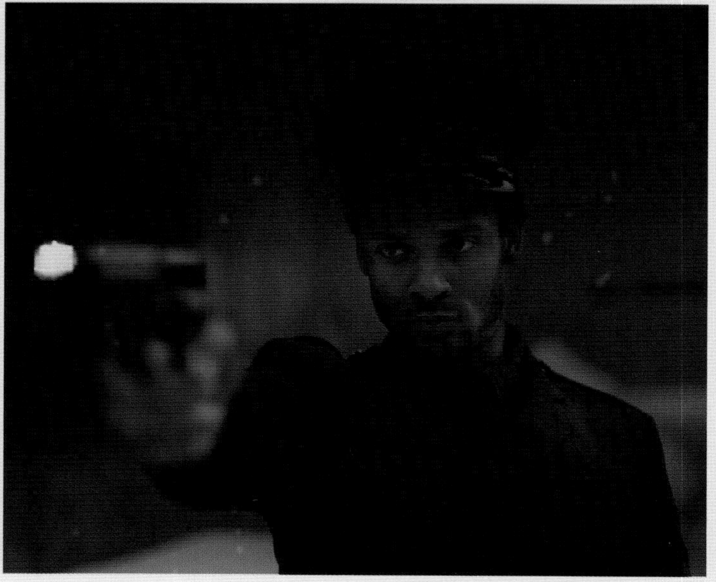

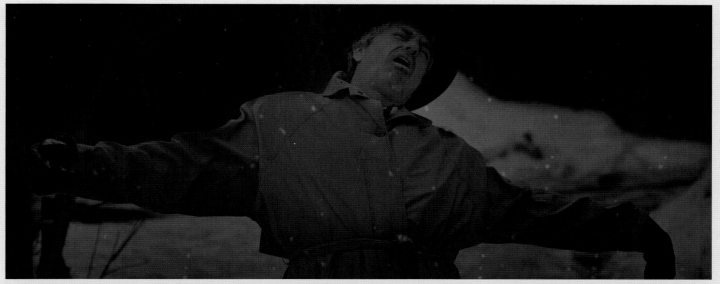

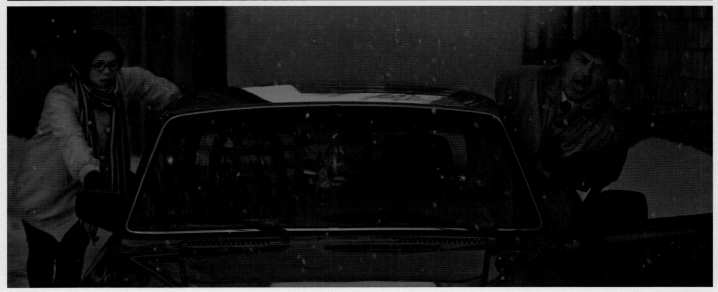

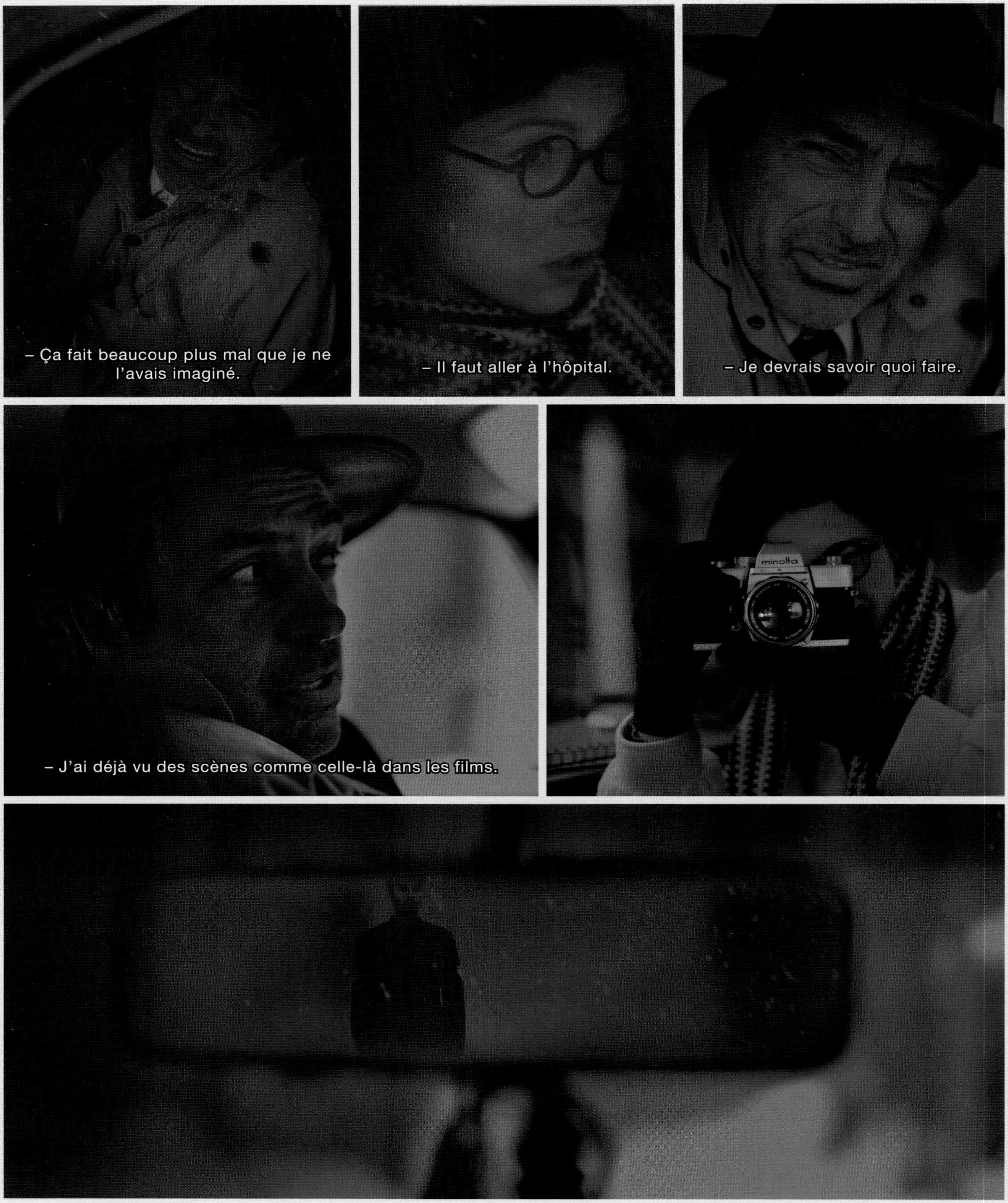
– Ça fait beaucoup plus mal que je ne l'avais imaginé.
– Il faut aller à l'hôpital.
– Je devrais savoir quoi faire.
– J'ai déjà vu des scènes comme celle-là dans les films.
minolta

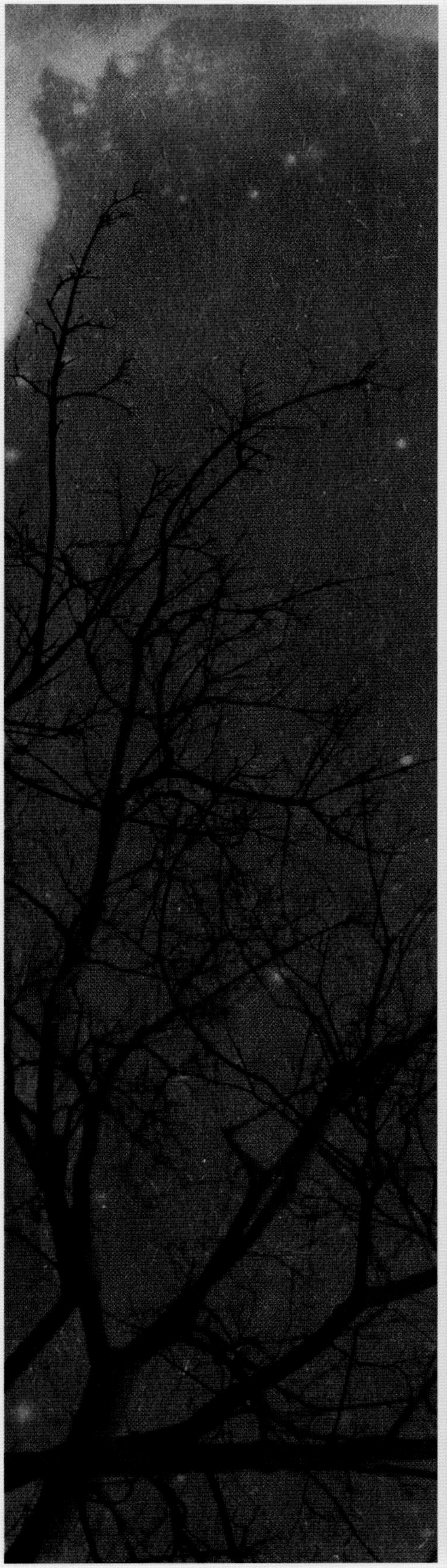

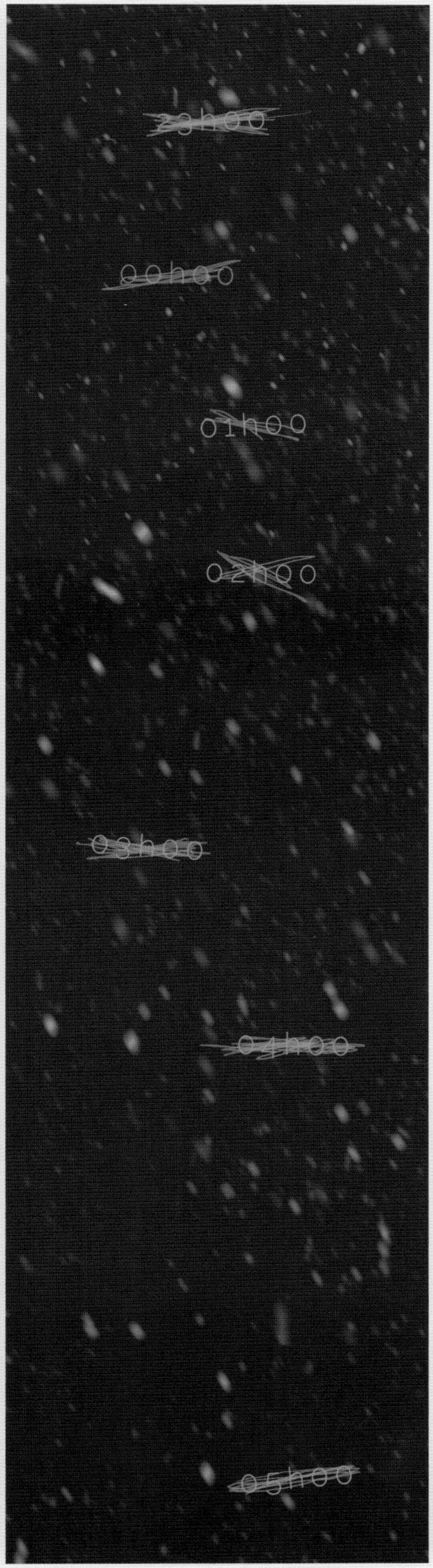

23h00
00h00
01h00
02h00
03h00
04h00
05h00

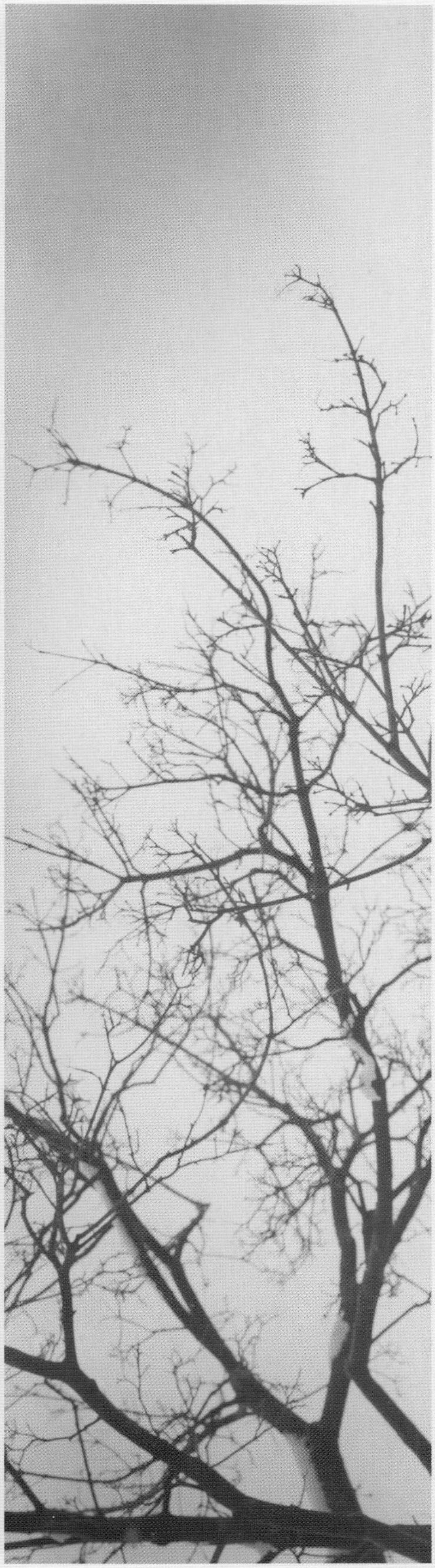

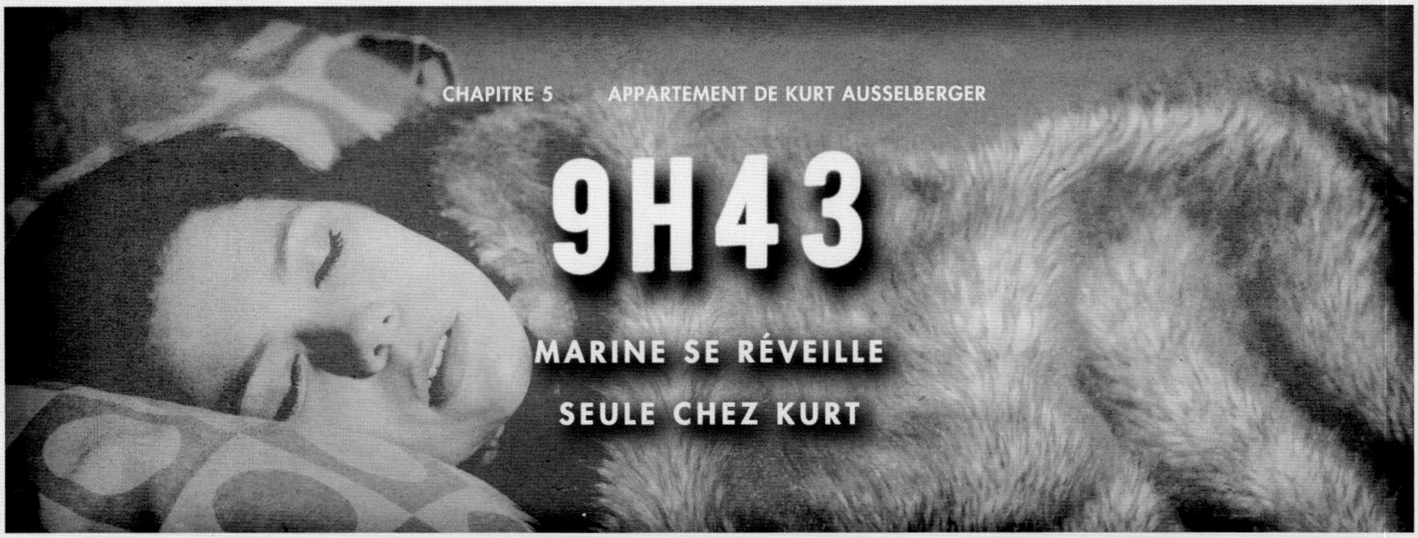
CHAPITRE 5 APPARTEMENT DE KURT AUSSELBERGER
9H43
MARINE SE RÉVEILLE
SEULE CHEZ KURT

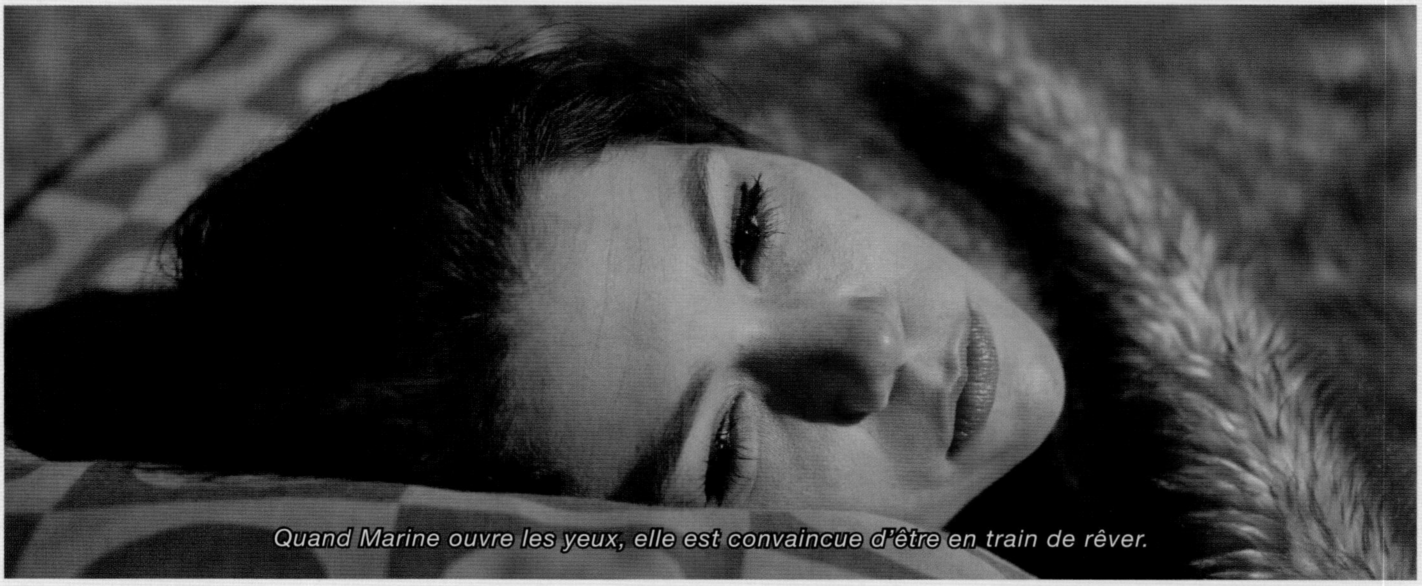
Quand Marine ouvre les yeux, elle est convaincue d'être en train de rêver.

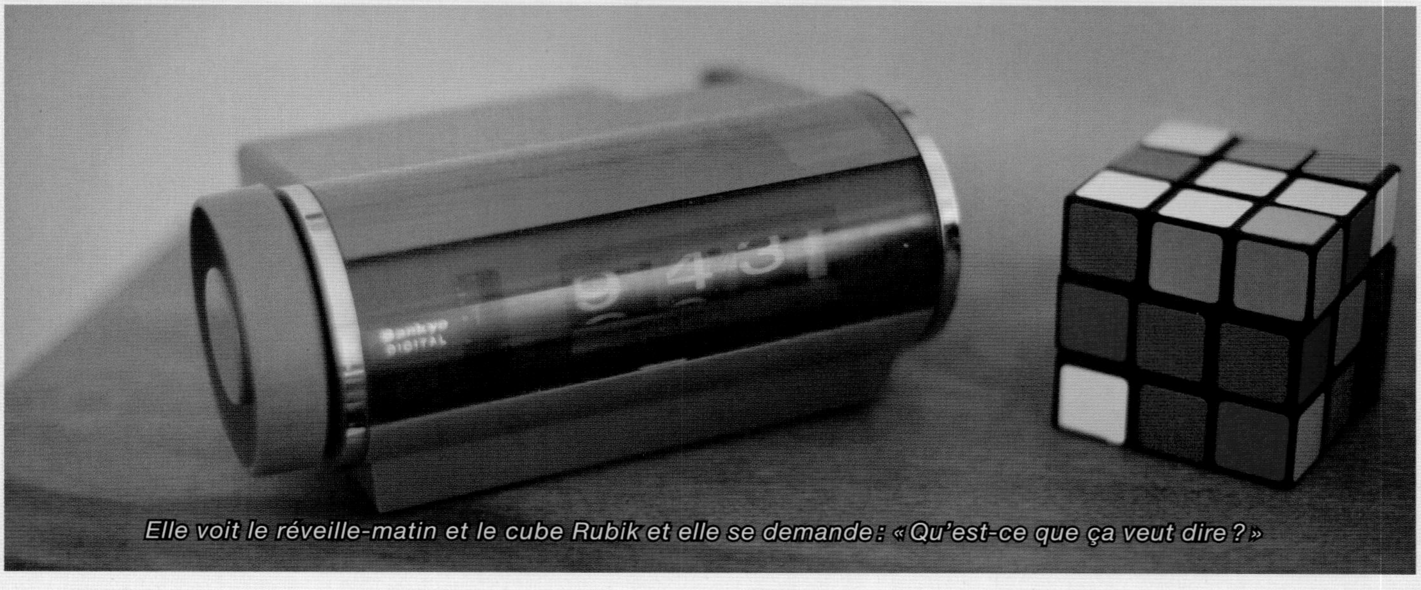
Elle voit le réveille-matin et le cube Rubik et elle se demande : « Qu'est-ce que ça veut dire ? »

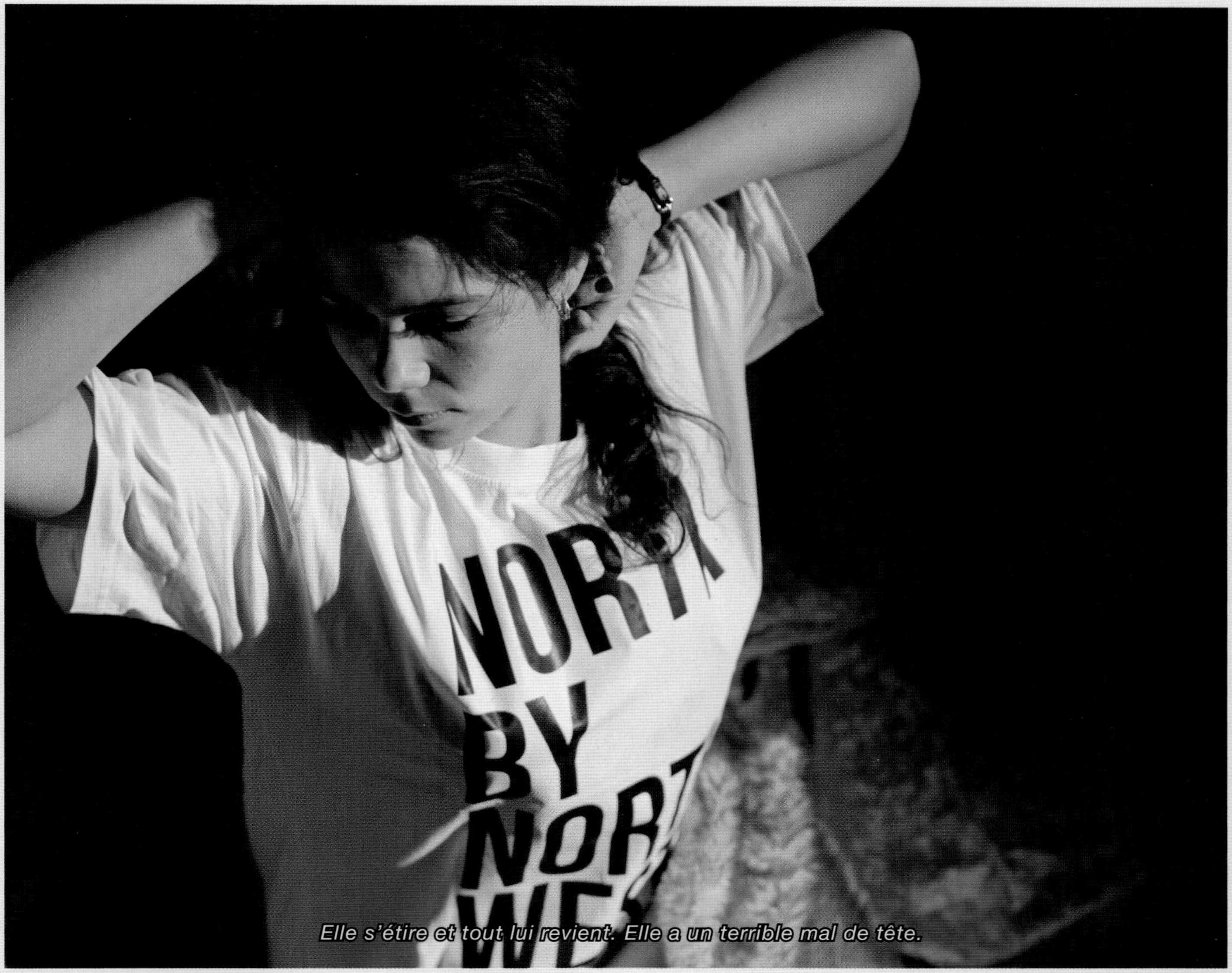
Elle s’étire et tout lui revient. Elle a un terrible mal de tête.

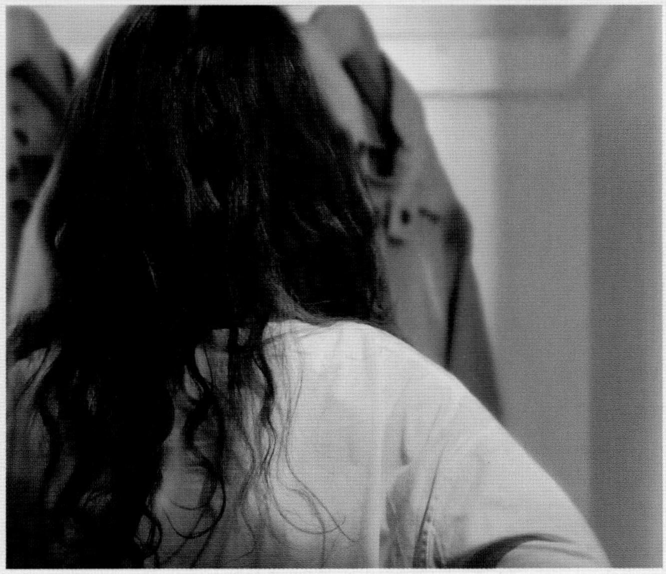

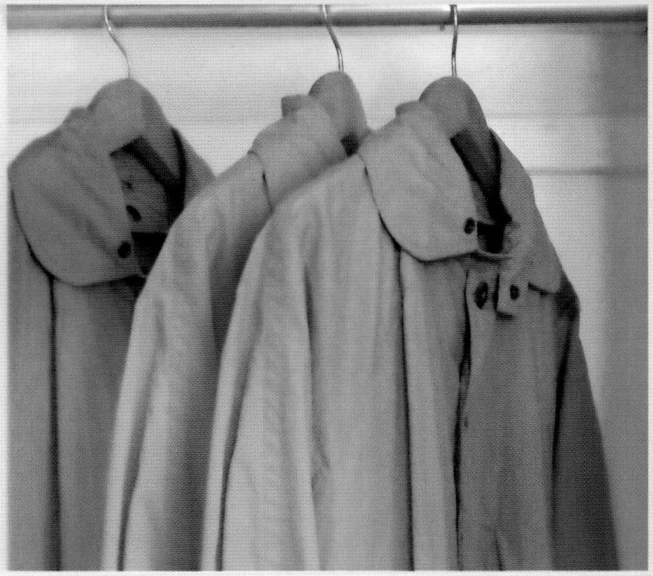

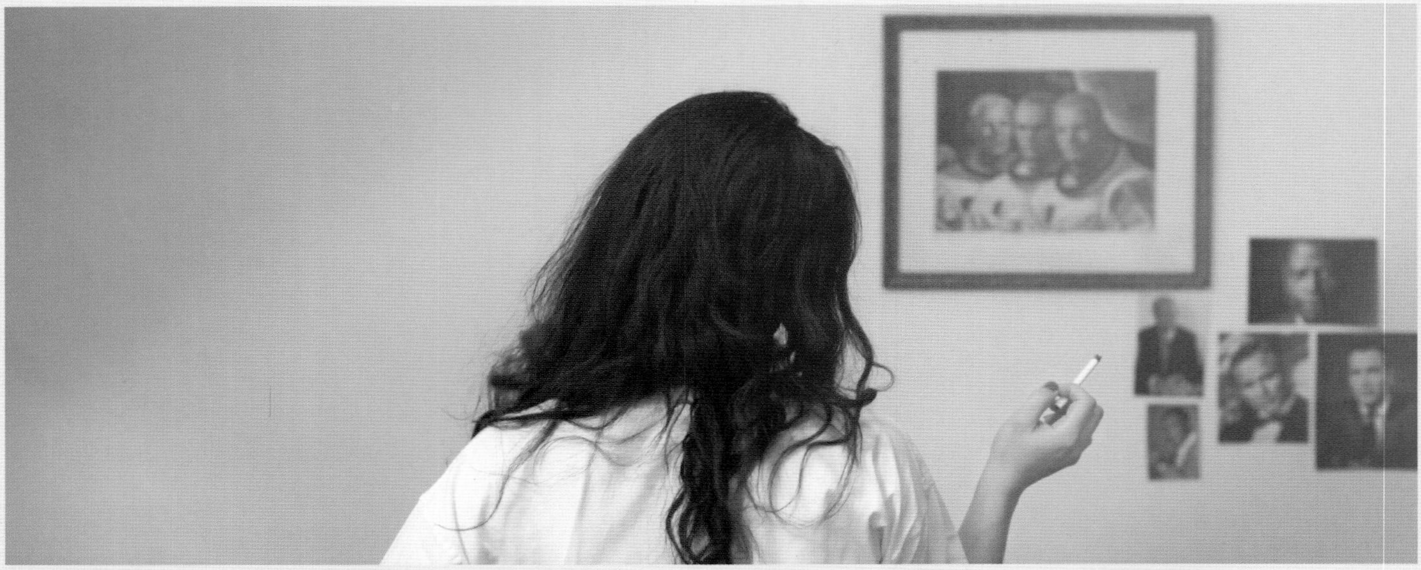

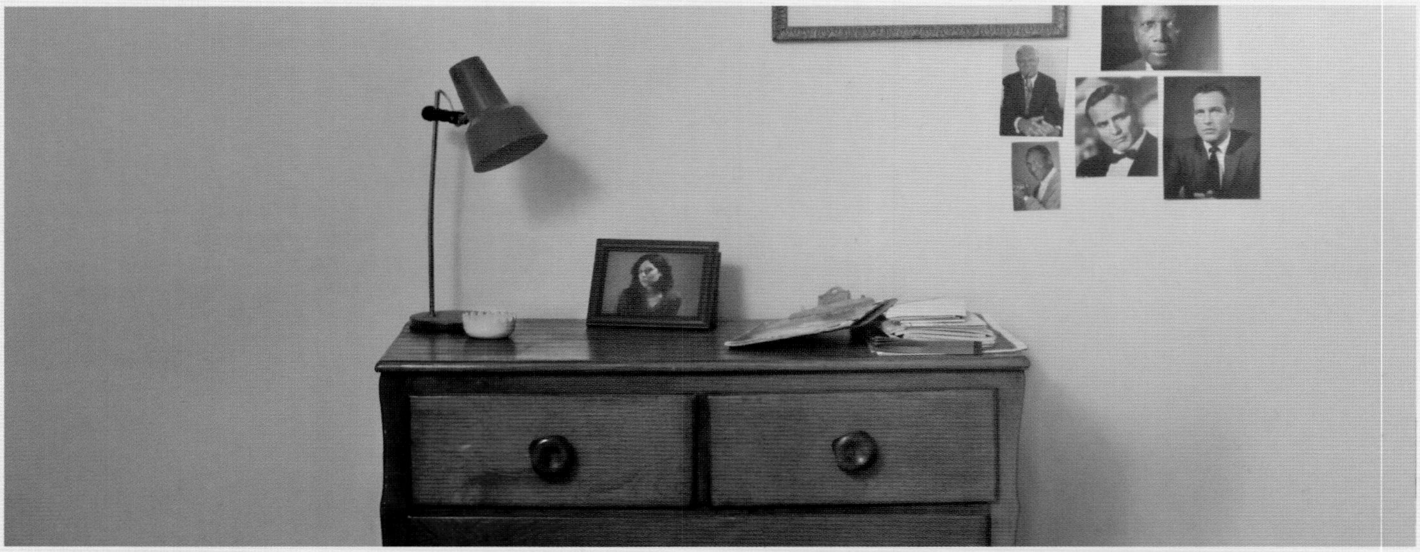

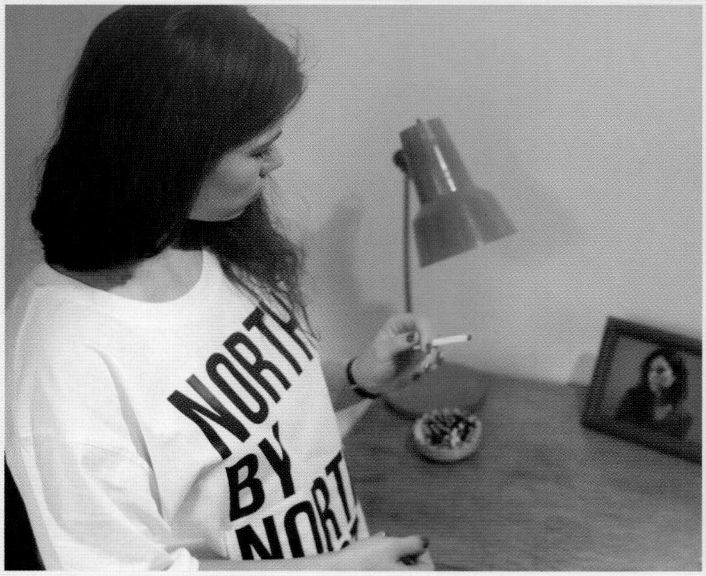

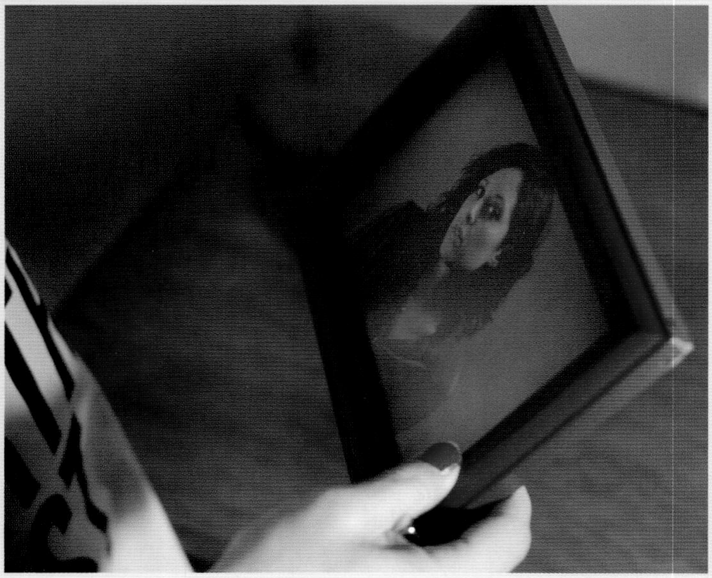

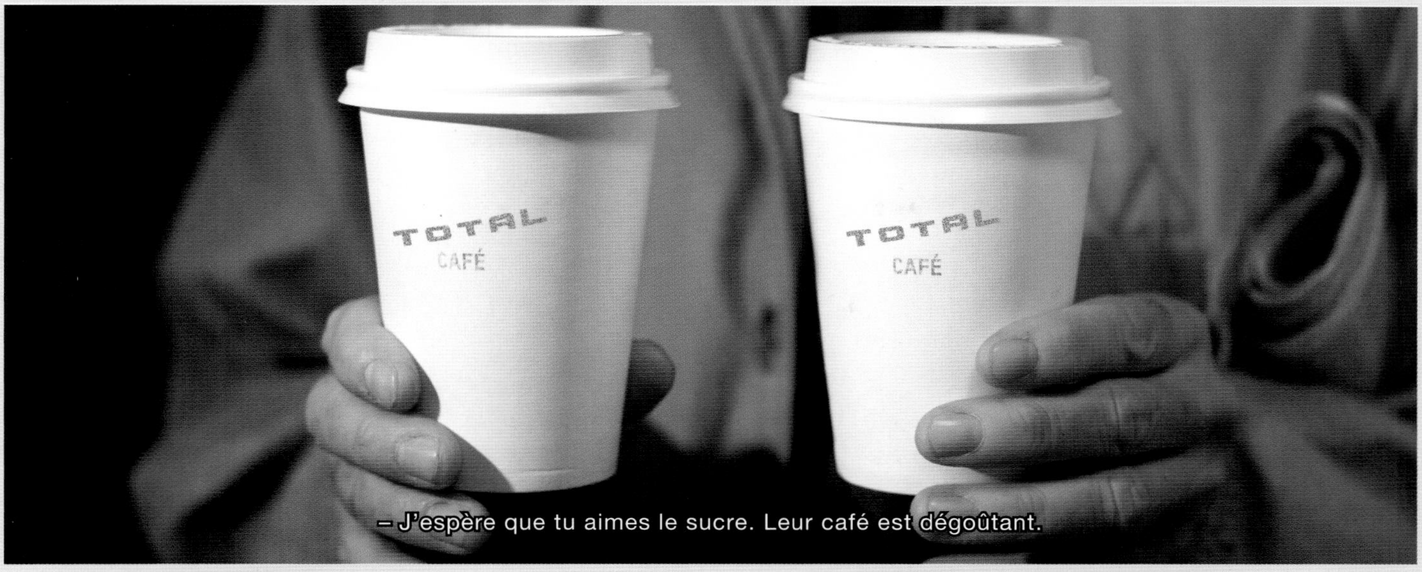
TOTAL
CAFÉ
TOTAL
CAFÉ
– J’espère que tu aimes le sucre. Leur café est dégoûtant.

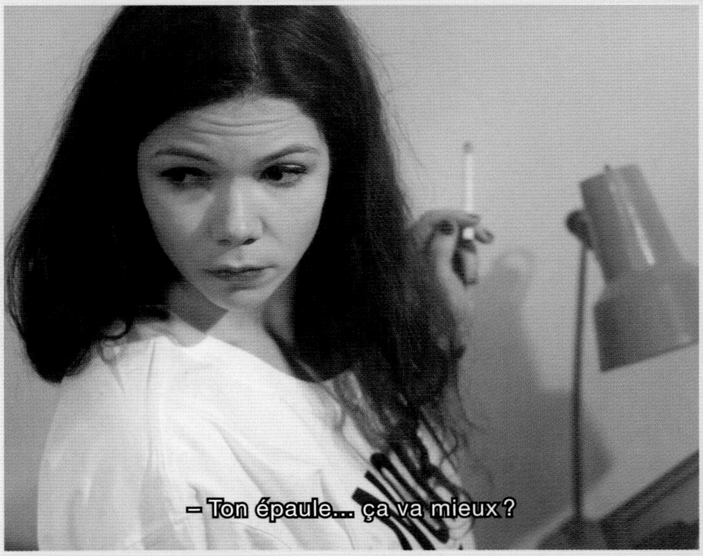
– Ton épaule… ça va mieux ?

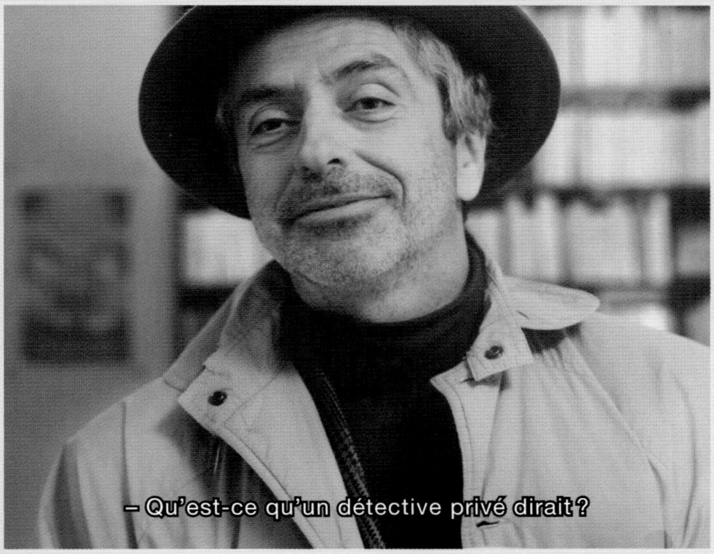
– Qu’est-ce qu’un détective privé dirait ?

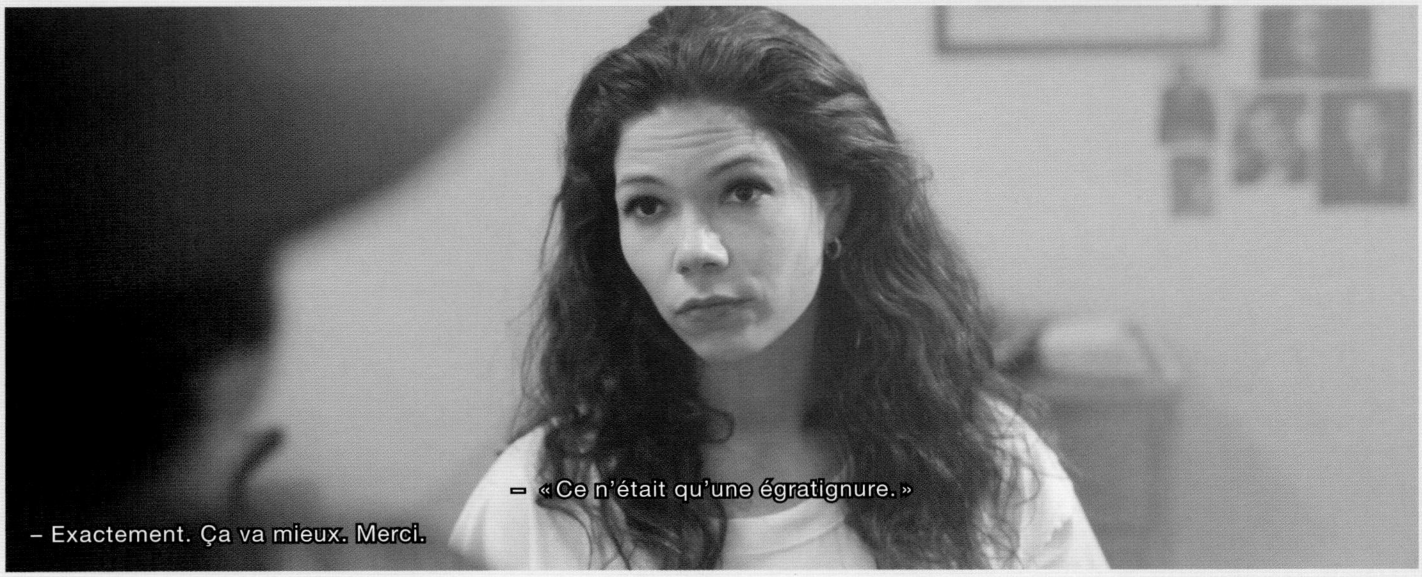
– « Ce n’était qu’une égratignure. »
– Exactement. Ça va mieux. Merci.

CHAPITRE 6 APPARTEMENT DE KURT AUSSELBERGER

11H11

MARINE ET KURT LISENT LE JOURNAL

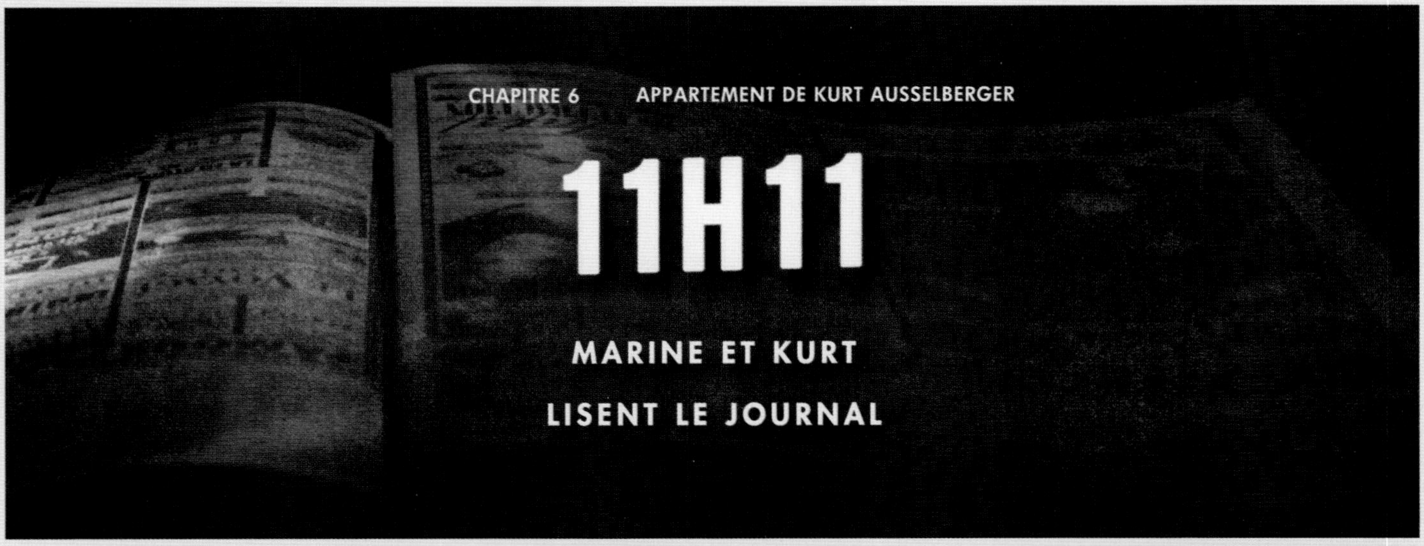

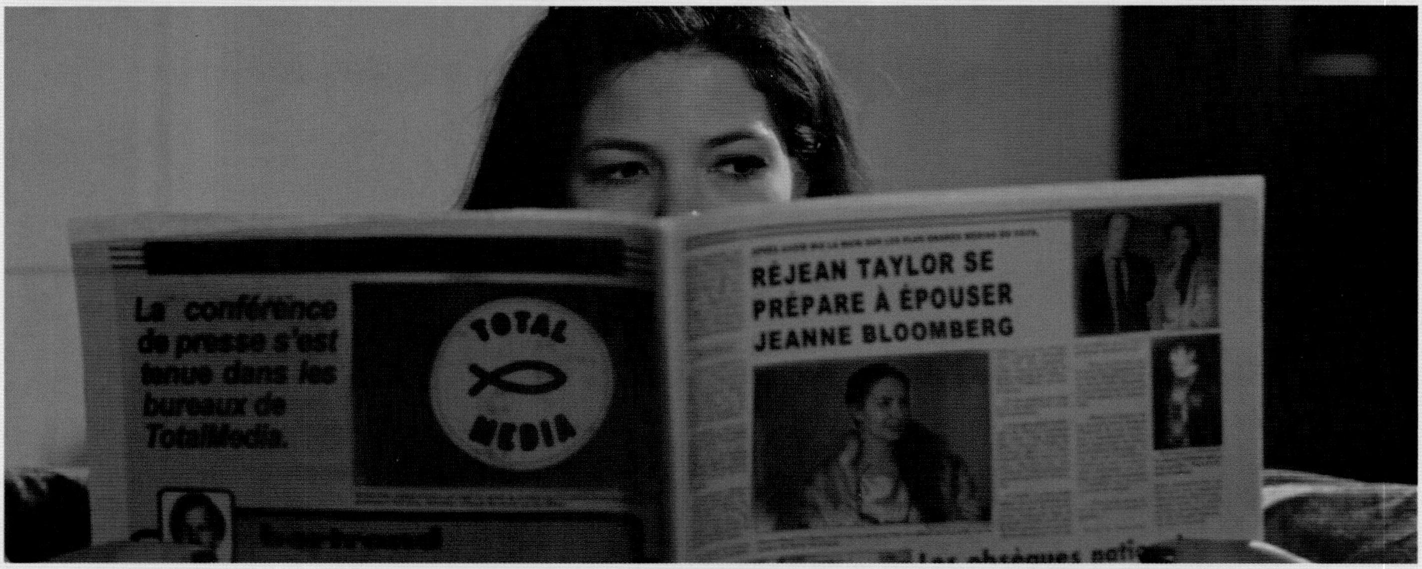
La conférence de presse s'est tenue dans les bureaux de TotalMedia.
TOTAL MEDIA
RÉJEAN TAYLOR SE PRÉPARE À ÉPOUSER JEANNE BLOOMBERG

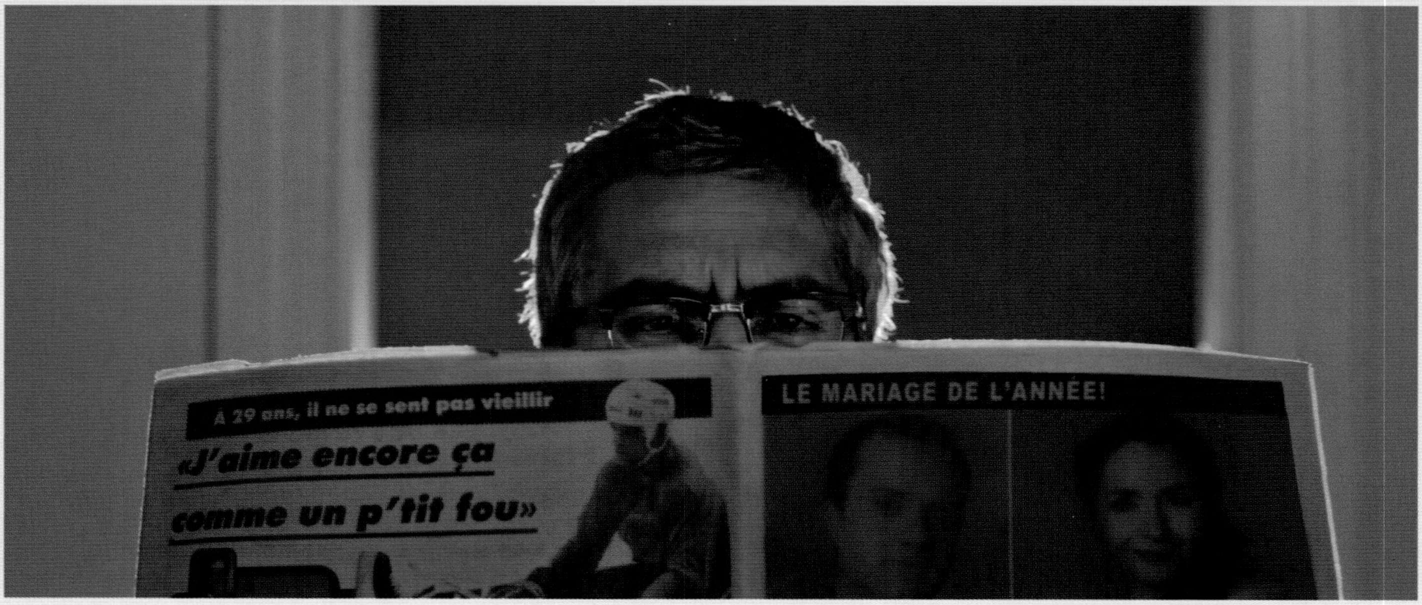
À 29 ans, il ne se sent pas vieillir
«J'aime encore ça comme un p'tit fou»
LE MARIAGE DE L'ANNÉE!

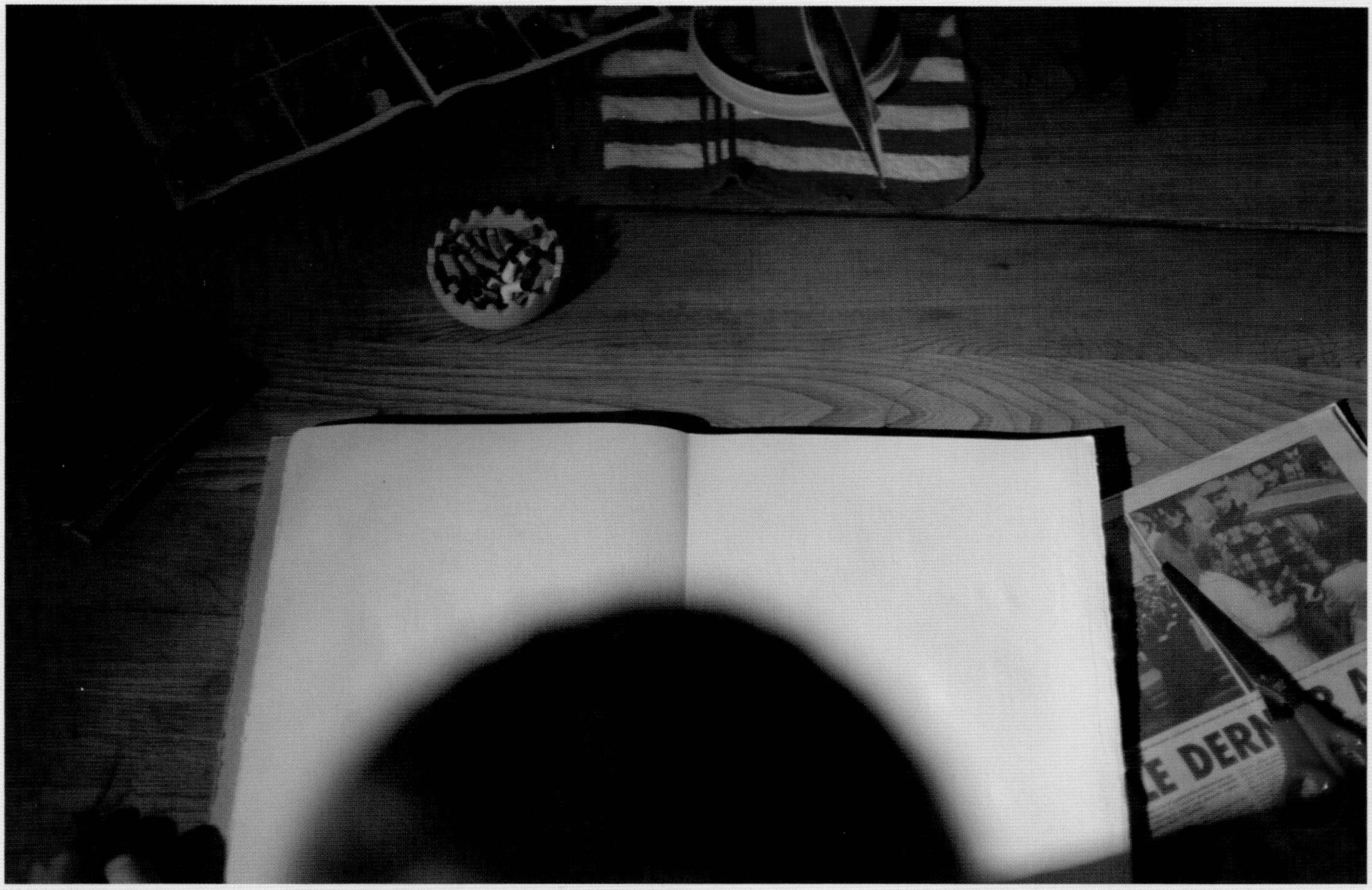

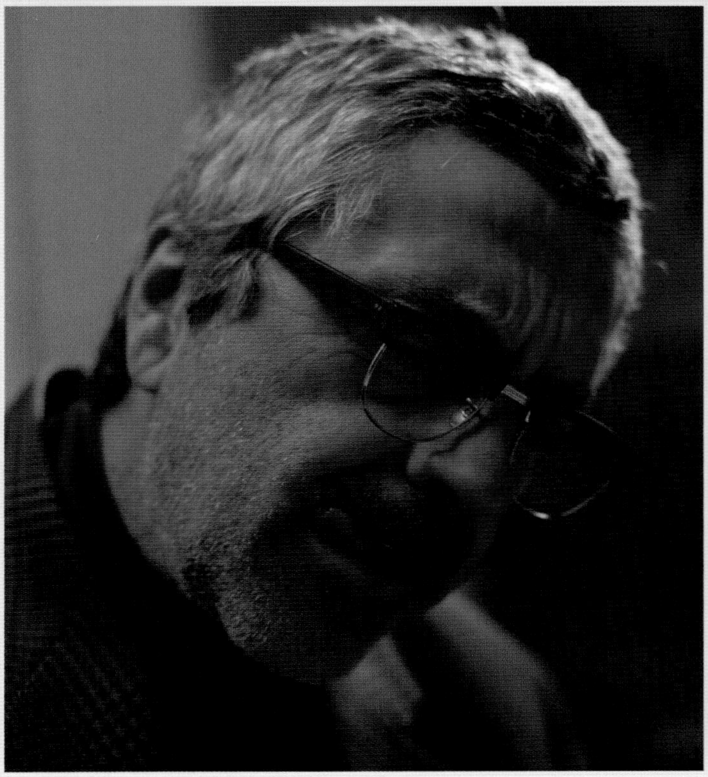

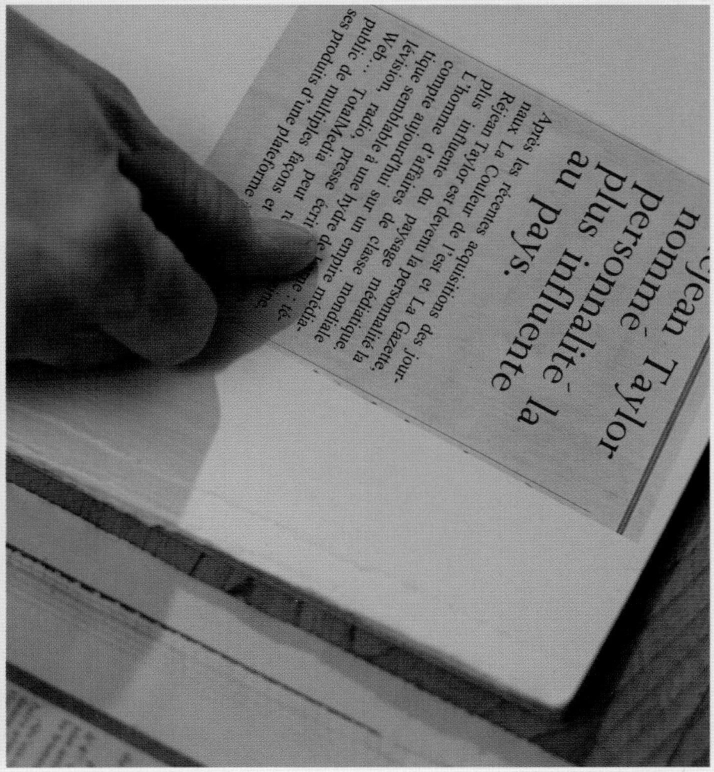
nommé Taylor
personnalité la
plus influente
au pays.

– Tout le monde semble s'entendre sur le fait que c'est moi qui ai commis le vol à la galerie.

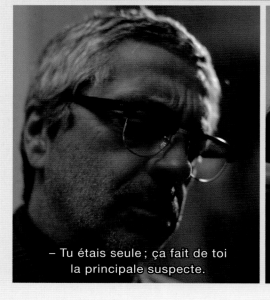

– Tu étais seule ; ça fait de toi la principale suspecte.

– Je ne sais pas… On pourrait faire une enquête, il me semble.

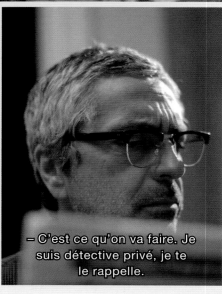

– C'est ce qu'on va faire. Je suis détective privé, je te le rappelle.

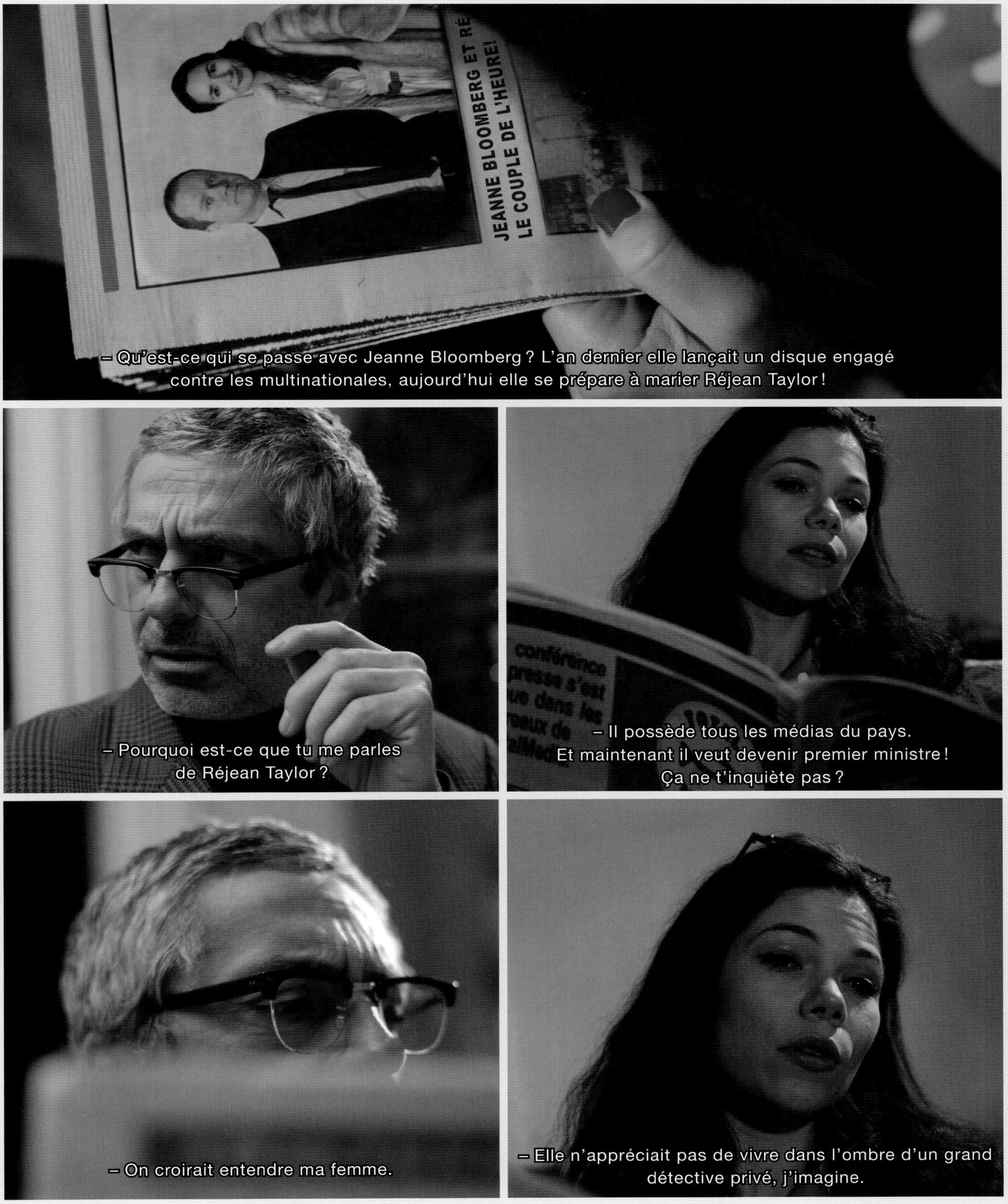
JEANNE BLOOMBERG ET
LE COUPLE DE L'HEURE!
– Qu’est-ce qui se passe avec Jeanne Bloomberg ? L’an dernier elle lançait un disque engagé contre les multinationales, aujourd’hui elle se prépare à marier Réjean Taylor !
– Pourquoi est-ce que tu me parles de Réjean Taylor ?
– Il possède tous les médias du pays. Et maintenant il veut devenir premier ministre ! Ça ne t’inquiète pas ?
– On croirait entendre ma femme.
– Elle n’appréciait pas de vivre dans l’ombre d’un grand détective privé, j’imagine.

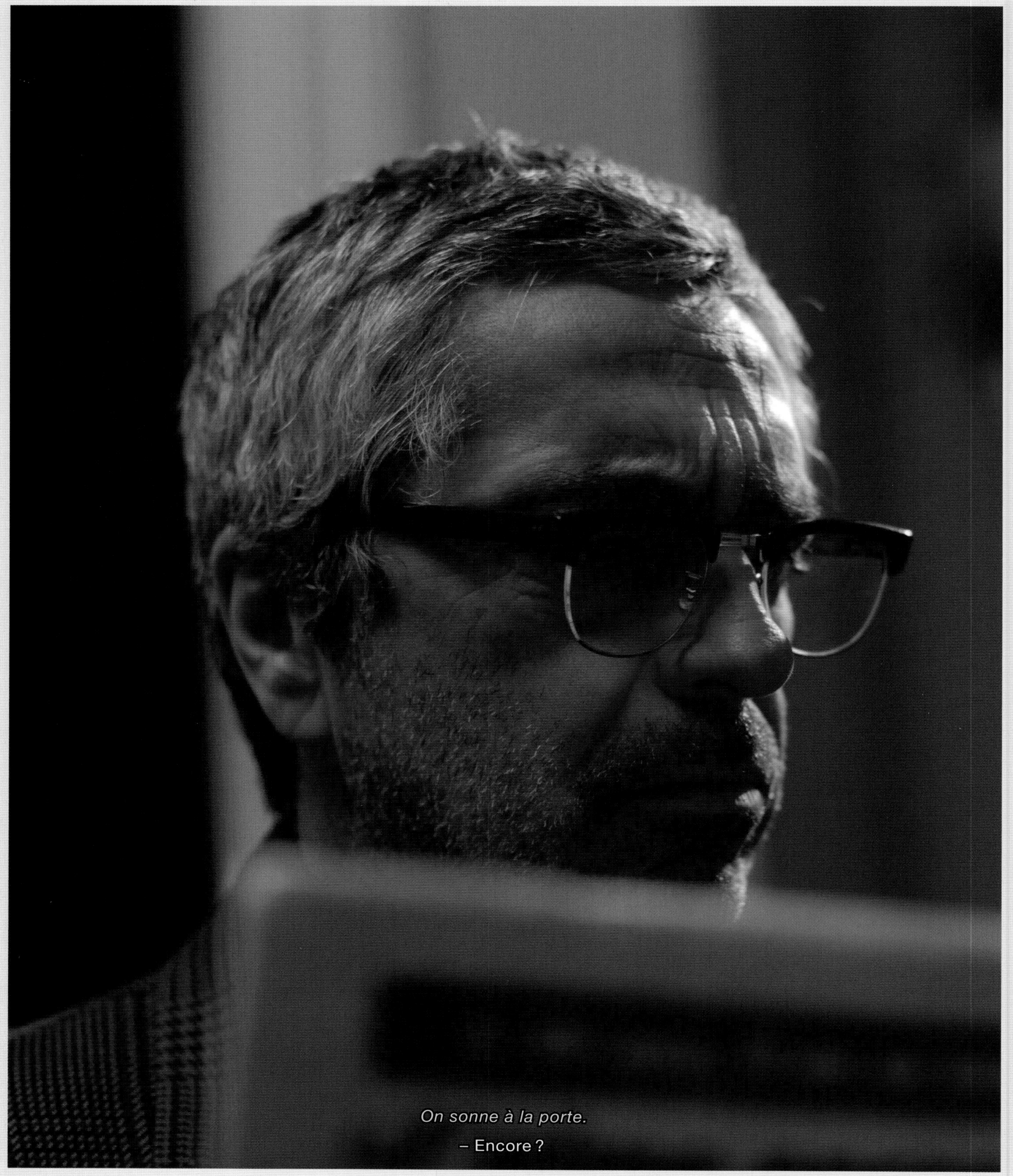
On sonne à la porte.
– Encore ?

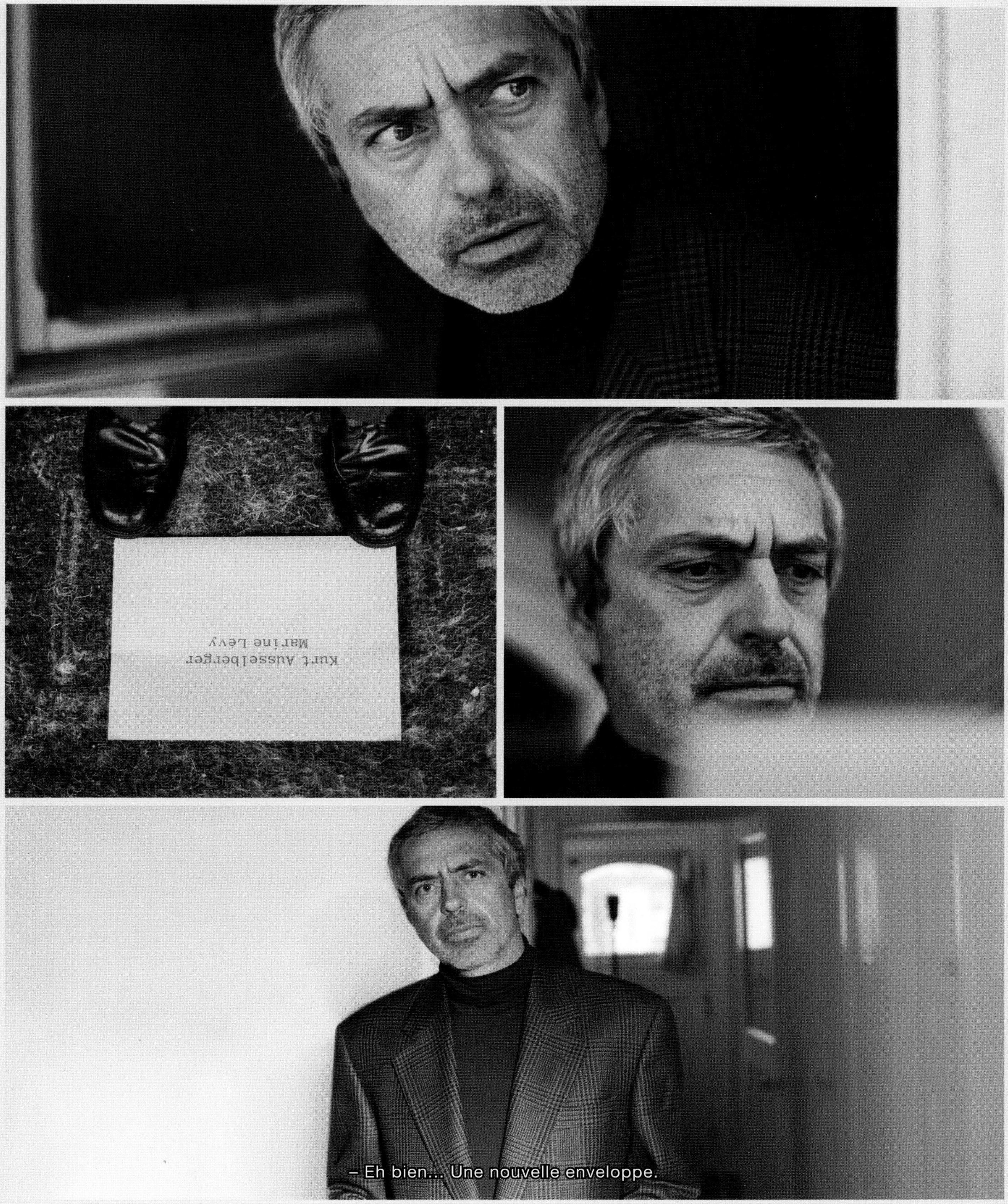
Kurt Ausselberger
Marine Lévy
– Eh bien... Une nouvelle enveloppe.

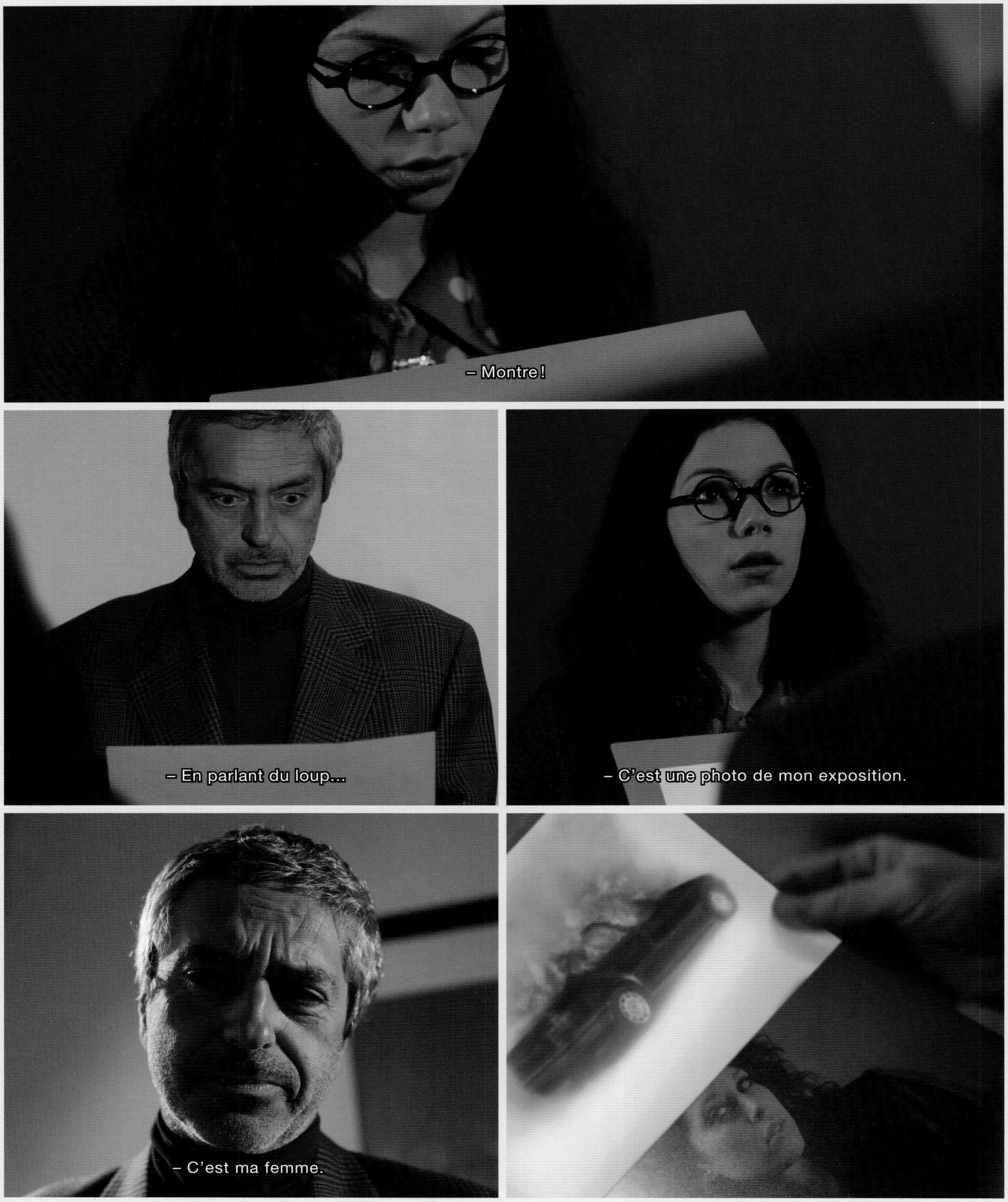
– Montre !
– En parlant du loup…
– C’est une photo de mon exposition.
– C’est ma femme.

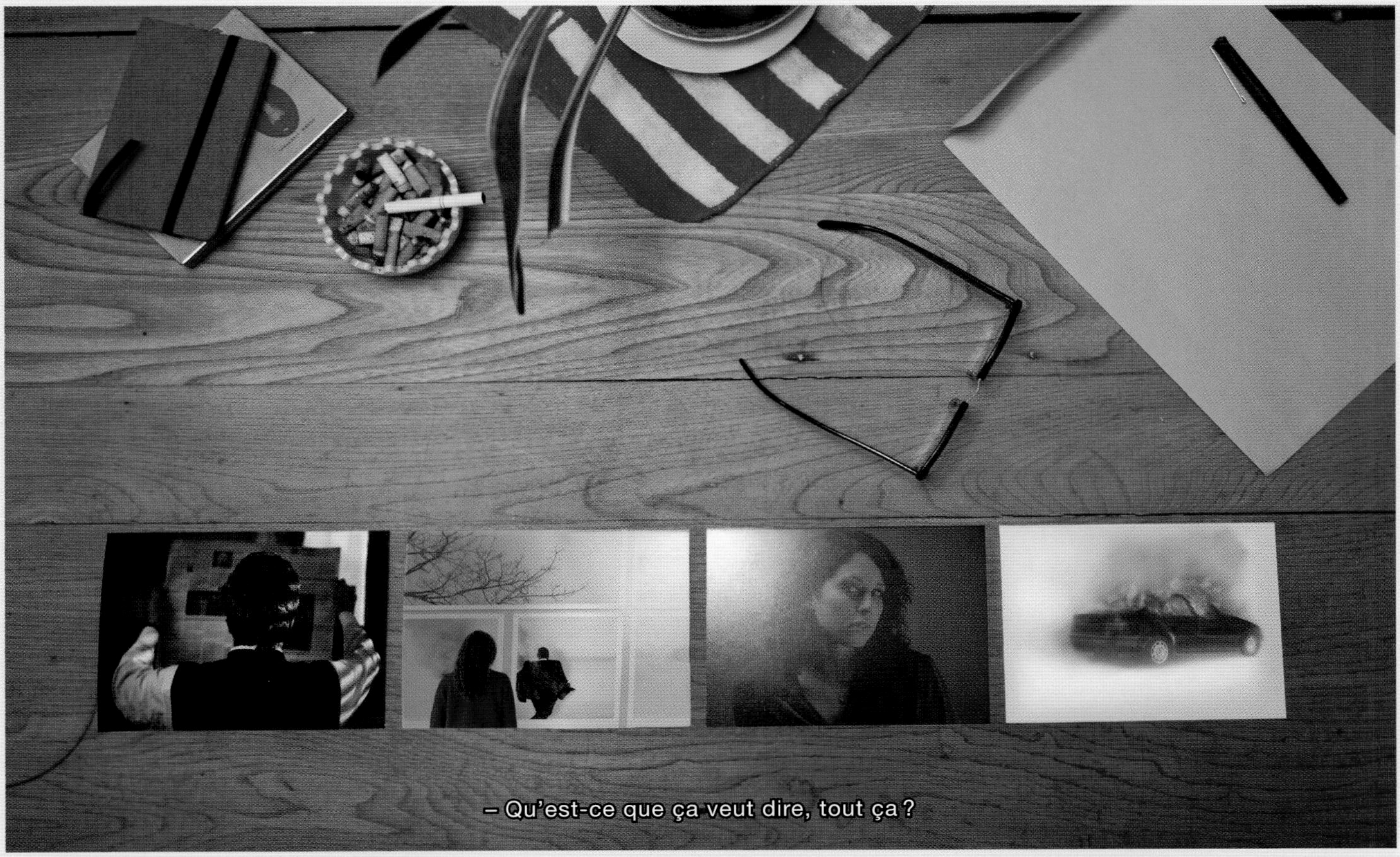
– Qu'est-ce que ça veut dire, tout ça ?

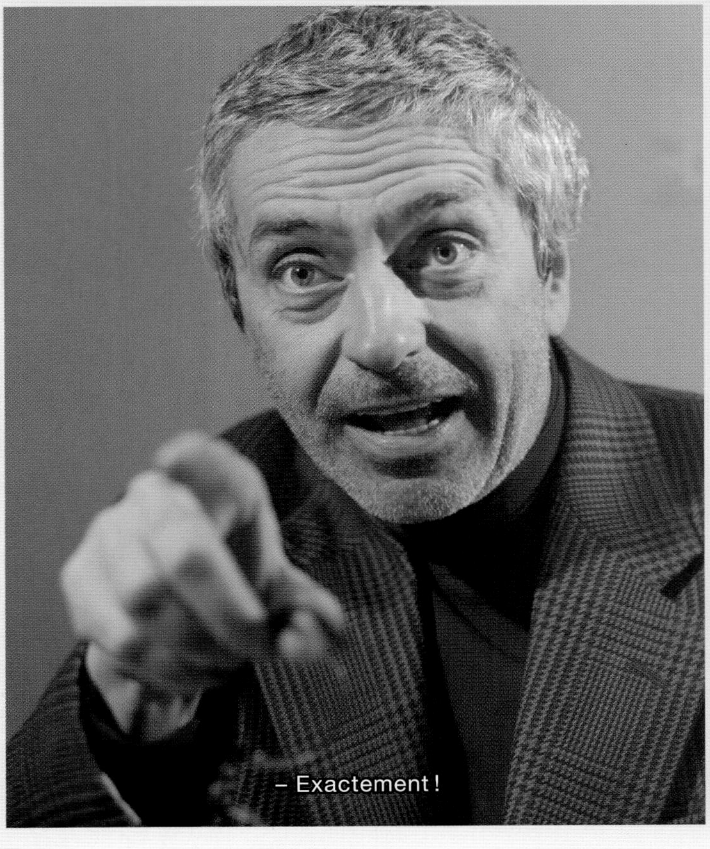
– Exactement !

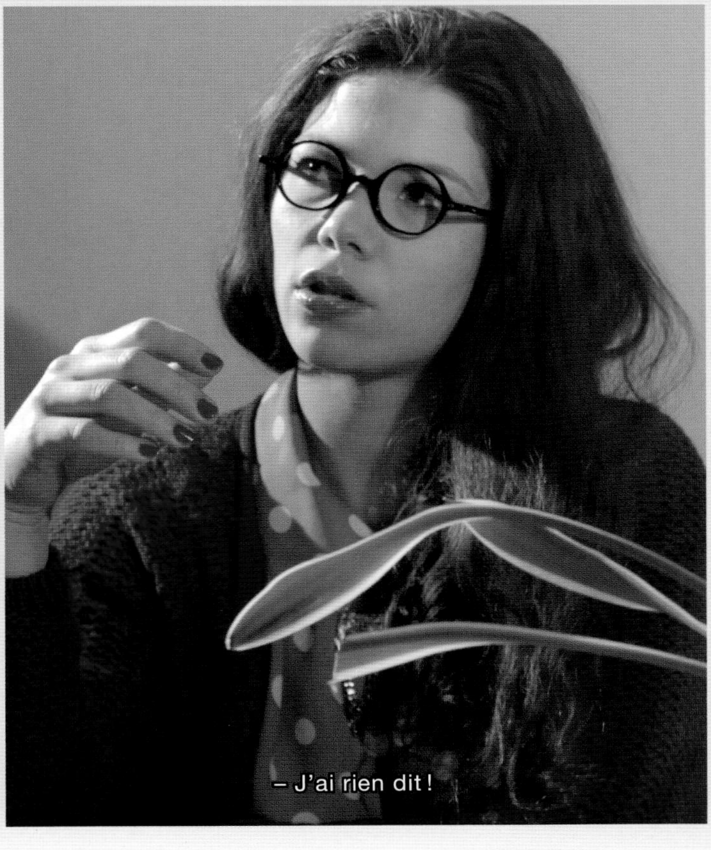
– J'ai rien dit !

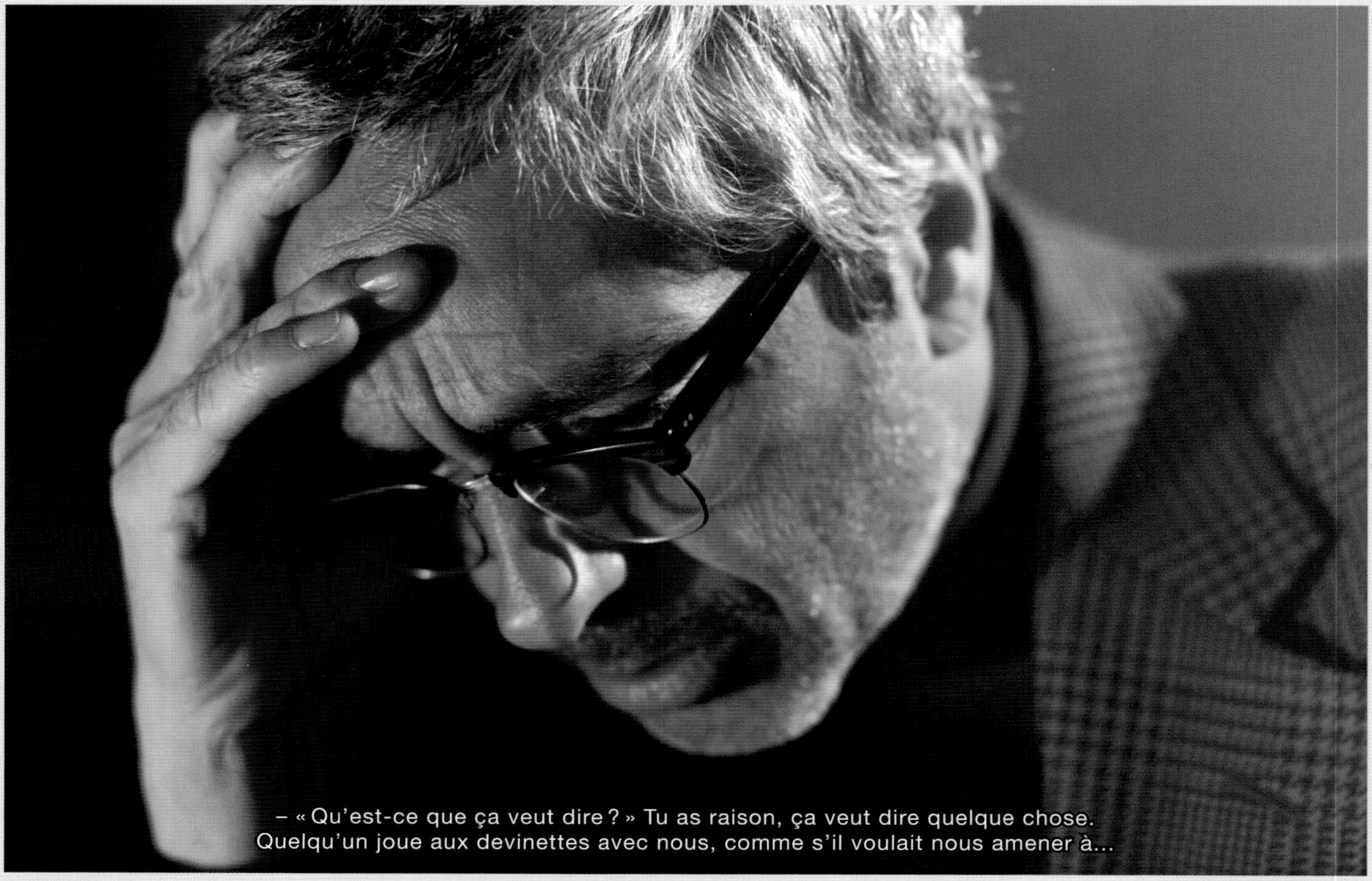
– « Qu’est-ce que ça veut dire ? » Tu as raison, ça veut dire quelque chose.
Quelqu’un joue aux devinettes avec nous, comme s’il voulait nous amener à...

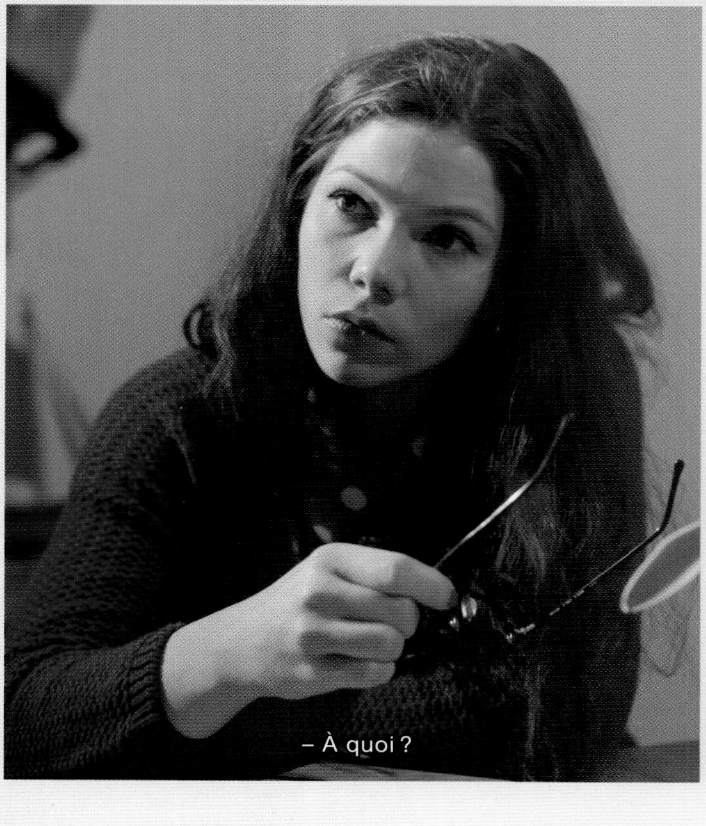
– À quoi ?

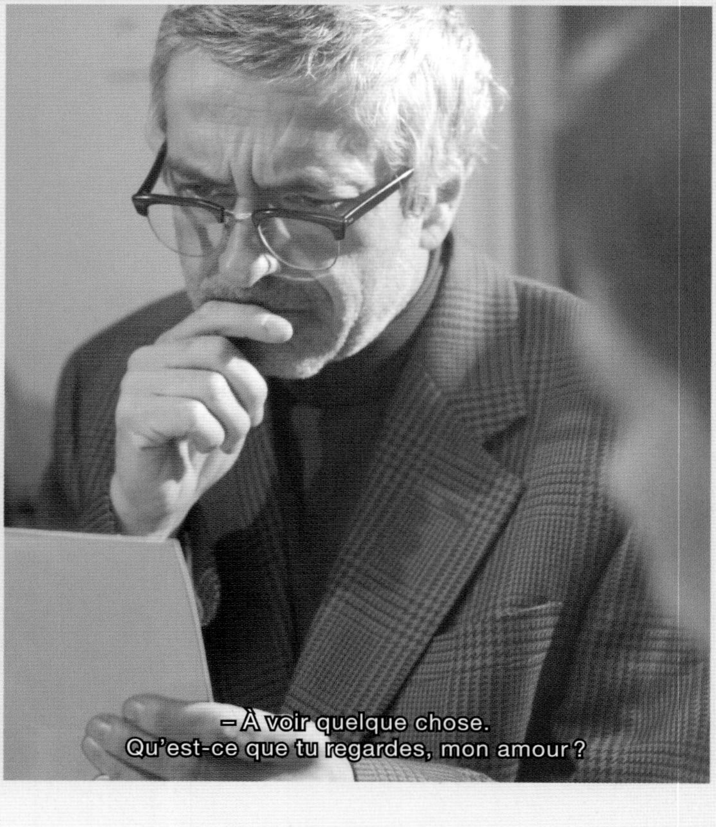
– À voir quelque chose.
Qu’est-ce que tu regardes, mon amour ?

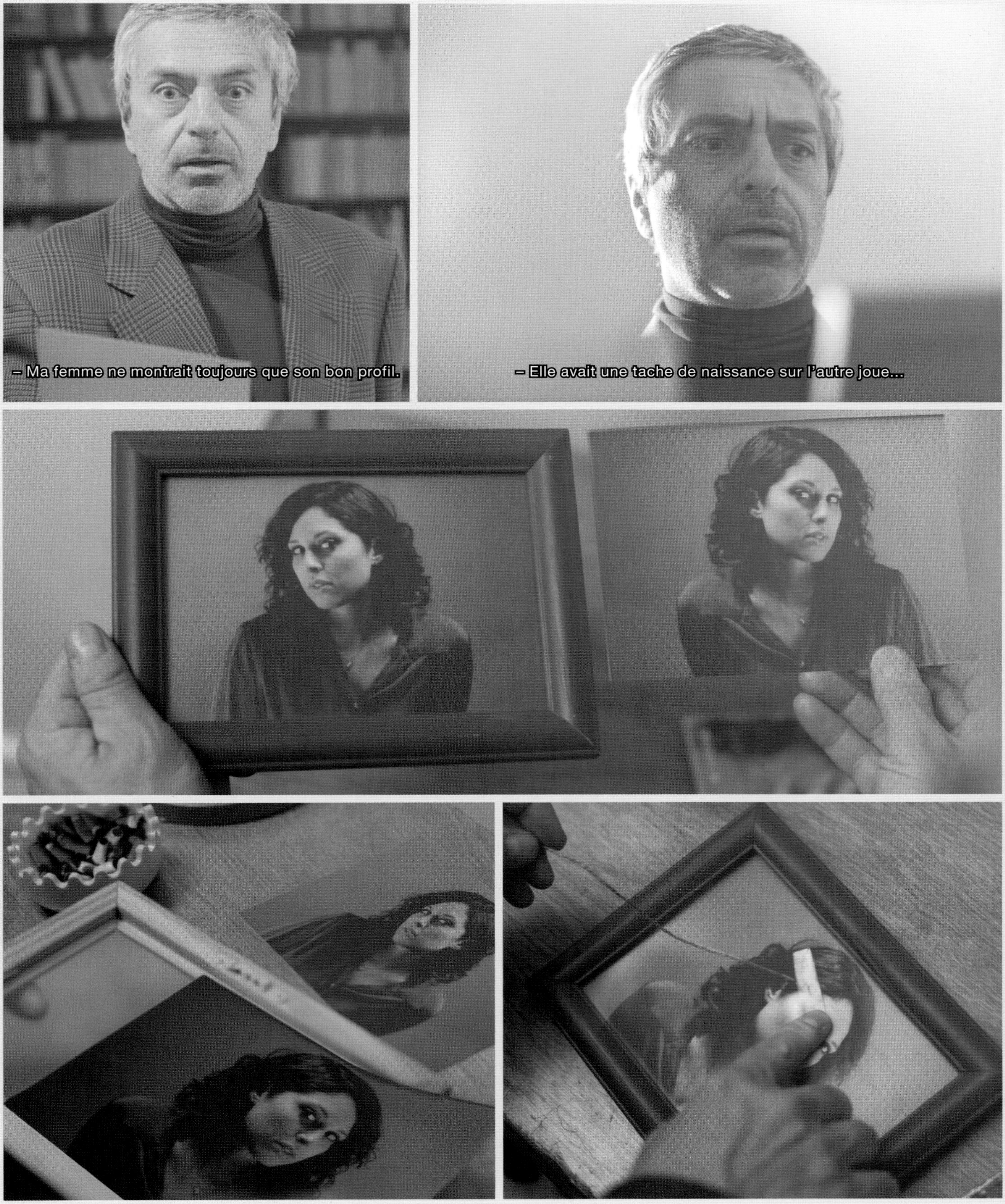
– Ma femme ne montrait toujours que son bon profil.
– Elle avait une tache de naissance sur l'autre joue…

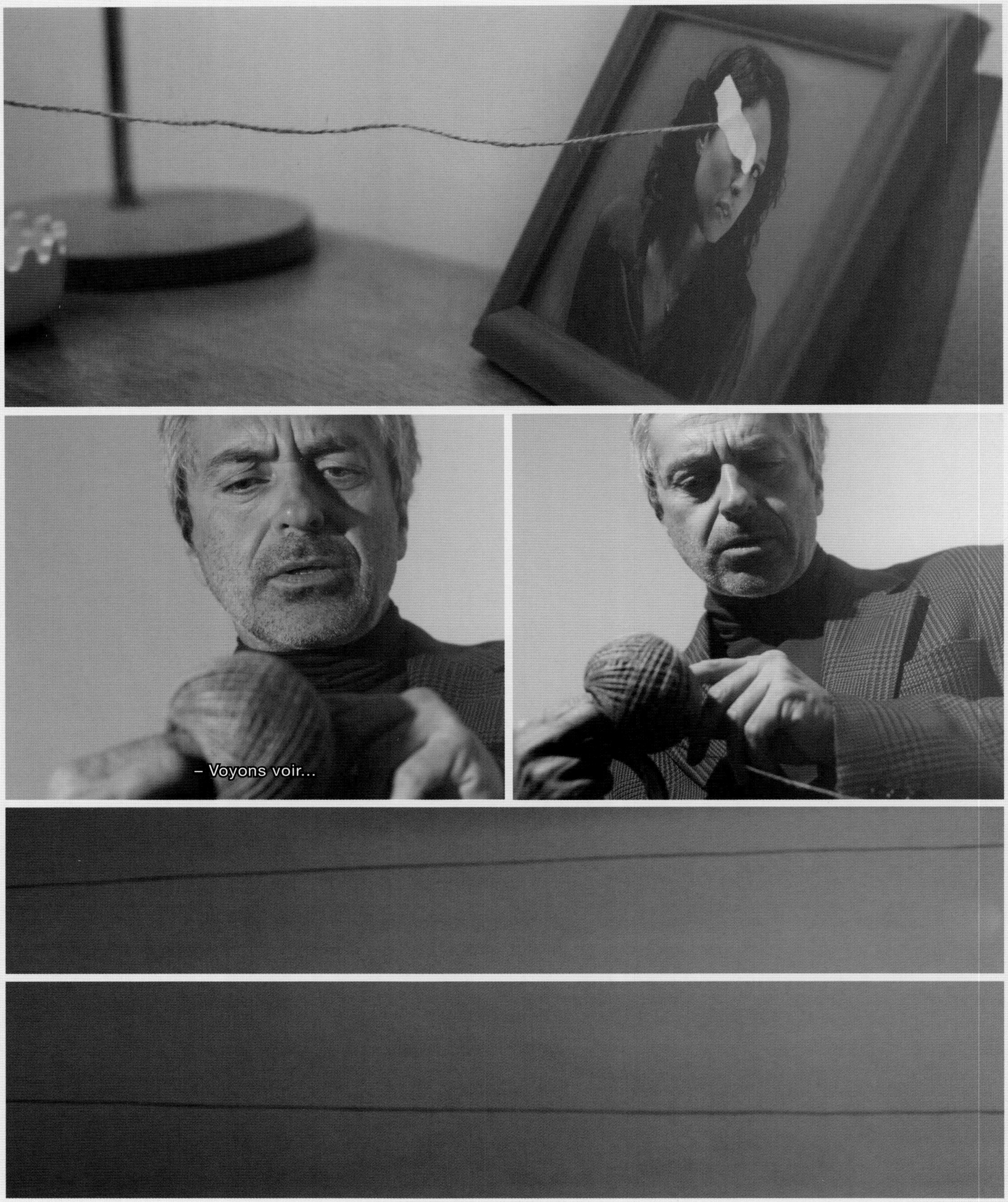
– Voyons voir…

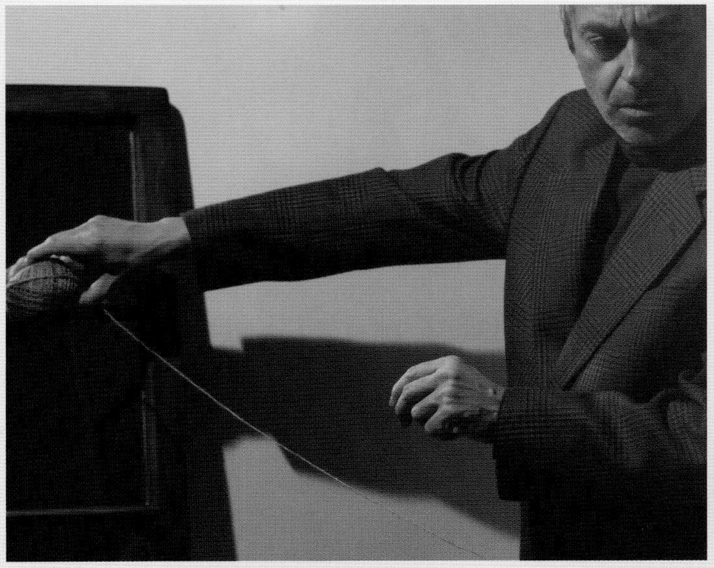

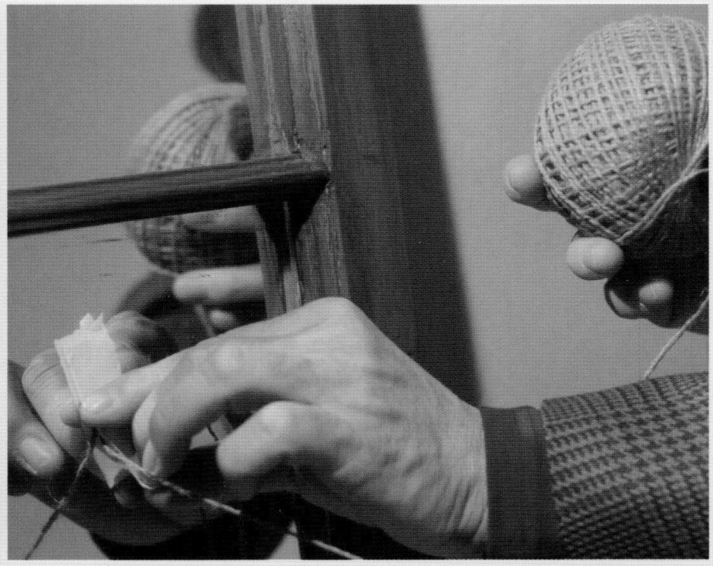

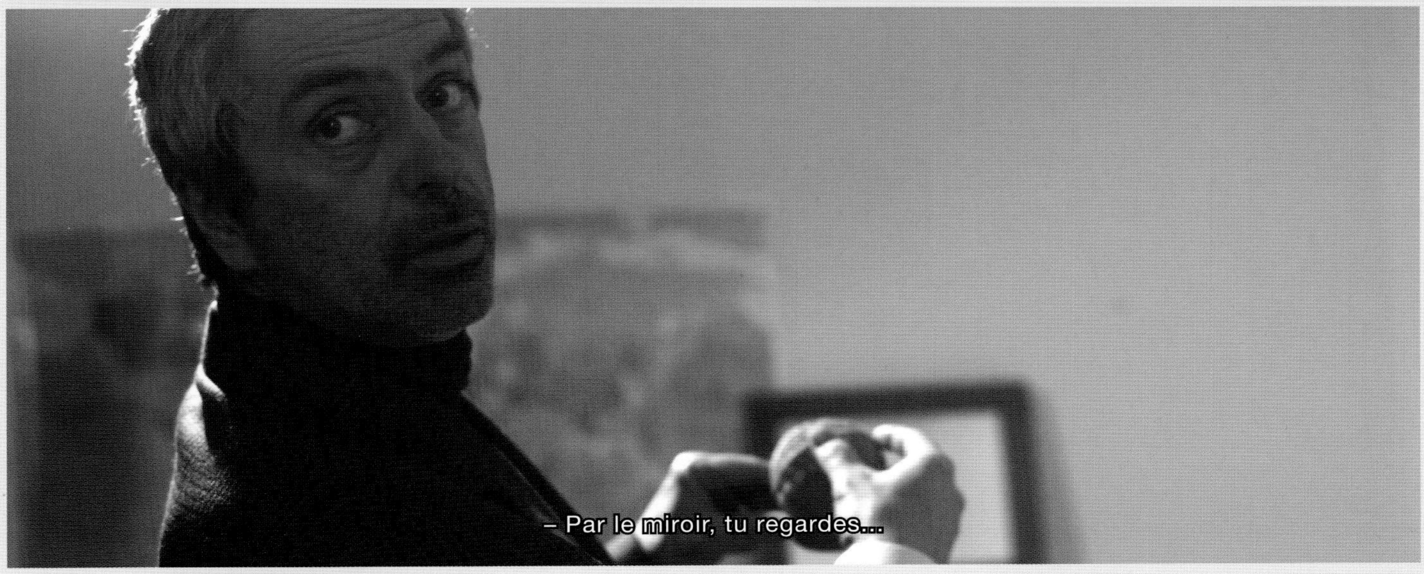
– Par le miroir, tu regardes...

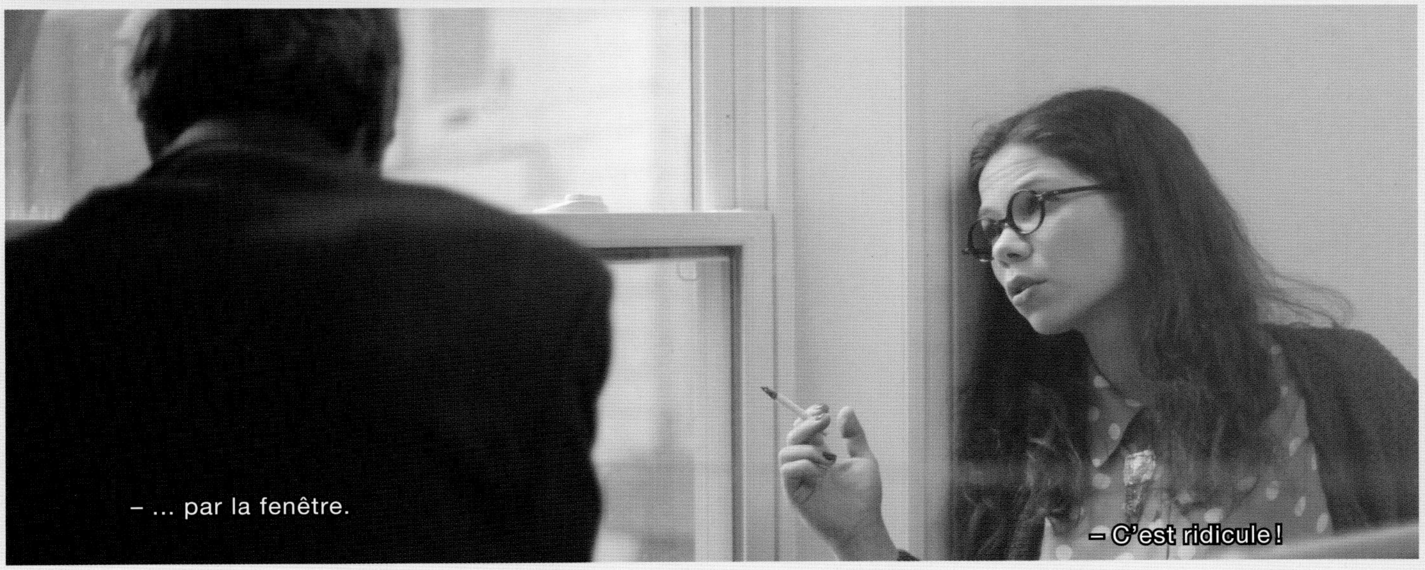
– ... par la fenêtre.
– C'est ridicule !

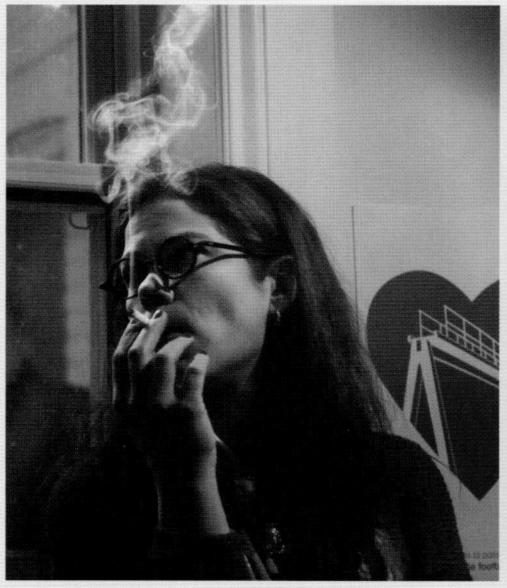

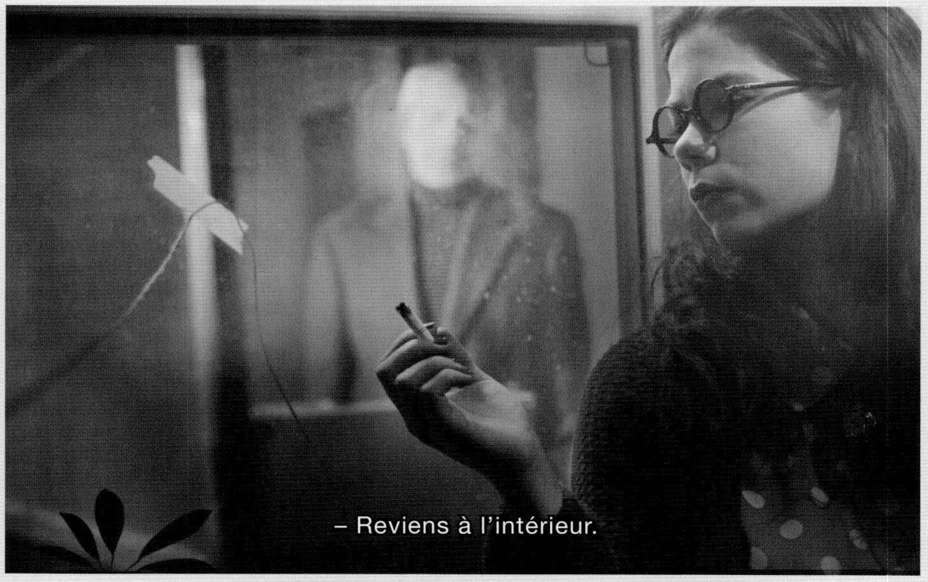
– Reviens à l'intérieur.

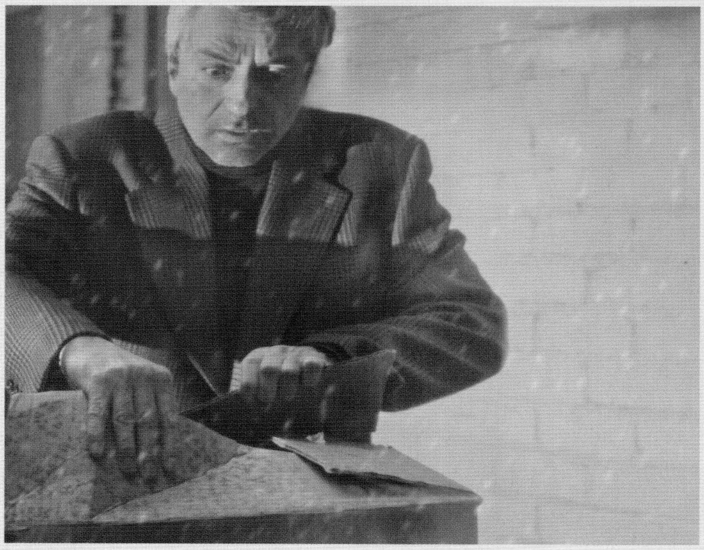

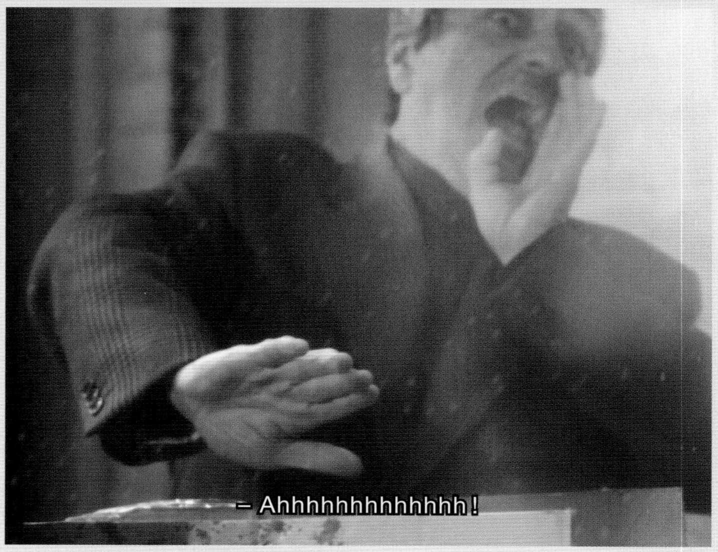
– Ahhhhhhhhhhhhh !

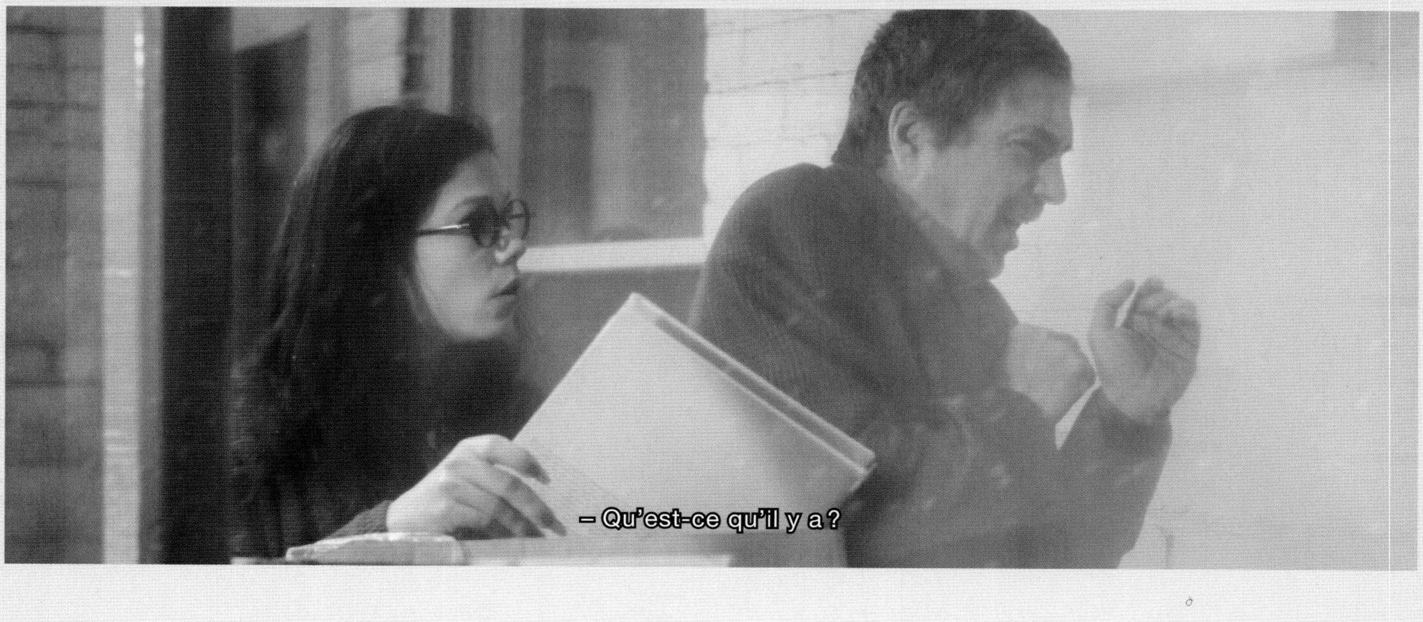
– Qu'est-ce qu'il y a ?

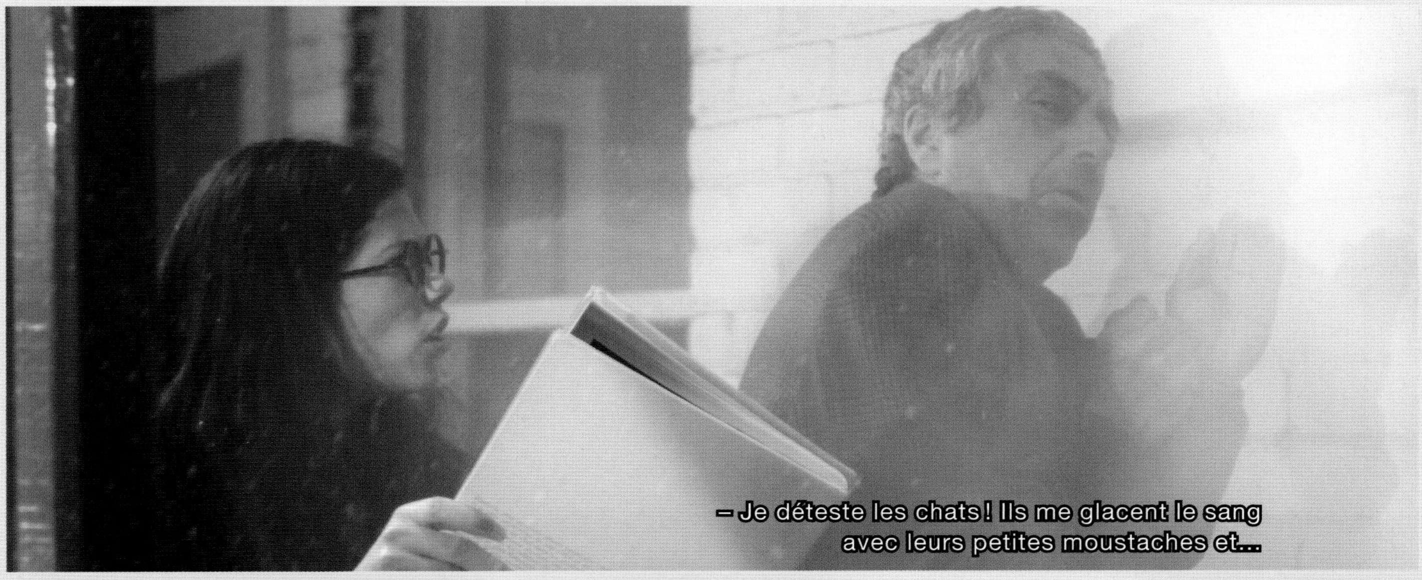
– Je déteste les chats ! Ils me glacent le sang
avec leurs petites moustaches et…

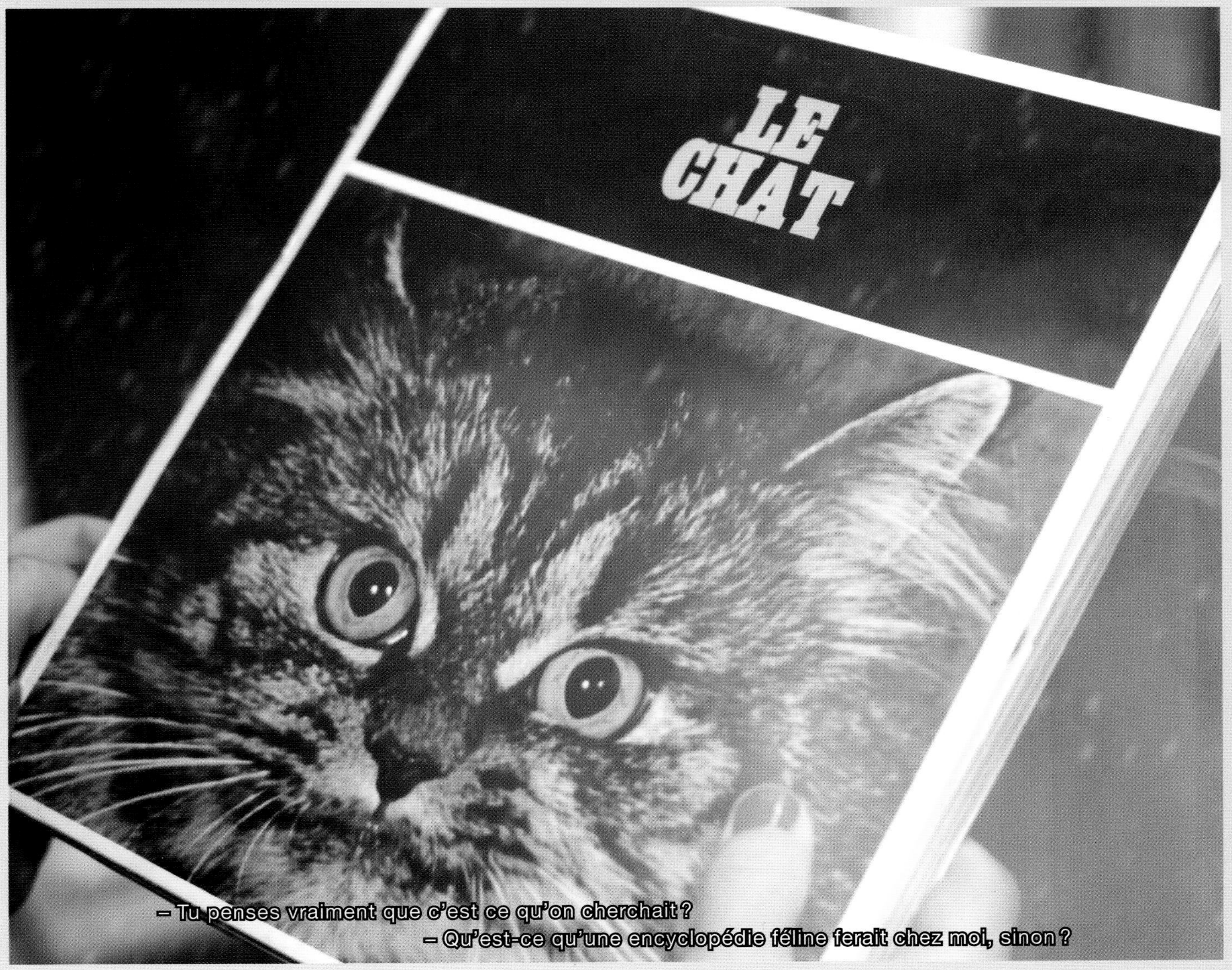
LE CHAT
– Tu penses vraiment que c'est ce qu'on cherchait ?
– Qu'est-ce qu'une encyclopédie féline ferait chez moi, sinon ?

CHAPITRE 7 DEVANT LA GALERIE *GALERIE*

12H21

KURT STATIONNE LA VOITURE DEVANT LA GALERIE *GALERIE*

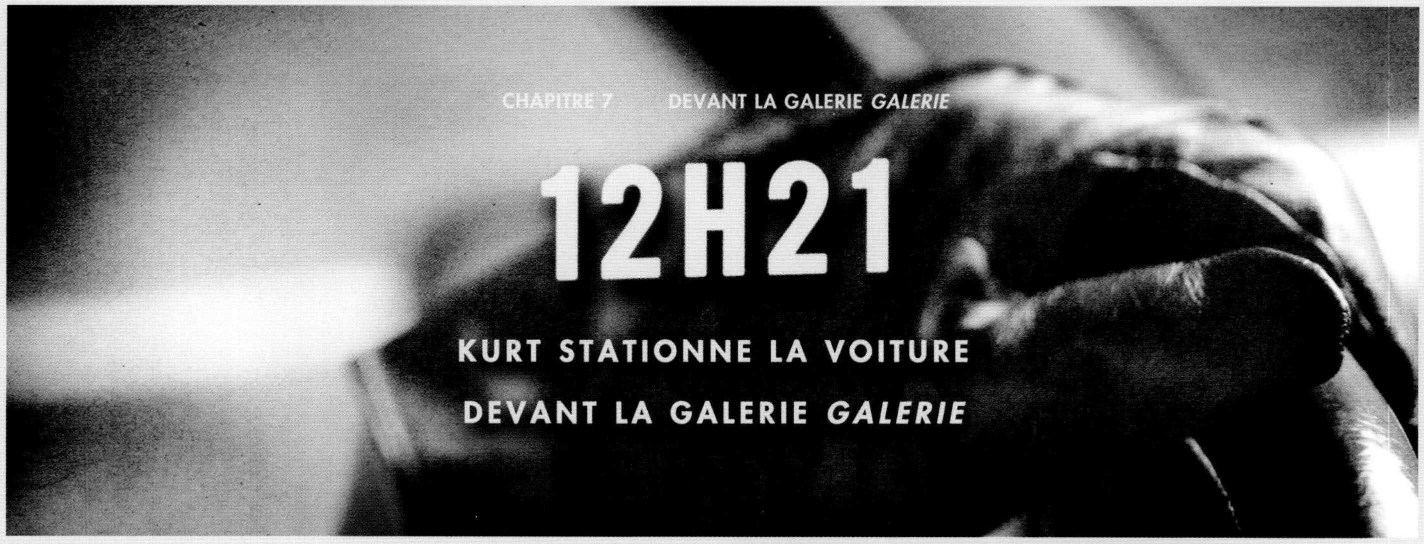

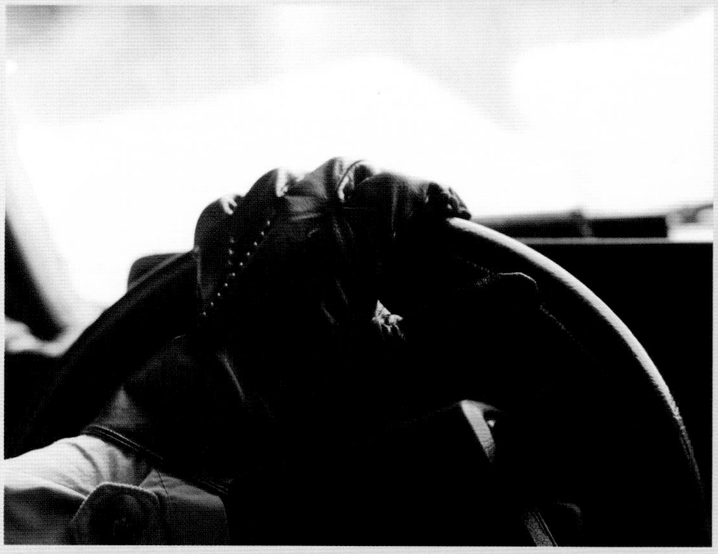

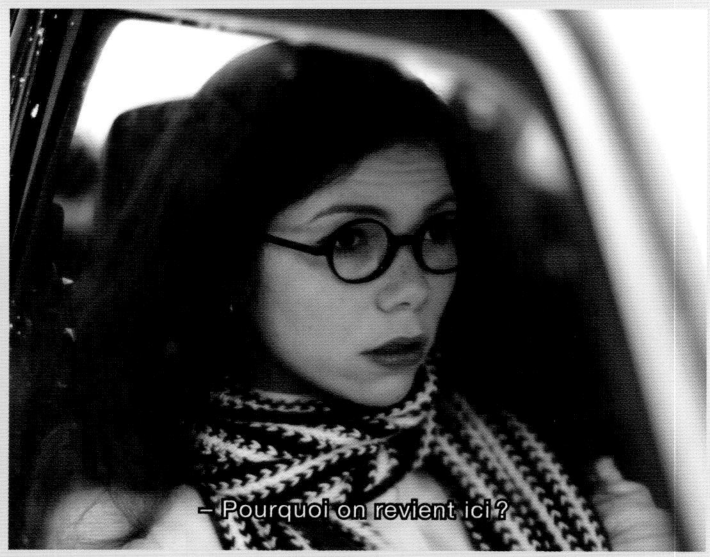
– Pourquoi on revient ici ?

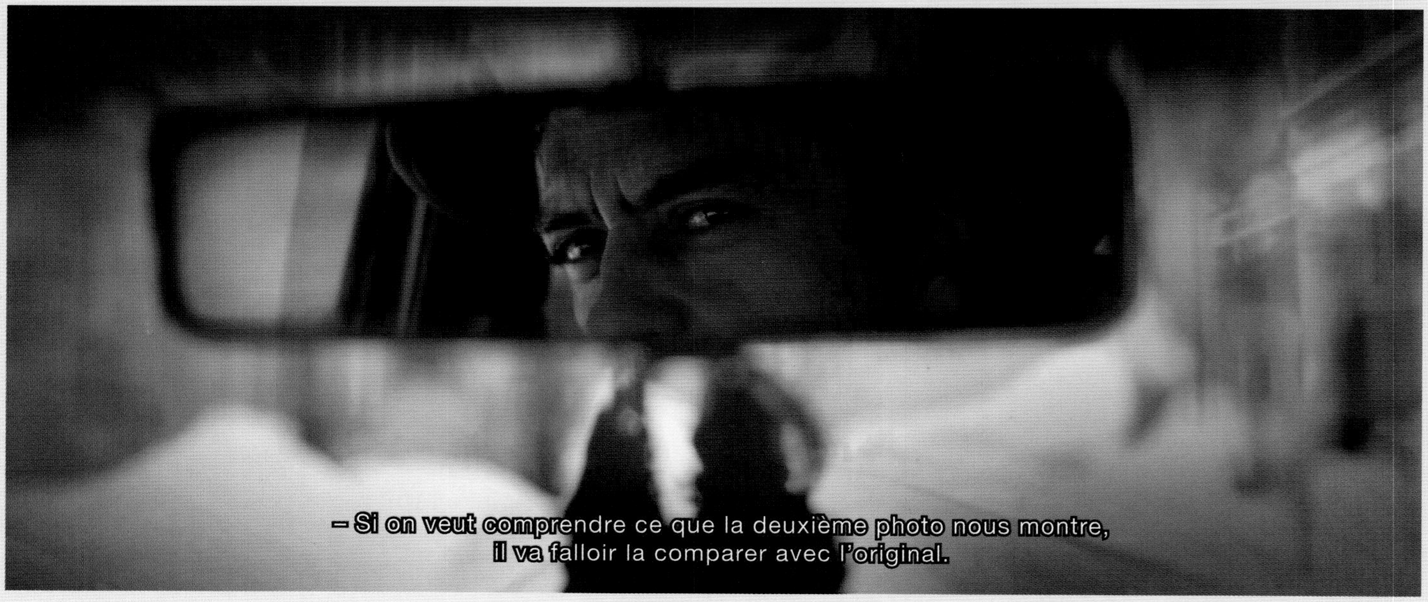
– Si on veut comprendre ce que la deuxième photo nous montre,
il va falloir la comparer avec l'original.

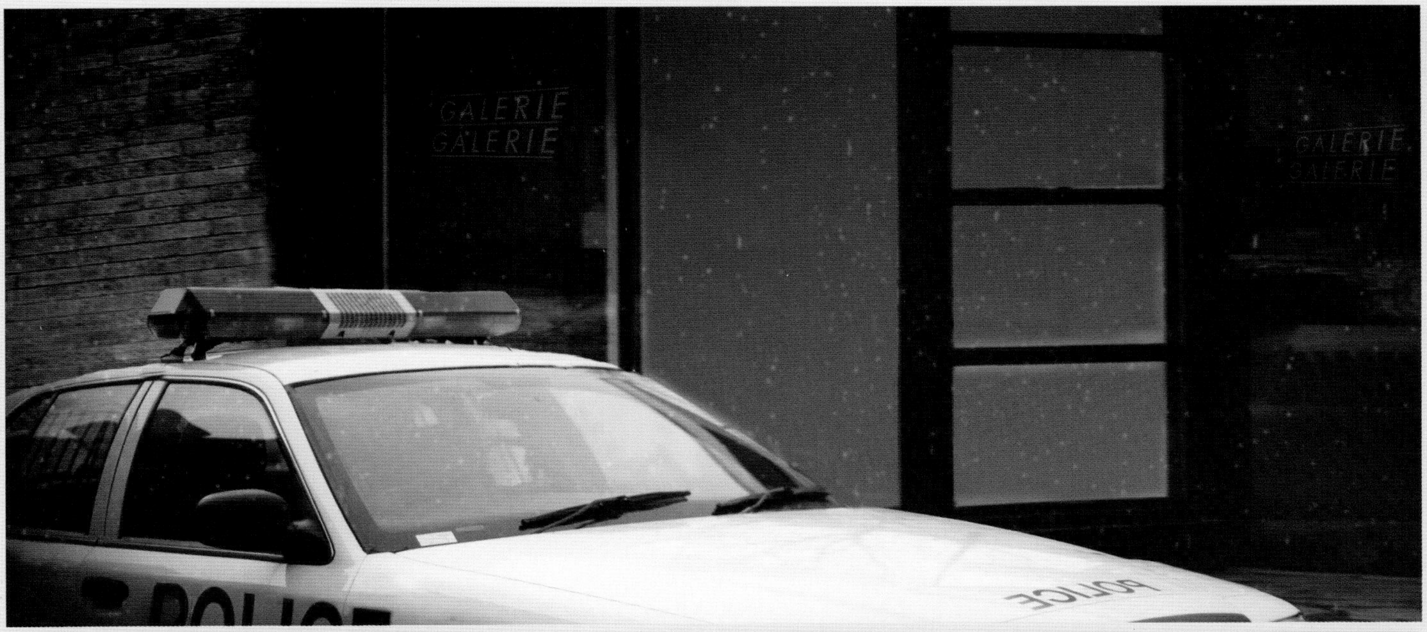
GALERIE
GALERIE

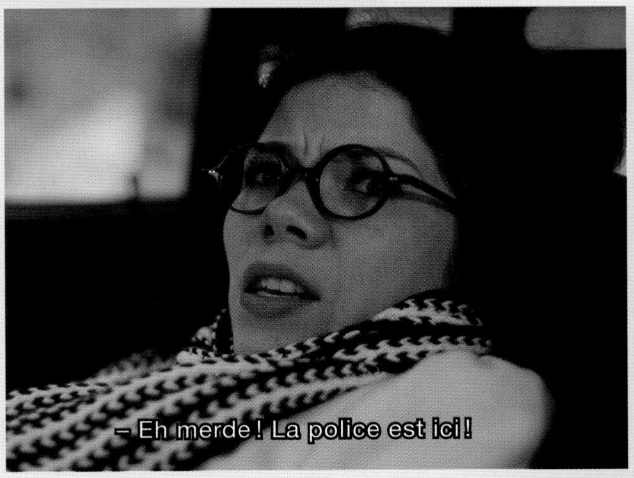
– Eh merde ! La police est ici !

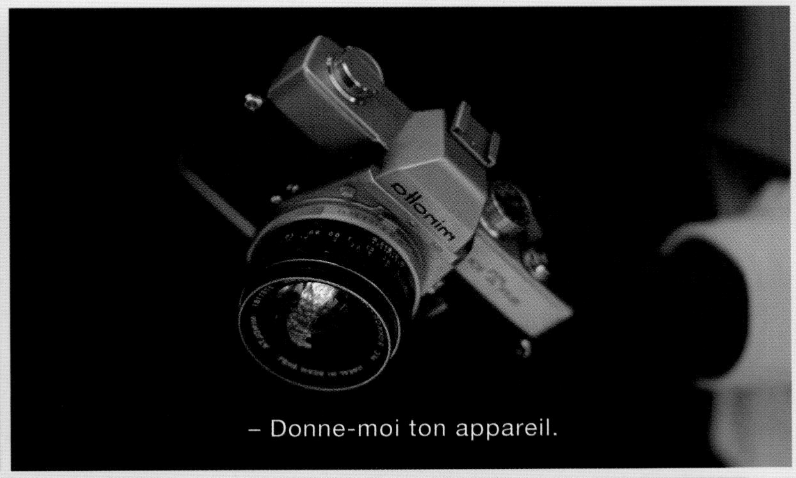
– Donne-moi ton appareil.

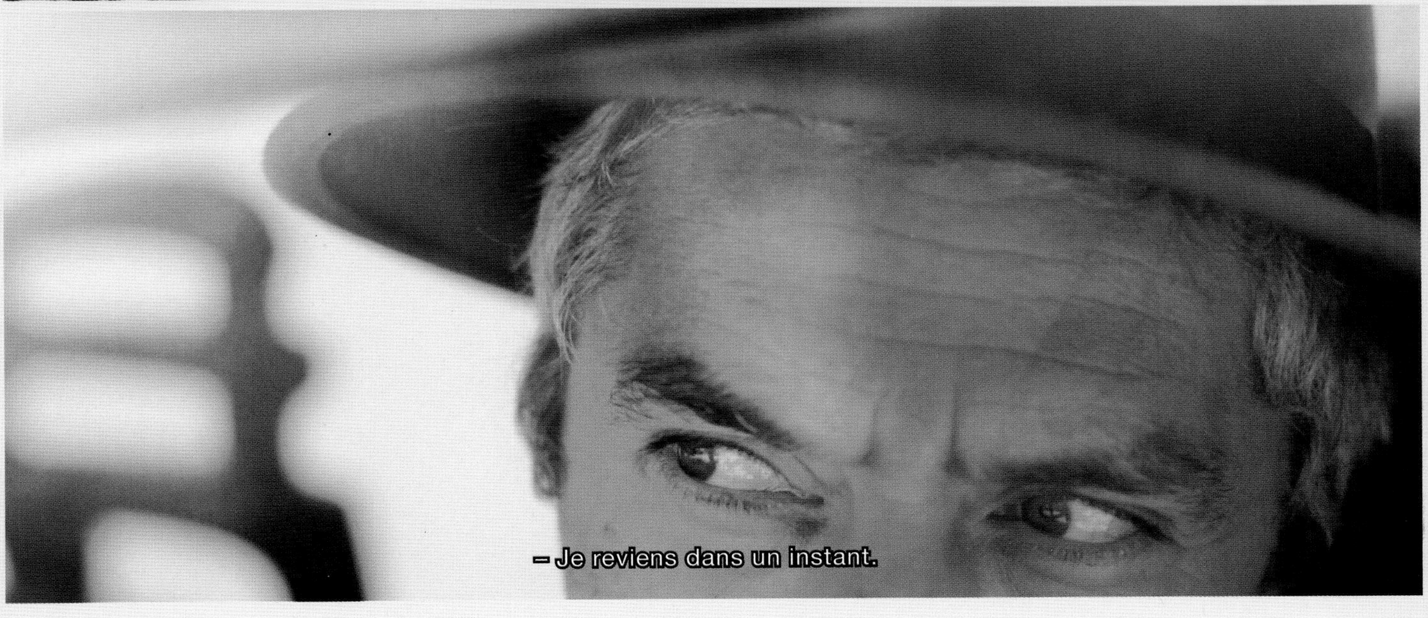
– Je reviens dans un instant.

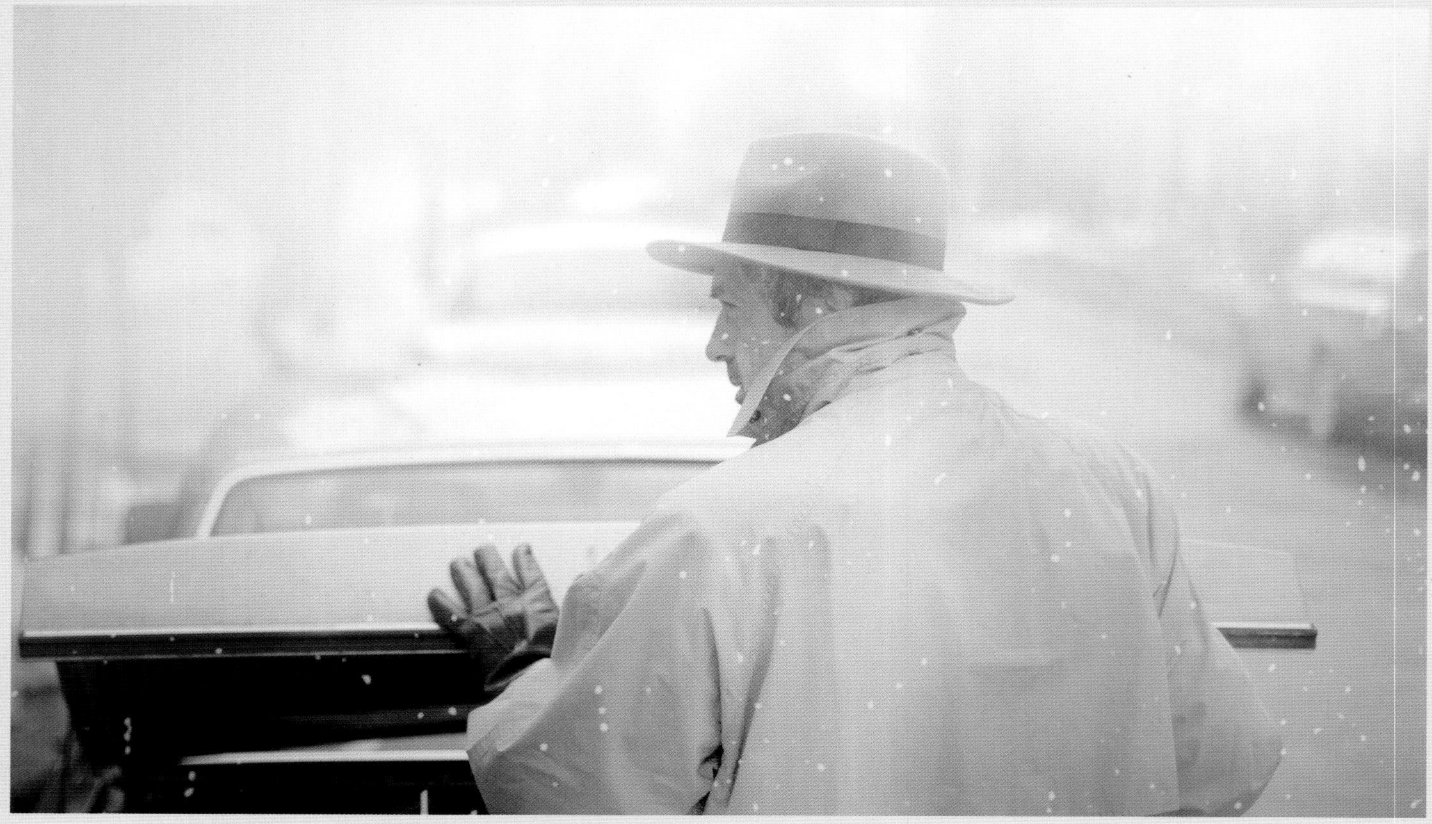

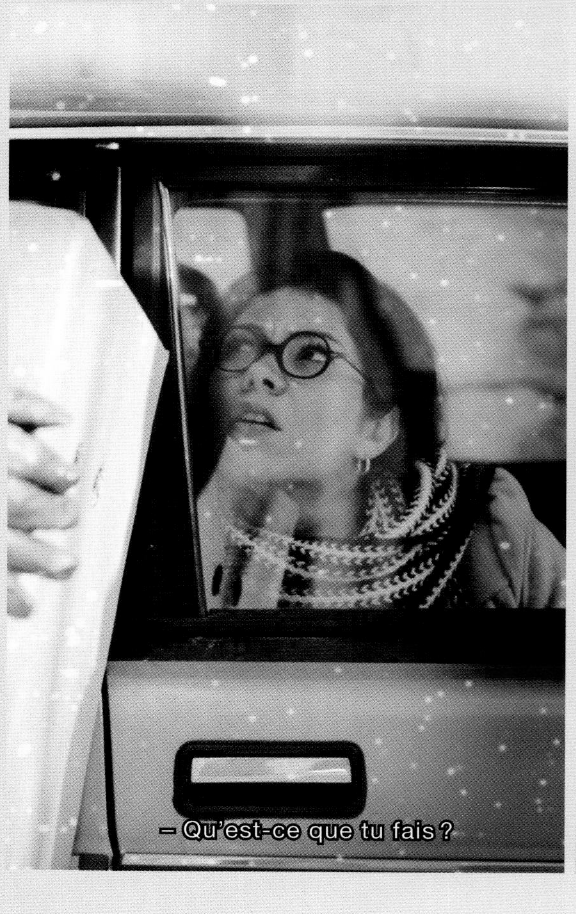
– Qu'est-ce que tu fais ?

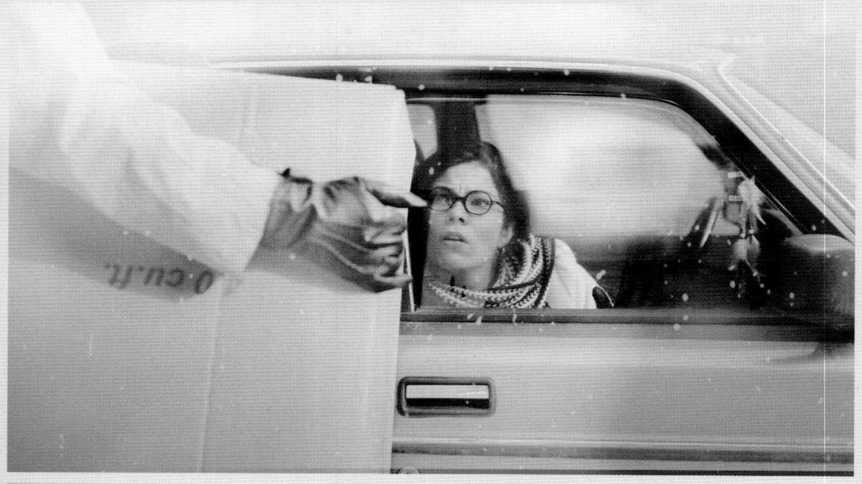

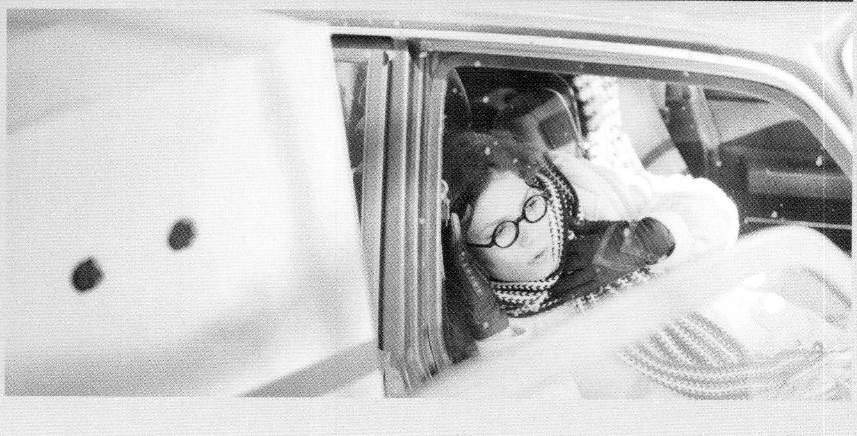

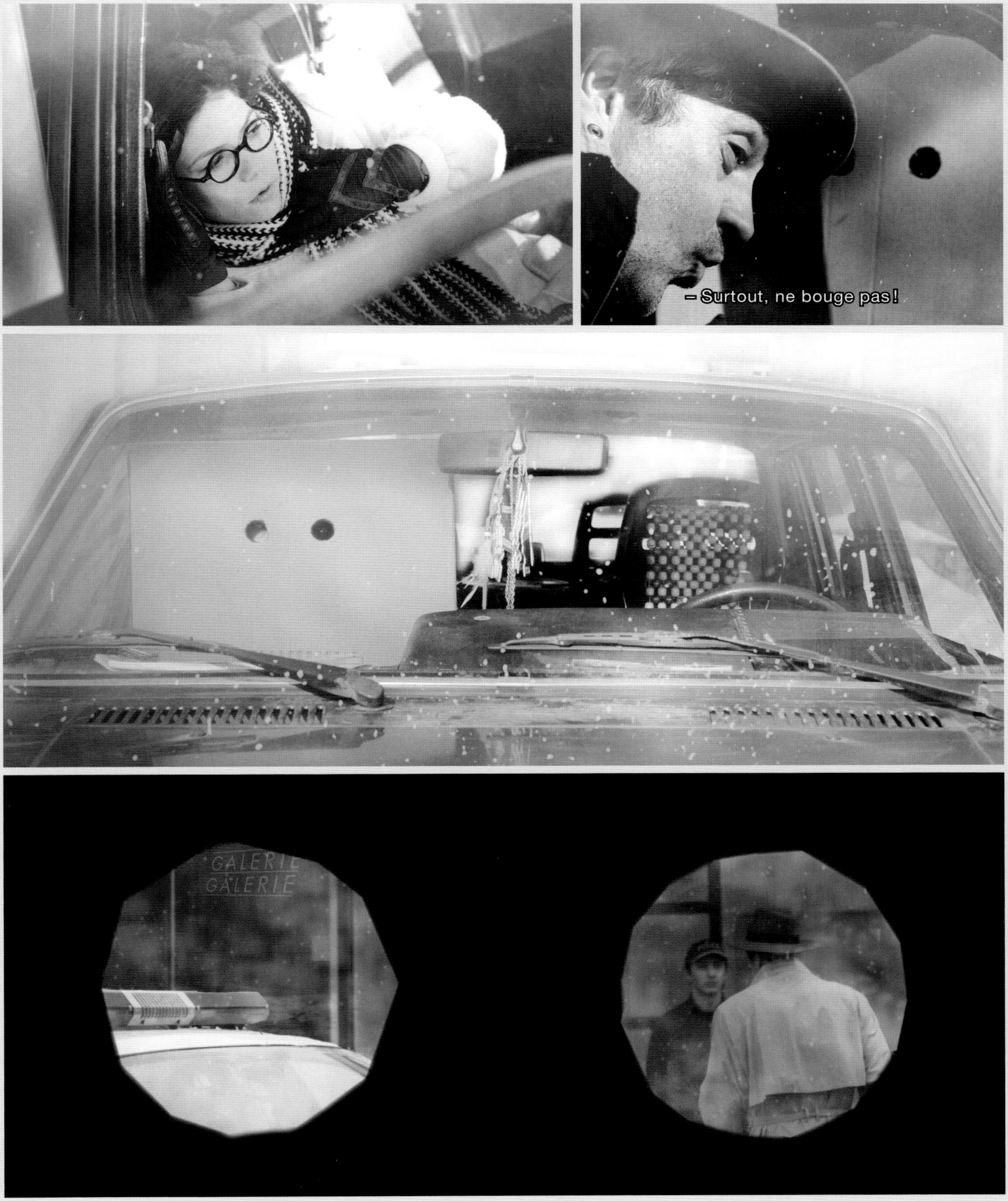
– Surtout, ne bouge pas !
GALERIE
GALERIE

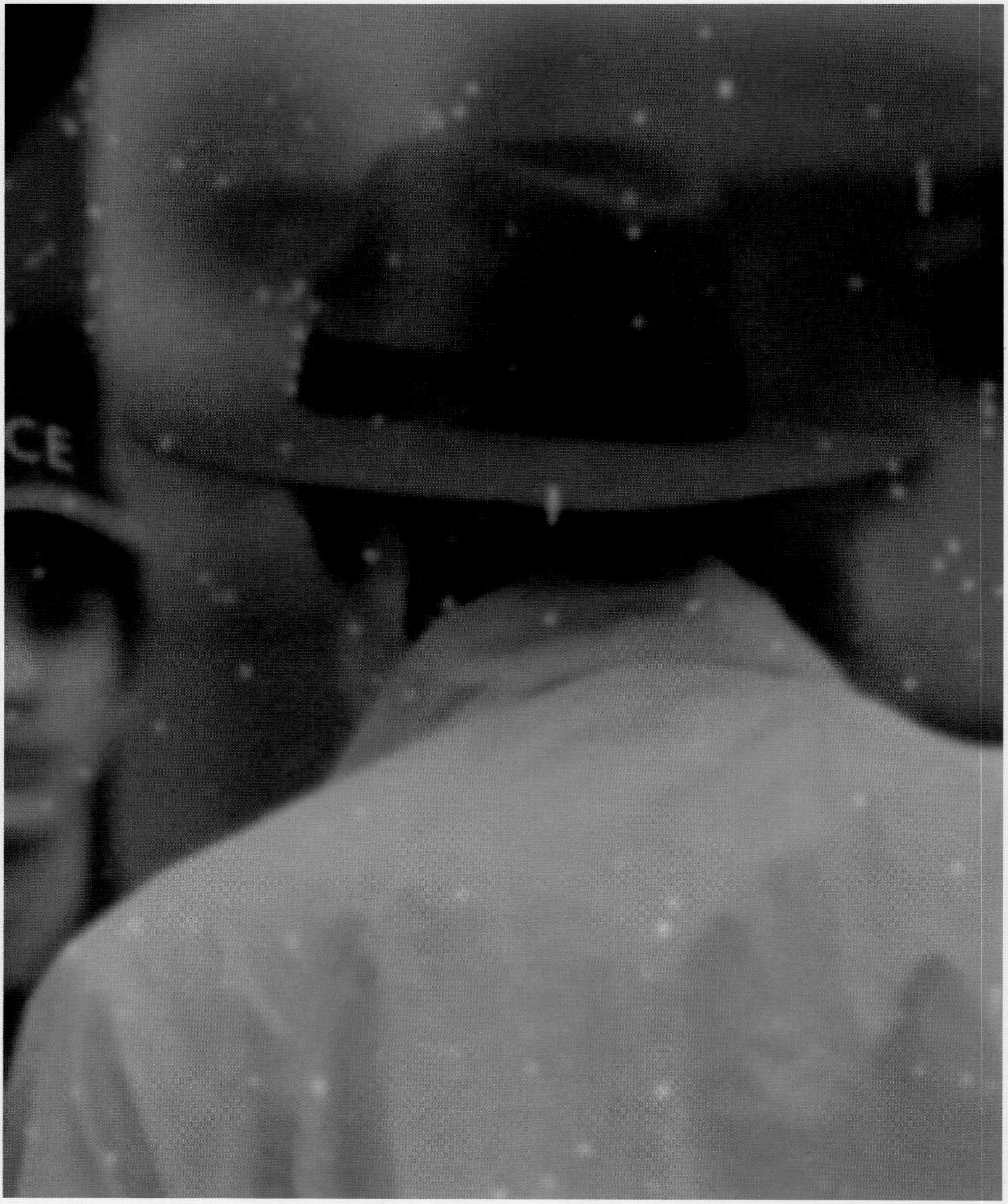

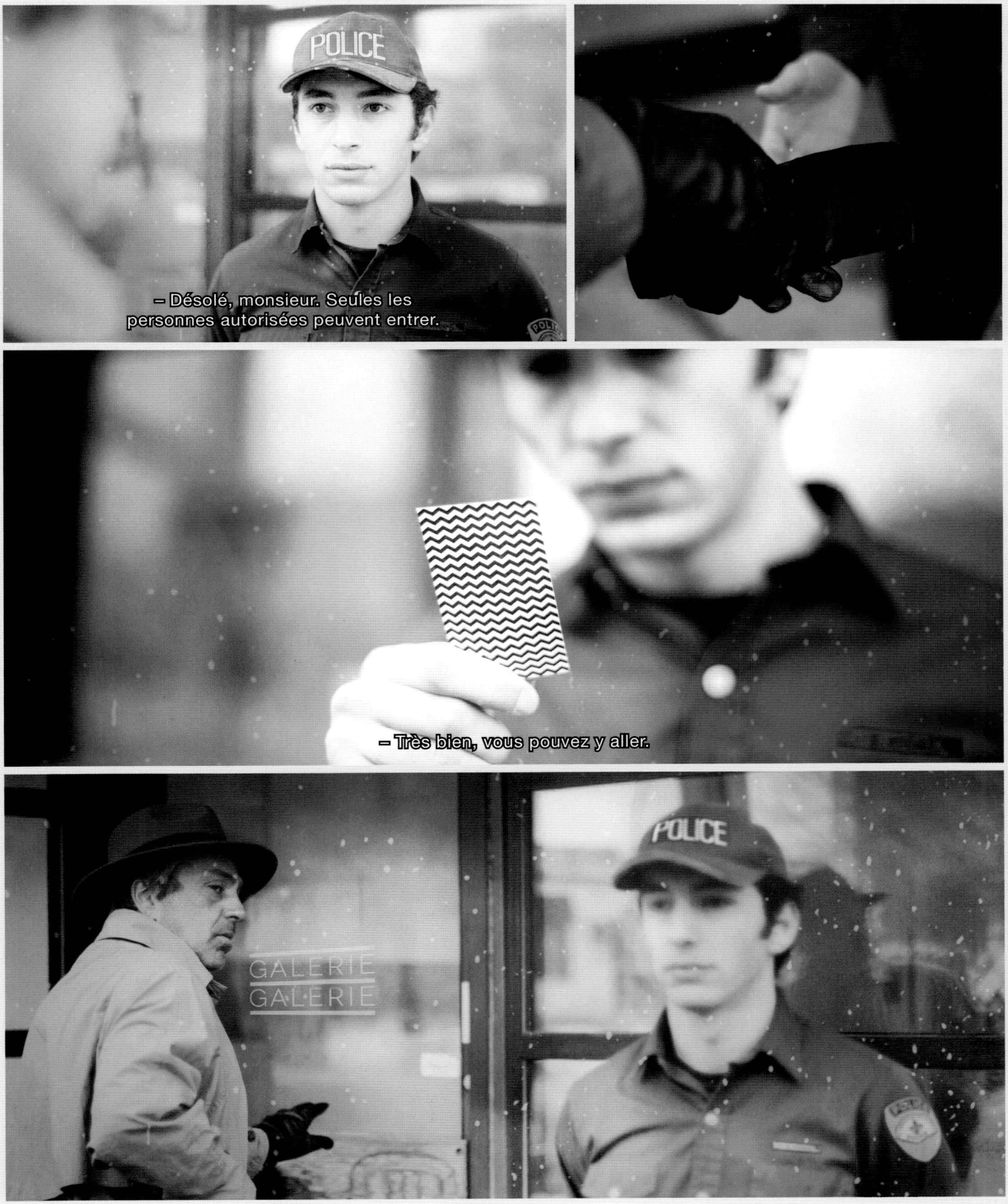
POLICE
– Désolé, monsieur. Seules les
personnes autorisées peuvent entrer.
– Très bien, vous pouvez y aller.
POLICE
GALERIE
GALERIE

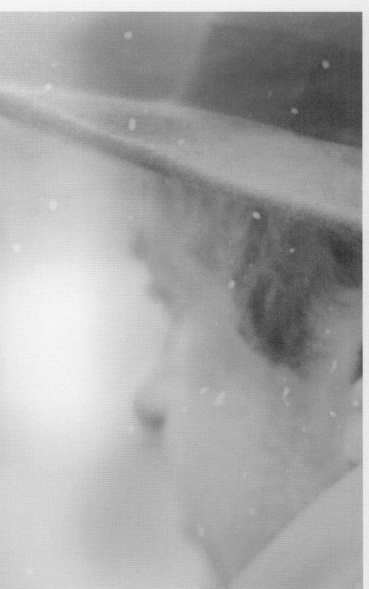

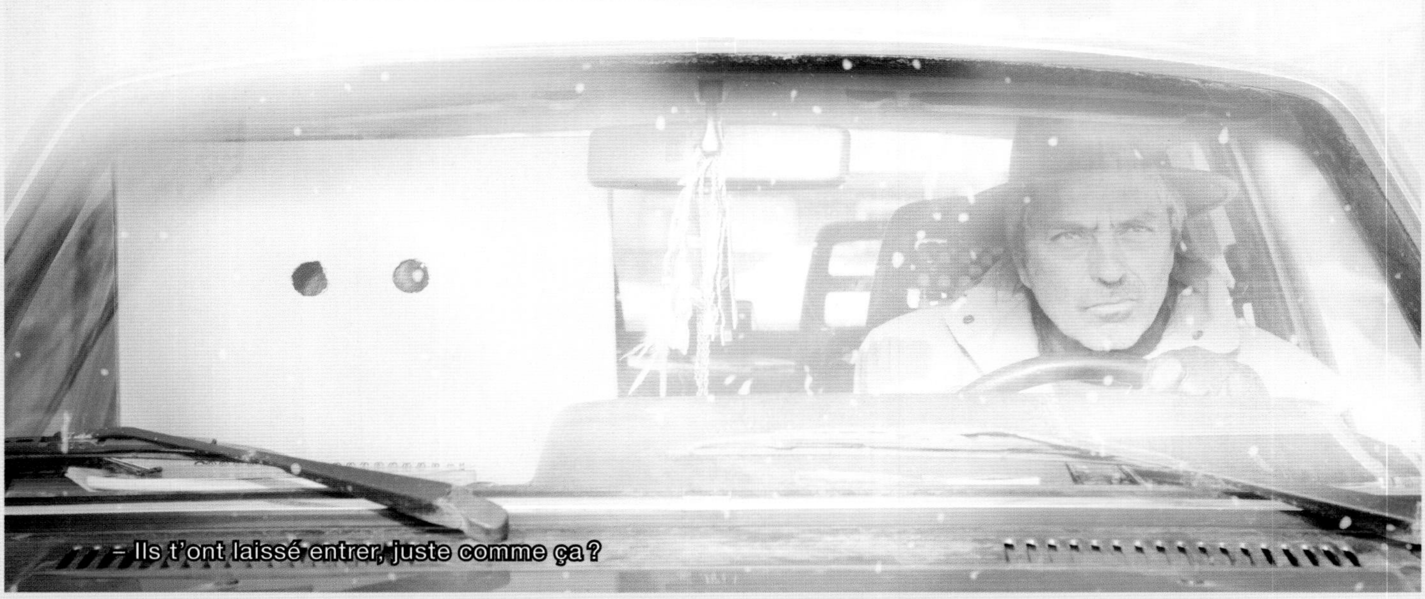
– Ils t'ont laissé entrer, juste comme ça ?

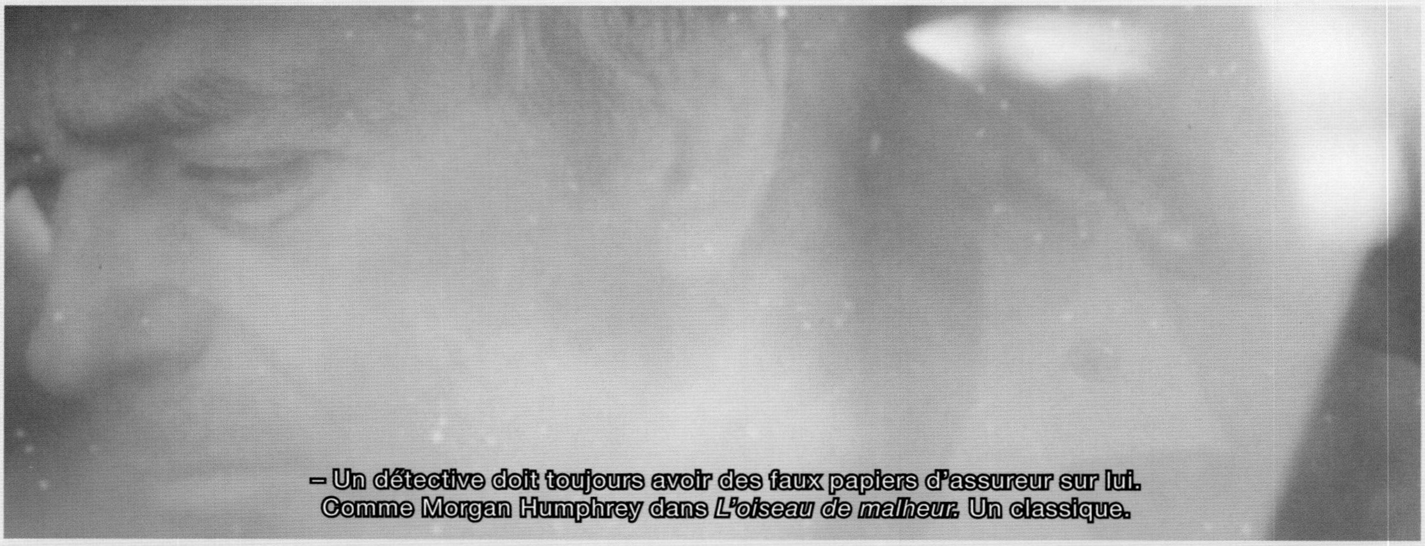
– Un détective doit toujours avoir des faux papiers d'assureur sur lui.
Comme Morgan Humphrey dans *L'oiseau de malheur*. Un classique.

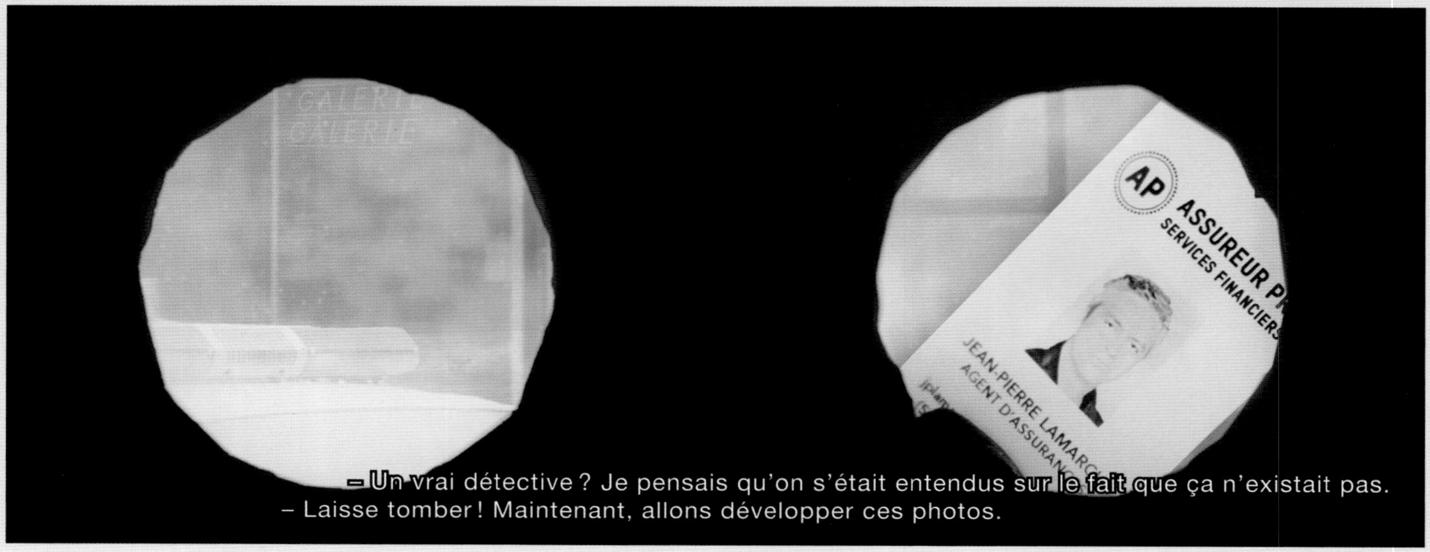
GALERIE
AP
SERVICES FINANCIERS
– Un vrai détective ? Je pensais qu'on s'était entendus sur le fait que ça n'existait pas.
– Laisse tomber ! Maintenant, allons développer ces photos.

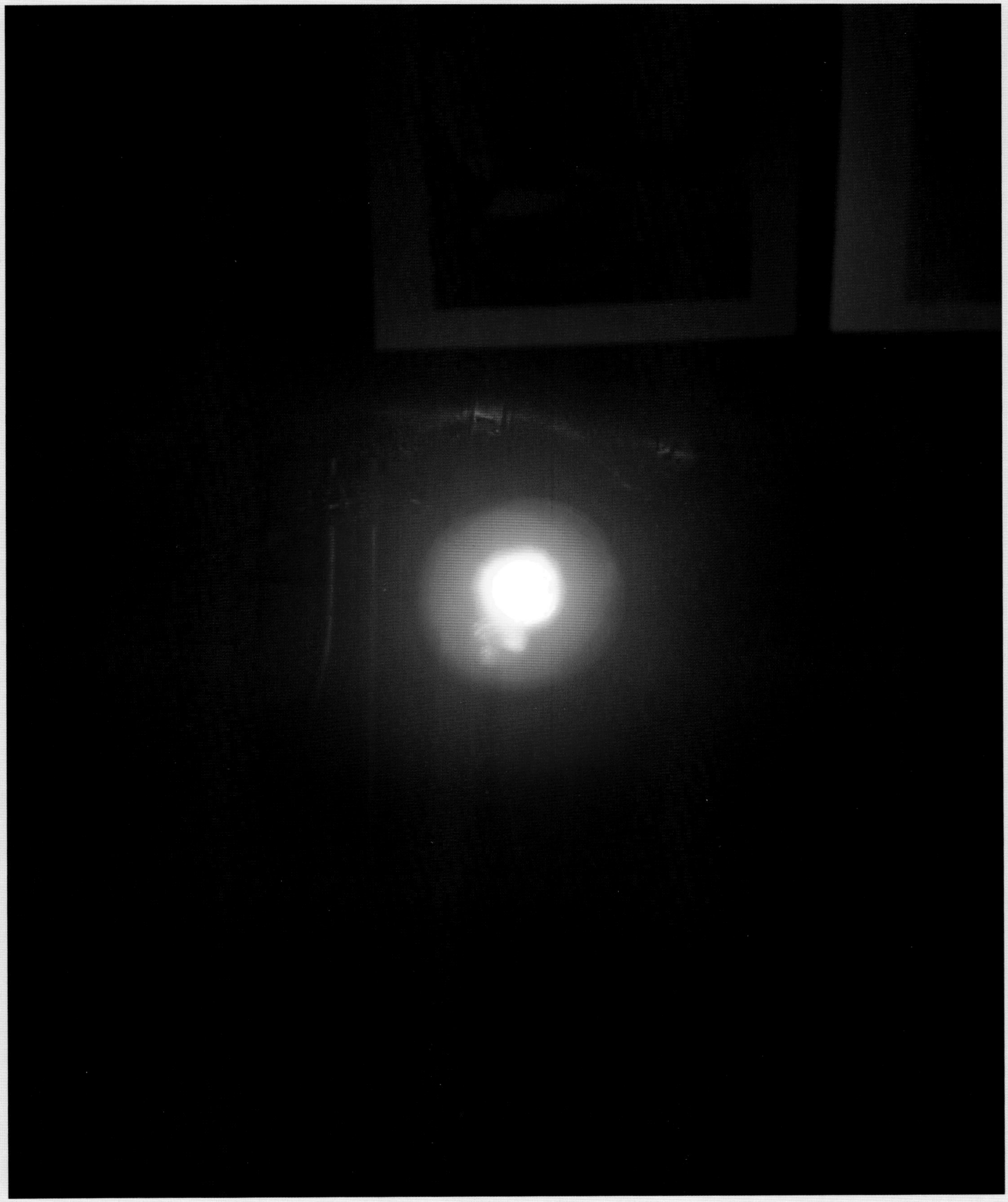

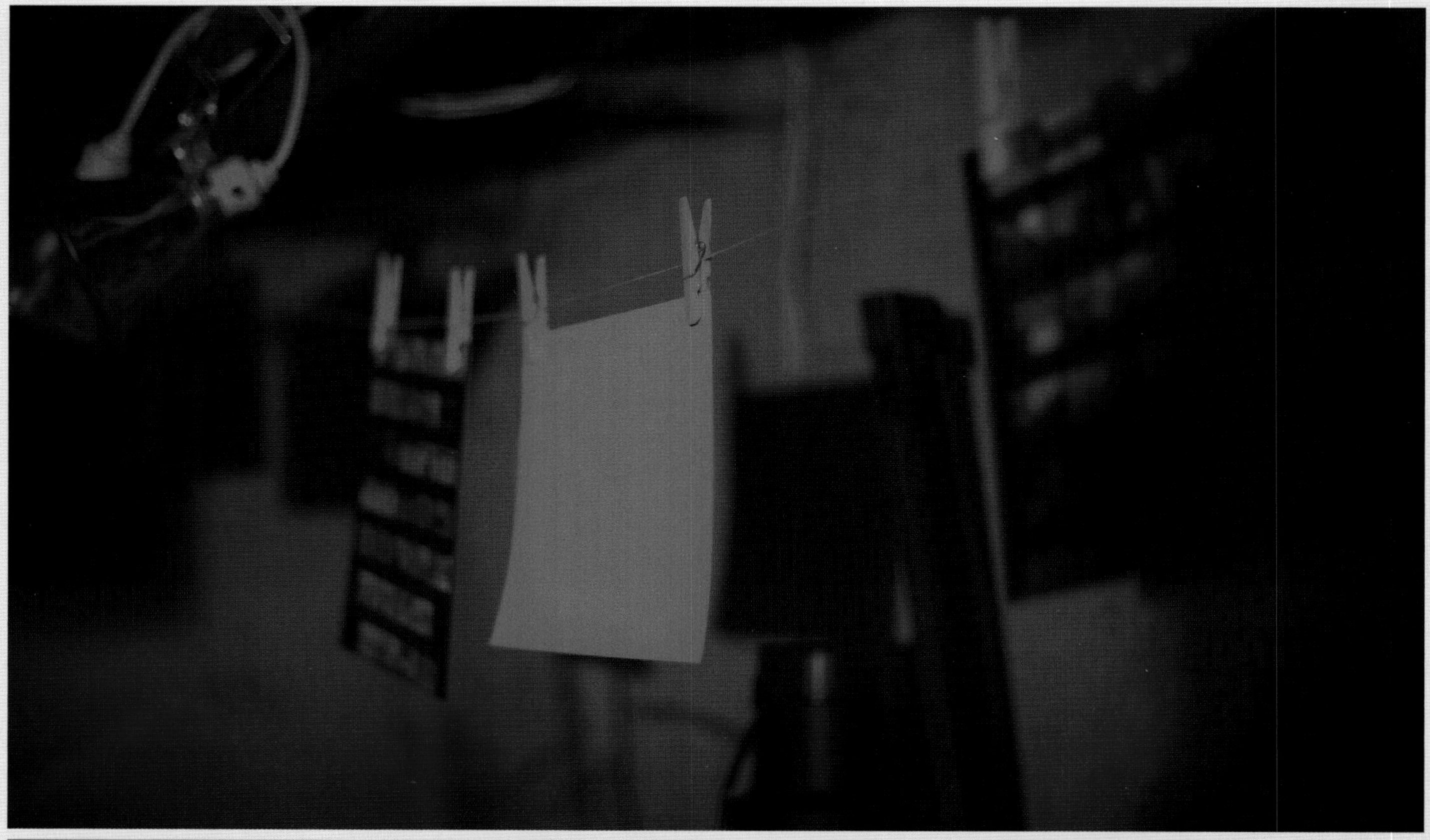

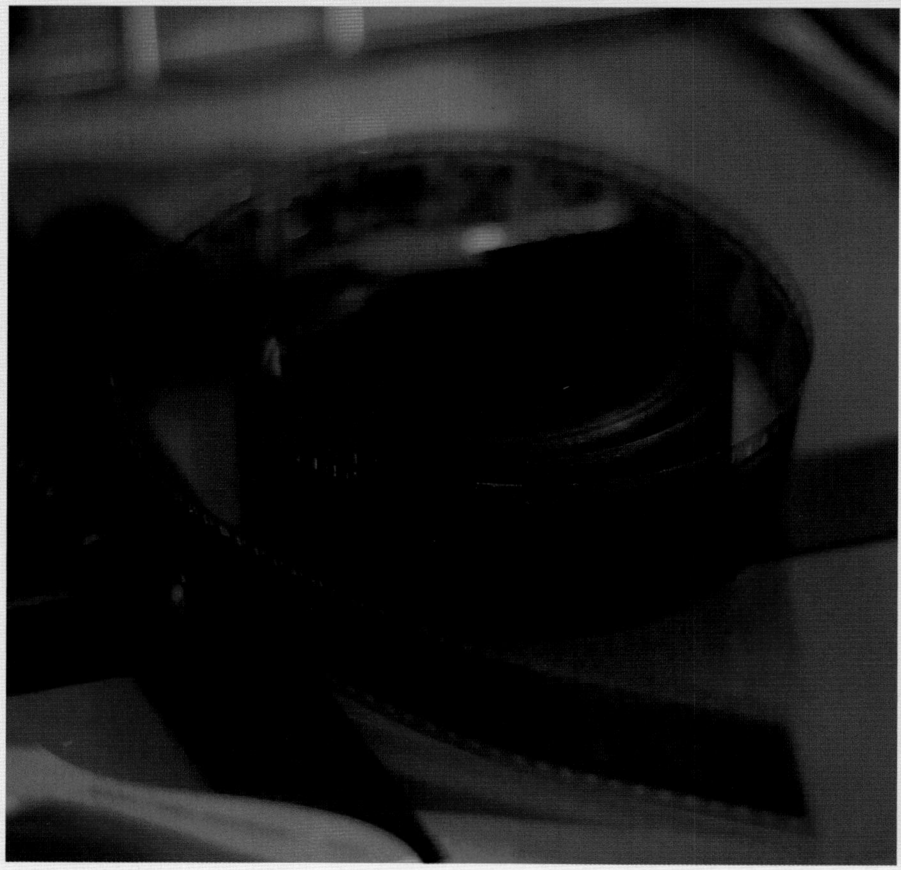

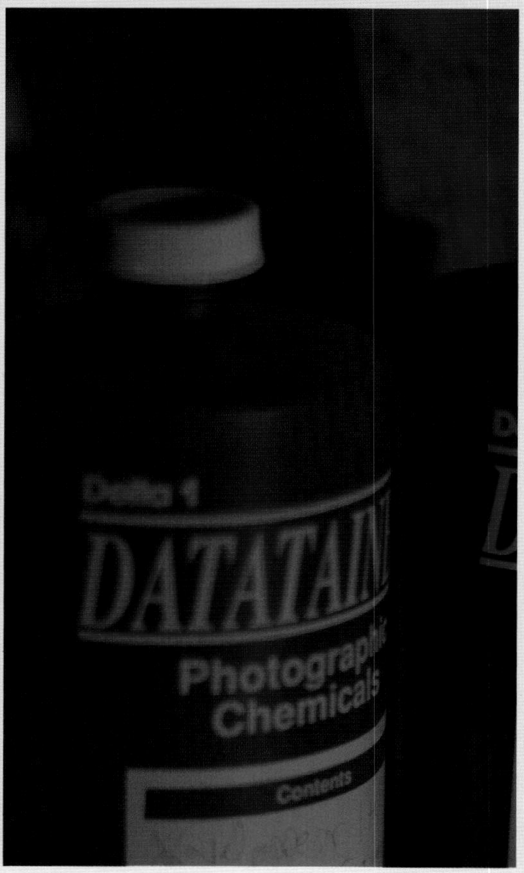
Delta 1
DATATAIN
Photographic
Chemicals
Contents

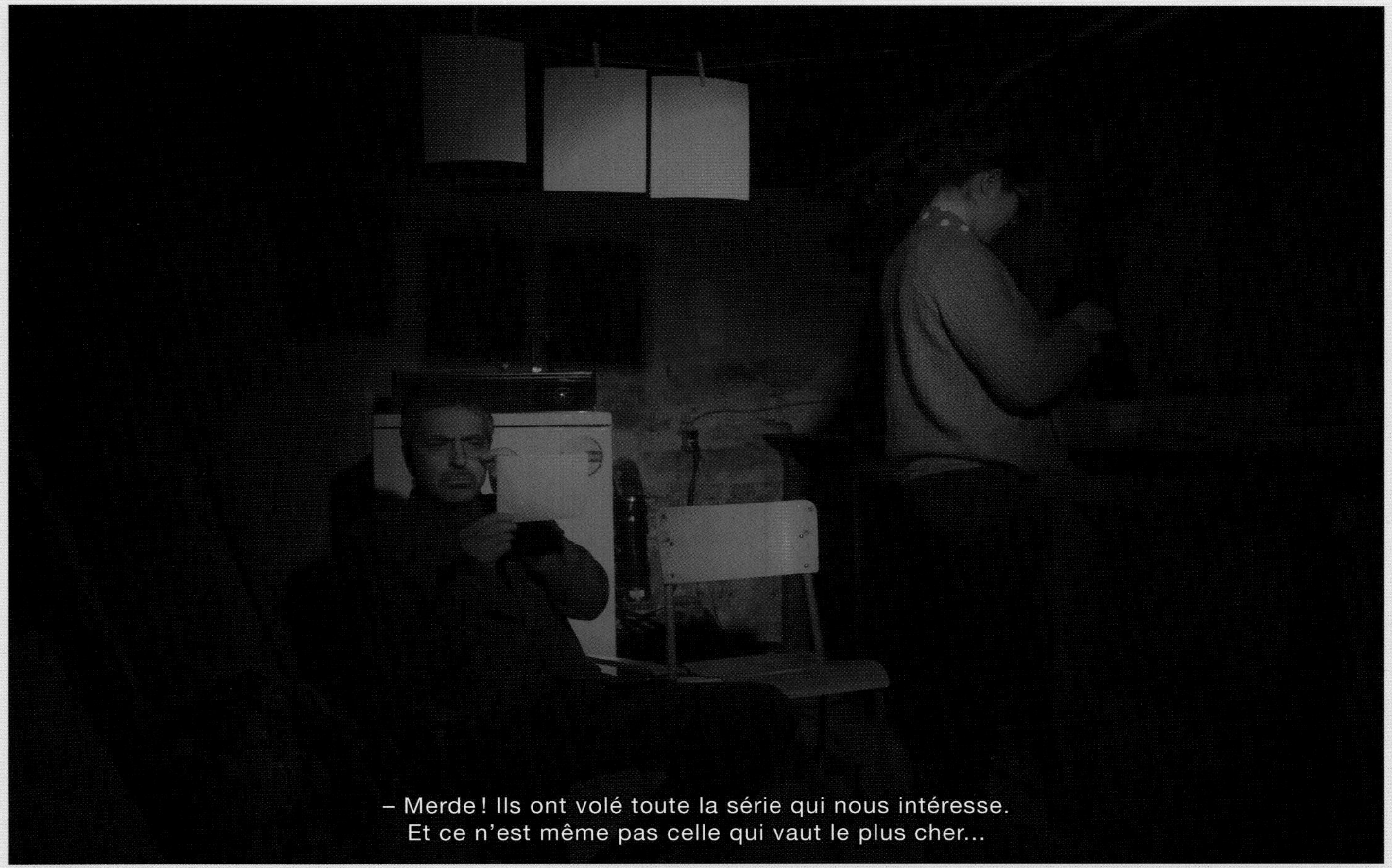
– Merde ! Ils ont volé toute la série qui nous intéresse.
Et ce n’est même pas celle qui vaut le plus cher...

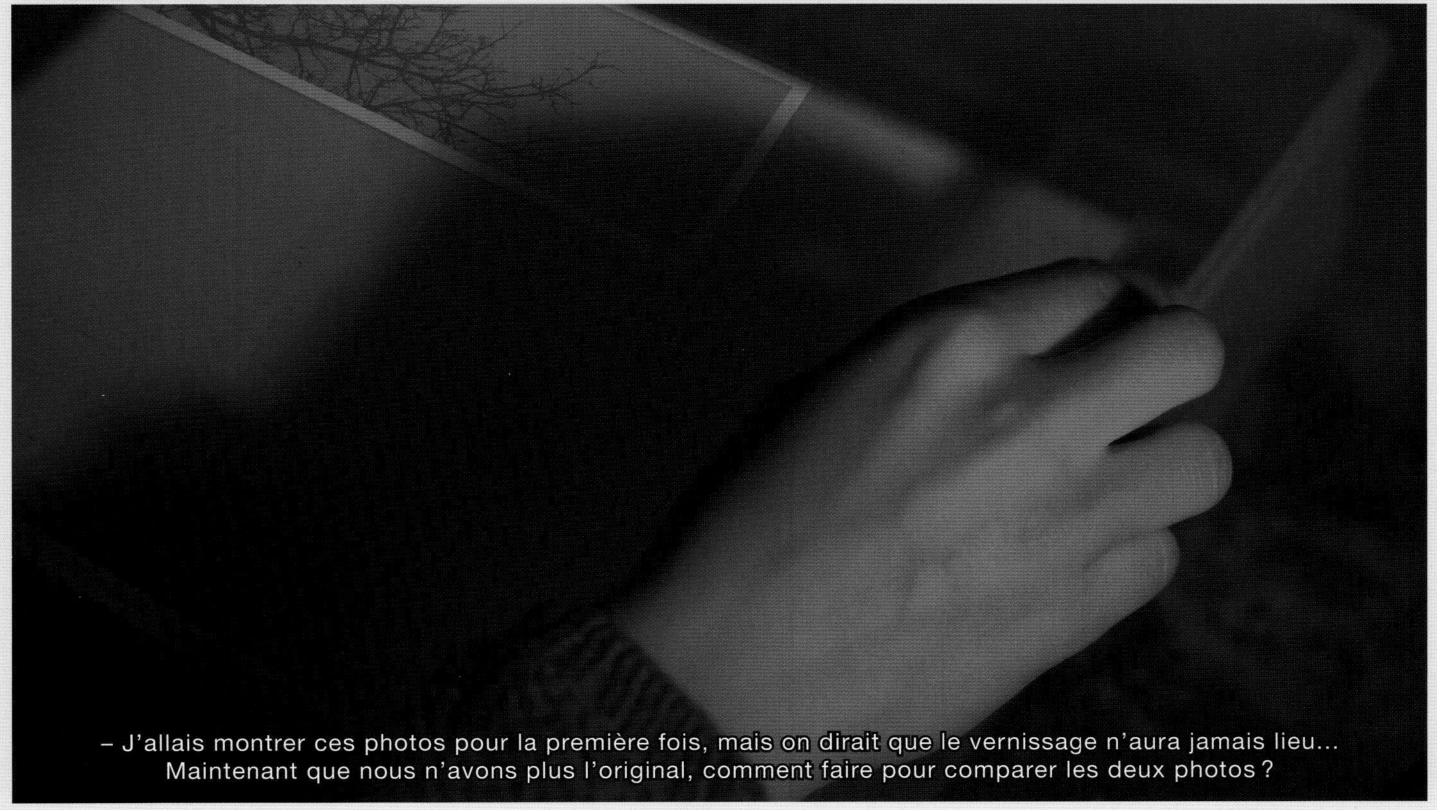
– J’allais montrer ces photos pour la première fois, mais on dirait que le vernissage n’aura jamais lieu...
Maintenant que nous n’avons plus l’original, comment faire pour comparer les deux photos ?

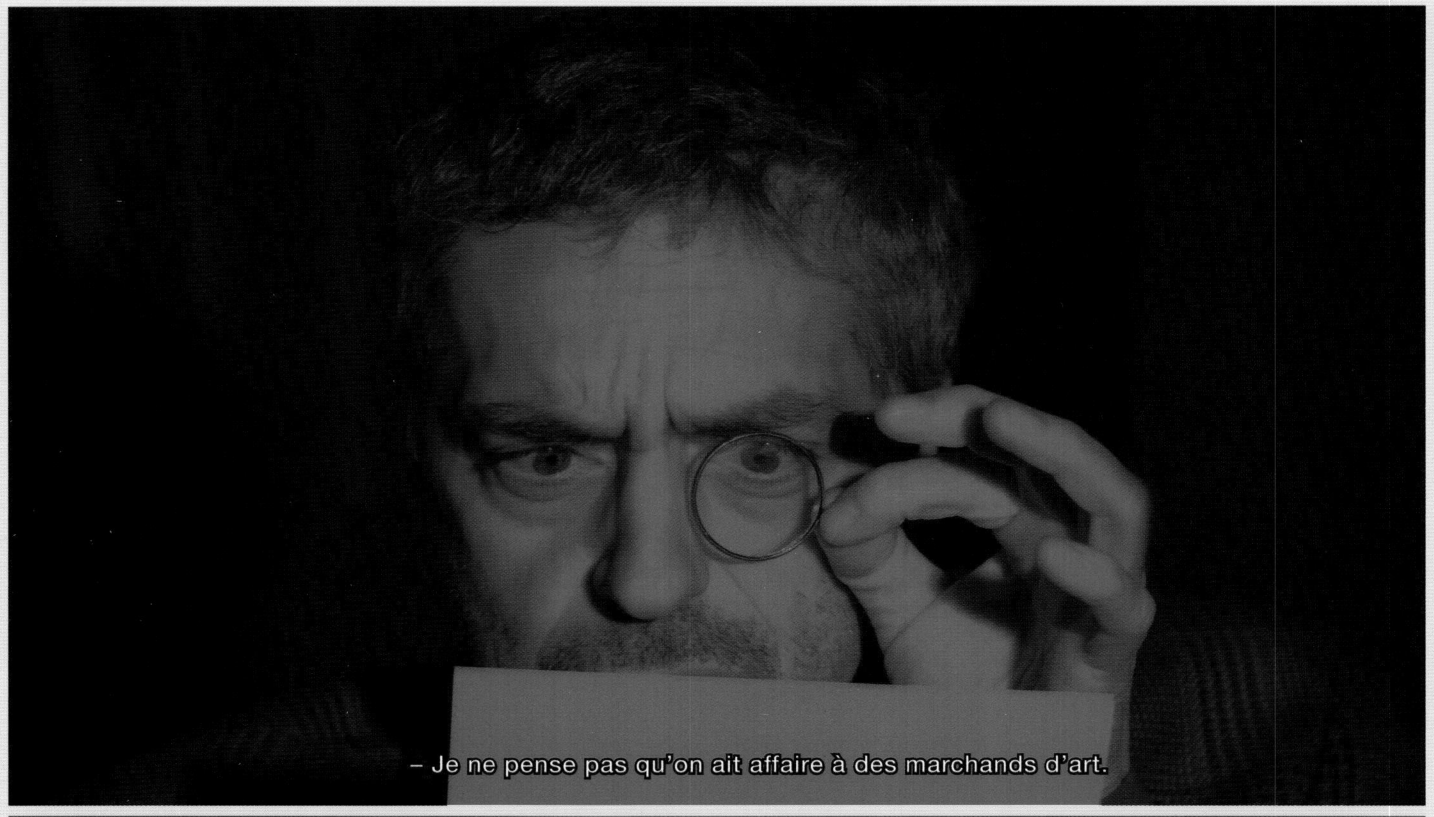
– Je ne pense pas qu'on ait affaire à des marchands d'art.

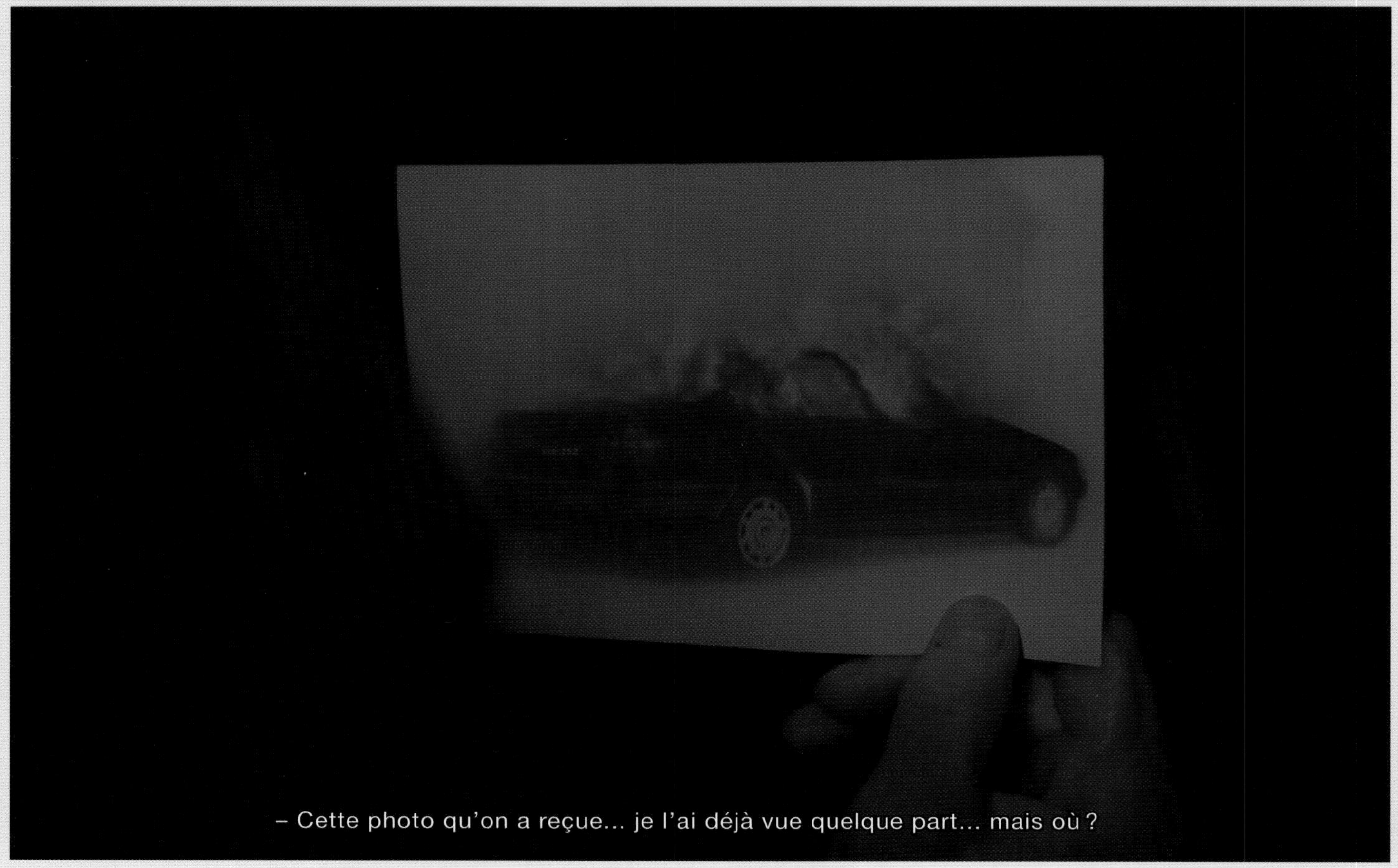
– Cette photo qu'on a reçue... je l'ai déjà vue quelque part... mais où ?

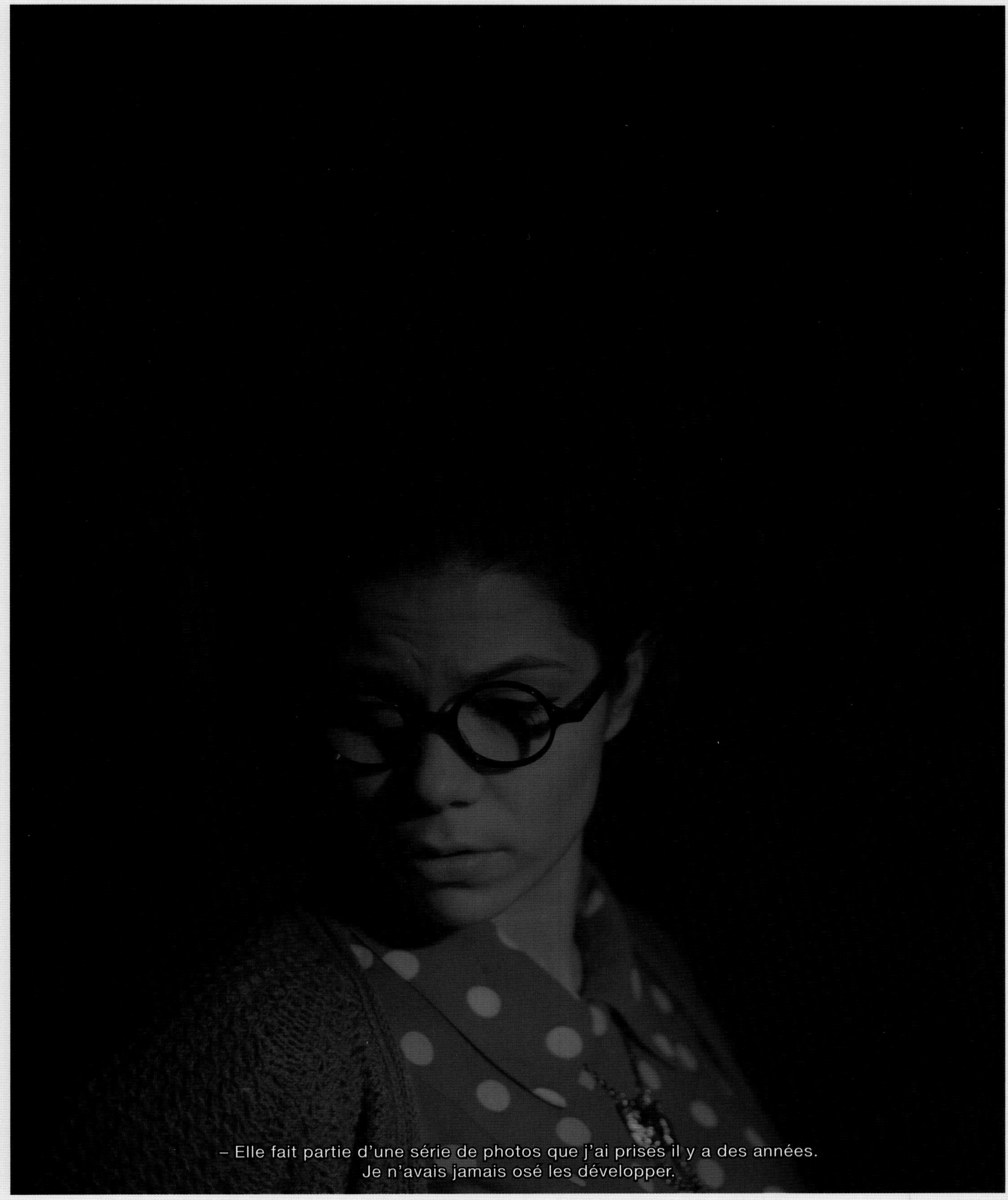
– Elle fait partie d'une série de photos que j'ai prises il y a des années.
Je n'avais jamais osé les développer.

JE VENAIS DE ME SÉPARER.

MA VOITURE ROULAIT
À TOUTE ALLURE ET JE
LAISSAIS LE PAYSAGE ME
TRAVERSER, COMME SI
J'ÉTAIS AILLEURS
ET QUE JE REGARDAIS
UN FILM OU UNE
EXPOSITION DE PHOTOS.

LES NUAGES, LA CAMPAGNE...

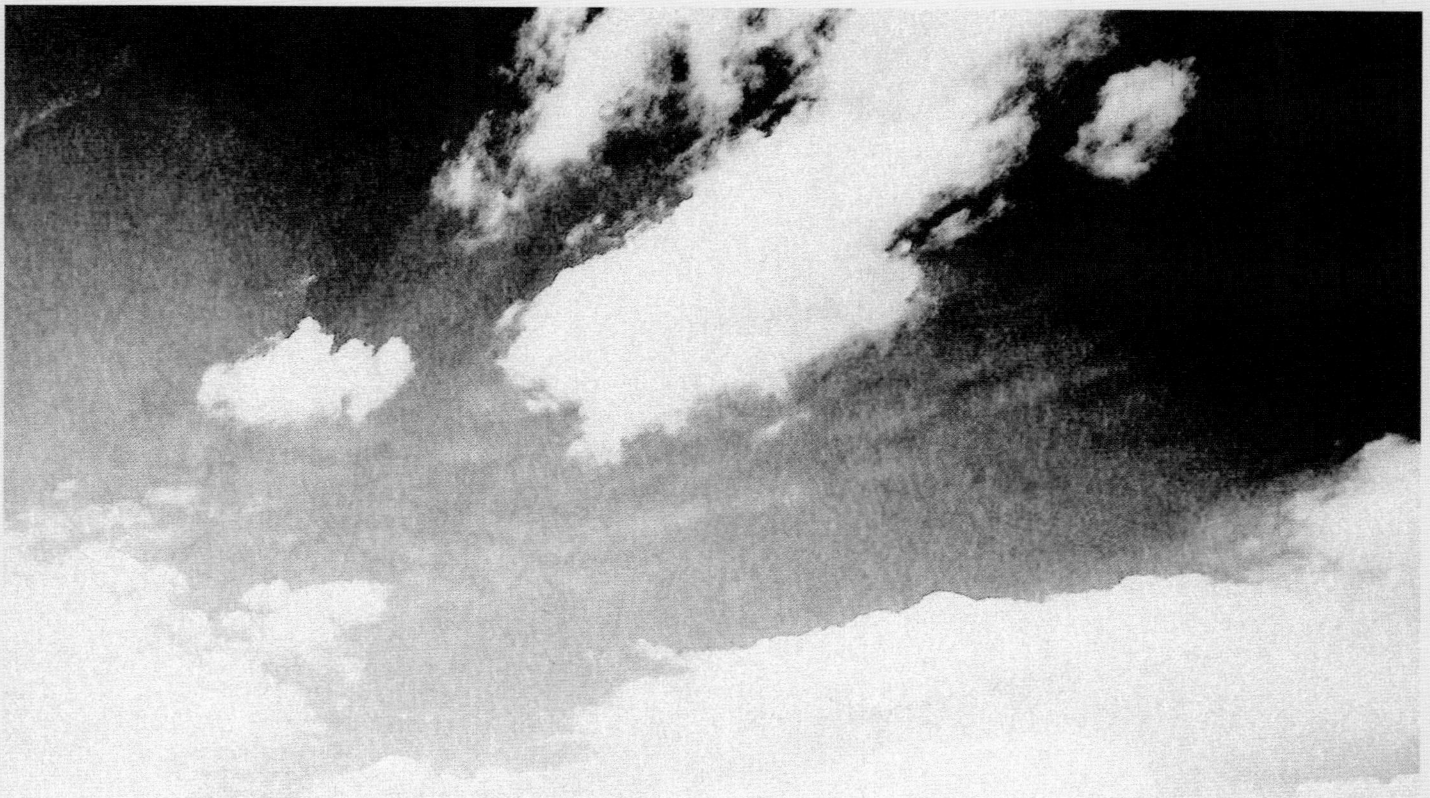

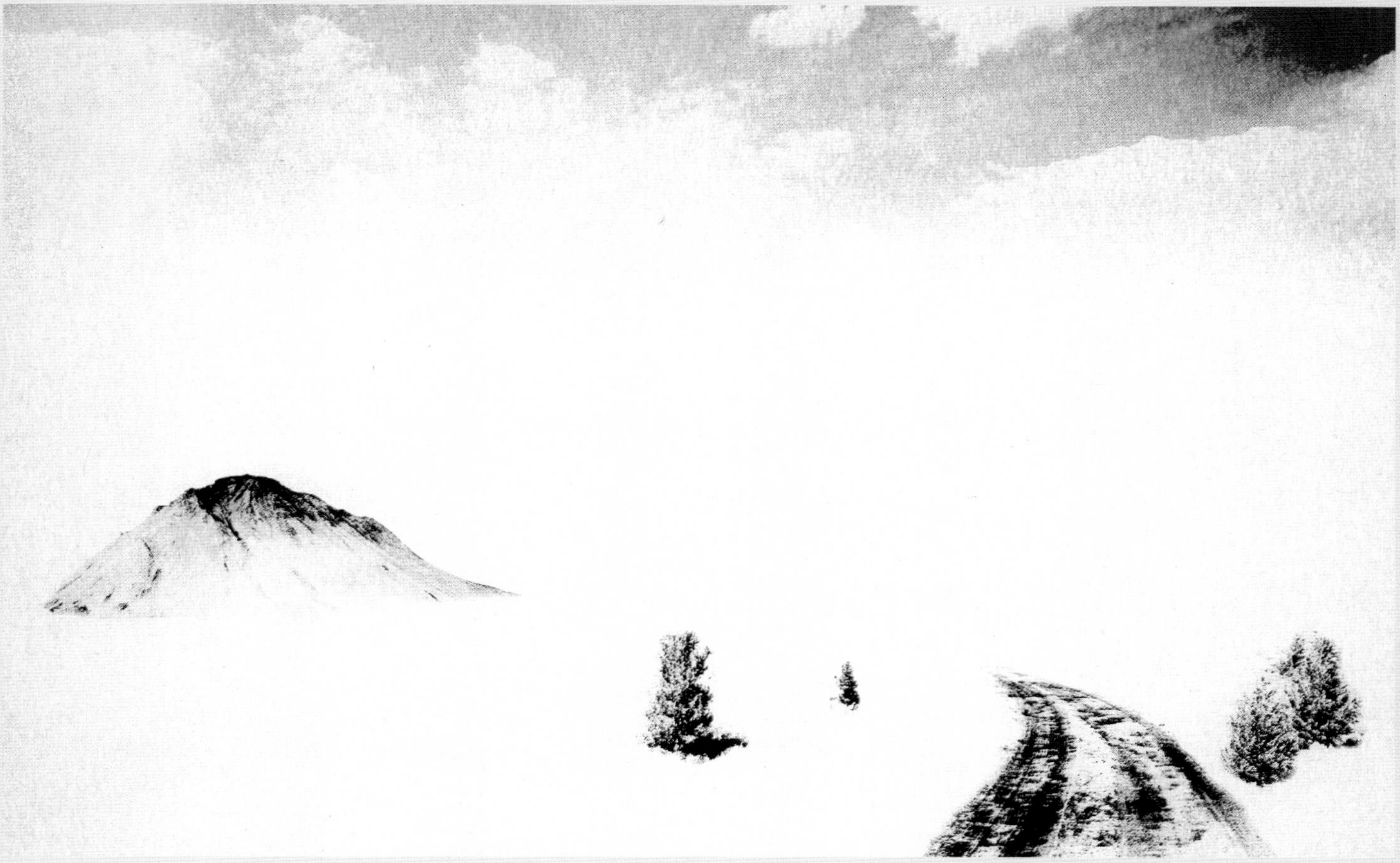

AU LOIN,
J'AI APERÇU DE LA FUMÉE...

UNE VOITURE EN FLAMMES.

L'ESSENCE QUI BRÛLAIT,

LA CHALEUR QUI MONTAIT
VERS LE CIEL...

LE BRASIER ÉTAIT
TELLEMENT PUISSANT
QU'IL ME BRÛLAIT LA PEAU.

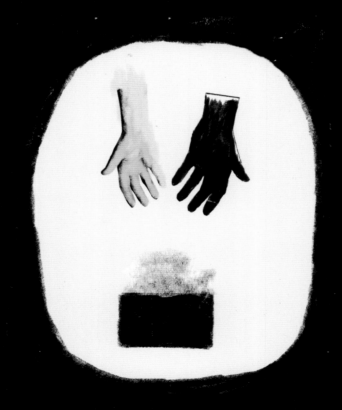

J'AI TROUVÉ ÇA BEAU ET
J'AI PRIS DES PHOTOS.

JE ME DISAIS QUE PERSONNE
N'AVAIT SURVÉCU.

MAIS UN HOMME EST SORTI
DE LA VOITURE.

TOUT CE QUE J'AI
TROUVÉ À FAIRE, C'EST
PRENDRE DES PHOTOS.

PUIS, IL A DISPARU.

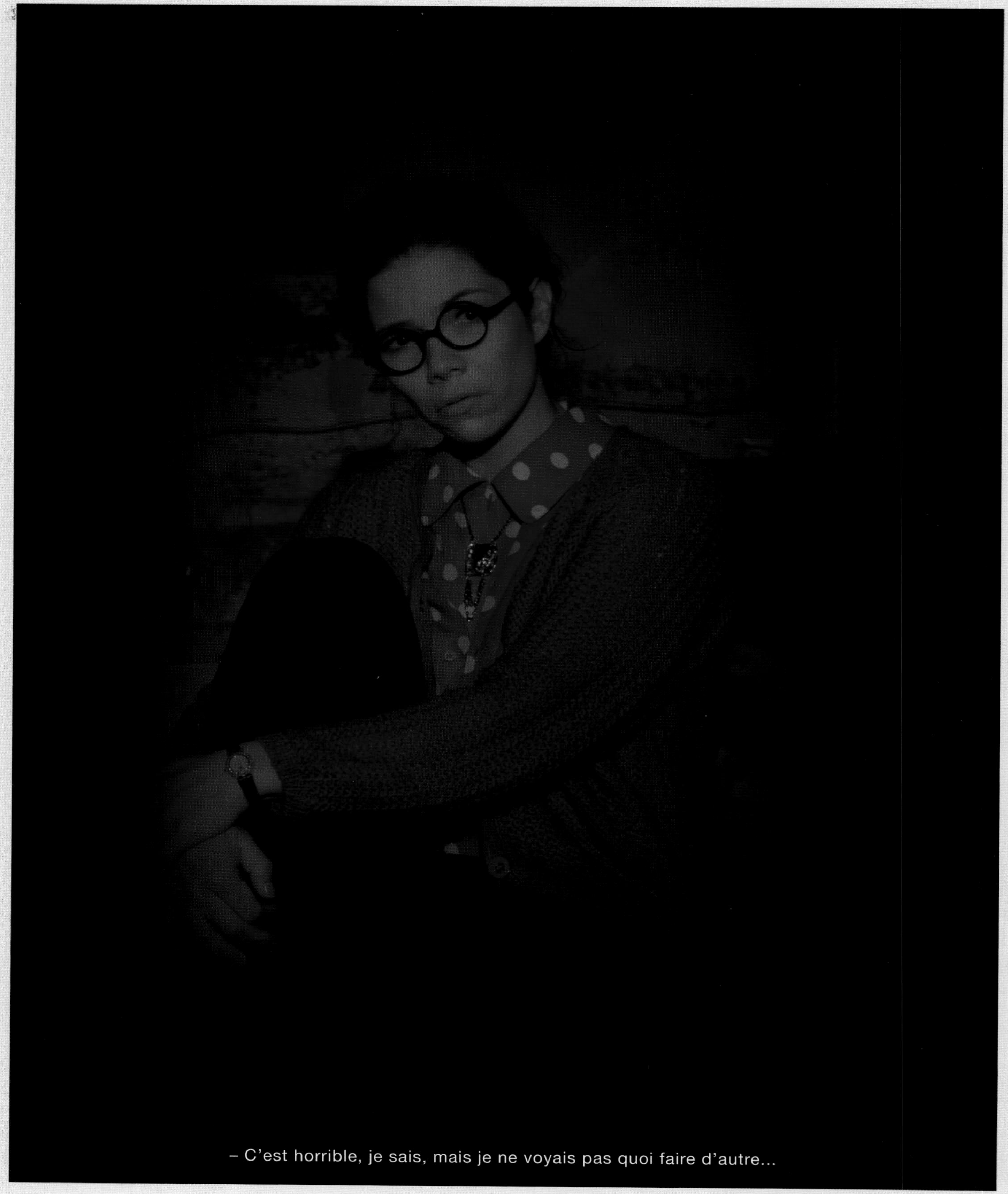

– C'est horrible, je sais, mais je ne voyais pas quoi faire d'autre...

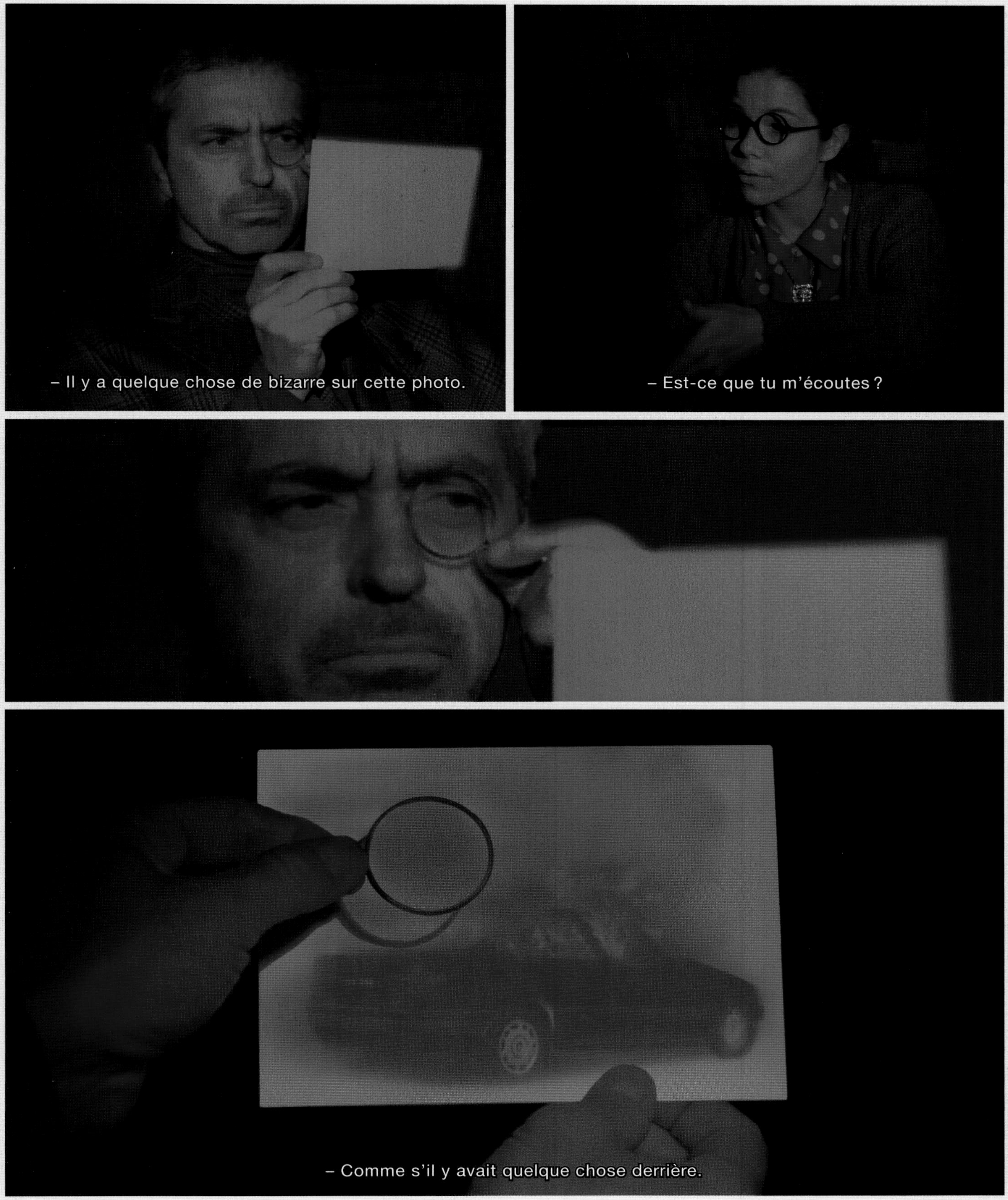
– Il y a quelque chose de bizarre sur cette photo.
– Est-ce que tu m’écoutes ?
– Comme s’il y avait quelque chose derrière.

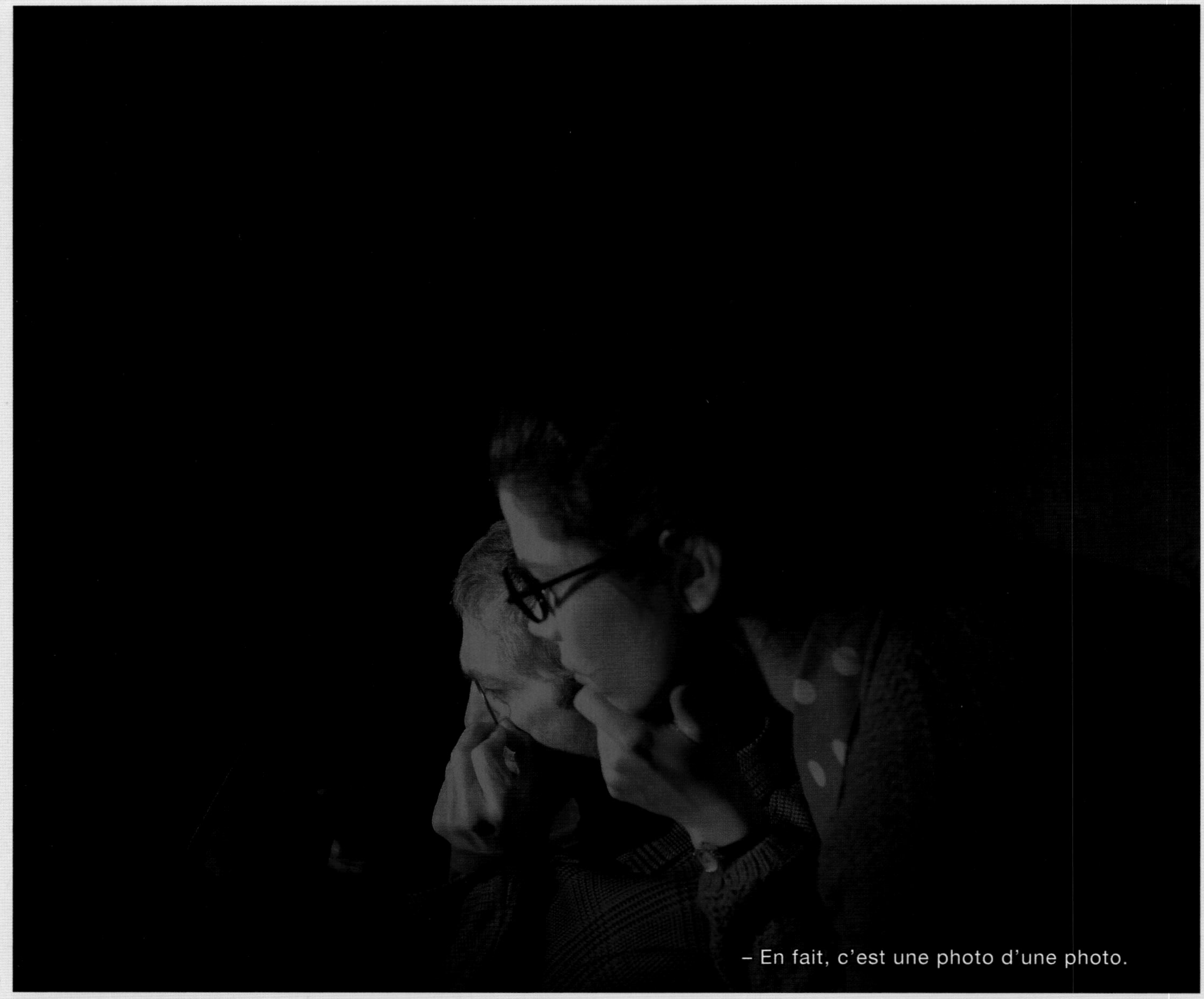
– En fait, c’est une photo d’une photo.

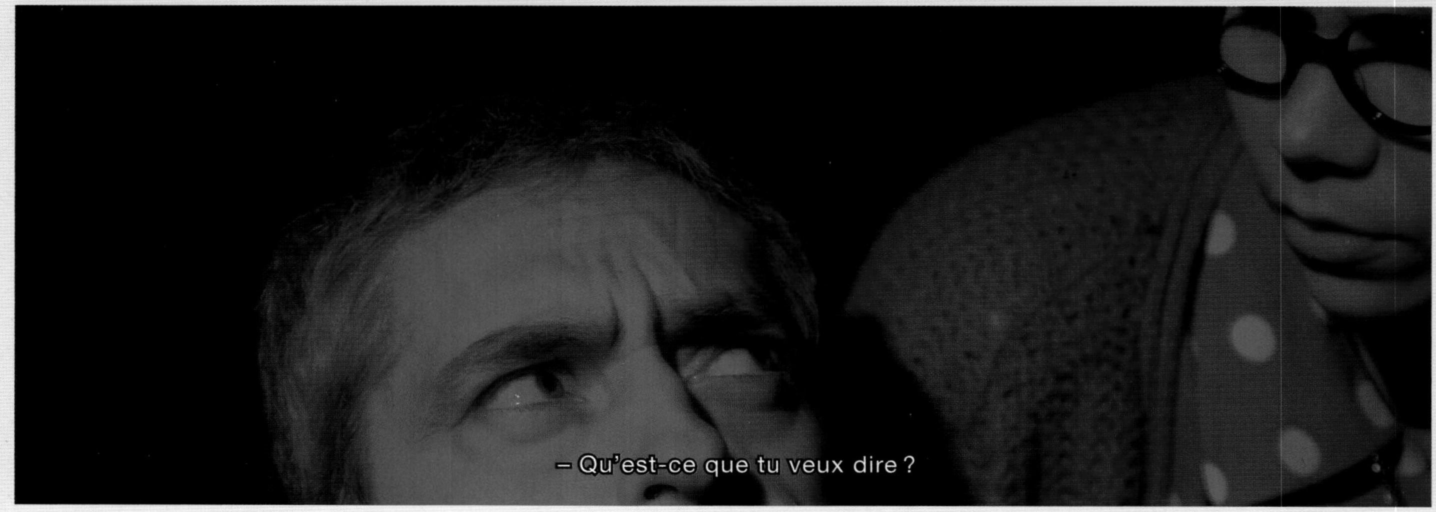
– Qu’est-ce que tu veux dire ?

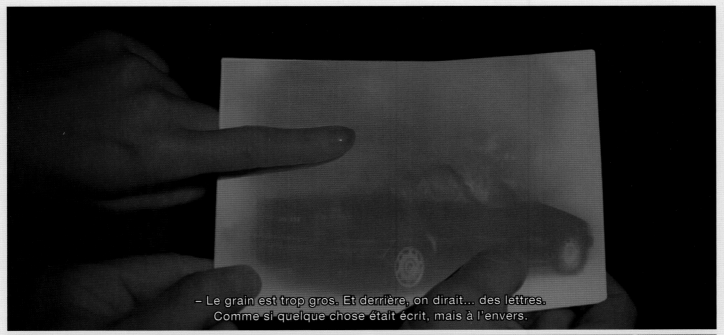

– Le grain est trop gros. Et derrière, on dirait... des lettres.
Comme si quelque chose était écrit, mais à l'envers.

– Attends-moi un instant.

– Où est-ce que tu vas ?

– Je viens de me souvenir de quelque chose... J'espère
qu'ils n'ont pas jeté les vieux journaux.

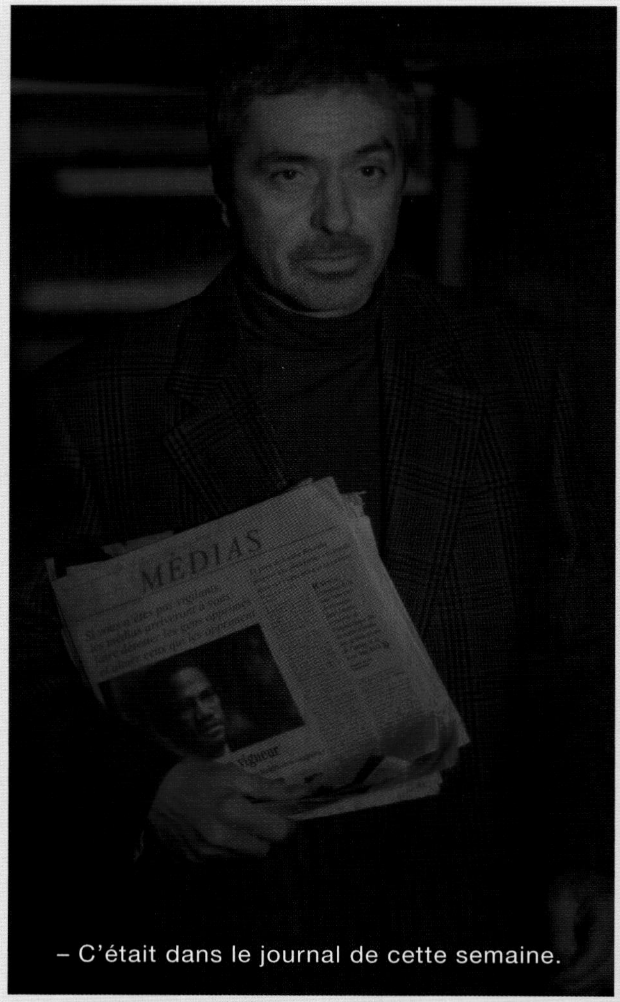
MÉDIAS
– C'était dans le journal de cette semaine.

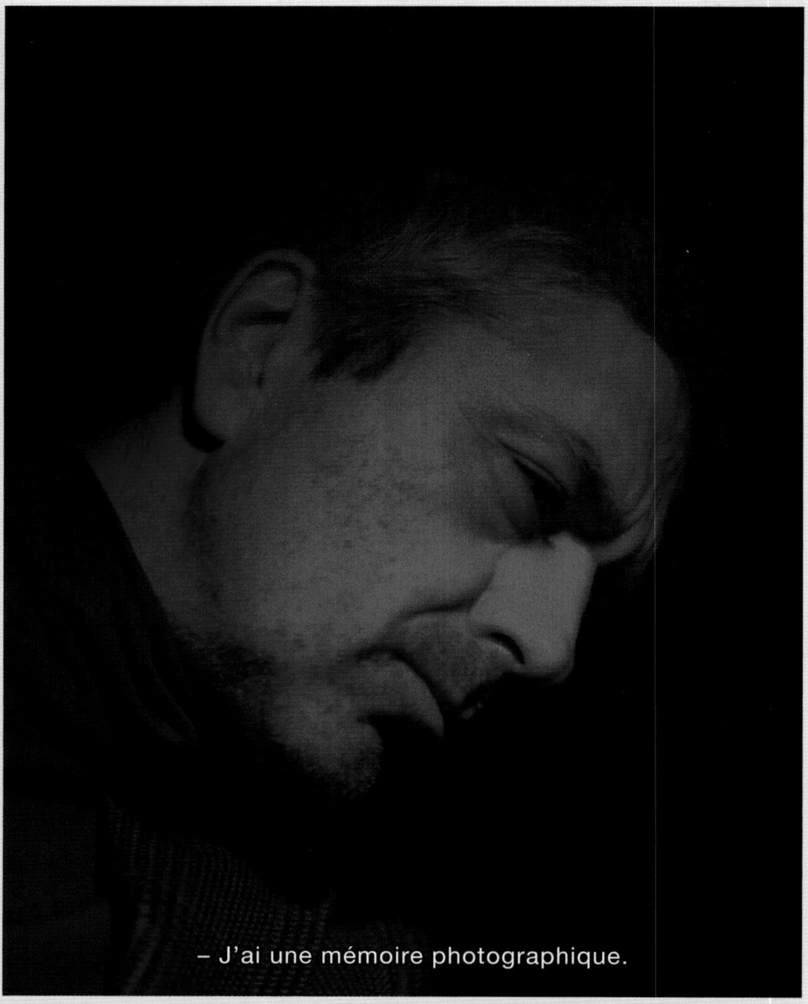
– J'ai une mémoire photographique.

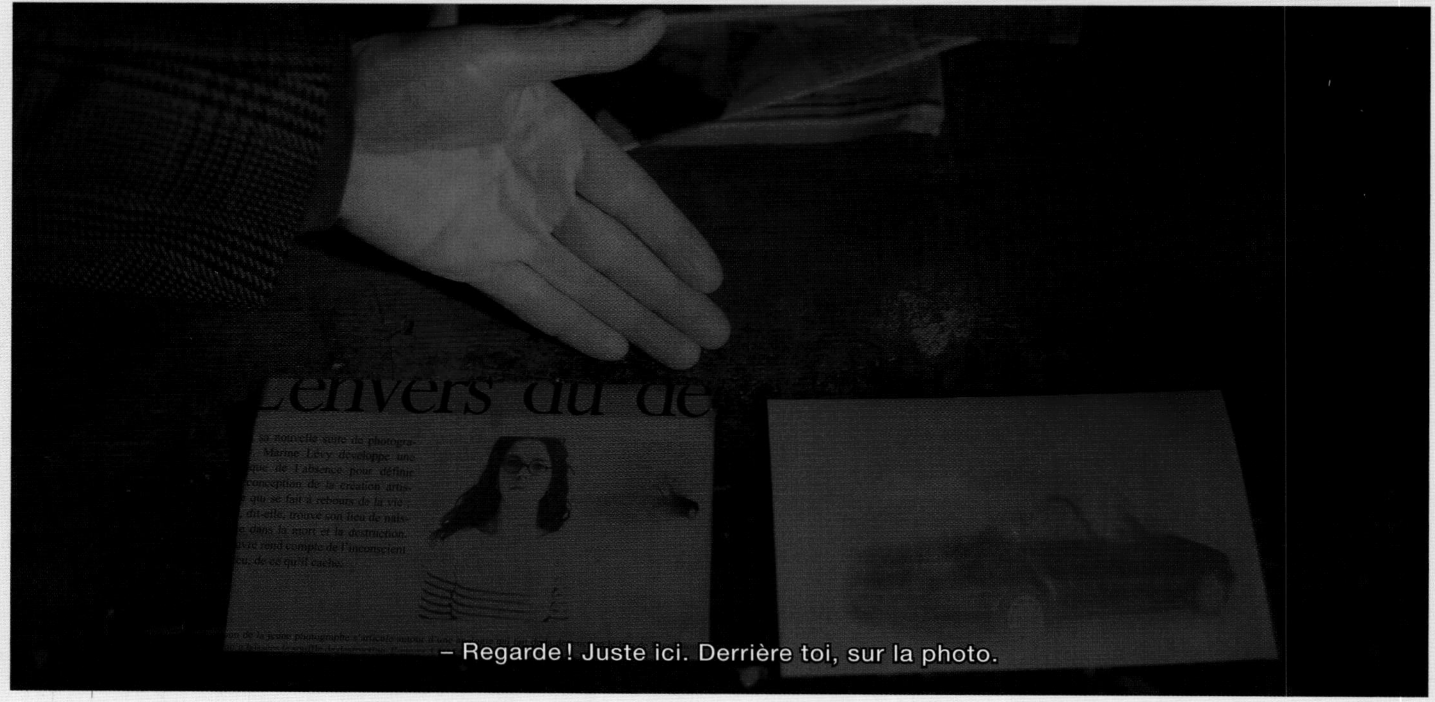
– Regarde ! Juste ici. Derrière toi, sur la photo.

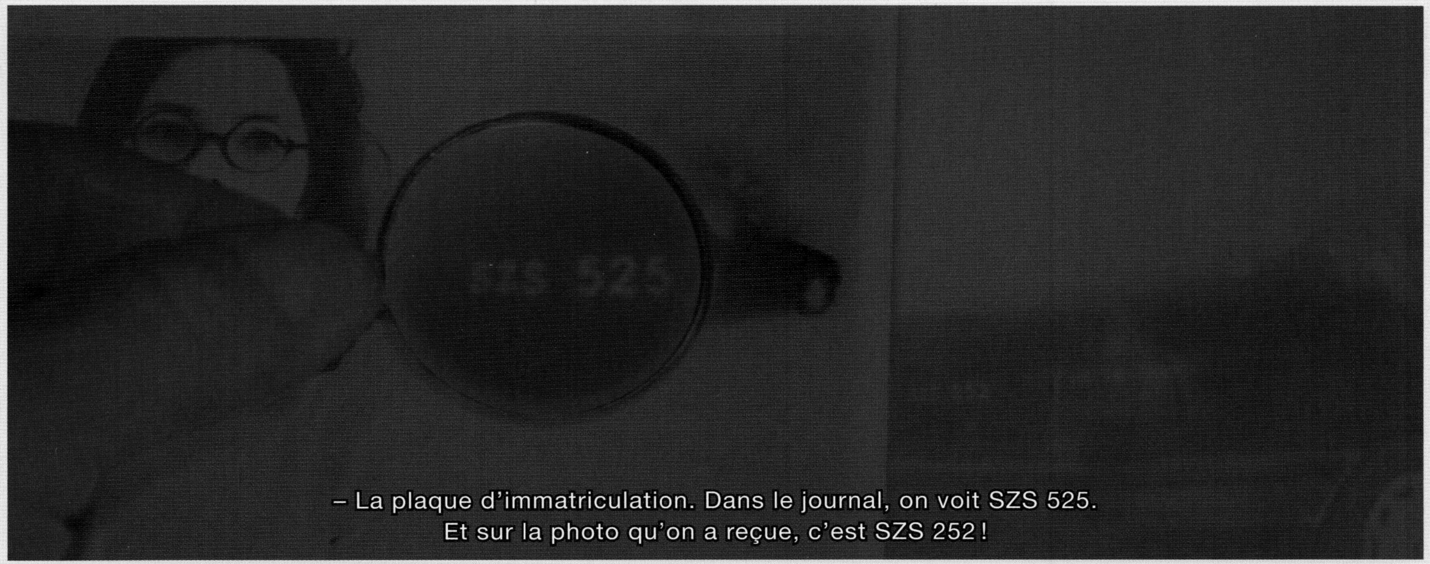
– La plaque d'immatriculation. Dans le journal, on voit SZS 525.
Et sur la photo qu'on a reçue, c'est SZS 252 !

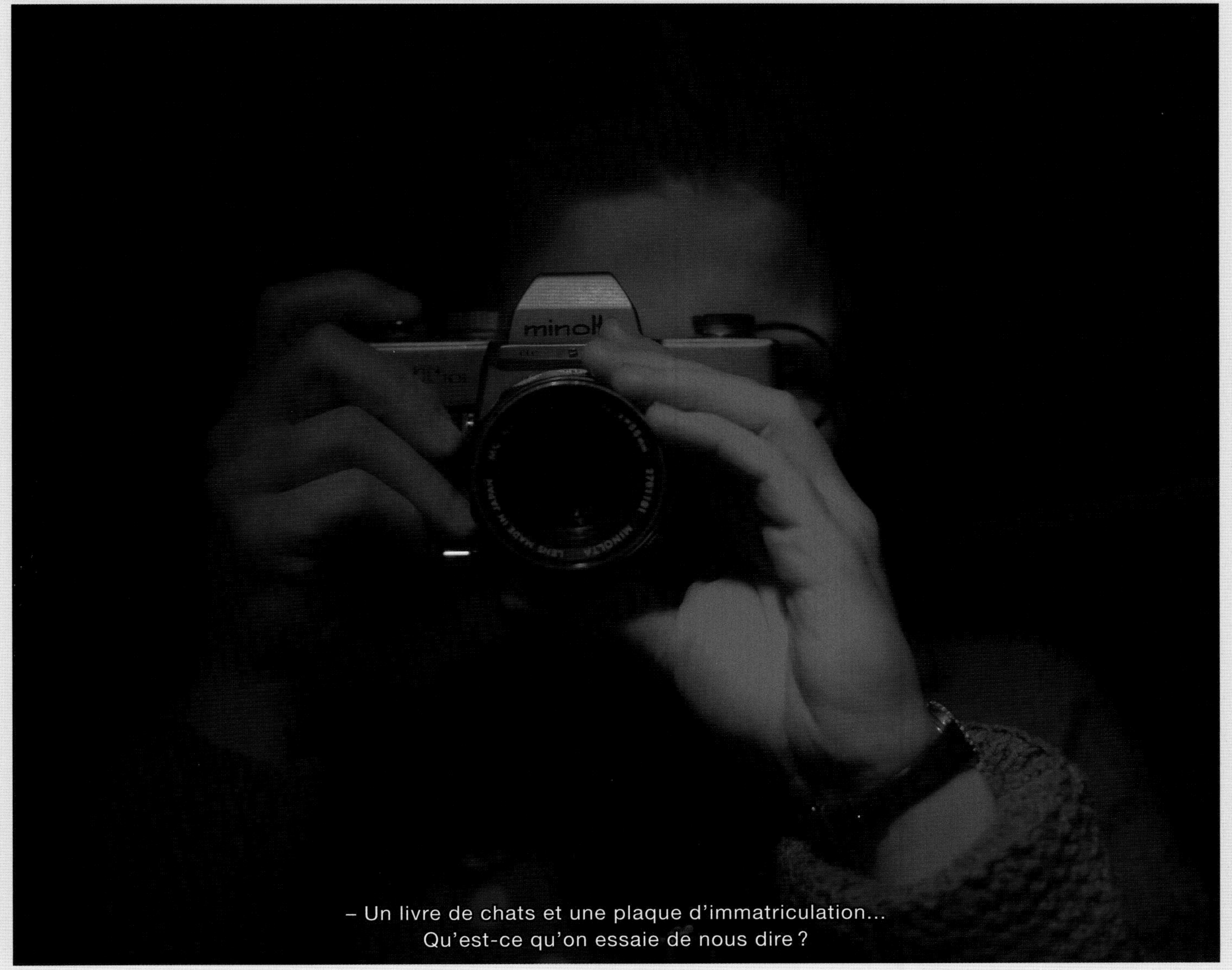
– Un livre de chats et une plaque d'immatriculation...
Qu'est-ce qu'on essaie de nous dire ?

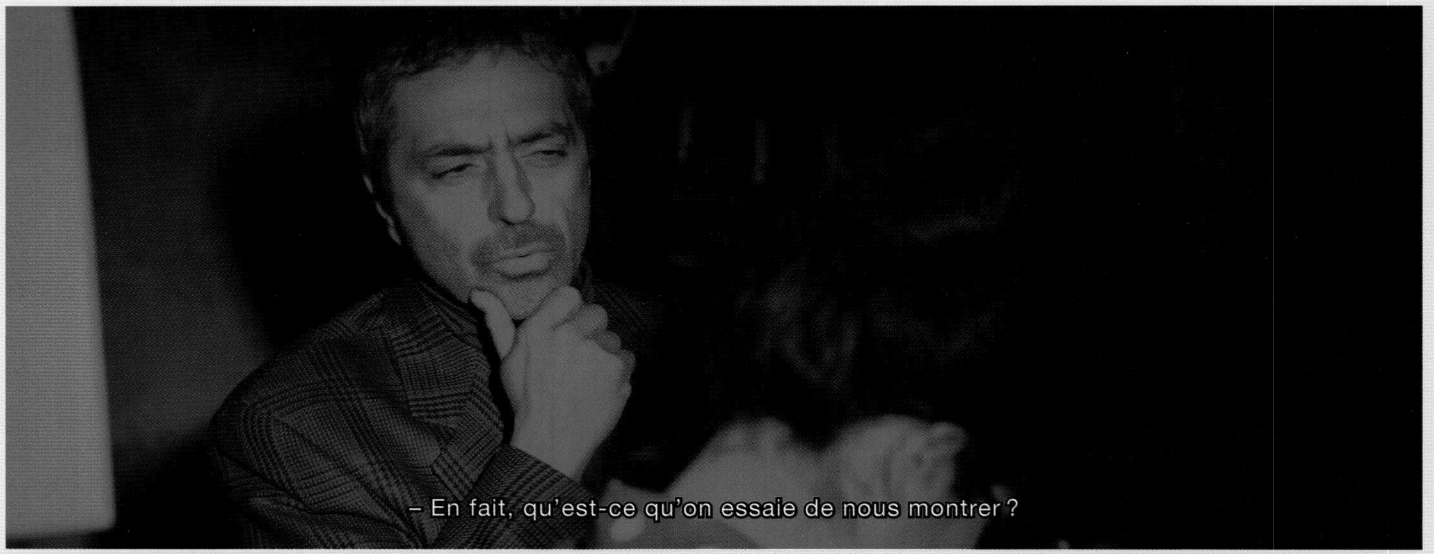
– En fait, qu'est-ce qu'on essaie de nous montrer ?

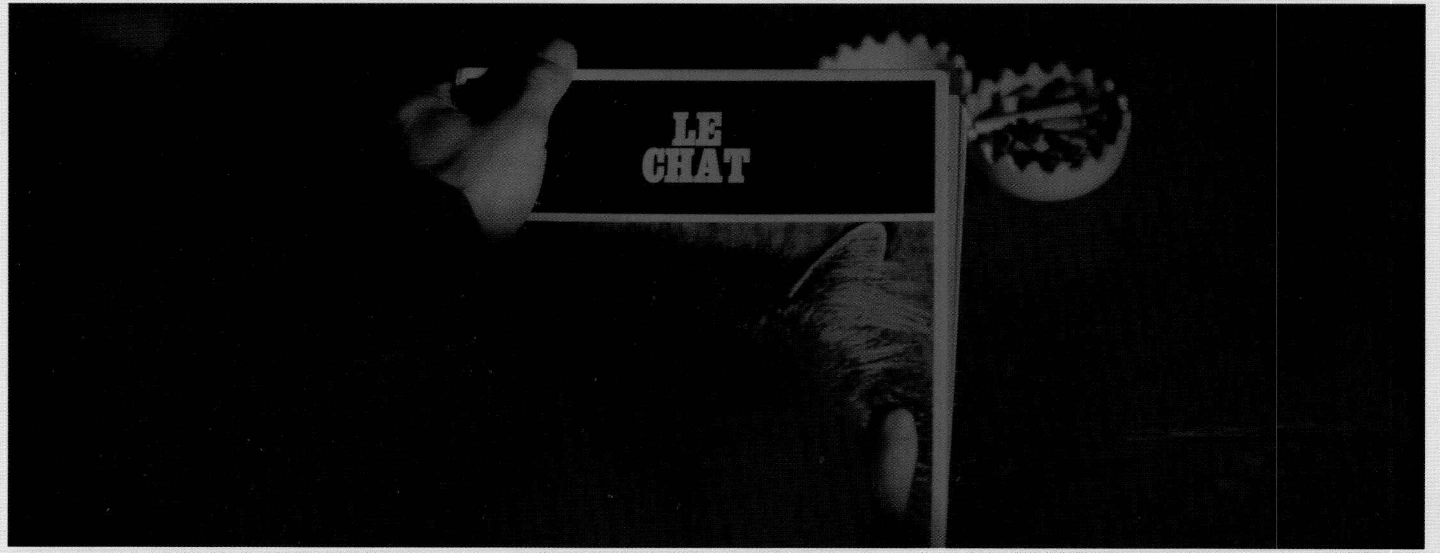
LE
CHAT

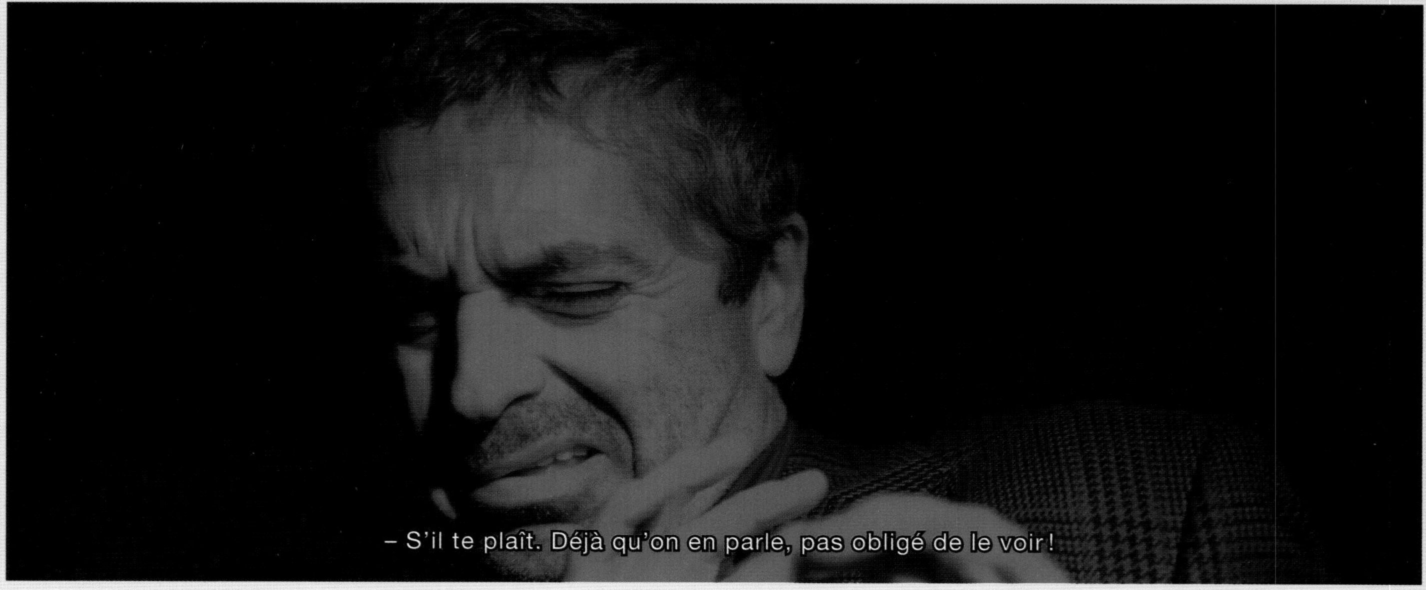
– S'il te plaît. Déjà qu'on en parle, pas obligé de le voir !

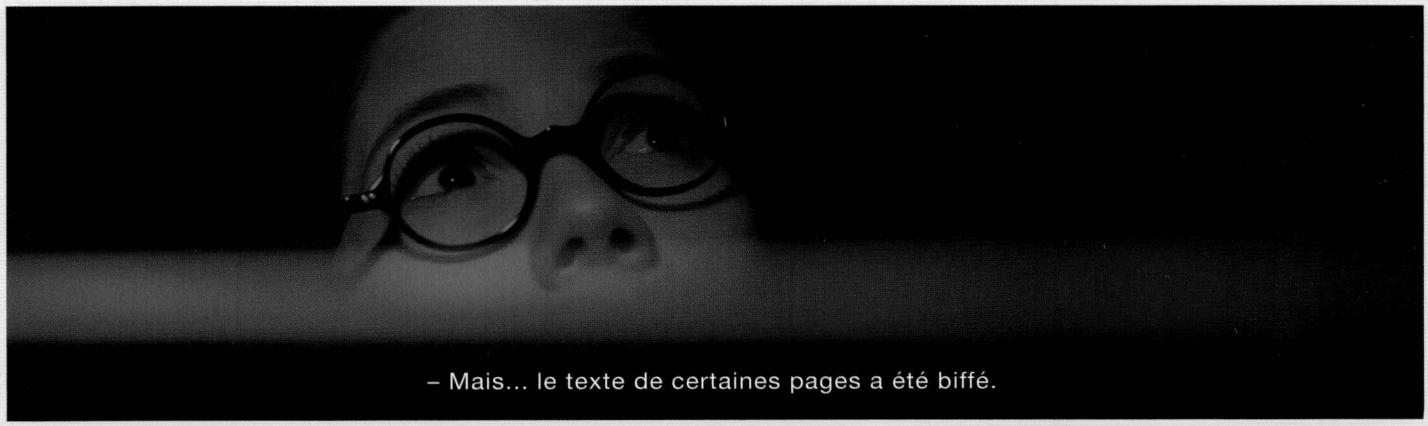
– Mais… le texte de certaines pages a été biffé.

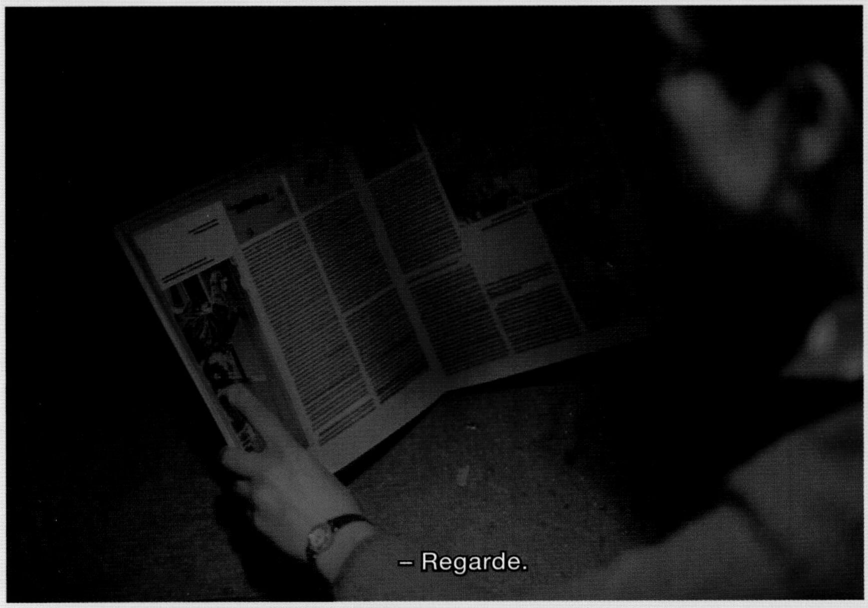
– Regarde.

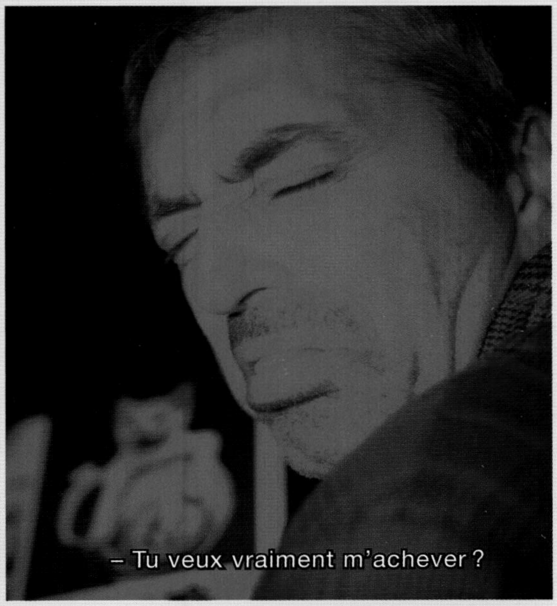
– Tu veux vraiment m’achever ?

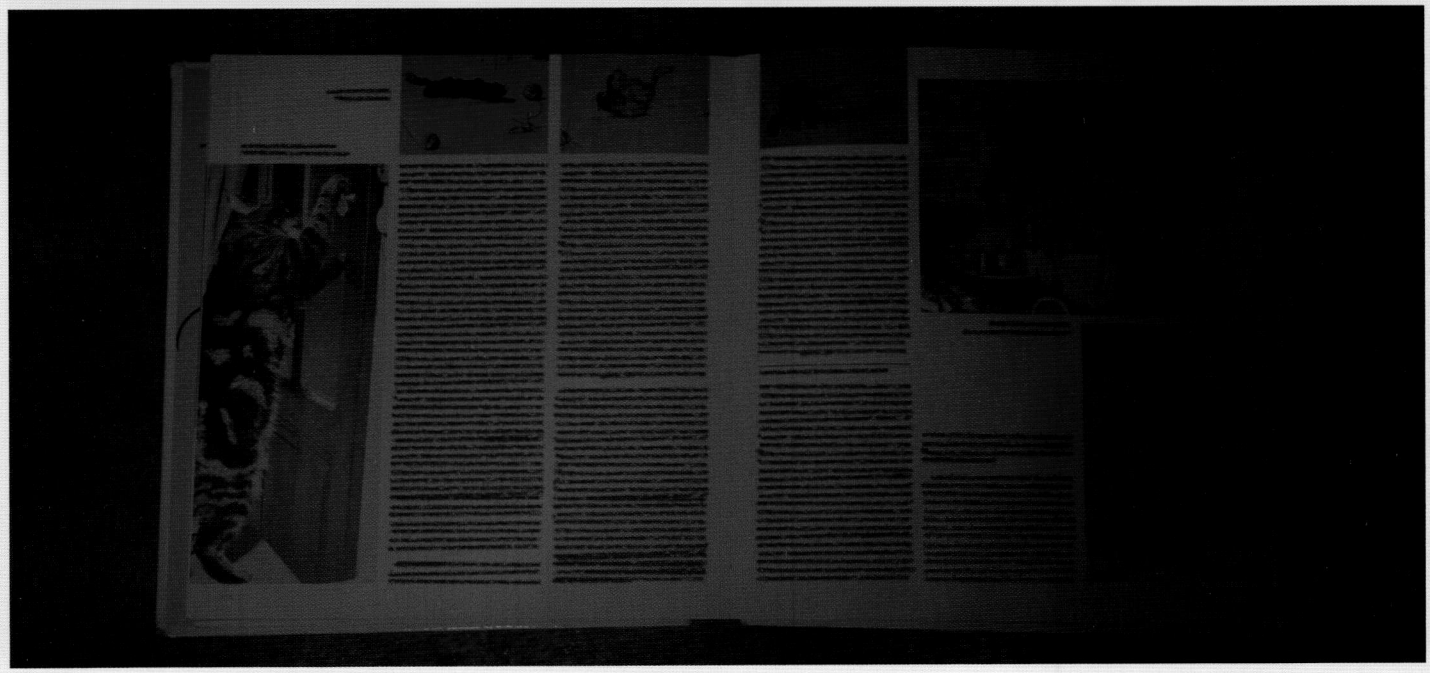

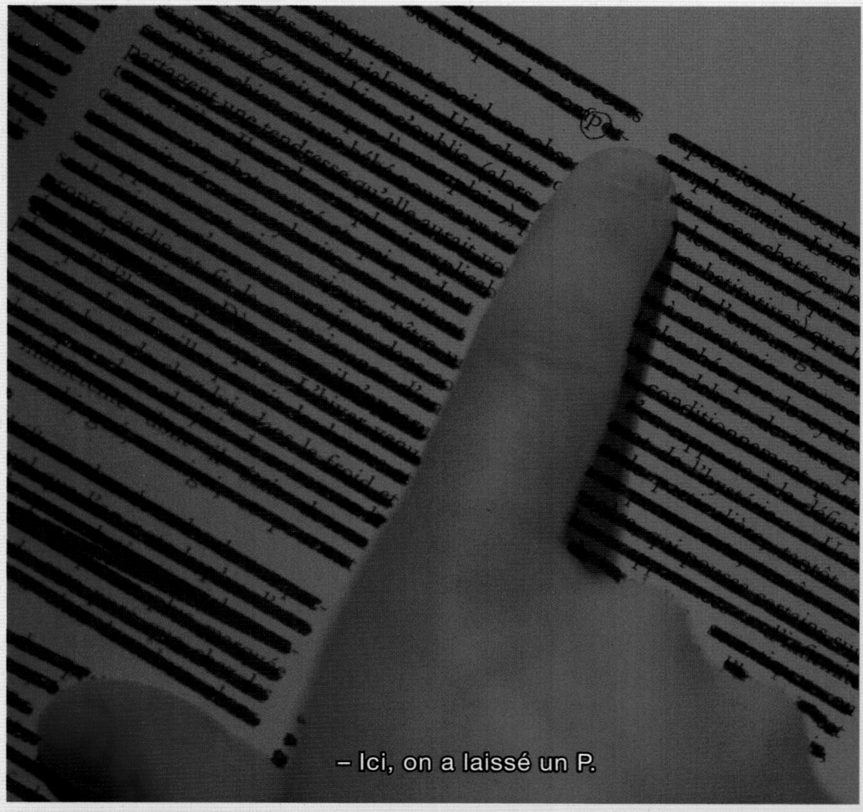
– Ici, on a laissé un P.

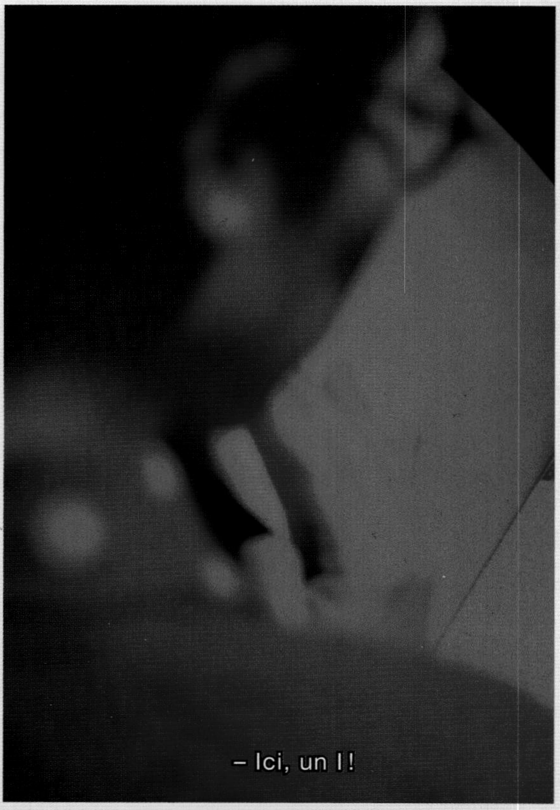
– Ici, un I !

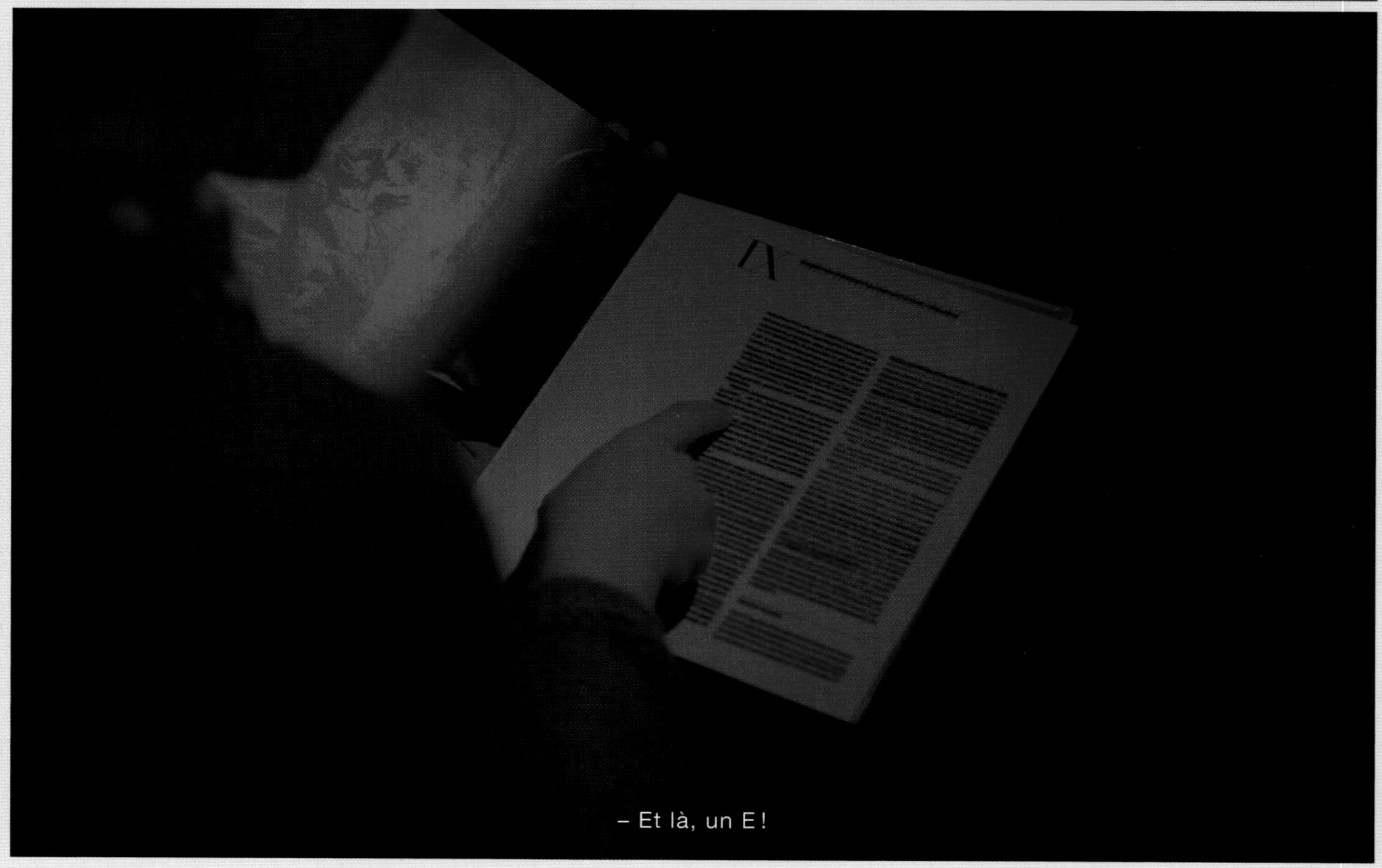
IX
– Et là, un E !

– Trois lettres.

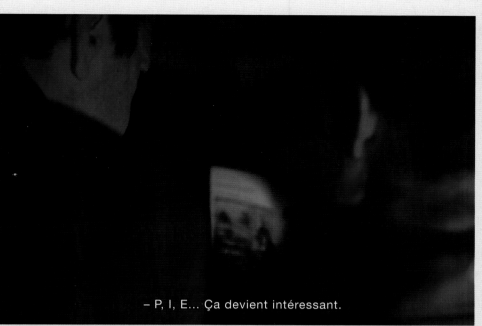

– P, I, E... Ça devient intéressant.

– Une adresse ?

– Avenue de la Pie ? C'est dans le nord de la ville.

– Allons voir.

– 525 ou 252, avenue de la Pie ?

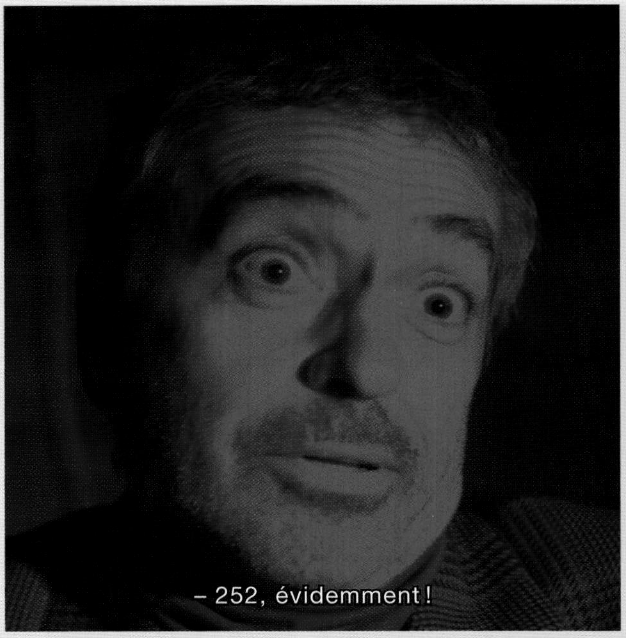
– 252, évidemment !

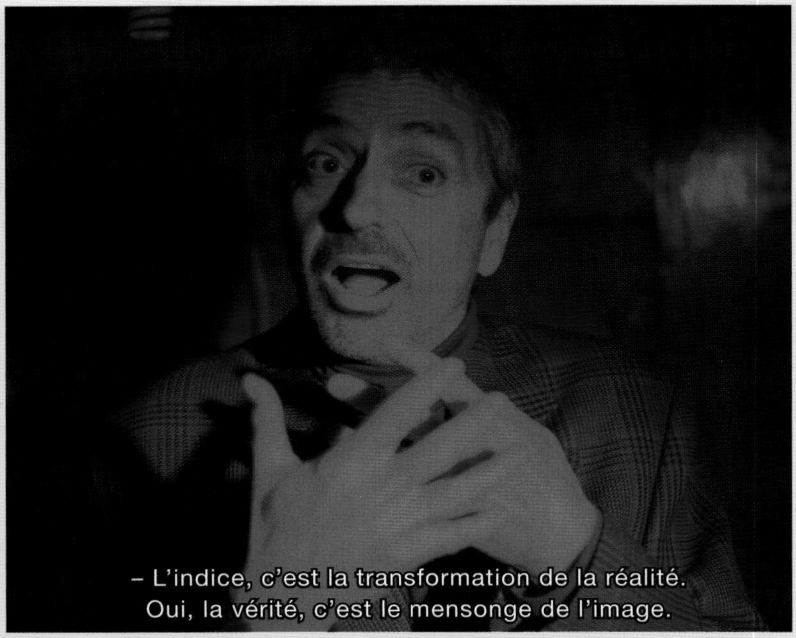
– L'indice, c'est la transformation de la réalité.
Oui, la vérité, c'est le mensonge de l'image.

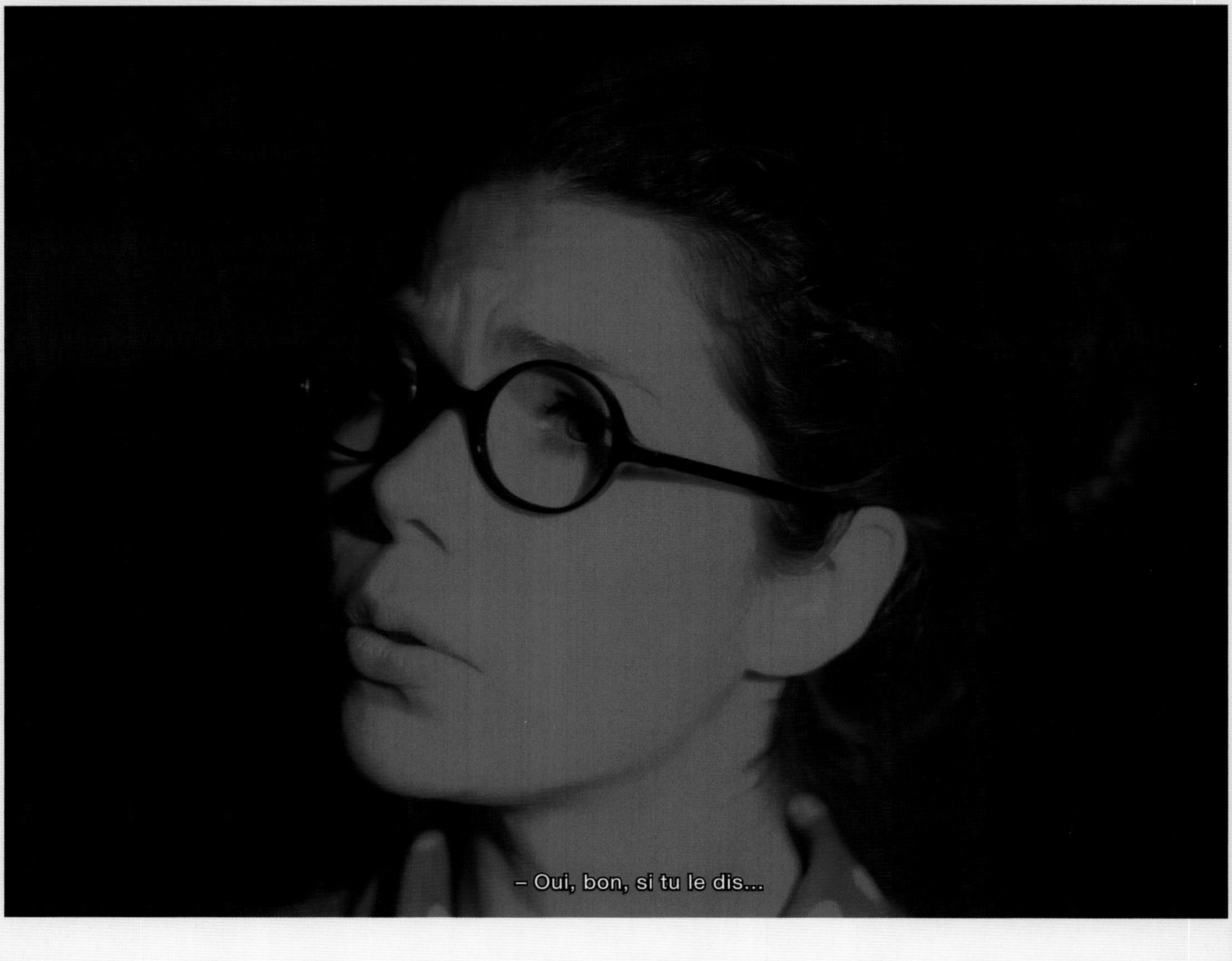
– Oui, bon, si tu le dis...

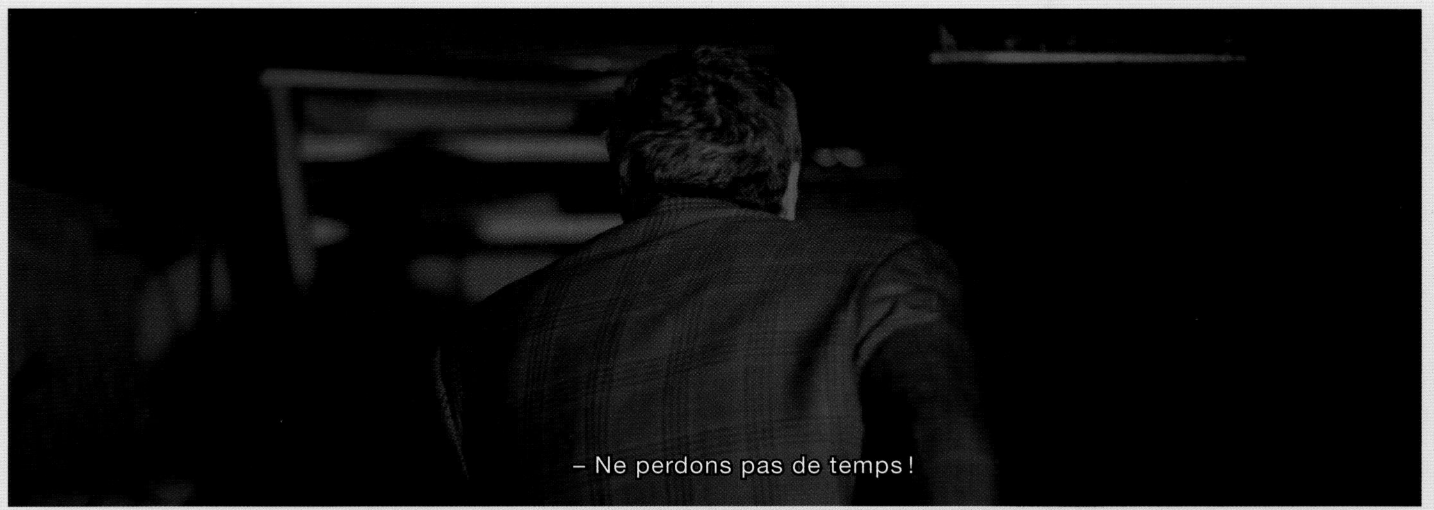
– Ne perdons pas de temps !

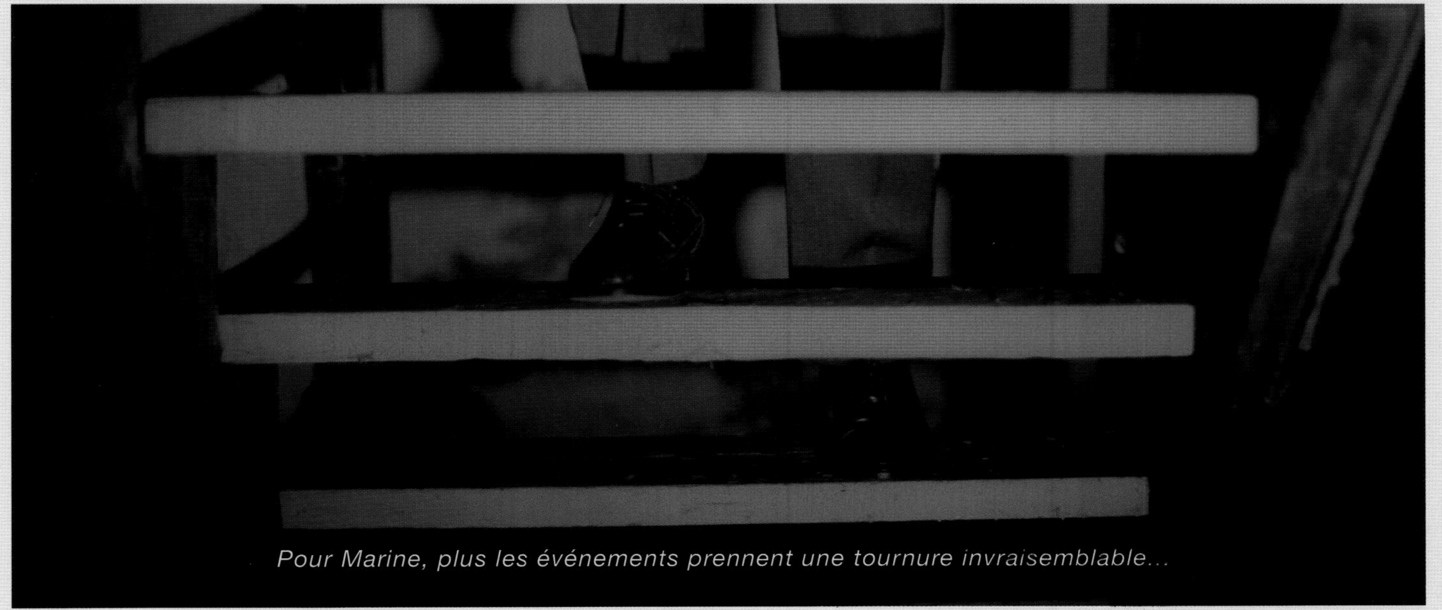
Pour Marine, plus les événements prennent une tournure invraisemblable…

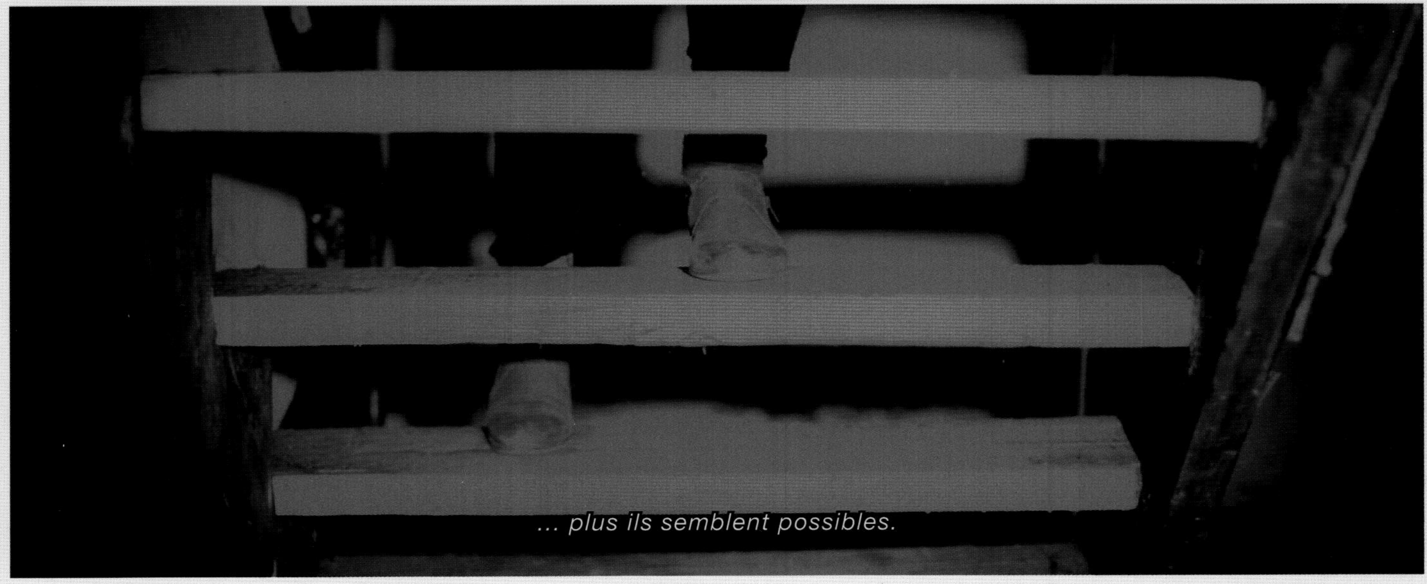
… plus ils semblent possibles.

CHAPITRE 8 VOITURE DE KURT AUSSELBERGER

14H41

UNE RUE TRANQUILLE
TOUTES LES MAISONS SONT IDENTIQUES

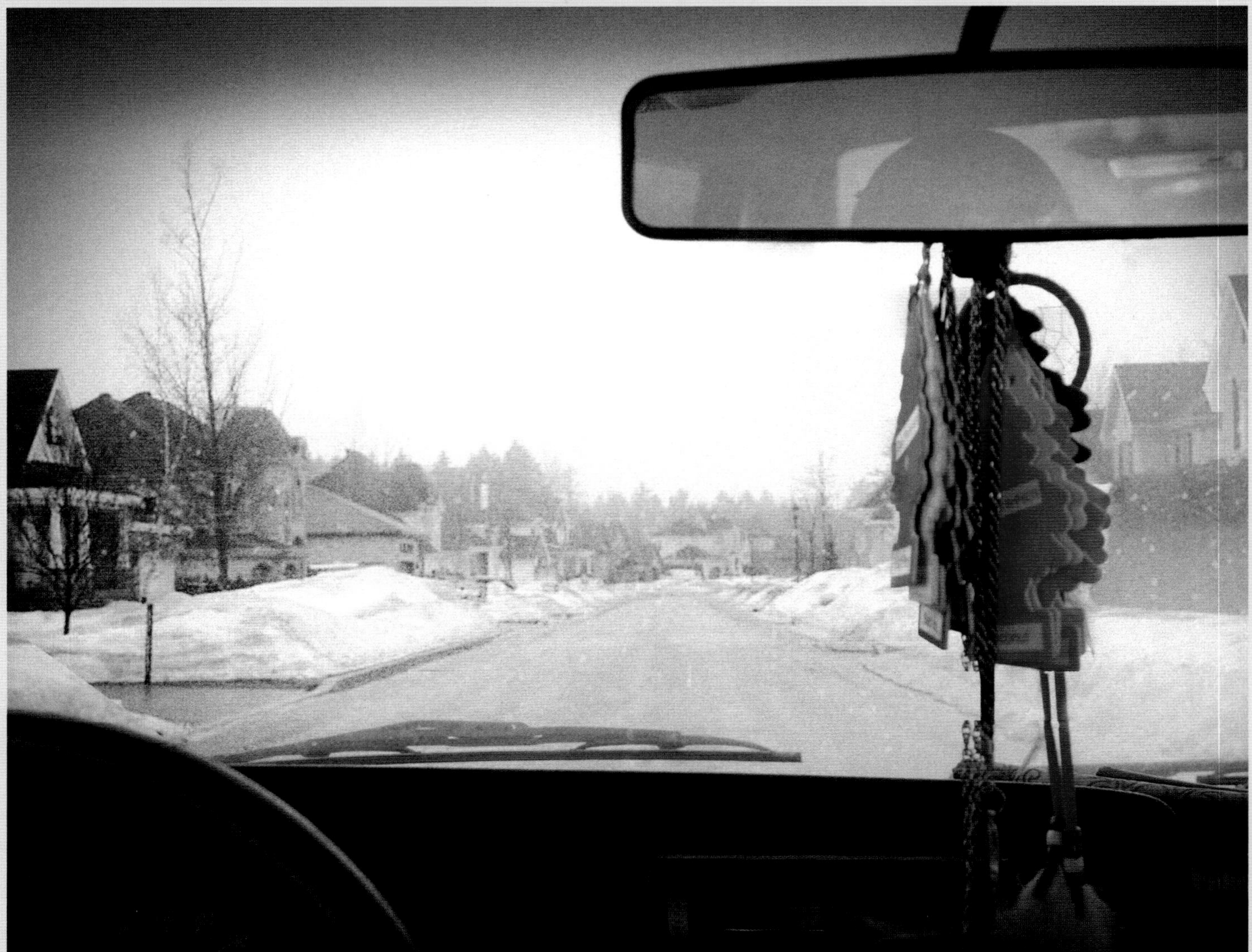

Marine et Kurt, héros de cette aventure bien malgré eux, s'enfoncent toujours plus profondément dans l'envers du monde, par-delà les frontières du concevable.

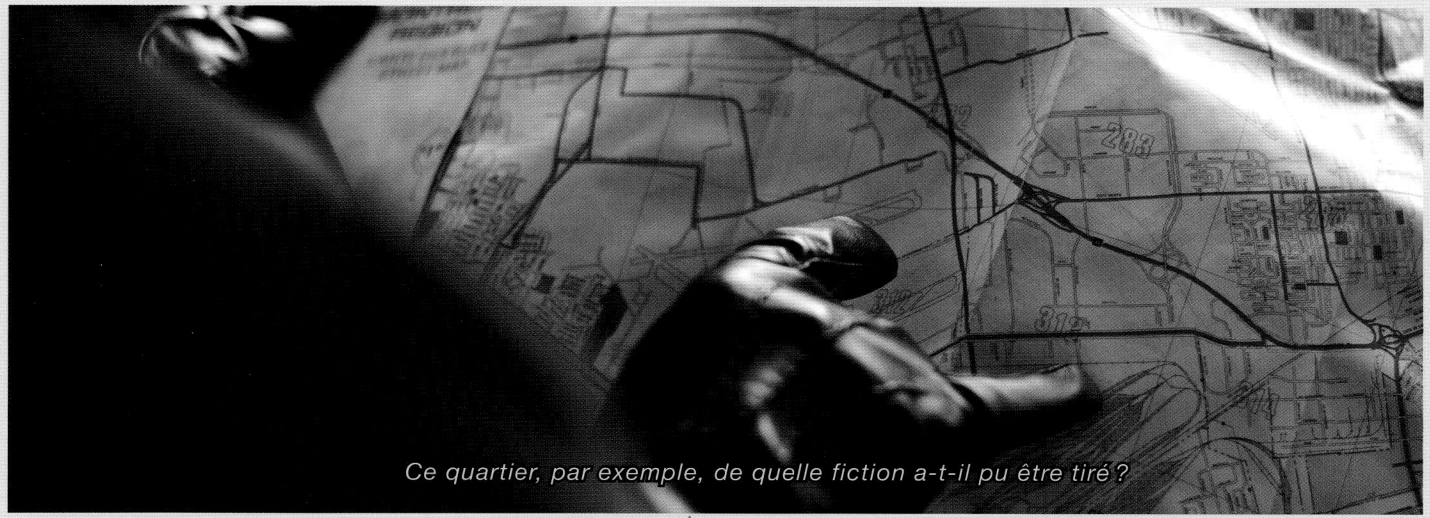
Ce quartier, par exemple, de quelle fiction a-t-il pu être tiré ?

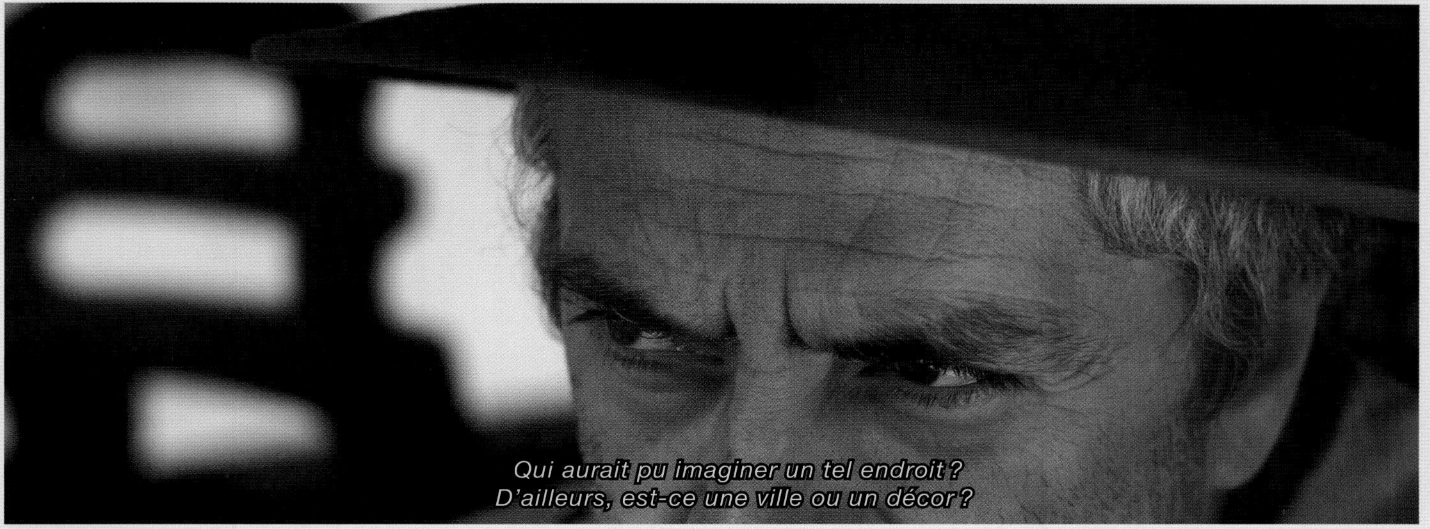
Qui aurait pu imaginer un tel endroit ?
D'ailleurs, est-ce une ville ou un décor ?

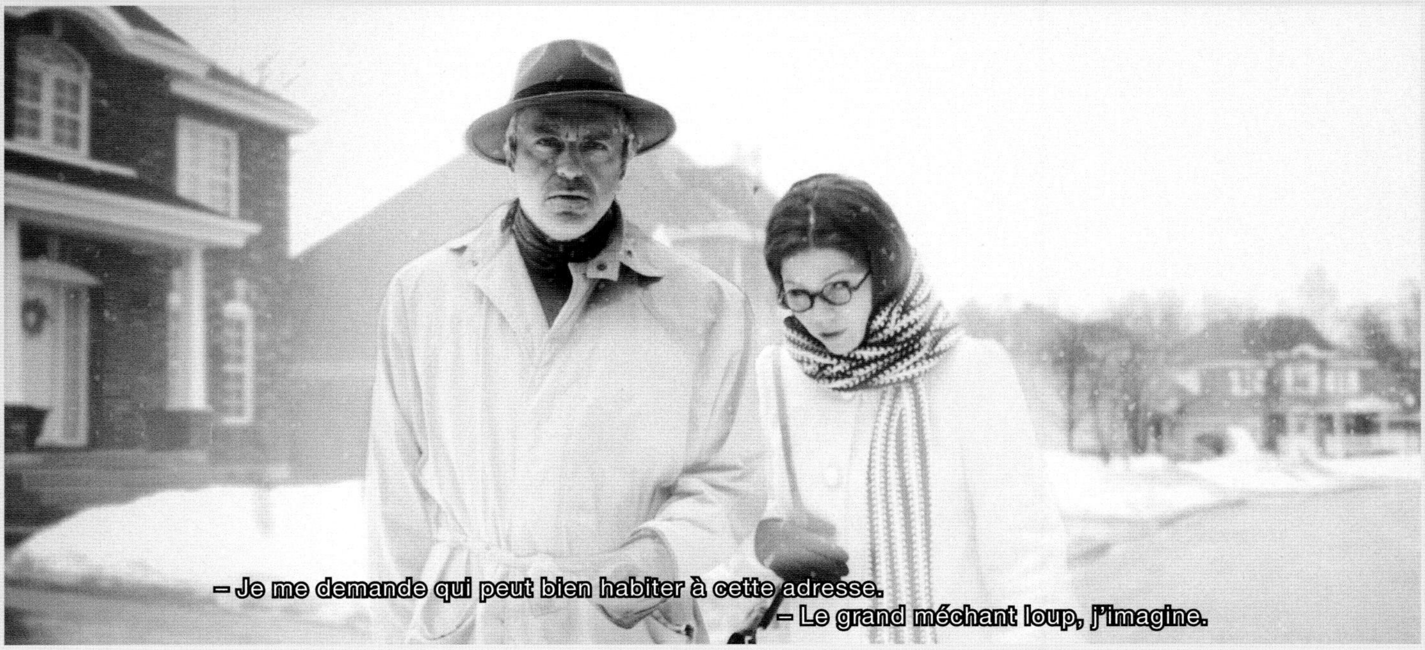
– Je me demande qui peut bien habiter à cette adresse.
– Le grand méchant loup, j'imagine.

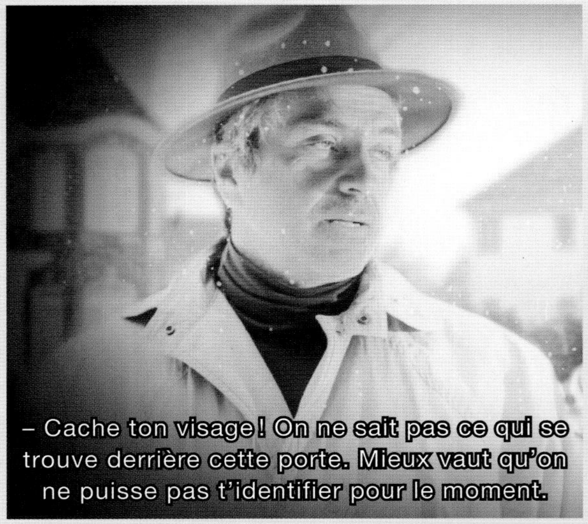
– Cache ton visage! On ne sait pas ce qui se trouve derrière cette porte. Mieux vaut qu'on ne puisse pas t'identifier pour le moment.

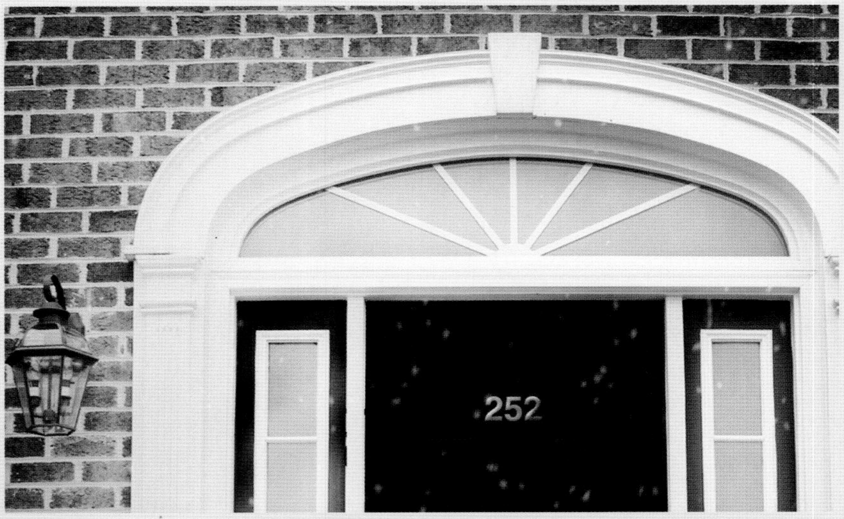
252

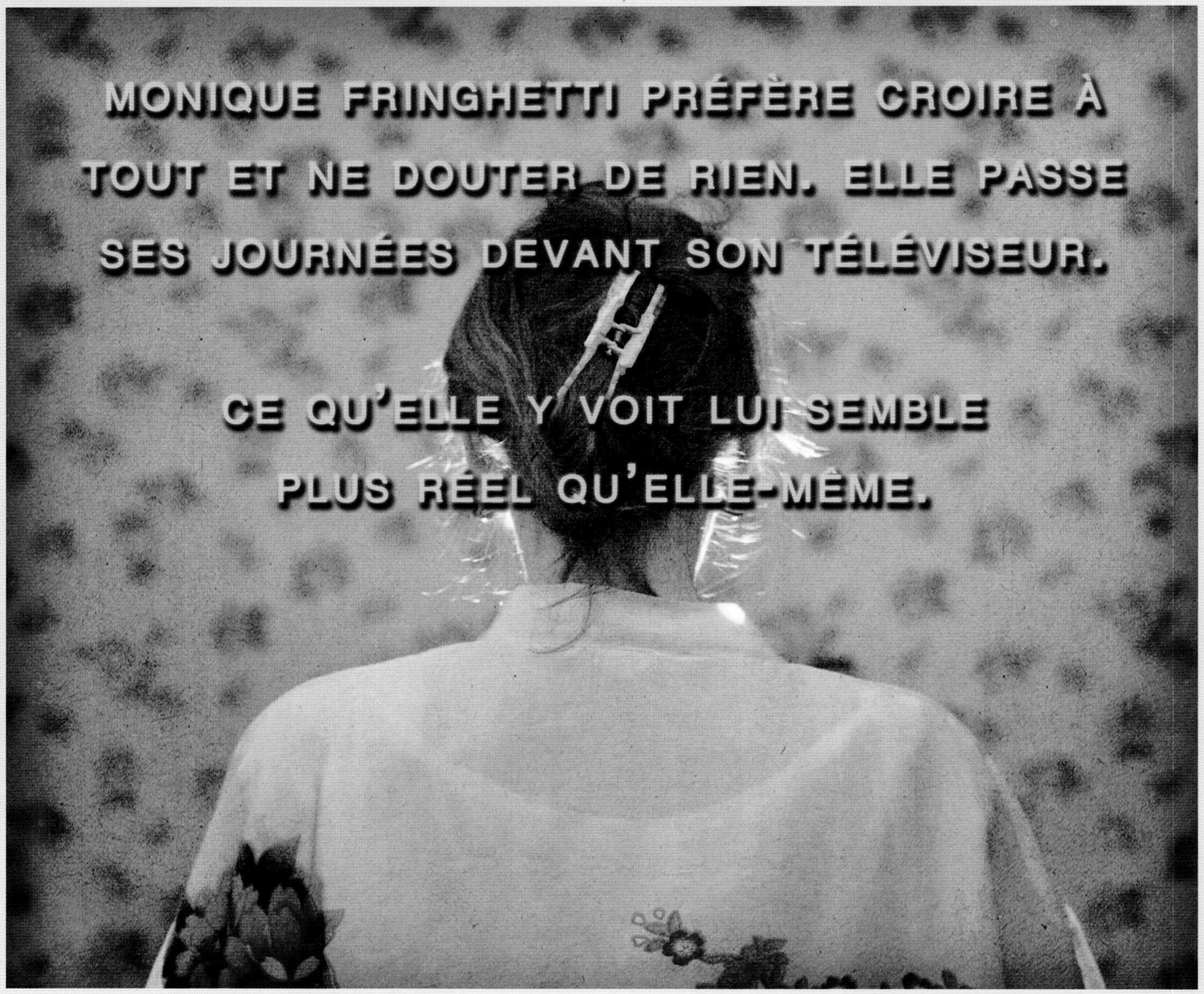
MONIQUE FRINGHETTI PRÉFÈRE CROIRE À TOUT ET NE DOUTER DE RIEN. ELLE PASSE SES JOURNÉES DEVANT SON TÉLÉVISEUR.
CE QU'ELLE Y VOIT LUI SEMBLE PLUS RÉEL QU'ELLE-MÊME.

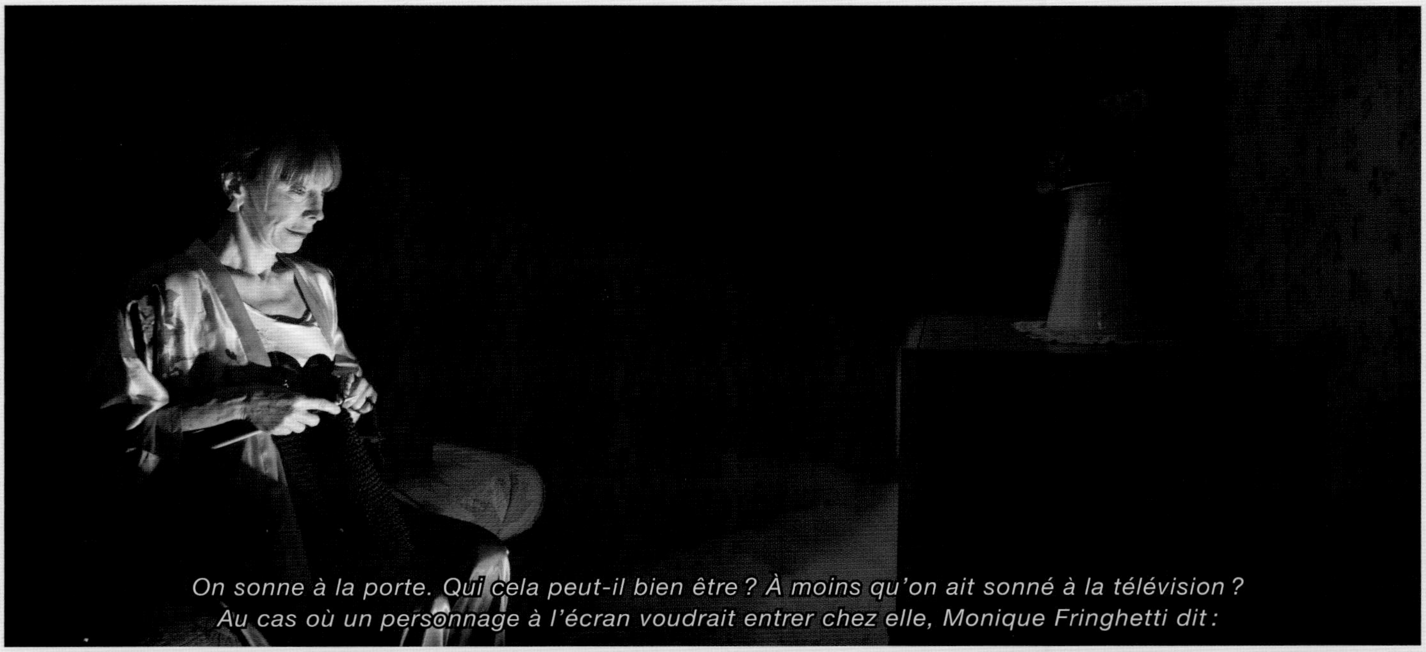
On sonne à la porte. Qui cela peut-il bien être ? À moins qu'on ait sonné à la télévision ?
Au cas où un personnage à l'écran voudrait entrer chez elle, Monique Fringhetti dit :

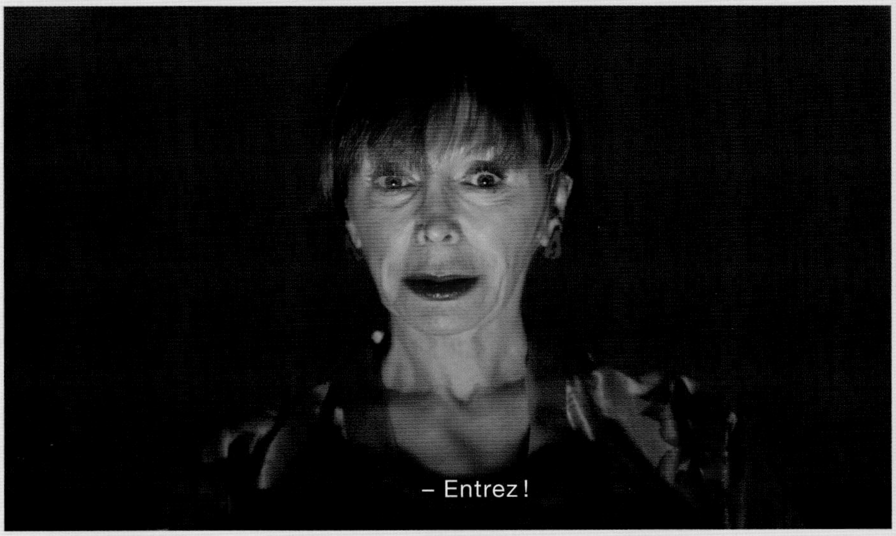
– Entrez !

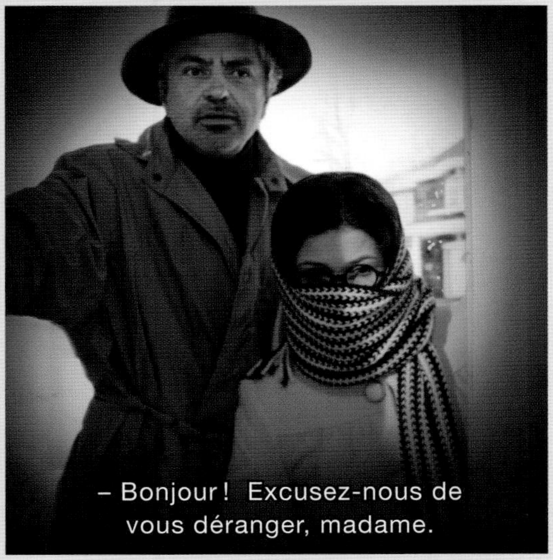
– Bonjour ! Excusez-nous de vous déranger, madame.

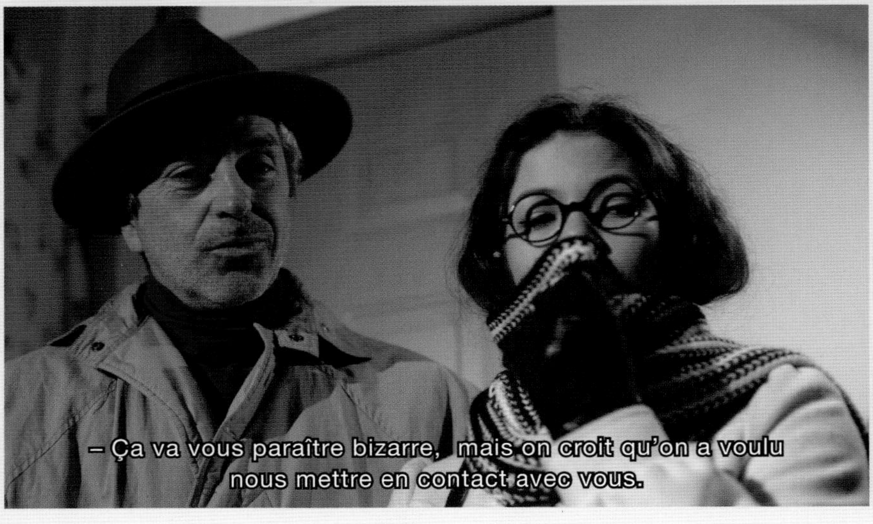
– Ça va vous paraître bizarre, mais on croit qu'on a voulu nous mettre en contact avec vous.

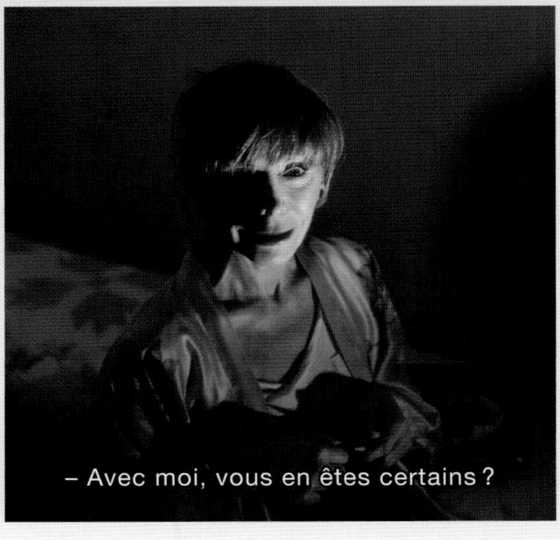
– Avec moi, vous en êtes certains ?

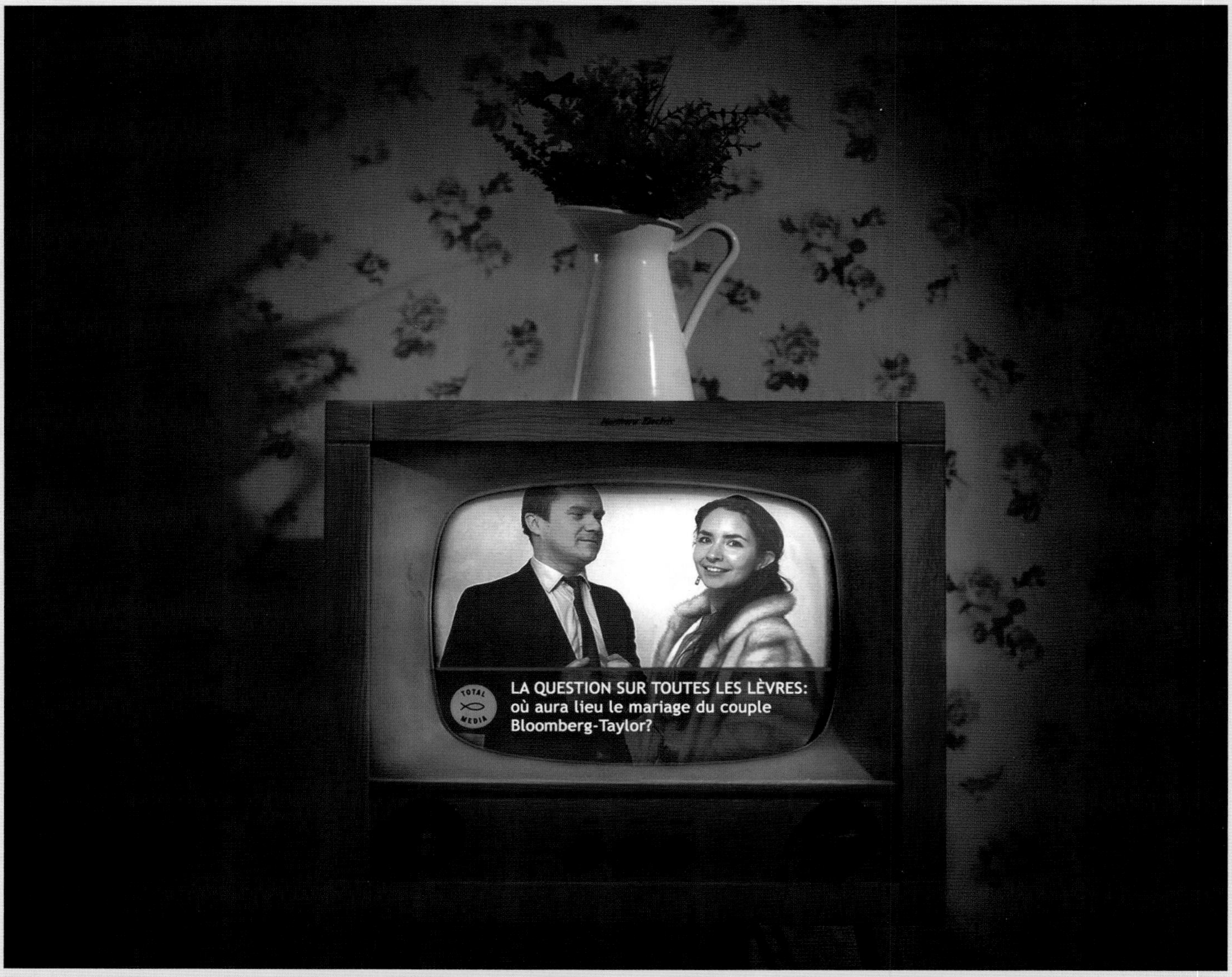
LA QUESTION SUR TOUTES LES LÈVRES:
où aura lieu le mariage du couple
Bloomberg-Taylor?

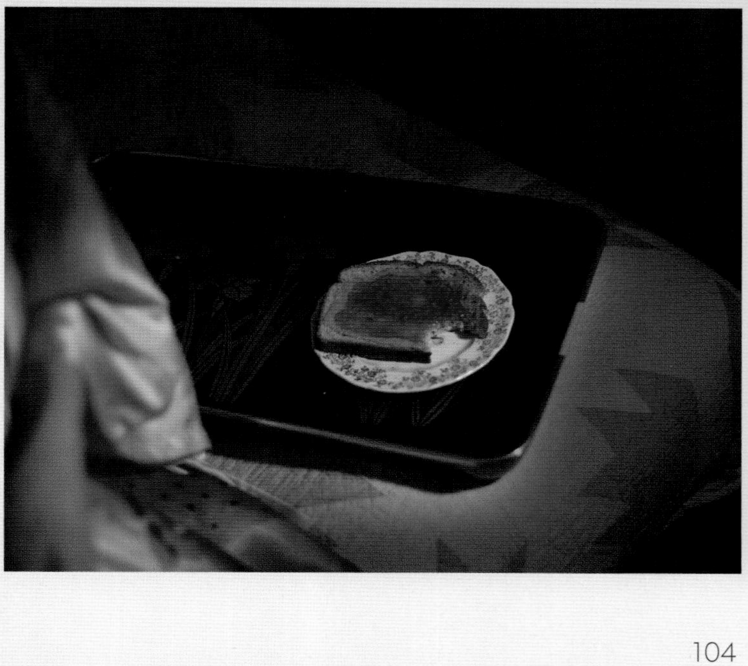

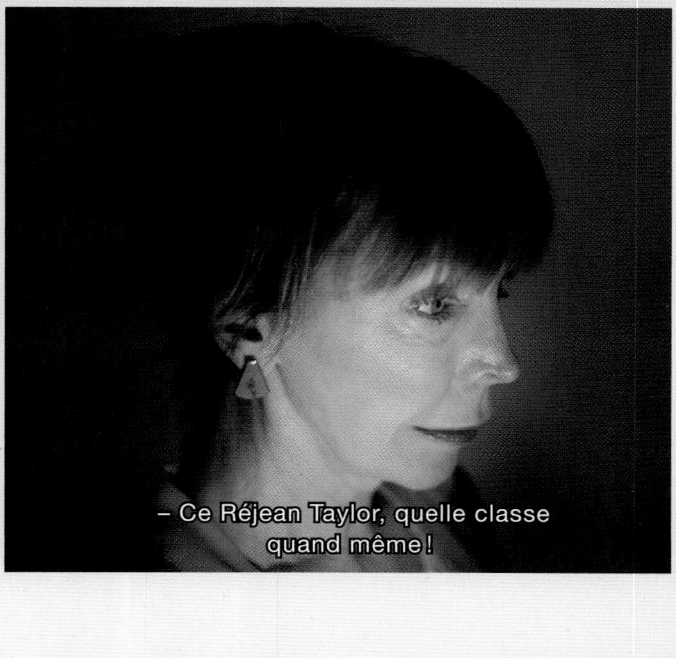
– Ce Réjean Taylor, quelle classe
quand même !

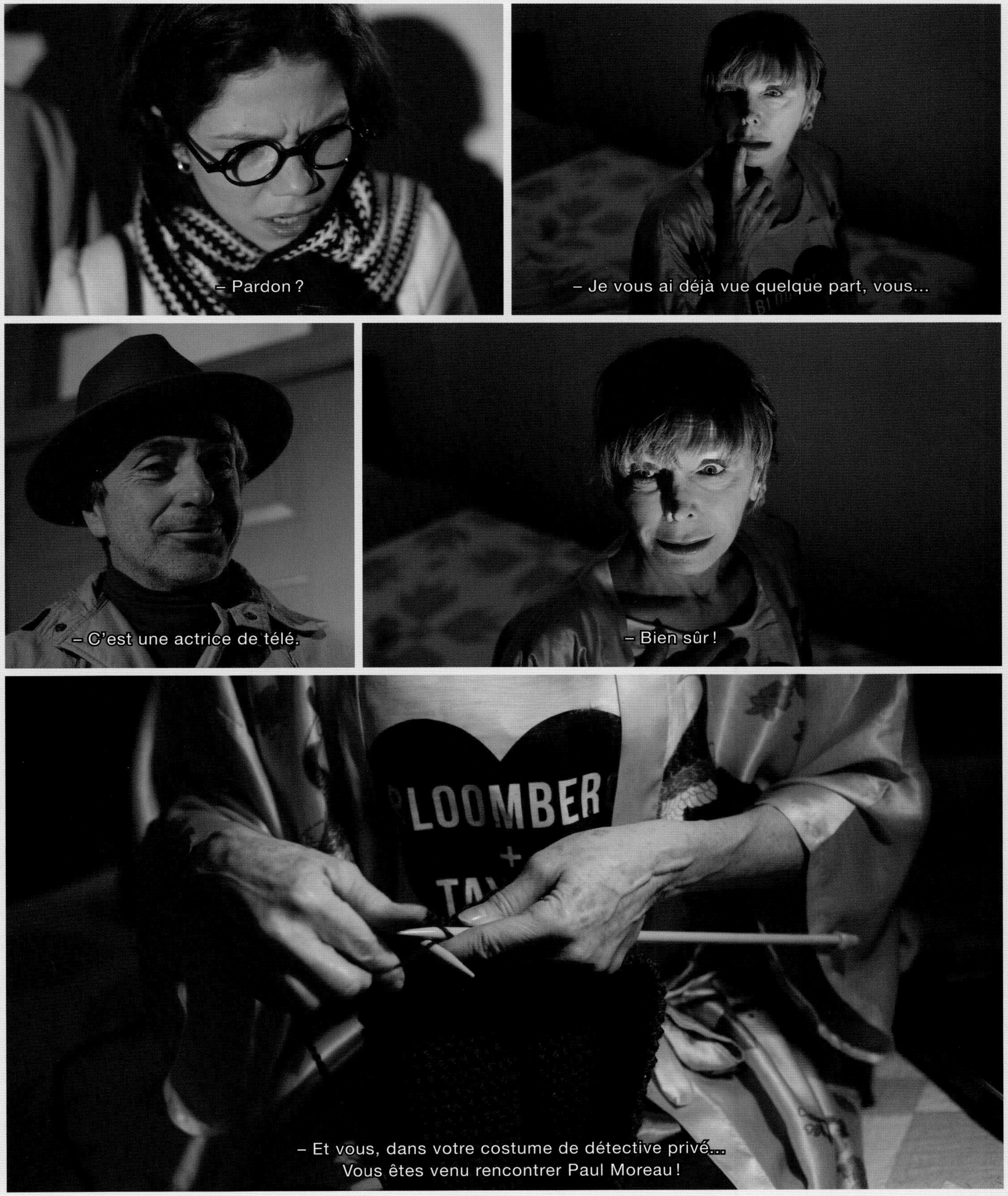
– Pardon ?
– Je vous ai déjà vue quelque part, vous...
– C'est une actrice de télé.
– Bien sûr !
– Et vous, dans votre costume de détective privé...
Vous êtes venu rencontrer Paul Moreau !

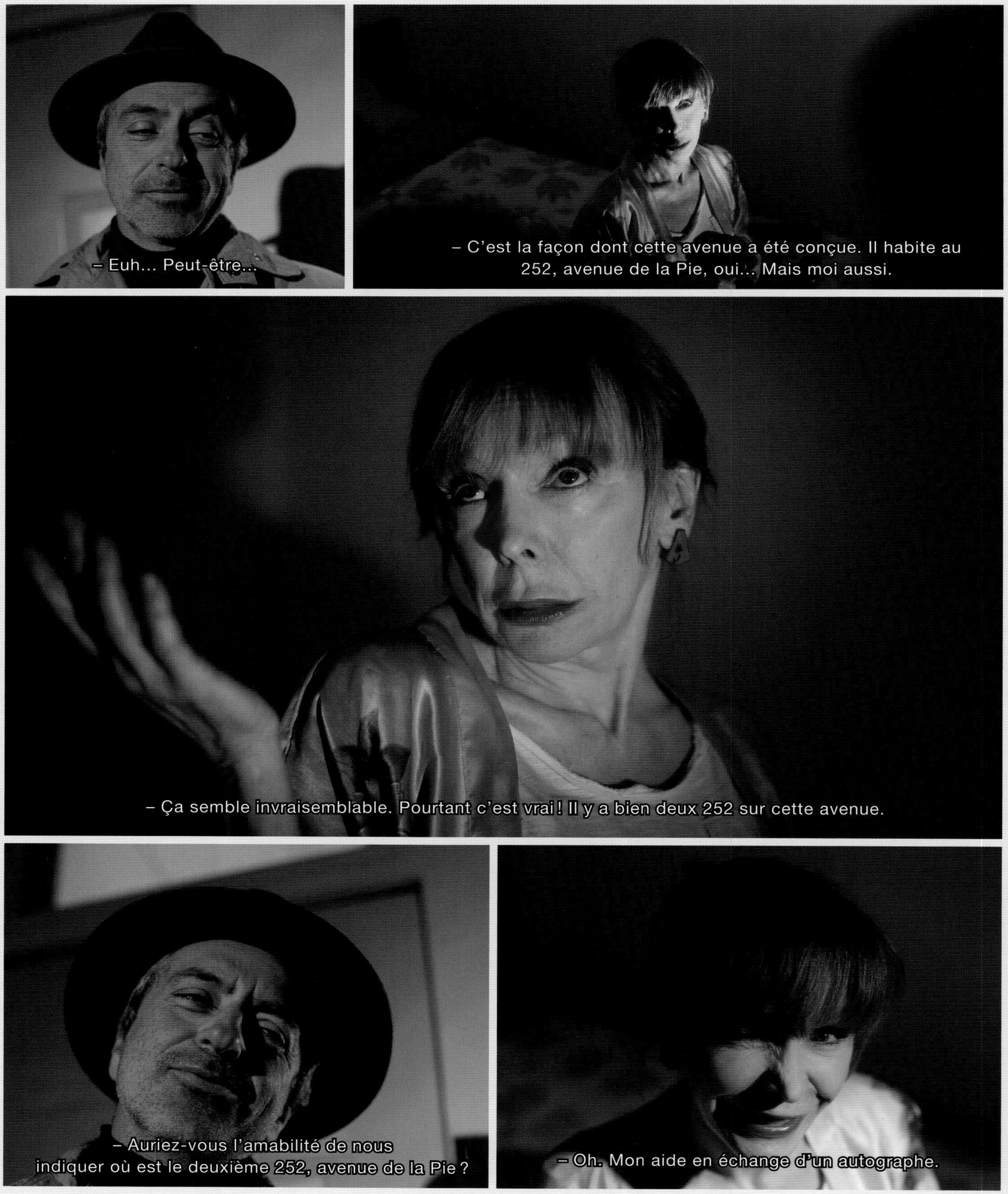
– Euh... Peut-être...
– C'est la façon dont cette avenue a été conçue. Il habite au 252, avenue de la Pie, oui... Mais moi aussi.
– Ça semble invraisemblable. Pourtant c'est vrai ! Il y a bien deux 252 sur cette avenue.
– Auriez-vous l'amabilité de nous indiquer où est le deuxième 252, avenue de la Pie ?
– Oh. Mon aide en échange d'un autographe.

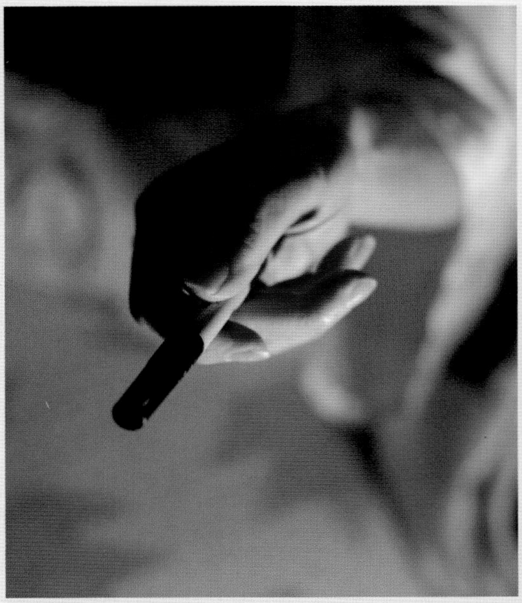

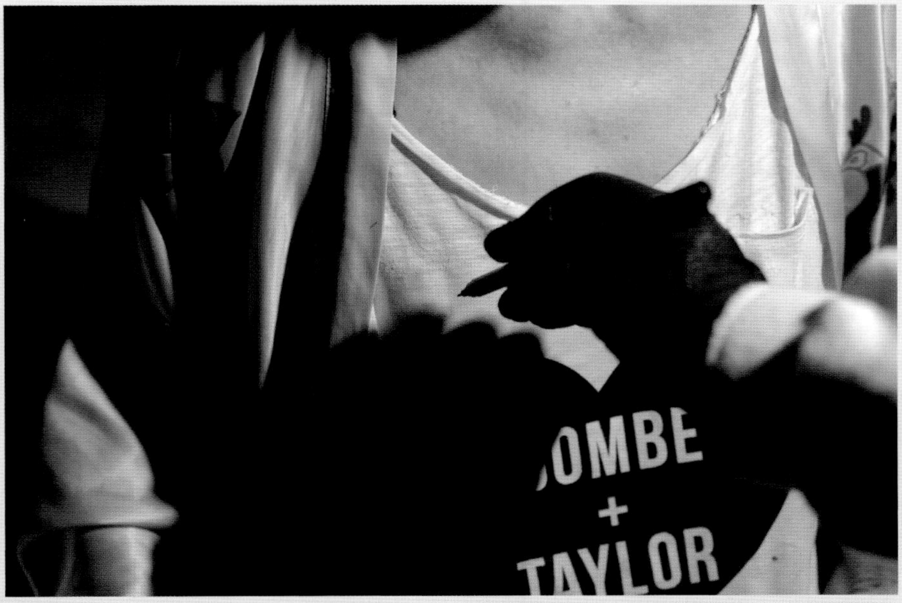
OMBE
+
TAYLOR

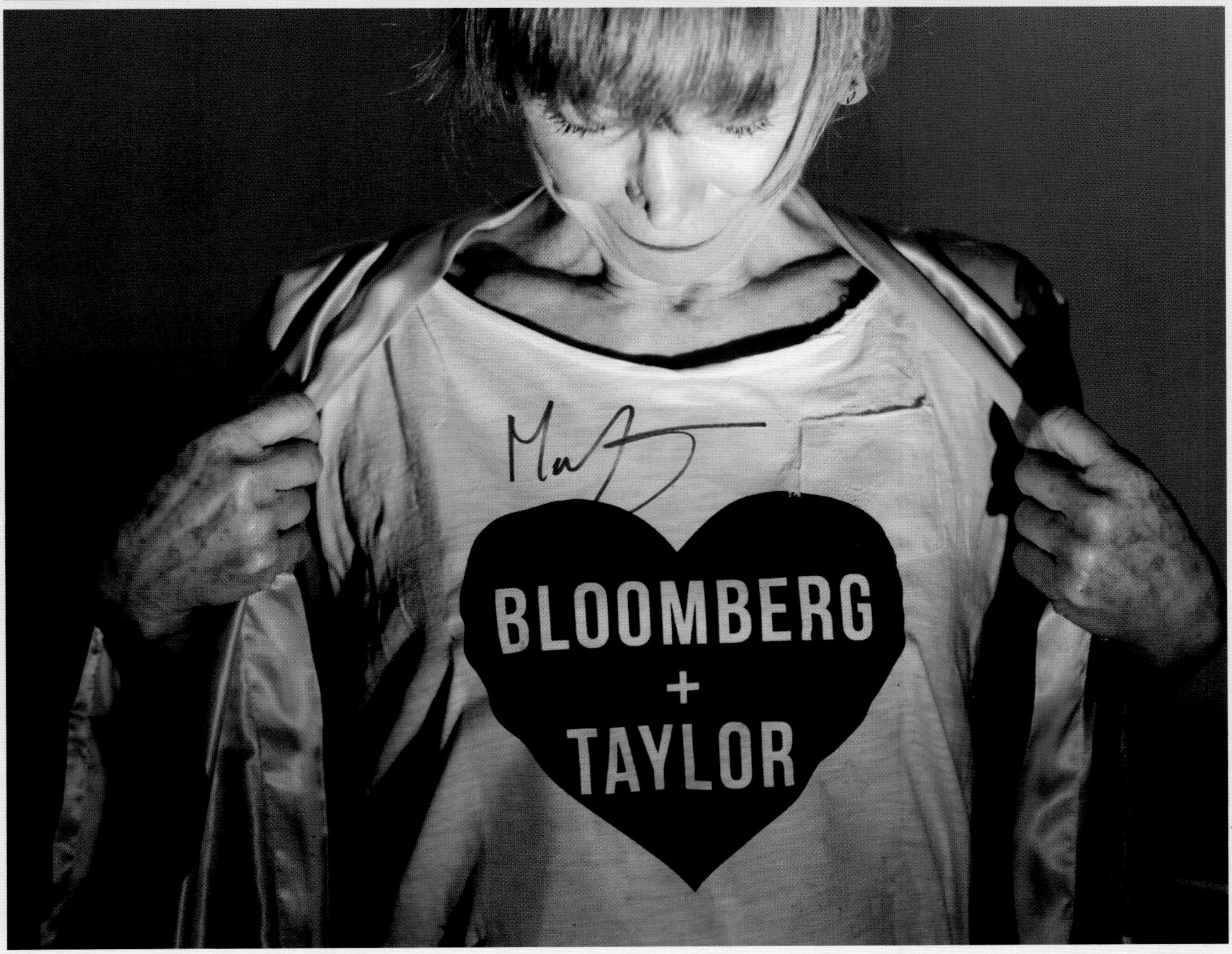
BLOOMBERG
+
TAYLOR

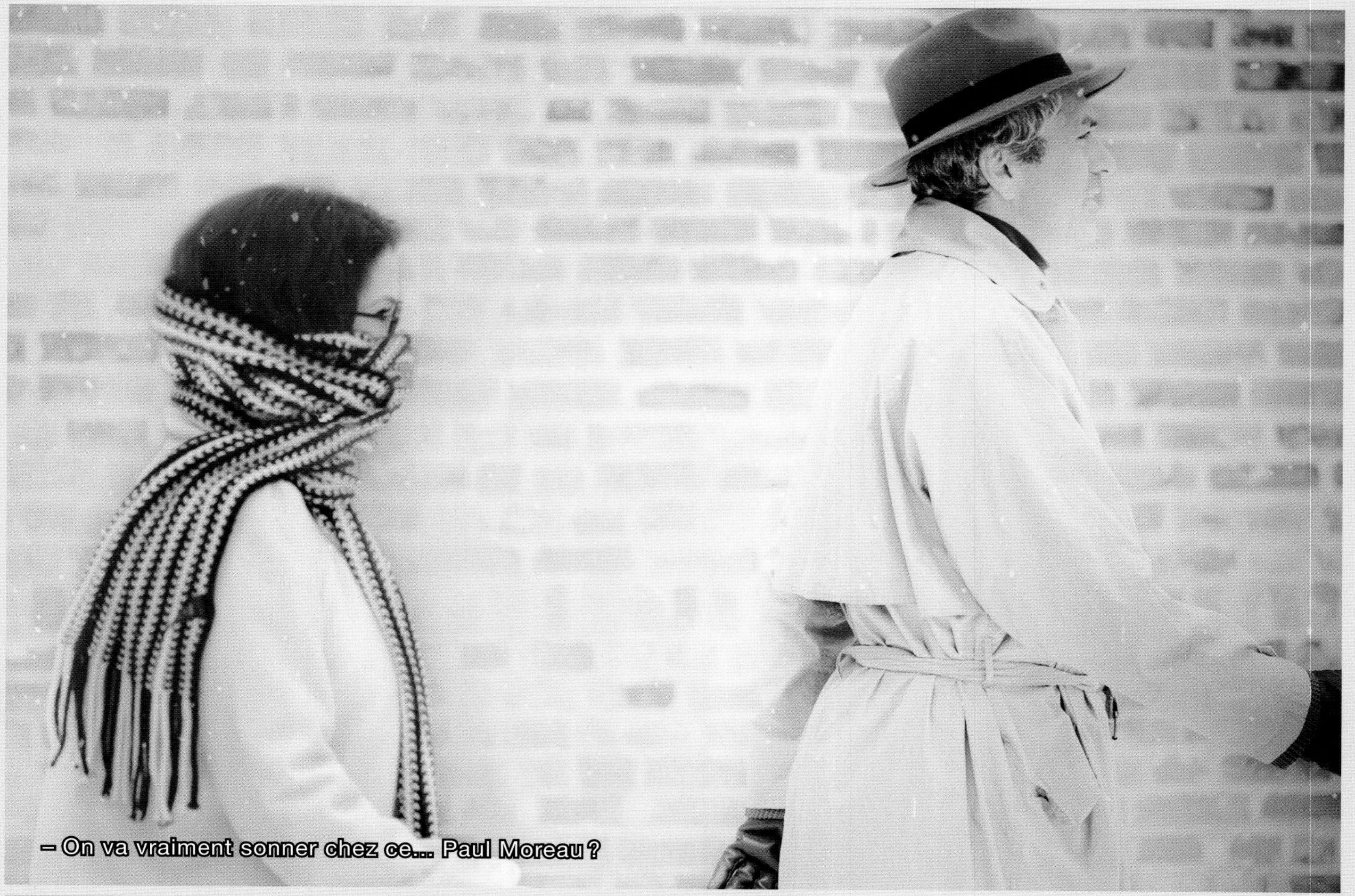
– On va vraiment sonner chez ce... Paul Moreau ?

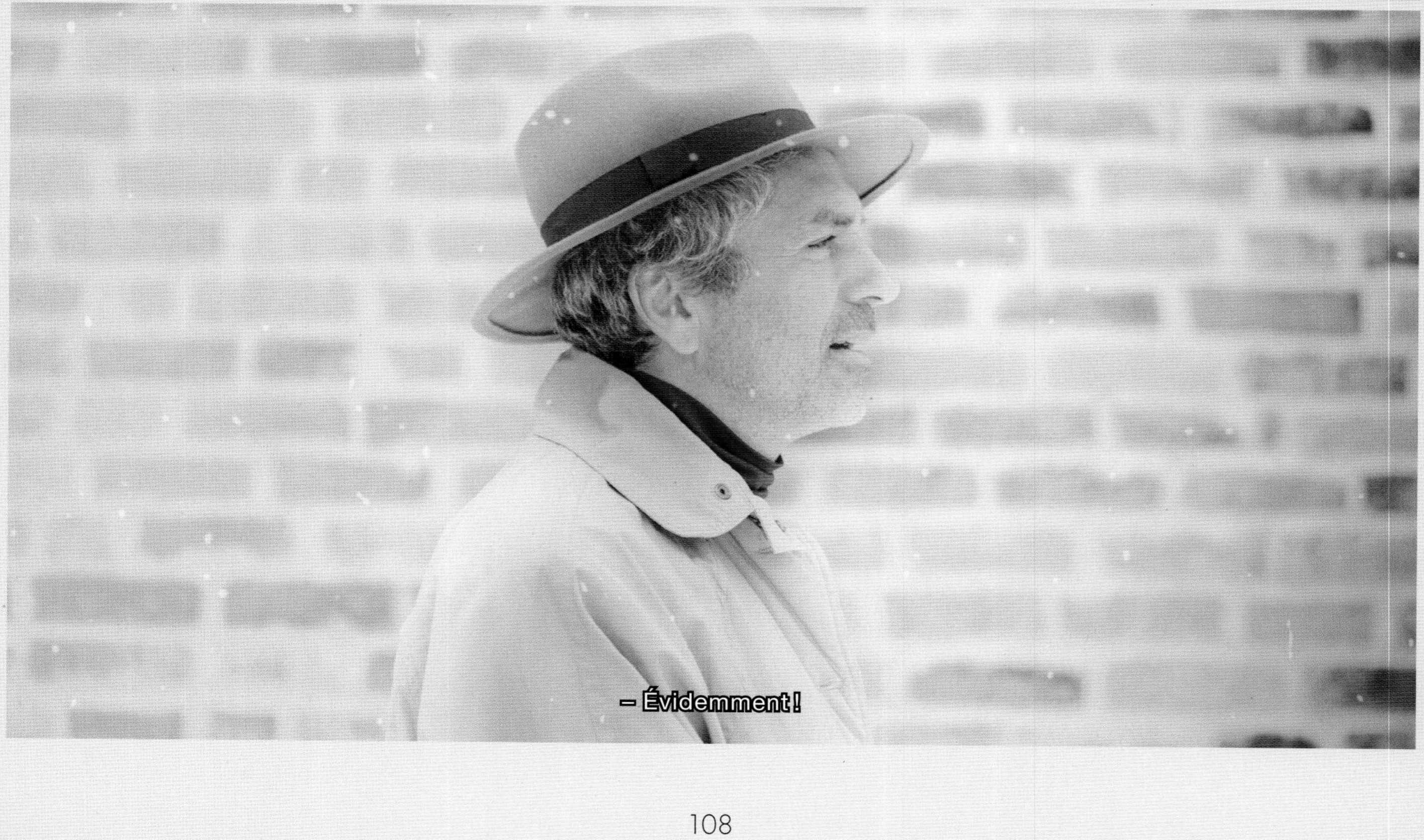
– Évidemment !

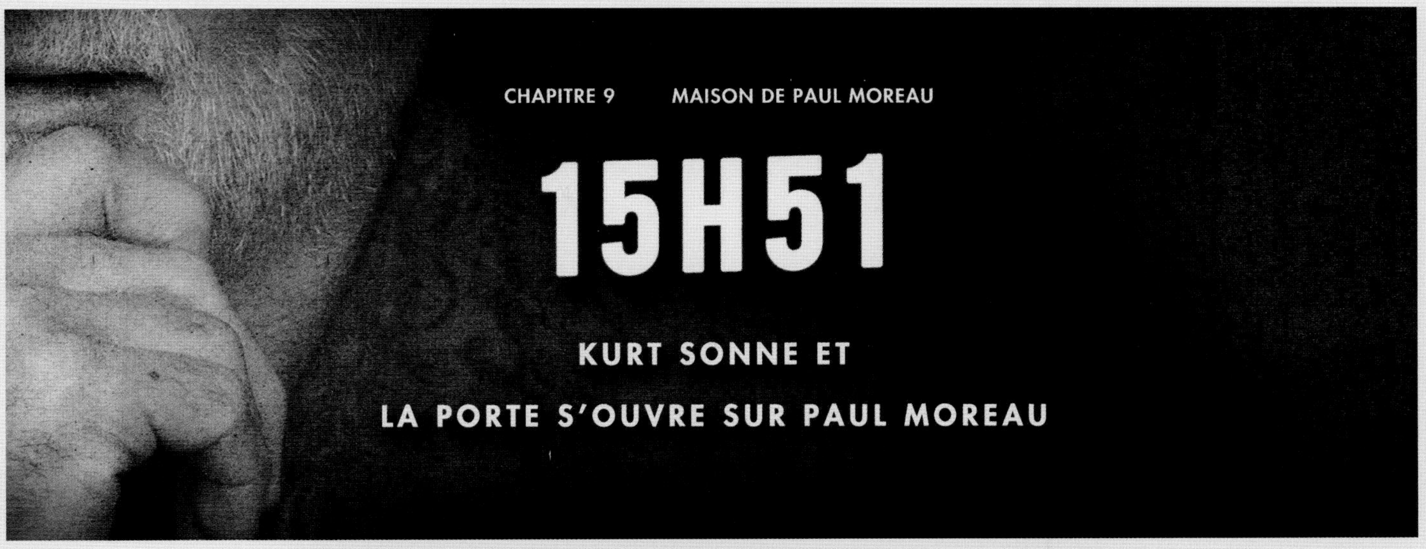

CHAPITRE 9 MAISON DE PAUL MOREAU

15H51

KURT SONNE ET LA PORTE S'OUVRE SUR PAUL MOREAU

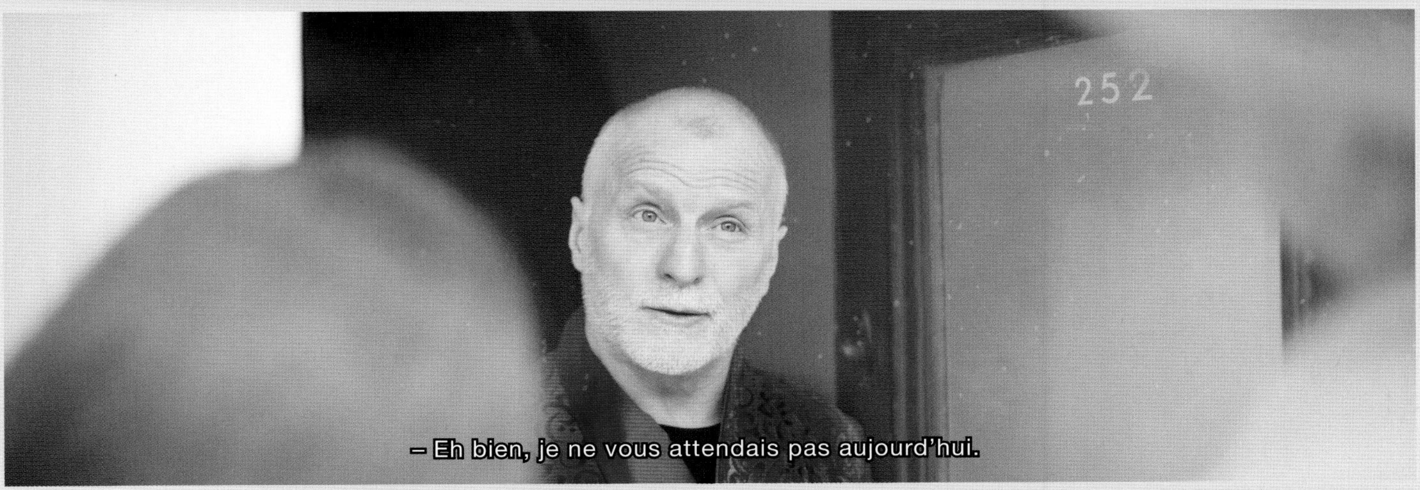
252
– Eh bien, je ne vous attendais pas aujourd'hui.

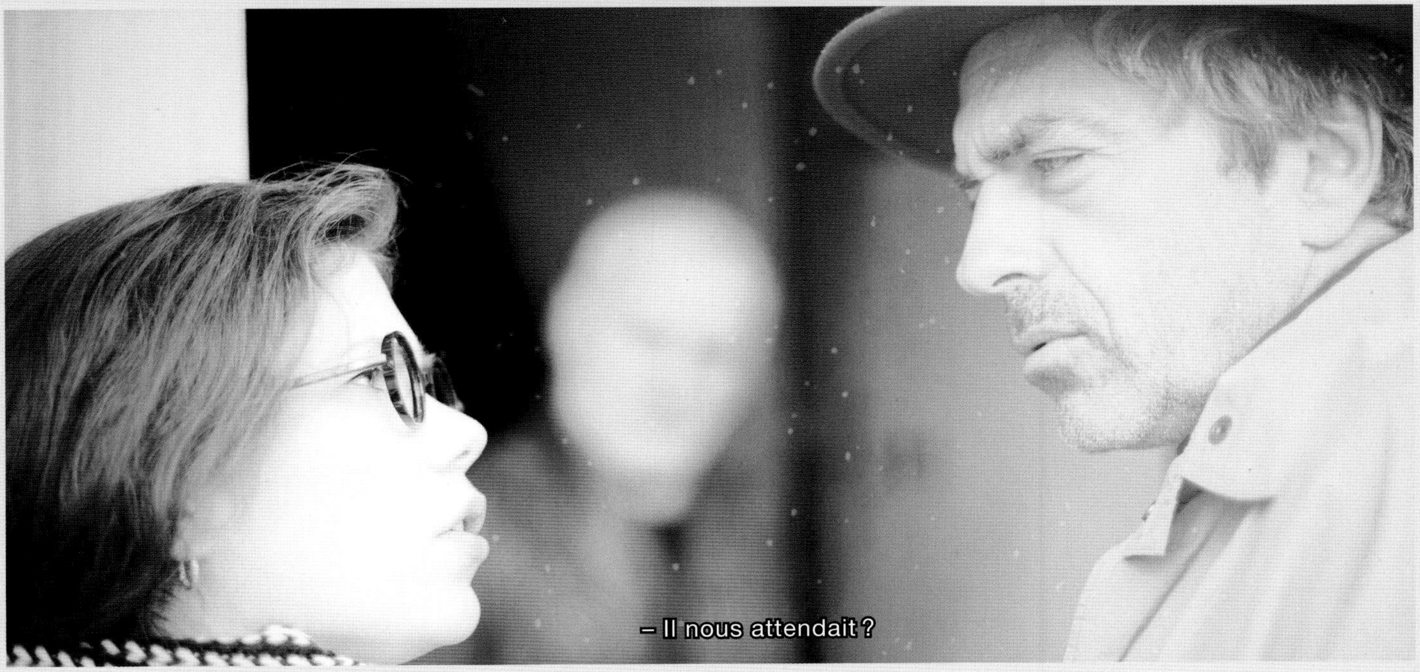
– Il nous attendait ?

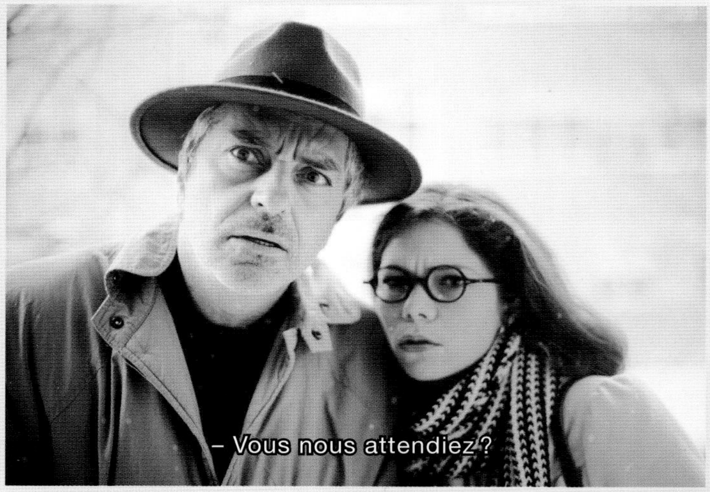
– Vous nous attendiez ?

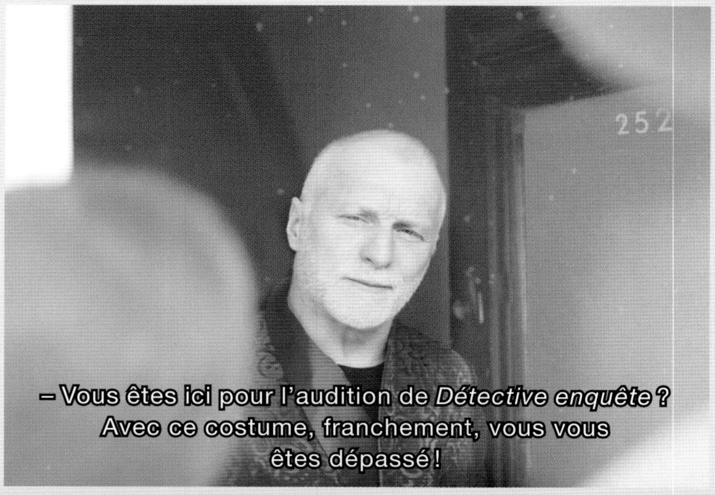
– Vous êtes ici pour l'audition de *Détective enquête* ?
Avec ce costume, franchement, vous vous
êtes dépassé !

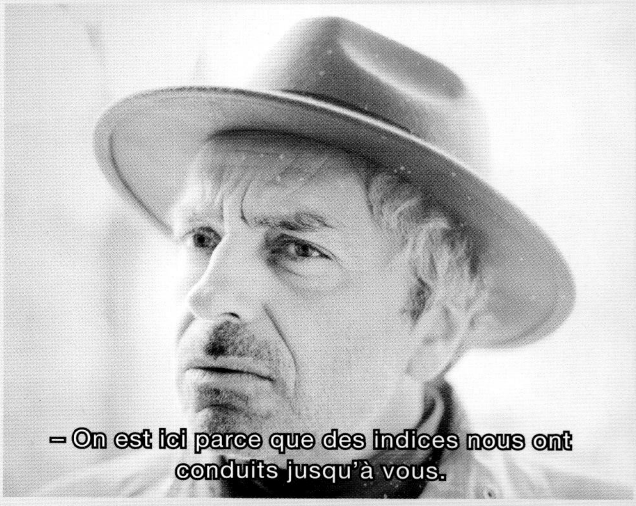
– On est ici parce que des indices nous ont
conduits jusqu'à vous.

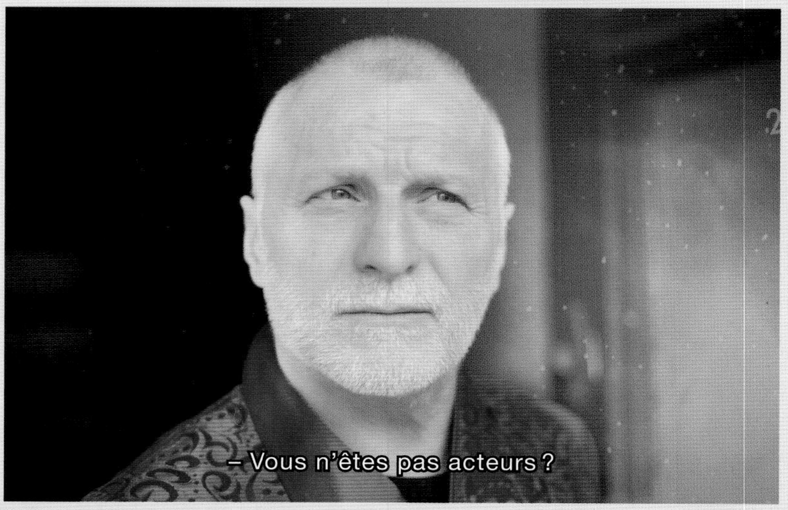
– Vous n'êtes pas acteurs ?

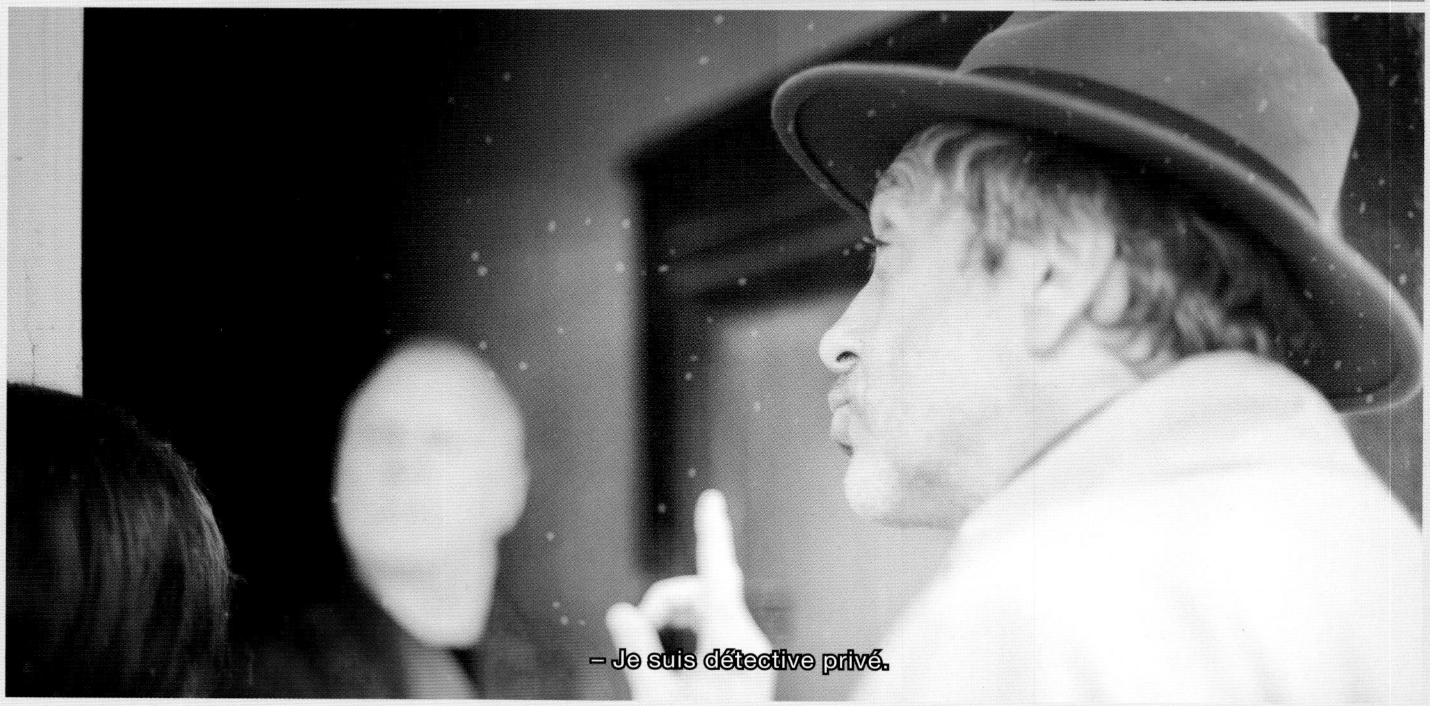
– Je suis détective privé.

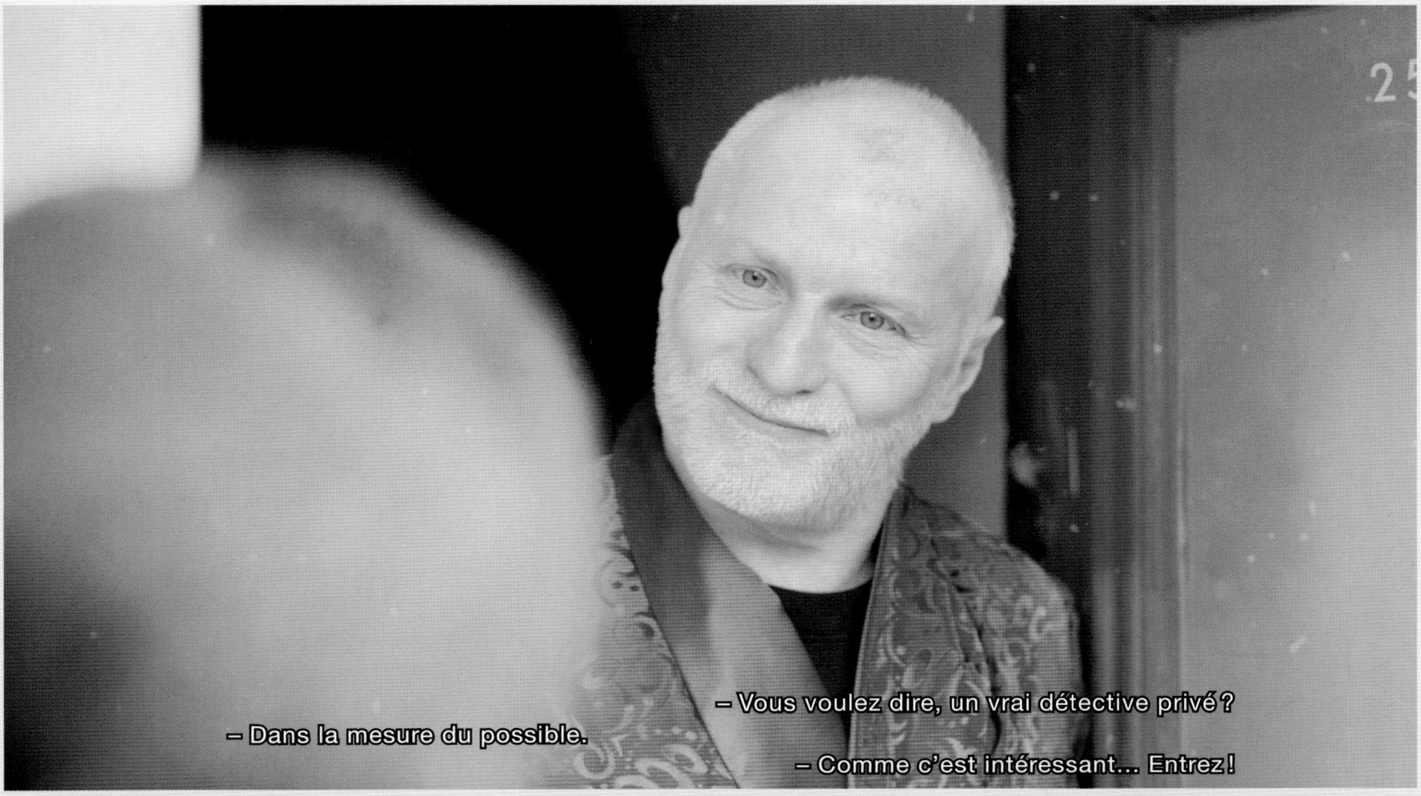
– Vous voulez dire, un vrai détective privé ?
– Dans la mesure du possible.
– Comme c'est intéressant… Entrez !

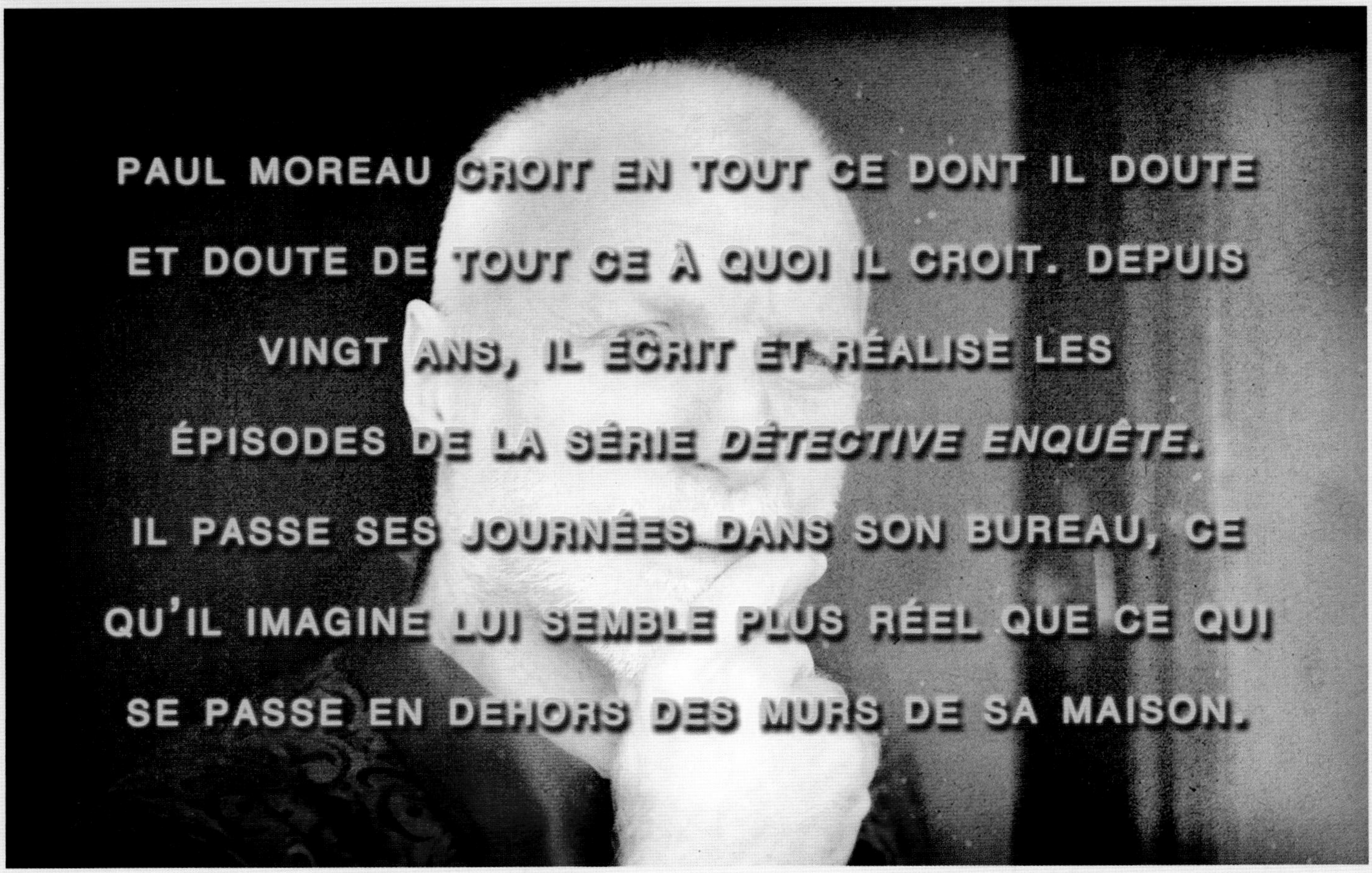
PAUL MOREAU CROIT EN TOUT CE DONT IL DOUTE ET DOUTE DE TOUT CE À QUOI IL CROIT. DEPUIS VINGT ANS, IL ÉCRIT ET RÉALISE LES ÉPISODES DE LA SÉRIE *DÉTECTIVE ENQUÊTE*. IL PASSE SES JOURNÉES DANS SON BUREAU, CE QU'IL IMAGINE LUI SEMBLE PLUS RÉEL QUE CE QUI SE PASSE EN DEHORS DES MURS DE SA MAISON.

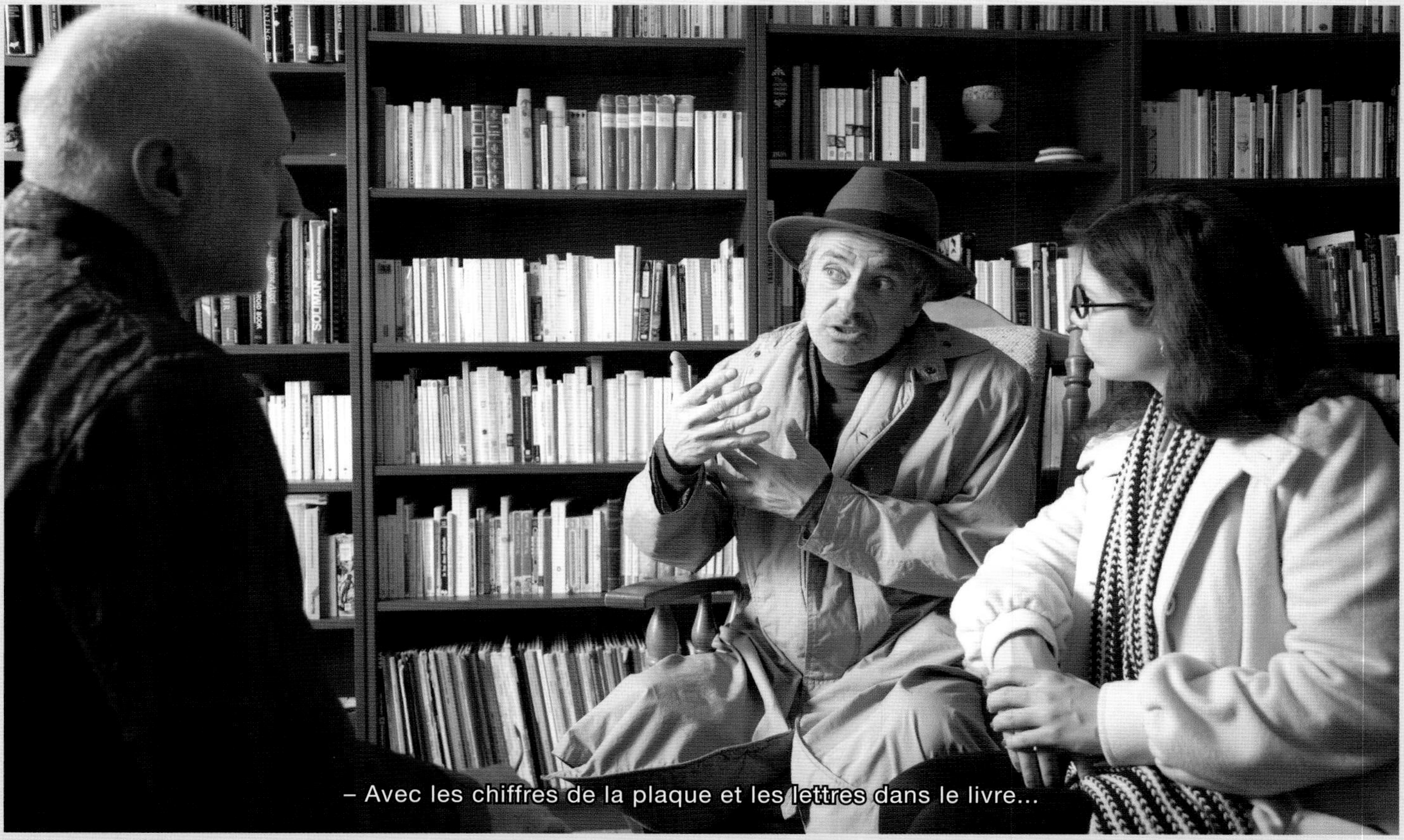
– Avec les chiffres de la plaque et les lettres dans le livre...

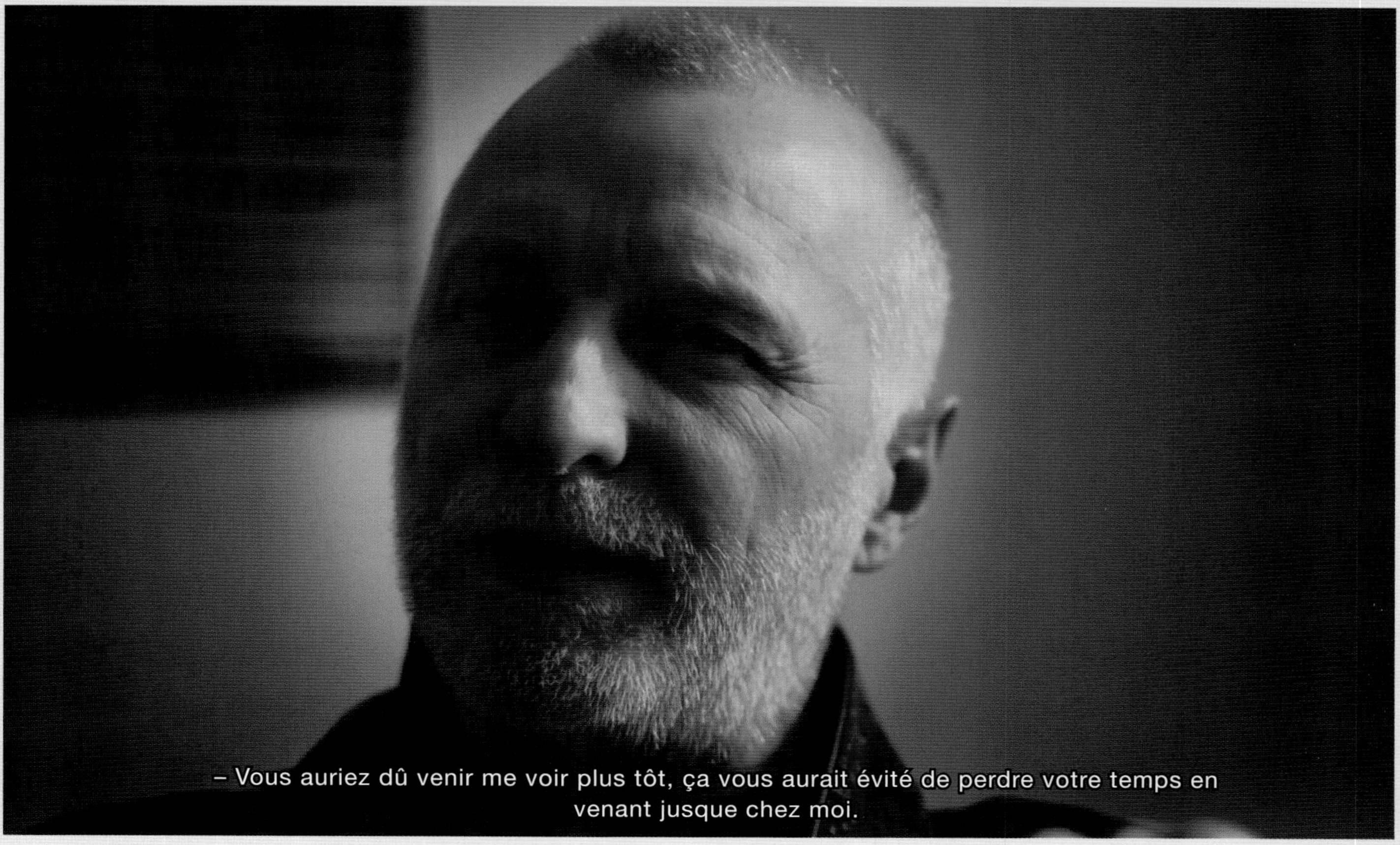
– Vous auriez dû venir me voir plus tôt, ça vous aurait évité de perdre votre temps en
venant jusque chez moi.

– Ah oui, mais dans ce cas, je n'aurais pas pu vous dire de venir me voir plus tôt. Vous auriez suivi la mauvaise piste et vous vous seriez retrouvés...

– ... chez moi! Je vous aurais alors dit que vous auriez dû venir me voir plus tôt...

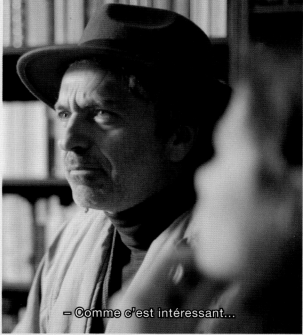

– Comme c'est intéressant...

– On s'est trompés, désolés de vous avoir fait perdre votre temps.

– Attendez !

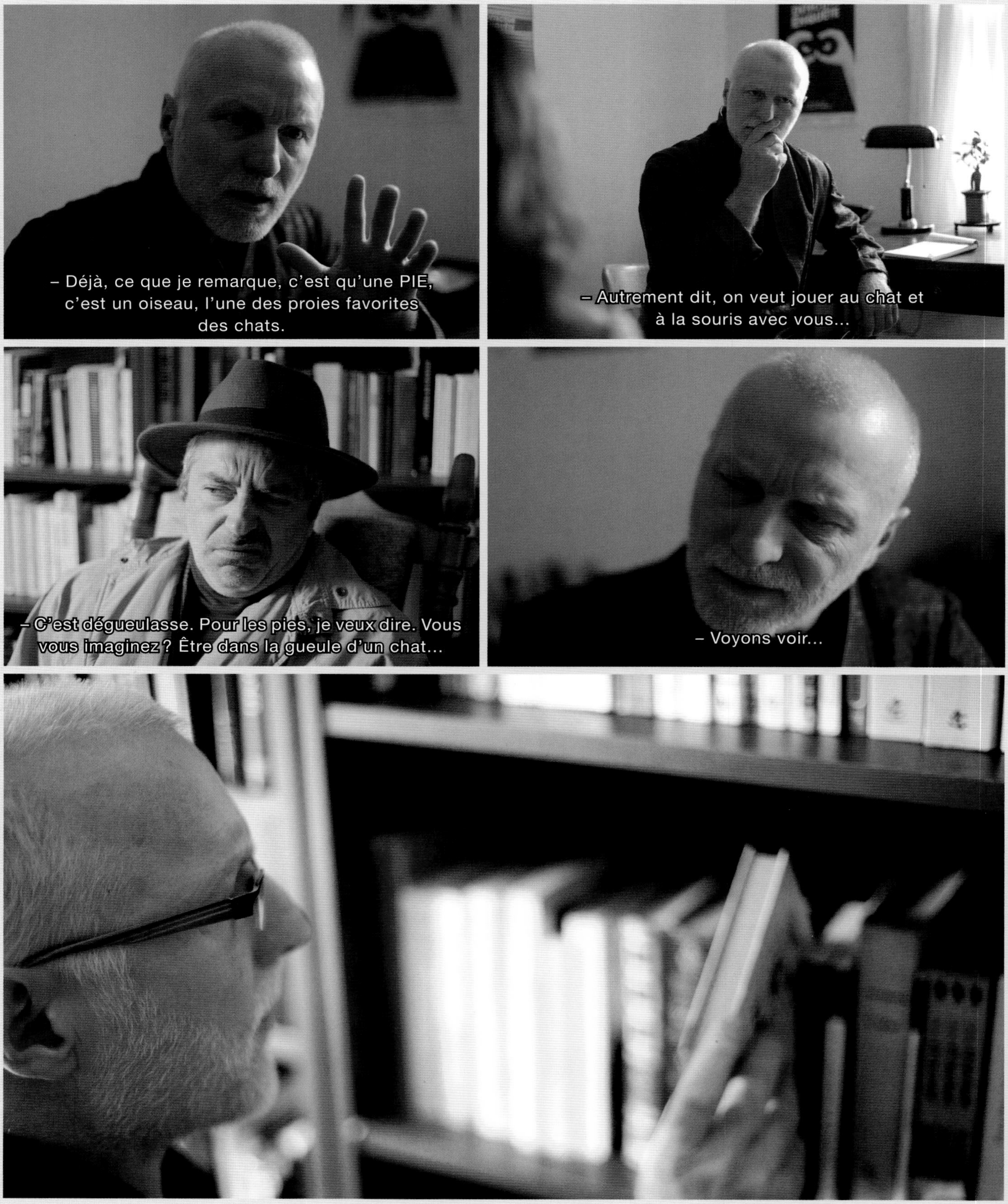
– Déjà, ce que je remarque, c'est qu'une PIE, c'est un oiseau, l'une des proies favorites des chats.
– Autrement dit, on veut jouer au chat et à la souris avec vous...
– C'est dégueulasse. Pour les pies, je veux dire. Vous vous imaginez ? Être dans la gueule d'un chat...
– Voyons voir...

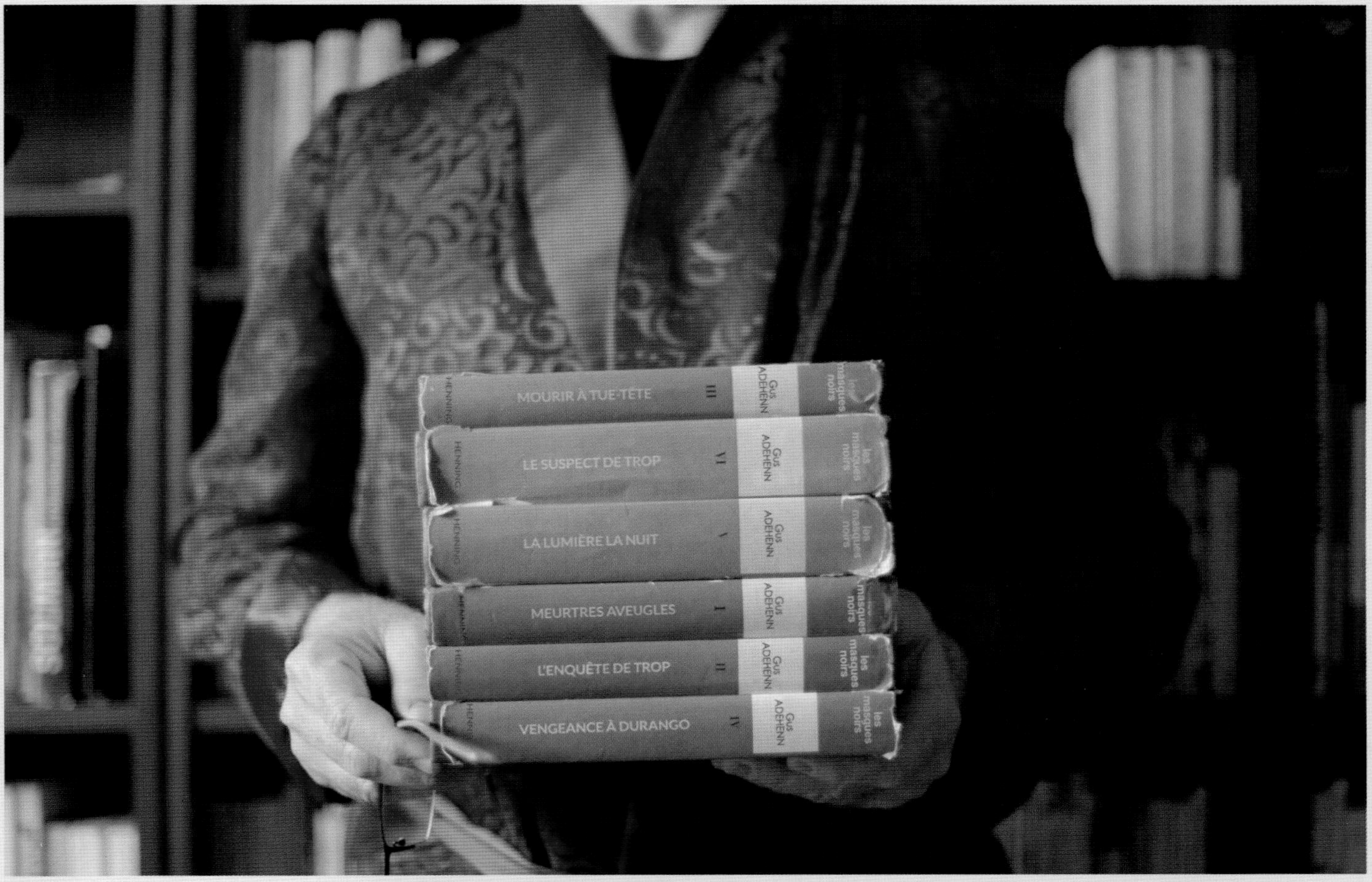
MOURIR À TUE-TÊTE
III
Gus ADÉHENN
les masques noirs
LE SUSPECT DE TROP
VI
Gus ADÉHENN
les masques noirs
LA LUMIÈRE LA NUIT
V
Gus ADÉHENN
les masques noirs
MEURTRES AVEUGLES
I
Gus ADÉHENN
les masques noirs
L'ENQUÊTE DE TROP
II
Gus ADÉHENN
les masques noirs
VENGEANCE À DURANGO
IV
Gus ADÉHENN
les masques noirs

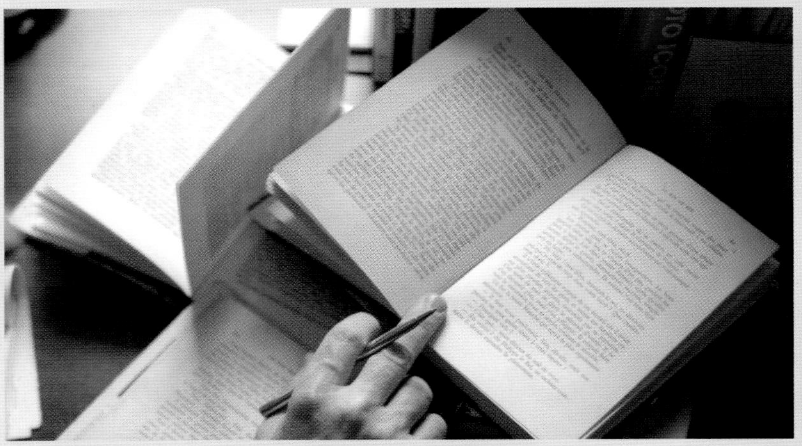

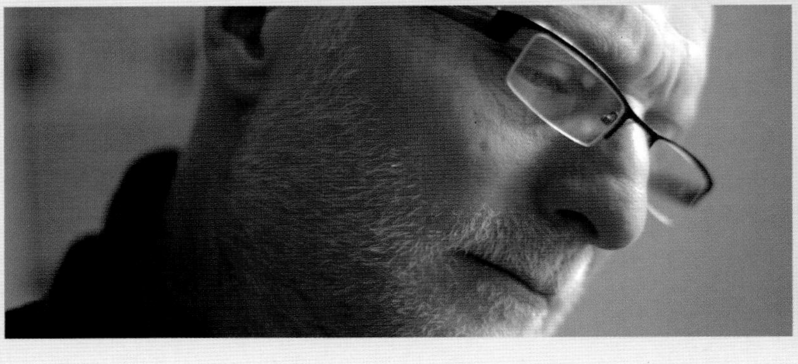

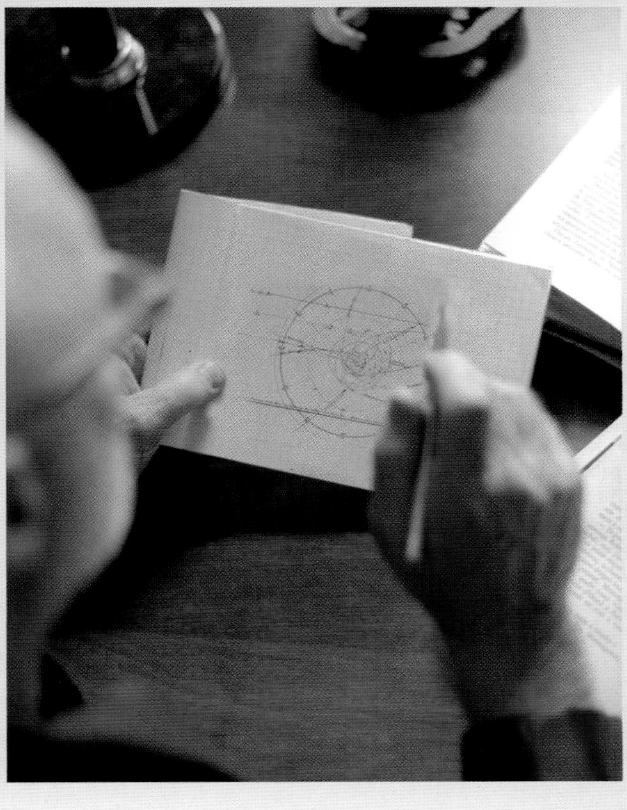

– Quel chemin vous a fait parcourir
le « regard » de cette photographie ?

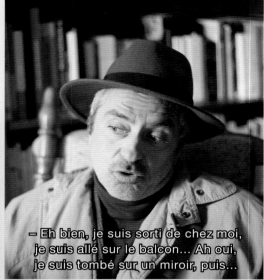

– Eh bien, je suis sorti de chez moi,
je suis allé sur le balcon... Ah oui,
je suis tombé sur un miroir, puis...

– Un miroir, vous dites ?
Comme c'est intéressant...

– Vous voyez ? 319 !

– C'est incroyable !

– Incroyable, oui... Littéralement...
Dans le sens de «je n'y crois pas du tout !»

– Je veux dire, on n'est pas dans un
épisode de *Détective enquête* !

– Êtes-vous en train de dire que
la vie a plus d'imagination que moi ?

– J'ai lu tous les romans policiers qui ont été écrits.
Je peux vous garantir que, si une telle scène devait se
produire dans une histoire...

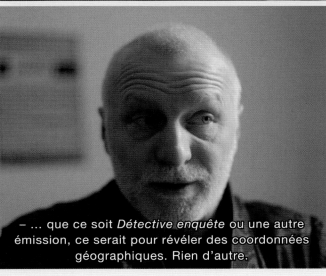

– ... que ce soit *Détective enquête* ou une autre
émission, ce serait pour révéler des coordonnées
géographiques. Rien d'autre.

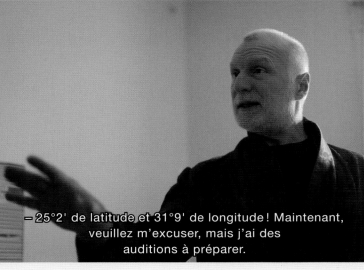

– 25°2' de latitude et 31°9' de longitude ! Maintenant,
veuillez m'excuser, mais j'ai des
auditions à préparer.

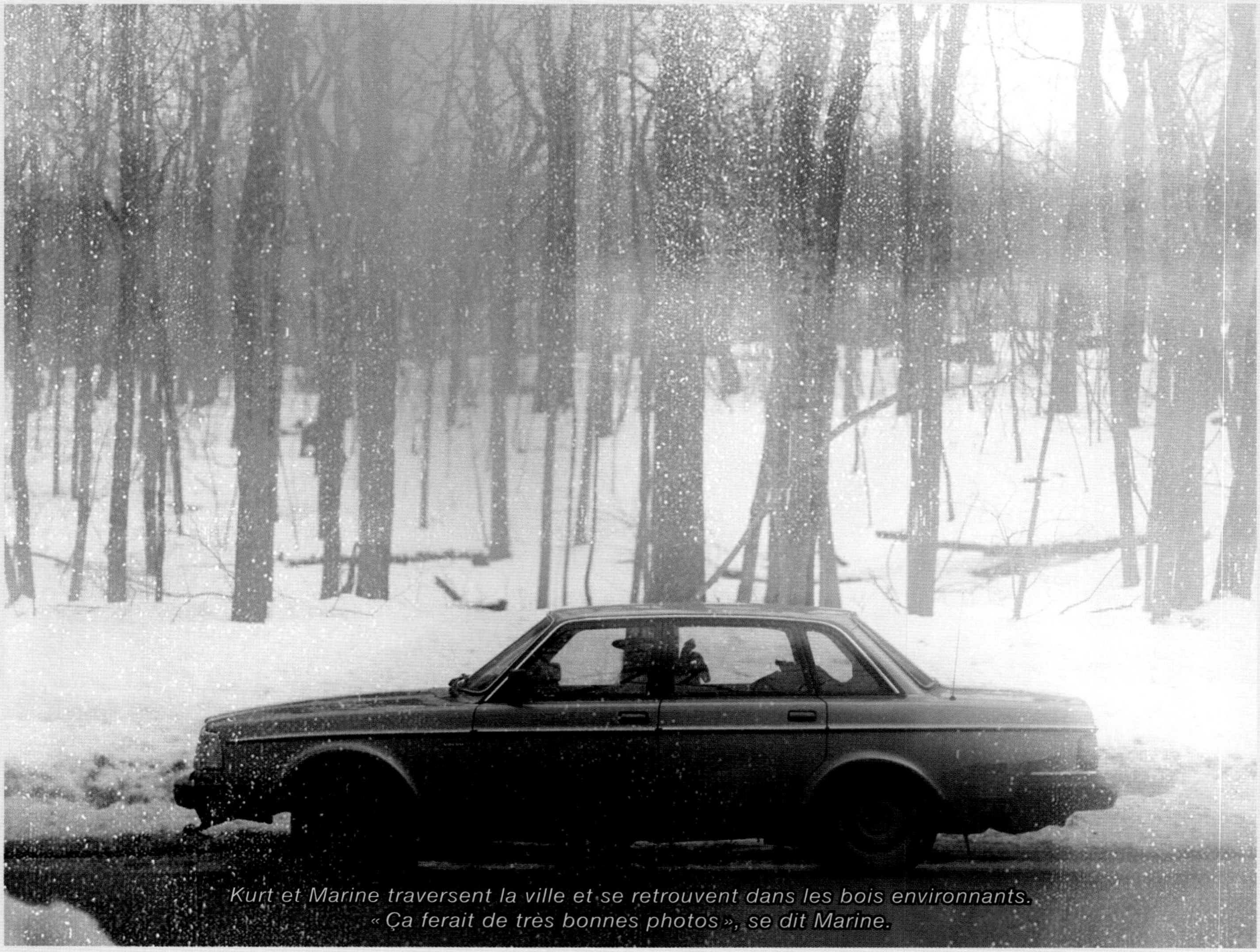
Kurt et Marine traversent la ville et se retrouvent dans les bois environnants.
« Ça ferait de très bonnes photos », se dit Marine.

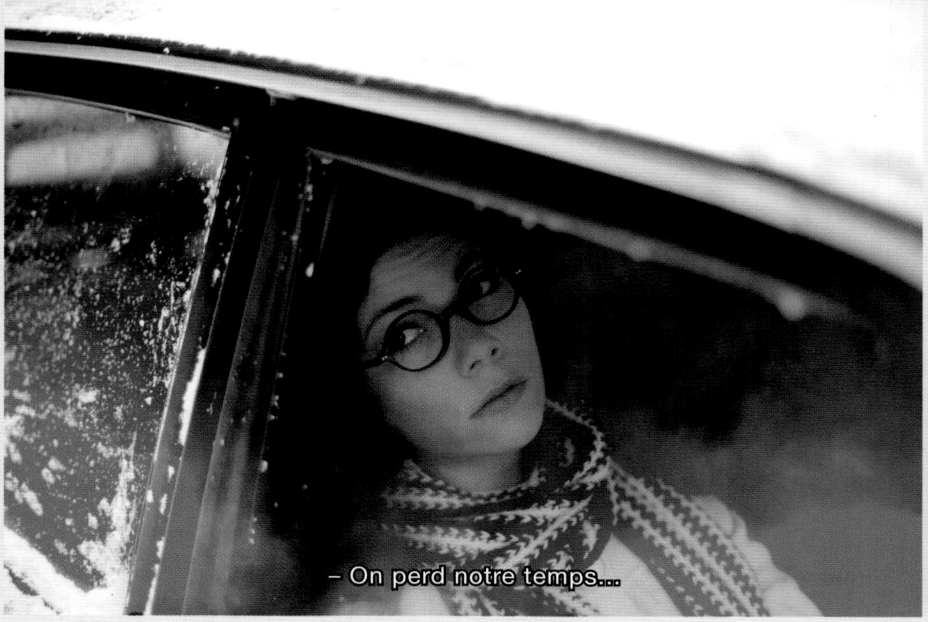
– On perd notre temps...

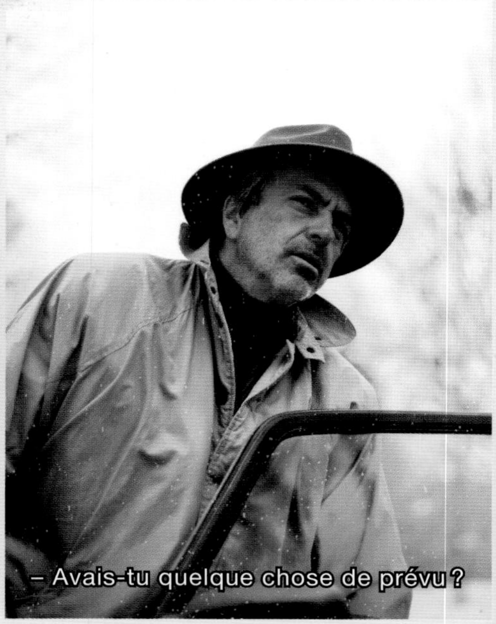
– Avais-tu quelque chose de prévu ?

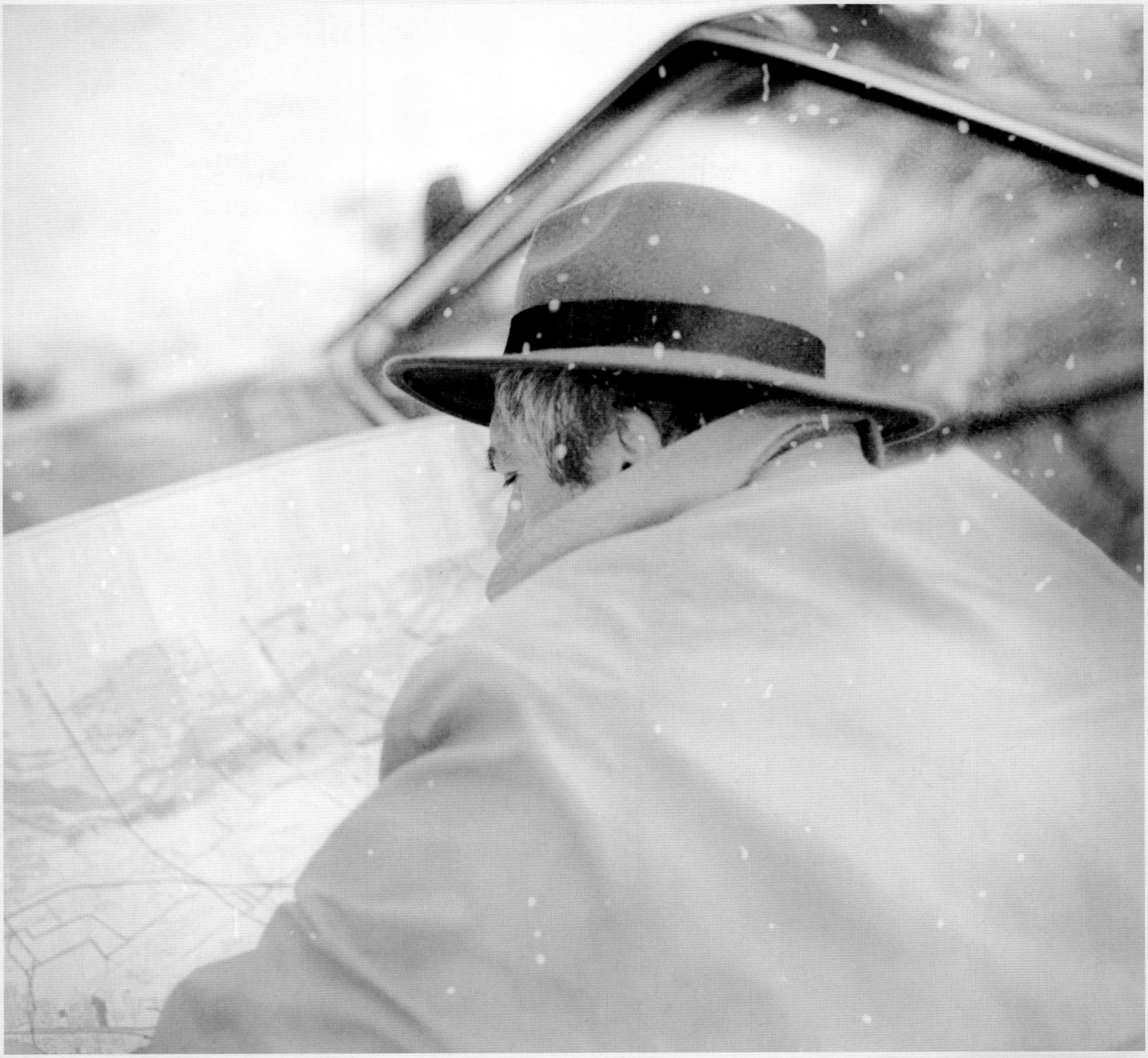

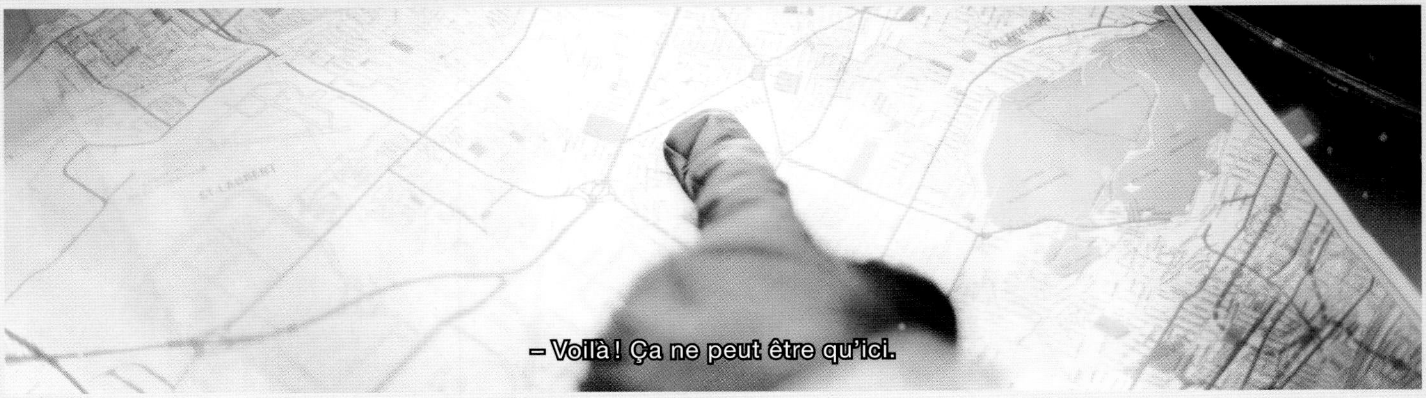
– Voilà ! Ça ne peut être qu'ici.

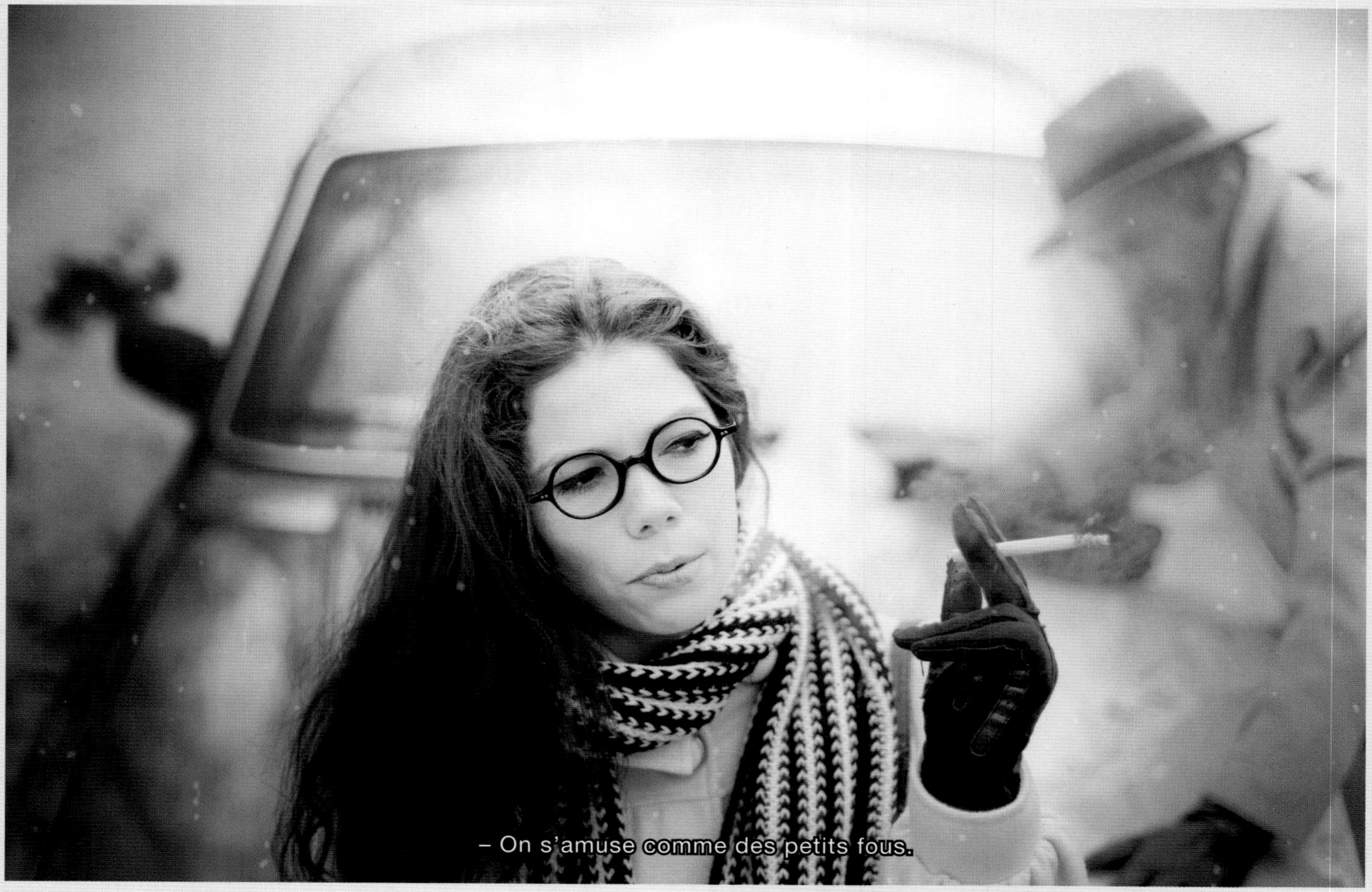
– On s'amuse comme des petits fous.

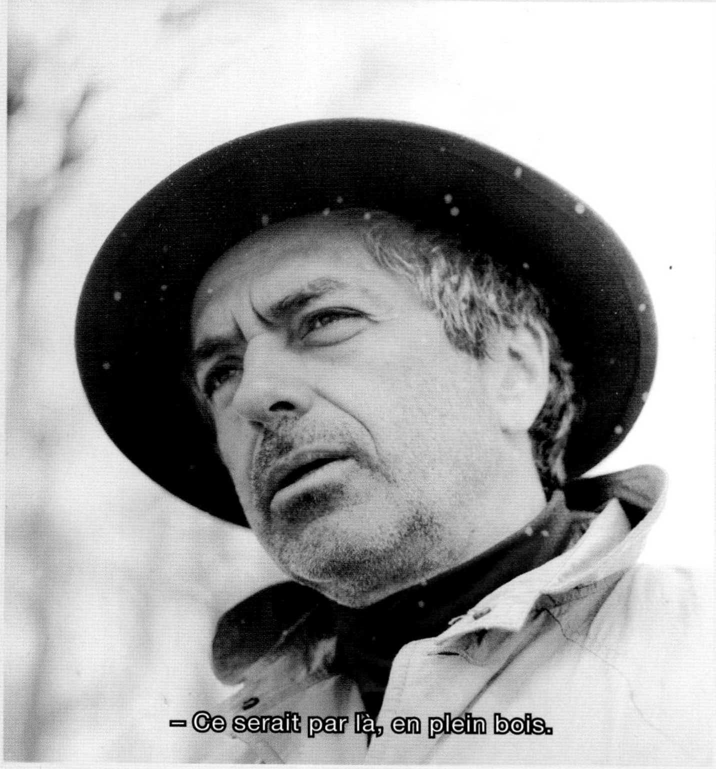
– Ce serait par là, en plein bois.

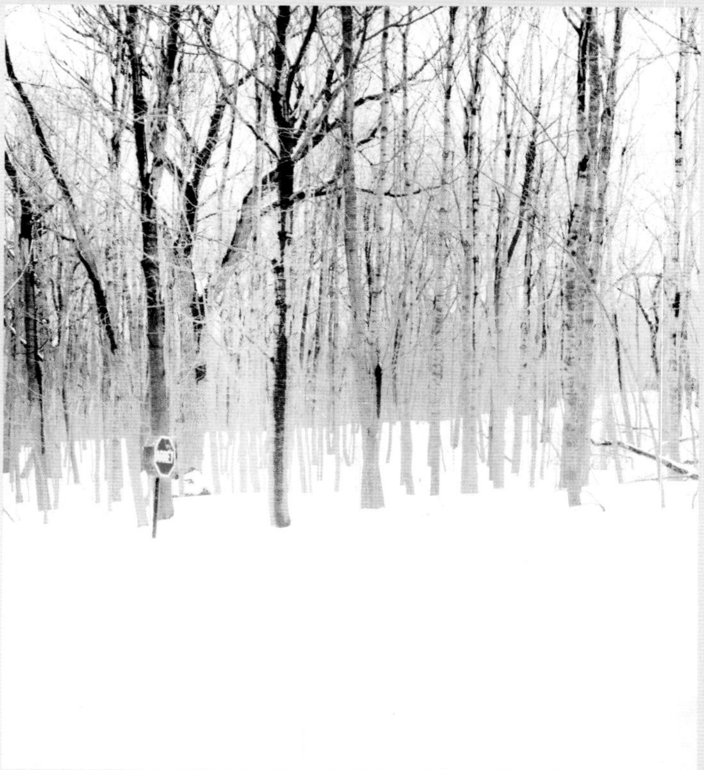

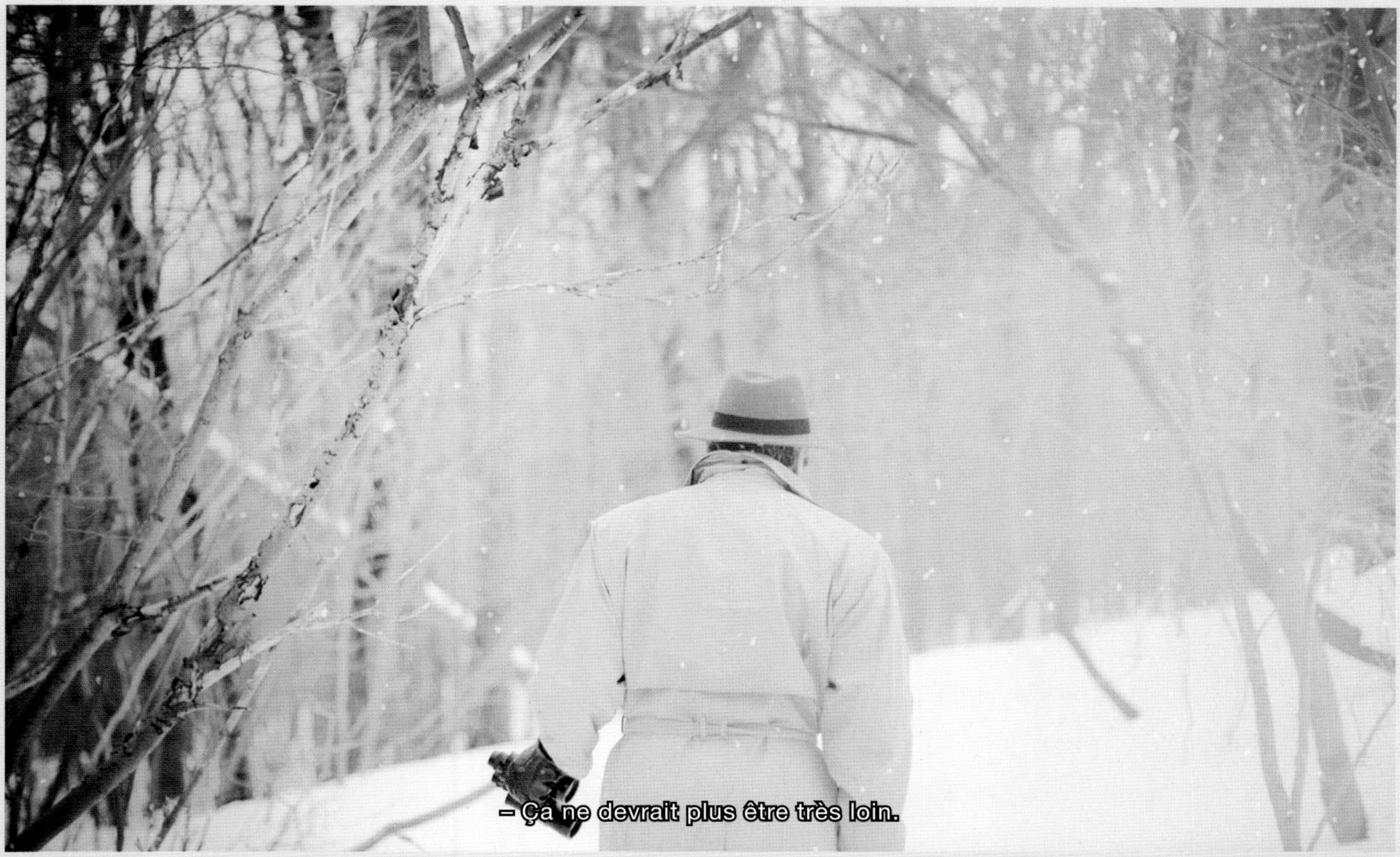
– Ça ne devrait plus être très loin.

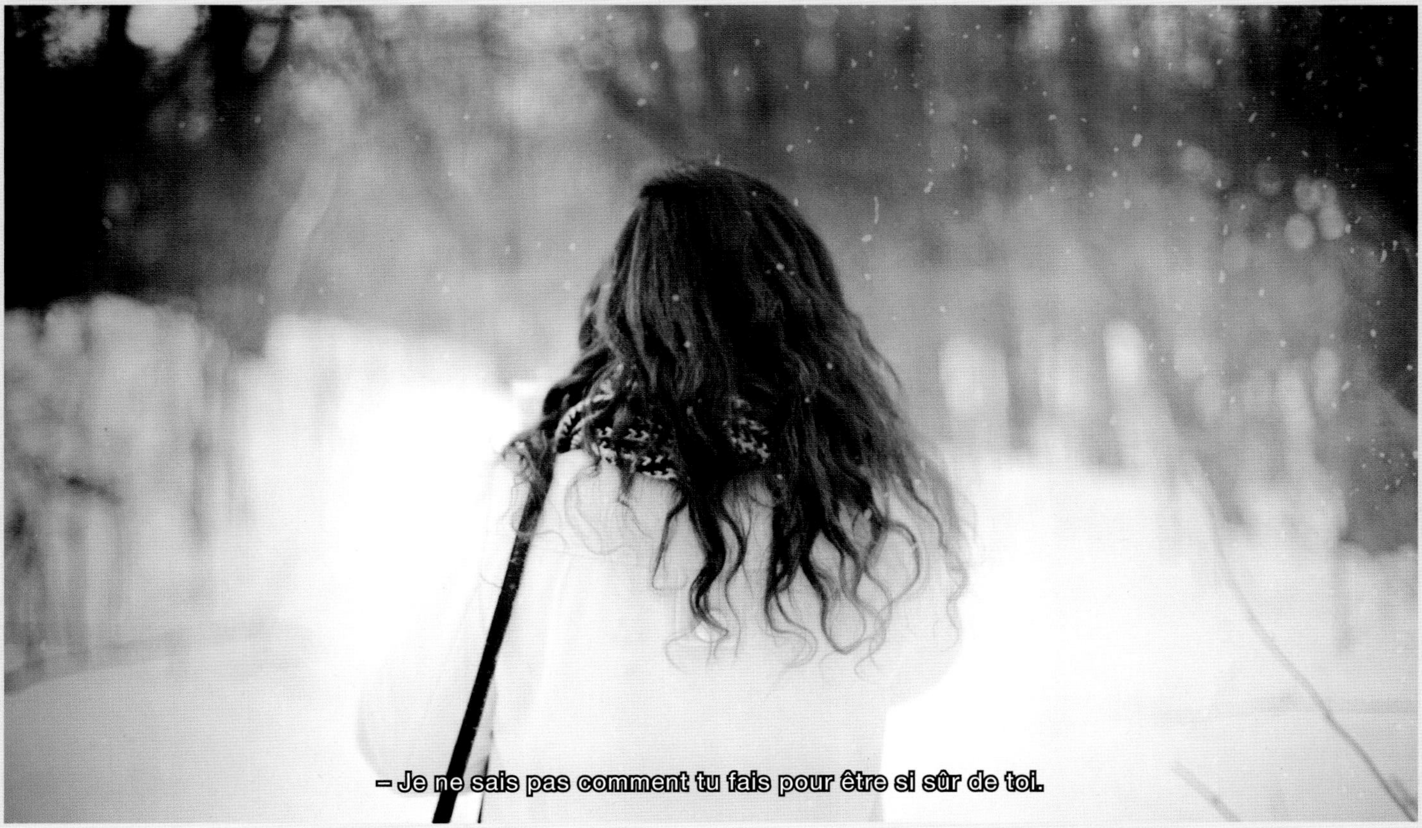
– Je ne sais pas comment tu fais pour être si sûr de toi.

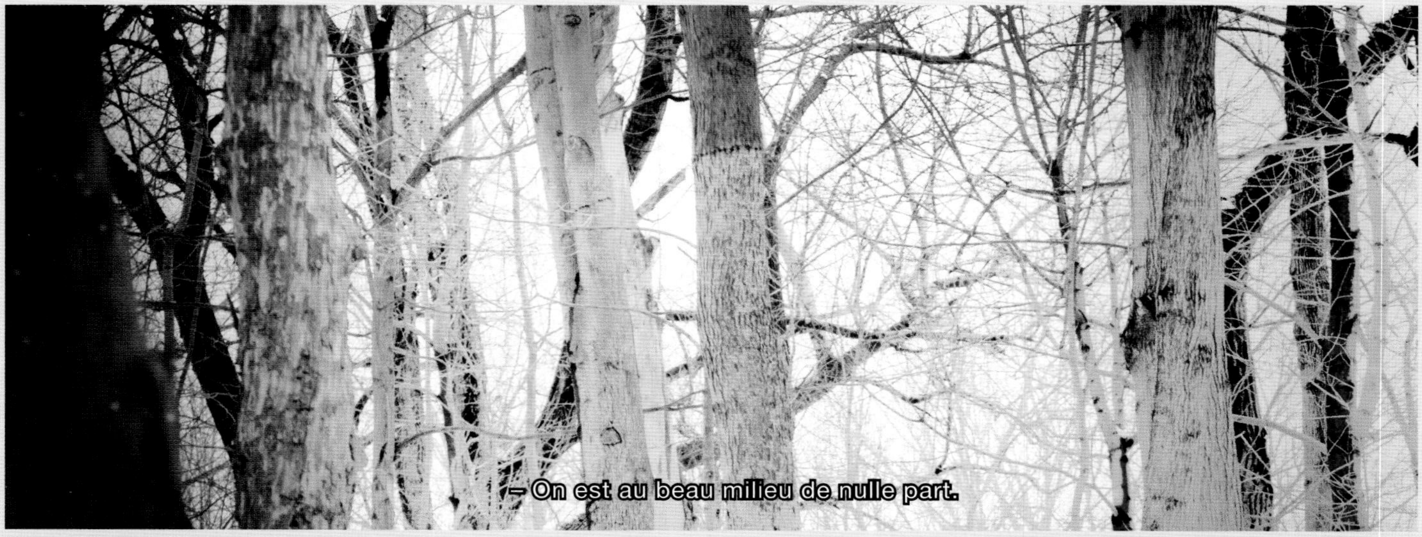
– On est au beau milieu de nulle part.

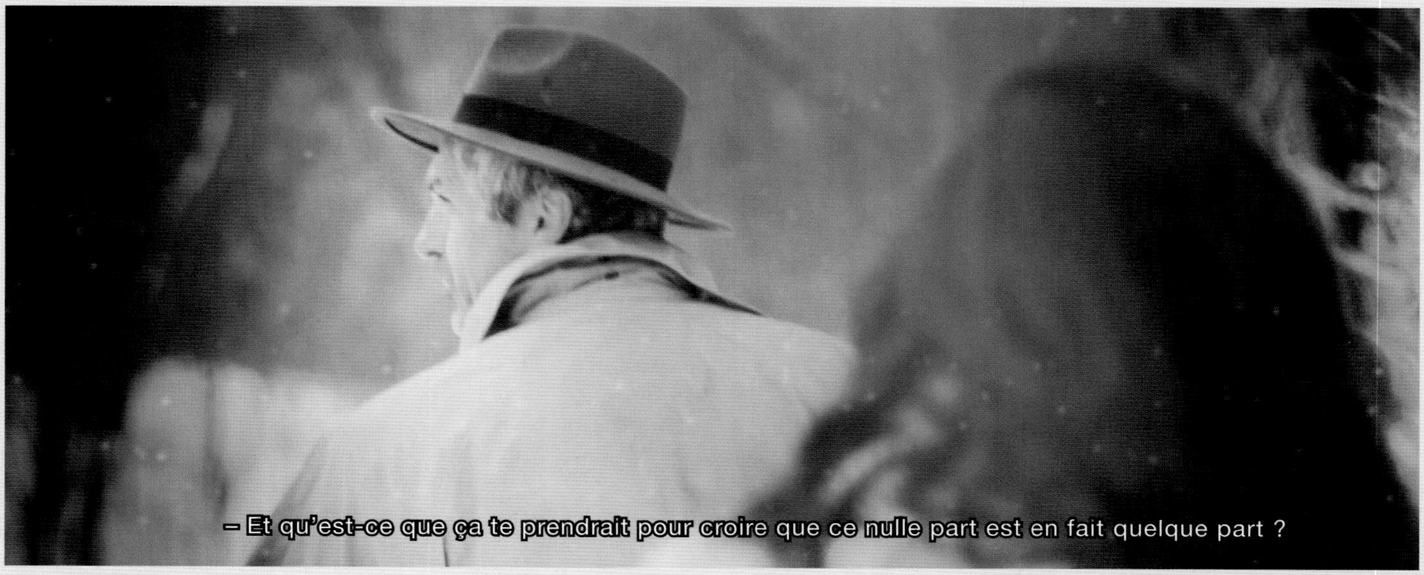
– Et qu'est-ce que ça te prendrait pour croire que ce nulle part est en fait quelque part ?

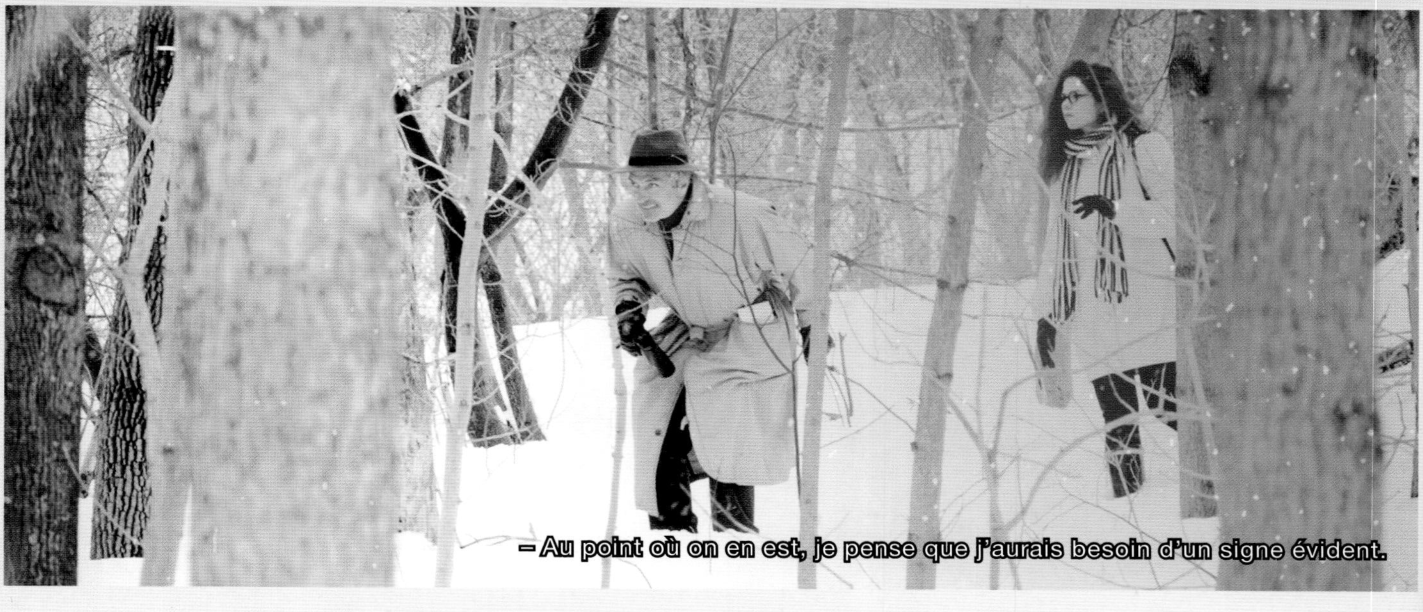
– Au point où on en est, je pense que j'aurais besoin d'un signe évident.

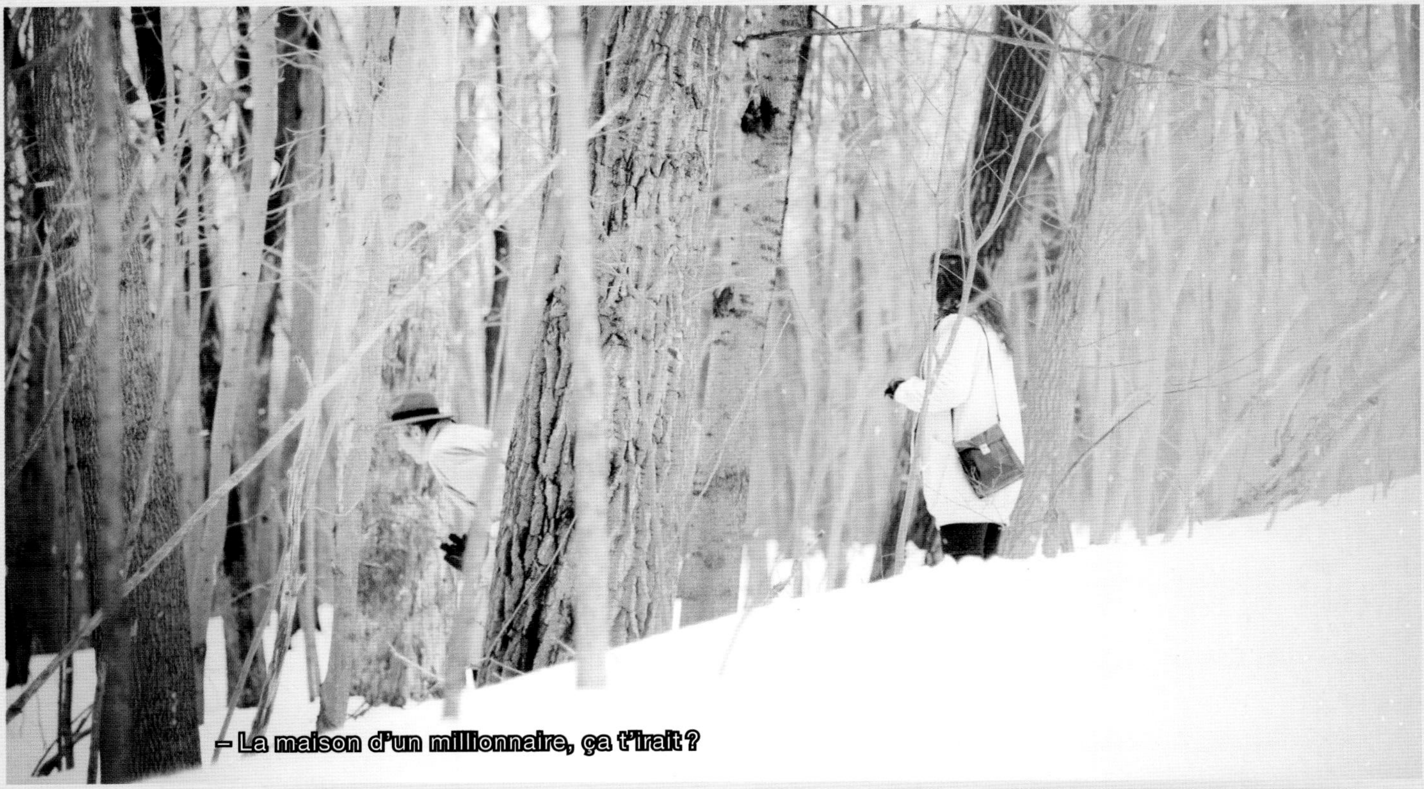
– La maison d’un millionnaire, ça t’irait ?

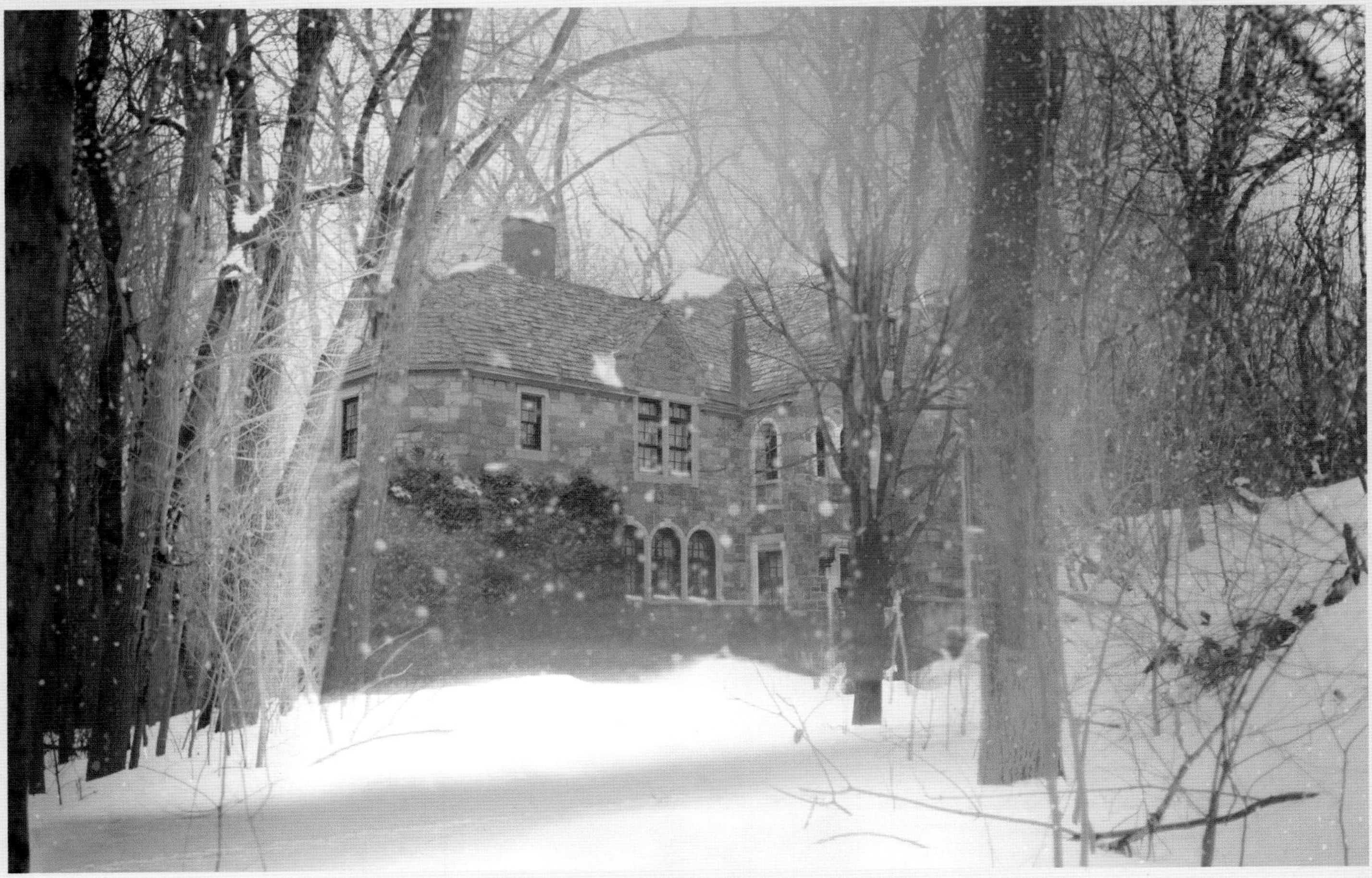

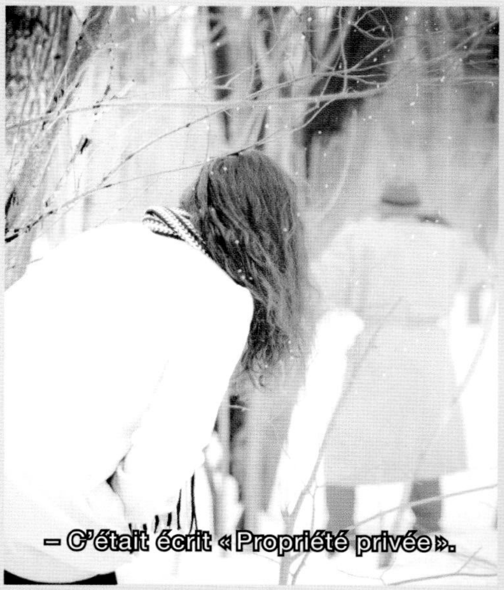
– C'était écrit « Propriété privée ».

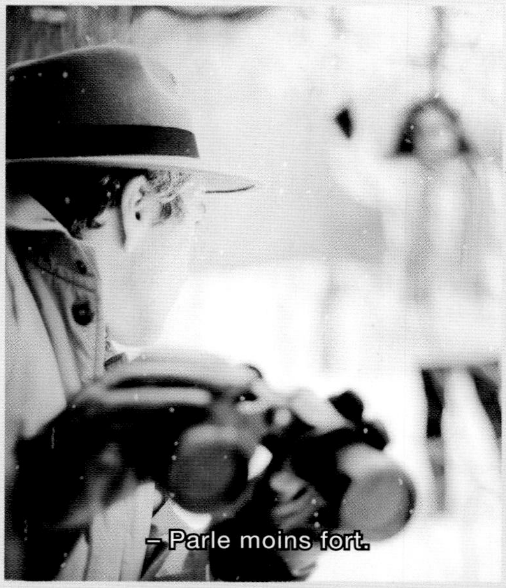
– Parle moins fort.

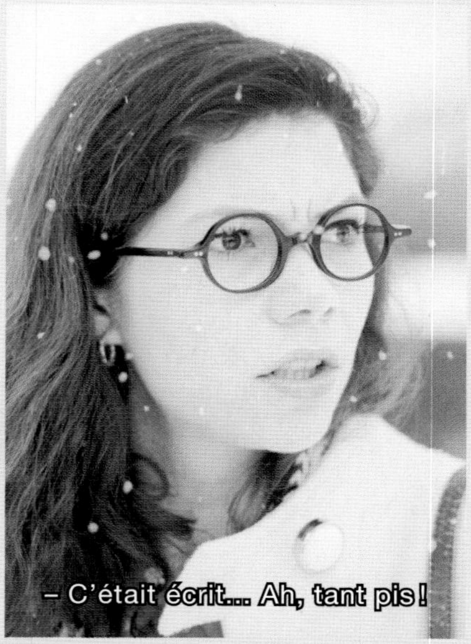
– C'était écrit... Ah, tant pis !

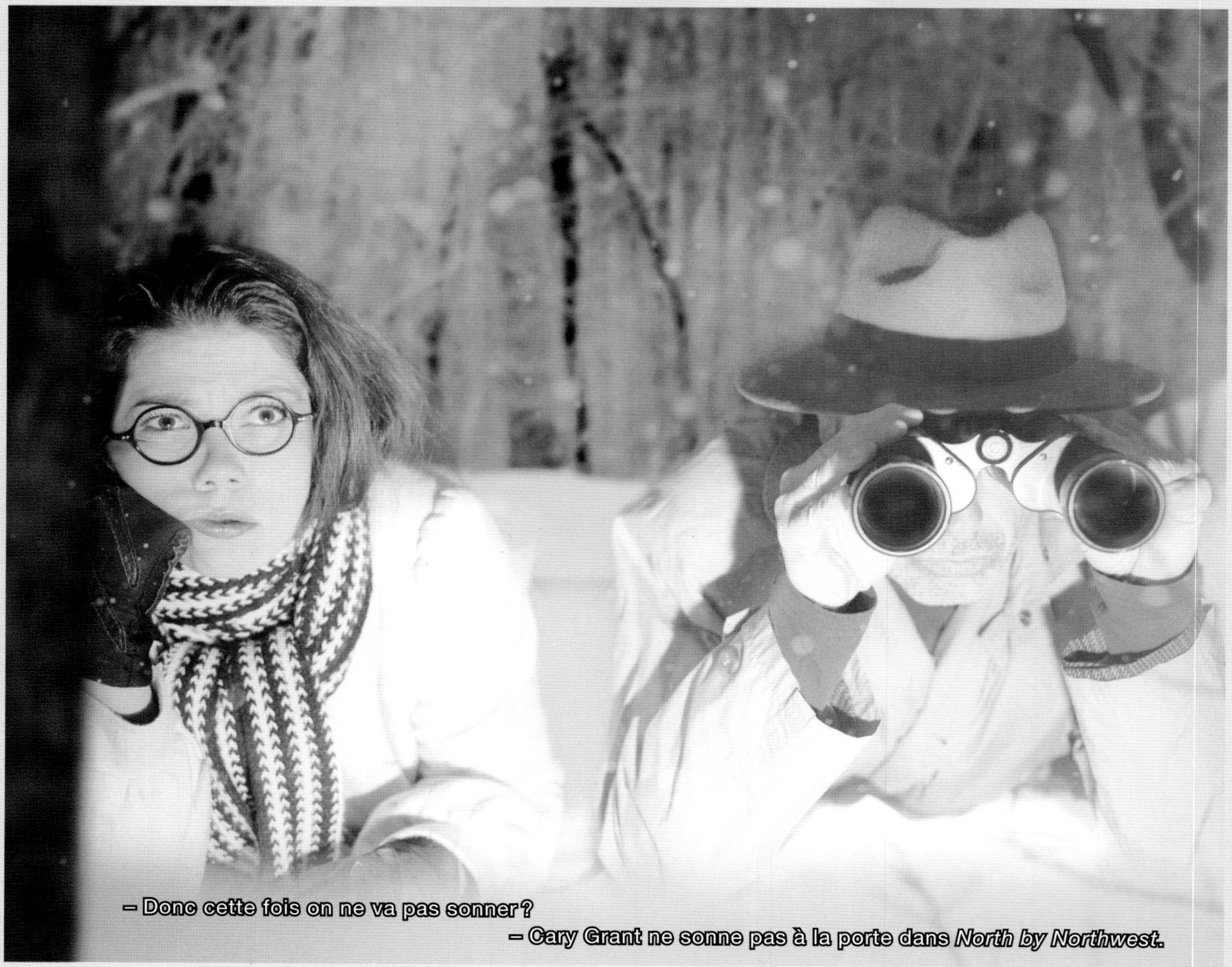
– Donc cette fois on ne va pas sonner ?
– Cary Grant ne sonne pas à la porte dans *North by Northwest*.

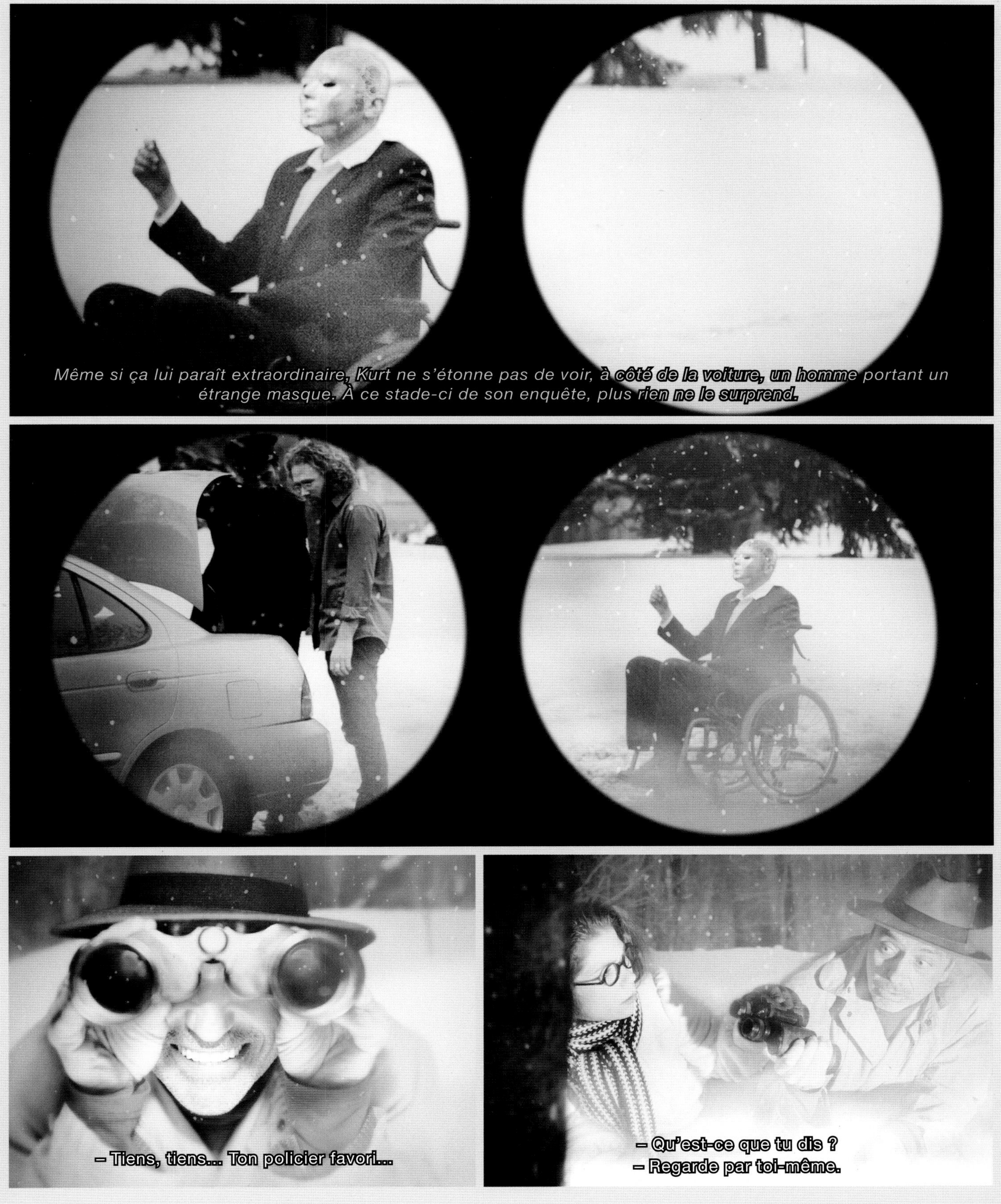
Même si ça lui paraît extraordinaire, Kurt ne s’étonne pas de voir, à côté de la voiture, un homme portant un étrange masque. À ce stade-ci de son enquête, plus rien ne le surprend.
– Tiens, tiens... Ton policier favori...
– Qu’est-ce que tu dis ?
– Regarde par toi-même.

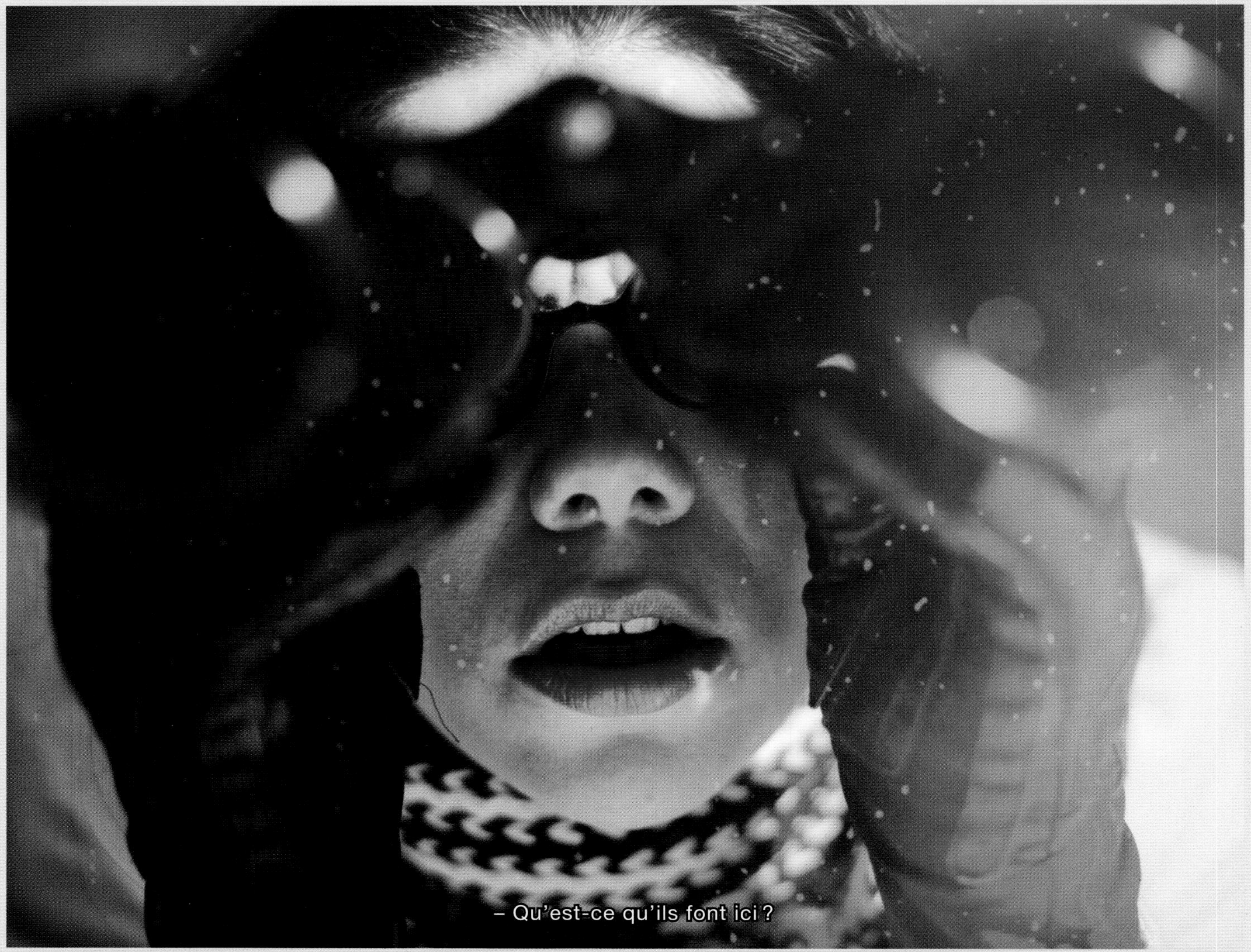
– Qu’est-ce qu’ils font ici ?

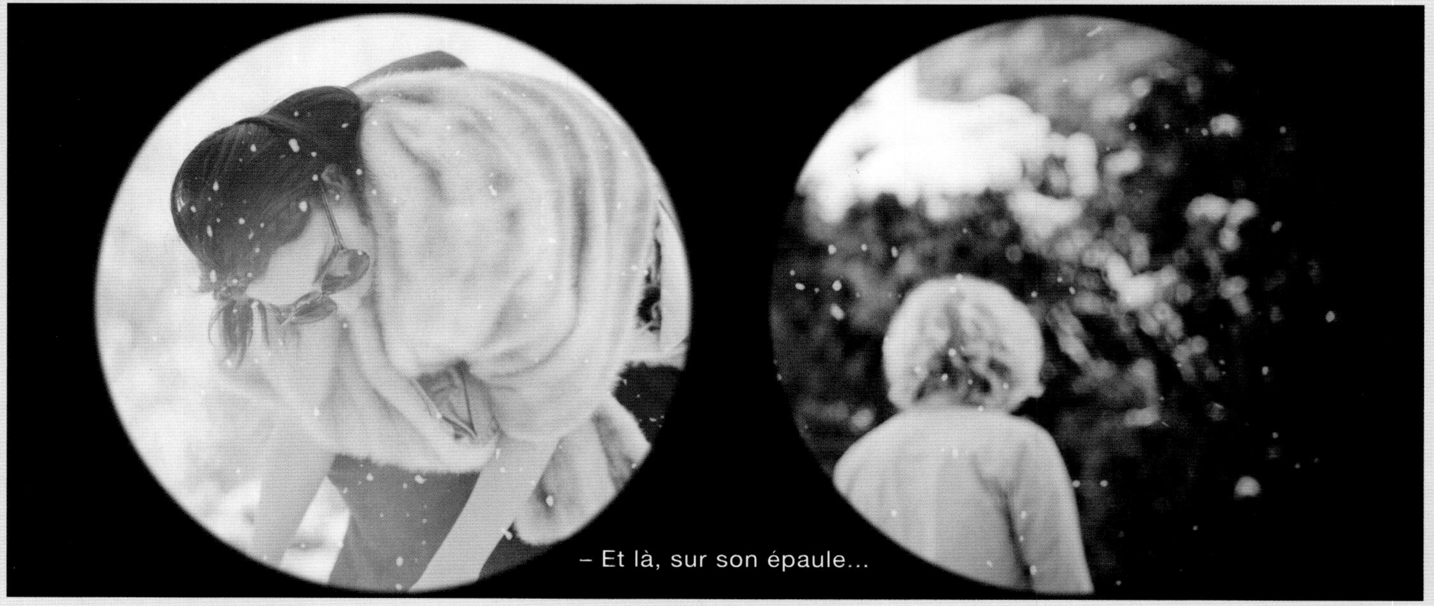
– Et là, sur son épaule…

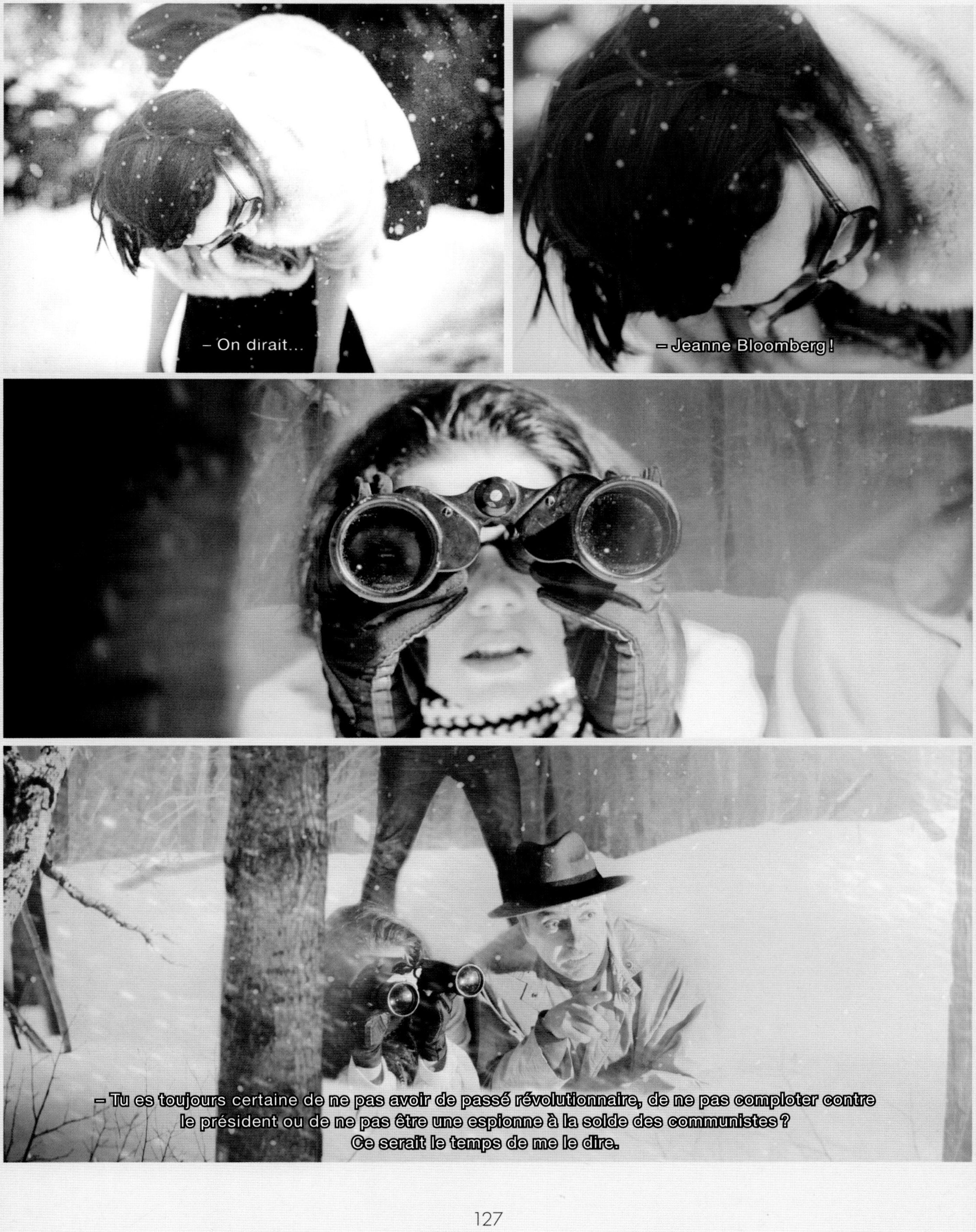
– On dirait...
– Jeanne Bloomberg !
– Tu es toujours certaine de ne pas avoir de passé révolutionnaire, de ne pas comploter contre le président ou de ne pas être une espionne à la solde des communistes ? Ce serait le temps de me le dire.

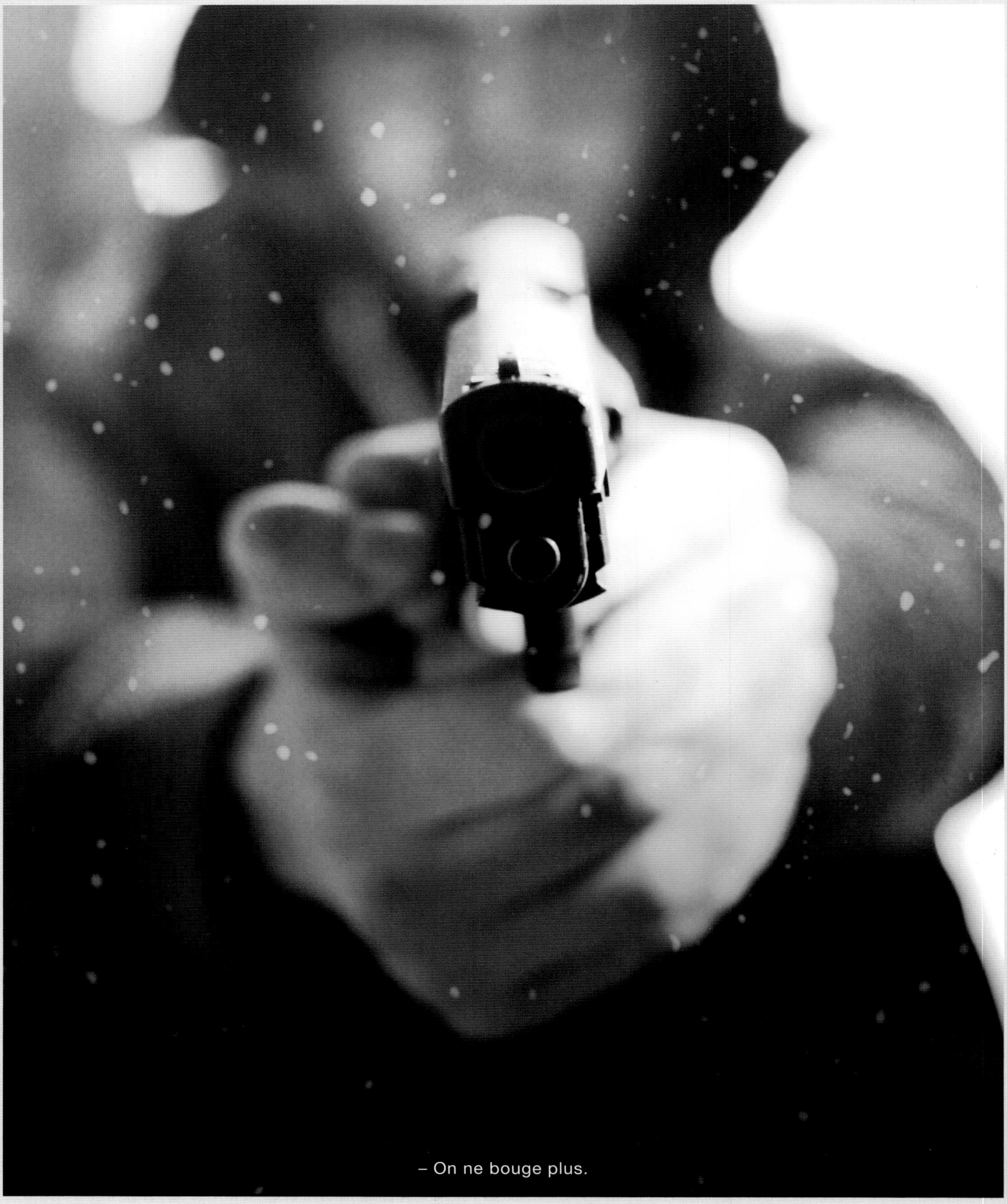
– On ne bouge plus.

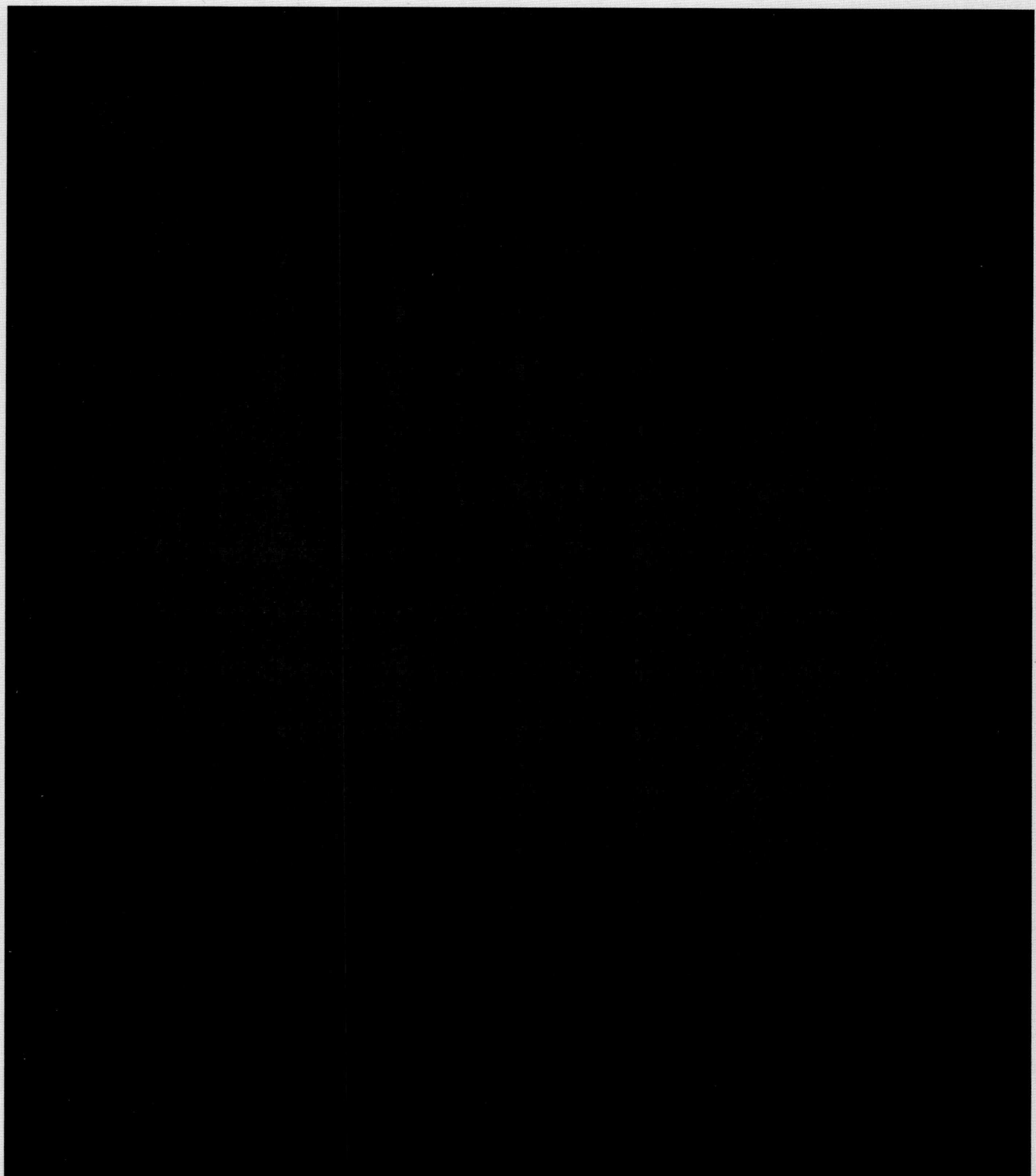

Tout va trop vite pour Marine. Pour la première fois de sa vie, plutôt que de sortir son appareil photo, elle ferme les yeux. Pendant un instant, elle croit que ça y est, qu'elle est morte.

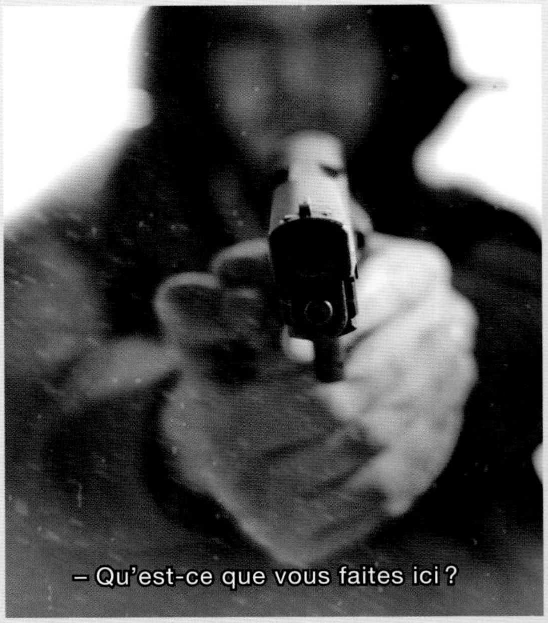
– Qu’est-ce que vous faites ici ?

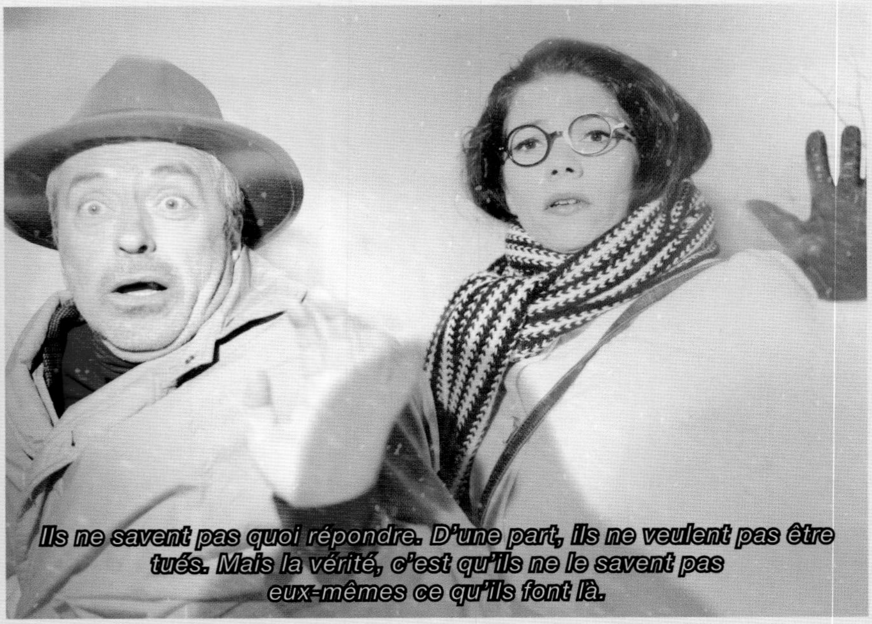
Ils ne savent pas quoi répondre. D’une part, ils ne veulent pas être tués. Mais la vérité, c’est qu’ils ne le savent pas eux-mêmes ce qu’ils font là.

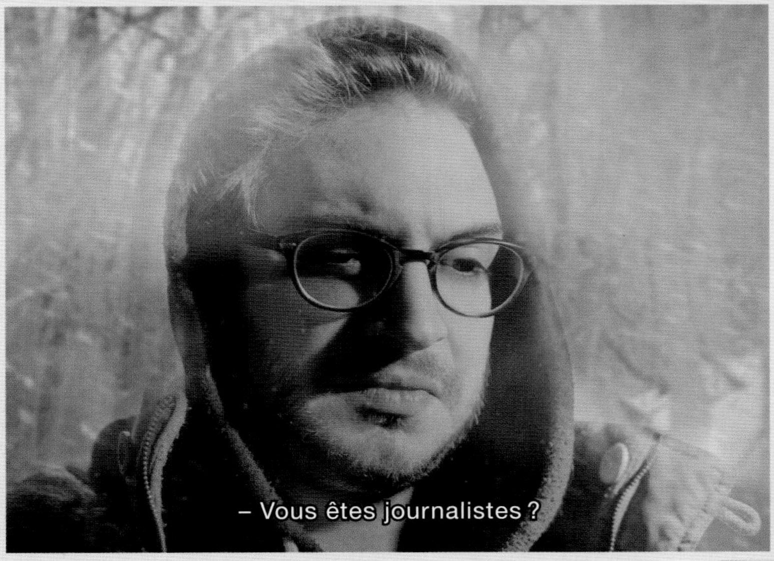
– Vous êtes journalistes ?

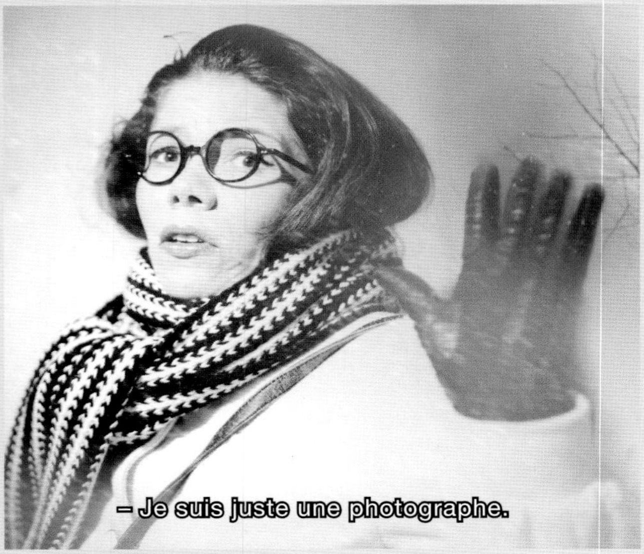
– Je suis juste une photographe.

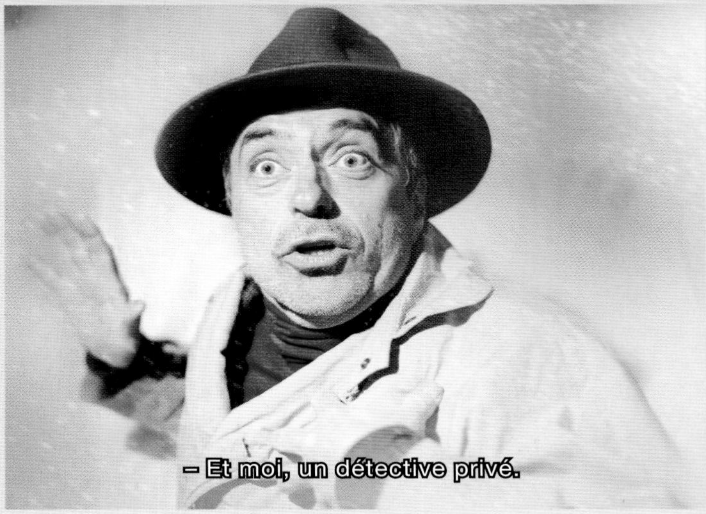
– Et moi, un détective privé.

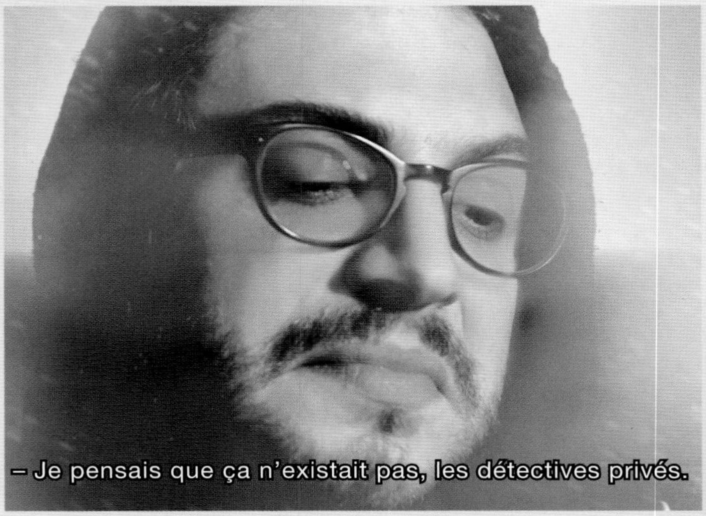
– Je pensais que ça n’existait pas, les détectives privés.

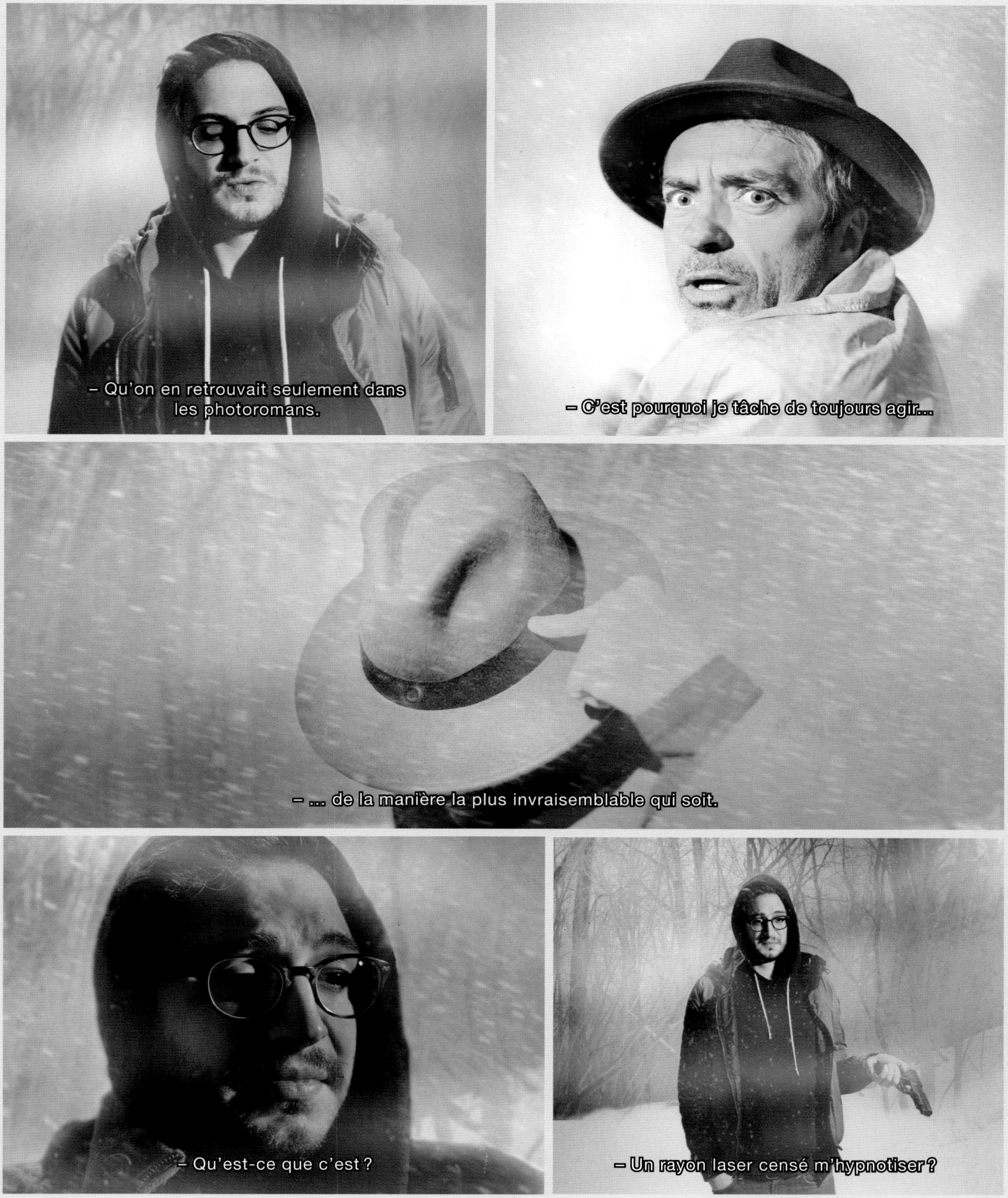
– Qu'on en retrouvait seulement dans les photoromans.
– C'est pourquoi je tâche de toujours agir…
– … de la manière la plus invraisemblable qui soit.
– Qu'est-ce que c'est ?
– Un rayon laser censé m'hypnotiser ?

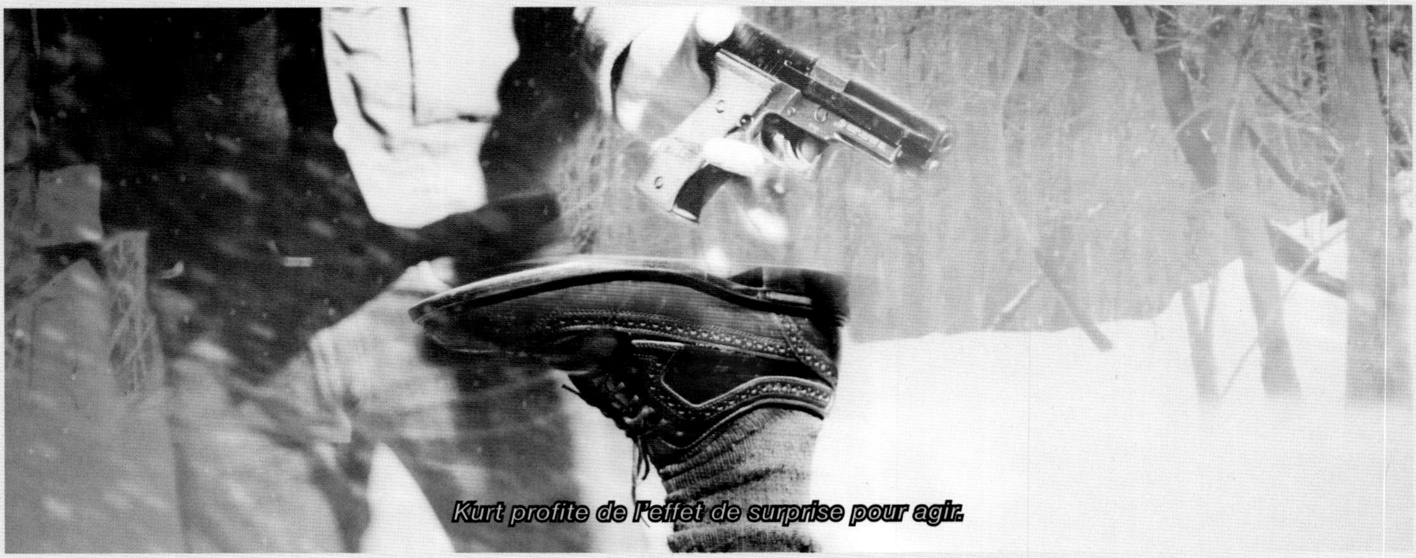
Kurt profite de l'effet de surprise pour agir.

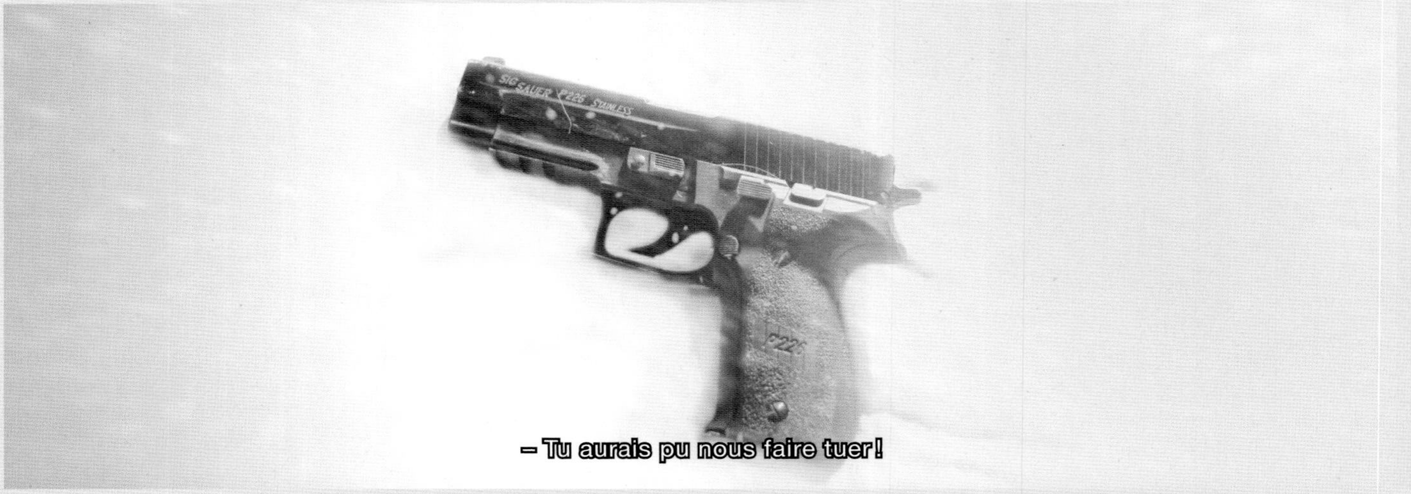
SIG SAUER P226 STAINLESS
P226
– Tu aurais pu nous faire tuer !

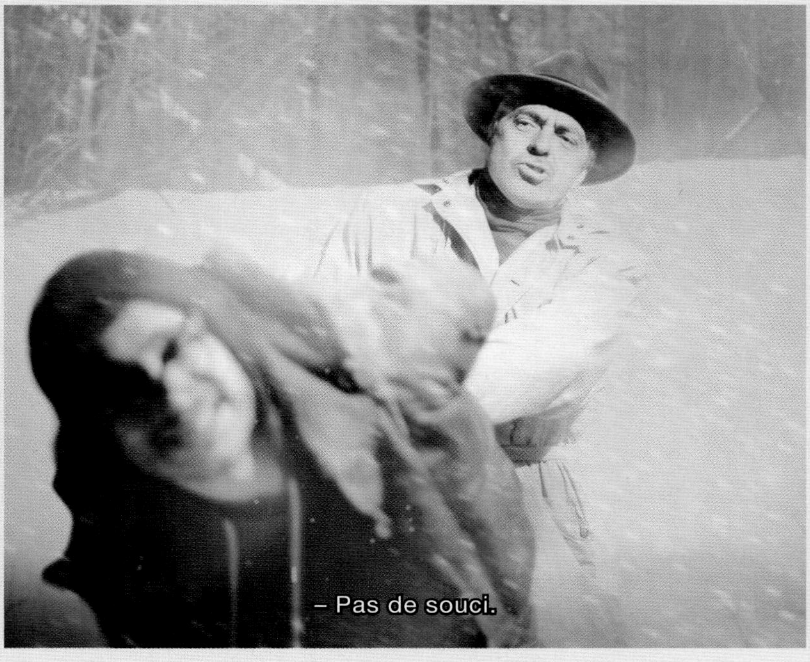
– Pas de souci.

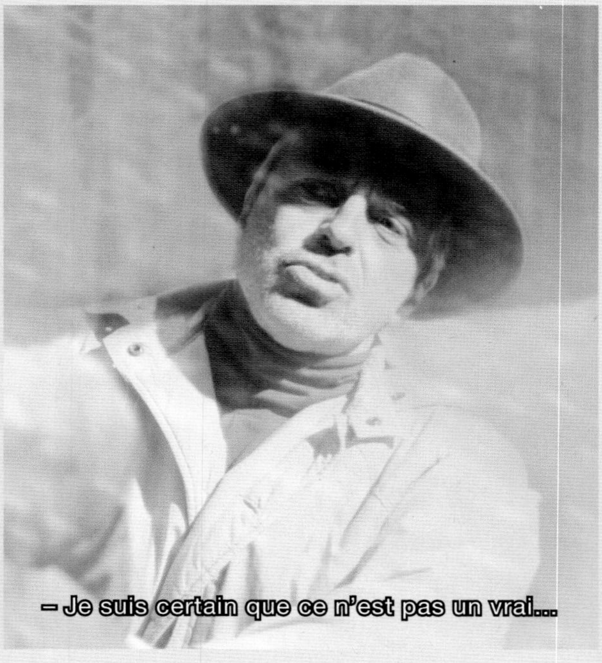
– Je suis certain que ce n'est pas un vrai…

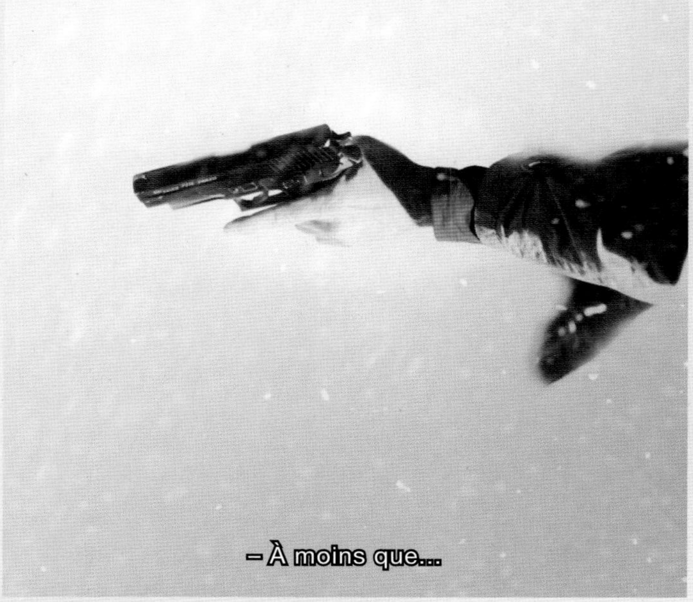
– À moins que...

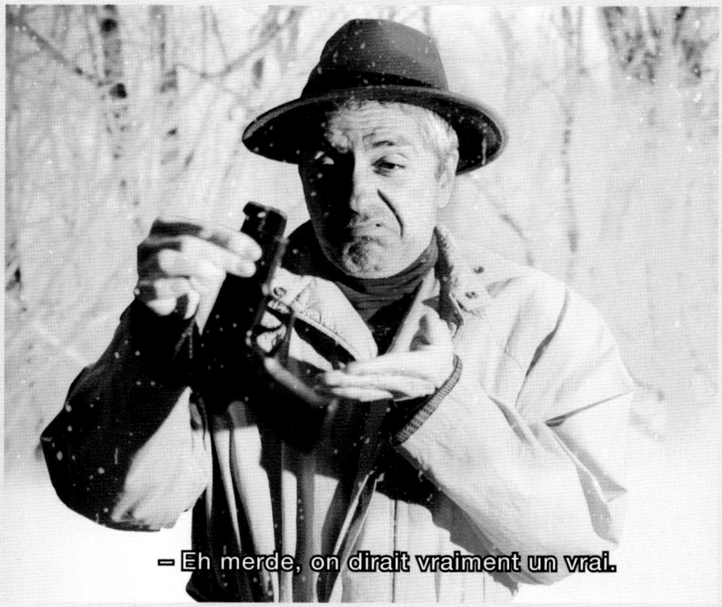
– Eh merde, on dirait vraiment un vrai.

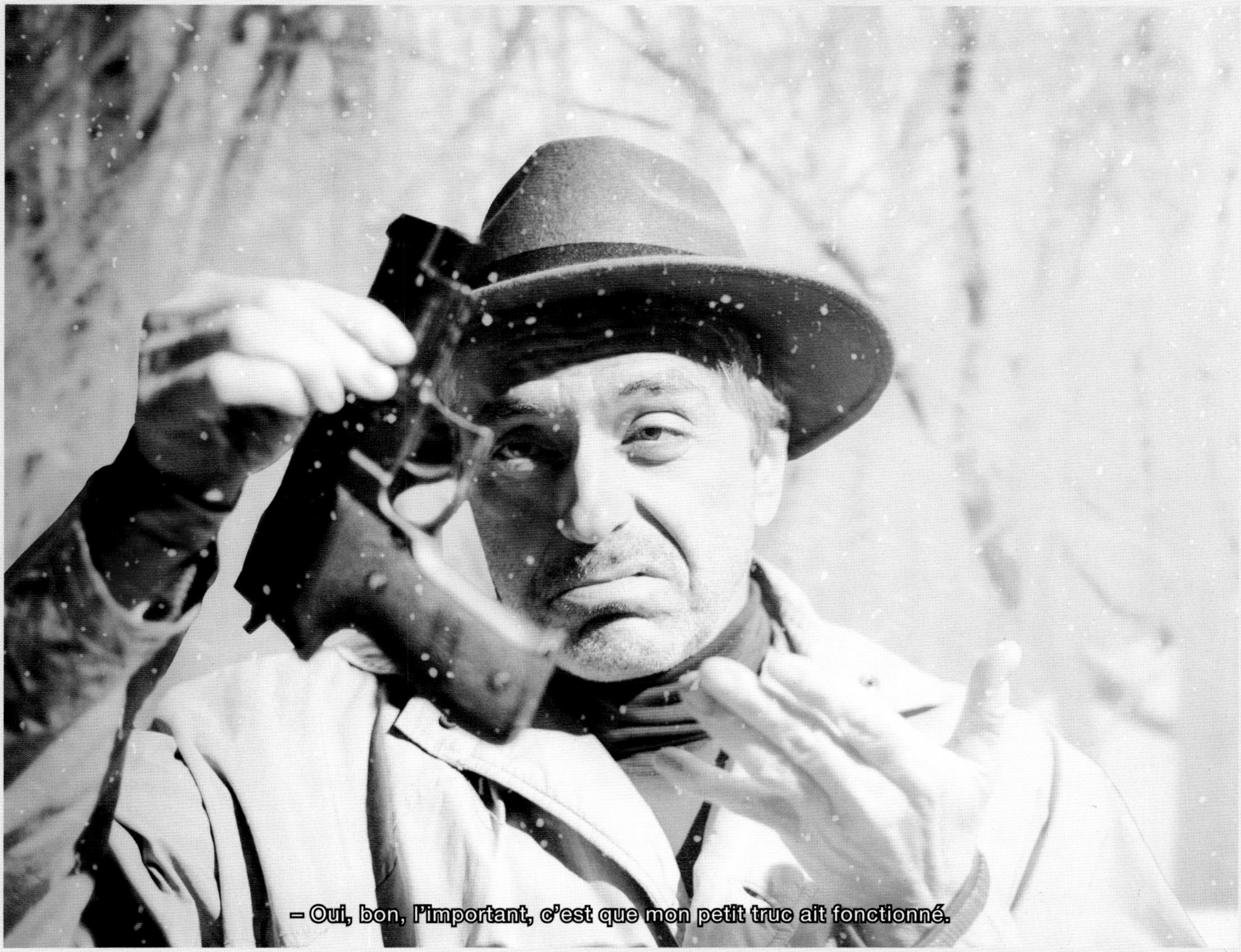
– Oui, bon, l'important, c'est que mon petit truc ait fonctionné.

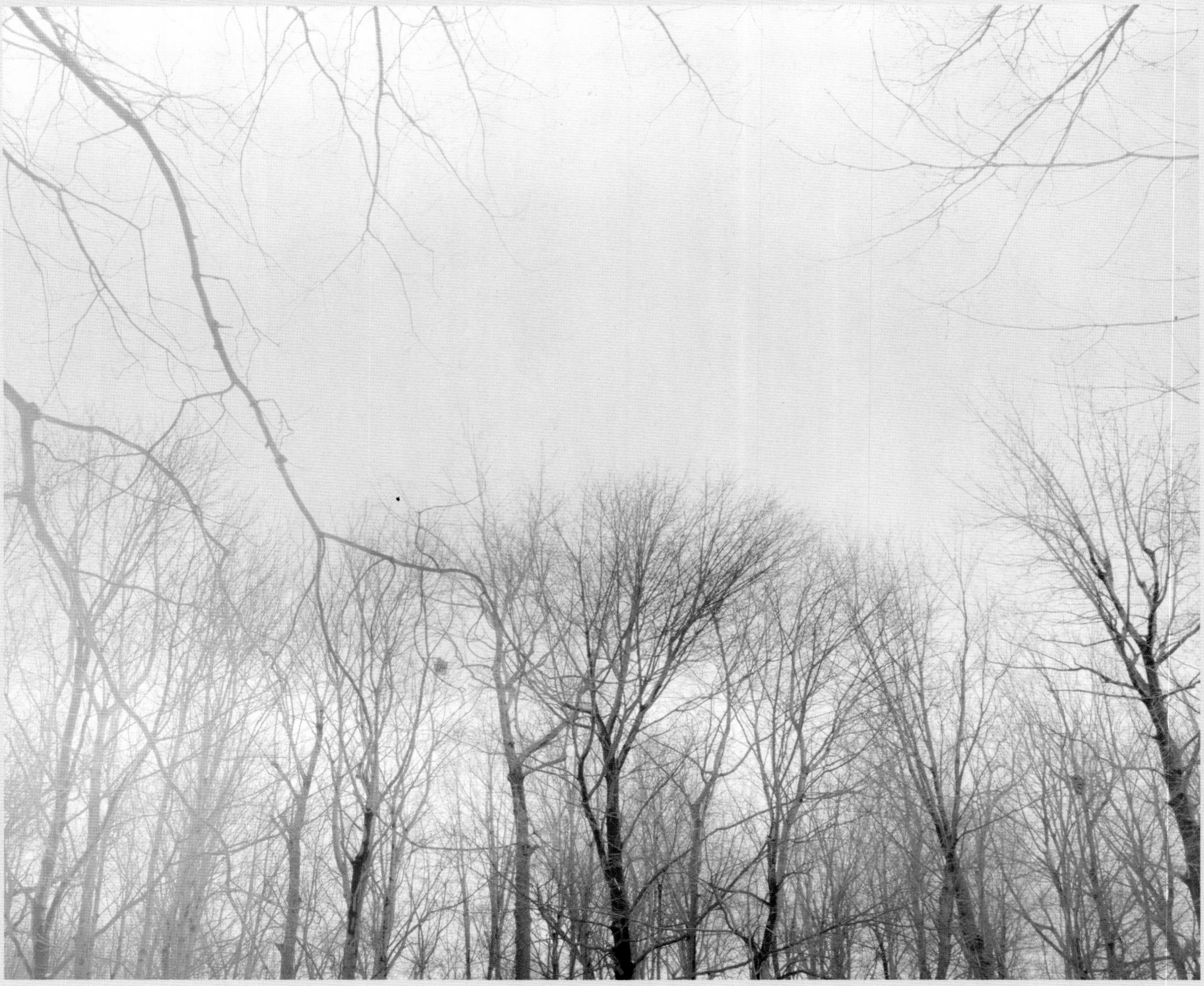

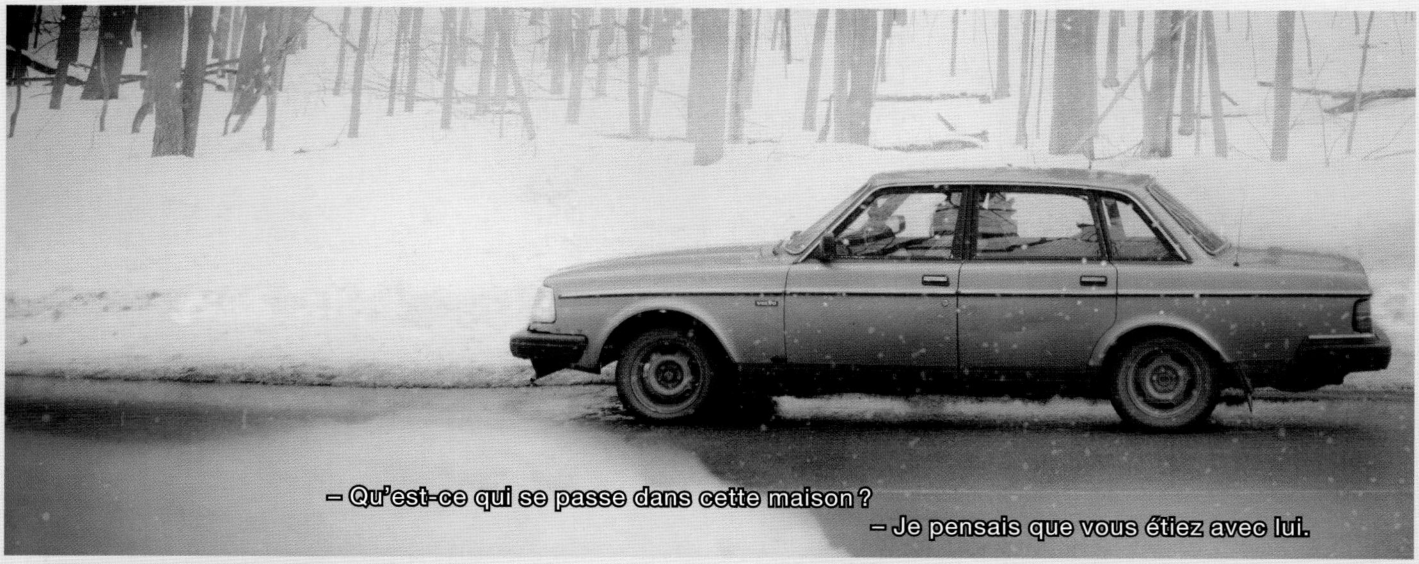
– Qu'est-ce qui se passe dans cette maison ?
– Je pensais que vous étiez avec lui.

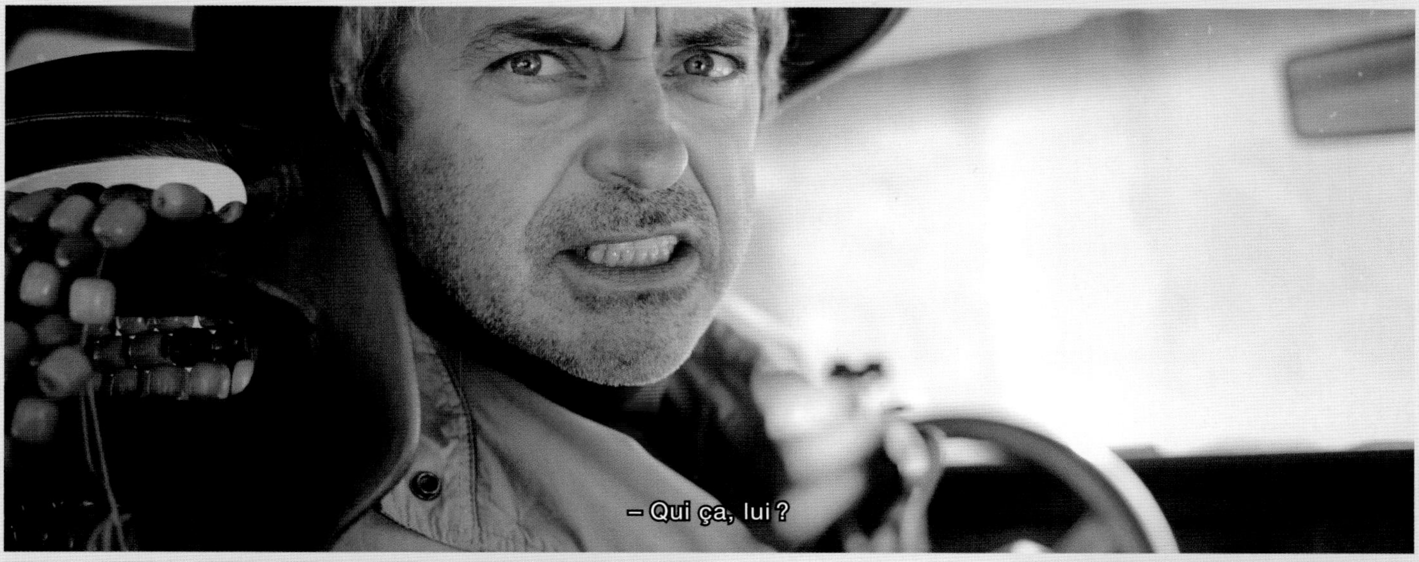
– Qui ça, lui ?

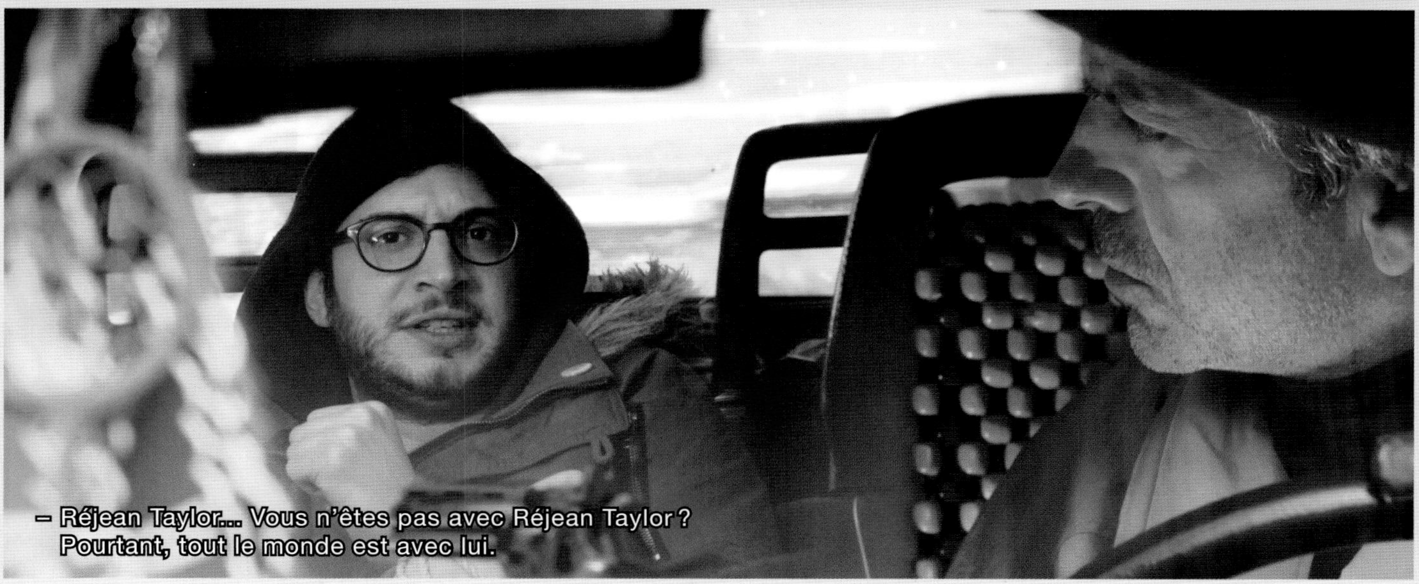
– Réjean Taylor… Vous n'êtes pas avec Réjean Taylor ?
Pourtant, tout le monde est avec lui.

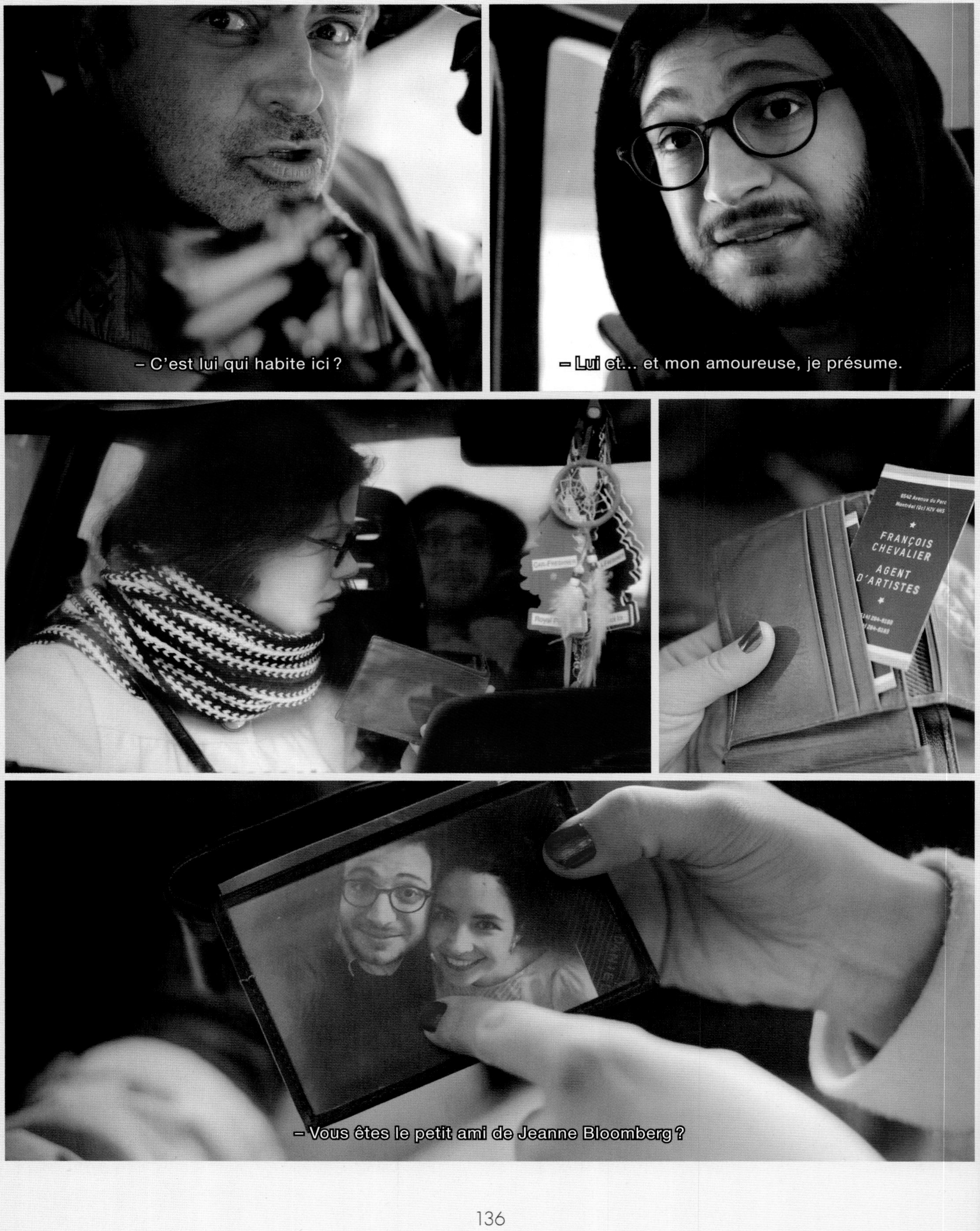
– C'est lui qui habite ici ?
– Lui et… et mon amoureuse, je présume.
FRANÇOIS CHEVALIER
AGENT D'ARTISTES
– Vous êtes le petit ami de Jeanne Bloomberg ?

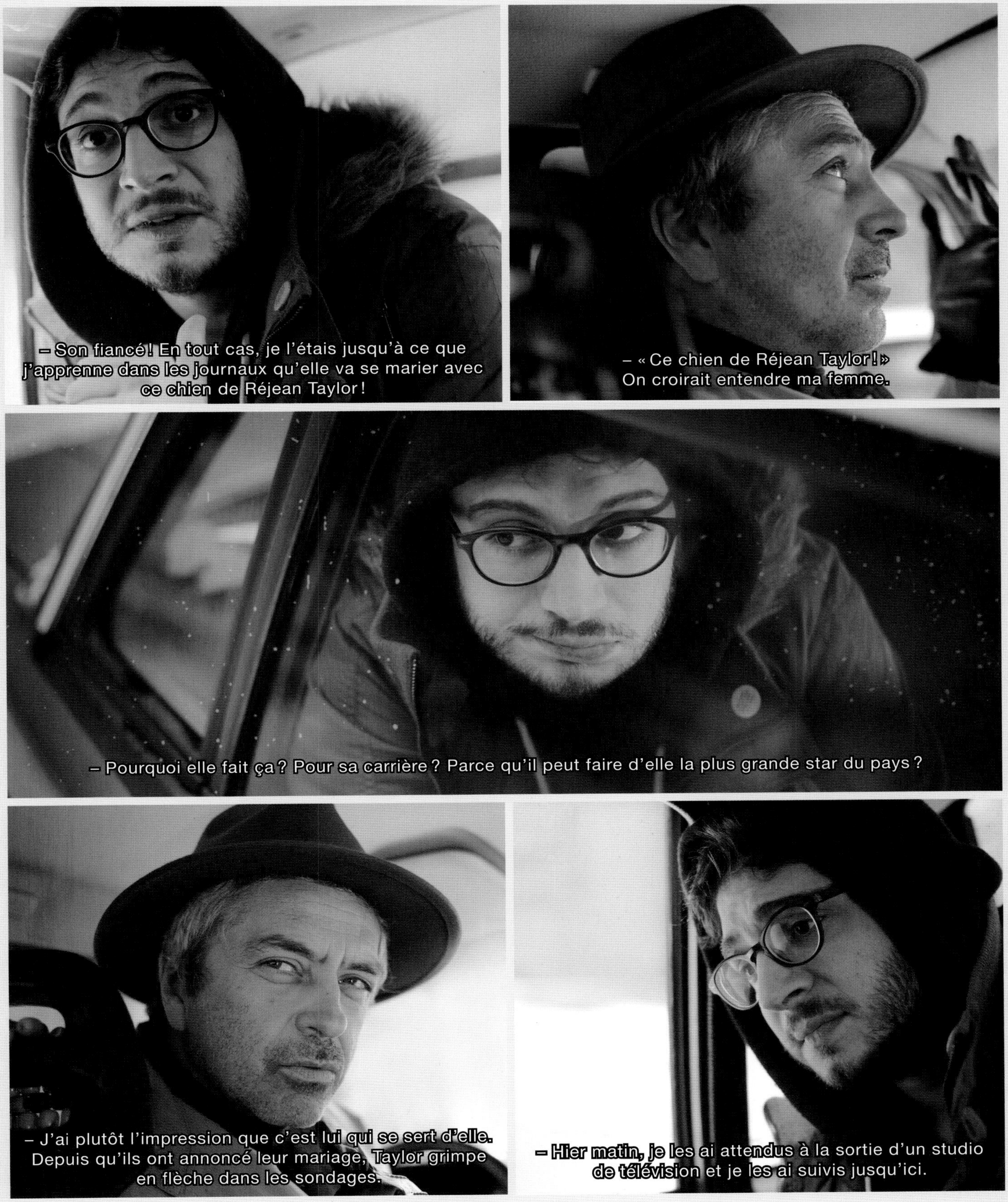
– Son fiancé ! En tout cas, je l'étais jusqu'à ce que j'apprenne dans les journaux qu'elle va se marier avec ce chien de Réjean Taylor !
– « Ce chien de Réjean Taylor ! » On croirait entendre ma femme.
– Pourquoi elle fait ça ? Pour sa carrière ? Parce qu'il peut faire d'elle la plus grande star du pays ?
– J'ai plutôt l'impression que c'est lui qui se sert d'elle. Depuis qu'ils ont annoncé leur mariage, Taylor grimpe en flèche dans les sondages.
– Hier matin, je les ai attendus à la sortie d'un studio de télévision et je les ai suivis jusqu'ici.

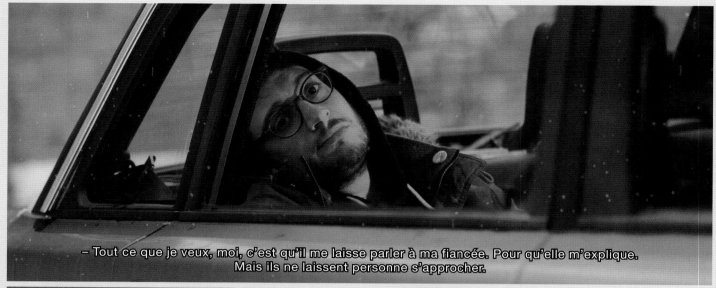

– Tout ce que je veux, moi, c'est qu'il me laisse parler à ma fiancée. Pour qu'elle m'explique. Mais ils ne laissent personne s'approcher.

– Alors il faudra le faire sans leur permission.

– Qu'est-ce qu'on fait de lui ?

– Il va nous attendre bien sagement dans la voiture.

– Je suis avec vous. Je peux vous aider.

– Il a raison.

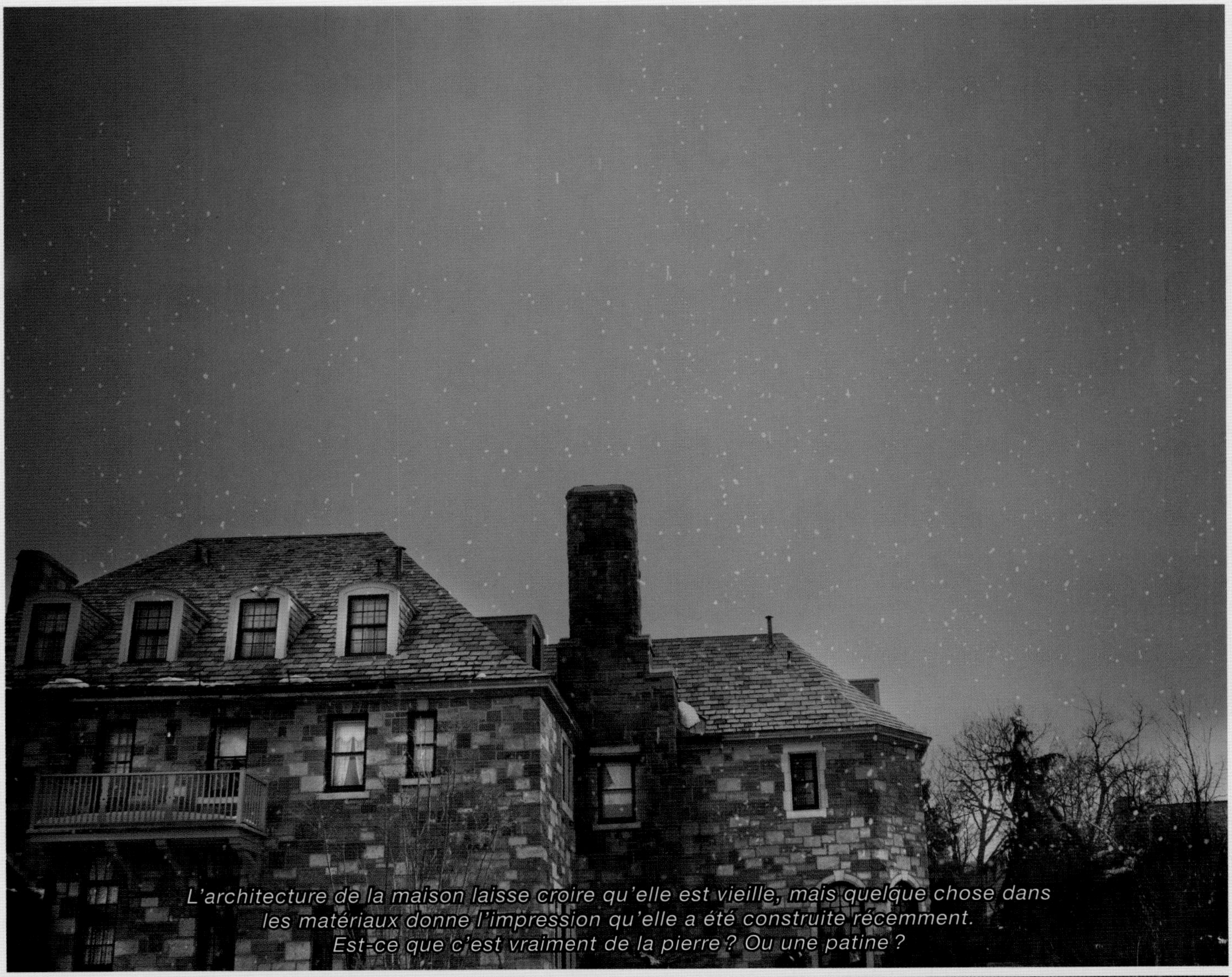
L'architecture de la maison laisse croire qu'elle est vieille, mais quelque chose dans
les matériaux donne l'impression qu'elle a été construite récemment.
Est-ce que c'est vraiment de la pierre ? Ou une patine ?

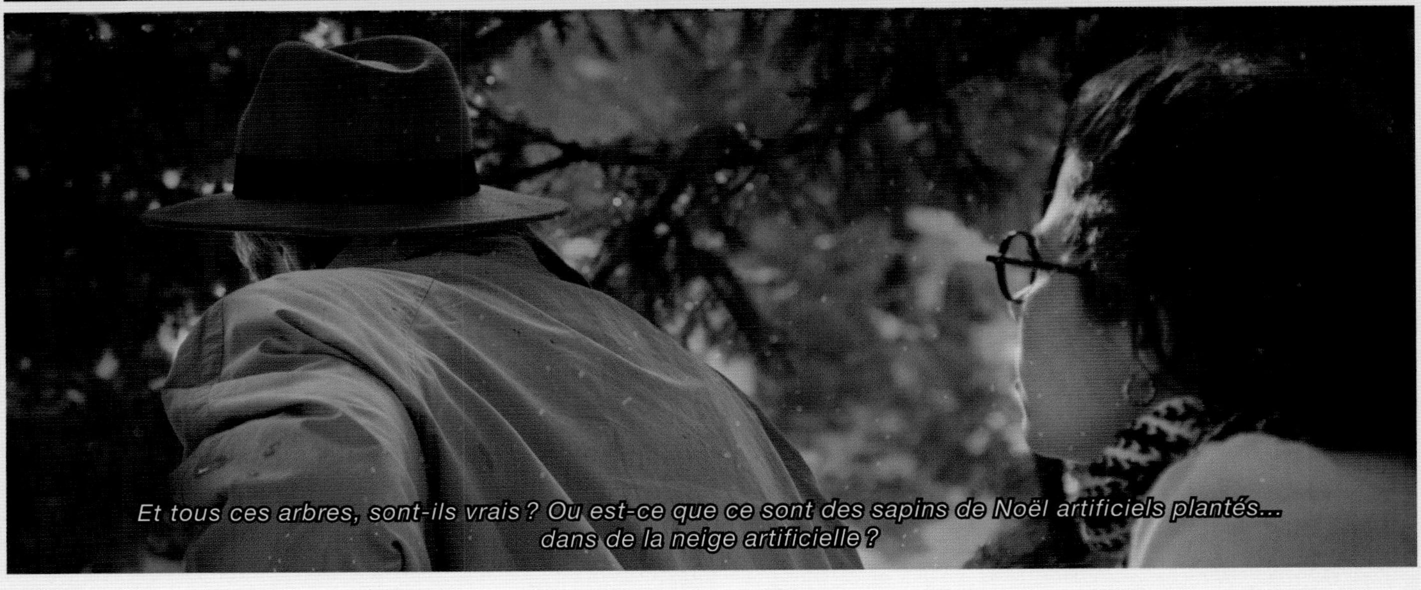
Et tous ces arbres, sont-ils vrais ? Ou est-ce que ce sont des sapins de Noël artificiels plantés...
dans de la neige artificielle ?

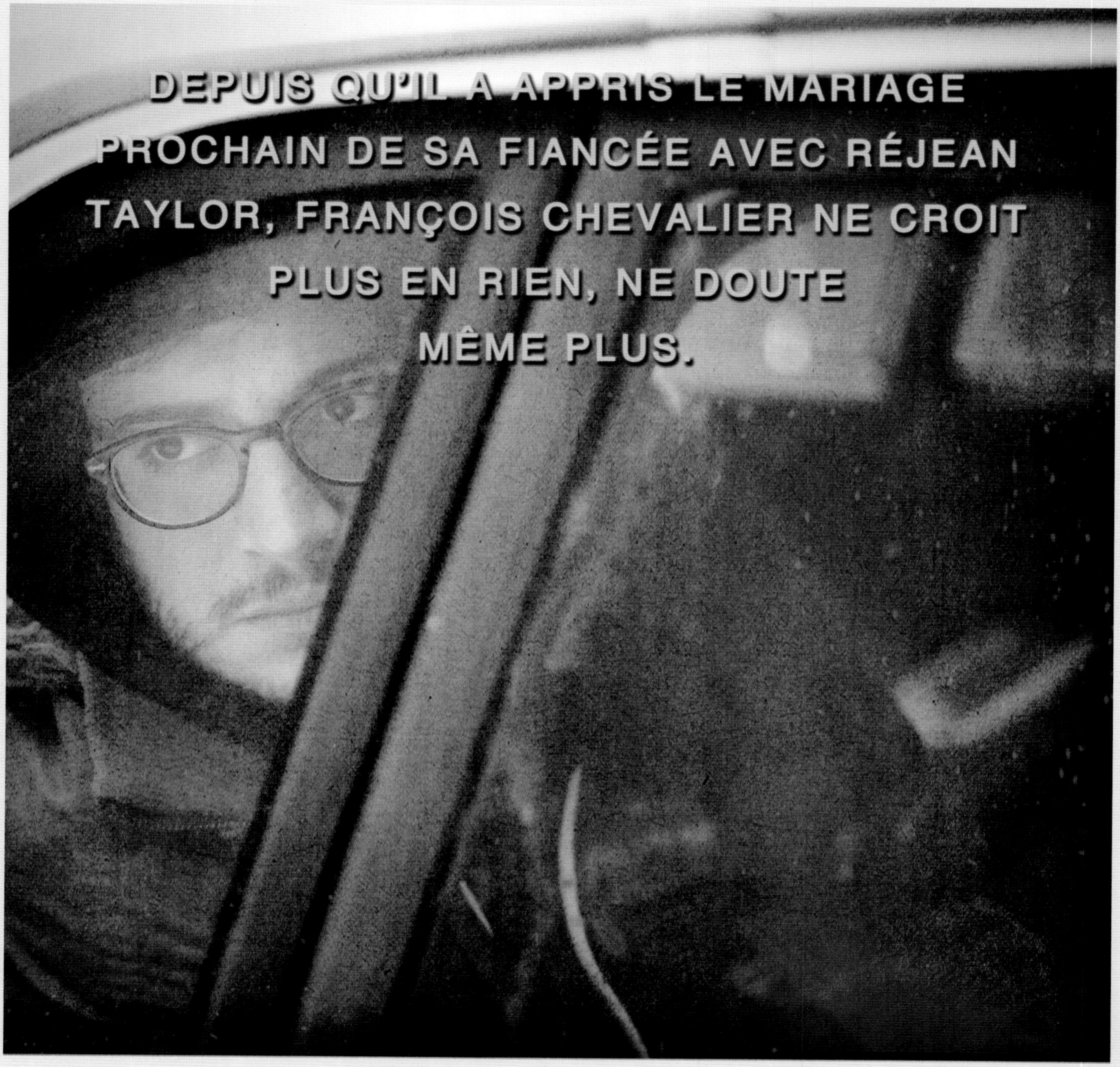
DEPUIS QU'IL A APPRIS LE MARIAGE PROCHAIN DE SA FIANCÉE AVEC RÉJEAN TAYLOR, FRANÇOIS CHEVALIER NE CROIT PLUS EN RIEN, NE DOUTE MÊME PLUS.

– Tu nous entends ?

– Cinq sur cinq.

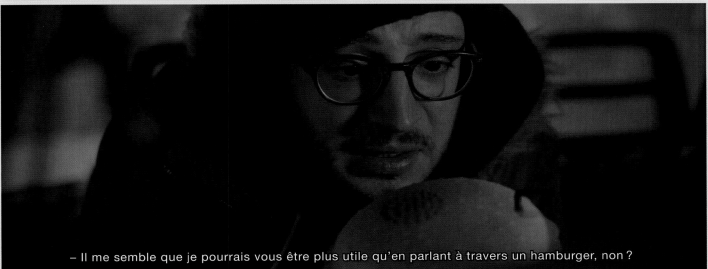

– Il me semble que je pourrais vous être plus utile qu'en parlant à travers un hamburger, non ?

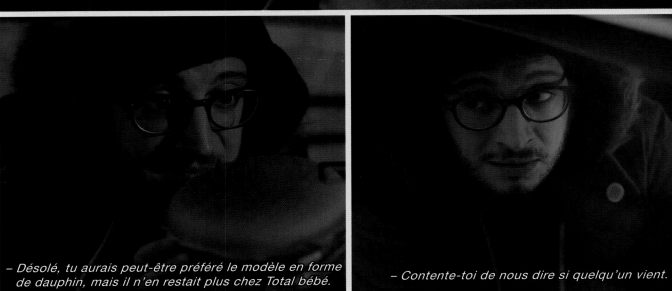

– Désolé, tu aurais peut-être préféré le modèle en forme de dauphin, mais il n'en restait plus chez Total bébé.

– Contente-toi de nous dire si quelqu'un vient.

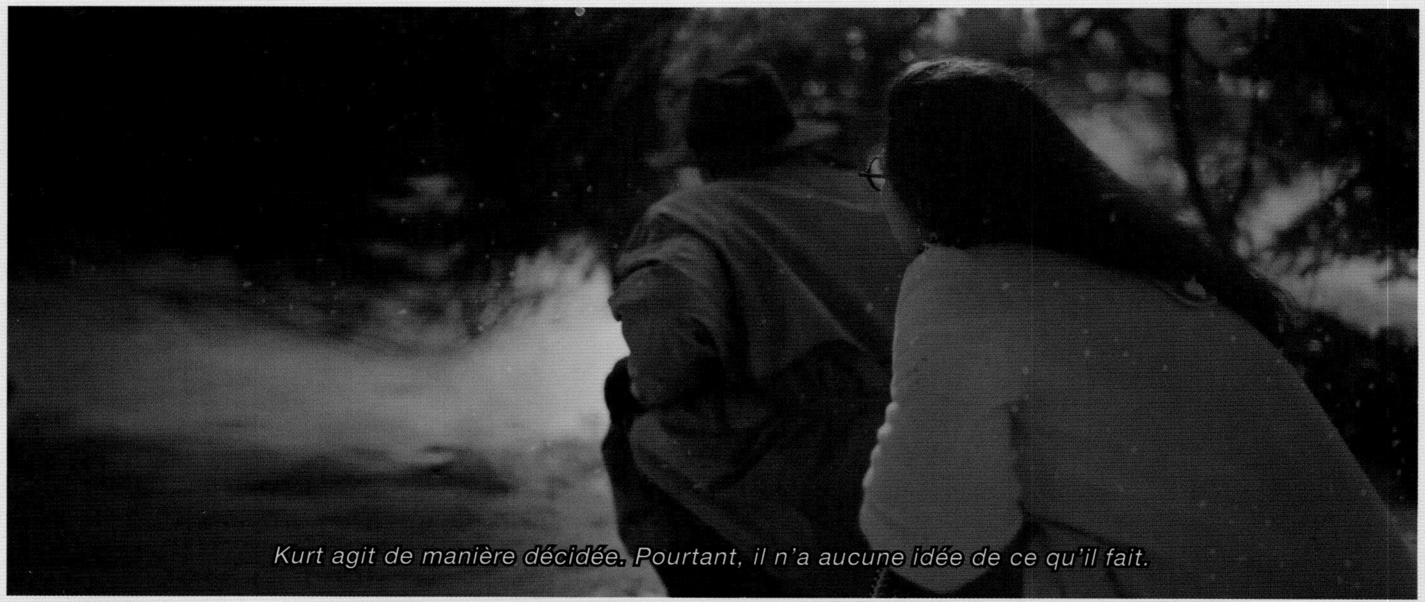
Kurt agit de manière décidée. Pourtant, il n'a aucune idée de ce qu'il fait.

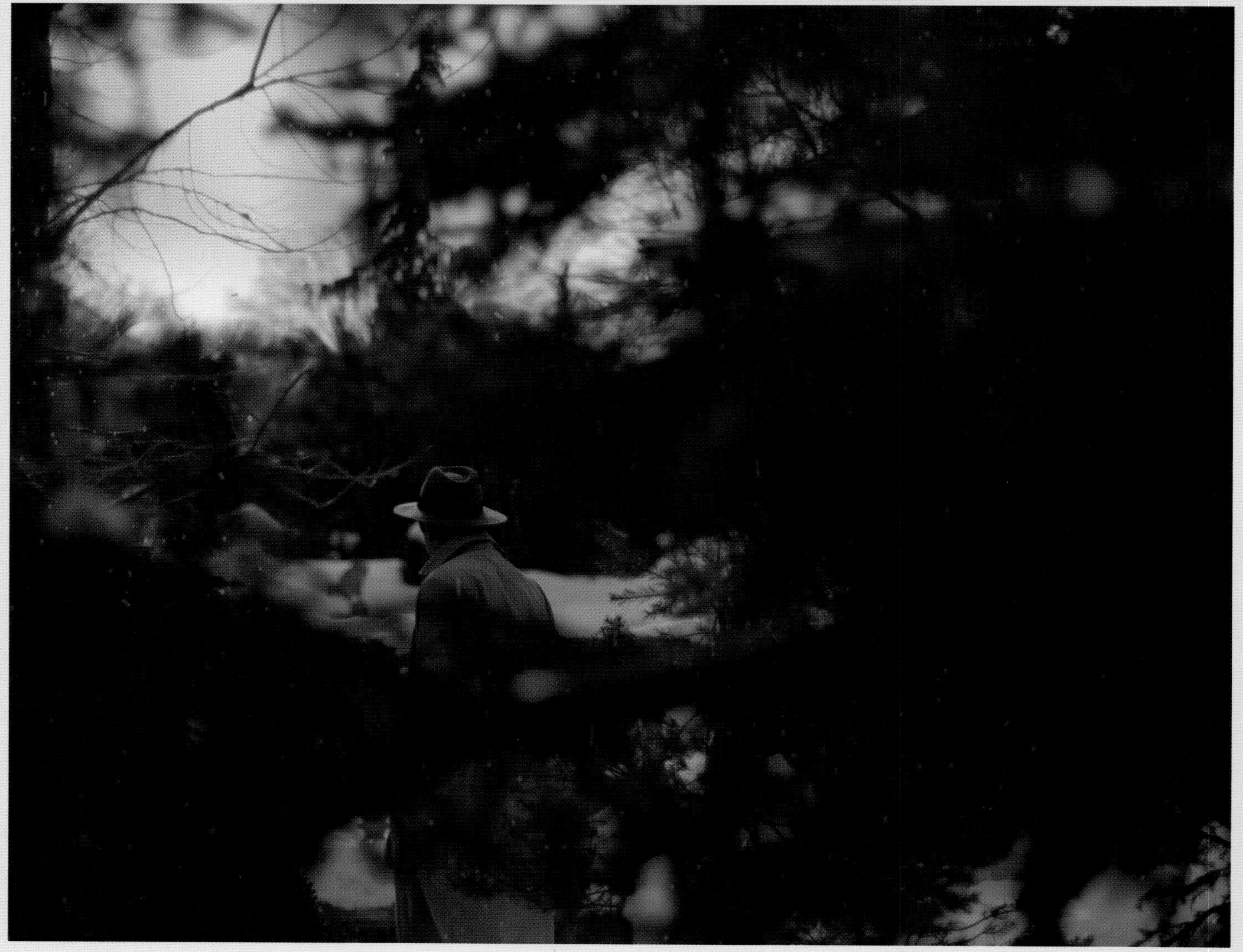

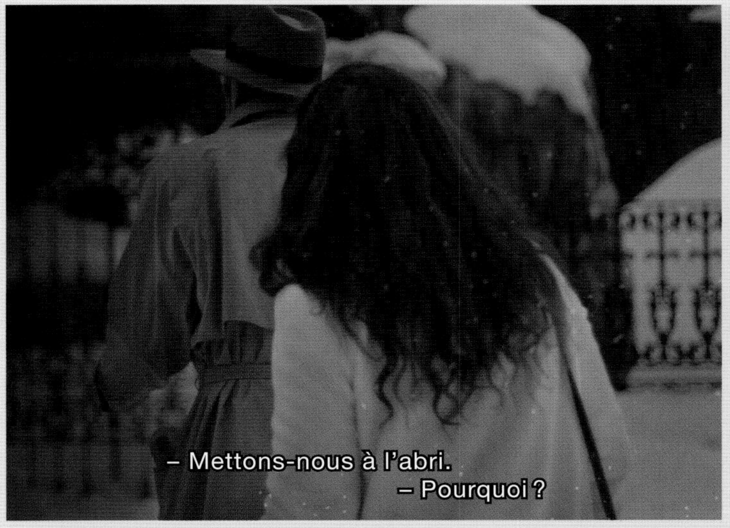
– Mettons-nous à l'abri.
– Pourquoi ?

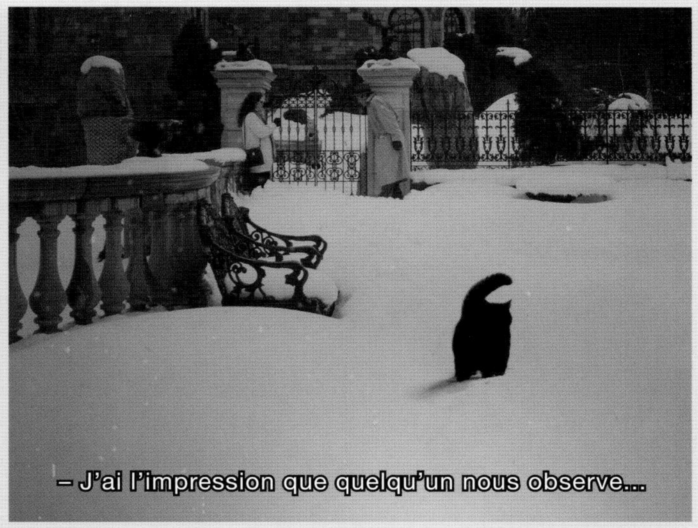
– J'ai l'impression que quelqu'un nous observe...

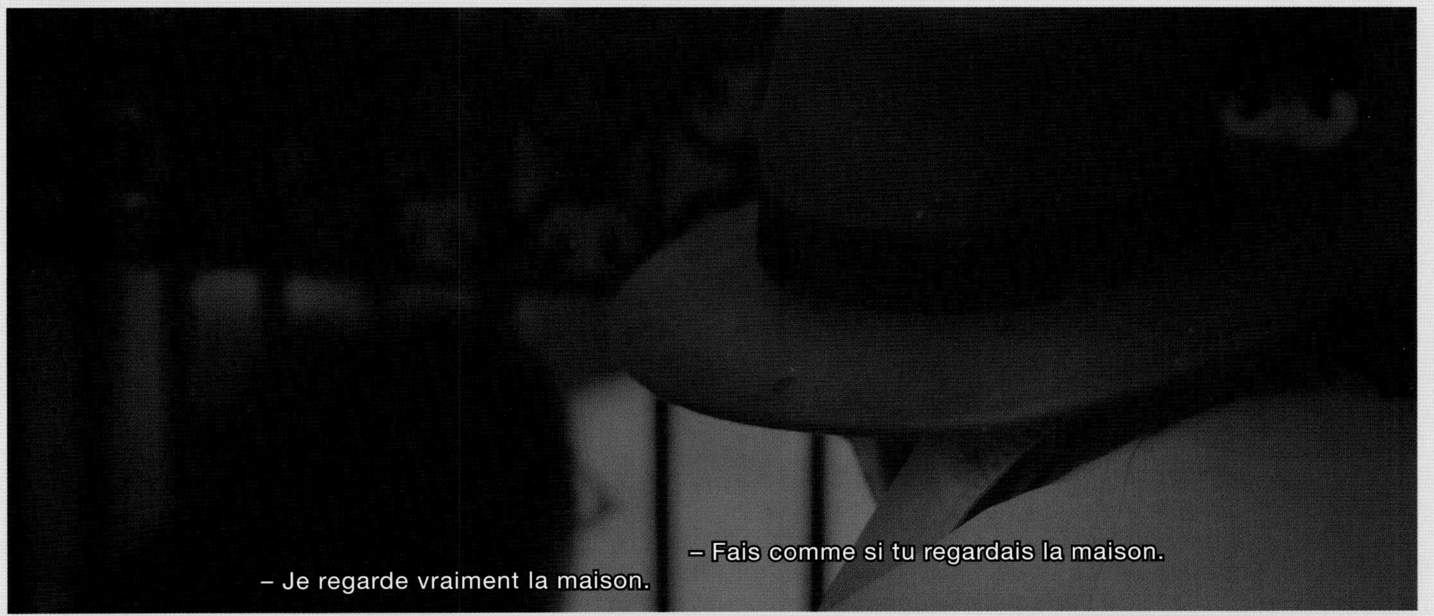
– Fais comme si tu regardais la maison.
– Je regarde vraiment la maison.

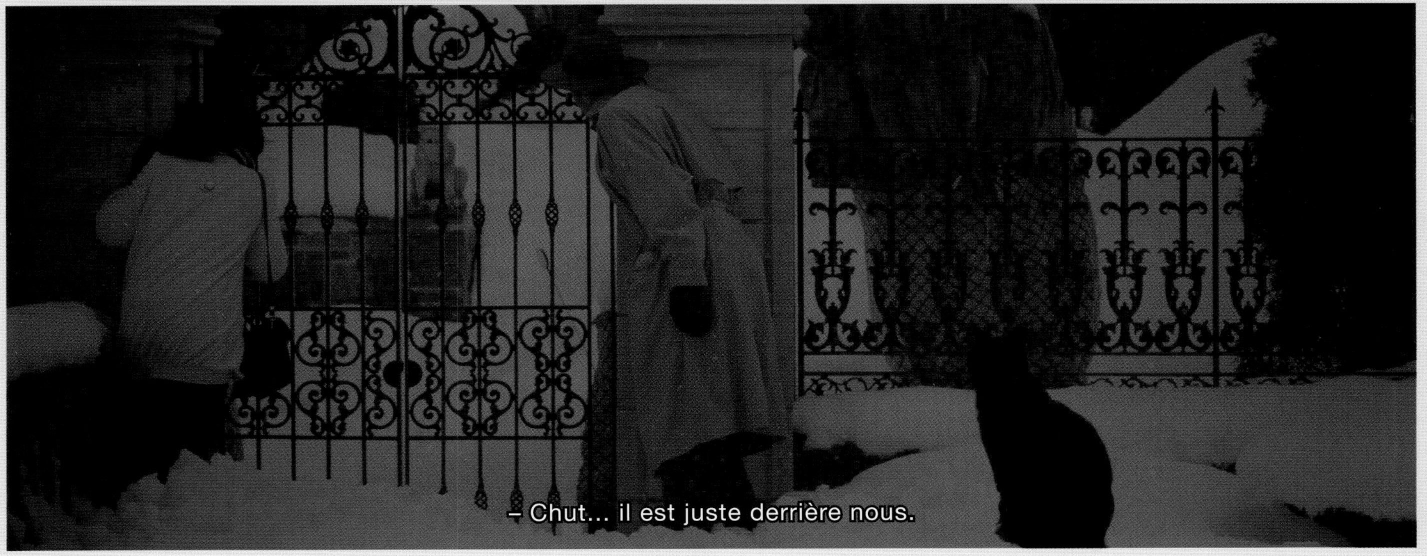
– Chut... il est juste derrière nous.

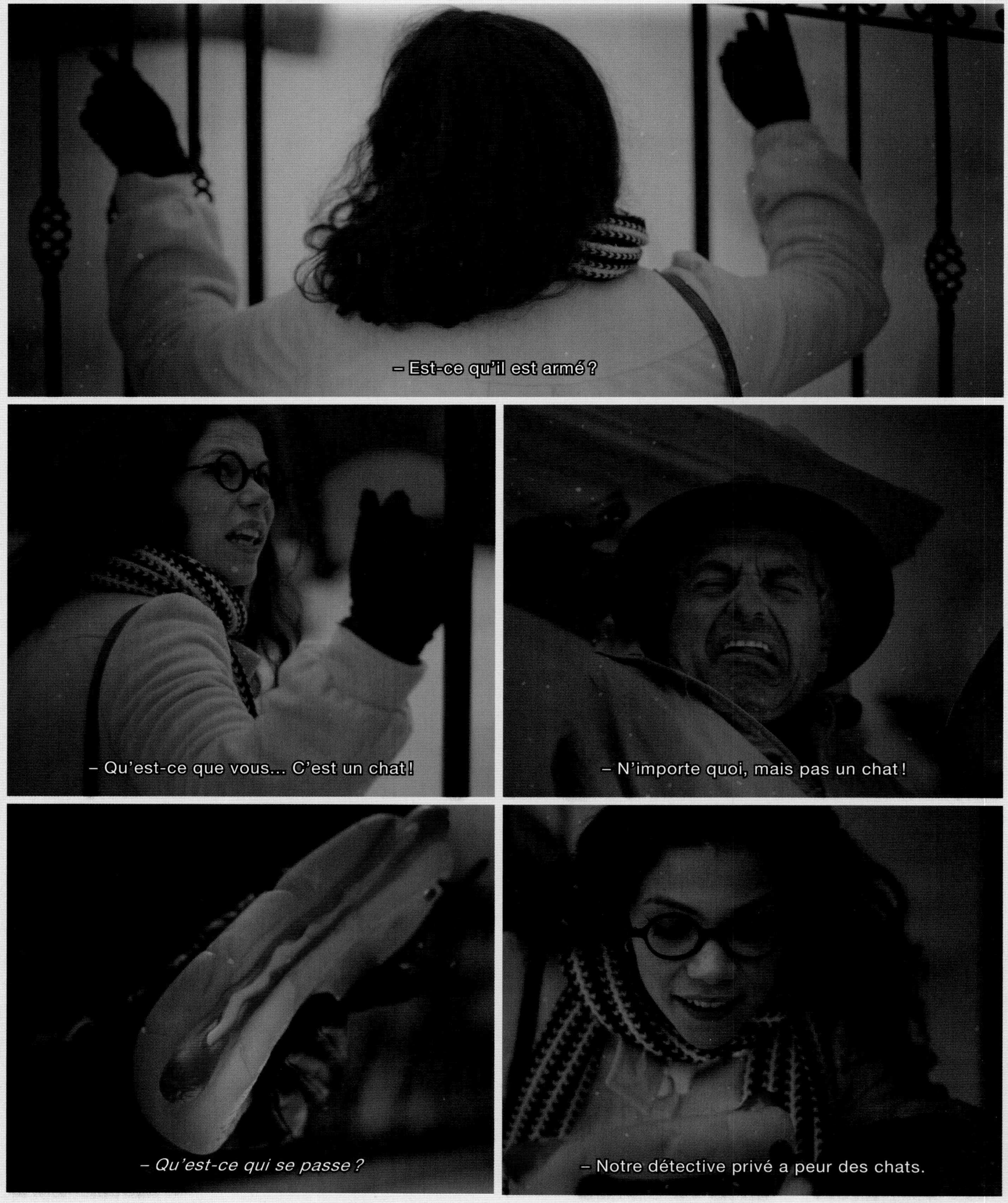
– Est-ce qu'il est armé ?
– Qu'est-ce que vous... C'est un chat !
– N'importe quoi, mais pas un chat !
– Qu'est-ce qui se passe ?
– Notre détective privé a peur des chats.

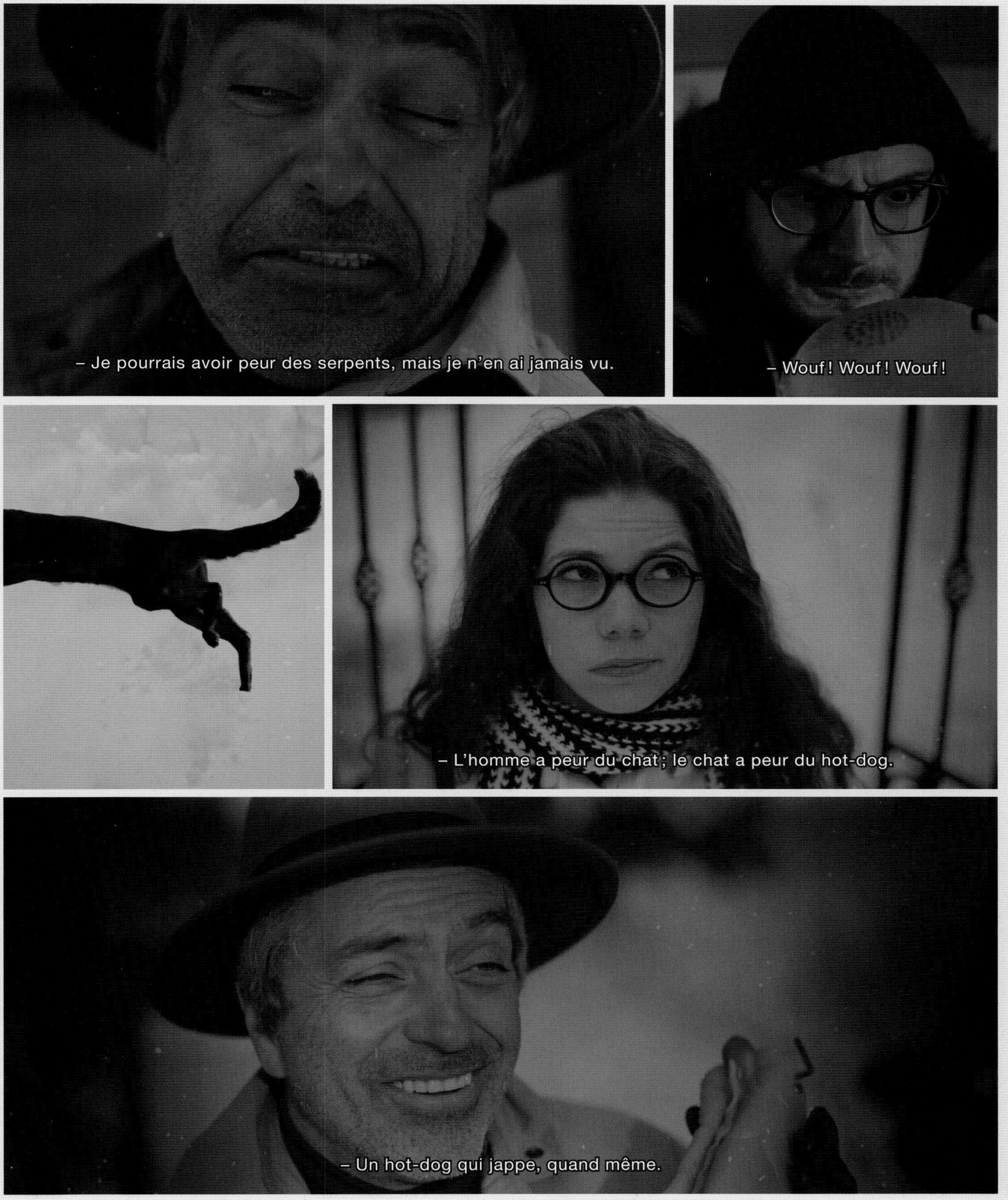
– Je pourrais avoir peur des serpents, mais je n’en ai jamais vu.
– Wouf ! Wouf ! Wouf !
– L’homme a peur du chat ; le chat a peur du hot-dog.
– Un hot-dog qui jappe, quand même.

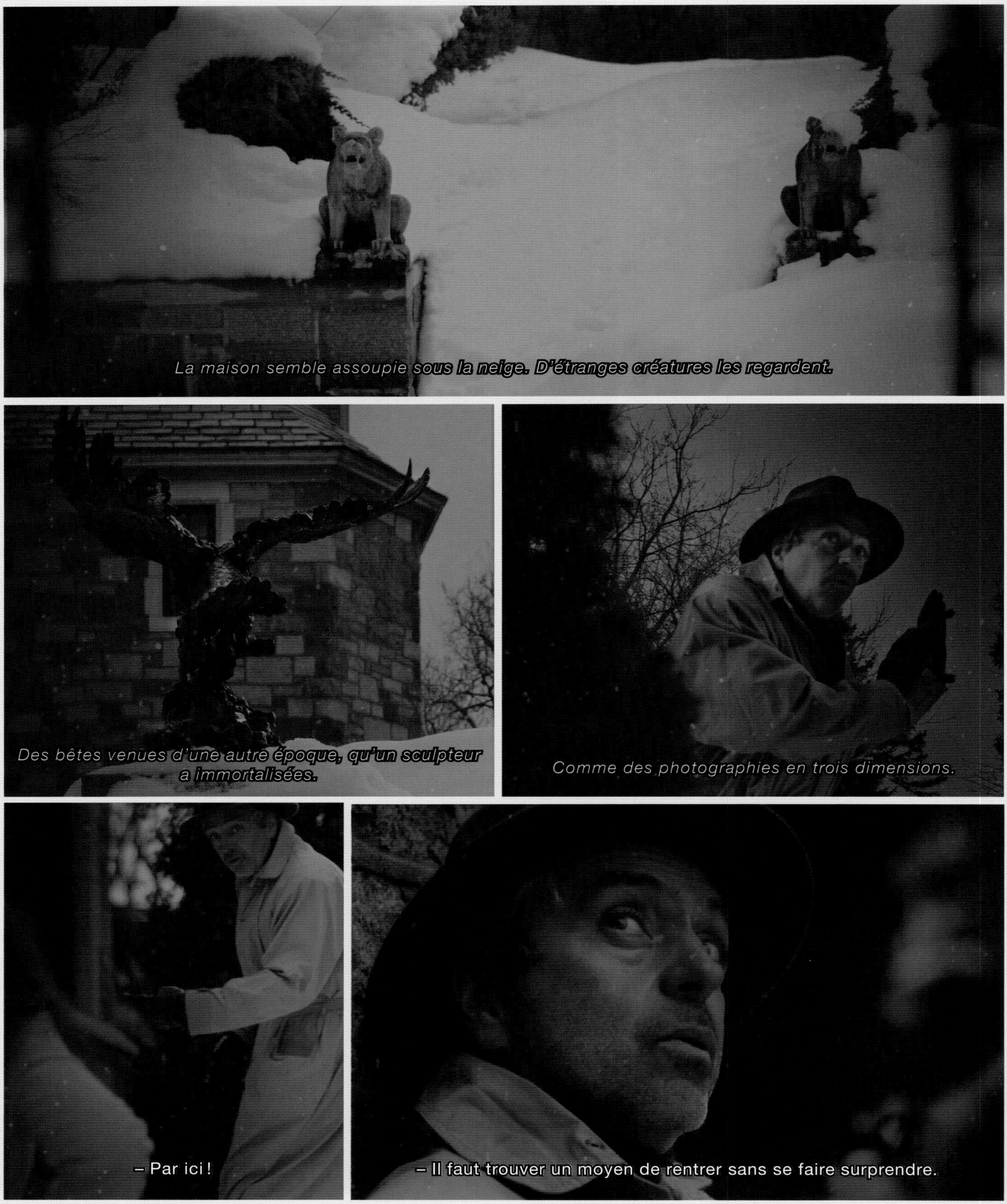
La maison semble assoupie sous la neige. D'étranges créatures les regardent.
Des bêtes venues d'une autre époque, qu'un sculpteur a immortalisées.
Comme des photographies en trois dimensions.
– Par ici !
– Il faut trouver un moyen de rentrer sans se faire surprendre.

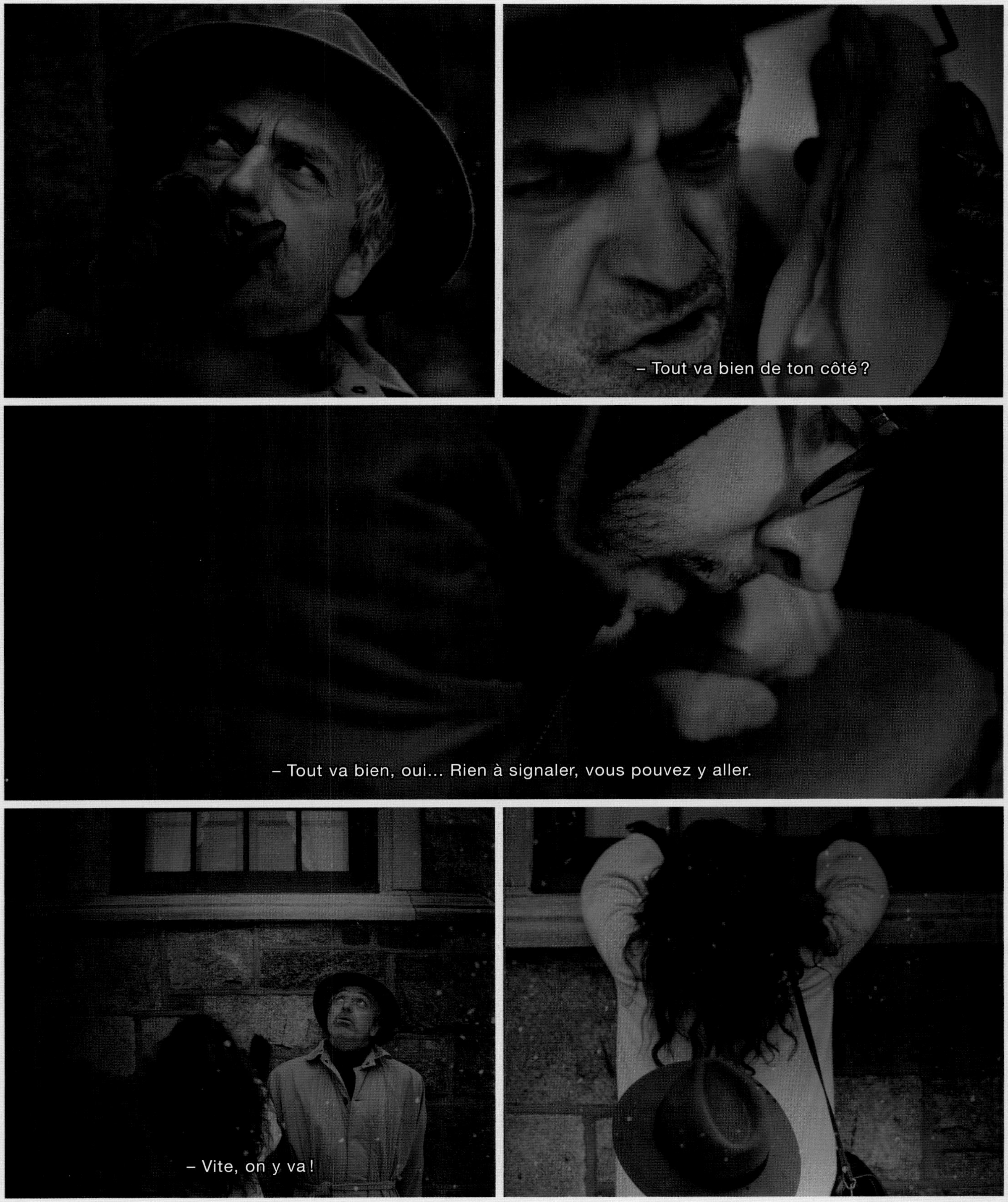
– Tout va bien de ton côté ?
– Tout va bien, oui... Rien à signaler, vous pouvez y aller.
– Vite, on y va !

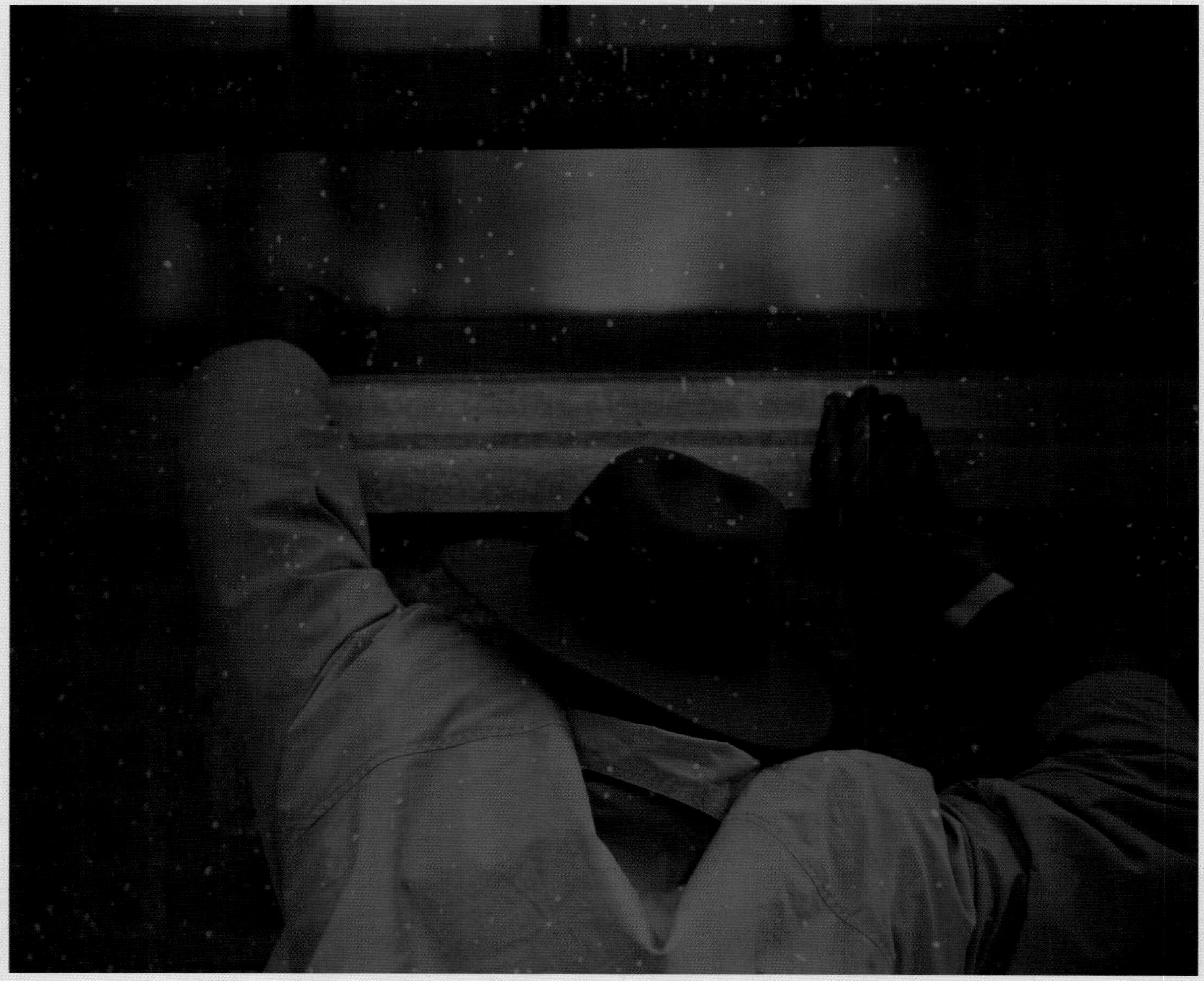

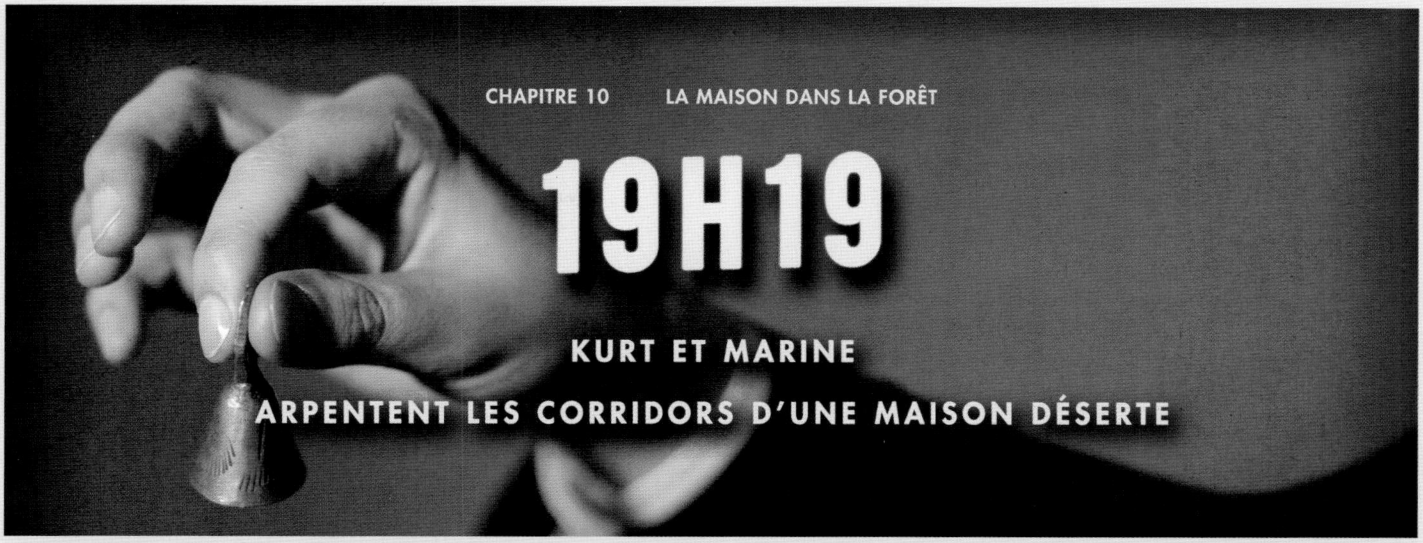
CHAPITRE 10 LA MAISON DANS LA FORÊT
19H19
KURT ET MARINE
ARPENTENT LES CORRIDORS D'UNE MAISON DÉSERTE

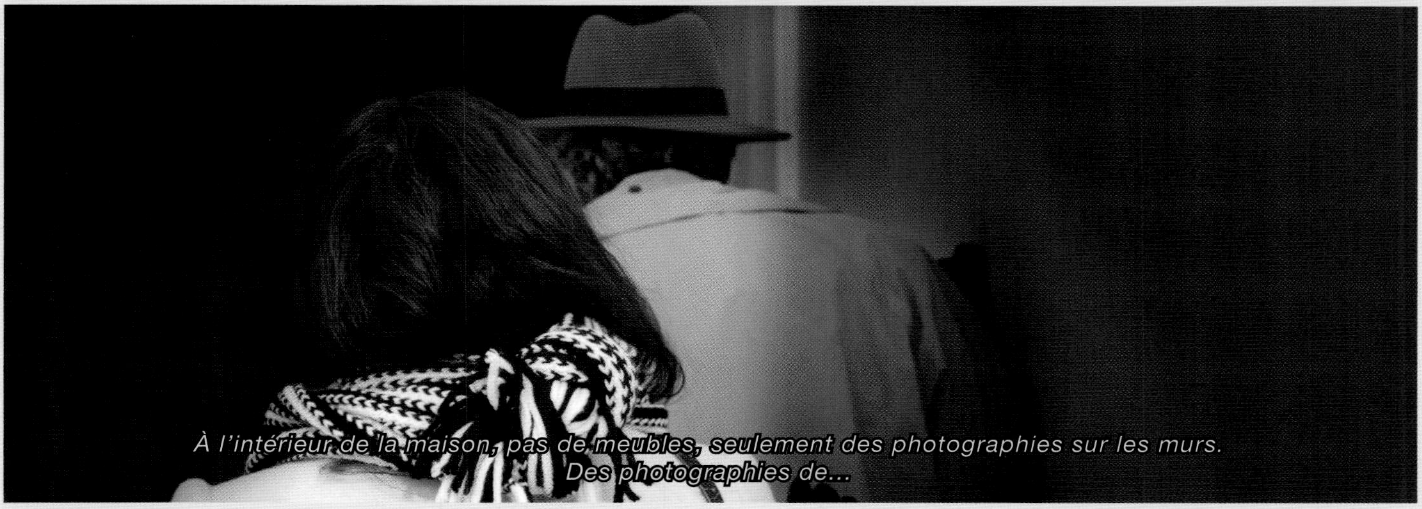
À l'intérieur de la maison, pas de meubles, seulement des photographies sur les murs.
Des photographies de...

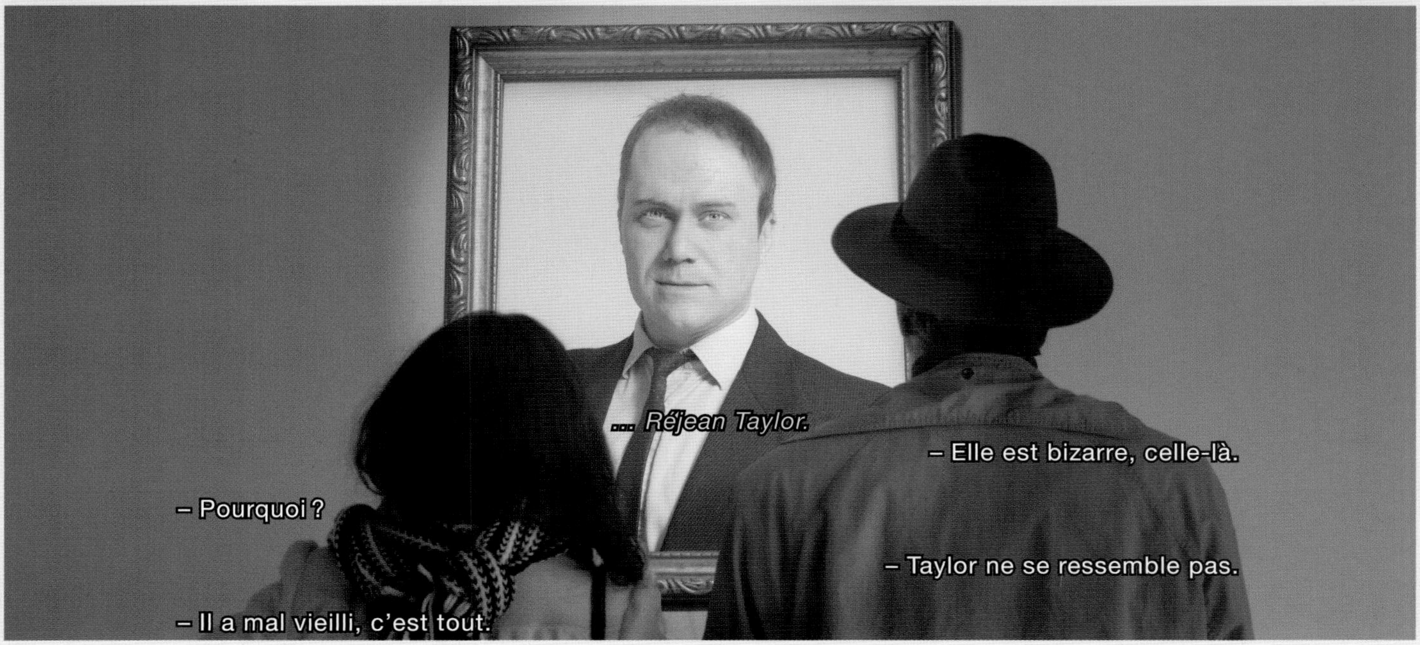
... Réjean Taylor.
– Elle est bizarre, celle-là.
– Pourquoi ?
– Taylor ne se ressemble pas.
– Il a mal vieilli, c'est tout.

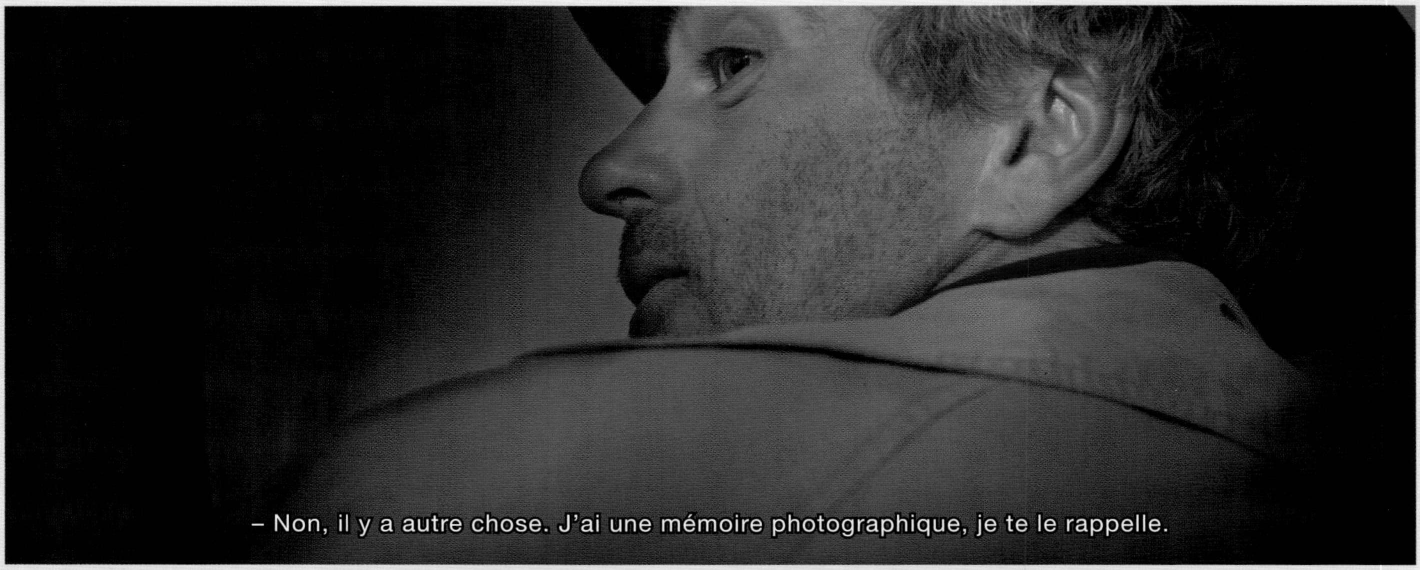
– Non, il y a autre chose. J’ai une mémoire photographique, je te le rappelle.

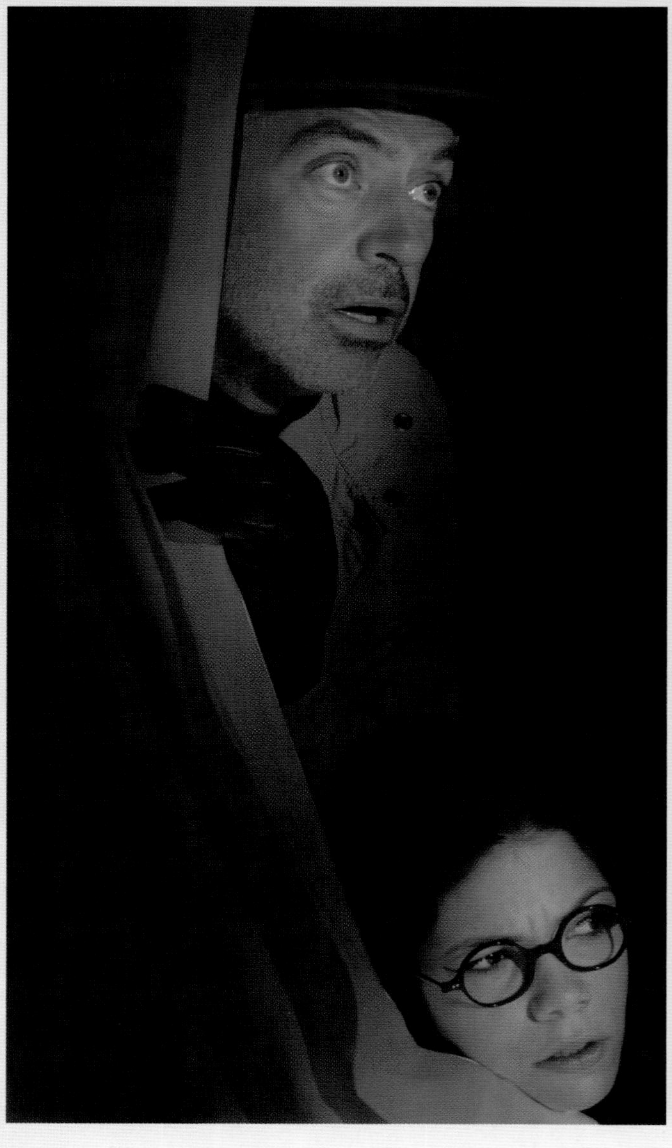

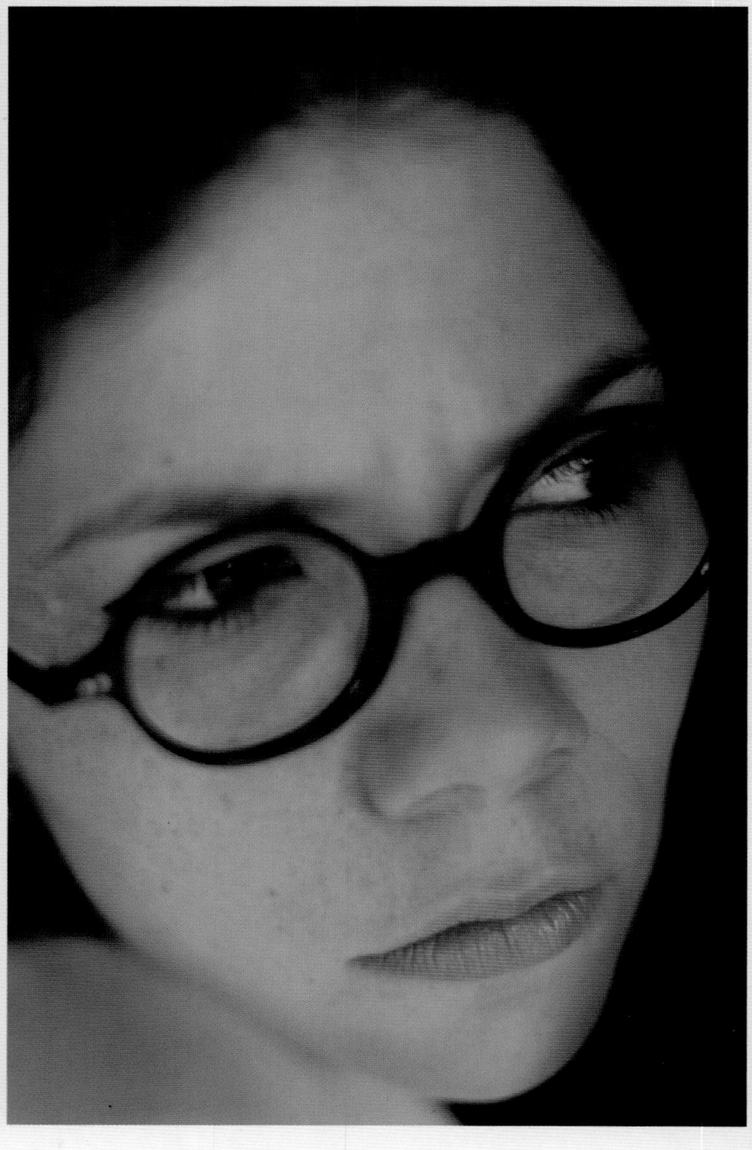

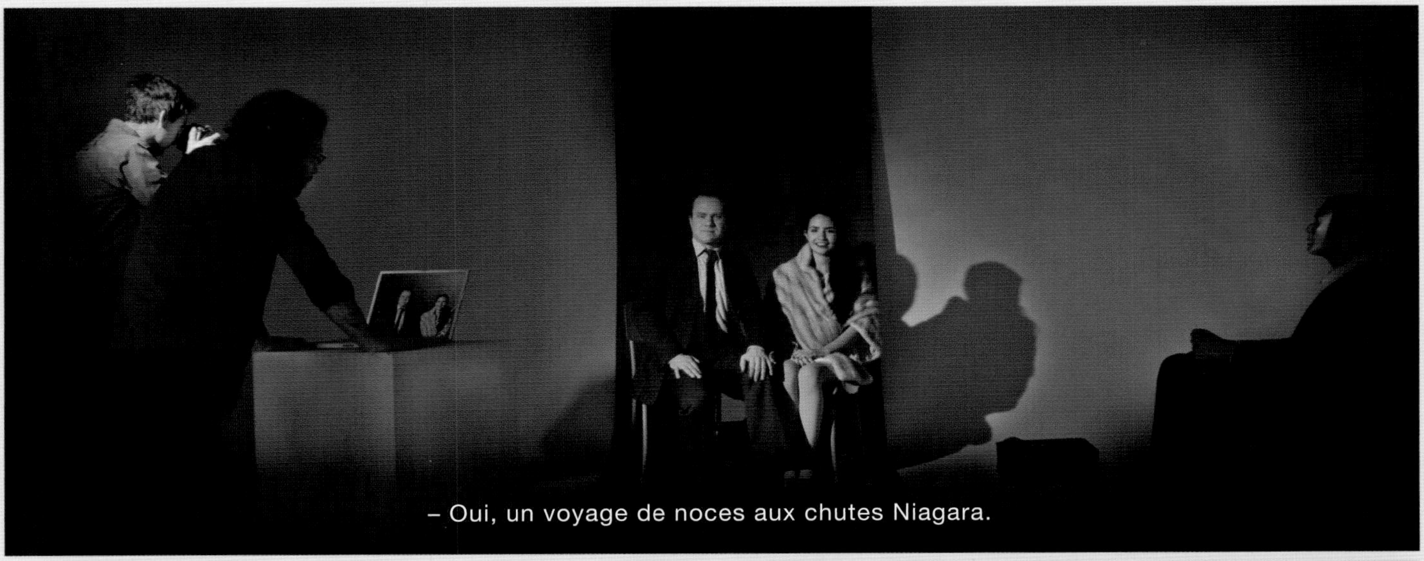
– Oui, un voyage de noces aux chutes Niagara.

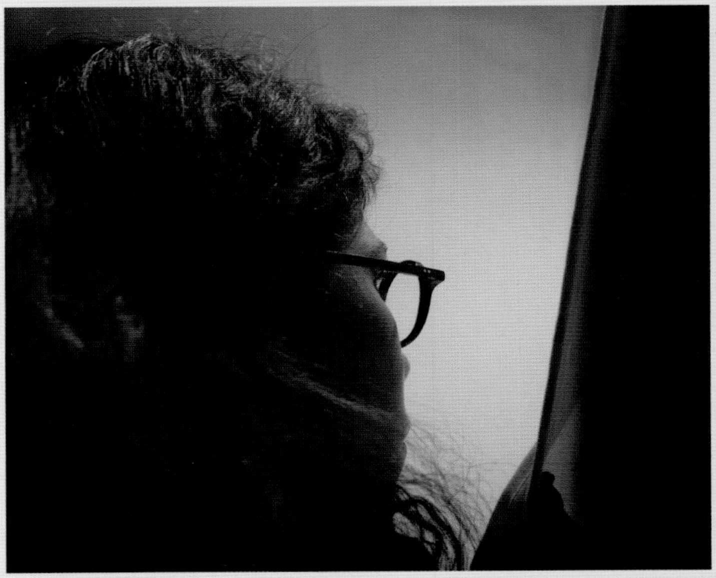

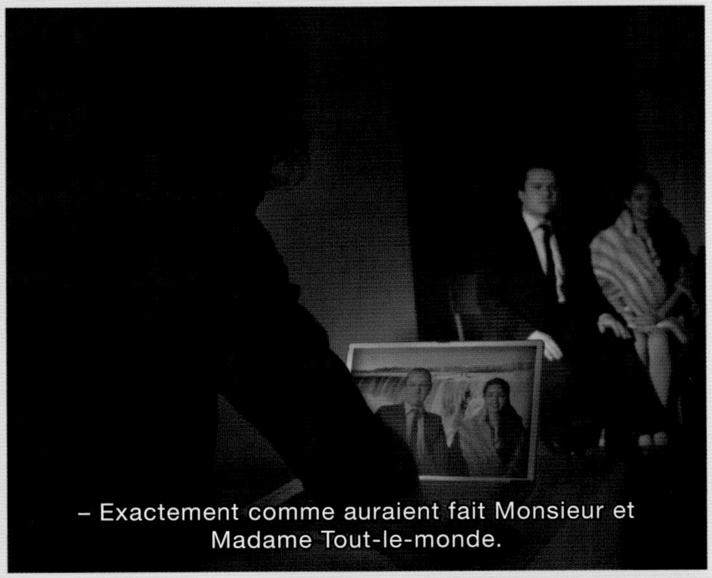
– Exactement comme auraient fait Monsieur et
Madame Tout-le-monde.

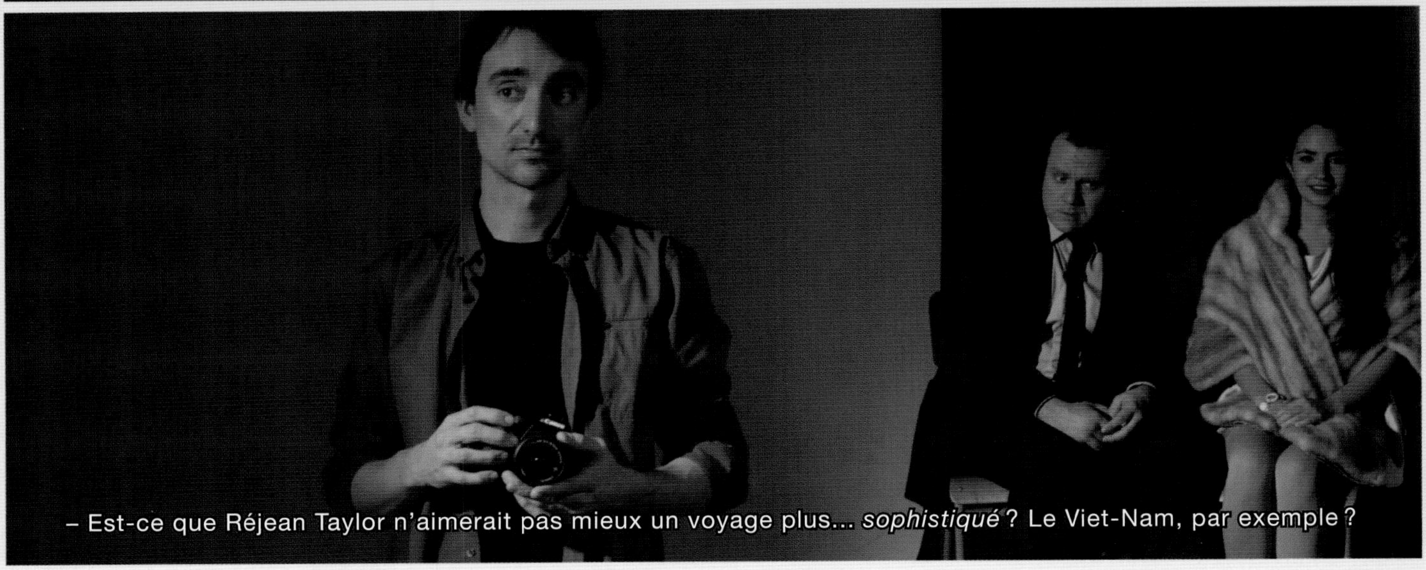
– Est-ce que Réjean Taylor n'aimerait pas mieux un voyage plus... *sophistiqué* ? Le Viet-Nam, par exemple ?

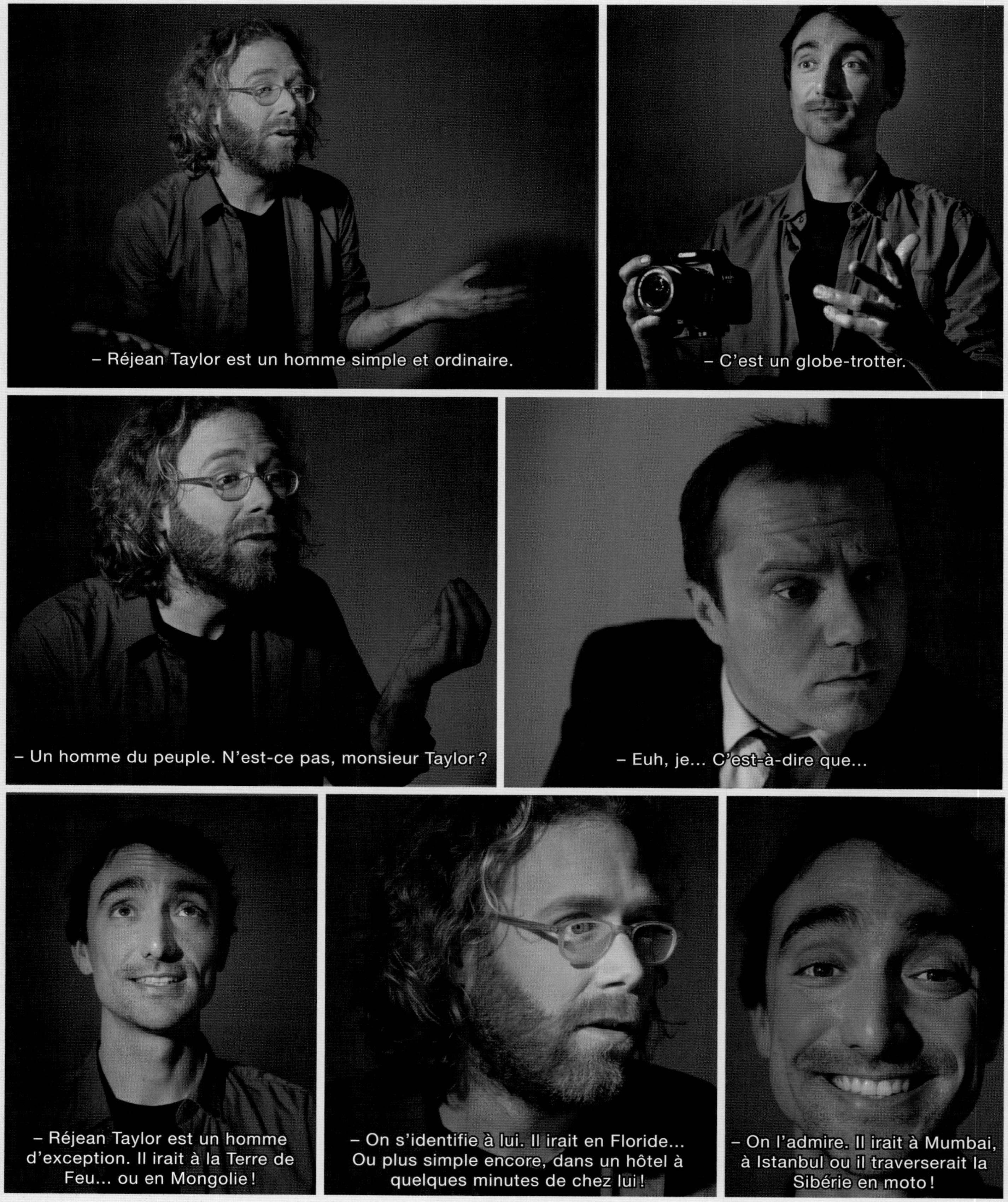
– Réjean Taylor est un homme simple et ordinaire.
– C’est un globe-trotter.
– Un homme du peuple. N’est-ce pas, monsieur Taylor ?
– Euh, je… C’est-à-dire que…
– Réjean Taylor est un homme d’exception. Il irait à la Terre de Feu… ou en Mongolie !
– On s’identifie à lui. Il irait en Floride… Ou plus simple encore, dans un hôtel à quelques minutes de chez lui !
– On l’admire. Il irait à Mumbai, à Istanbul ou il traverserait la Sibérie en moto !

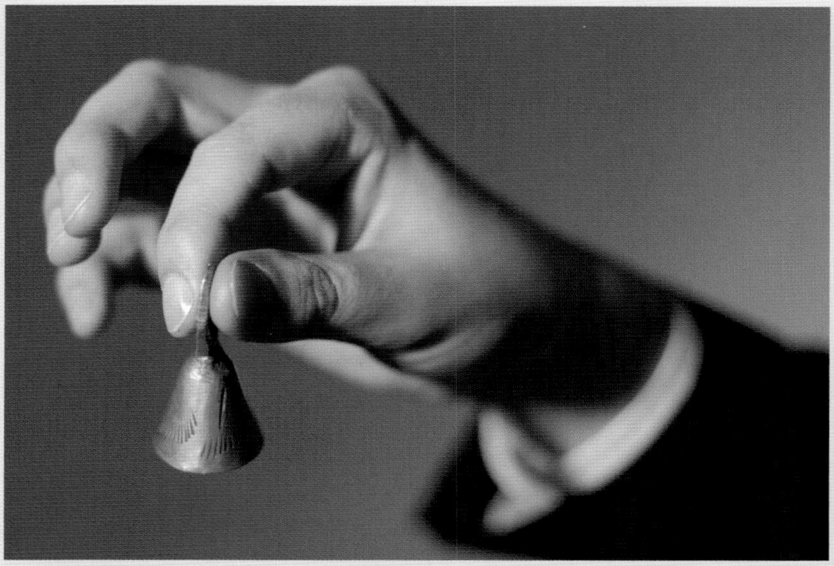

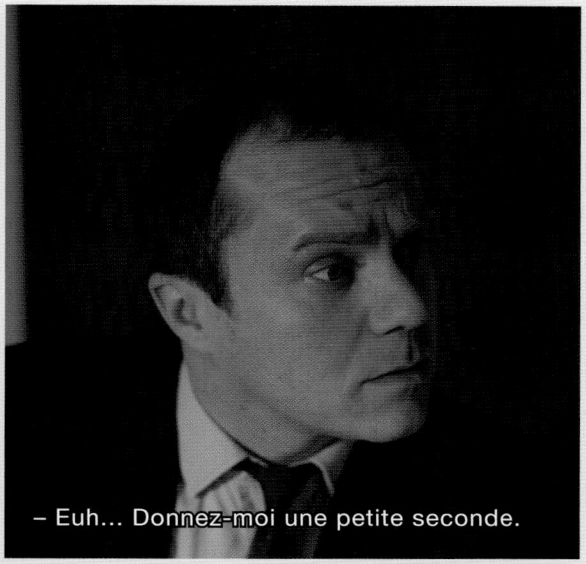
– Euh… Donnez-moi une petite seconde.

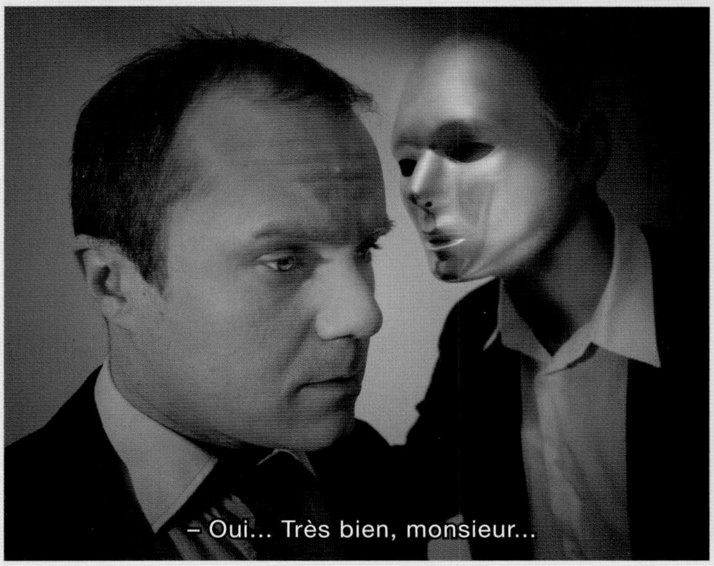
– Oui… Très bien, monsieur…

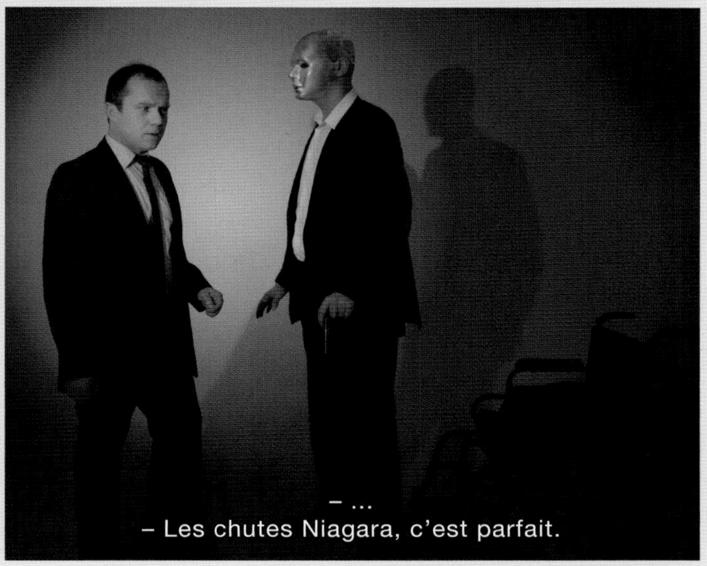
– …
– Les chutes Niagara, c'est parfait.

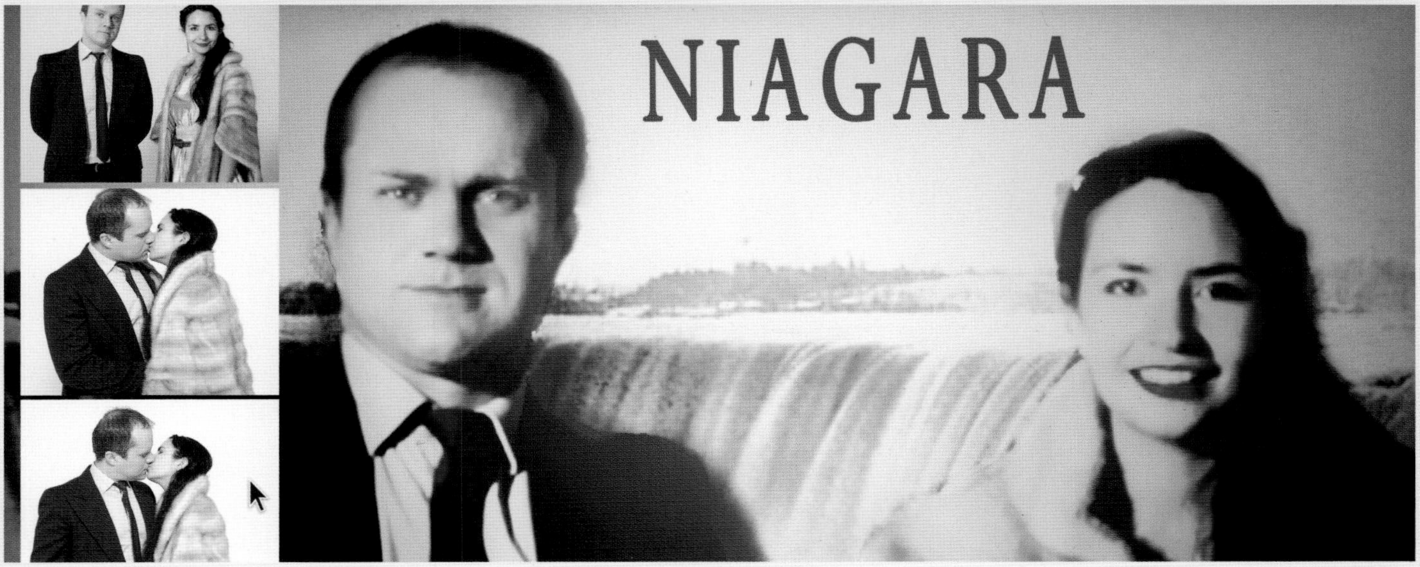
NIAGARA

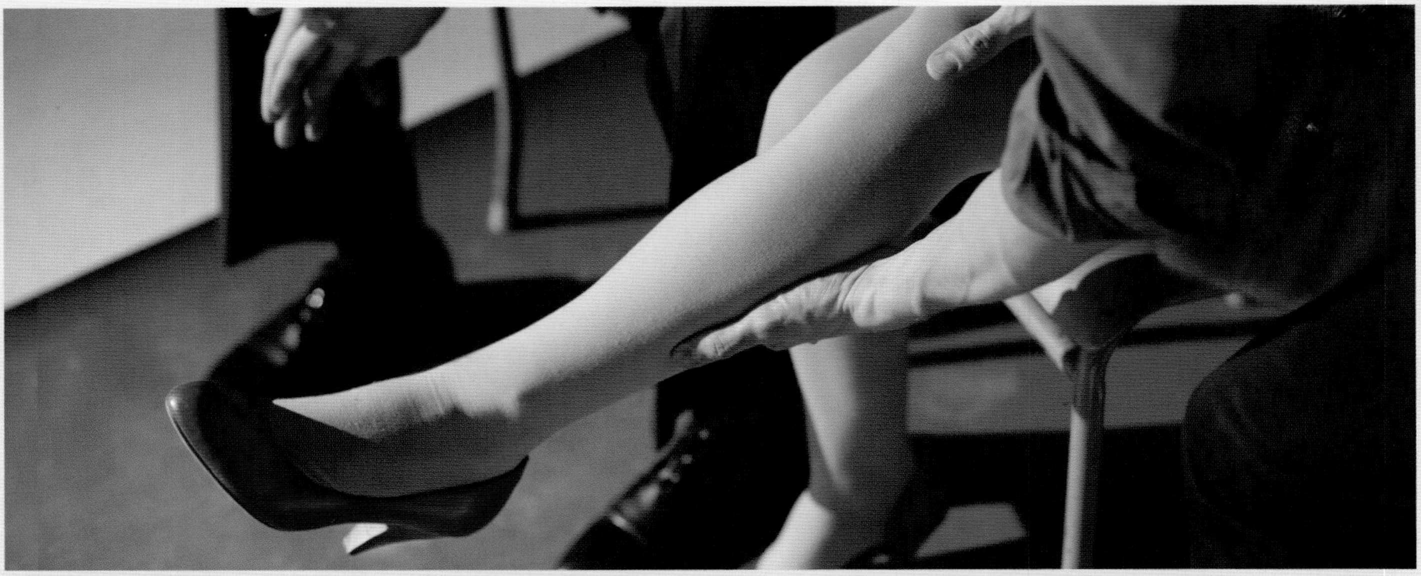

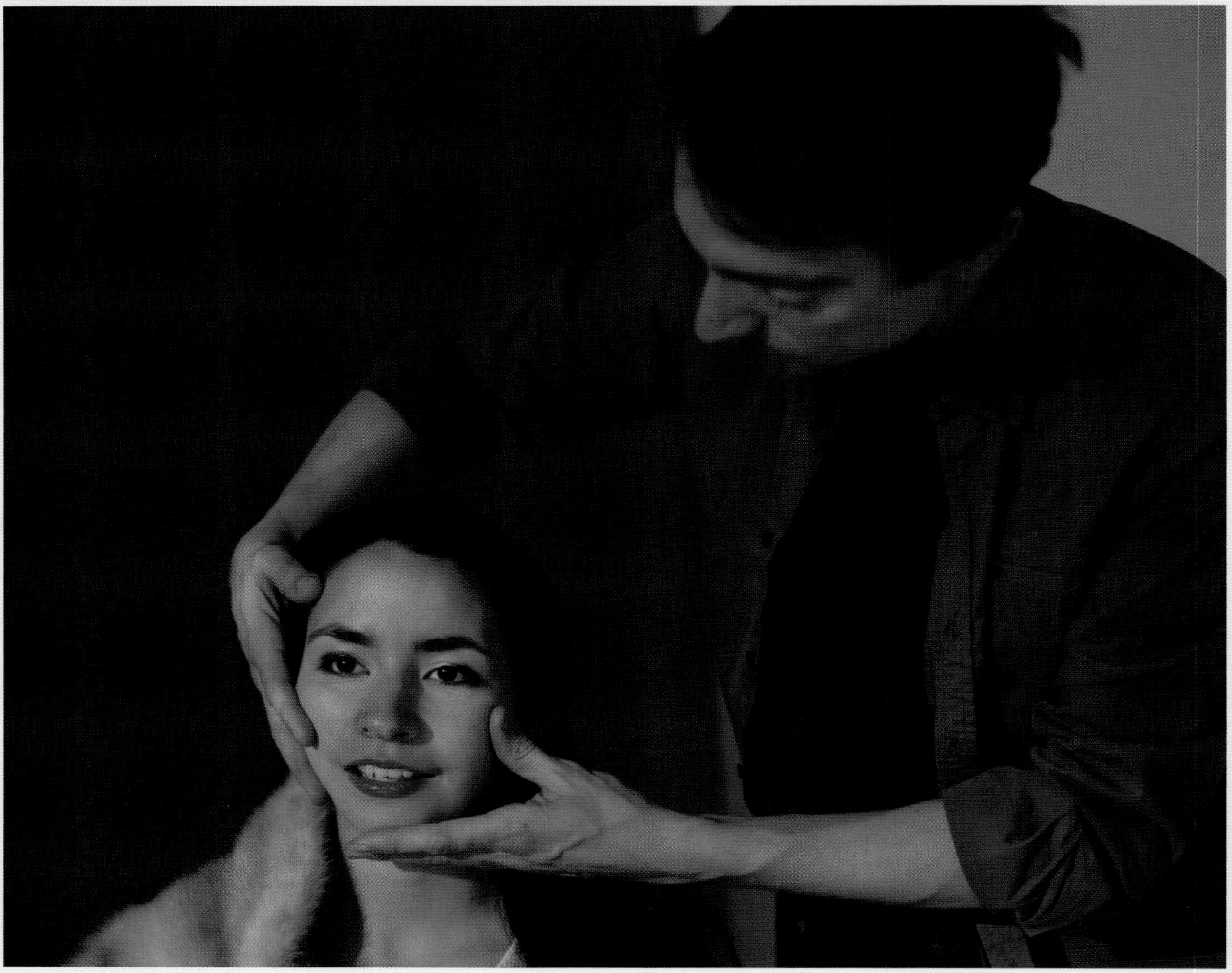

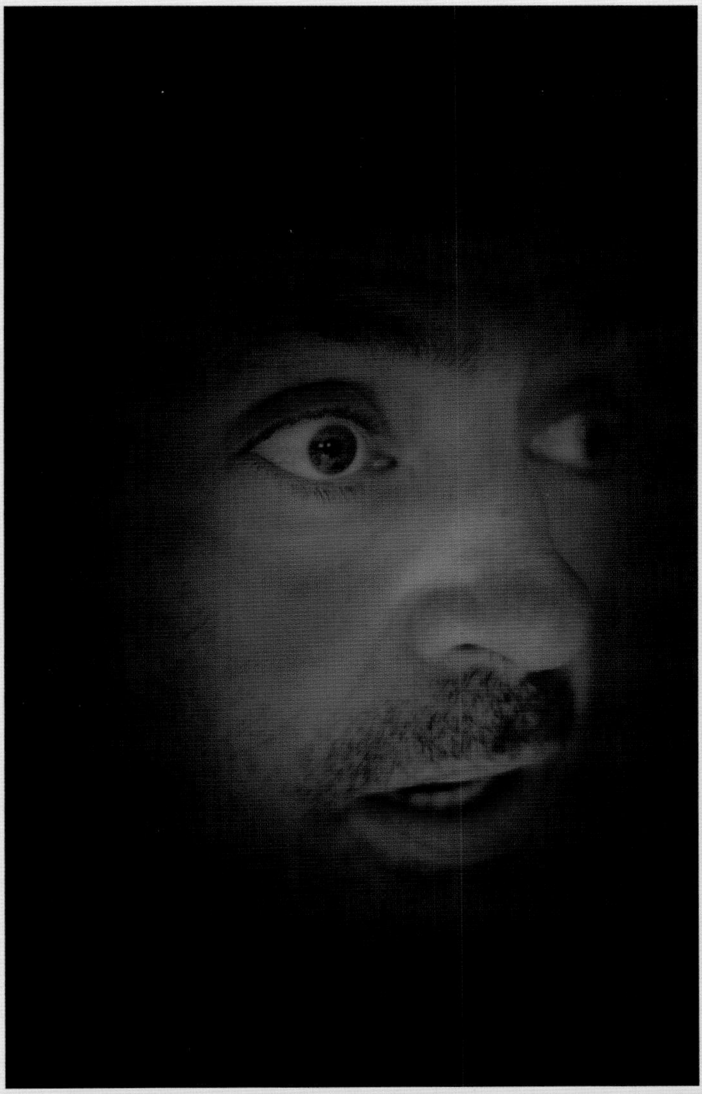

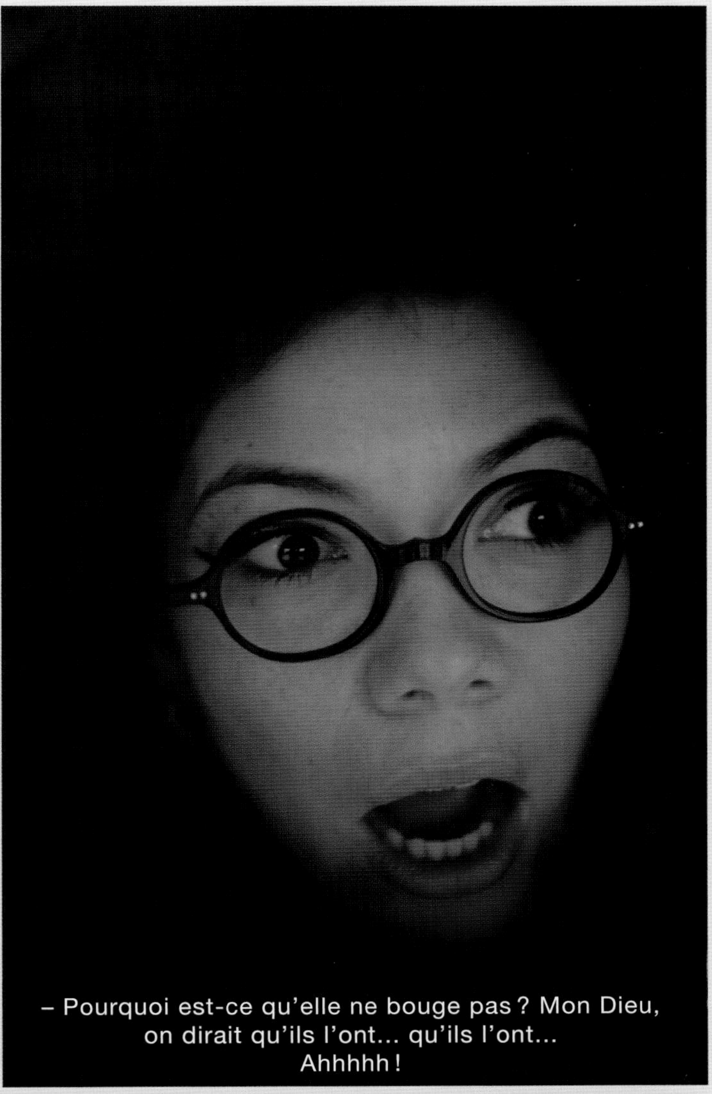
– Pourquoi est-ce qu’elle ne bouge pas ? Mon Dieu,
on dirait qu’ils l’ont… qu’ils l’ont…
Ahhhhh !

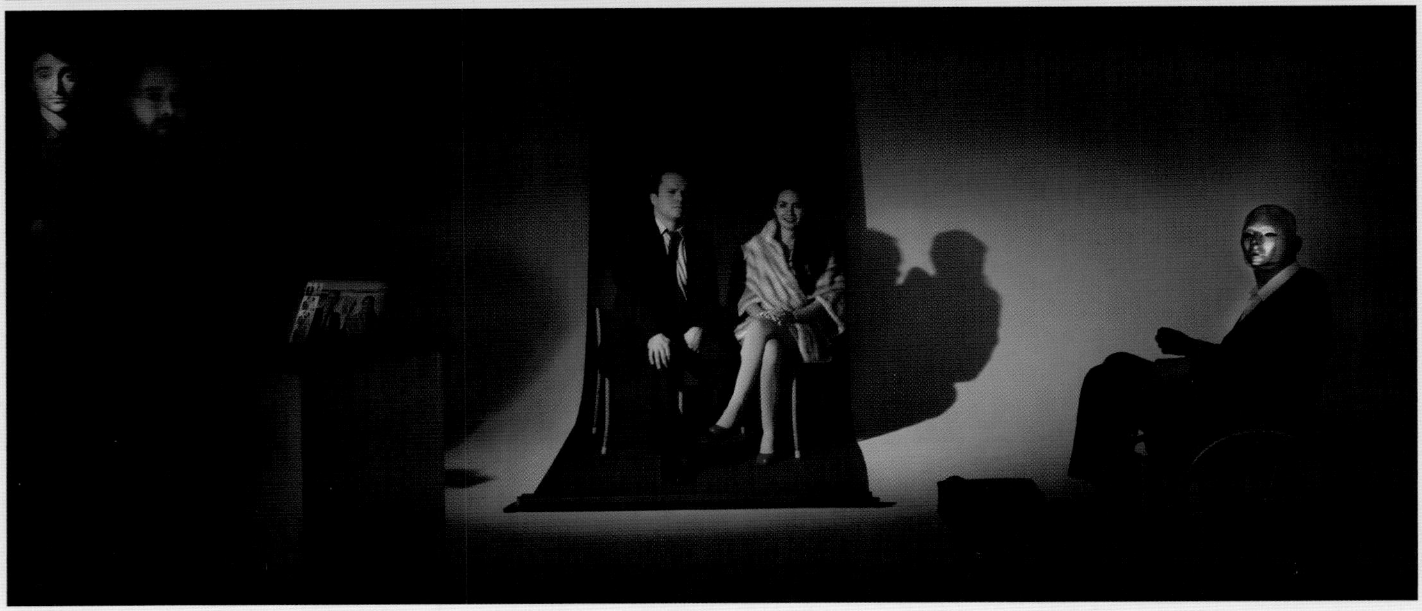

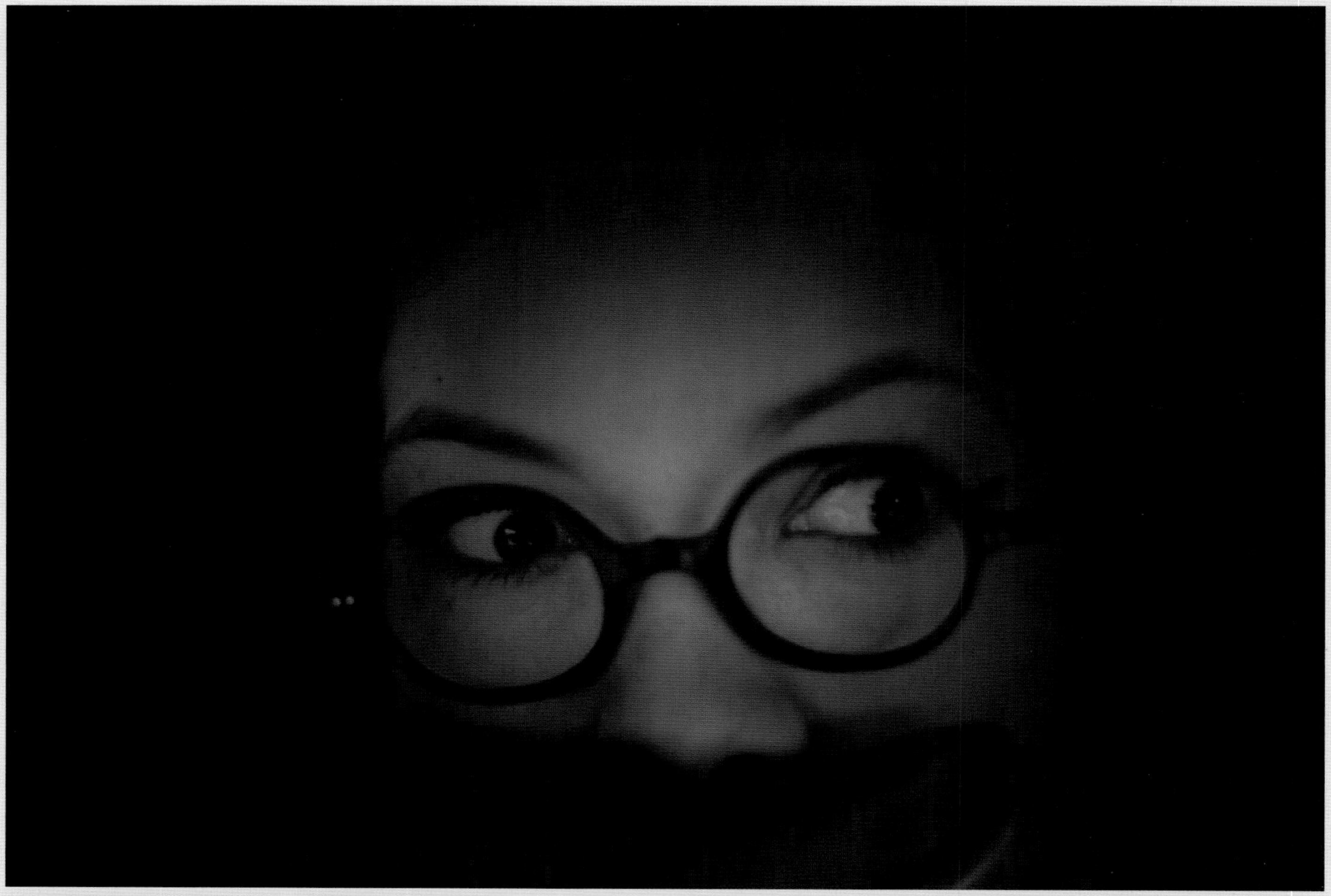

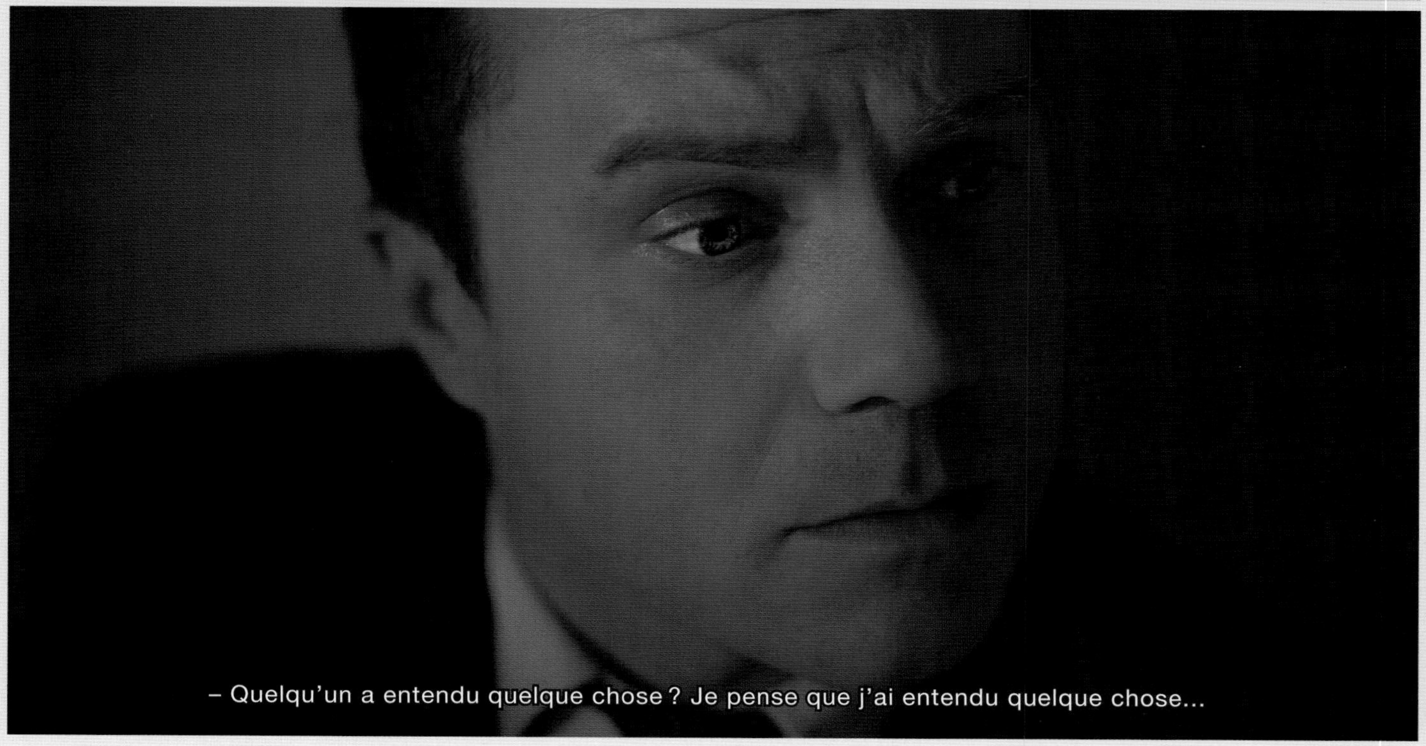
– Quelqu'un a entendu quelque chose ? Je pense que j'ai entendu quelque chose...

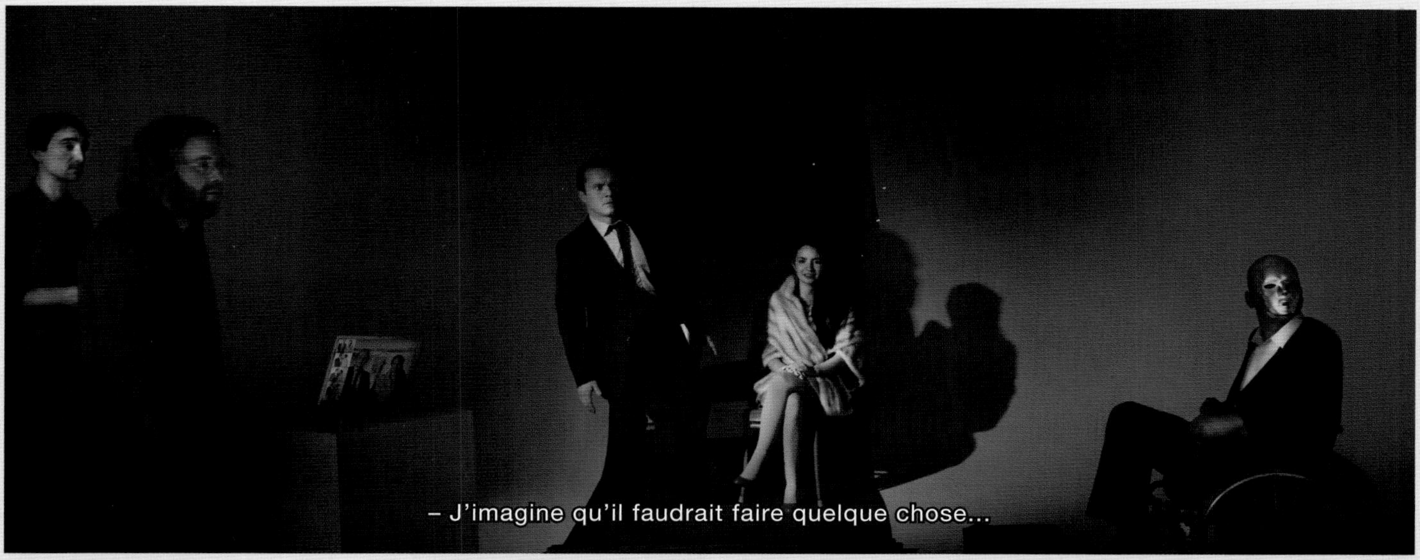
– J’imagine qu’il faudrait faire quelque chose…

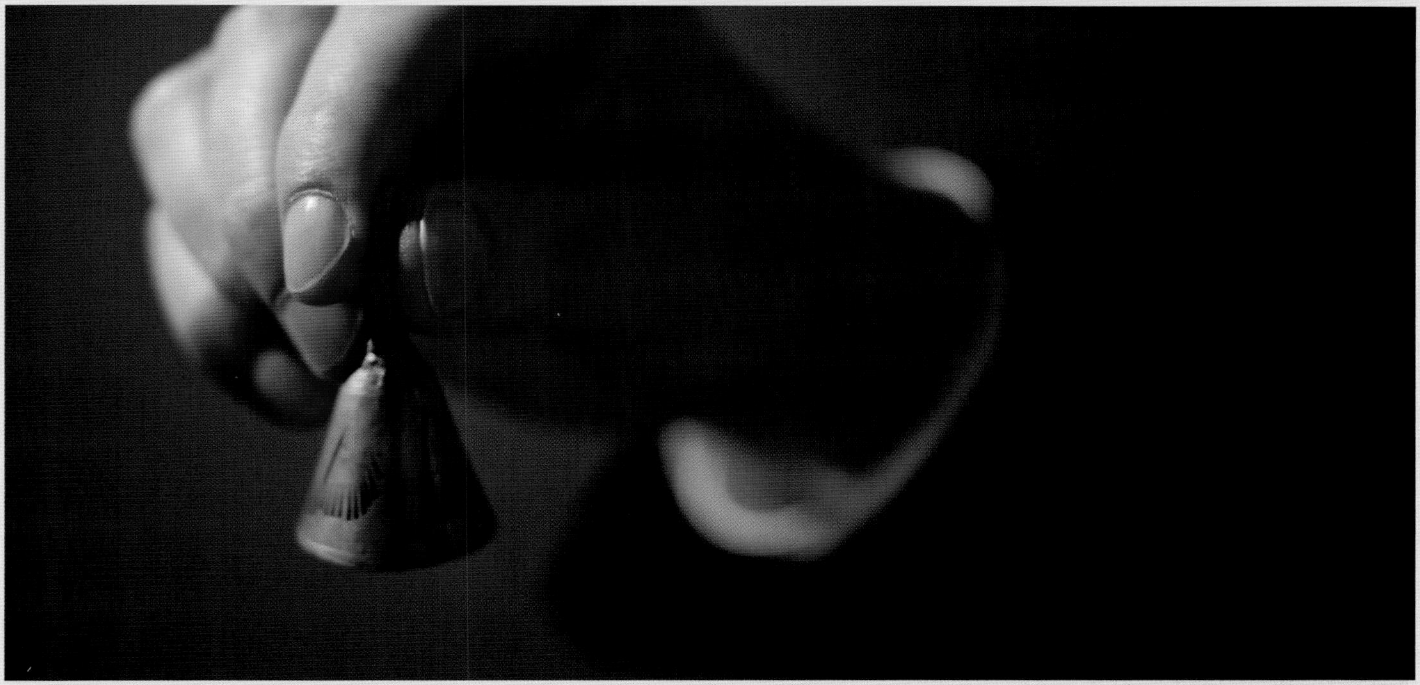

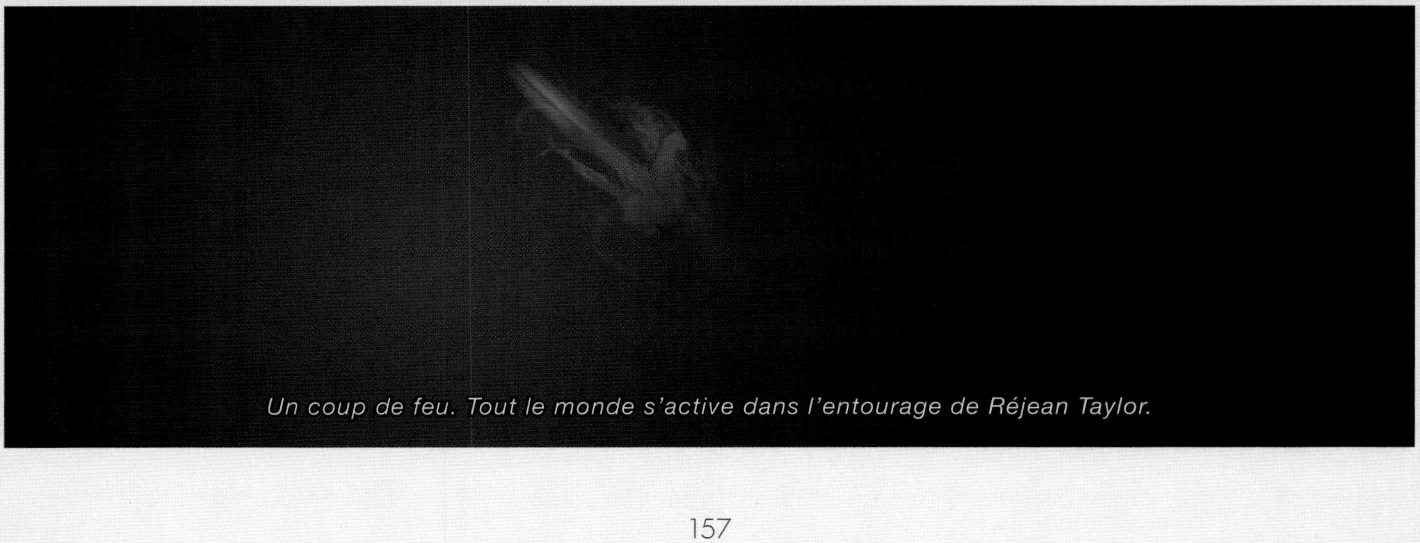
Un coup de feu. Tout le monde s’active dans l’entourage de Réjean Taylor.

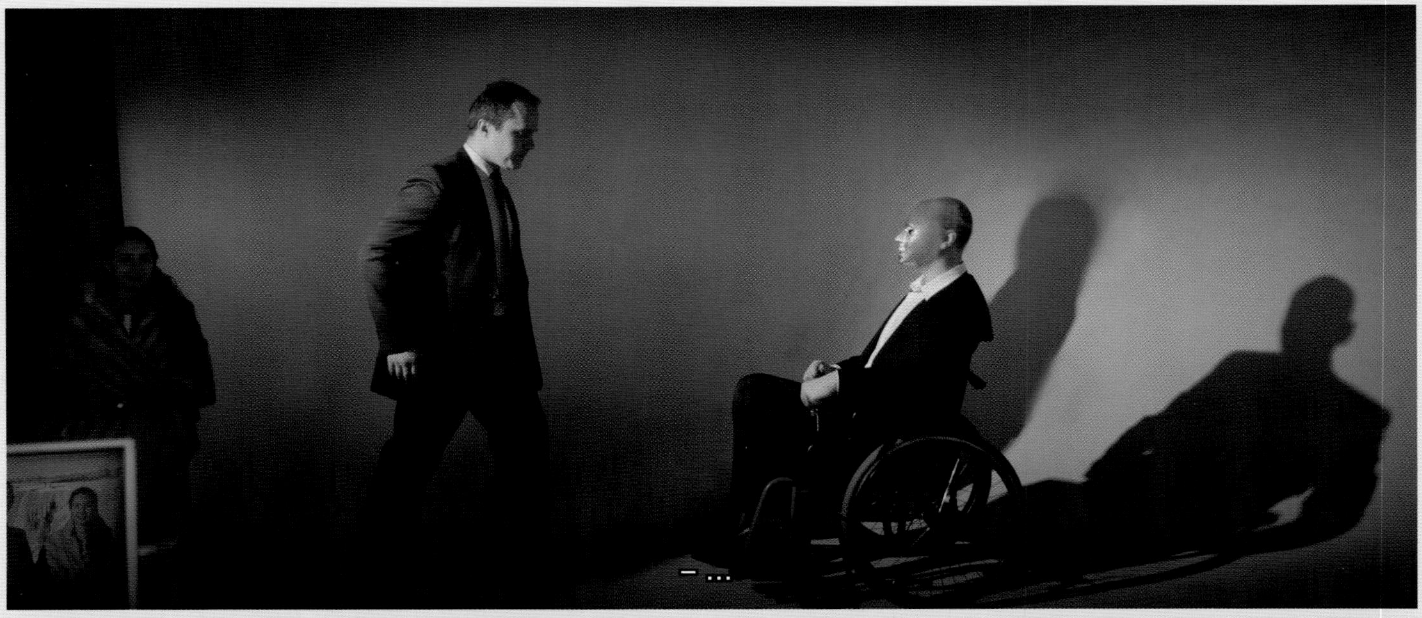
– ...

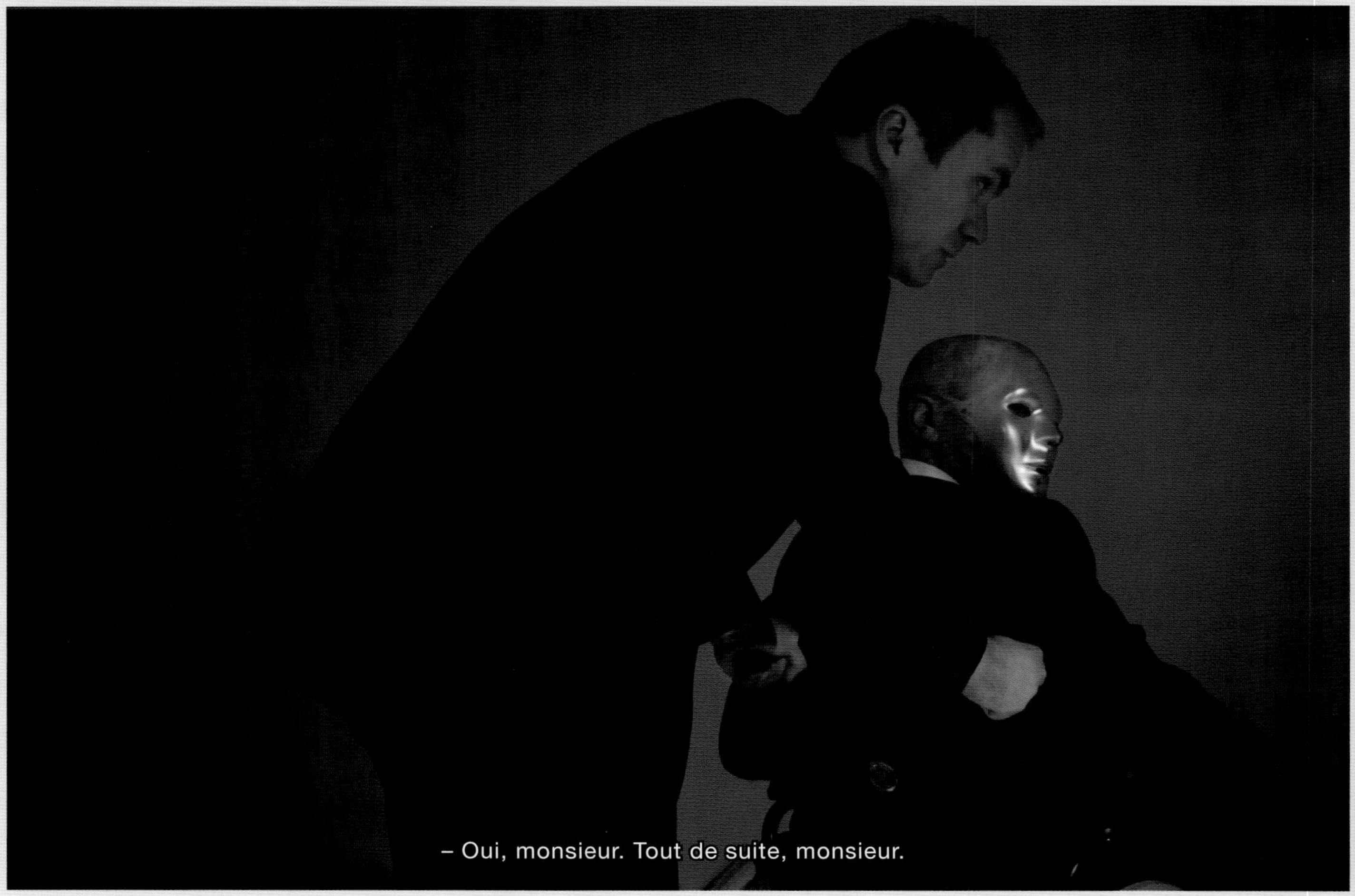
– Oui, monsieur. Tout de suite, monsieur.

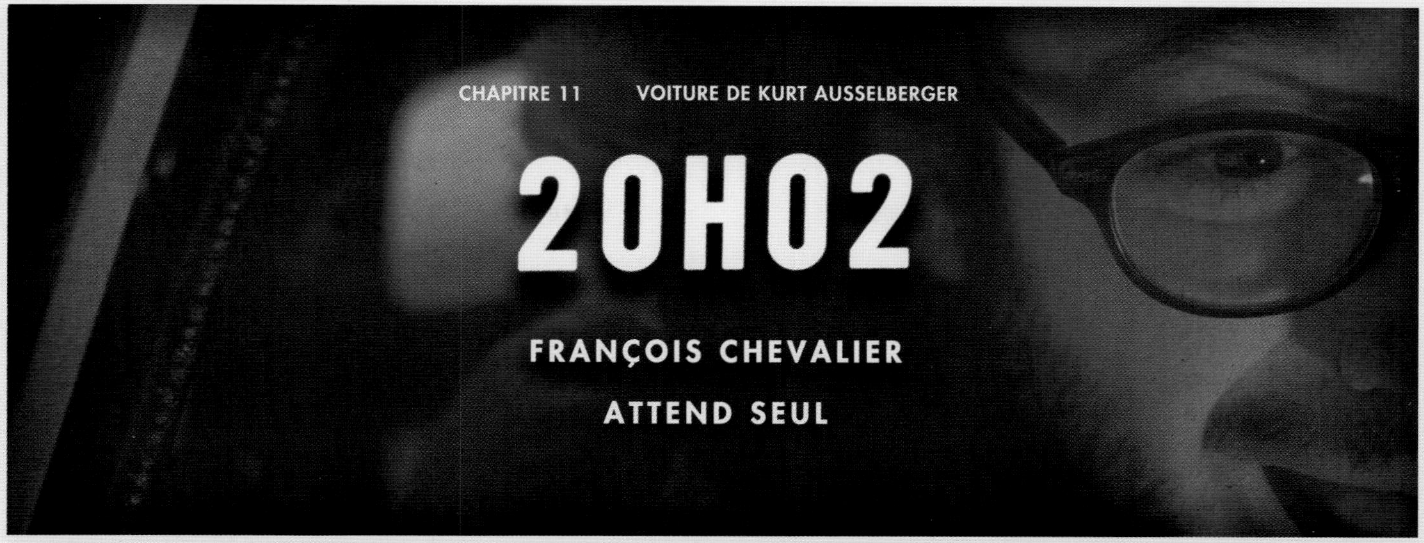

CHAPITRE 11 VOITURE DE KURT AUSSELBERGER

20H02

FRANÇOIS CHEVALIER
ATTEND SEUL

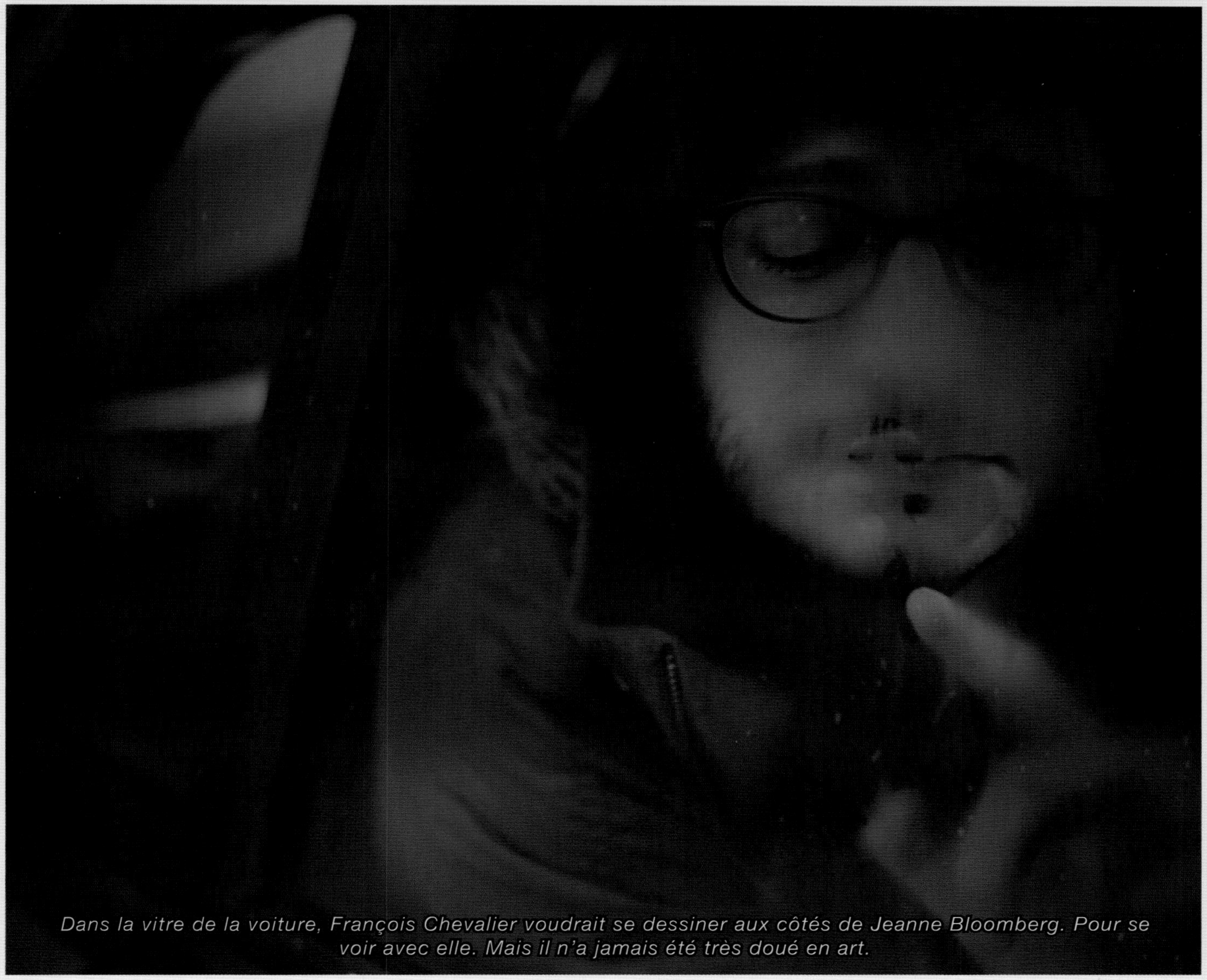

Dans la vitre de la voiture, François Chevalier voudrait se dessiner aux côtés de Jeanne Bloomberg. Pour se voir avec elle. Mais il n'a jamais été très doué en art.

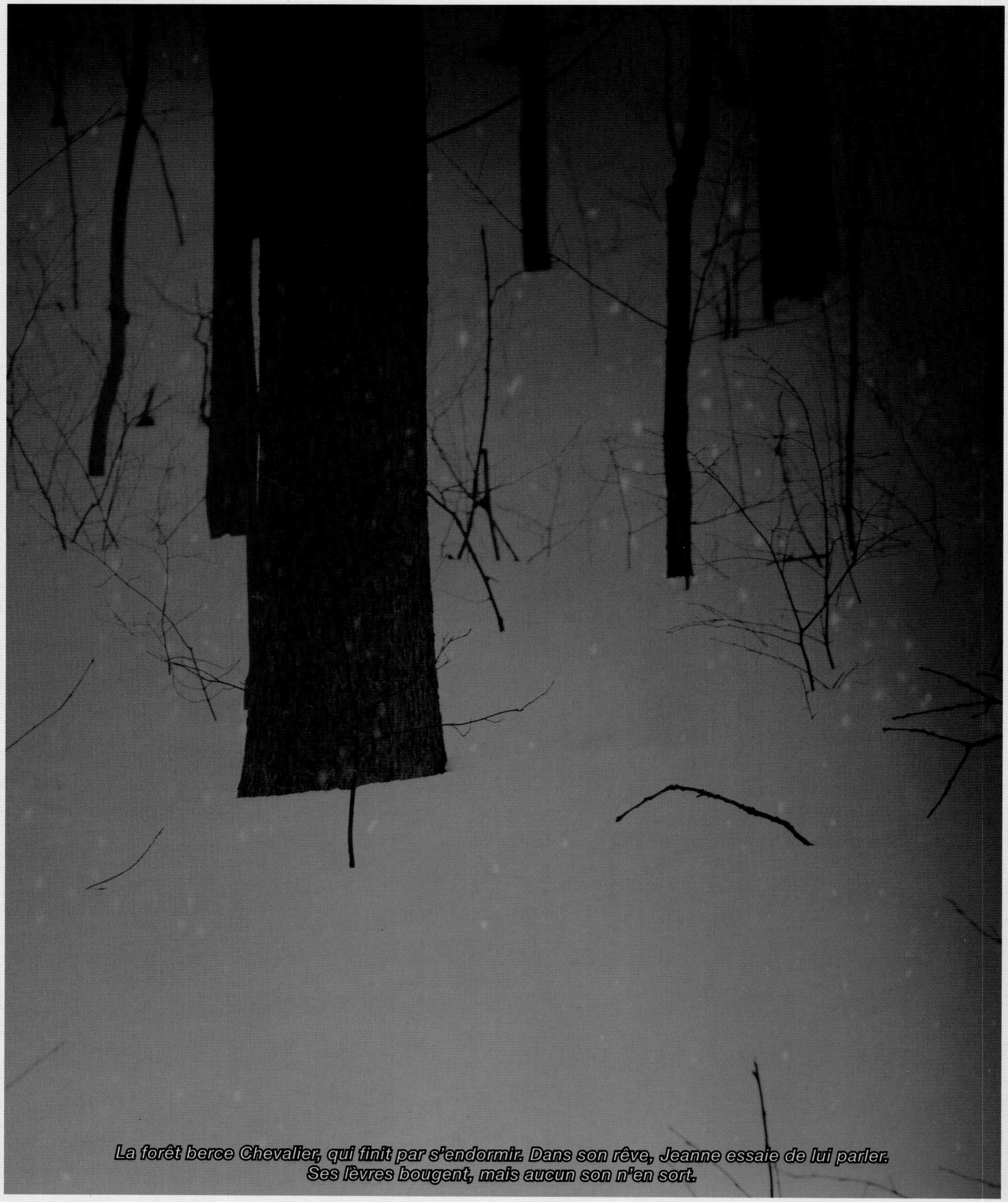
La forêt berce Chevalier, qui finit par s'endormir. Dans son rêve, Jeanne essaie de lui parler.
Ses lèvres bougent, mais aucun son n'en sort.

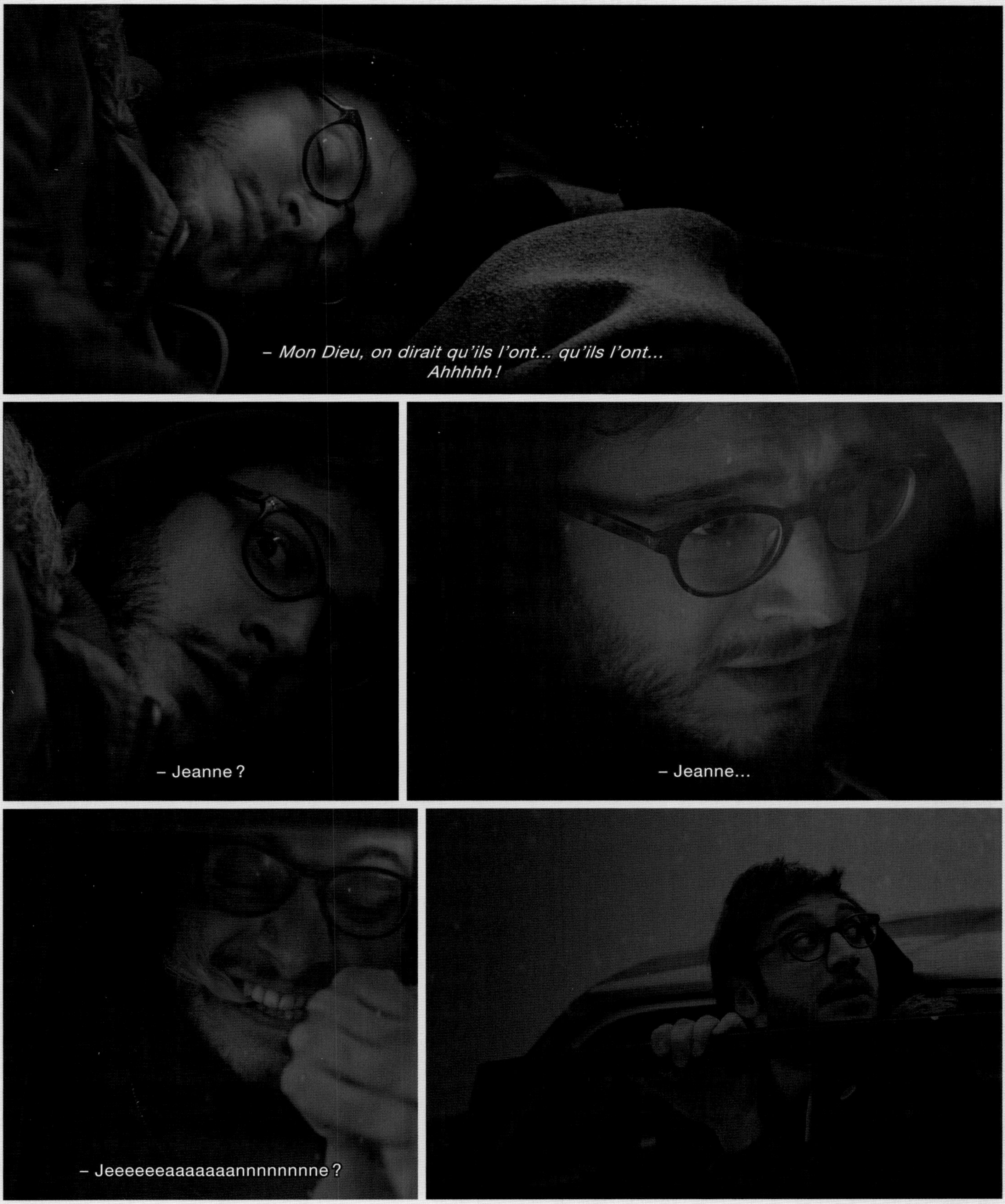
– Mon Dieu, on dirait qu'ils l'ont… qu'ils l'ont… Ahhhhh !
– Jeanne ?
– Jeanne…
– Jeeeeeeaaaaaaannnnnnnne ?

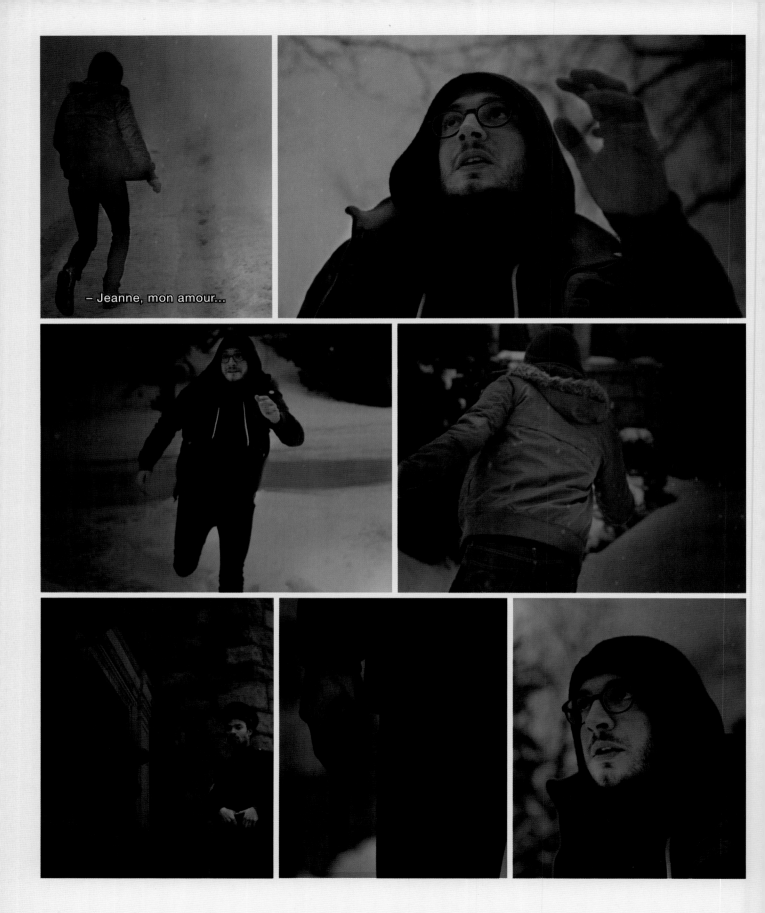

– Jeanne, mon amour...

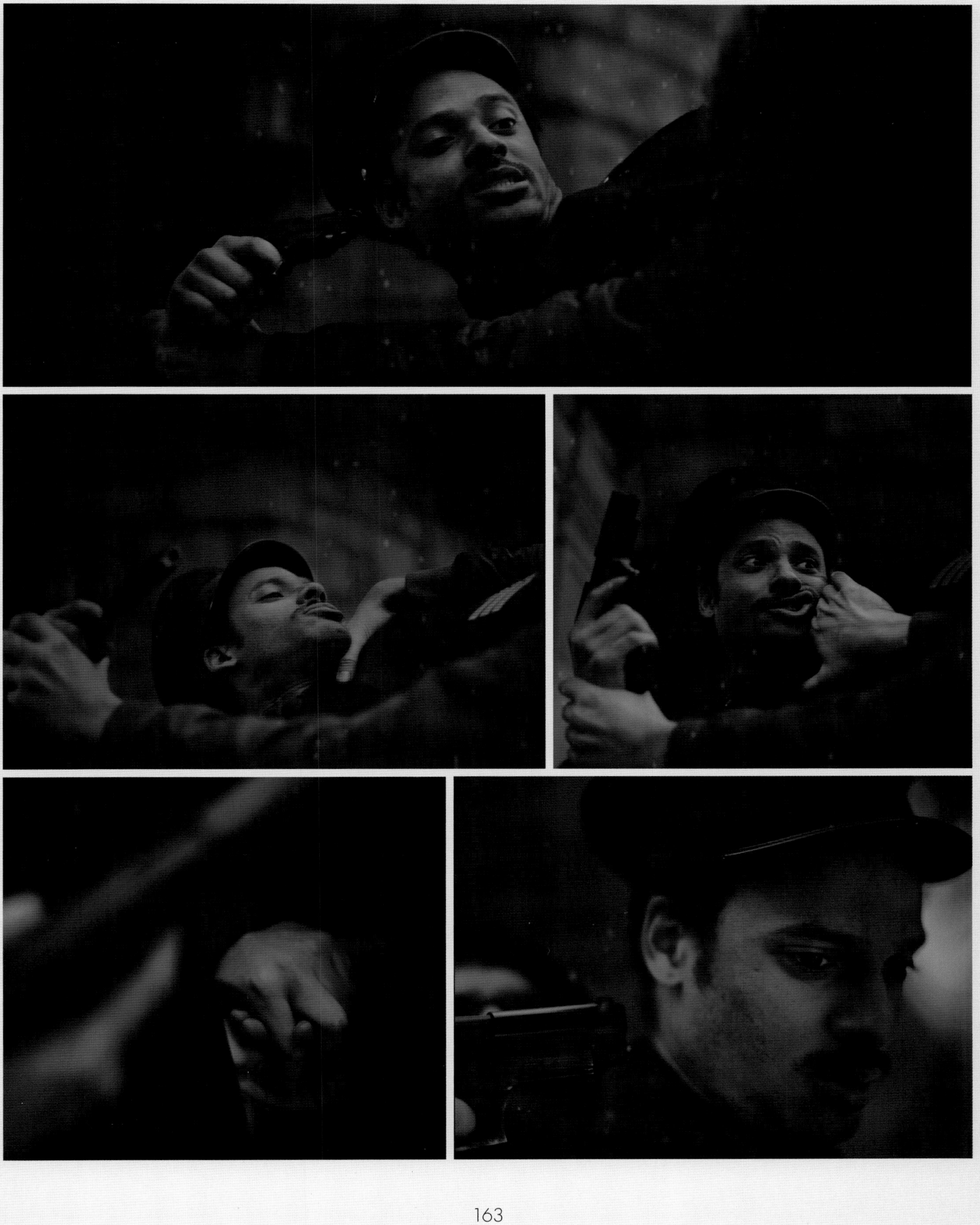

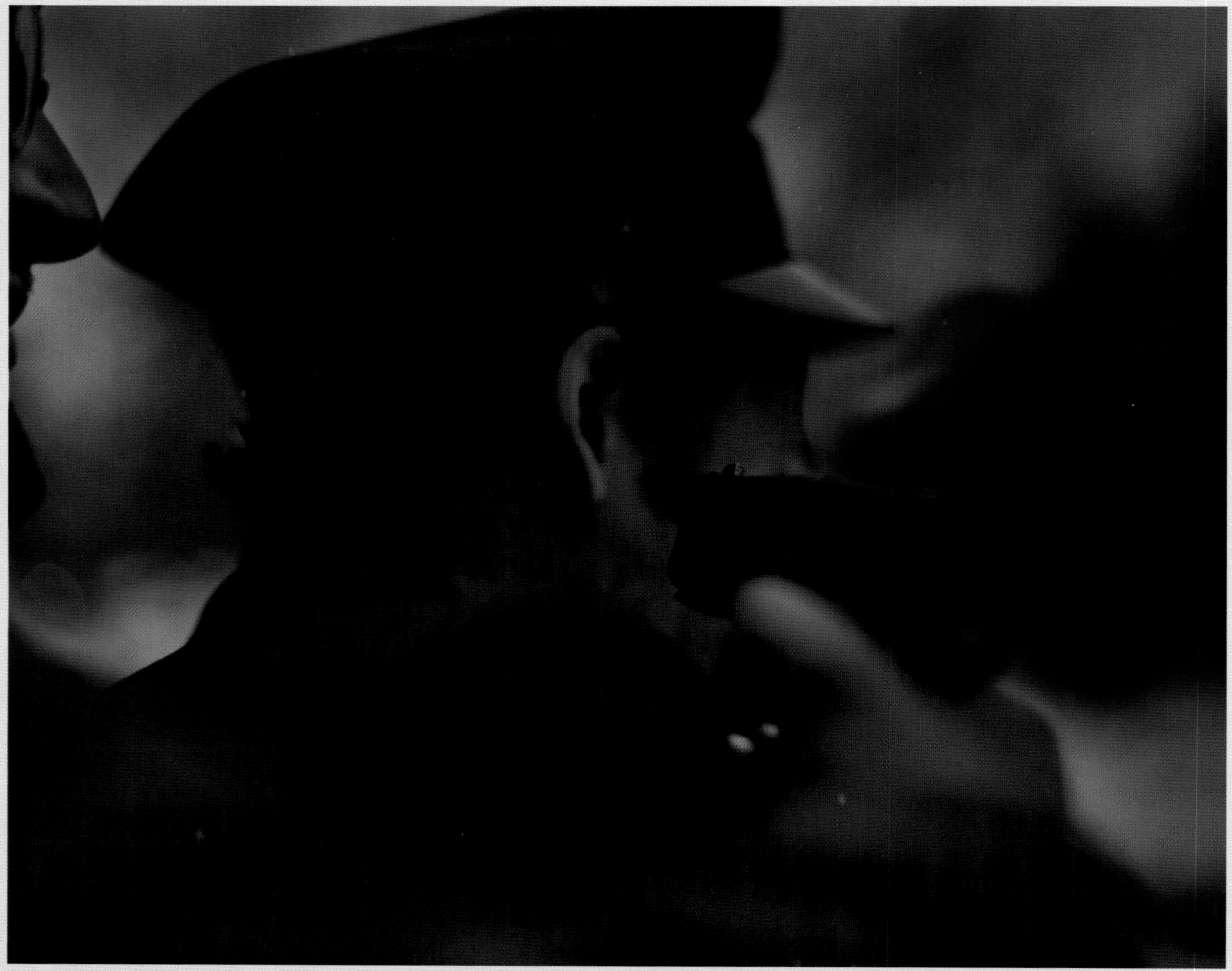

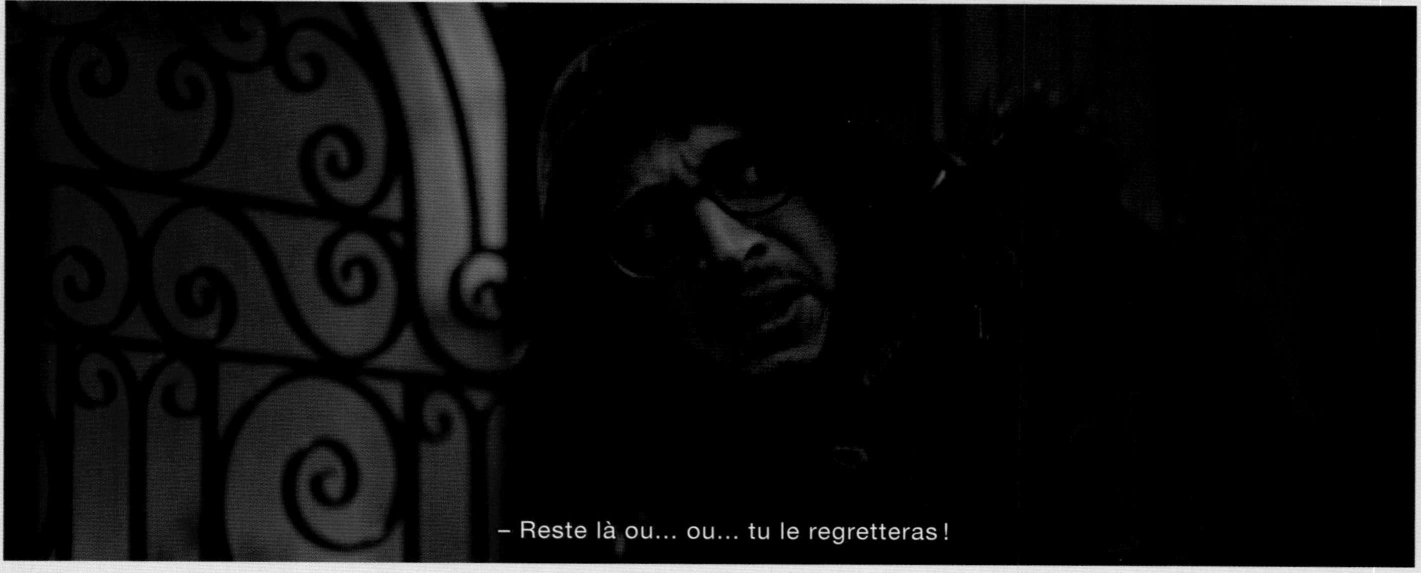
– Reste là ou… ou… tu le regretteras !

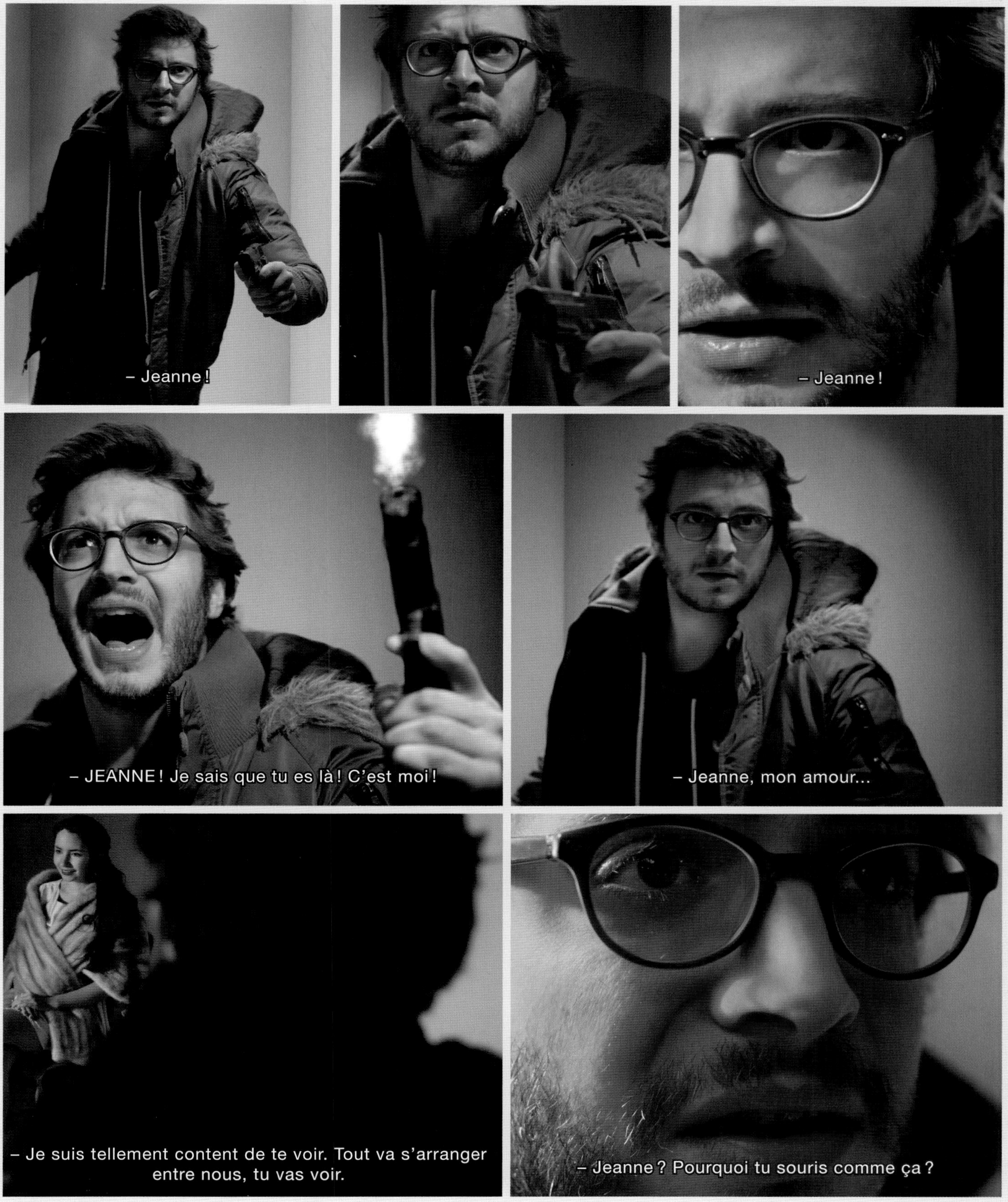
– Jeanne !
– Jeanne !
– JEANNE ! Je sais que tu es là ! C'est moi !
– Jeanne, mon amour...
– Je suis tellement content de te voir. Tout va s'arranger entre nous, tu vas voir.
– Jeanne ? Pourquoi tu souris comme ça ?

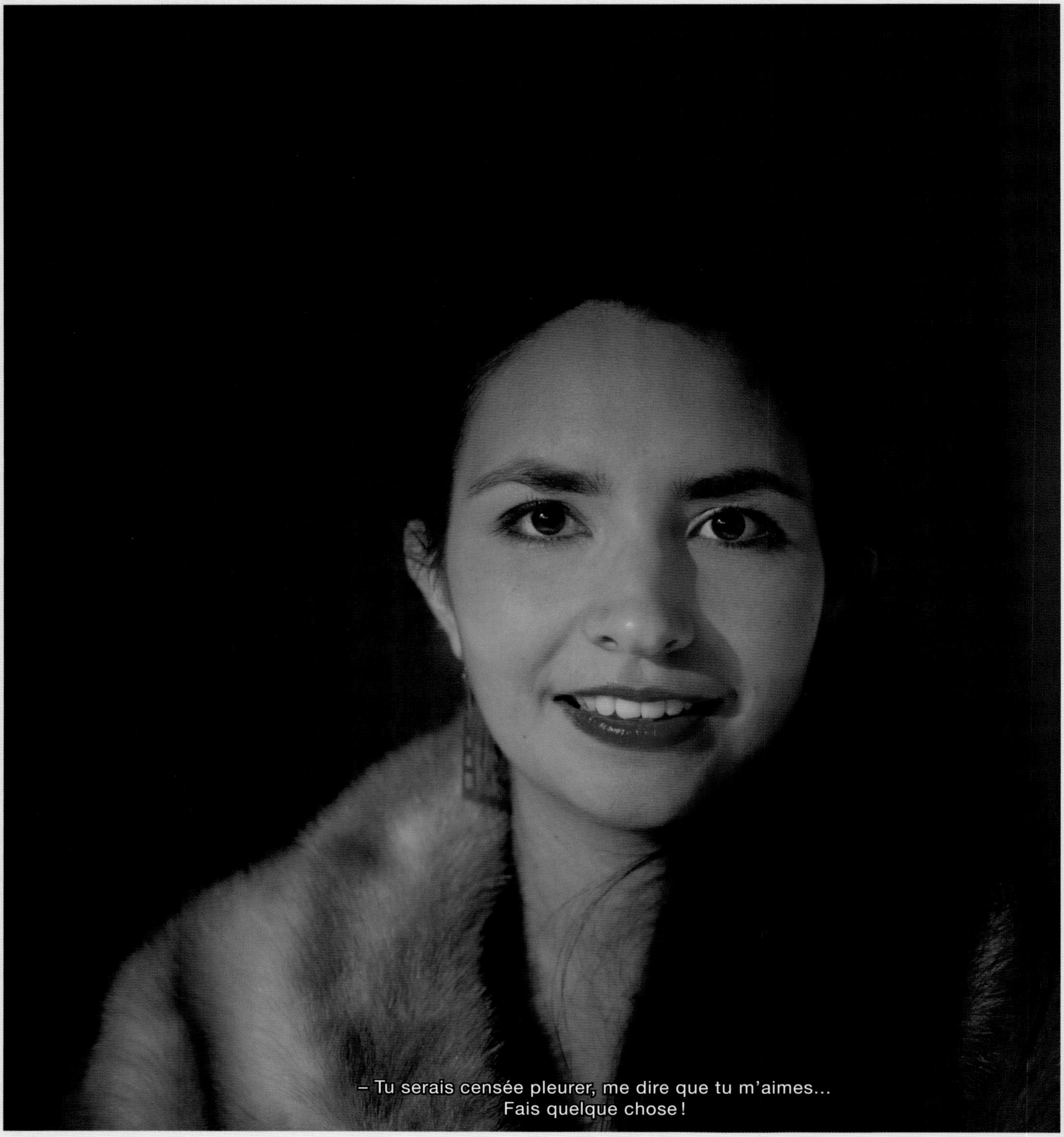
– Tu serais censée pleurer, me dire que tu m'aimes…
Fais quelque chose !

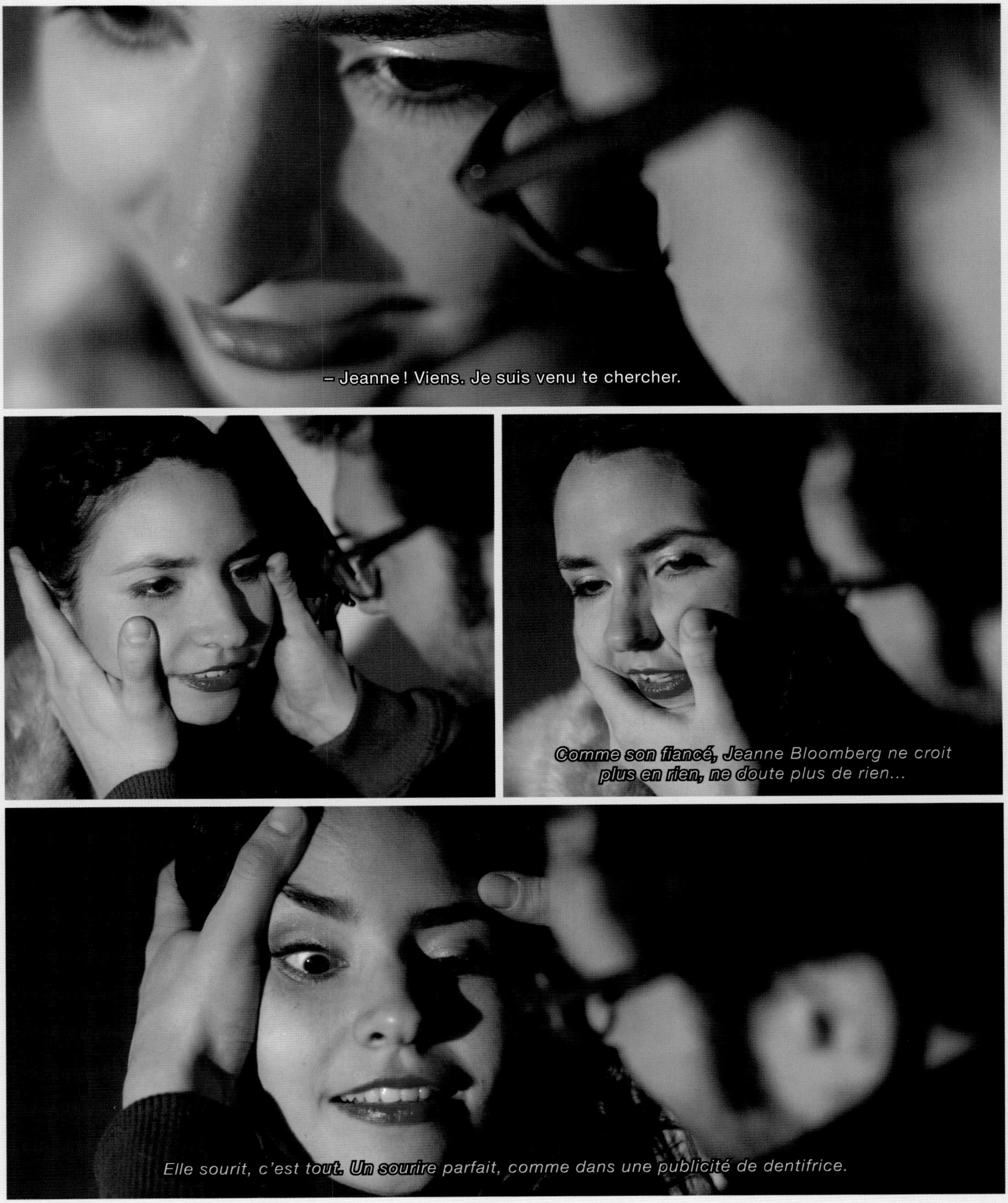
– Jeanne ! Viens. Je suis venu te chercher.
Comme son fiancé, Jeanne Bloomberg ne croit plus en rien, ne doute plus de rien…
Elle sourit, c'est tout. Un sourire parfait, comme dans une publicité de dentifrice.

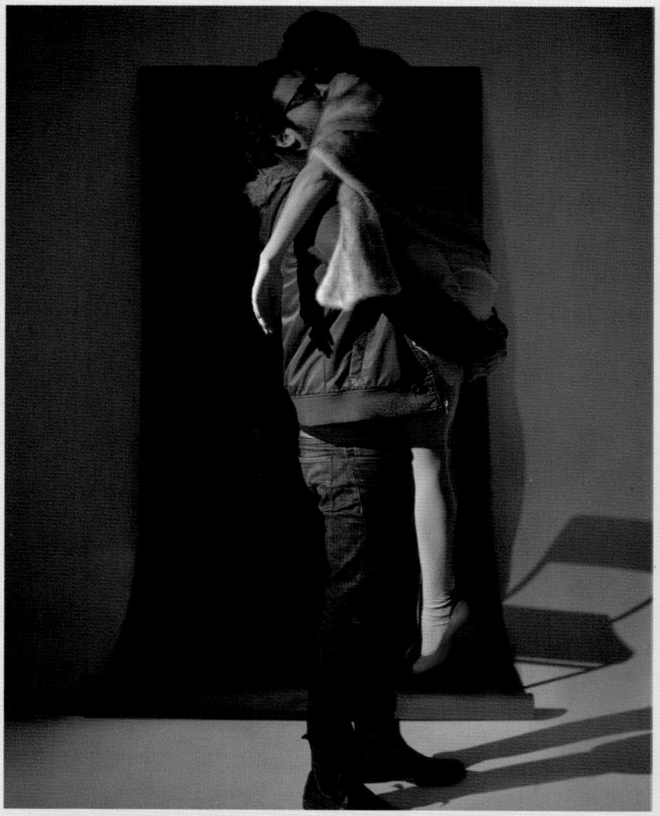

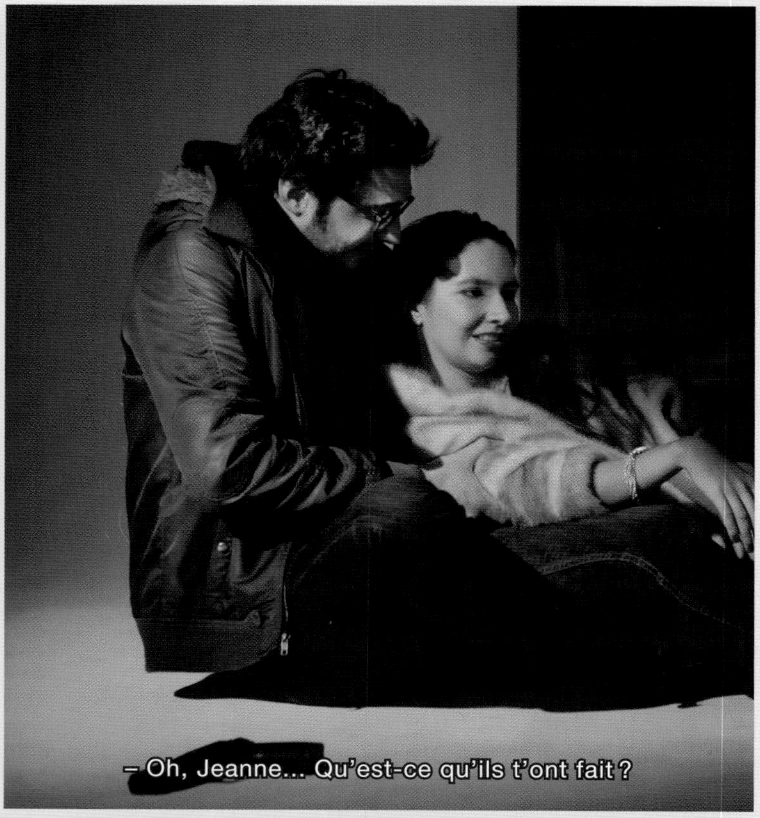
– Oh, Jeanne… Qu'est-ce qu'ils t'ont fait ?

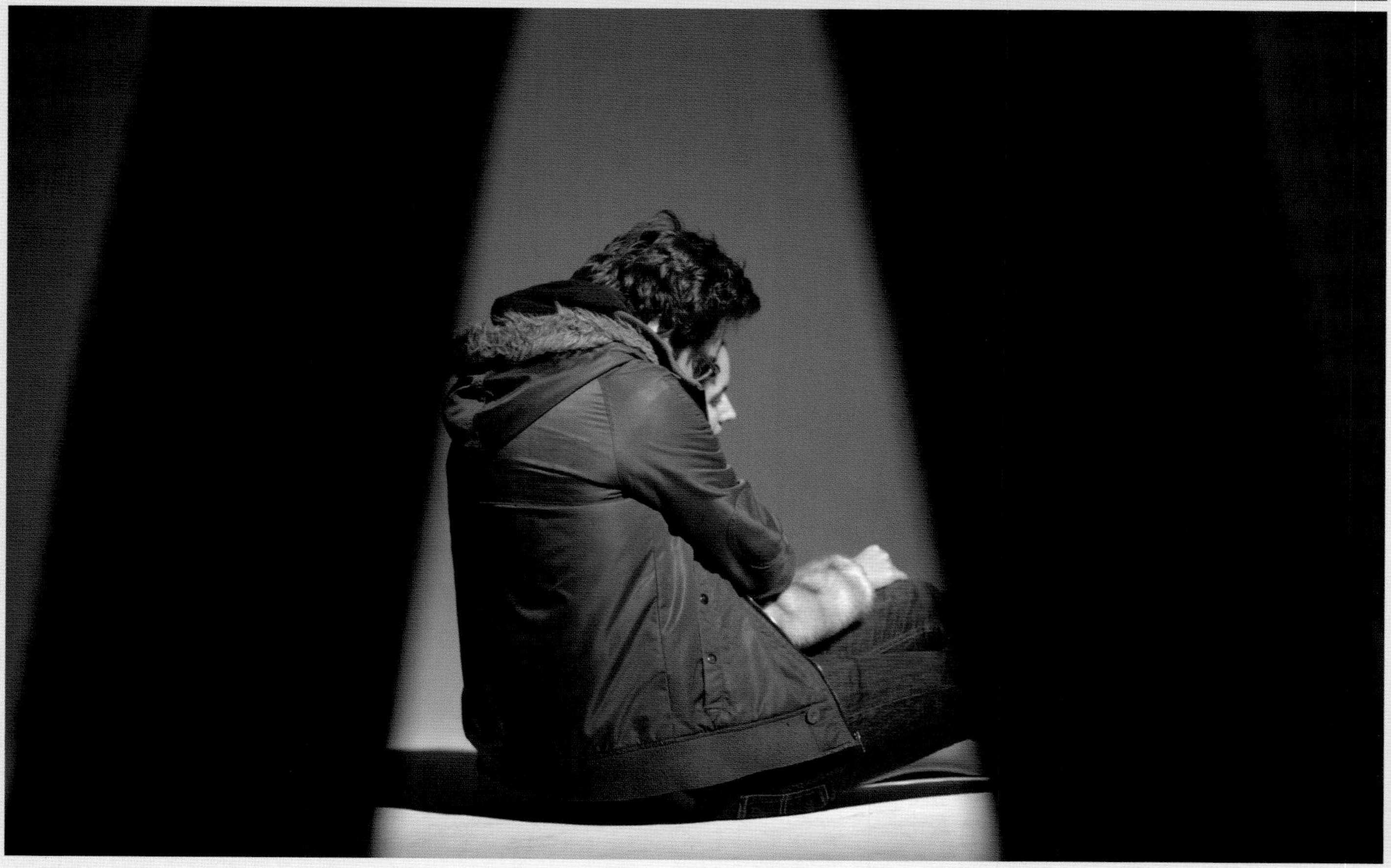

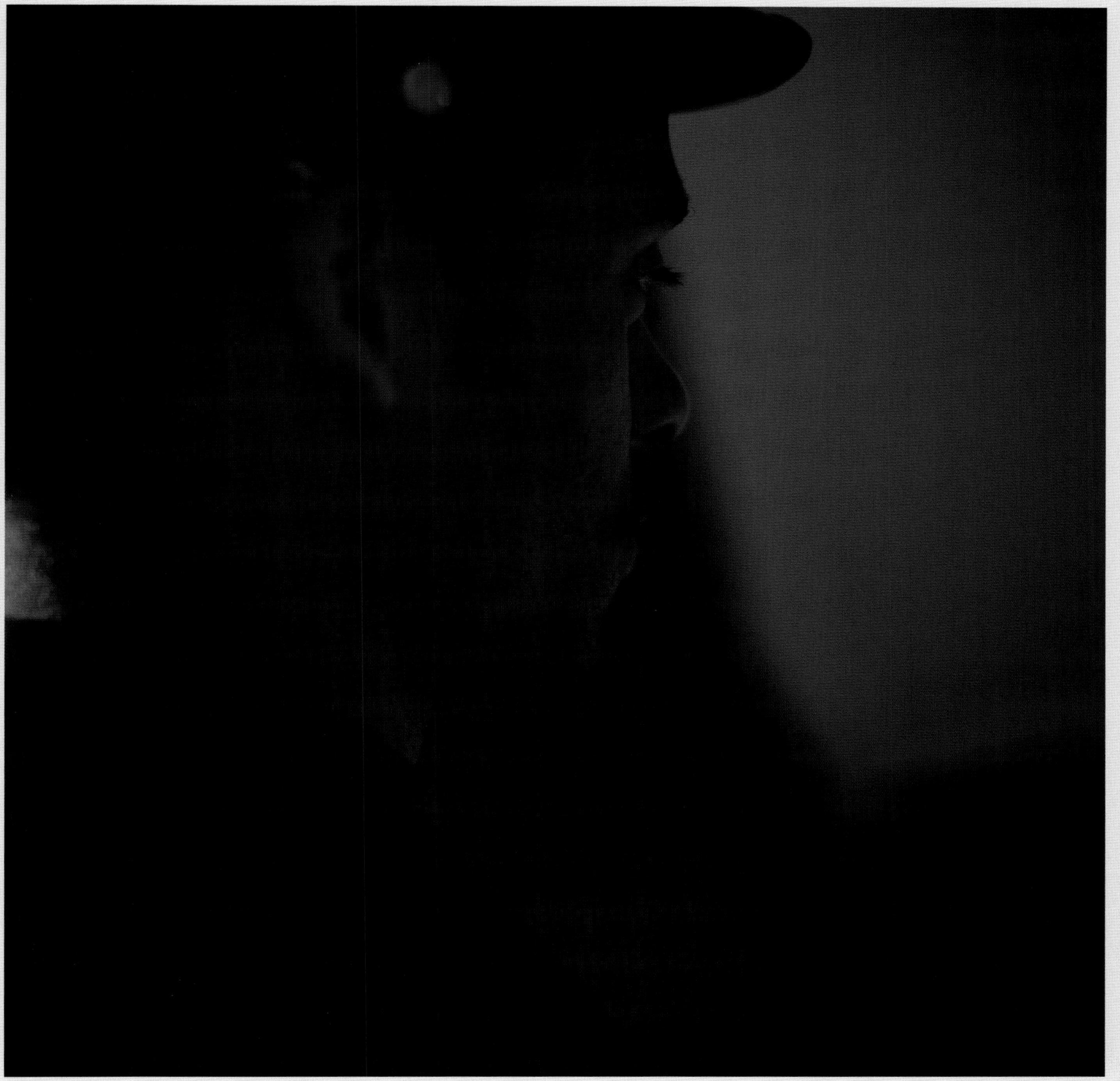

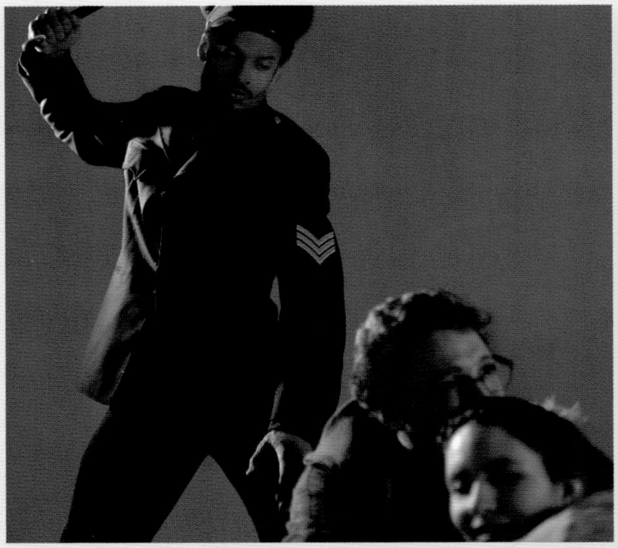

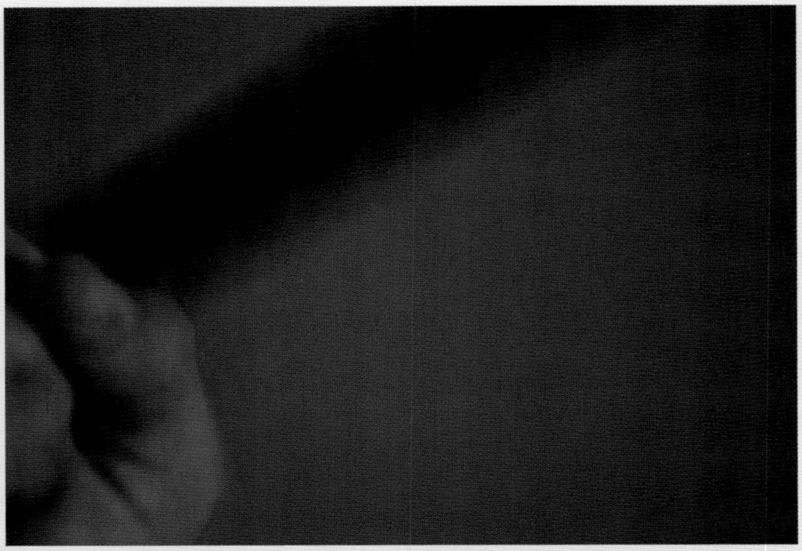

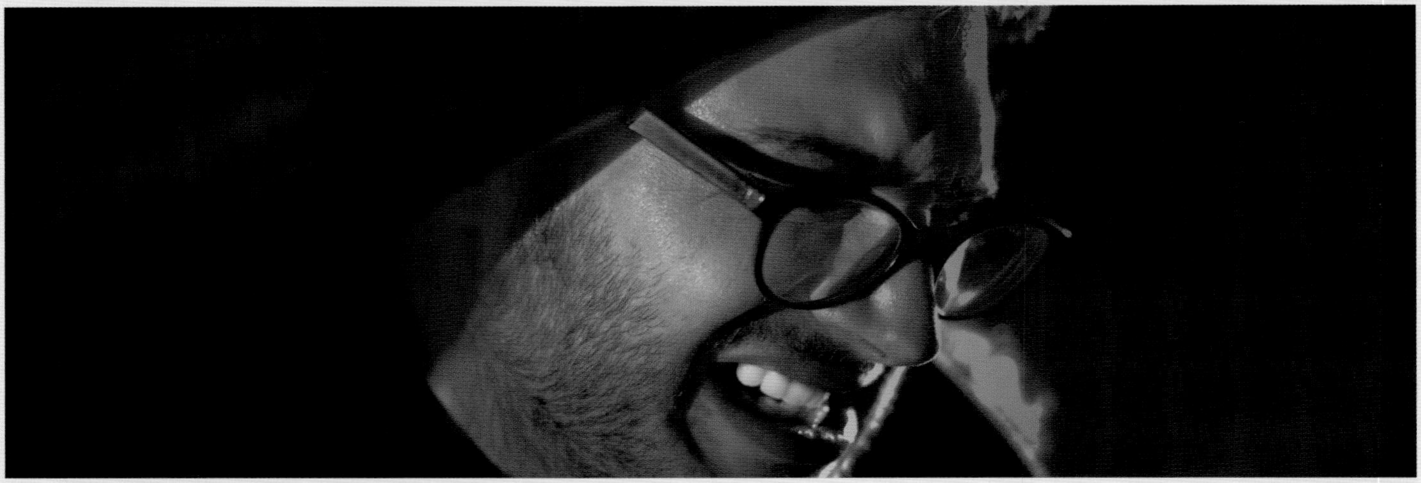

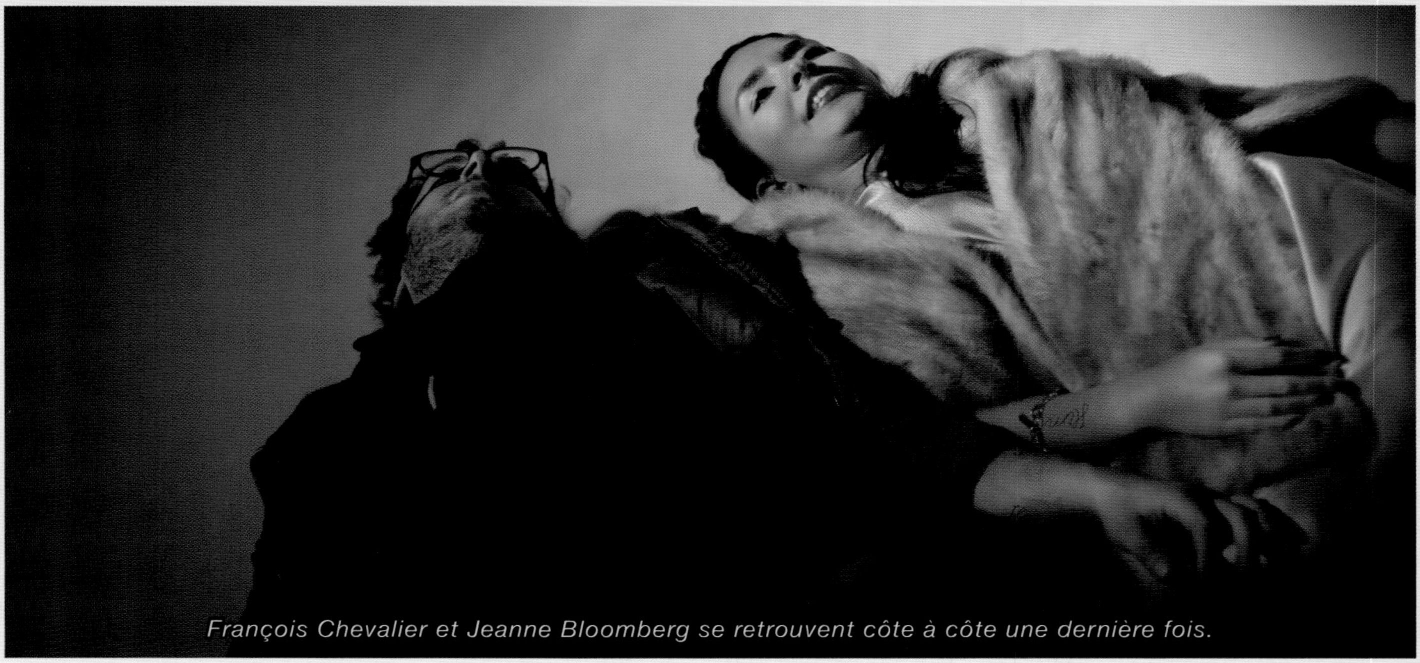

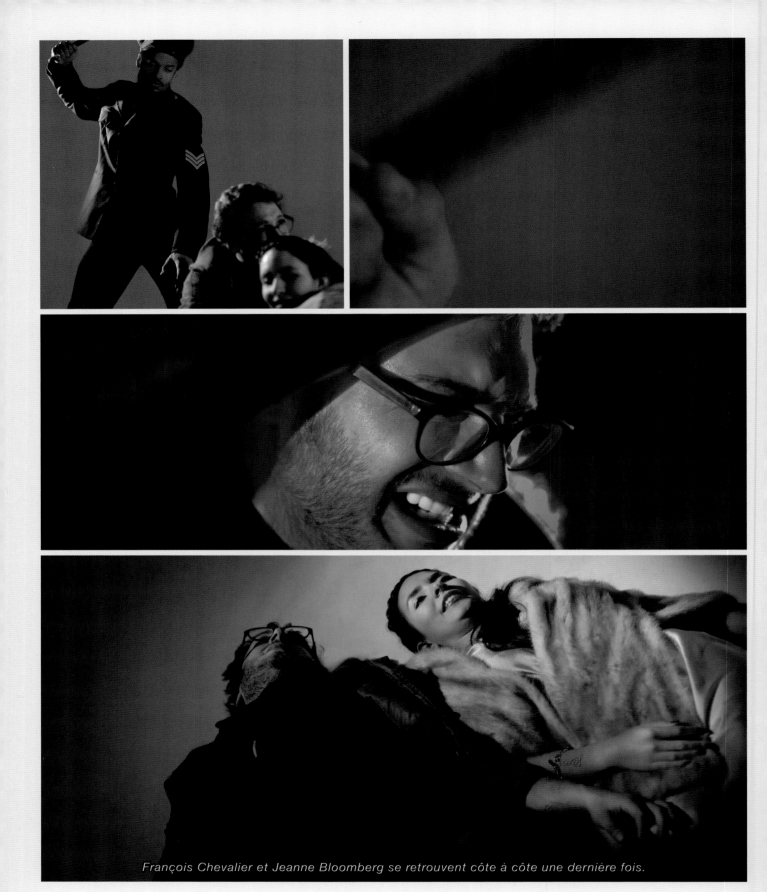

François Chevalier et Jeanne Bloomberg se retrouvent côte à côte une dernière fois.

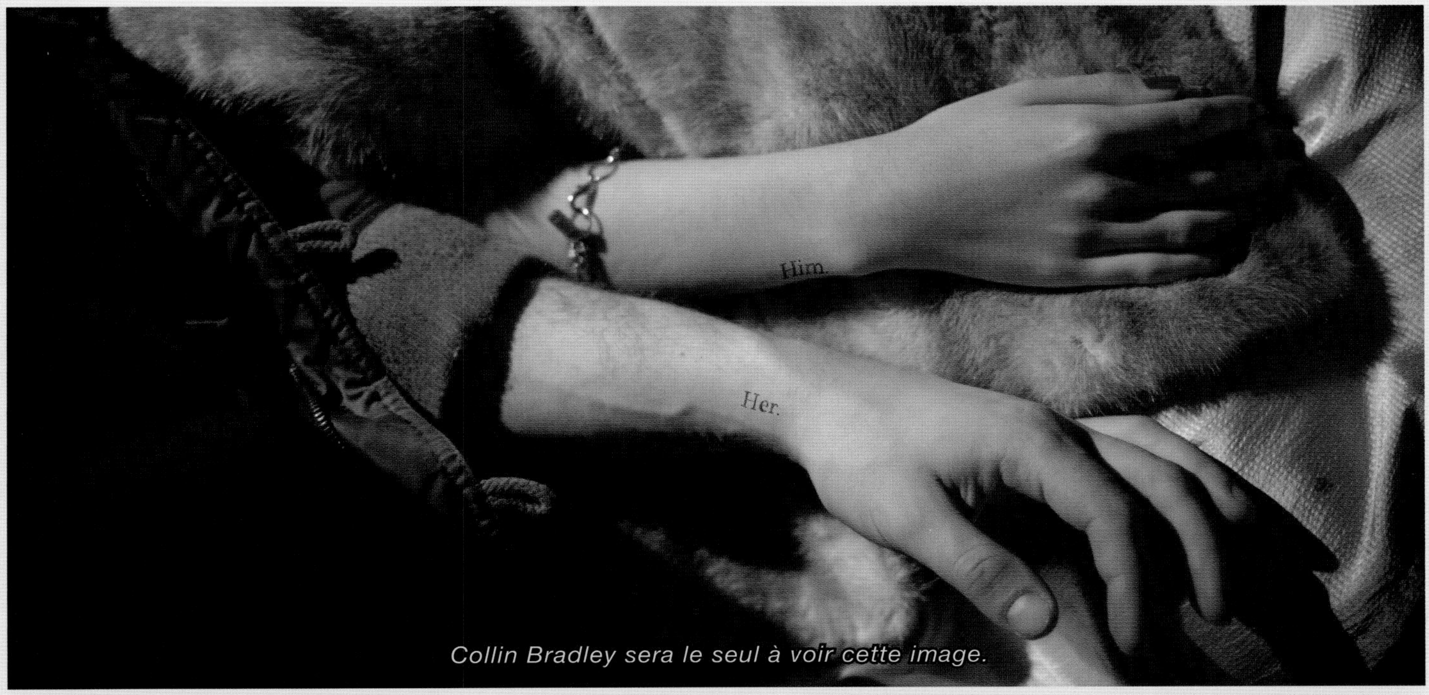
Him.
Her.
Collin Bradley sera le seul à voir cette image.

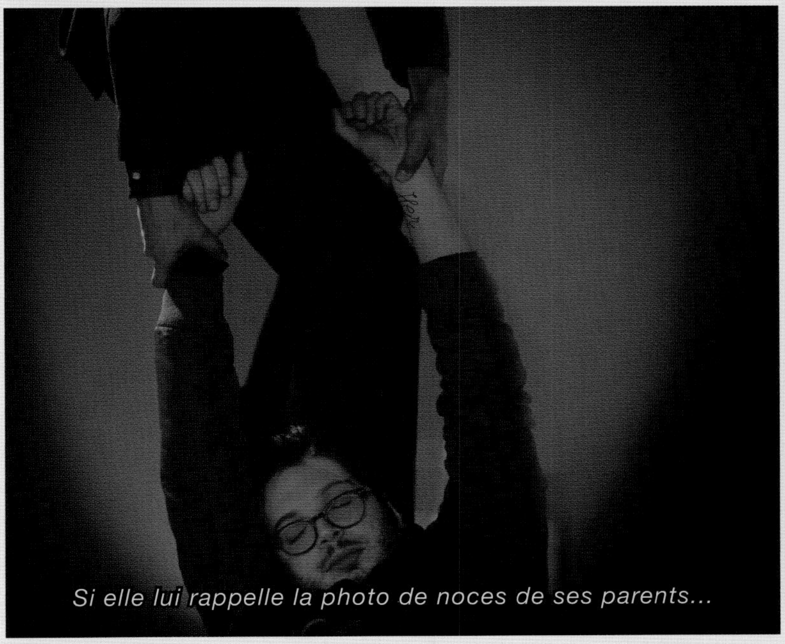
Si elle lui rappelle la photo de noces de ses parents...

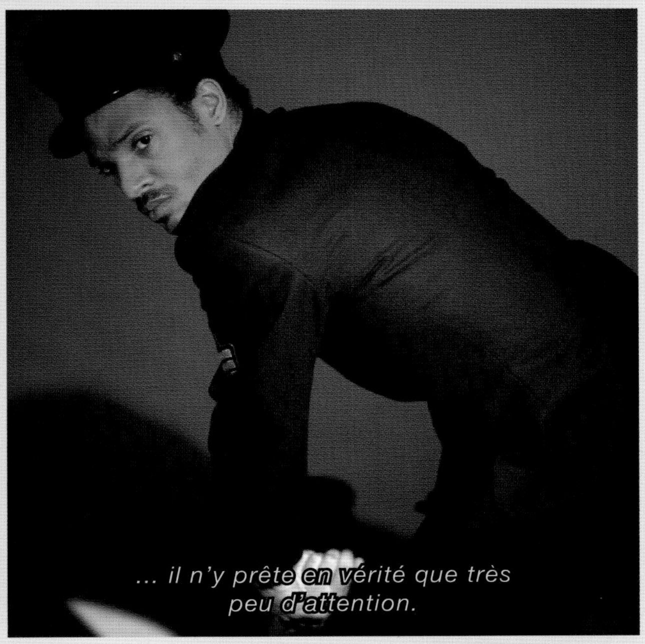
... il n'y prête en vérité que très peu d'attention.

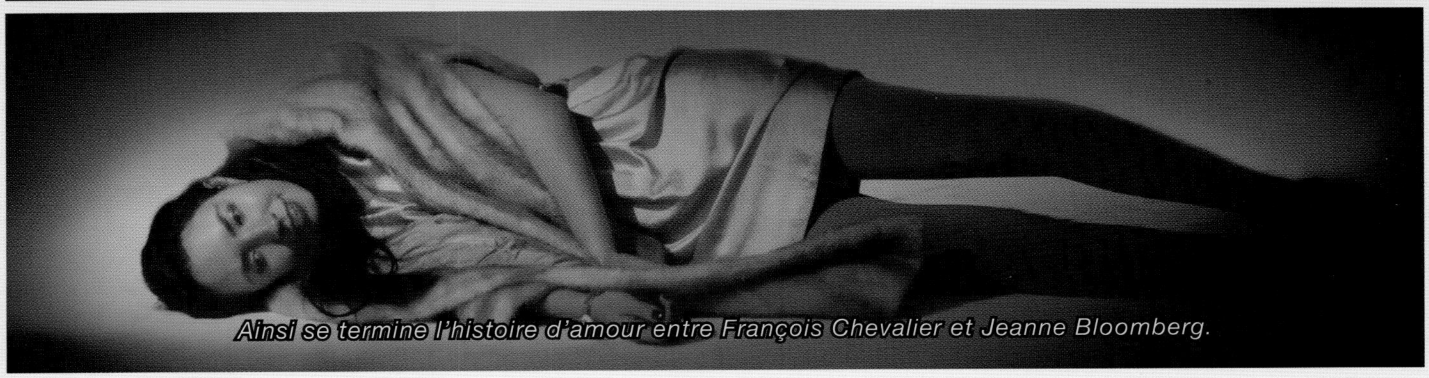
Ainsi se termine l'histoire d'amour entre François Chevalier et Jeanne Bloomberg.

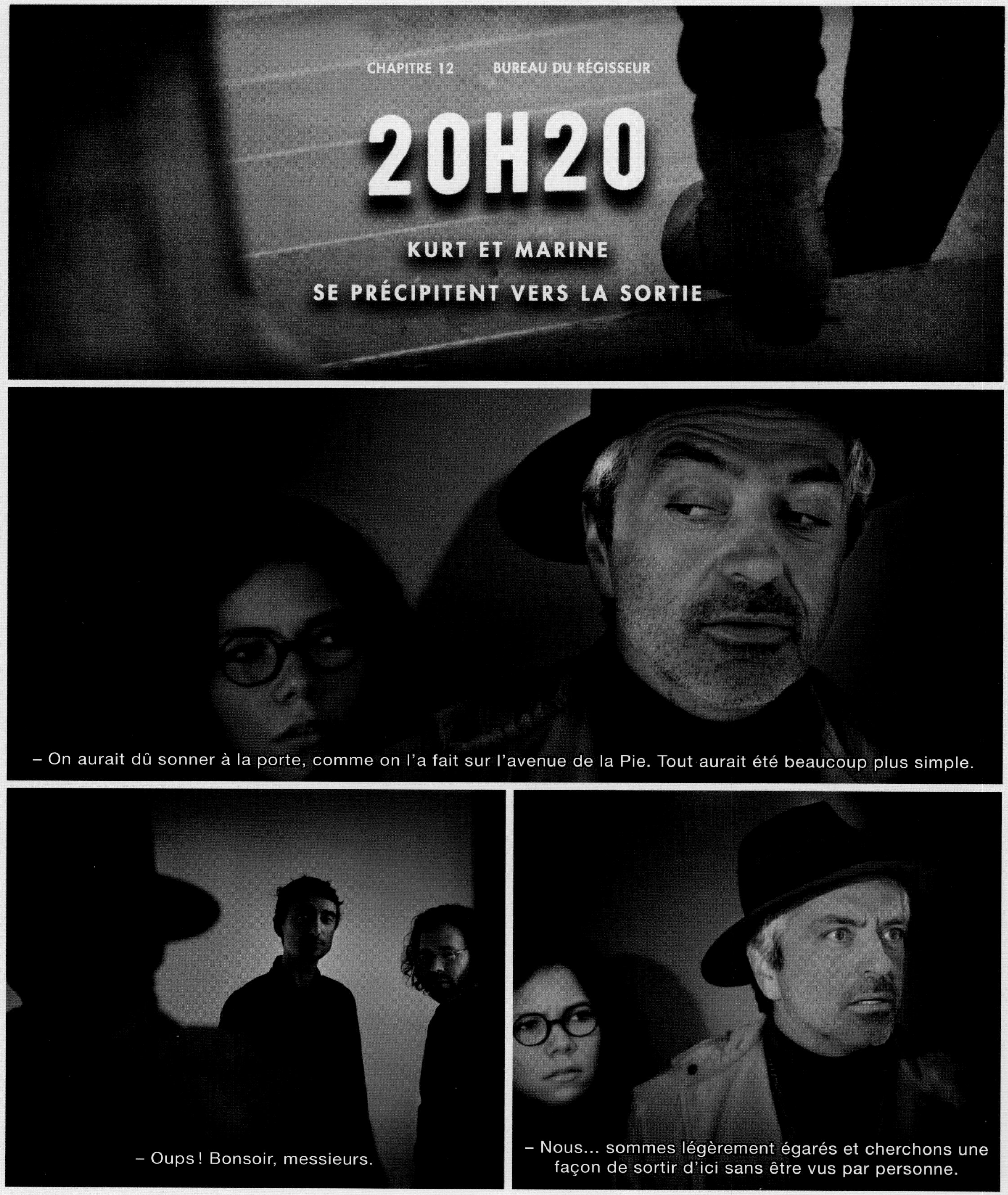
CHAPITRE 12
BUREAU DU RÉGISSEUR
20H20
KURT ET MARINE
SE PRÉCIPITENT VERS LA SORTIE
– On aurait dû sonner à la porte, comme on l'a fait sur l'avenue de la Pie. Tout aurait été beaucoup plus simple.
– Oups ! Bonsoir, messieurs.
– Nous... sommes légèrement égarés et cherchons une façon de sortir d'ici sans être vus par personne.

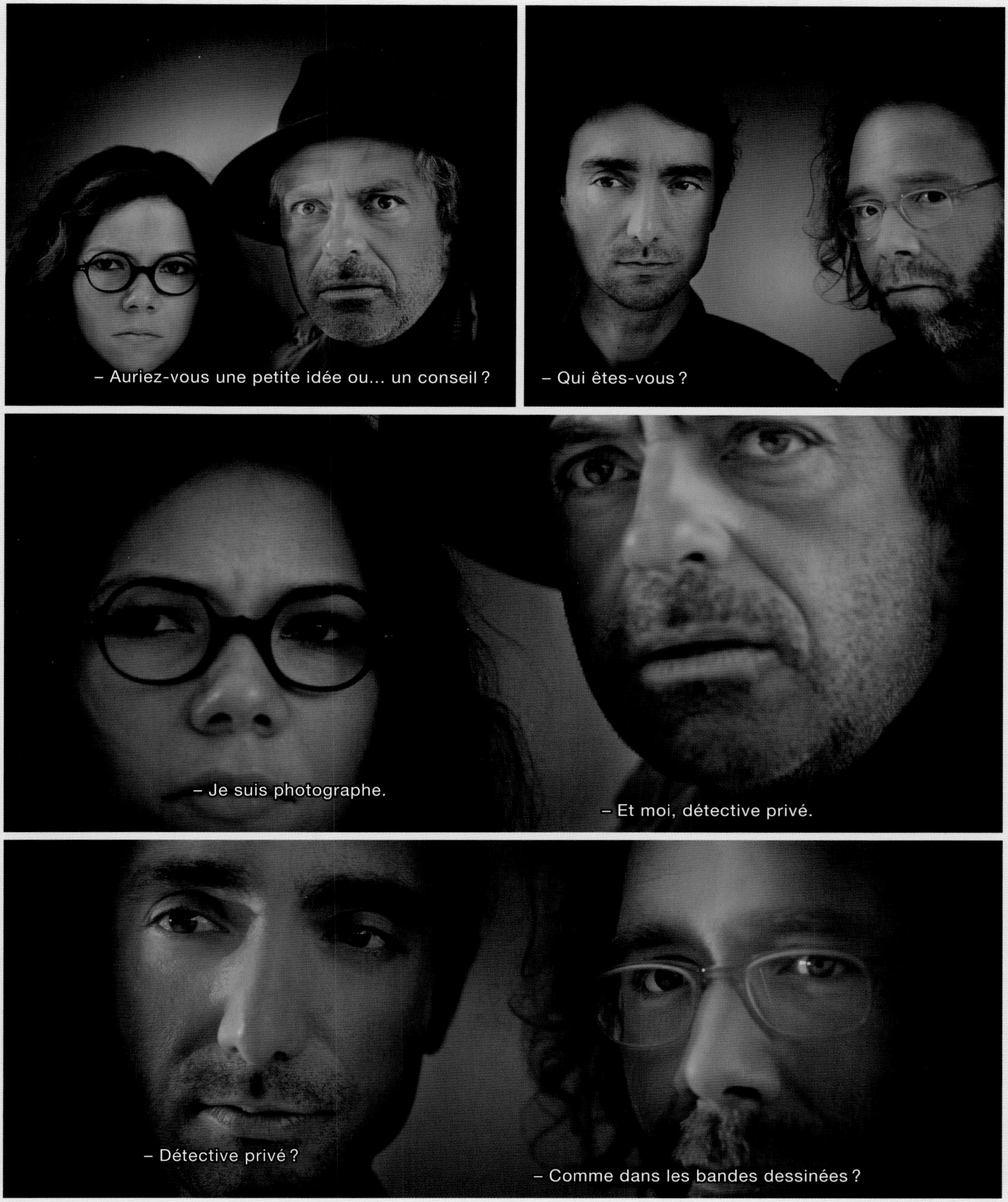
– Auriez-vous une petite idée ou... un conseil ?
– Qui êtes-vous ?
– Je suis photographe.
– Et moi, détective privé.
– Détective privé ?
– Comme dans les bandes dessinées ?

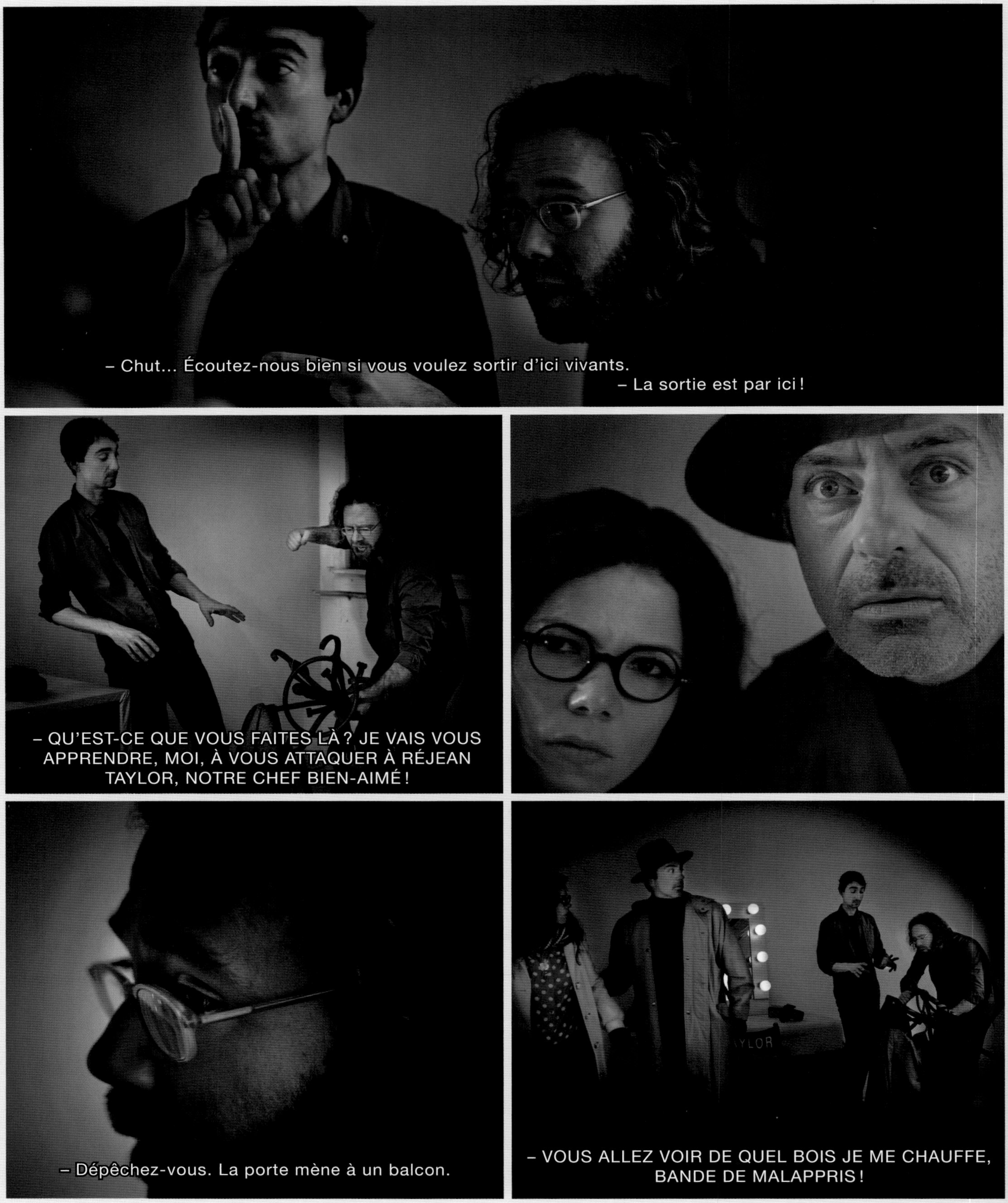
– Chut… Écoutez-nous bien si vous voulez sortir d’ici vivants.
– La sortie est par ici !
– QU’EST-CE QUE VOUS FAITES LÀ ? JE VAIS VOUS APPRENDRE, MOI, À VOUS ATTAQUER À RÉJEAN TAYLOR, NOTRE CHEF BIEN-AIMÉ !
– Dépêchez-vous. La porte mène à un balcon.
YLOR
– VOUS ALLEZ VOIR DE QUEL BOIS JE ME CHAUFFE, BANDE DE MALAPPRIS !

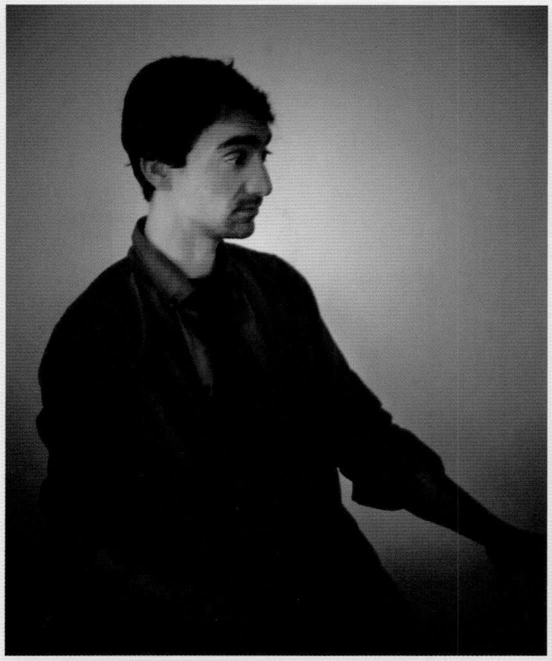

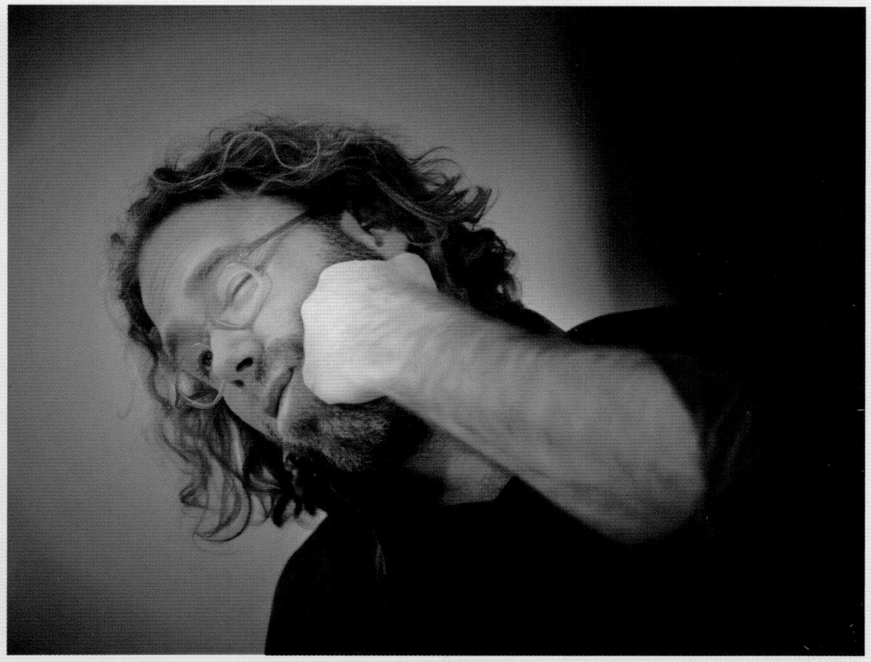

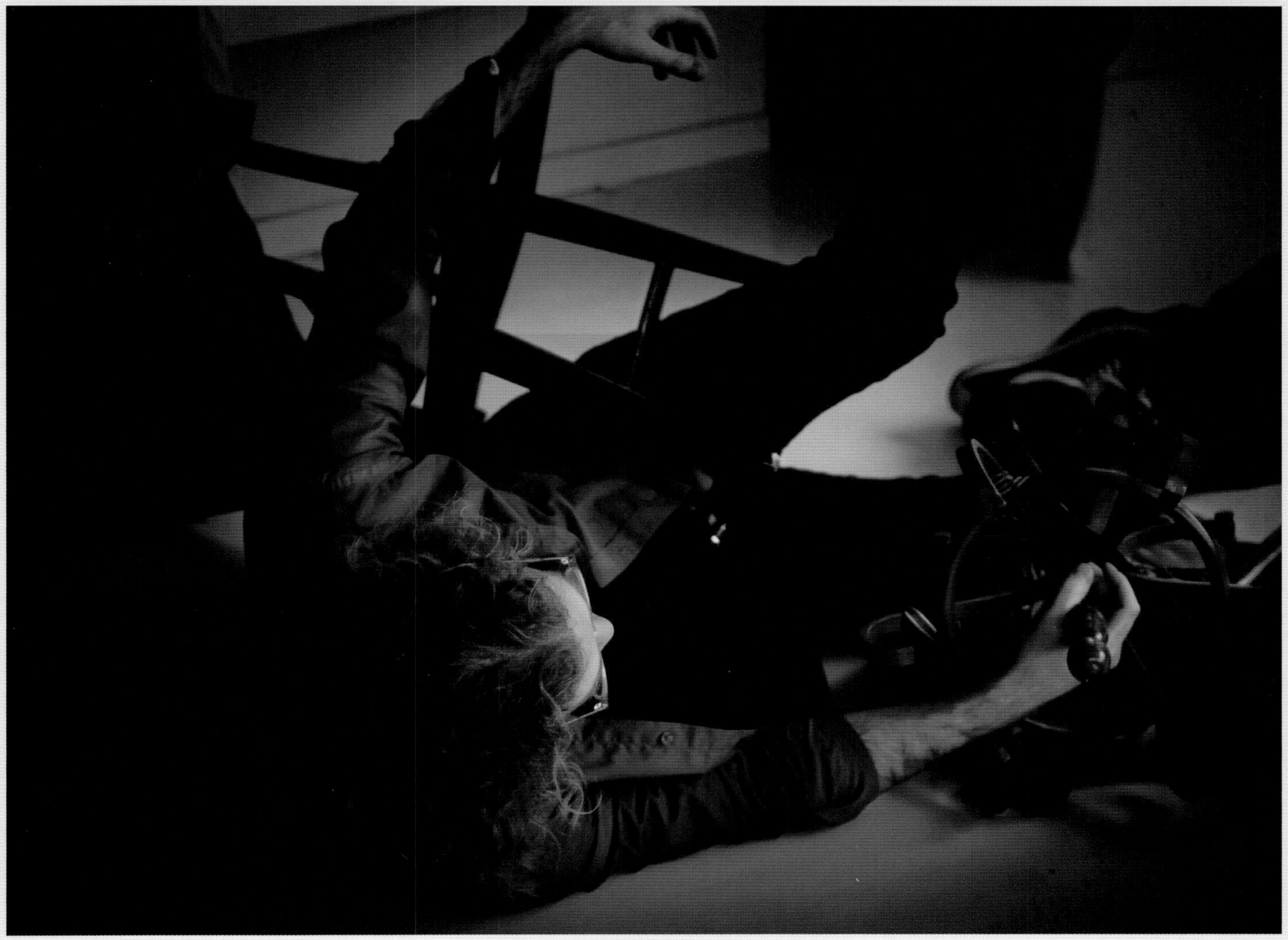

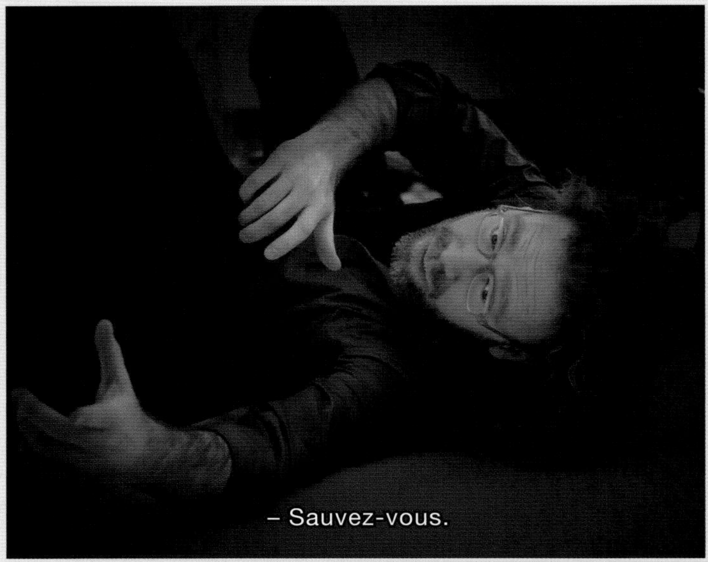
– Sauvez-vous.

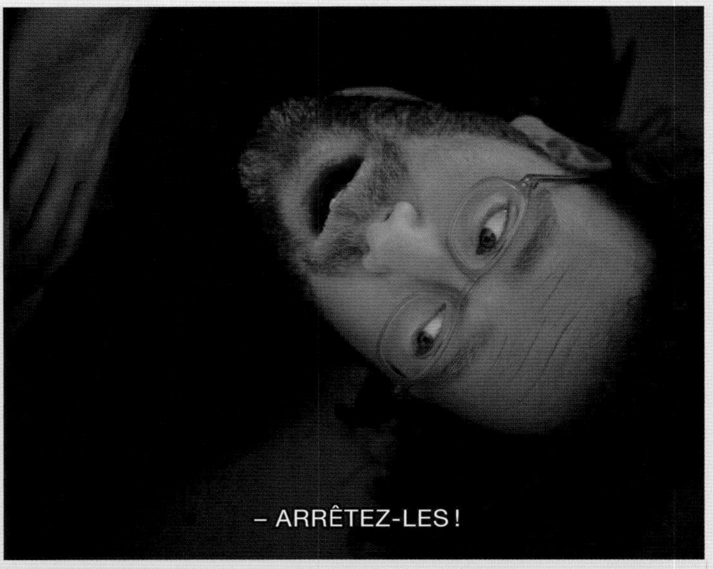
– ARRÊTEZ-LES !

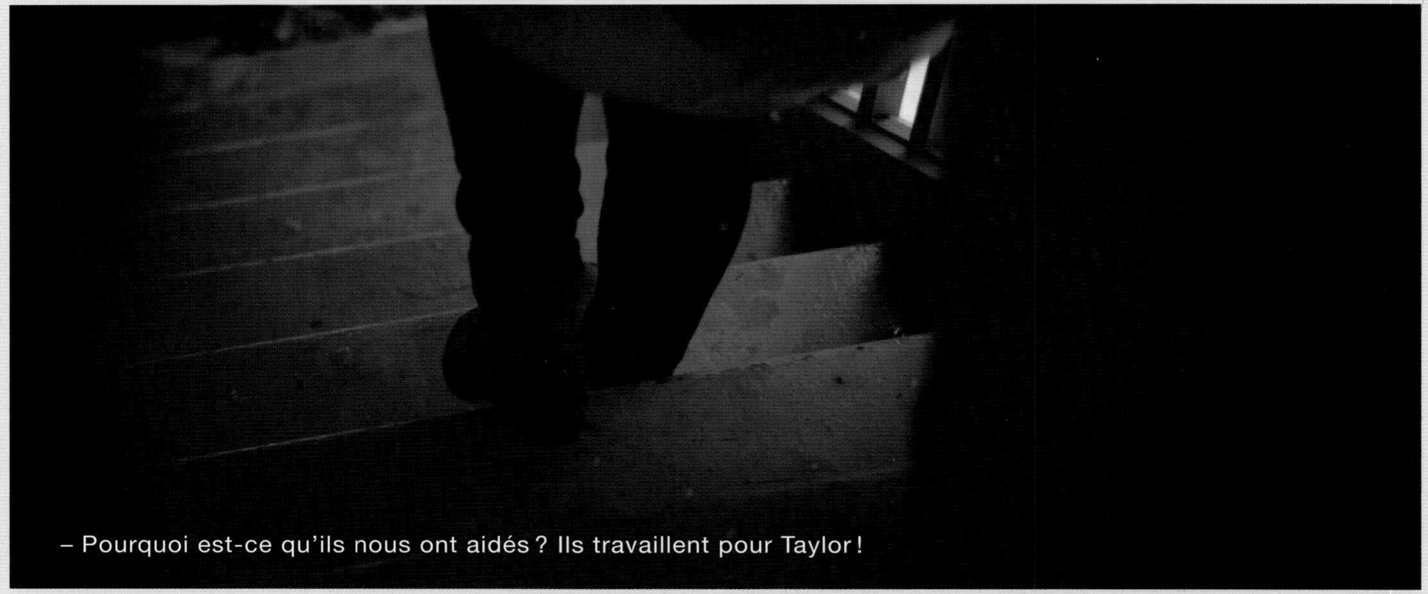
– Pourquoi est-ce qu'ils nous ont aidés ? Ils travaillent pour Taylor !

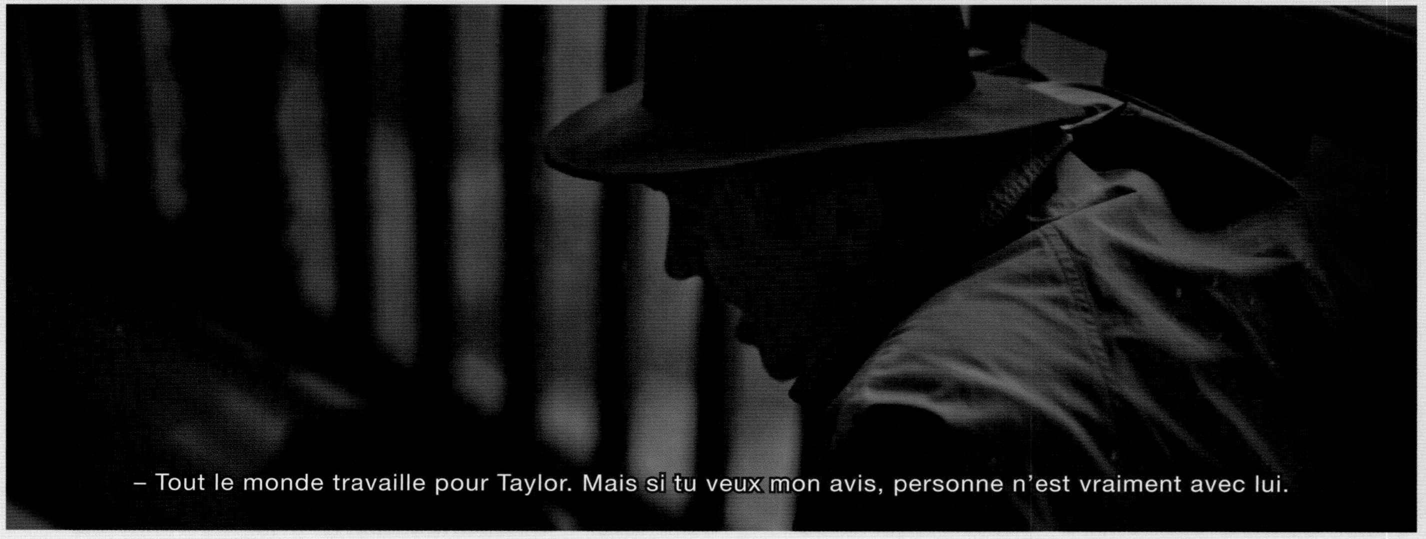
– Tout le monde travaille pour Taylor. Mais si tu veux mon avis, personne n'est vraiment avec lui.

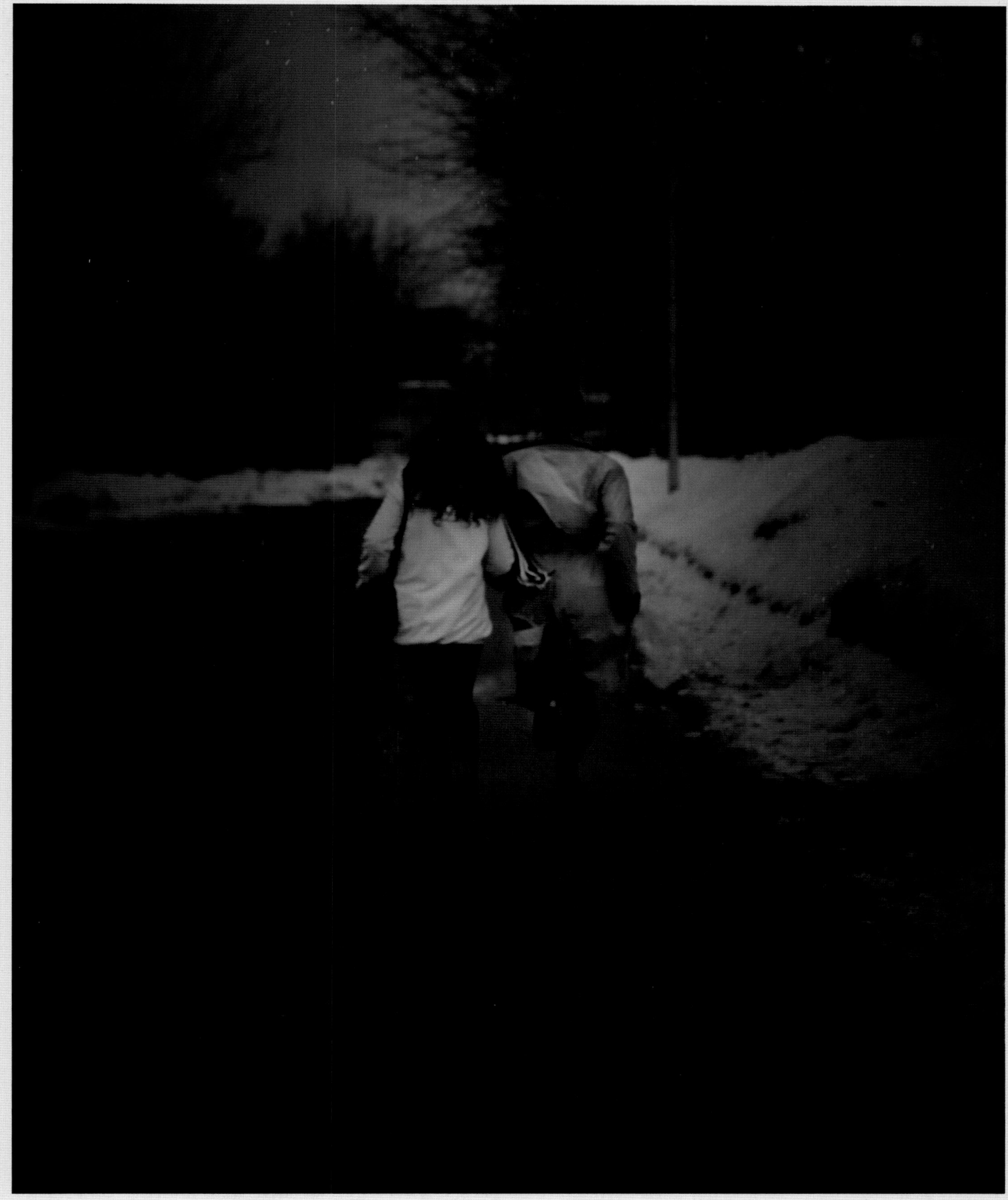

– François... Qu'est-ce qui est arrivé à François ?
– Je dirais qu'il sourit maintenant aux côtés de sa douce.

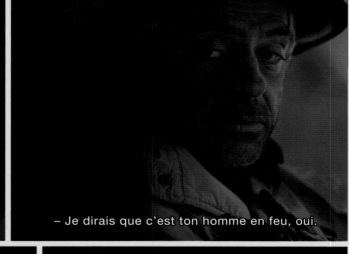

– Mon Dieu, c'est horrible ! Et l'homme avec le masque...
il avait le crâne brûlé. Tu penses que ça peut être...

– Je dirais que c'est ton homme en feu, oui.

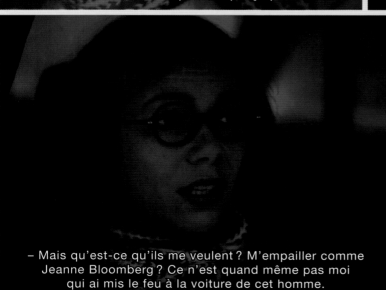

– Mais qu'est-ce qu'ils me veulent ? M'empailler comme
Jeanne Bloomberg ? Ce n'est quand même pas moi
qui ai mis le feu à la voiture de cet homme.

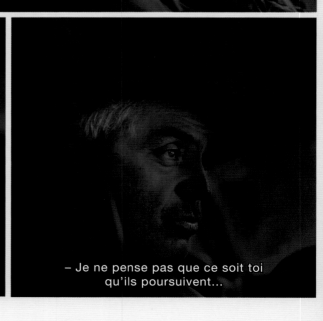

– Je ne pense pas que ce soit toi
qu'ils poursuivent...

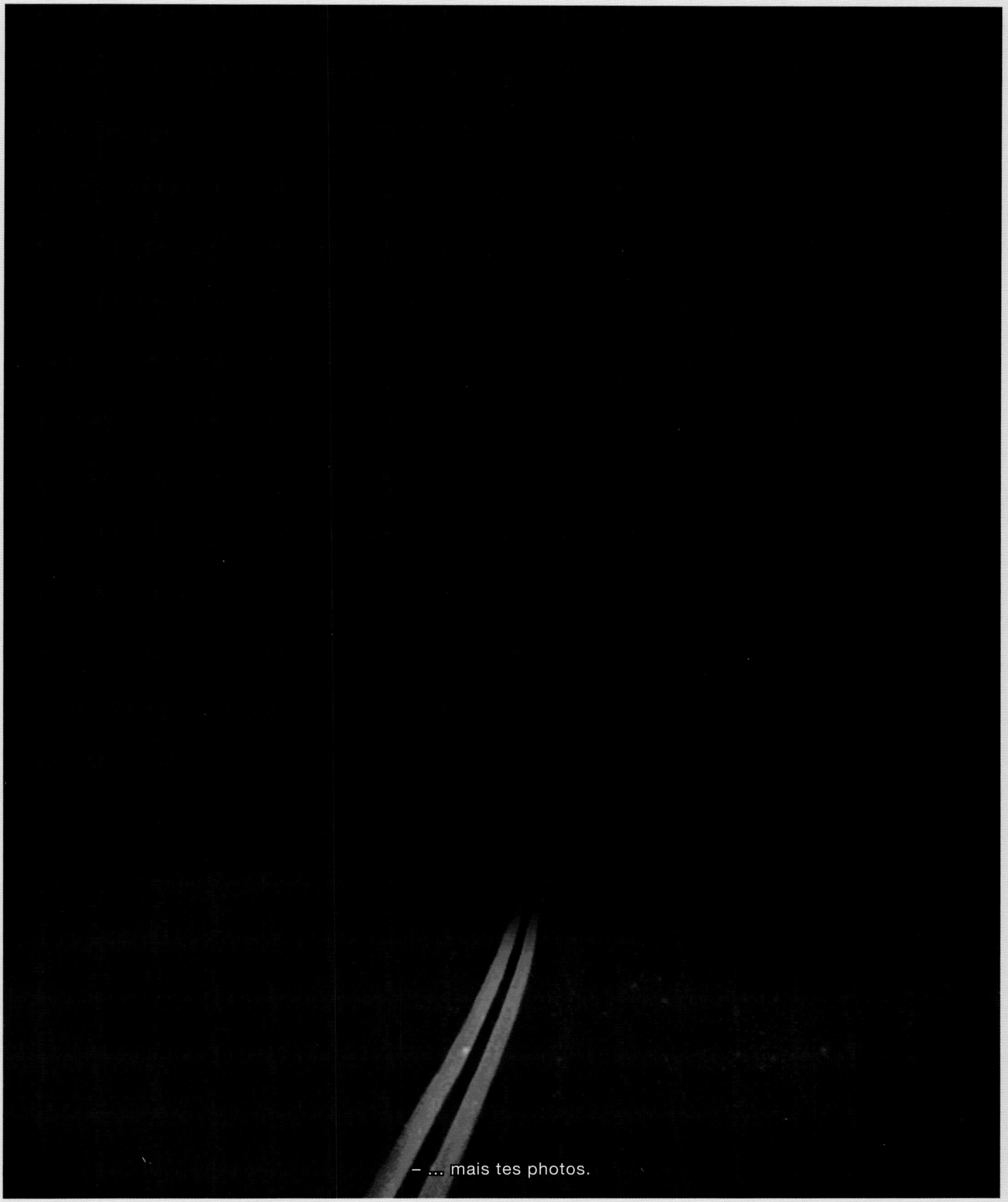

– ... mais tes photos.

NUIT

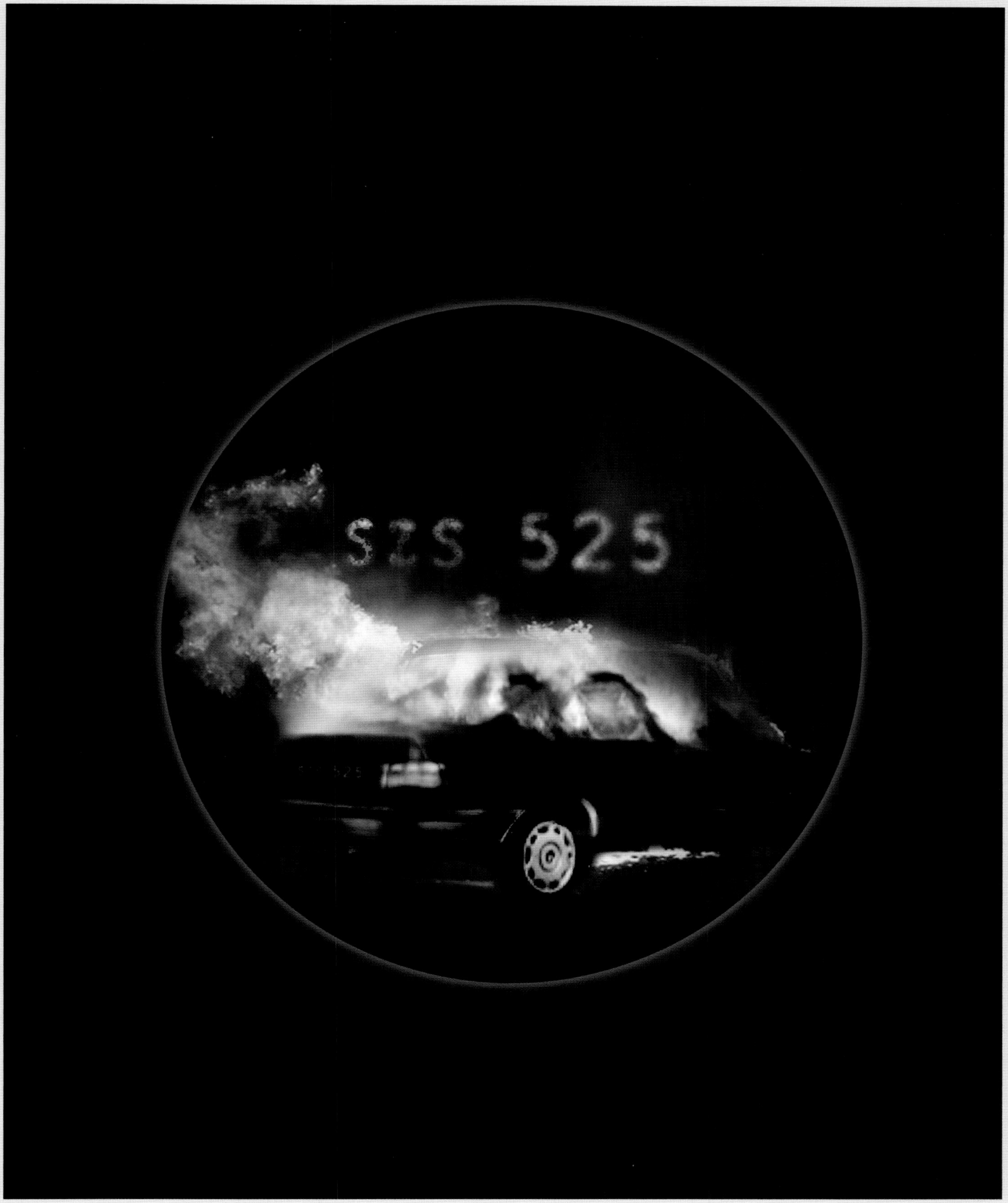
SZS 525

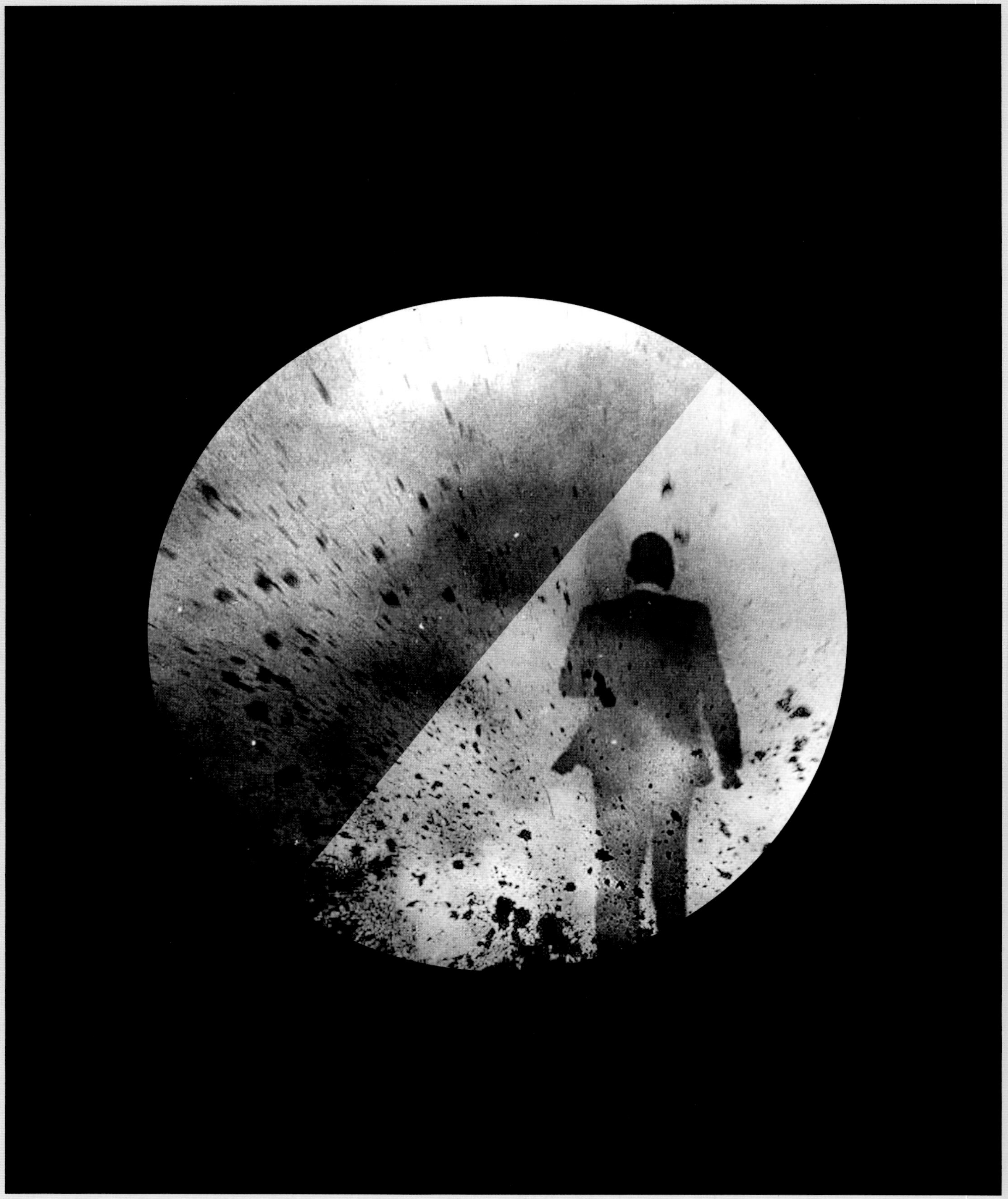

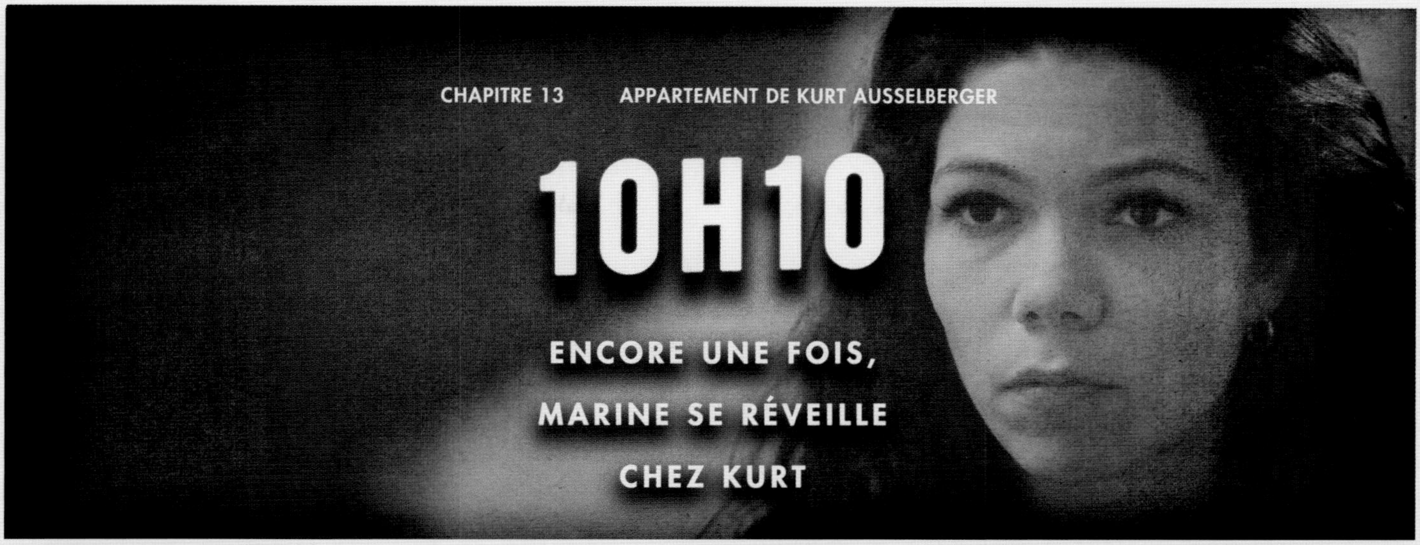
CHAPITRE 13 APPARTEMENT DE KURT AUSSELBERGER
10H10
ENCORE UNE FOIS,
MARINE SE RÉVEILLE
CHEZ KURT

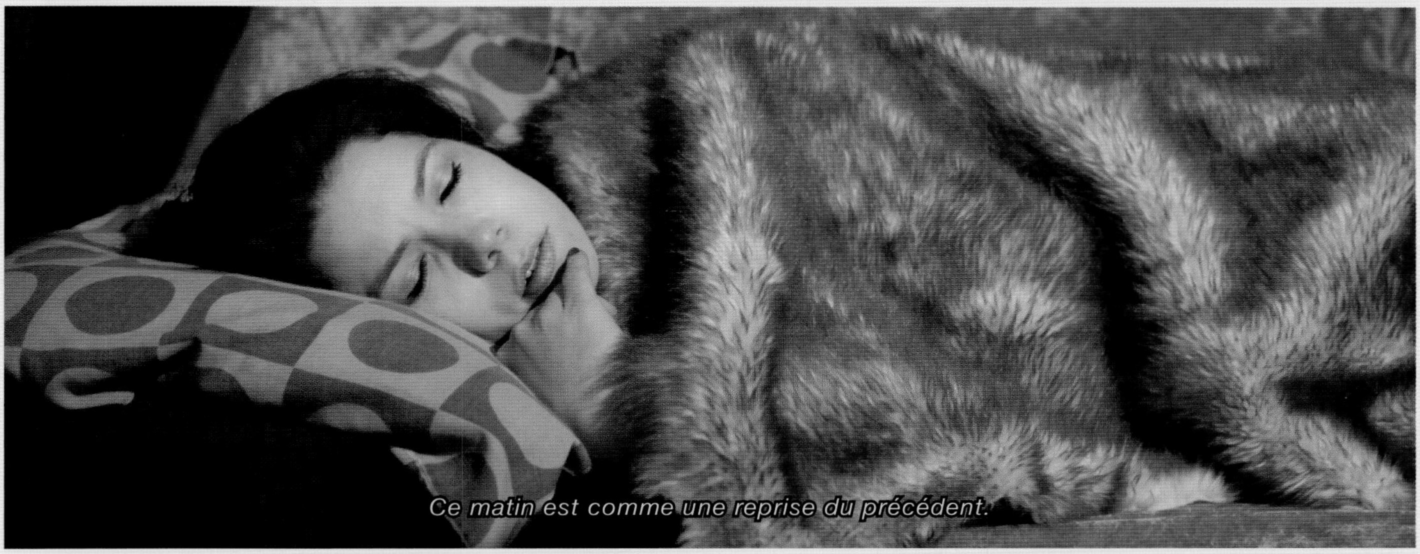
Ce matin est comme une reprise du précédent.

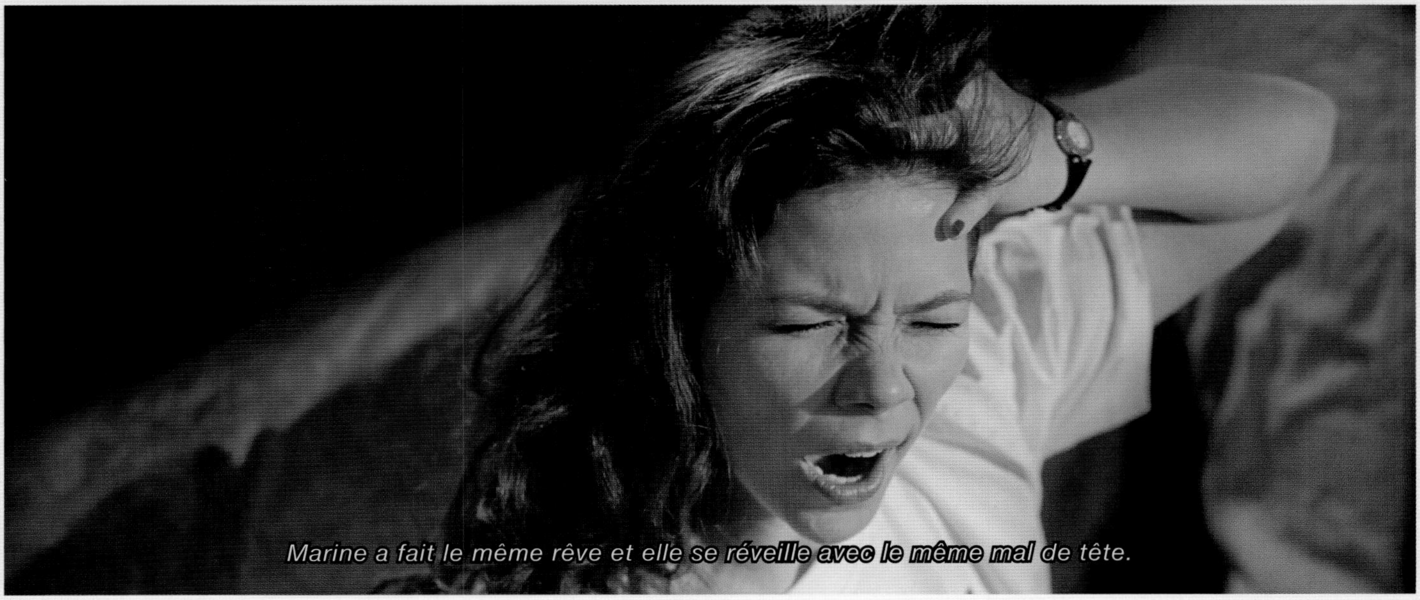
Marine a fait le même rêve et elle se réveille avec le même mal de tête.

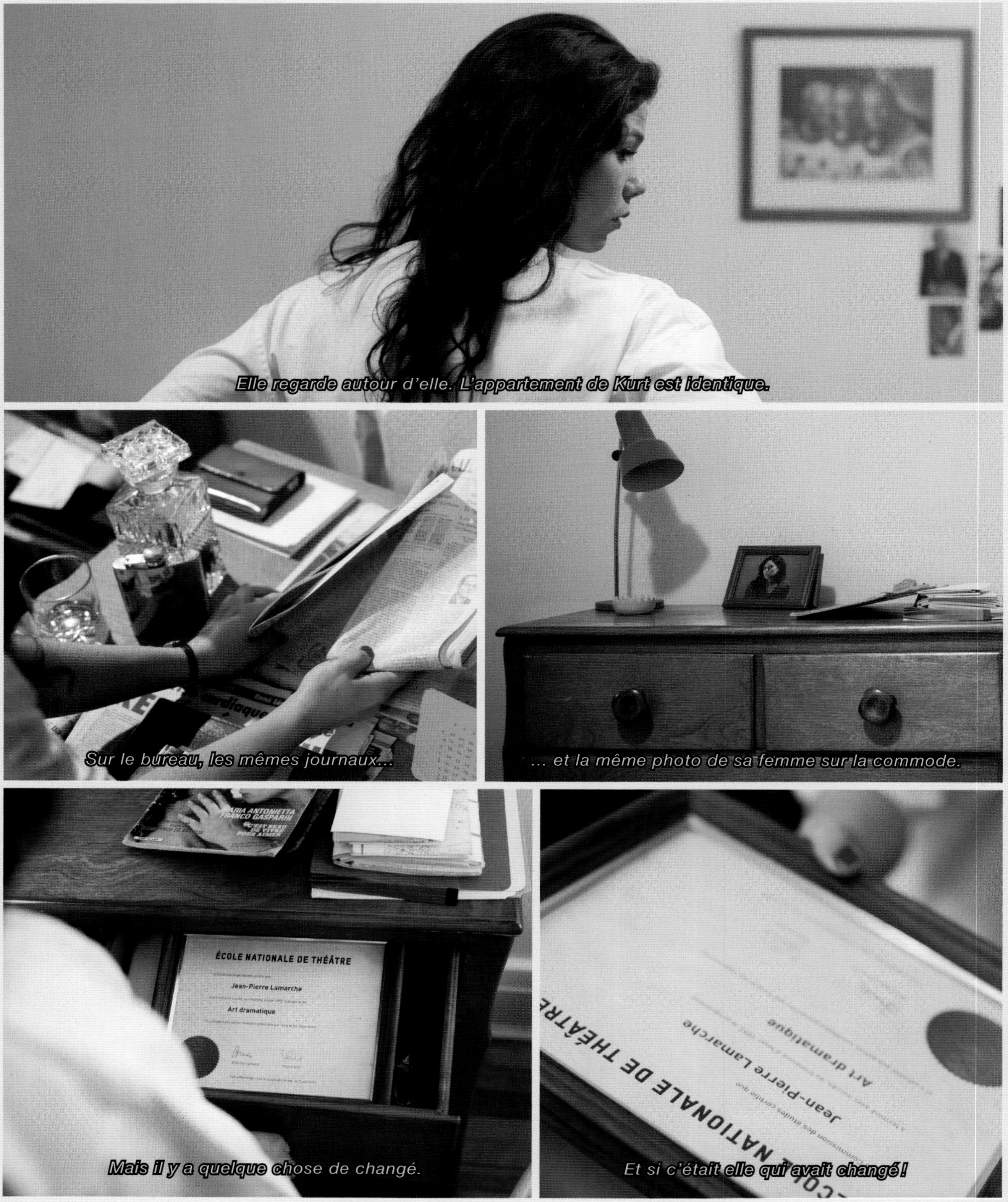
Elle regarde autour d'elle. L'appartement de Kurt est identique.
Sur le bureau, les mêmes journaux...
... et la même photo de sa femme sur la commode.
MARIA ANTONIETTA
FRANCO GASPARRI
C'EST BEAU DE VIVRE POUR AIMER
ÉCOLE NATIONALE DE THÉÂTRE
Jean-Pierre Lamarche
Art dramatique
Mais il y a quelque chose de changé.
Et si c'était elle qui avait changé !

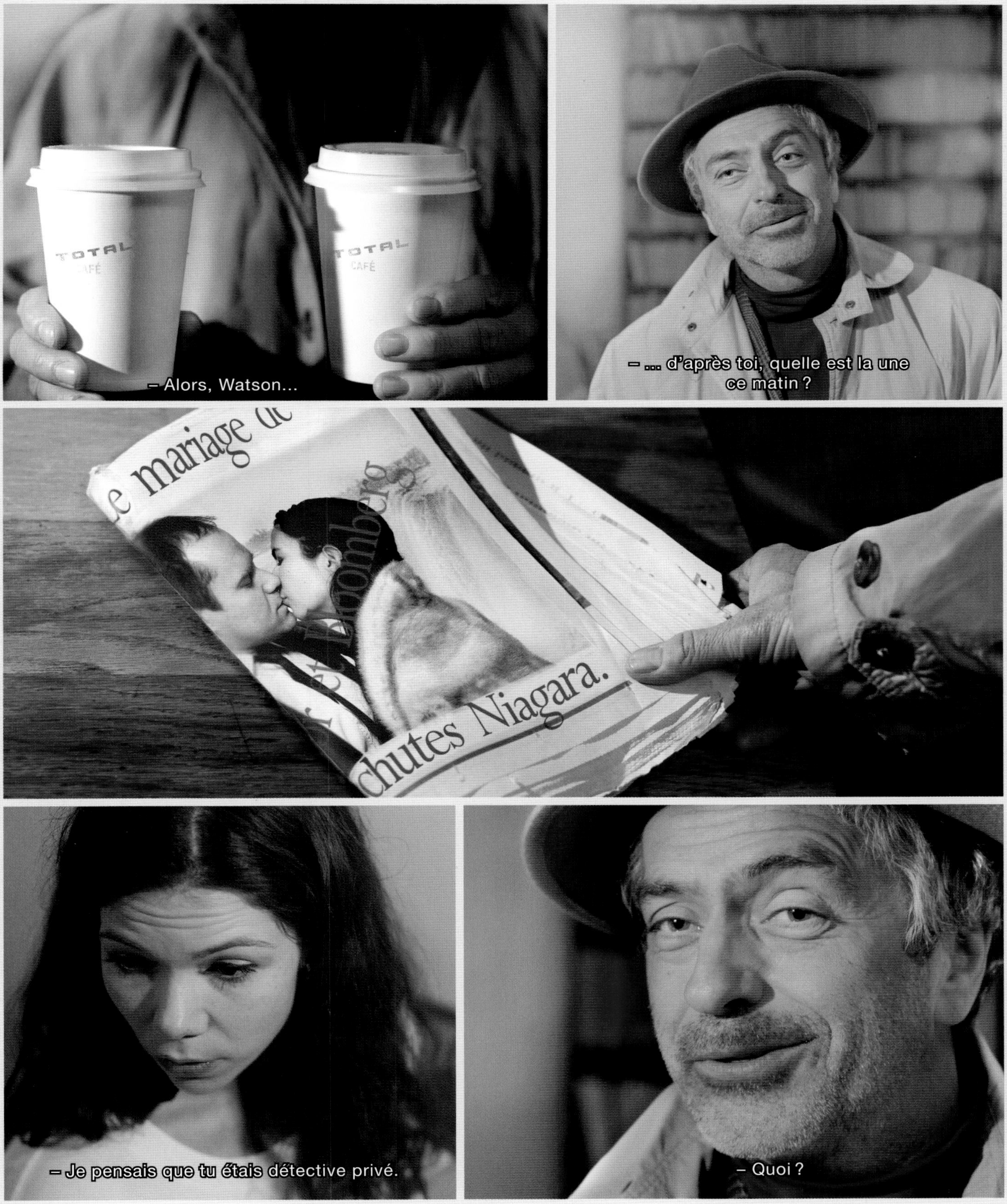
TOTAL
CAFÉ
TOTAL
CAFÉ
– Alors, Watson...
– ... d'après toi, quelle est la une
ce matin ?
mariage
chutes Niagara.
– Je pensais que tu étais détective privé.
– Quoi ?

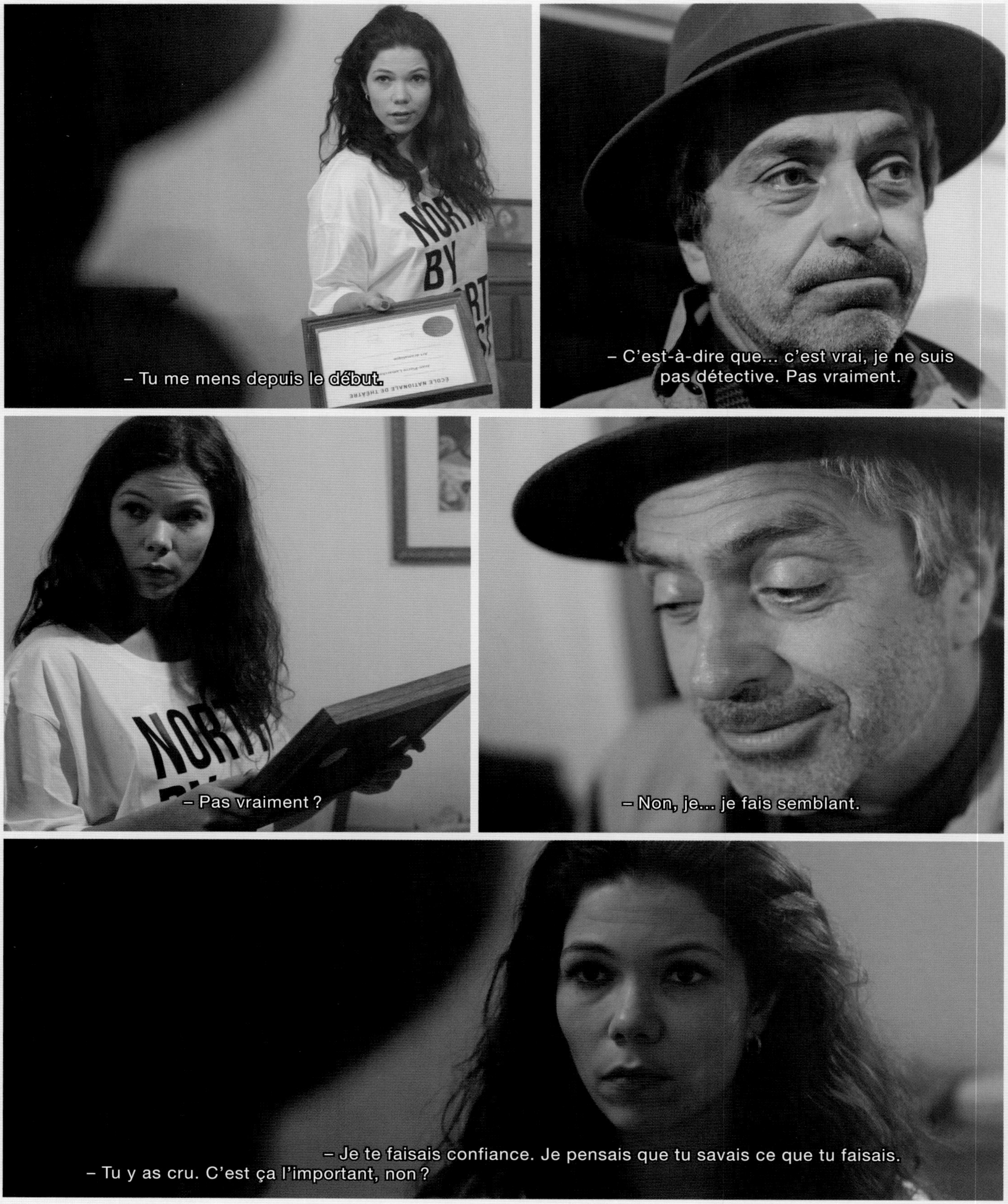
– Tu me mens depuis le début.
– C'est-à-dire que... c'est vrai, je ne suis pas détective. Pas vraiment.
– Pas vraiment ?
– Non, je... je fais semblant.
– Je te faisais confiance. Je pensais que tu savais ce que tu faisais.
– Tu y as cru. C'est ça l'important, non ?

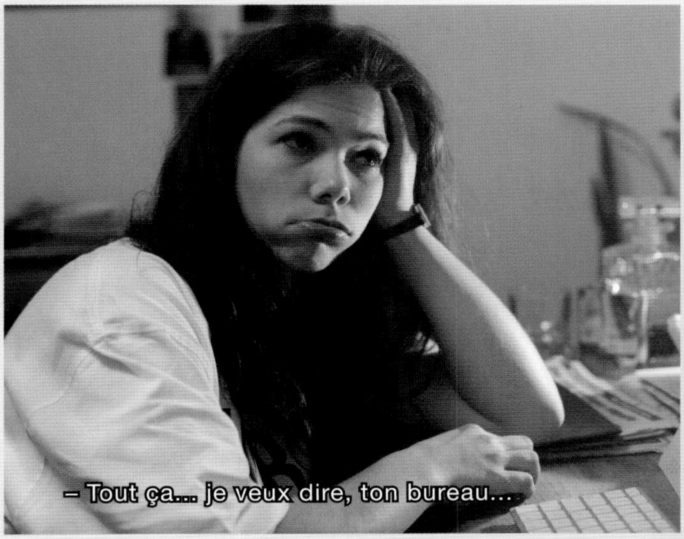
– Tout ça… je veux dire, ton bureau…

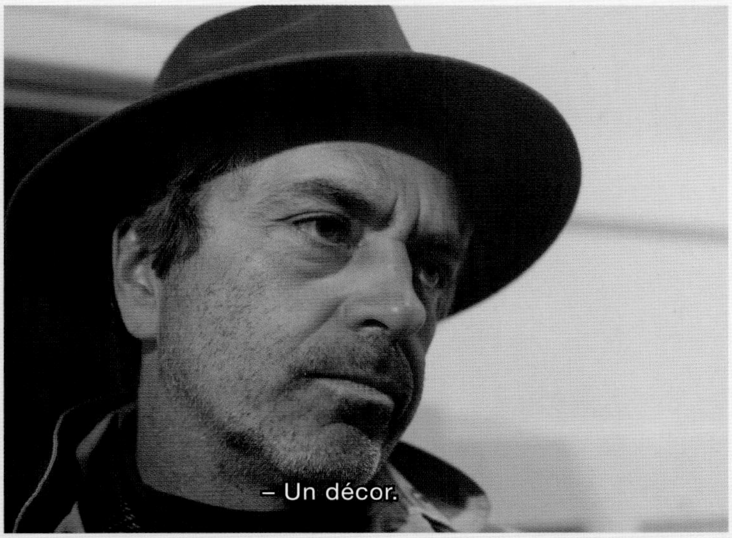
– Un décor.

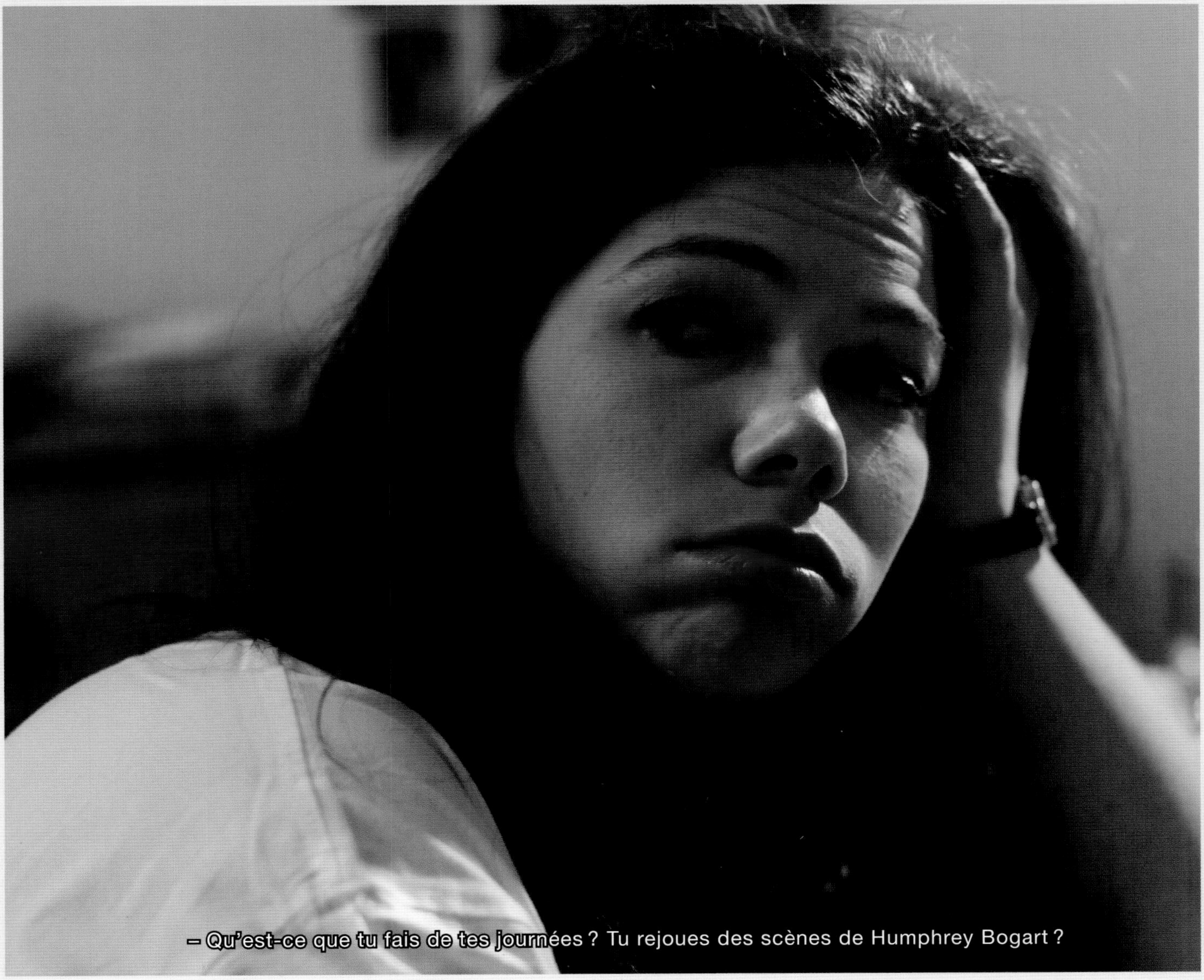
– Qu'est-ce que tu fais de tes journées ? Tu rejoues des scènes de Humphrey Bogart ?

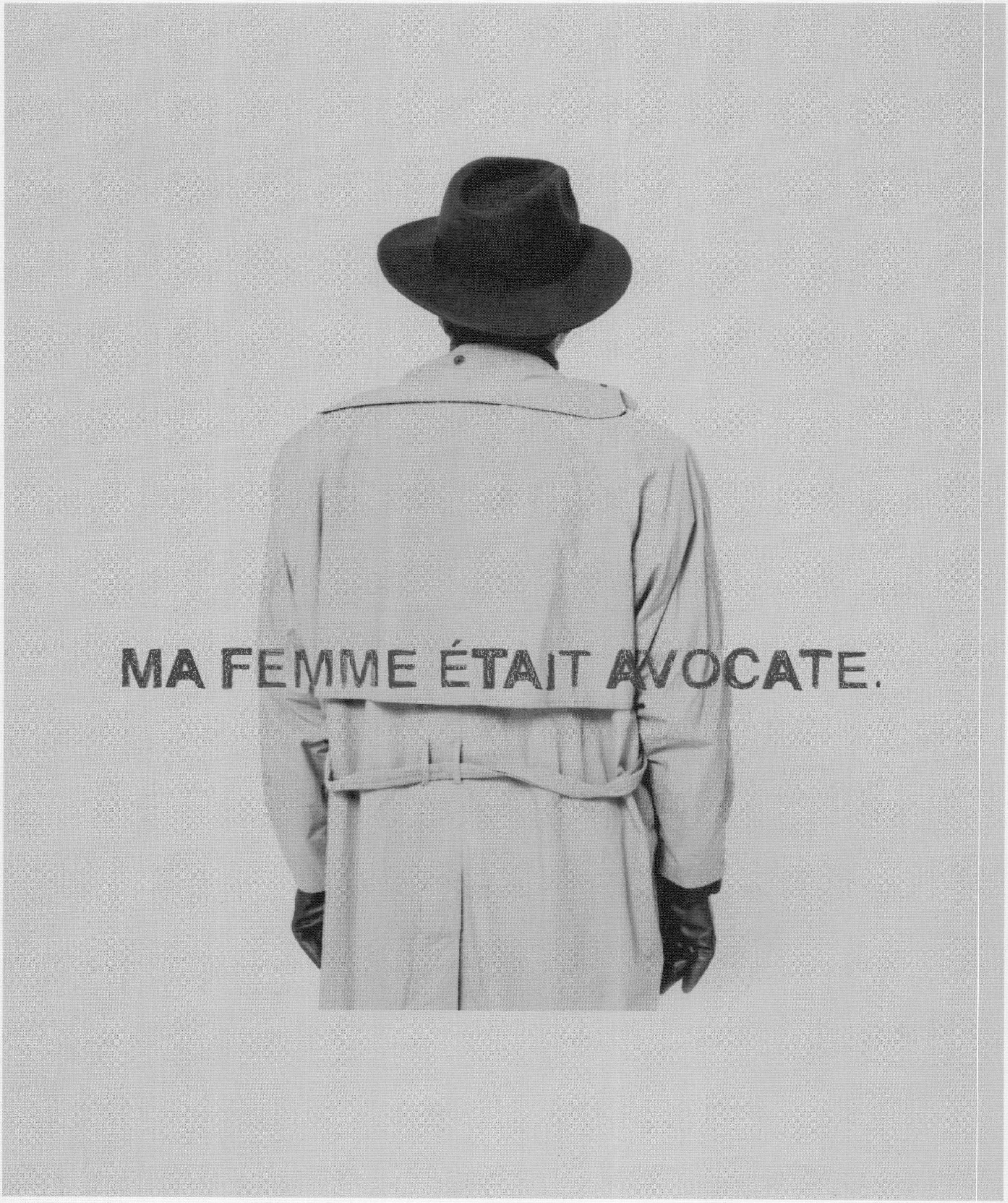
MA FEMME ÉTAIT AVOCATE.

JE NE COMPRENAIS
PAS POURQUOI,

MAIS ELLE FAISAIT
UNE VÉRITABLE OBSESSION

DE RÉJEAN TAYLOR.

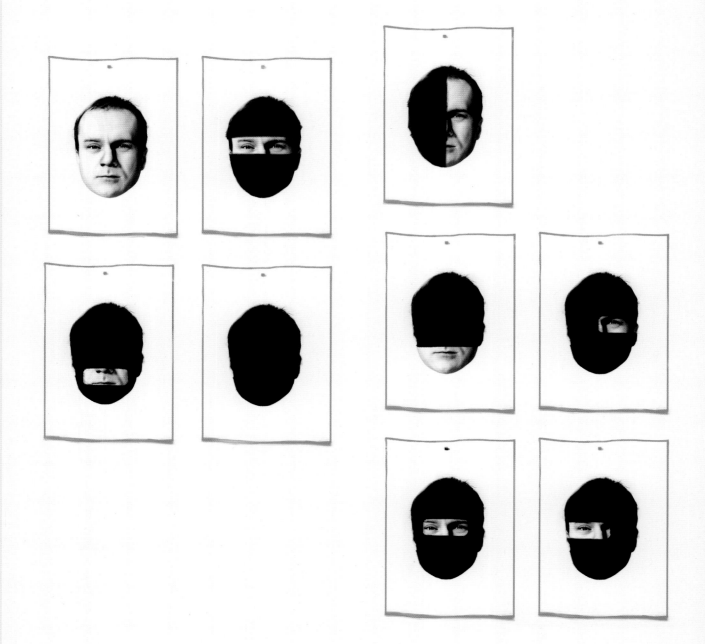

ELLE PASSAIT SES JOURNÉES
À SON BUREAU, À ÉPLUCHER
UN PAQUET DE DOCUMENTS.

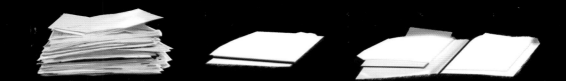

ELLE ÉTAIT CONVAINCUE
QU'IL CACHAIT
QUELQUE CHOSE

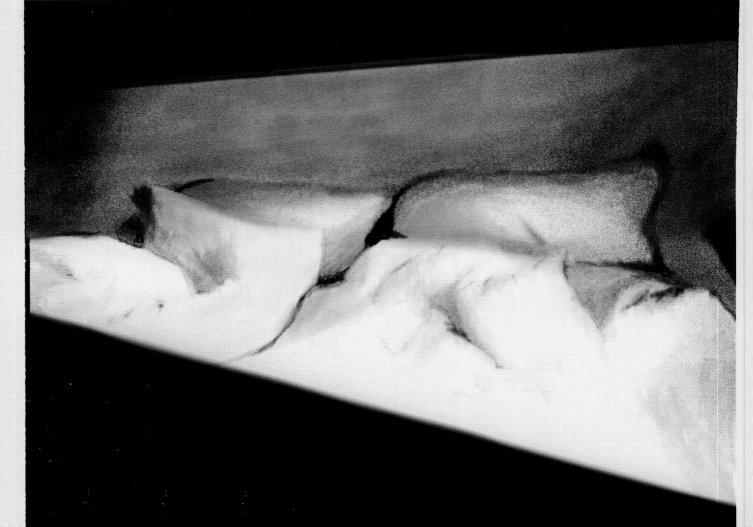

JE ME SUIS RÉVEILLÉ UN
MATIN, TOUS SES DOCUMENTS
ÉTAIENT SUR MON BUREAU,
CLASSÉS AVEC LA NOTE :

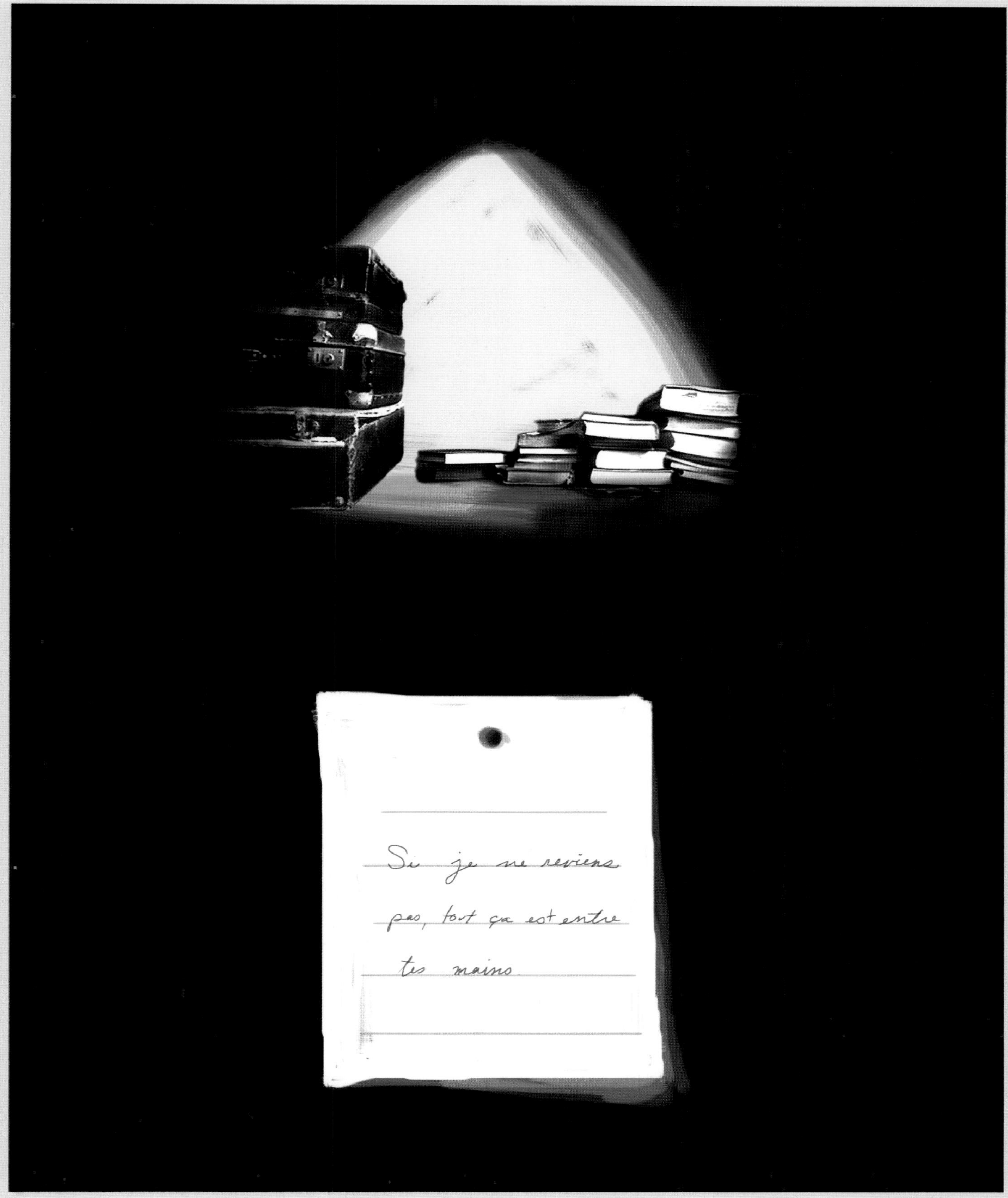
Si je ne reviens
pas, tout ça est entre
tes mains.

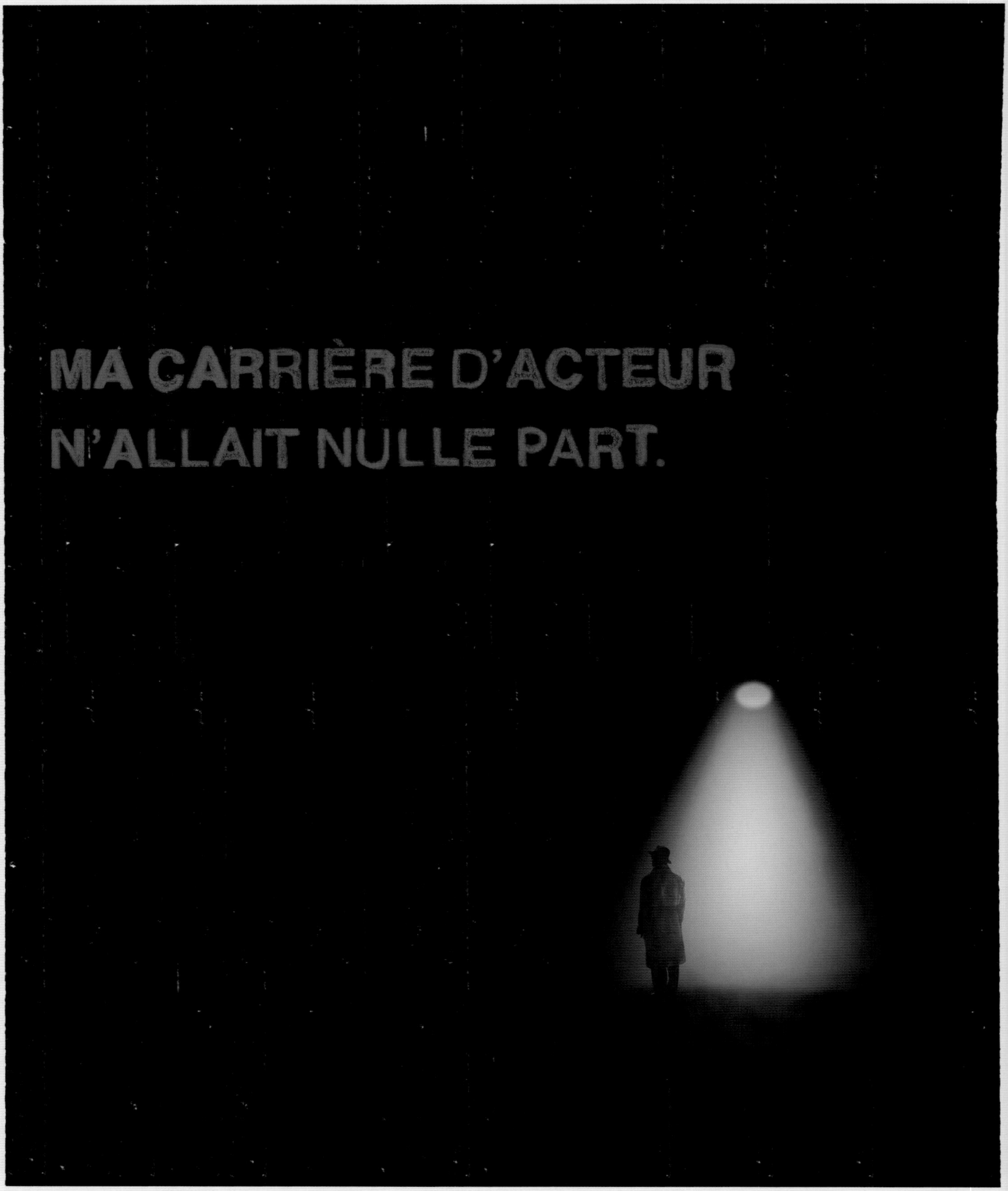
MA CARRIÈRE D'ACTEUR
N'ALLAIT NULLE PART.

J'ÉTAIS COMMIS
D'ASSURANCE, JE MENAIS
UNE EXISTENCE MINABLE.

JE ME SUIS DIT QU'IL FALLAIT
QUE JE FASSE ÇA POUR ELLE.
MAIS PUISQUE JE NE SAVAIS
PAS COMMENT MENER MON
ENQUÊTE, J'AI FAIT LA SEULE
CHOSE QUE J'AIE JAMAIS
SU FAIRE :

J'AI FAIT SEMBLANT.

J'AI FAIT DE MA VIE MON PLUS GRAND RÔLE.

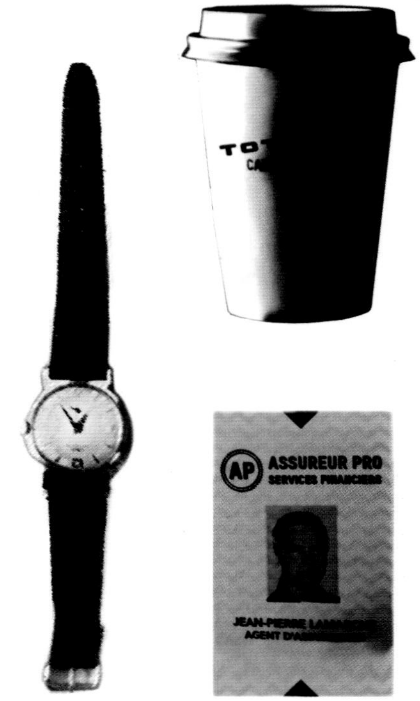
AP
ASSUREUR PRO
SERVICES FINANCIERS

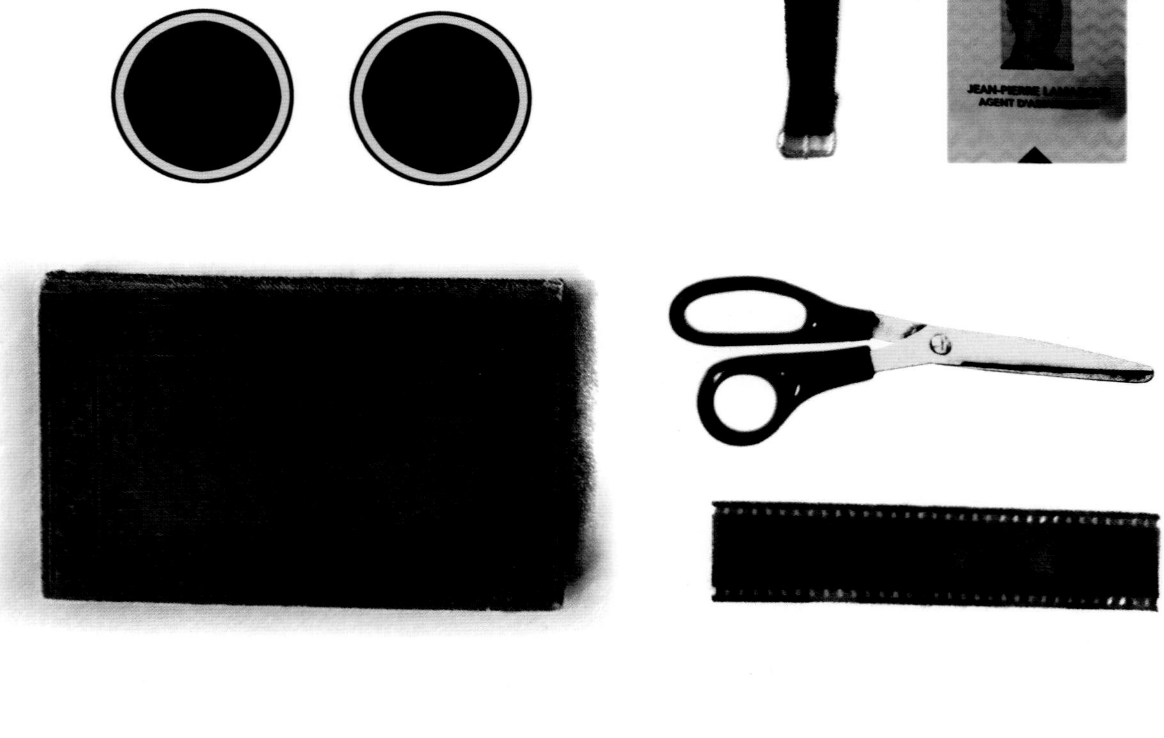

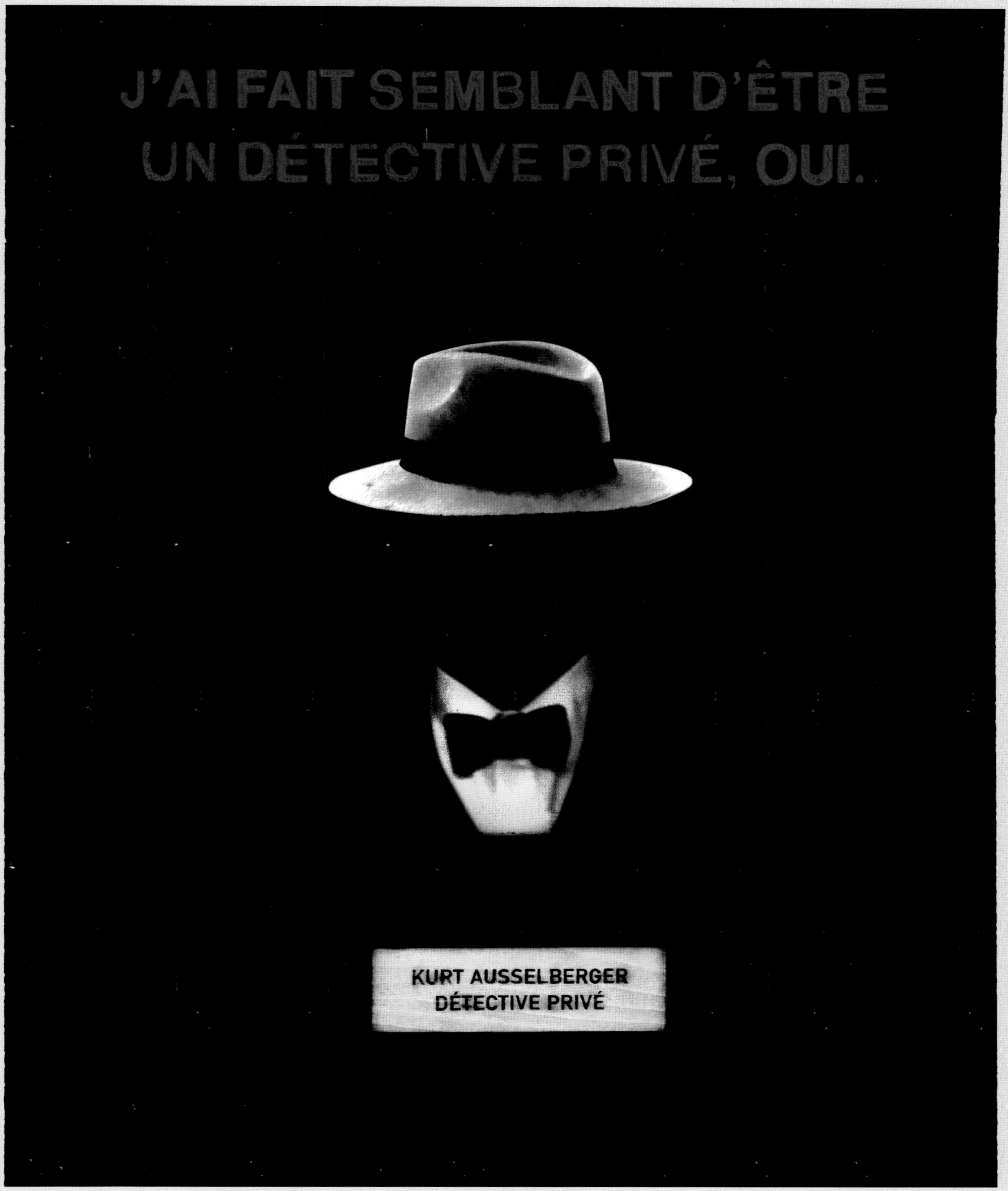
J'AI FAIT SEMBLANT D'ÊTRE
UN DÉTECTIVE PRIVÉ, OUI.
KURT AUSSELBERGER
DÉTECTIVE PRIVÉ

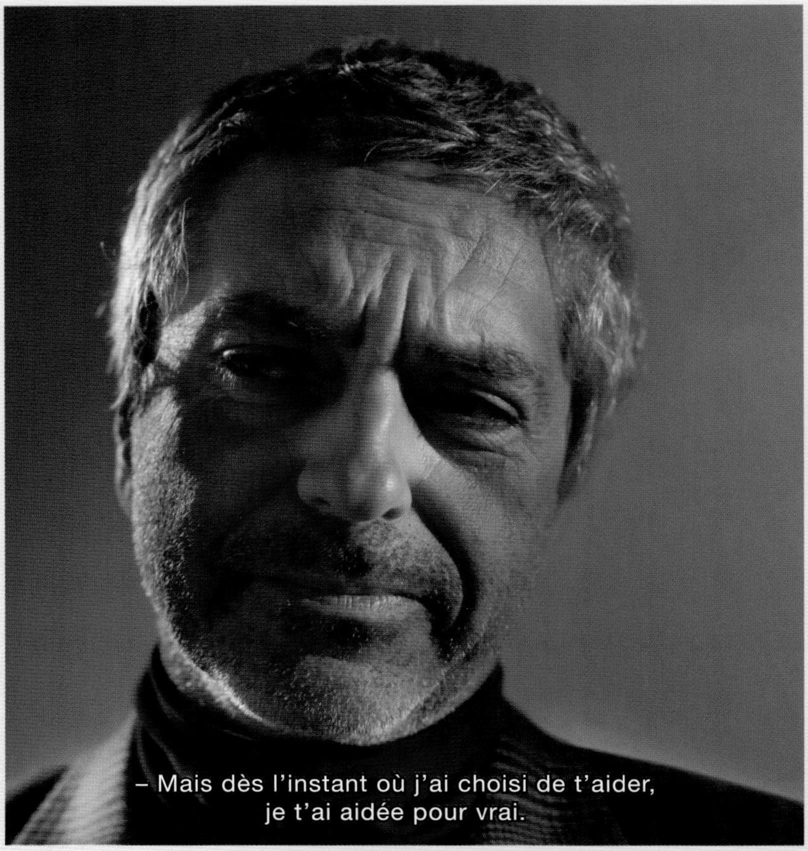
– Mais dès l'instant où j'ai choisi de t'aider,
je t'ai aidée pour vrai.

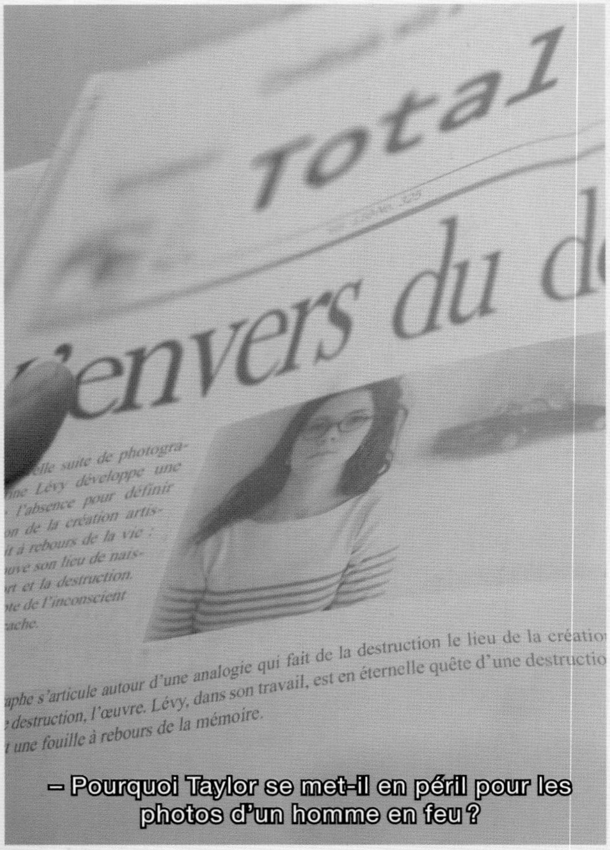
Total
– Pourquoi Taylor se met-il en péril pour les
photos d'un homme en feu ?

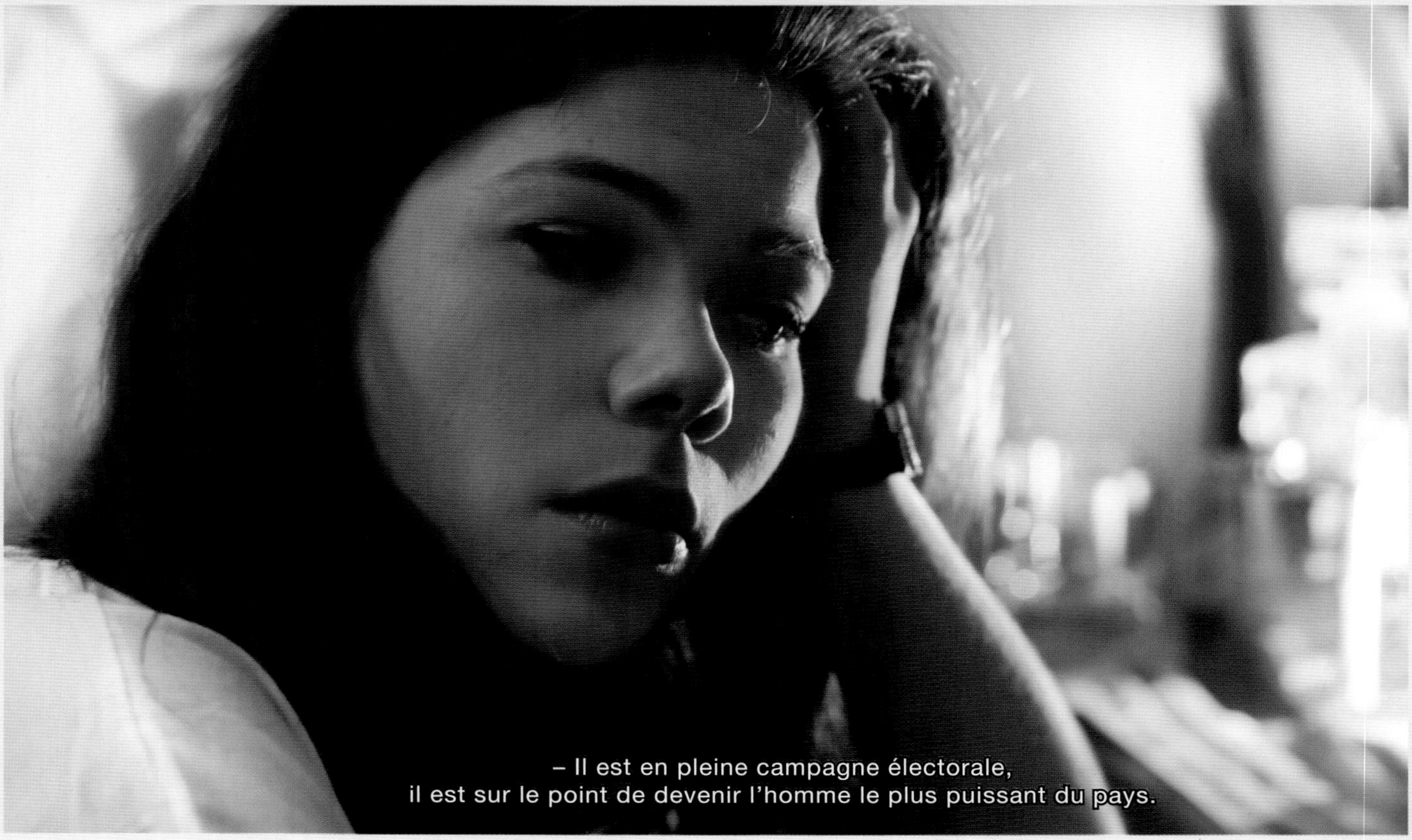
– Il est en pleine campagne électorale,
il est sur le point de devenir l'homme le plus puissant du pays.

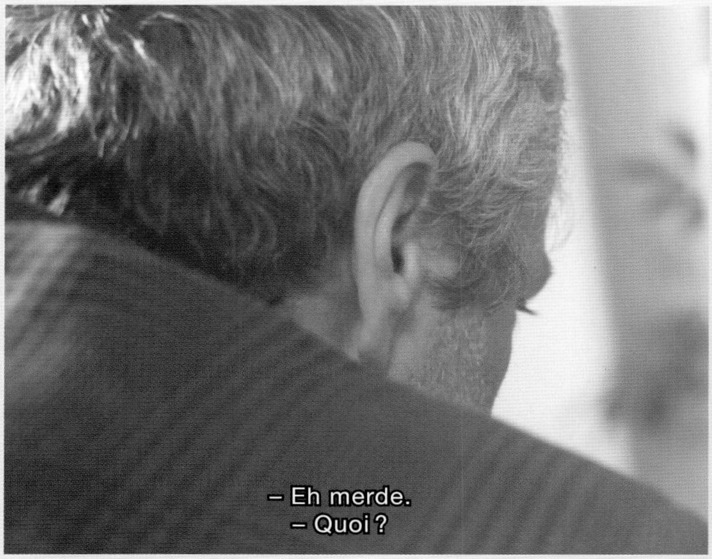
– Eh merde.
– Quoi ?

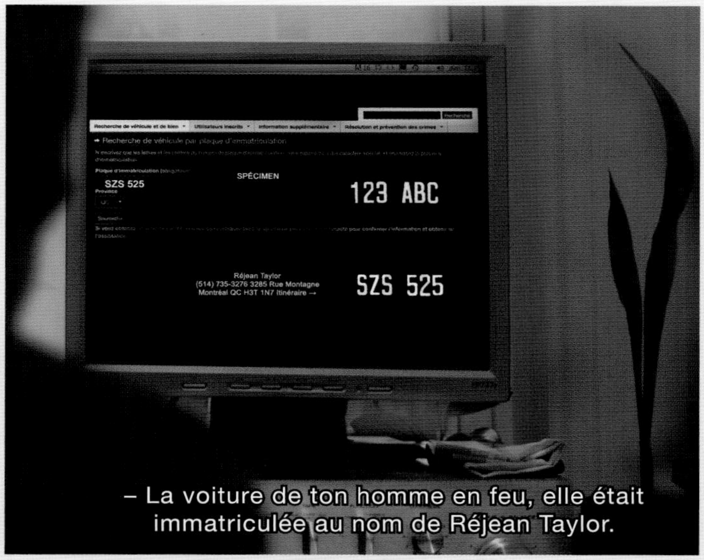
SZS 525
SPÉCIMEN
123 ABC
Réjean Taylor
(514) 735-3276 3285 Rue Montagne
Montréal QC H3T 1N7 Itinéraire →
SZS 525
– La voiture de ton homme en feu, elle était
immatriculée au nom de Réjean Taylor.

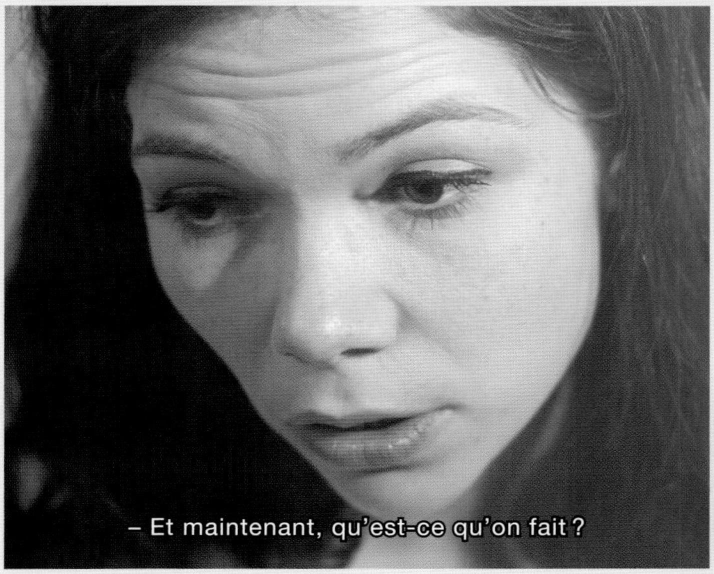
– Et maintenant, qu'est-ce qu'on fait ?

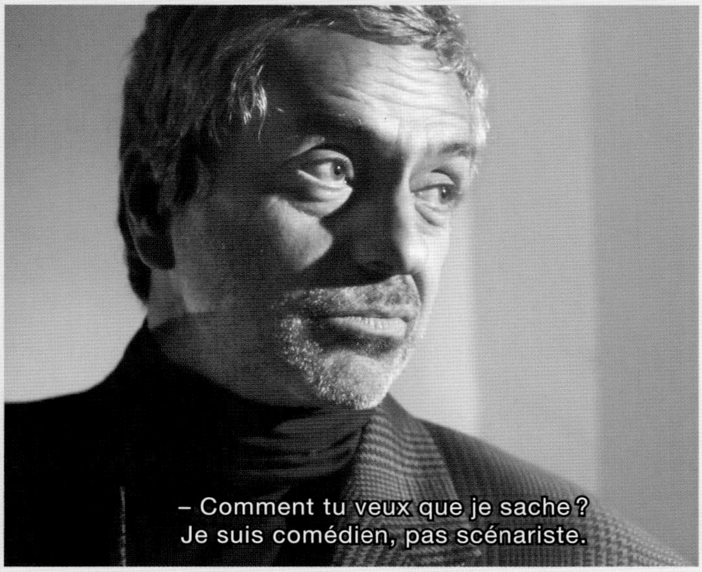
– Comment tu veux que je sache ?
Je suis comédien, pas scénariste.

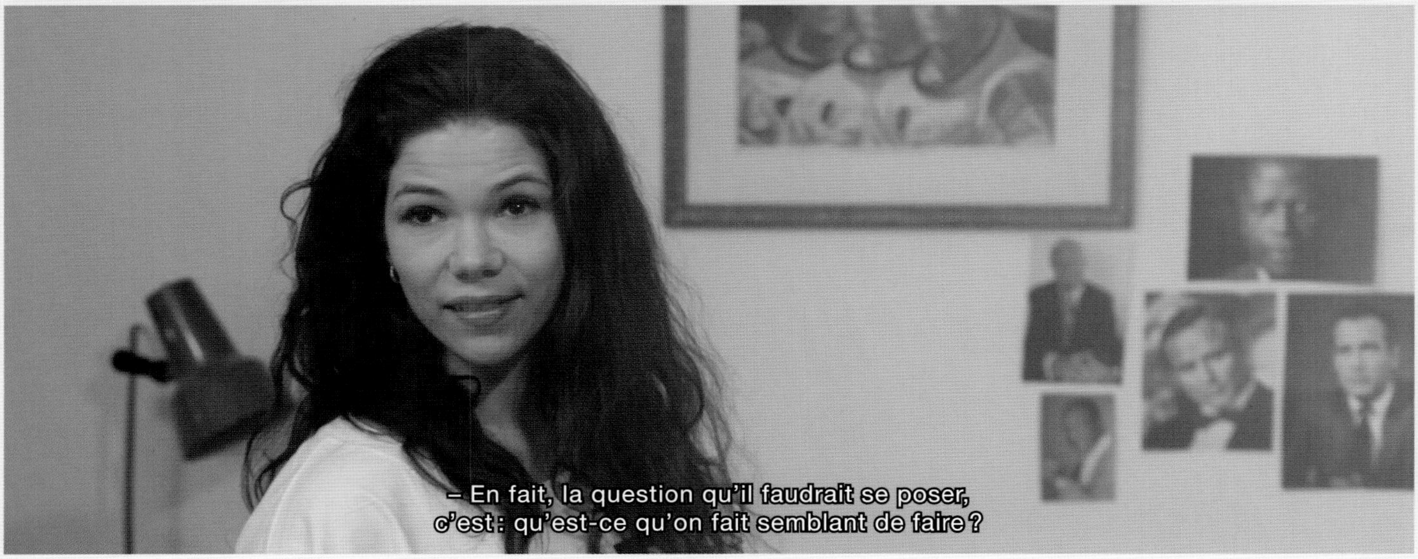
– En fait, la question qu'il faudrait se poser,
c'est : qu'est-ce qu'on fait semblant de faire ?

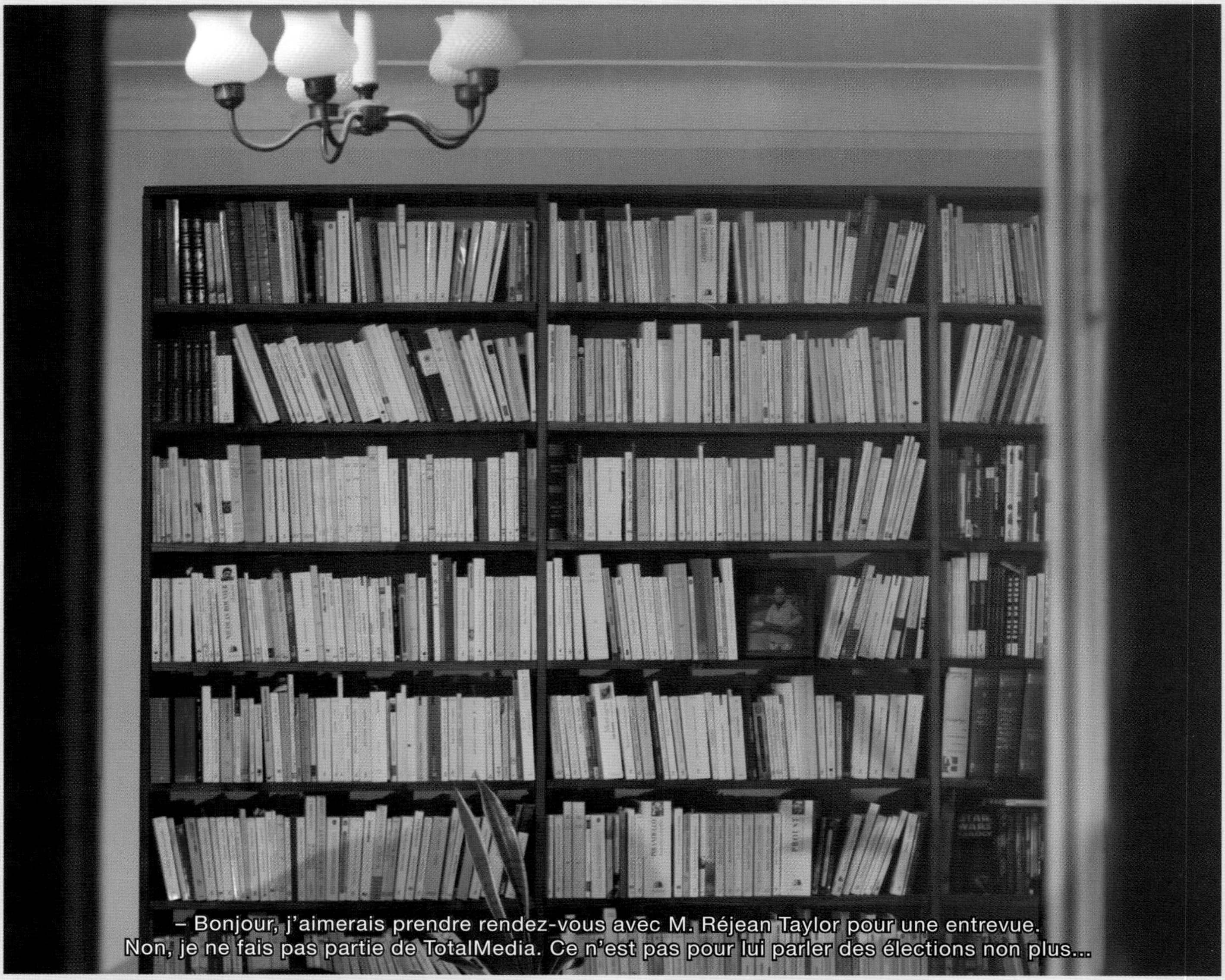
– Bonjour, j'aimerais prendre rendez-vous avec M. Réjean Taylor pour une entrevue.
Non, je ne fais pas partie de TotalMedia. Ce n'est pas pour lui parler des élections non plus...

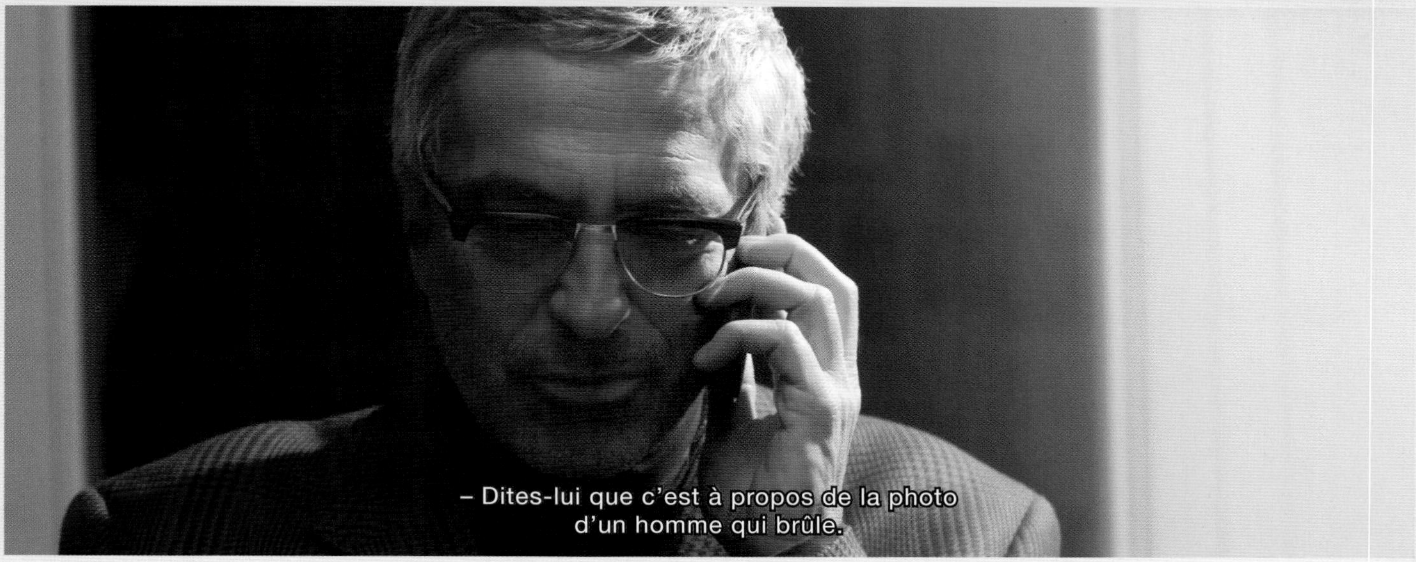
– Dites-lui que c'est à propos de la photo
d'un homme qui brûle.

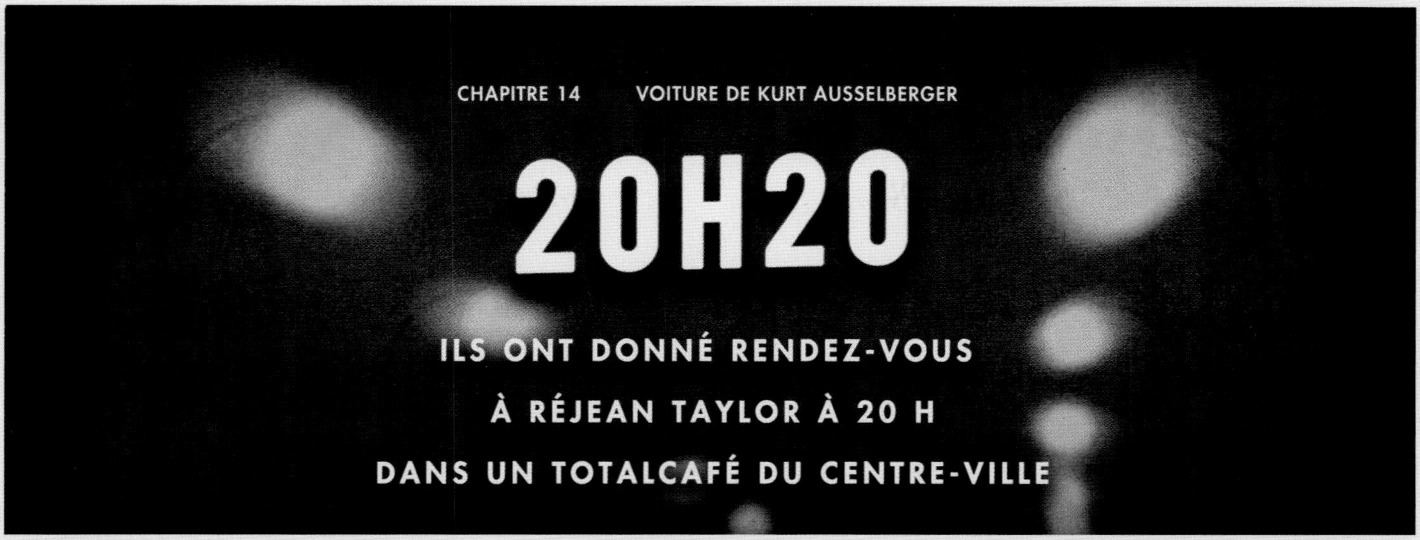

CHAPITRE 14 VOITURE DE KURT AUSSELBERGER

20H20

ILS ONT DONNÉ RENDEZ-VOUS
À RÉJEAN TAYLOR À 20 H
DANS UN TOTALCAFÉ DU CENTRE-VILLE

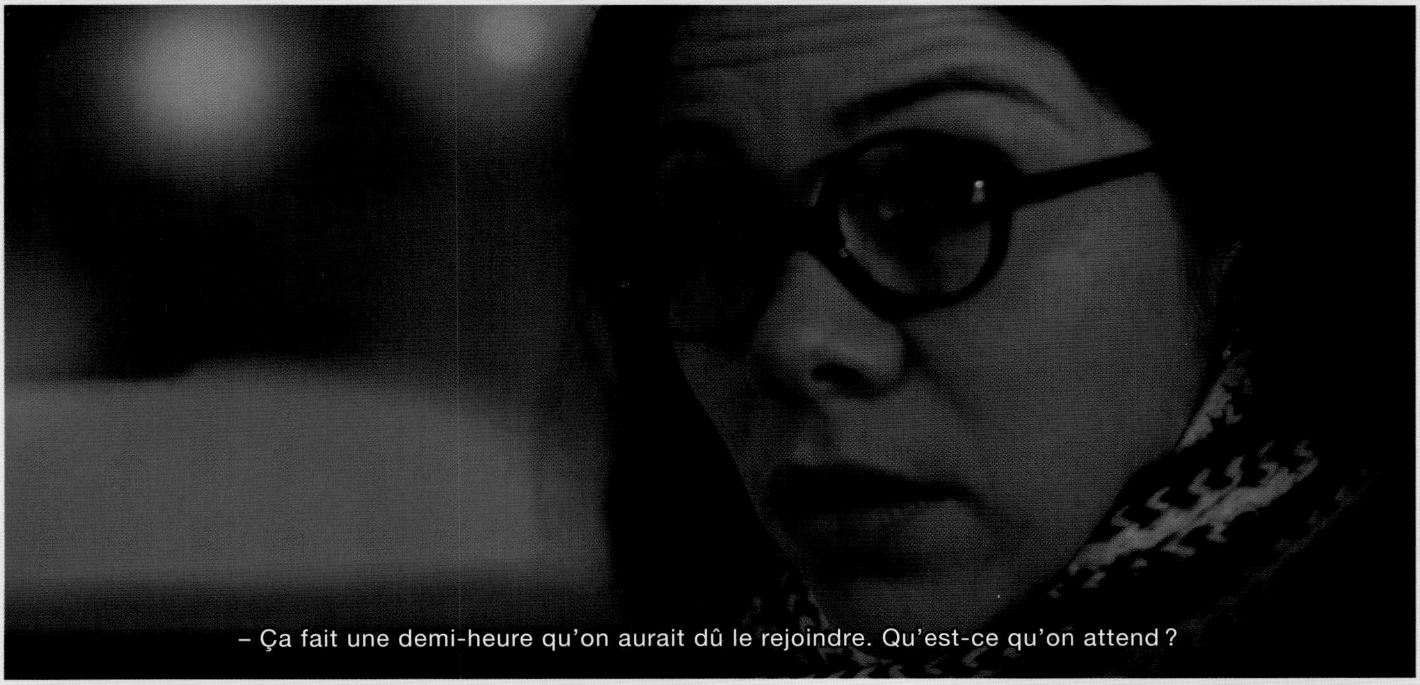
– Ça fait une demi-heure qu'on aurait dû le rejoindre. Qu'est-ce qu'on attend ?

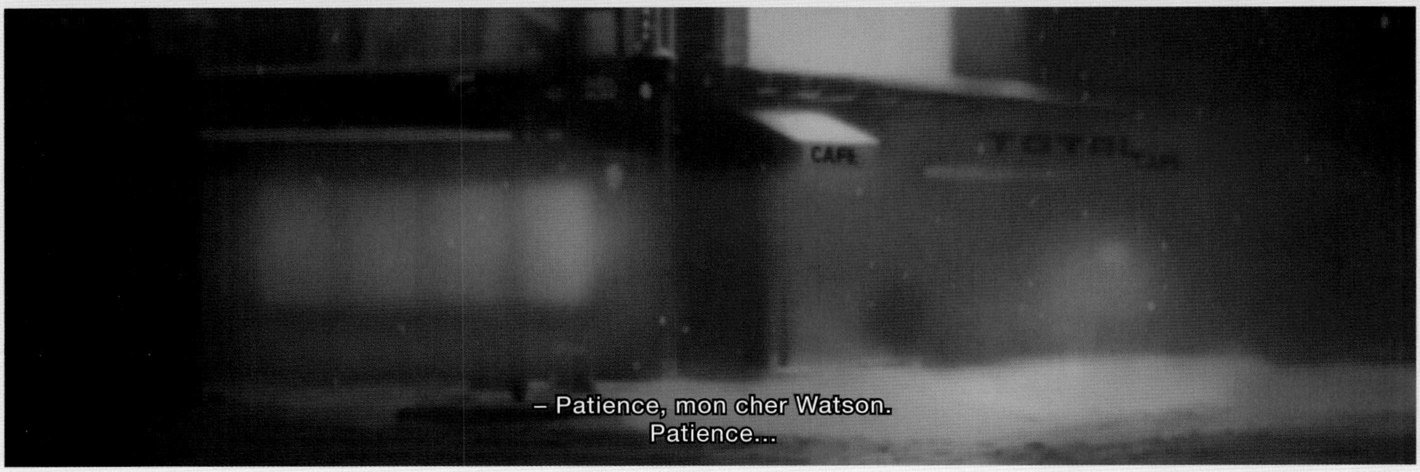
CAFE
– Patience, mon cher Watson.
Patience…

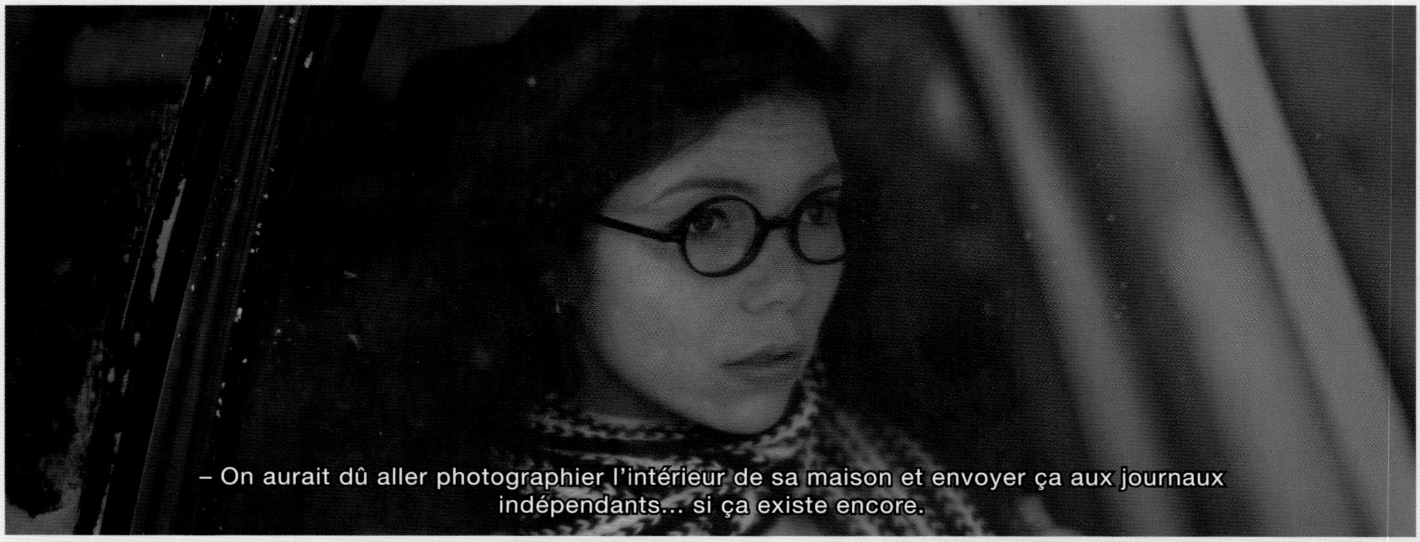
– On aurait dû aller photographier l'intérieur de sa maison et envoyer ça aux journaux
indépendants... si ça existe encore.

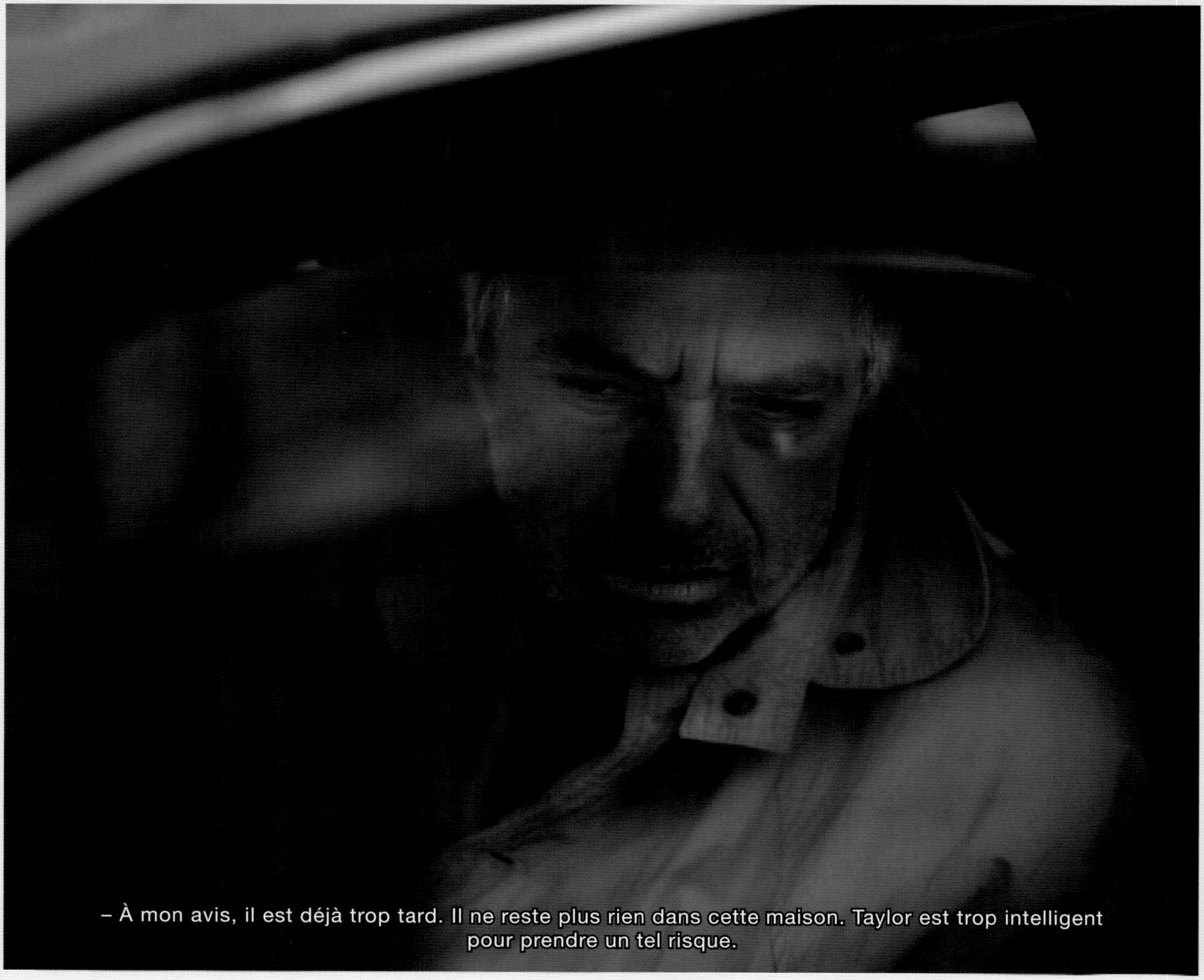
– À mon avis, il est déjà trop tard. Il ne reste plus rien dans cette maison. Taylor est trop intelligent
pour prendre un tel risque.

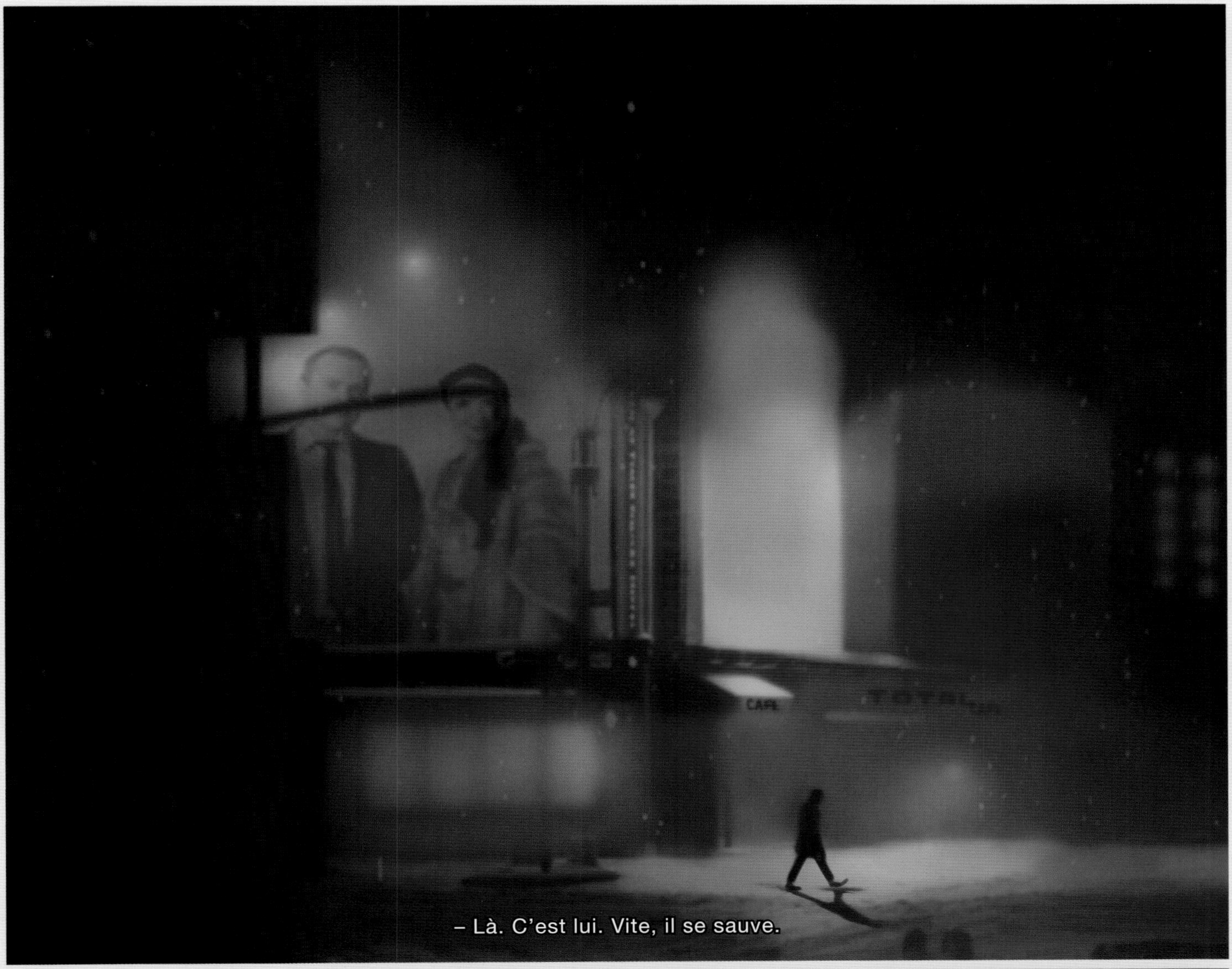
– Là. C’est lui. Vite, il se sauve.

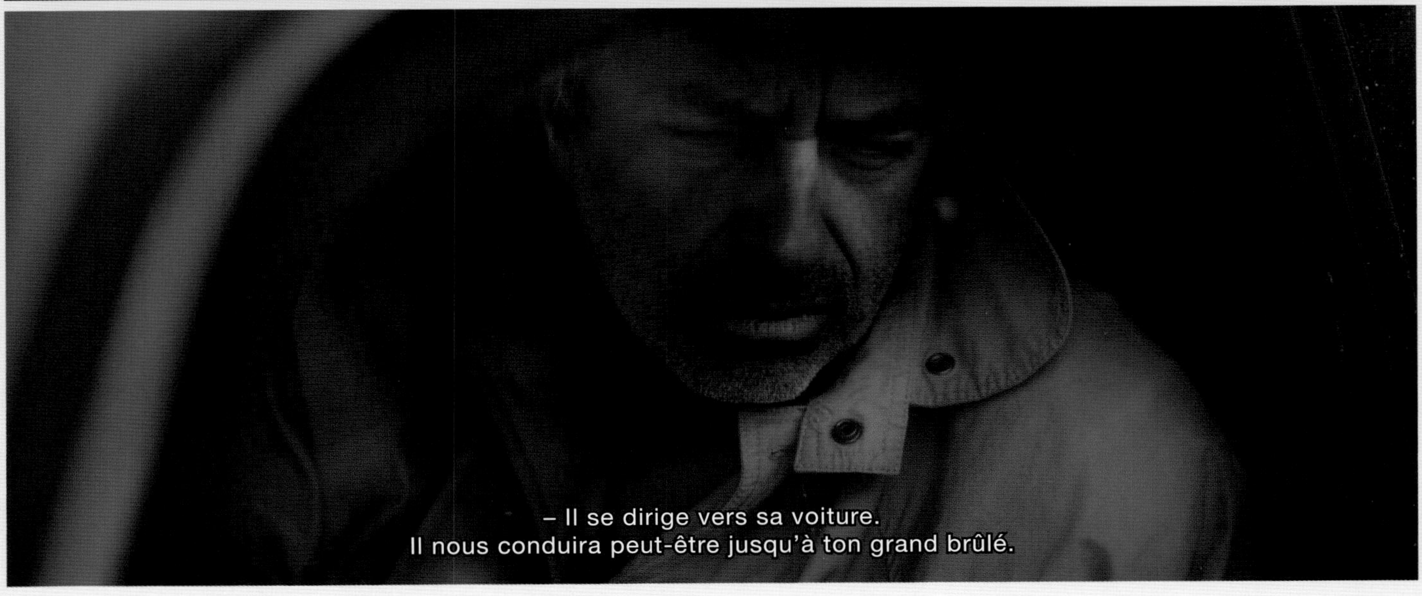
– Il se dirige vers sa voiture.
Il nous conduira peut-être jusqu’à ton grand brûlé.

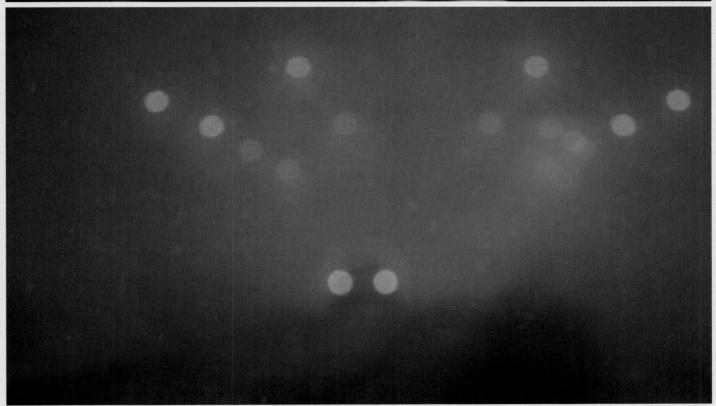

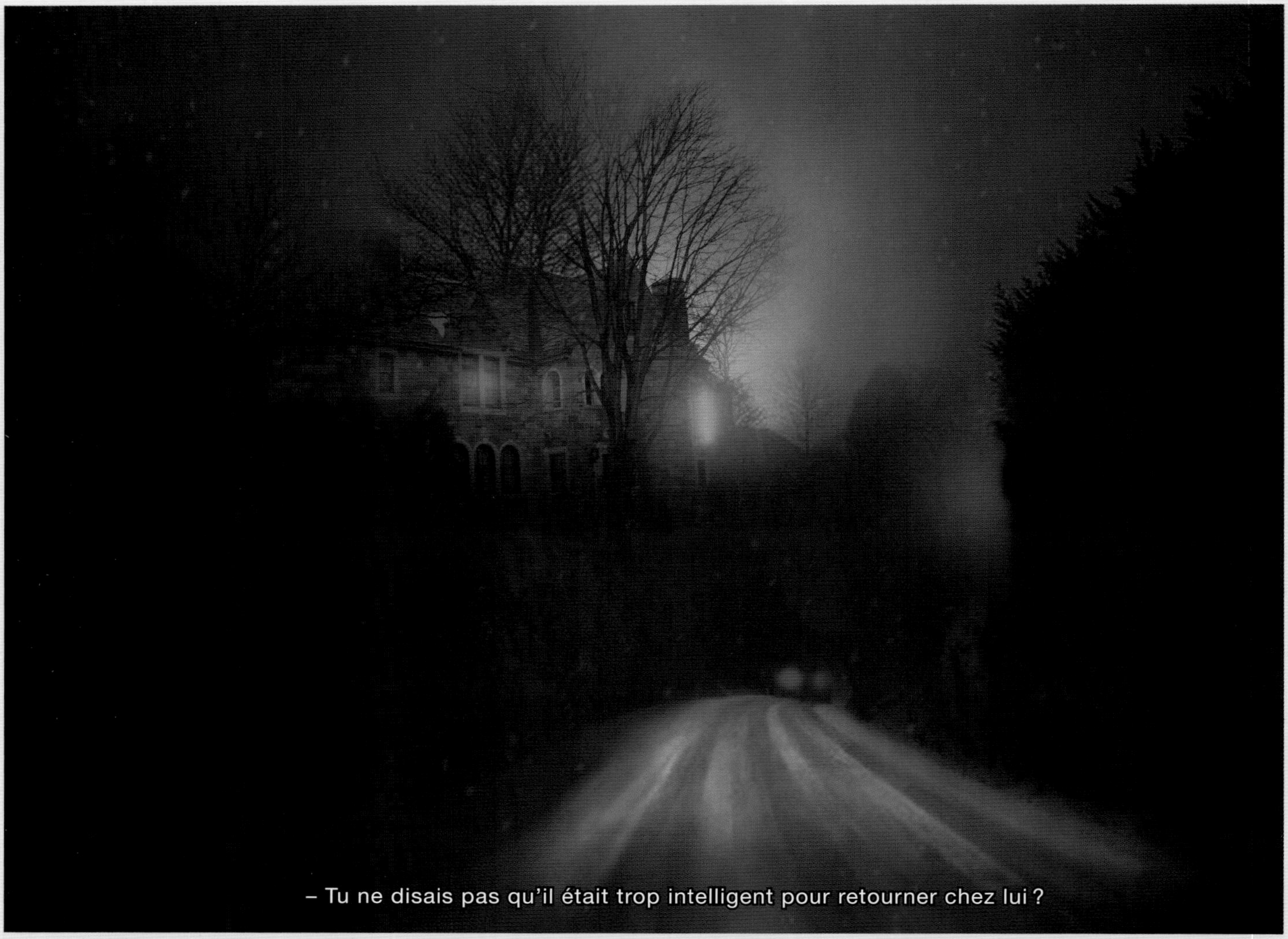
– Tu ne disais pas qu'il était trop intelligent pour retourner chez lui ?

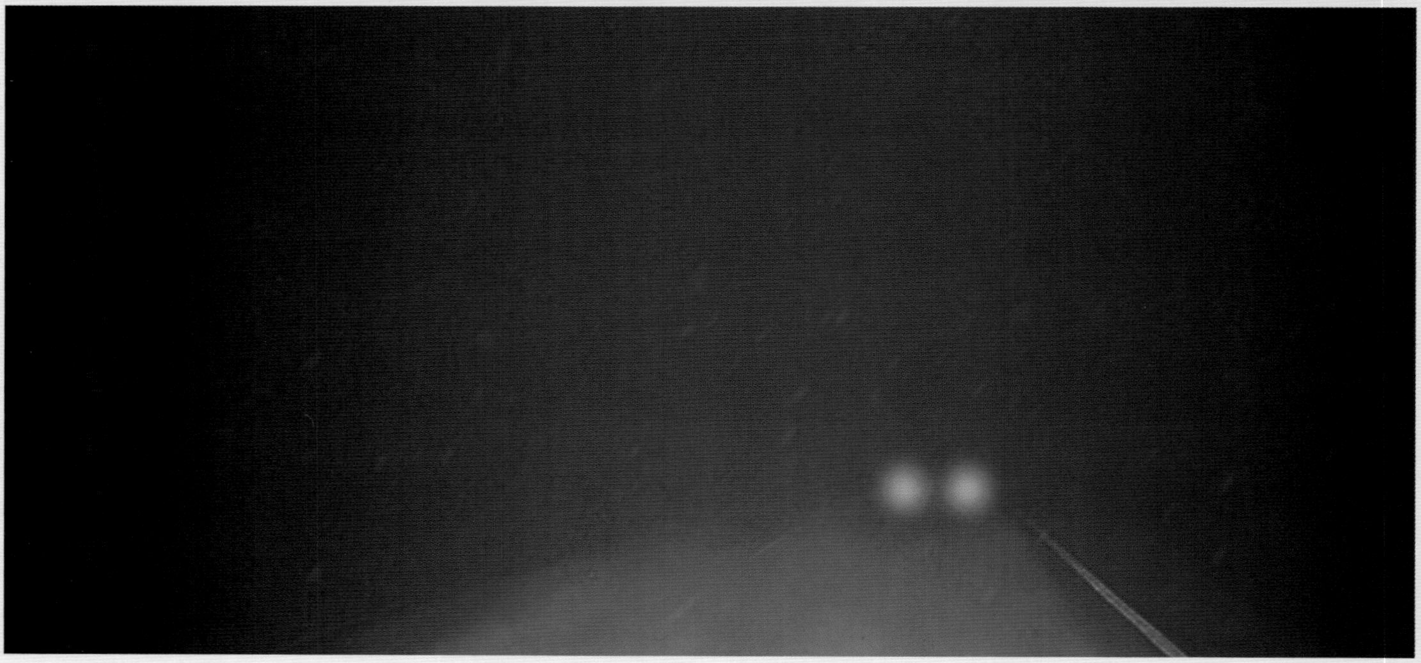

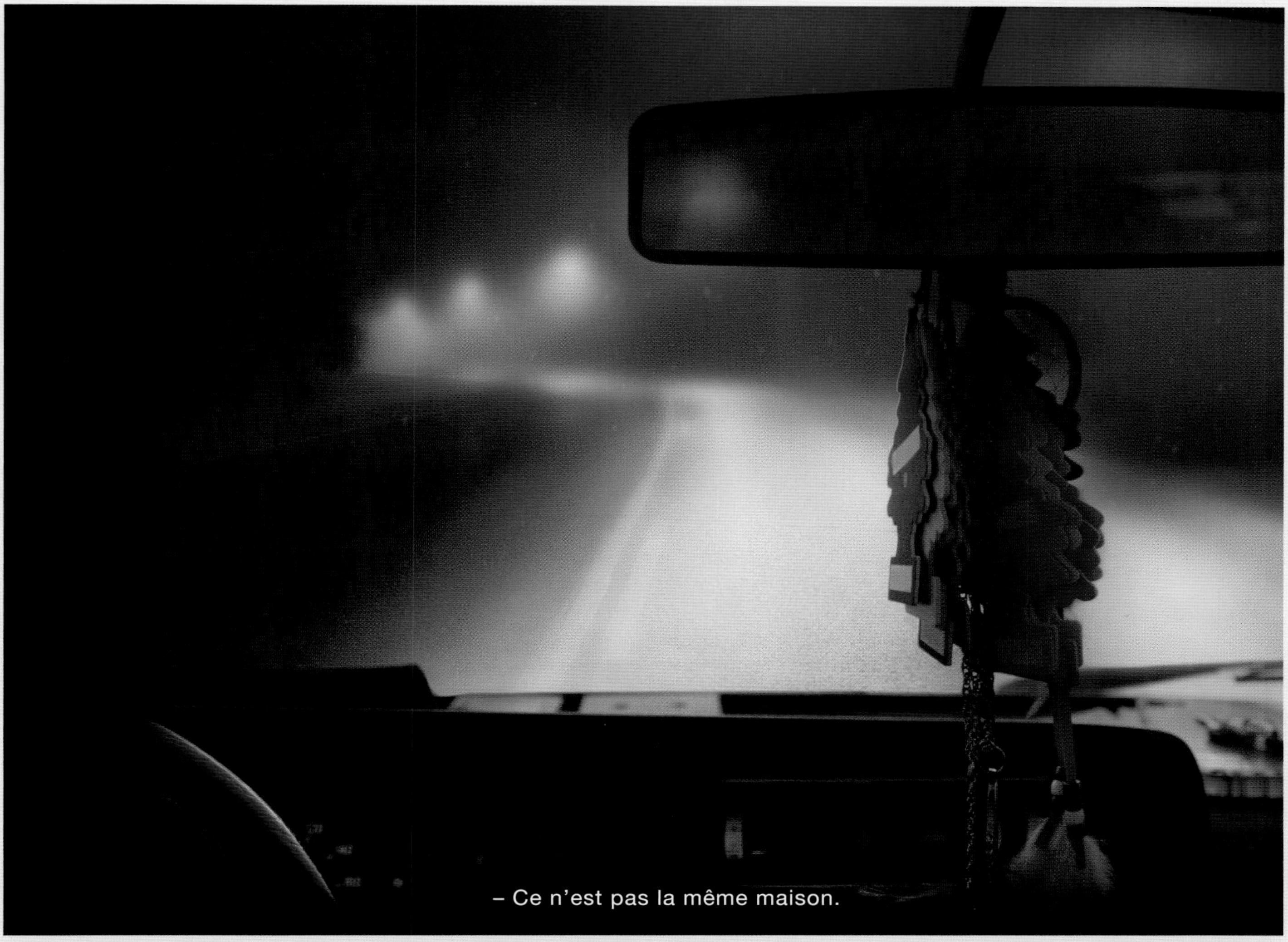
– Ce n’est pas la même maison.

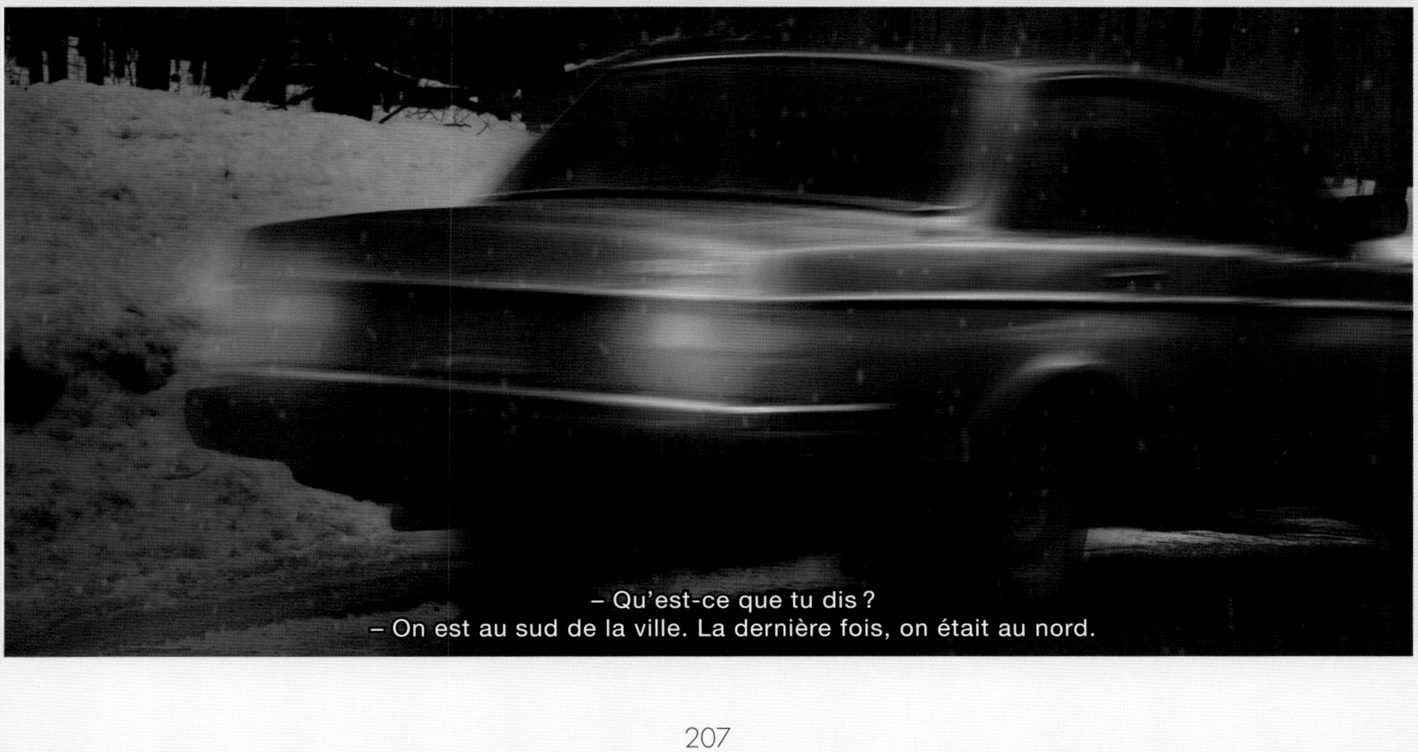
– Qu’est-ce que tu dis ?
– On est au sud de la ville. La dernière fois, on était au nord.

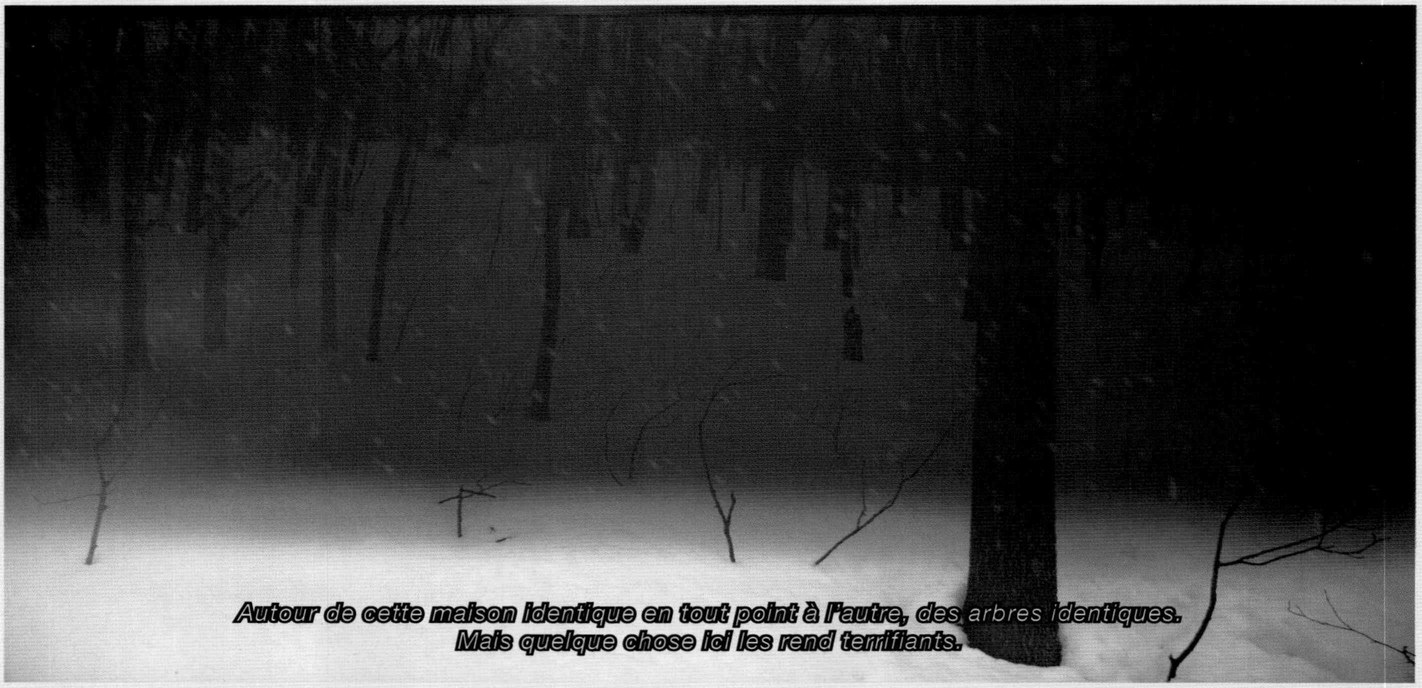
Autour de cette maison identique en tout point à l'autre, des arbres identiques.
Mais quelque chose ici les rend terrifiants.

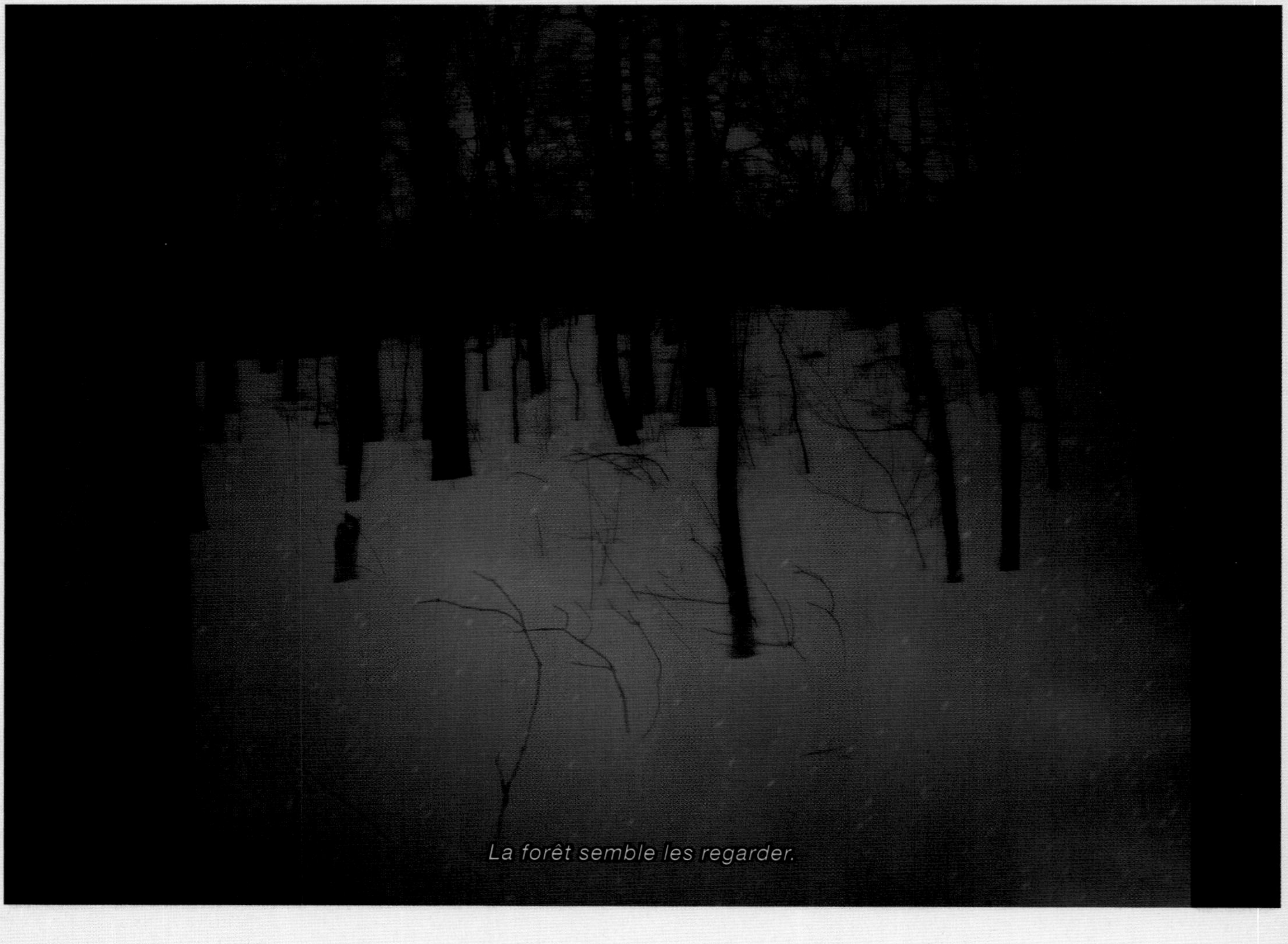
La forêt semble les regarder.

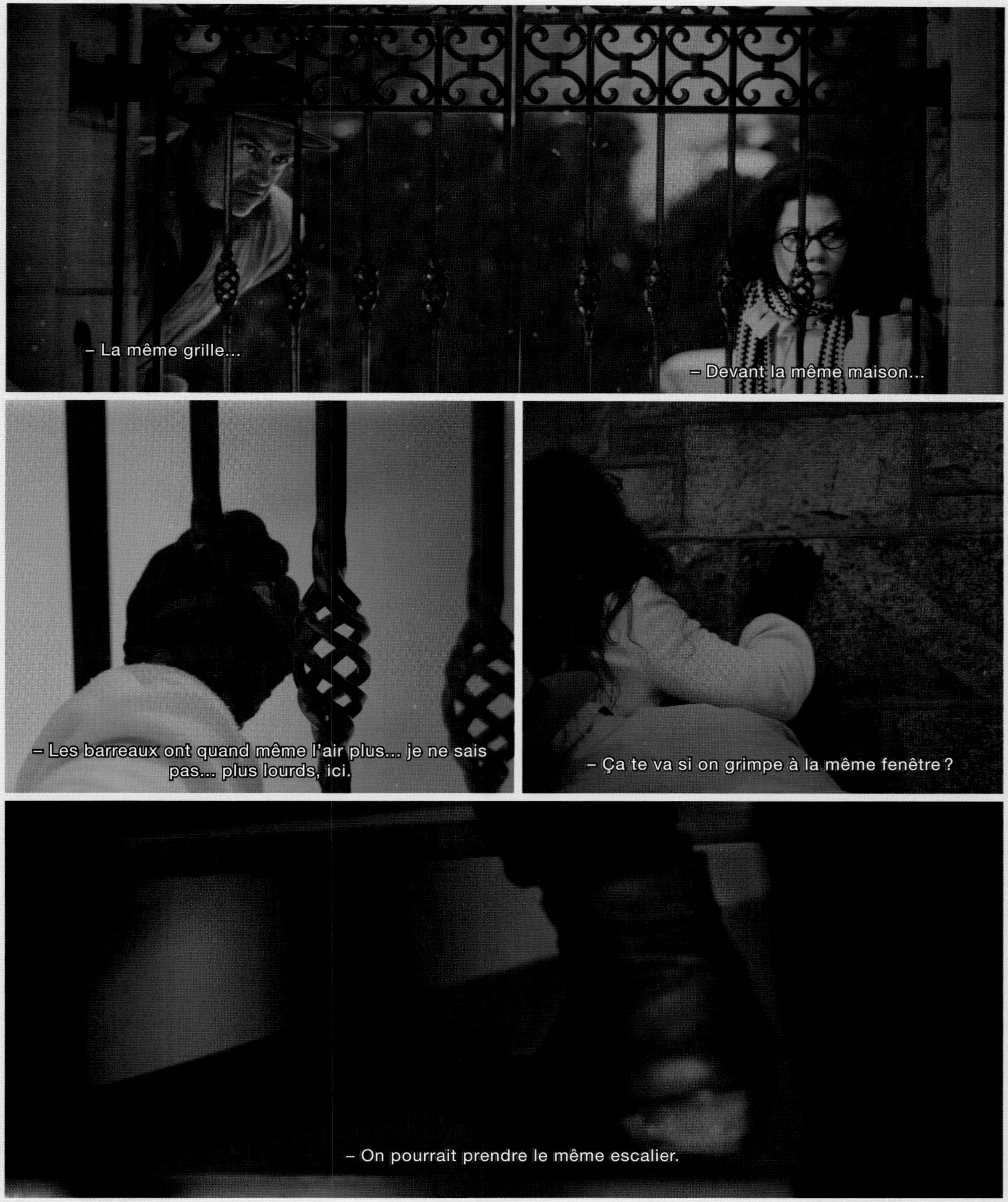
– La même grille…
– Devant la même maison…
– Les barreaux ont quand même l'air plus… je ne sais pas… plus lourds, ici.
– Ça te va si on grimpe à la même fenêtre ?
– On pourrait prendre le même escalier.

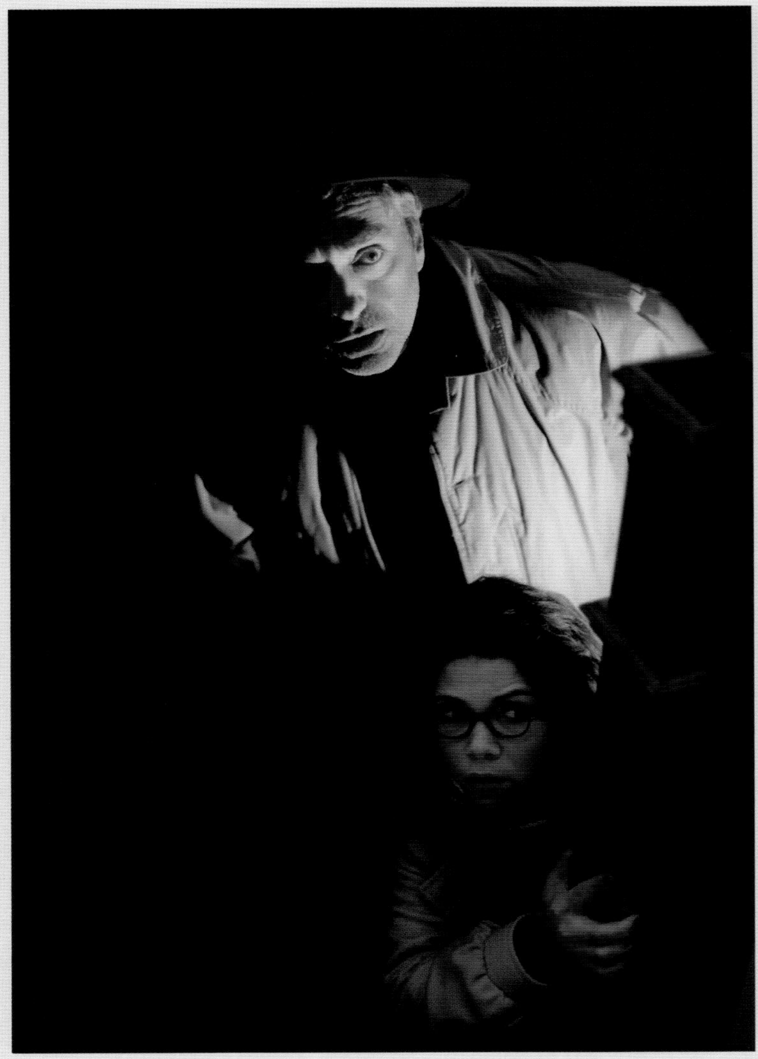

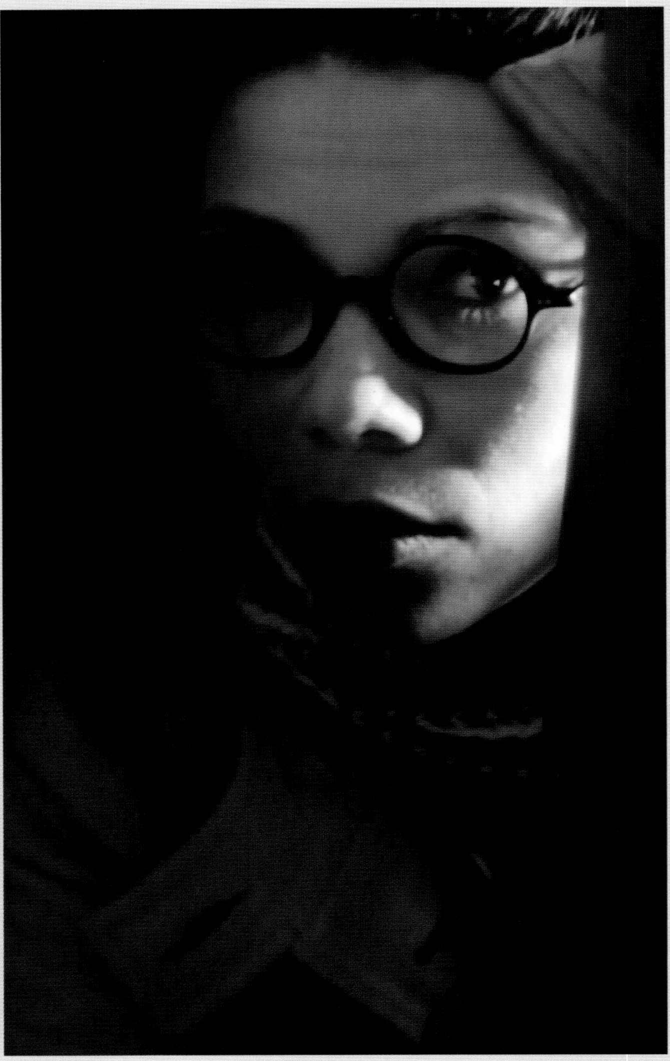

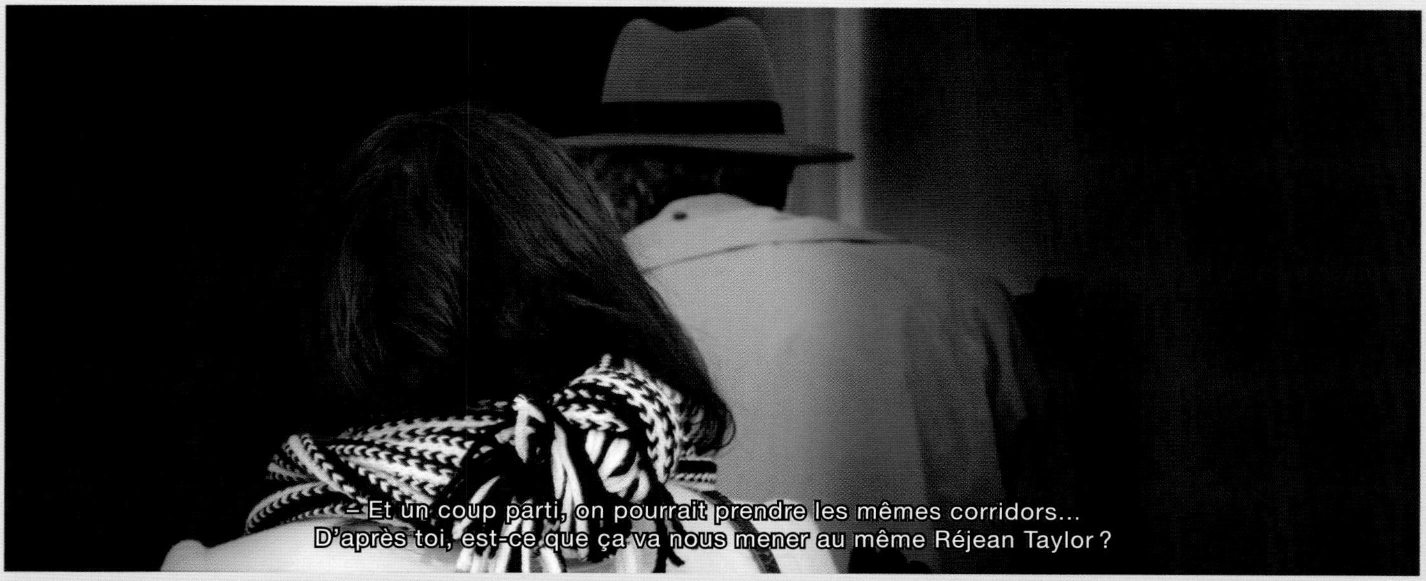
– Et un coup parti, on pourrait prendre les mêmes corridors...
D'après toi, est-ce que ça va nous mener au même Réjean Taylor ?

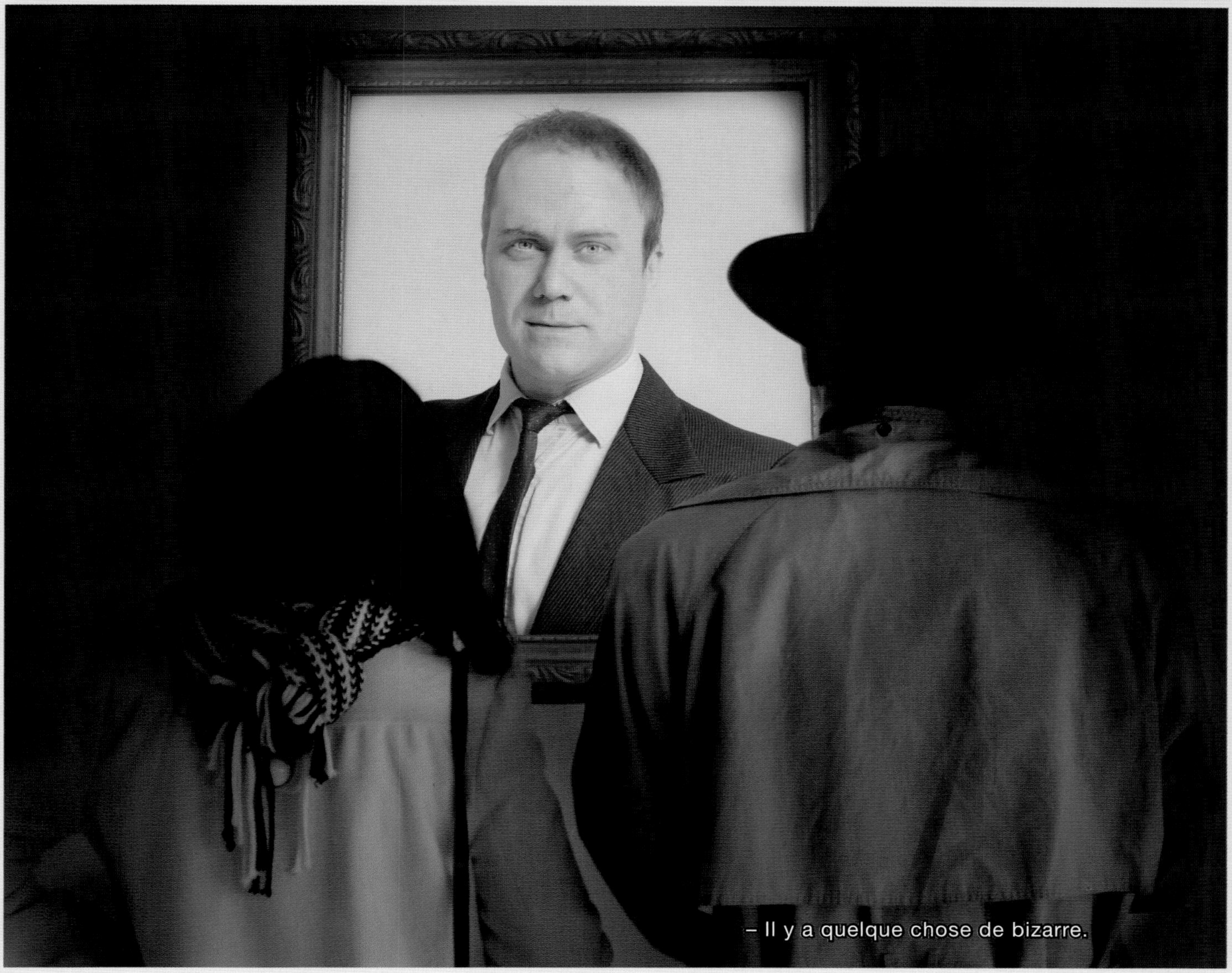
– Il y a quelque chose de bizarre.

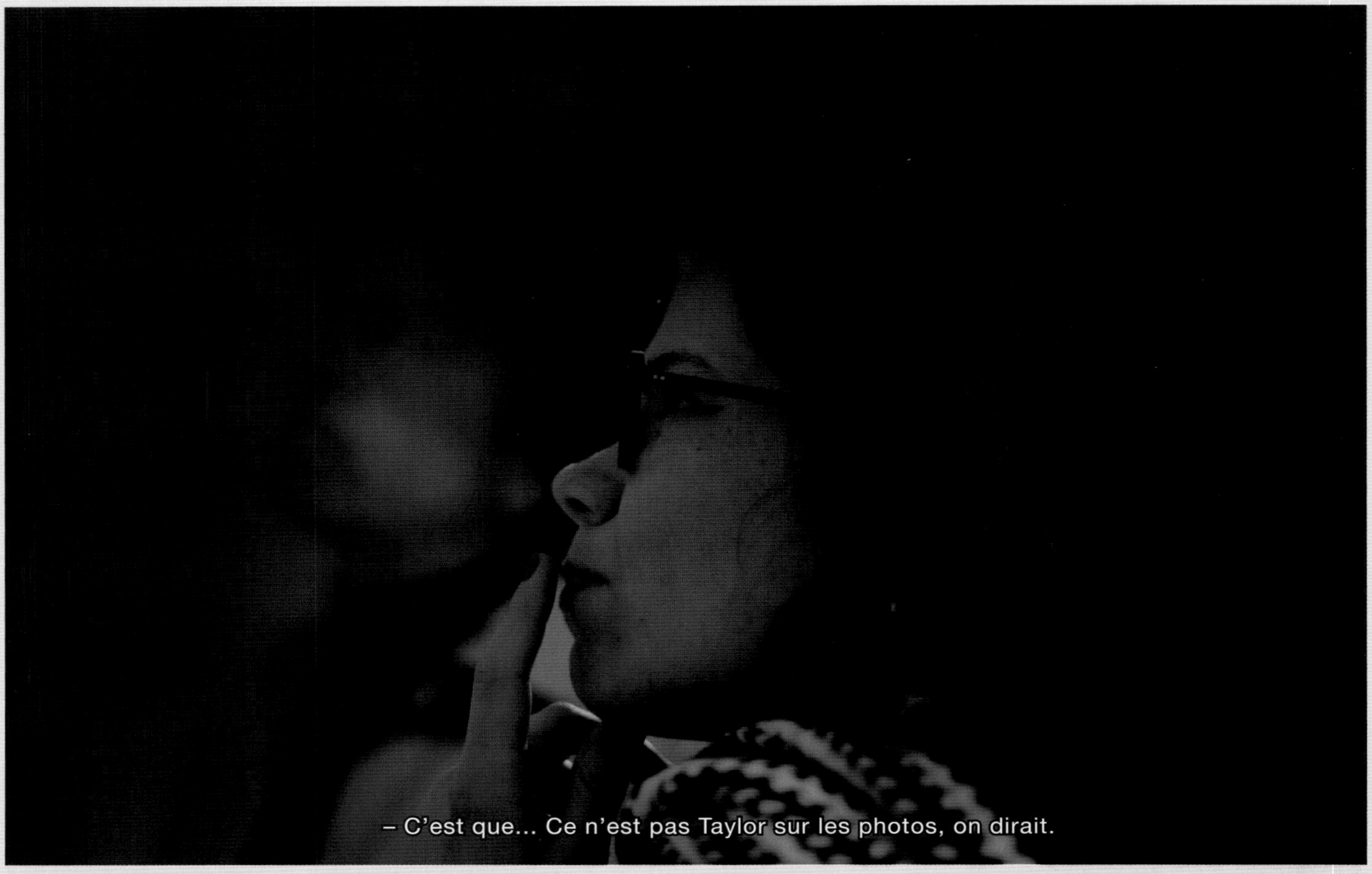
– C’est que… Ce n’est pas Taylor sur les photos, on dirait.

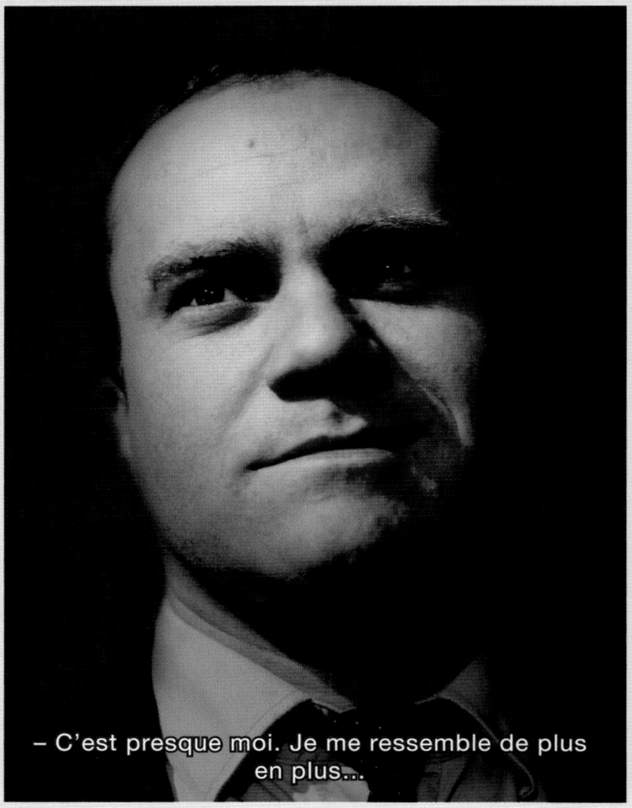
– C’est presque moi. Je me ressemble de plus en plus…

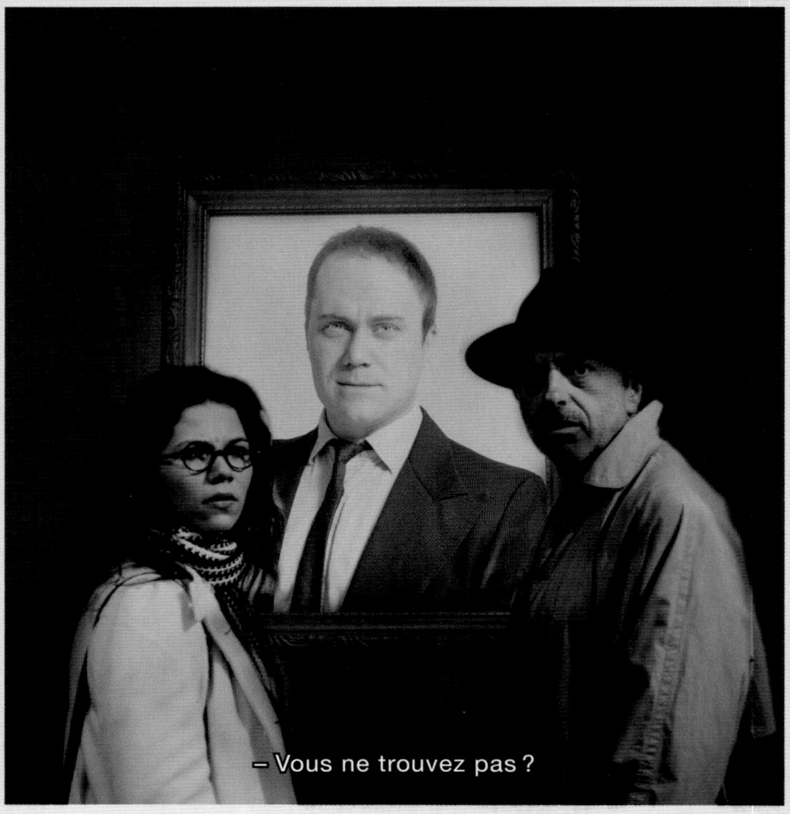
– Vous ne trouvez pas ?

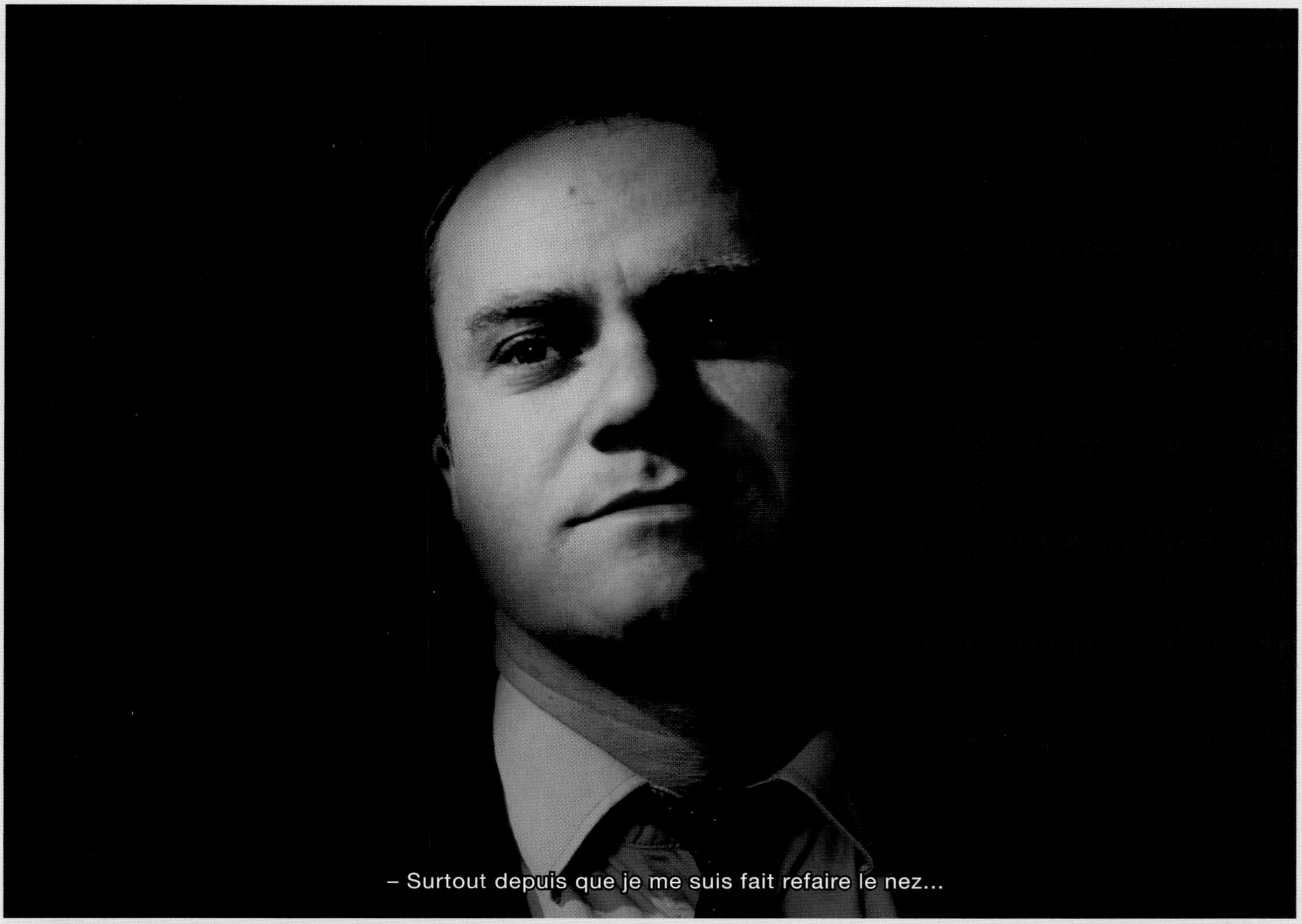
– Surtout depuis que je me suis fait refaire le nez...

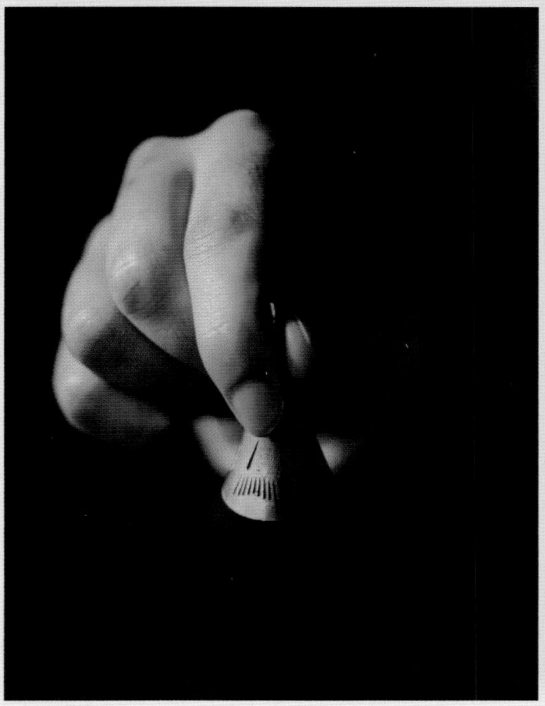

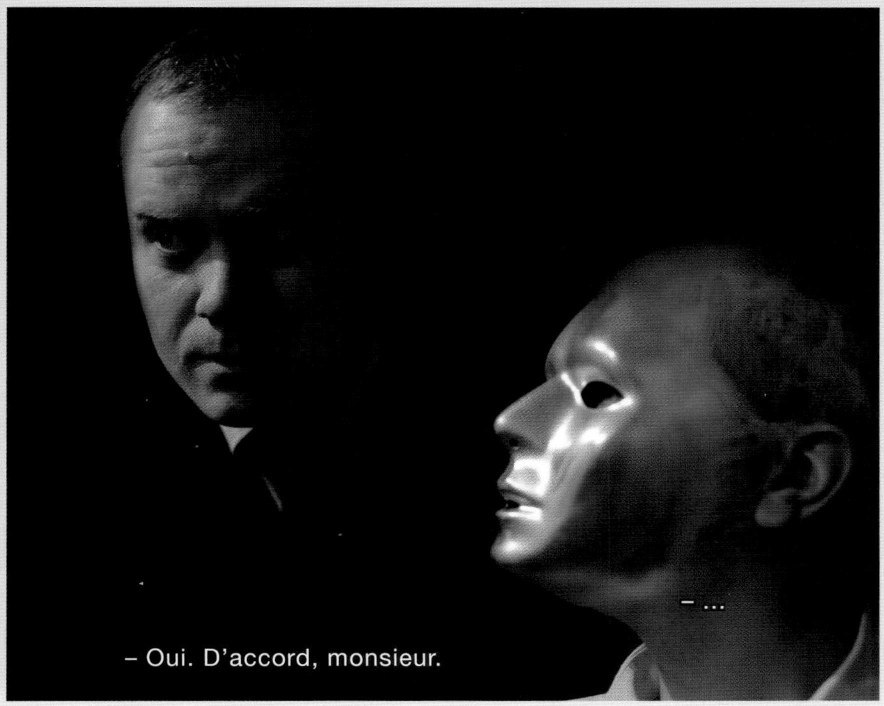
– ...
– Oui. D’accord, monsieur.

– Je ne comprends plus rien.

– Au contraire, tout s'explique. Le vrai
Taylor, c'est lui.

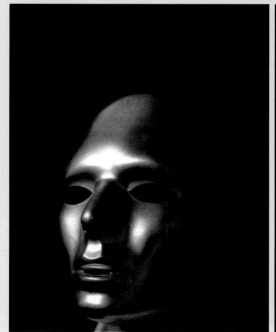

– Comme il ne peut pas devenir premier
ministre, il se regarde le devenir.

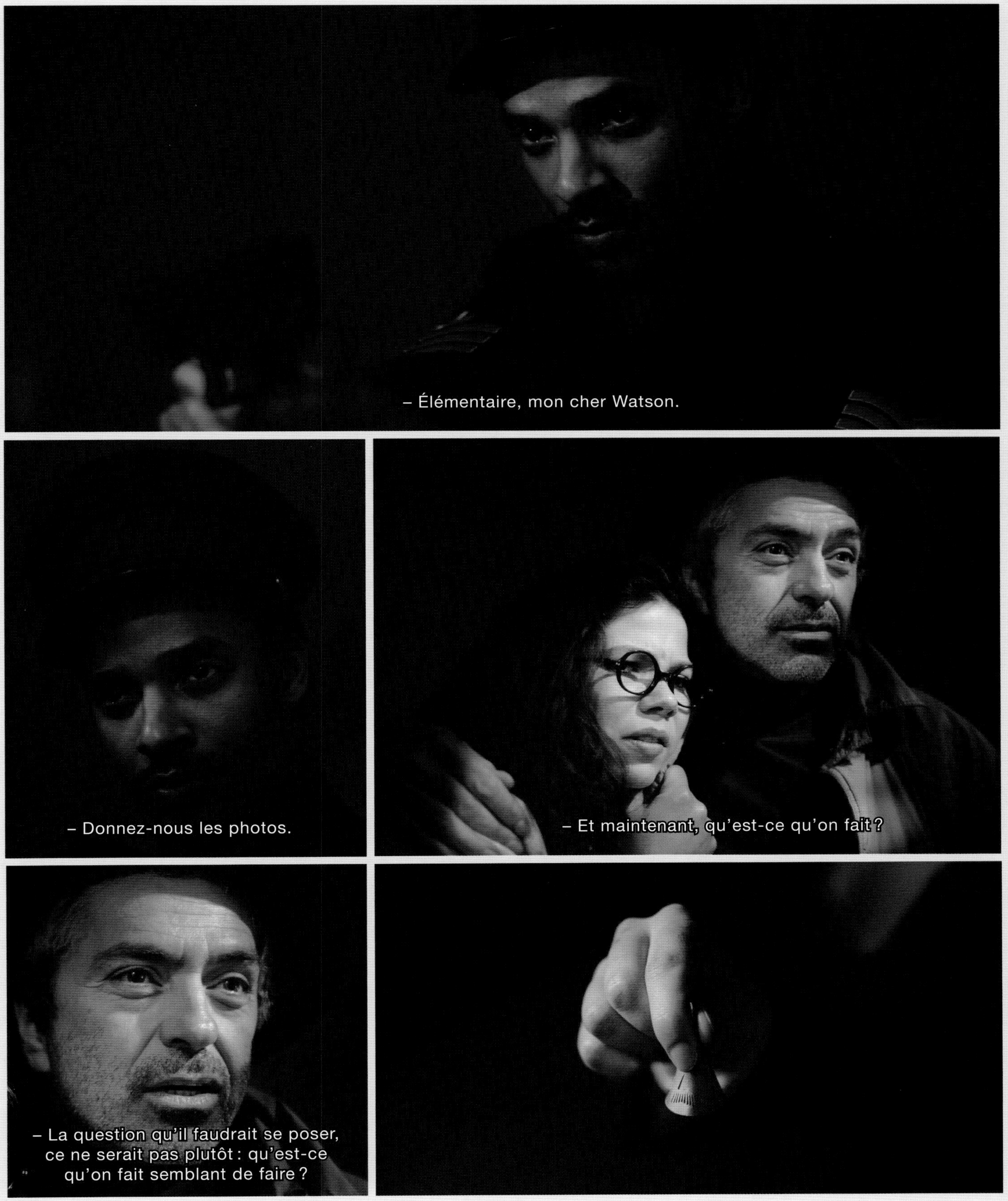
– Élémentaire, mon cher Watson.
– Donnez-nous les photos.
– Et maintenant, qu'est-ce qu'on fait ?
– La question qu'il faudrait se poser, ce ne serait pas plutôt : qu'est-ce qu'on fait semblant de faire ?

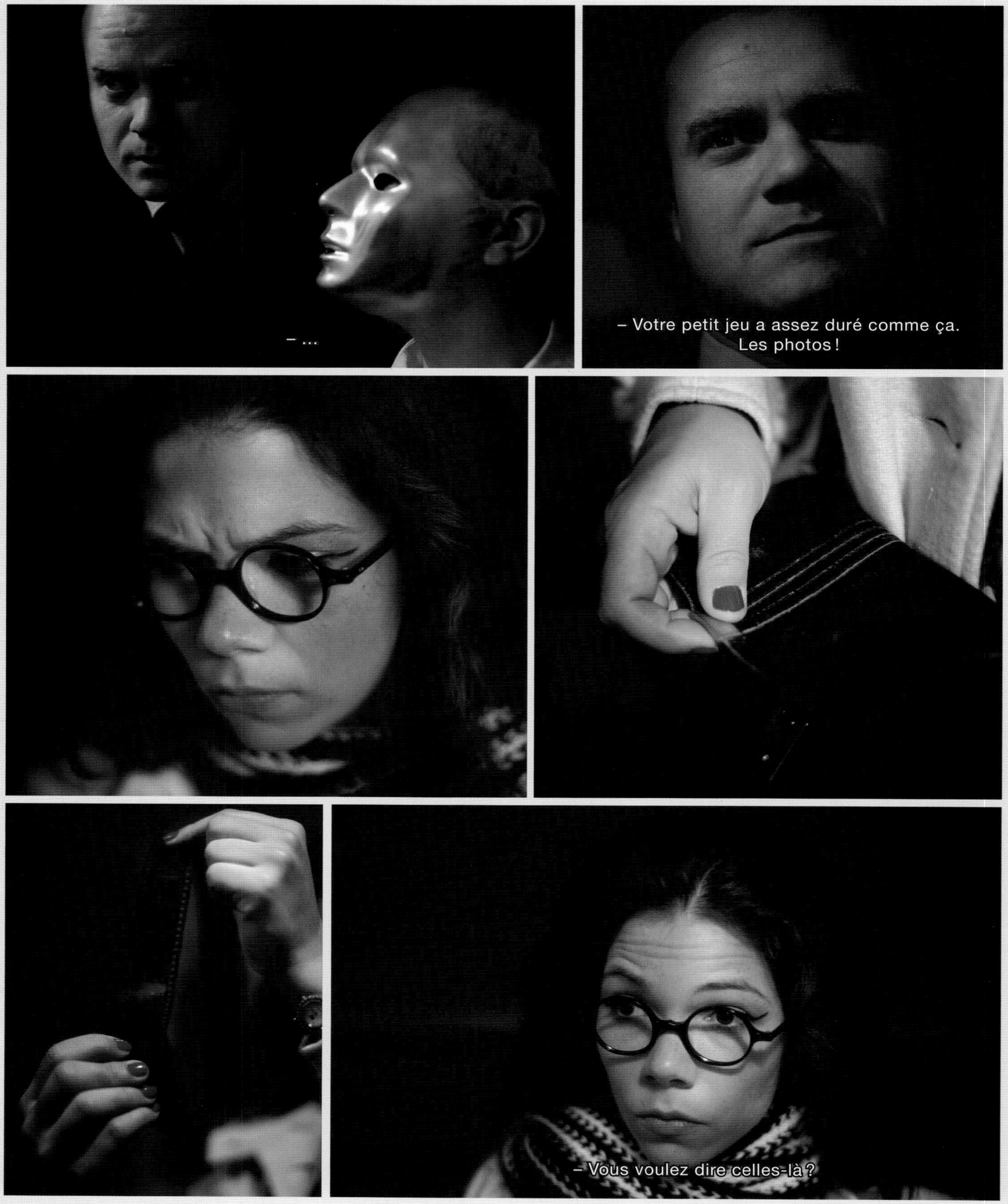
– ...
– Votre petit jeu a assez duré comme ça.
Les photos !
– Vous voulez dire celles-là ?

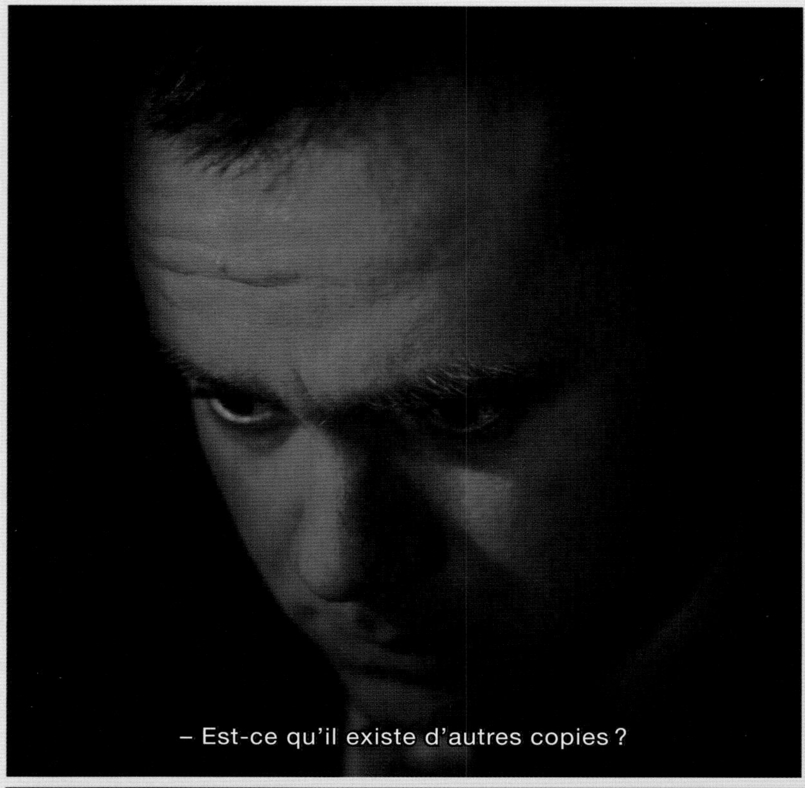
– Est-ce qu'il existe d'autres copies ?

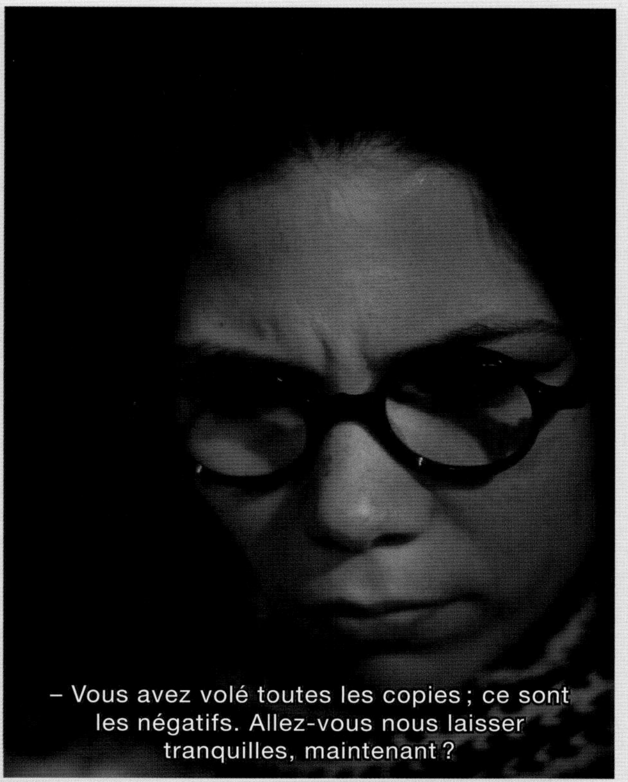
– Vous avez volé toutes les copies ; ce sont
les négatifs. Allez-vous nous laisser
tranquilles, maintenant ?

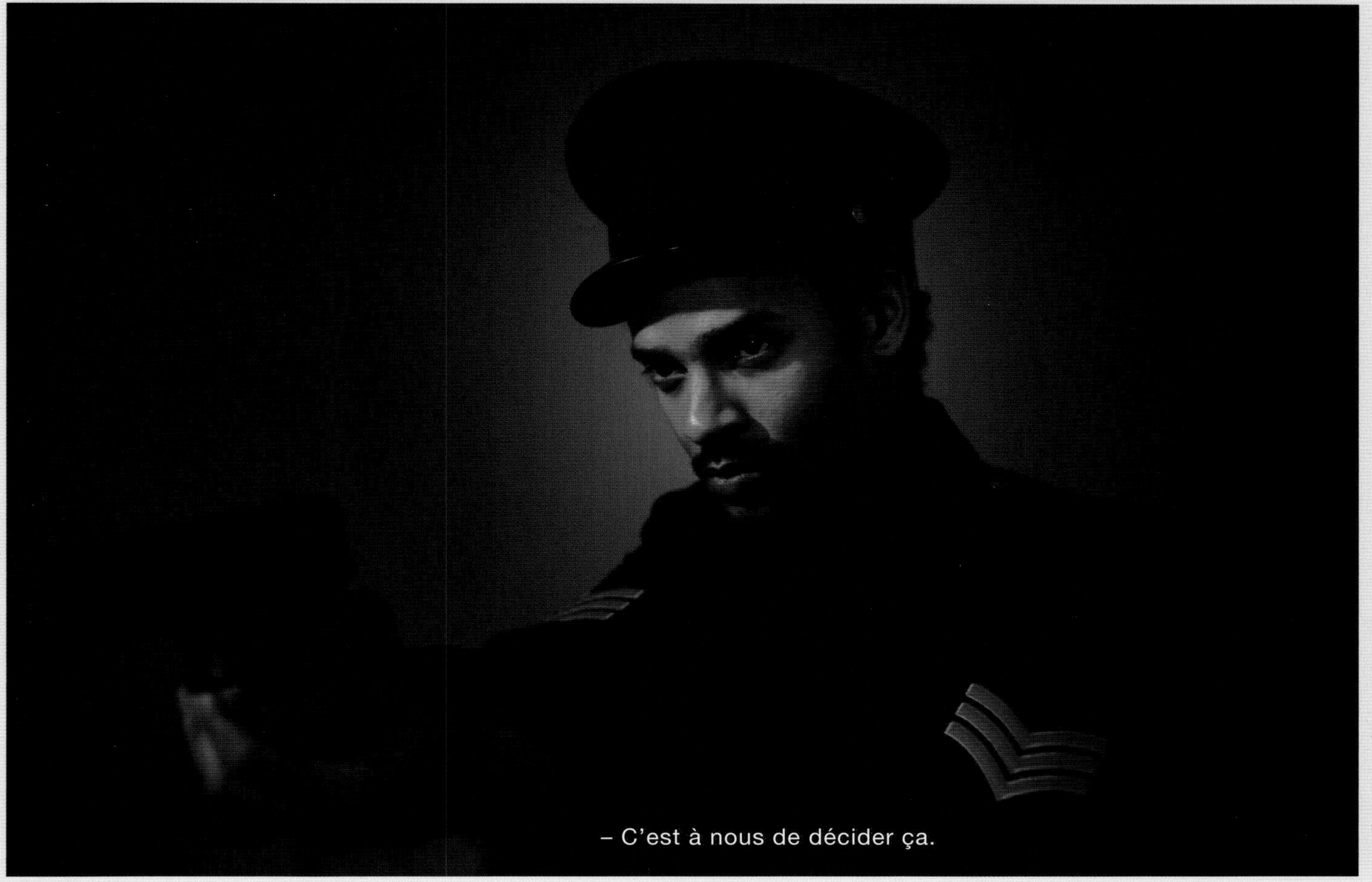
– C'est à nous de décider ça.

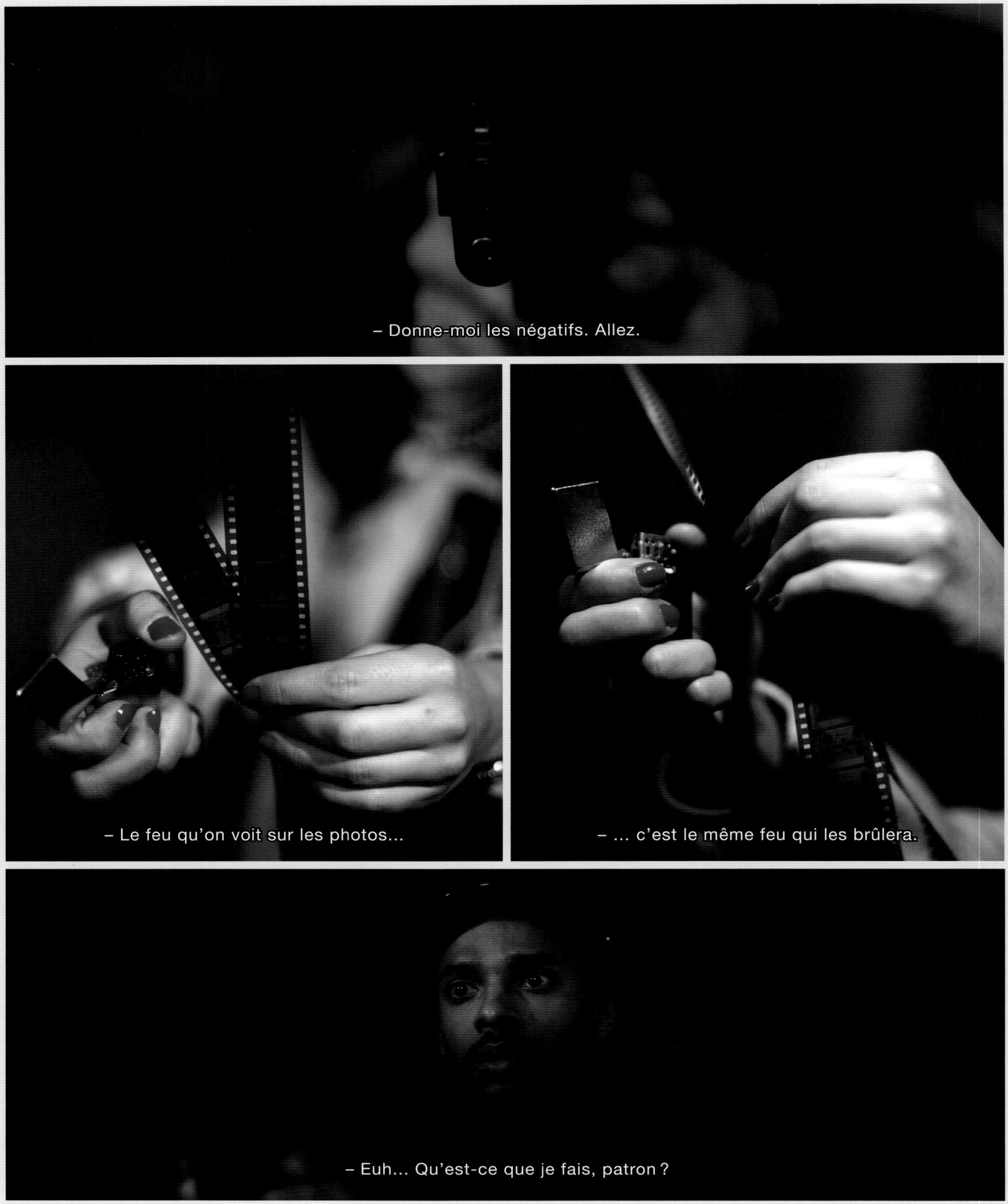
– Donne-moi les négatifs. Allez.
– Le feu qu'on voit sur les photos...
– ... c'est le même feu qui les brûlera.
– Euh... Qu'est-ce que je fais, patron ?

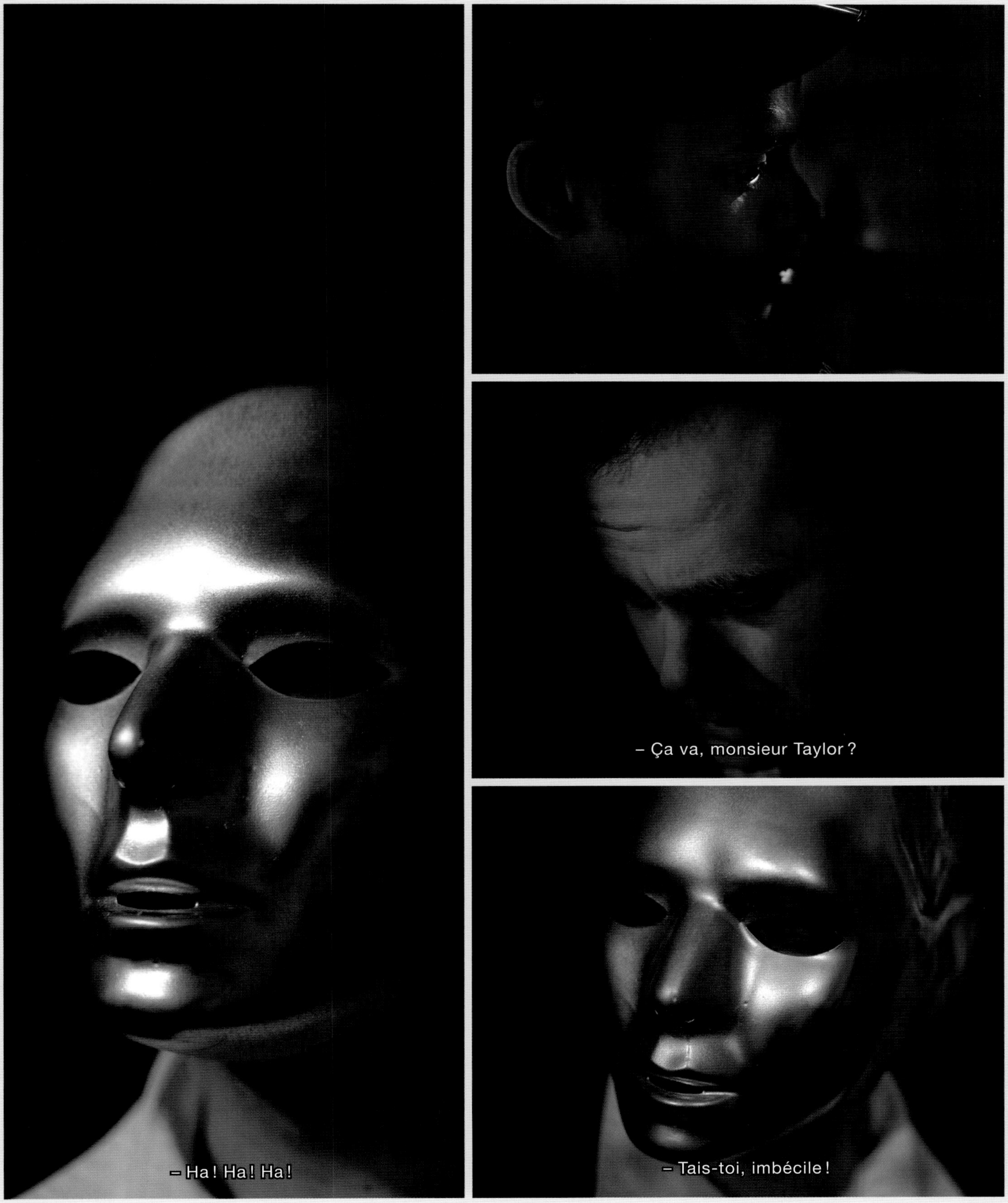
– Ha ! Ha ! Ha !
– Ça va, monsieur Taylor ?
– Tais-toi, imbécile !

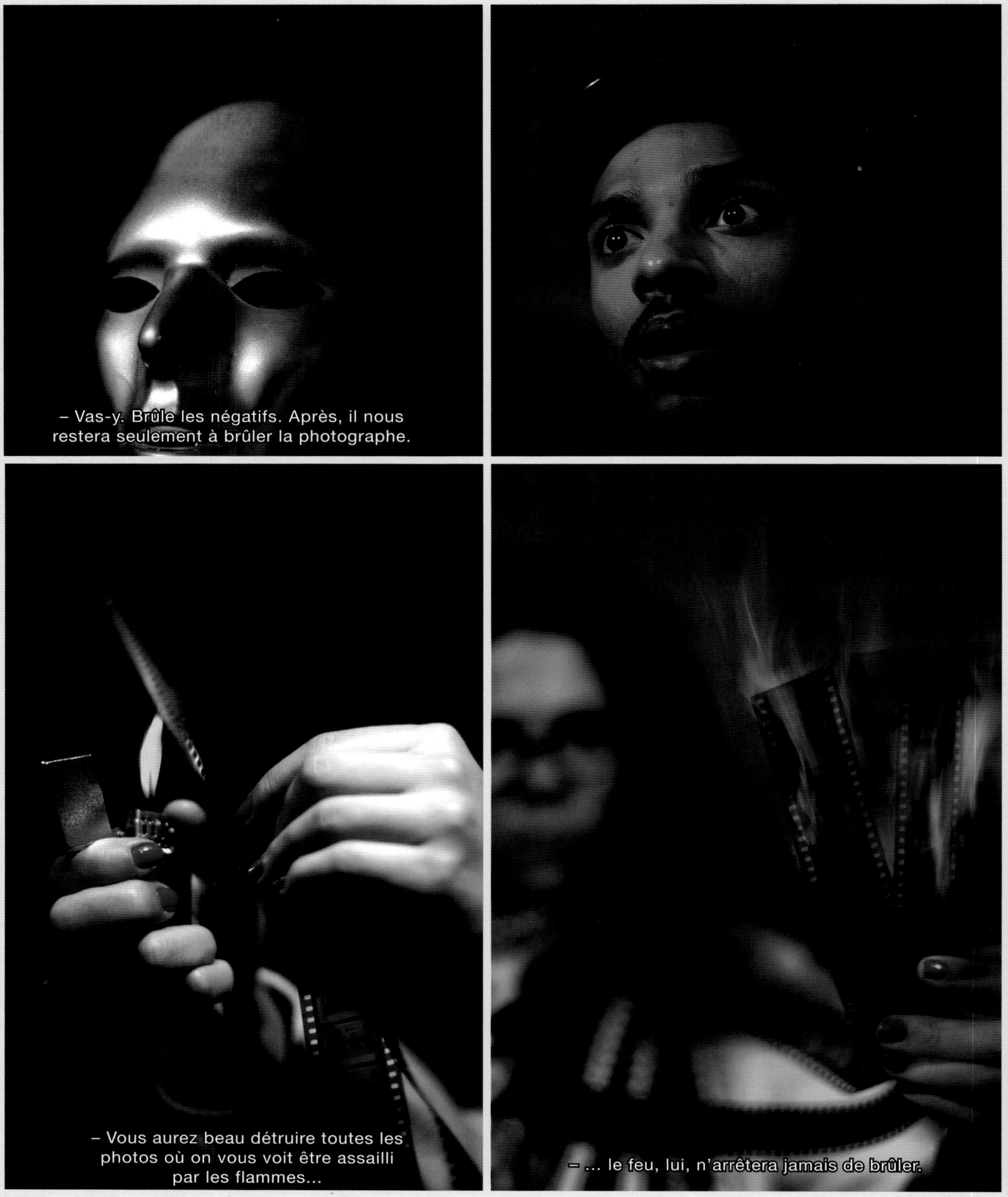
– Vas-y. Brûle les négatifs. Après, il nous restera seulement à brûler la photographe.
– Vous aurez beau détruire toutes les photos où on vous voit être assailli par les flammes...
– ... le feu, lui, n'arrêtera jamais de brûler.

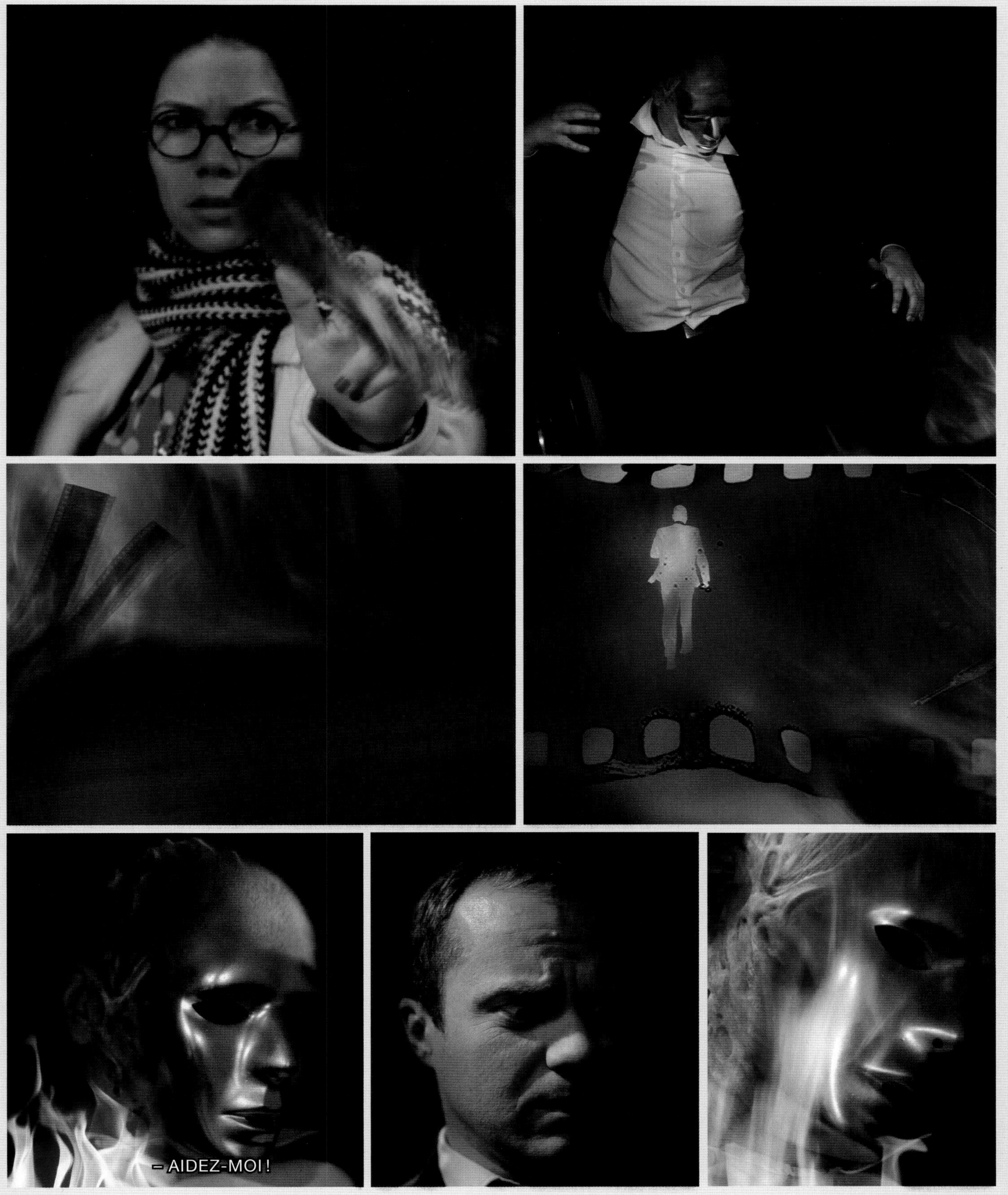
– AIDEZ-MOI !

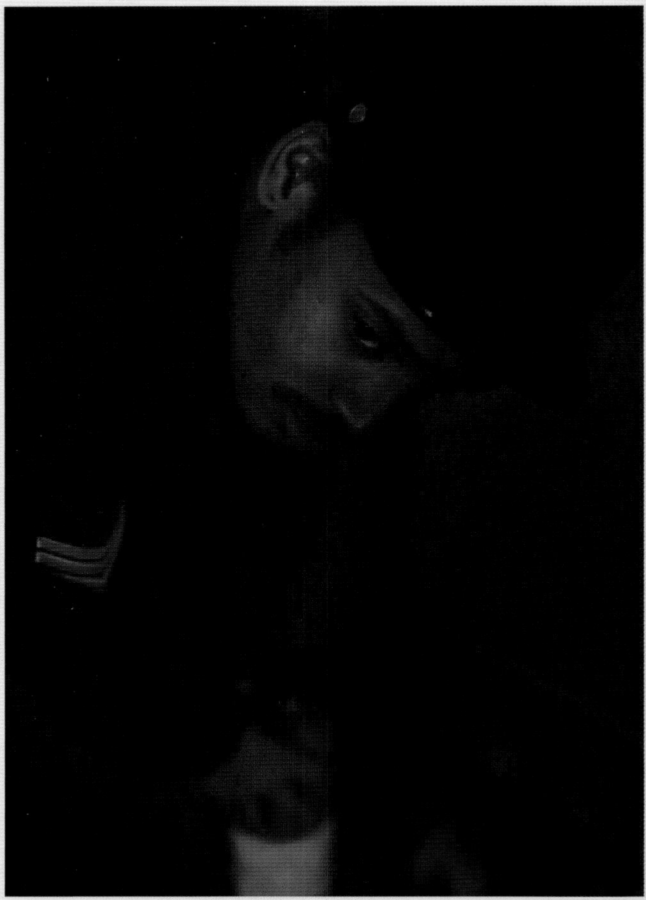

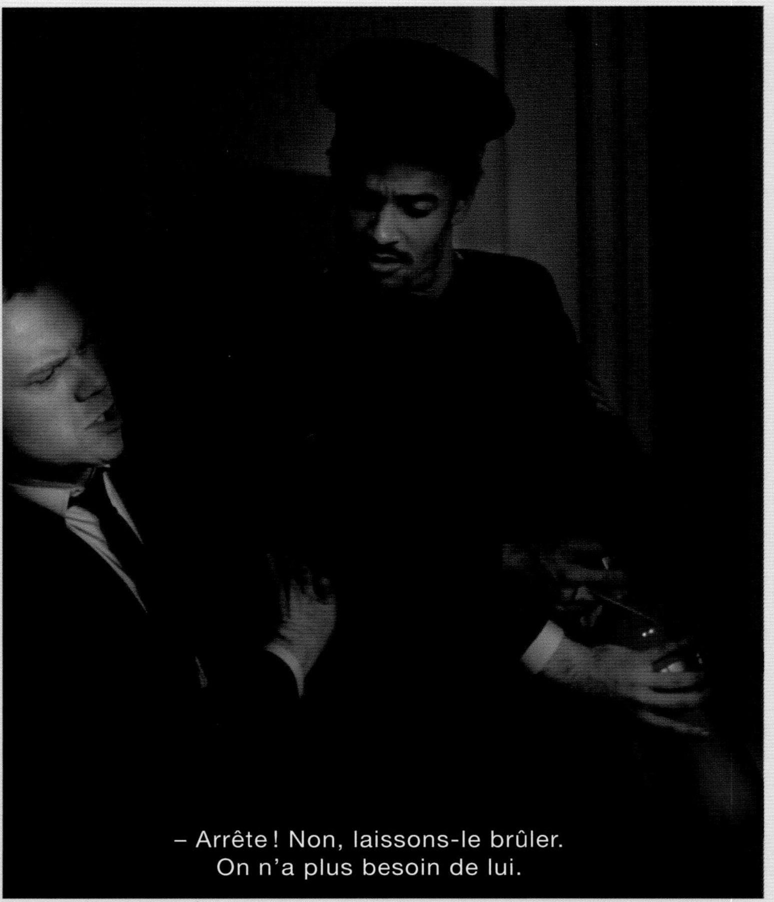
– Arrête ! Non, laissons-le brûler.
On n’a plus besoin de lui.

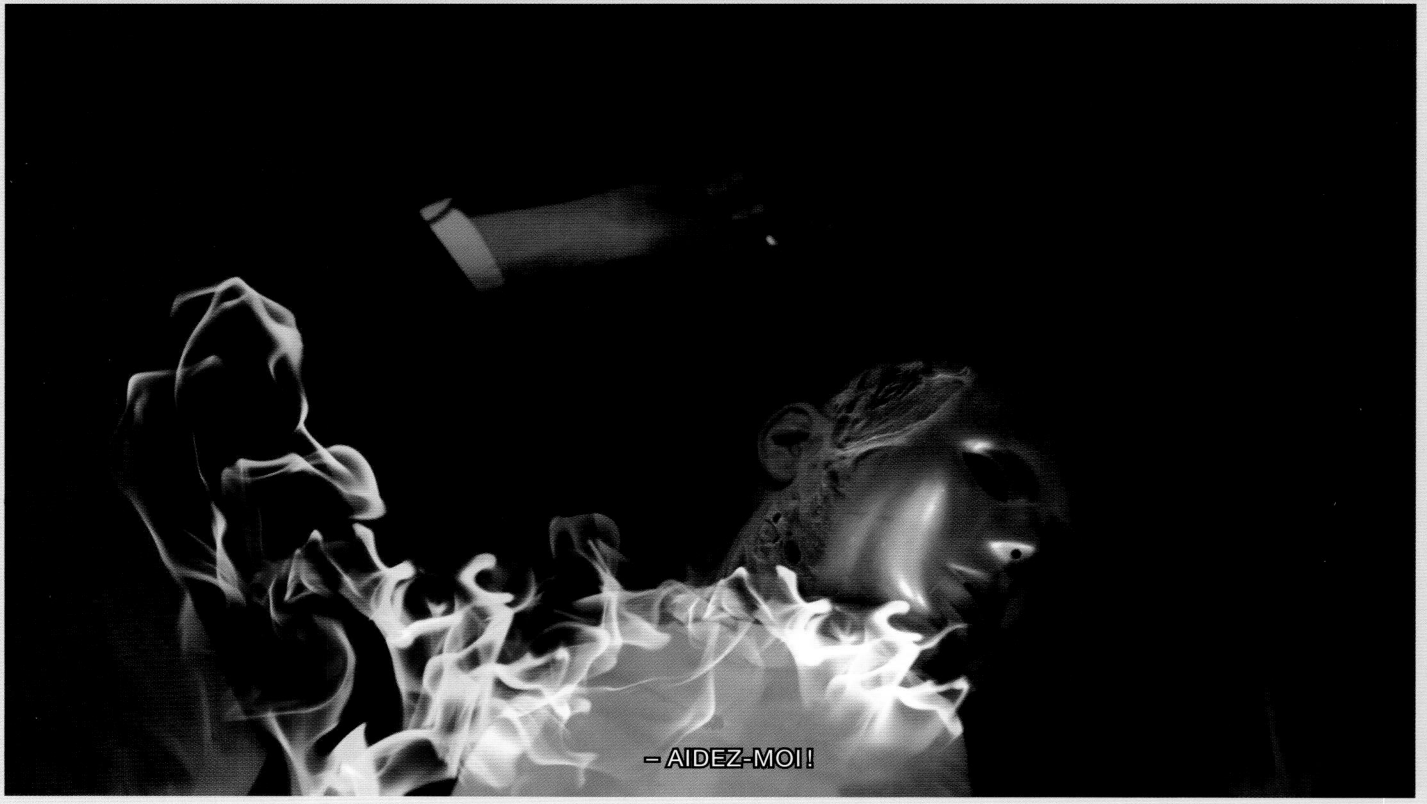
– AIDEZ-MOI !

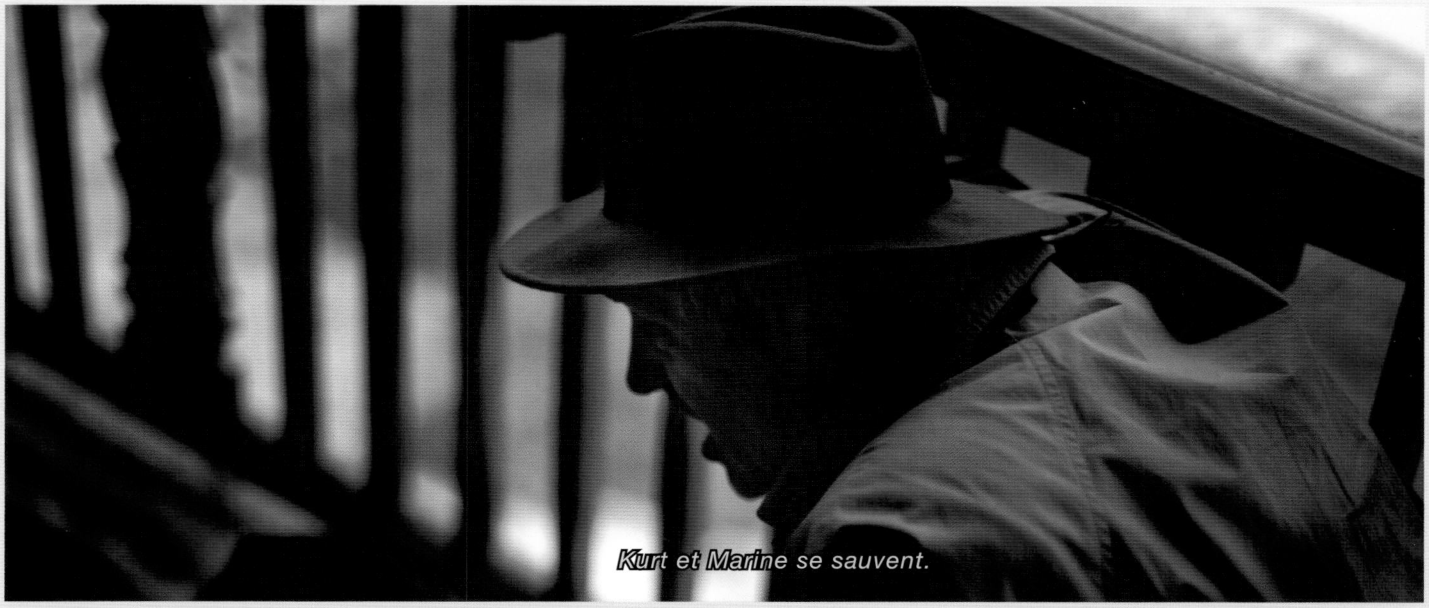
Kurt et Marine se sauvent.

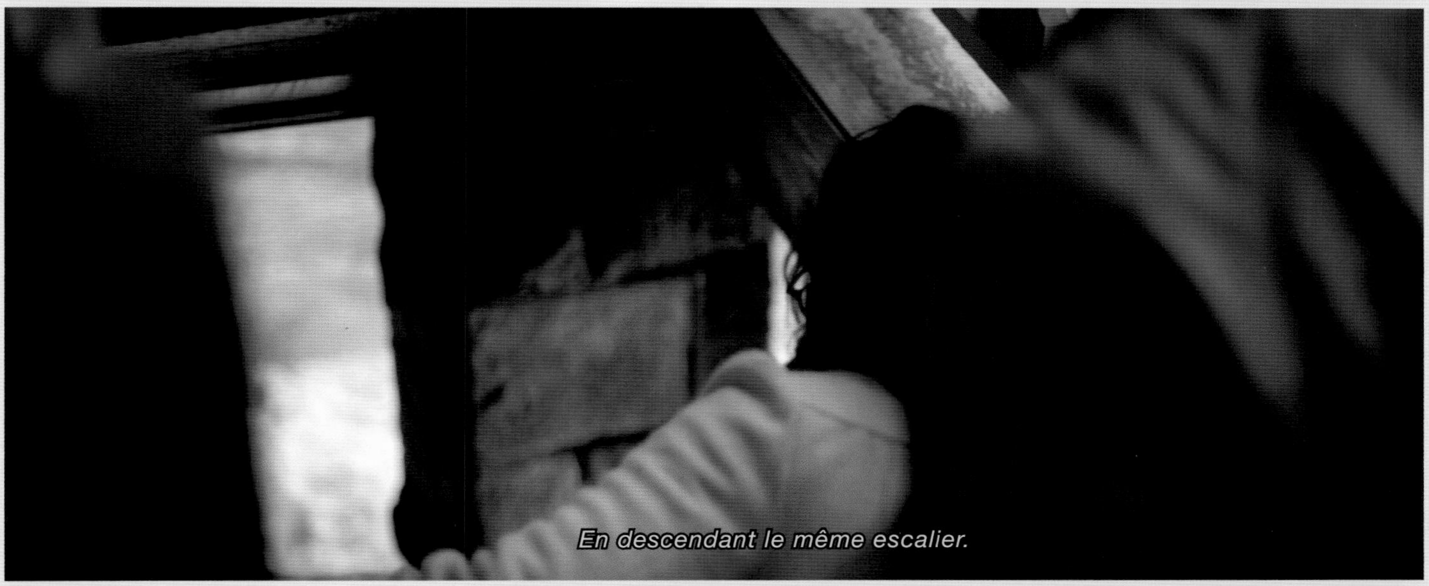
En descendant le même escalier.

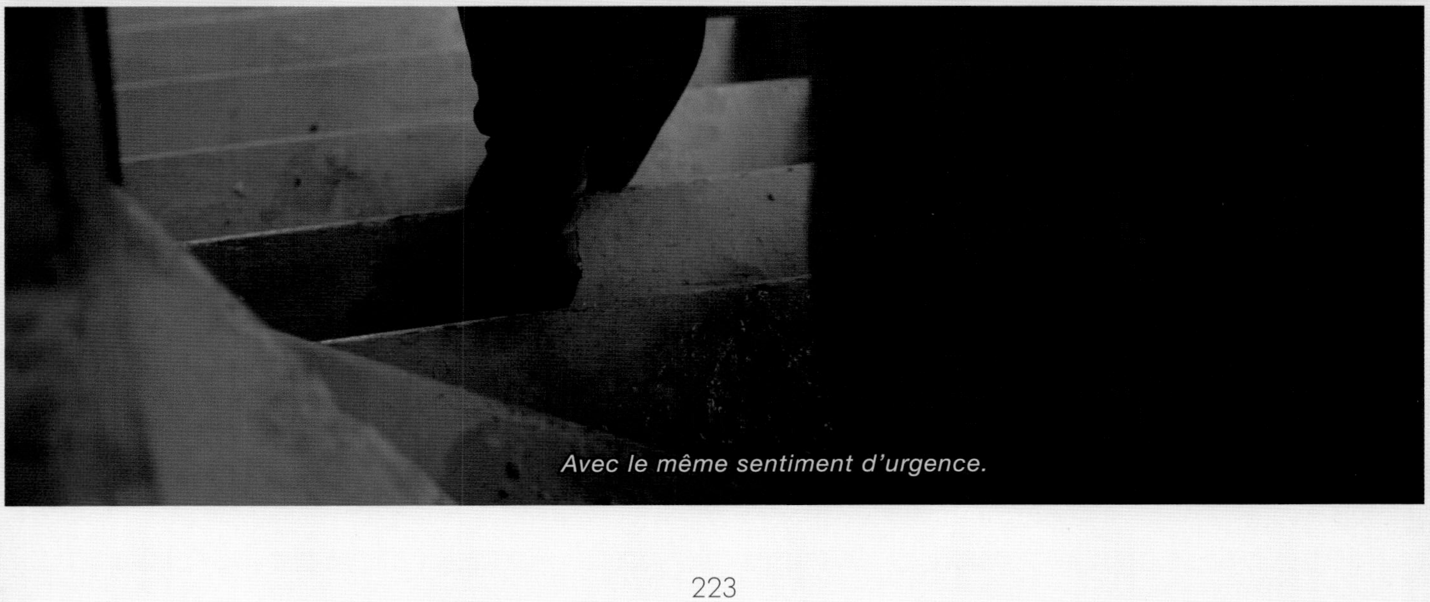
Avec le même sentiment d’urgence.

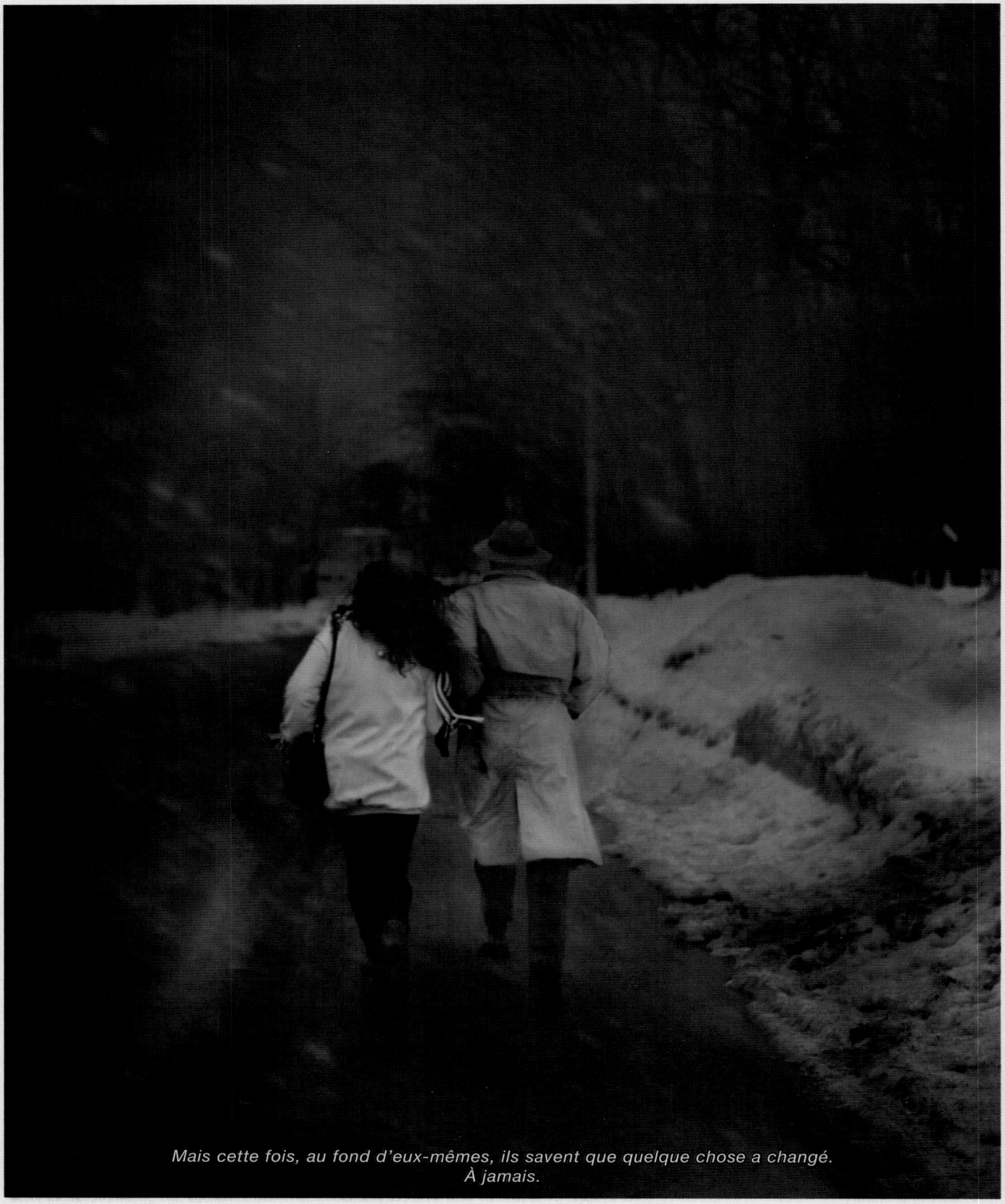

Mais cette fois, au fond d'eux-mêmes, ils savent que quelque chose a changé.
À jamais.

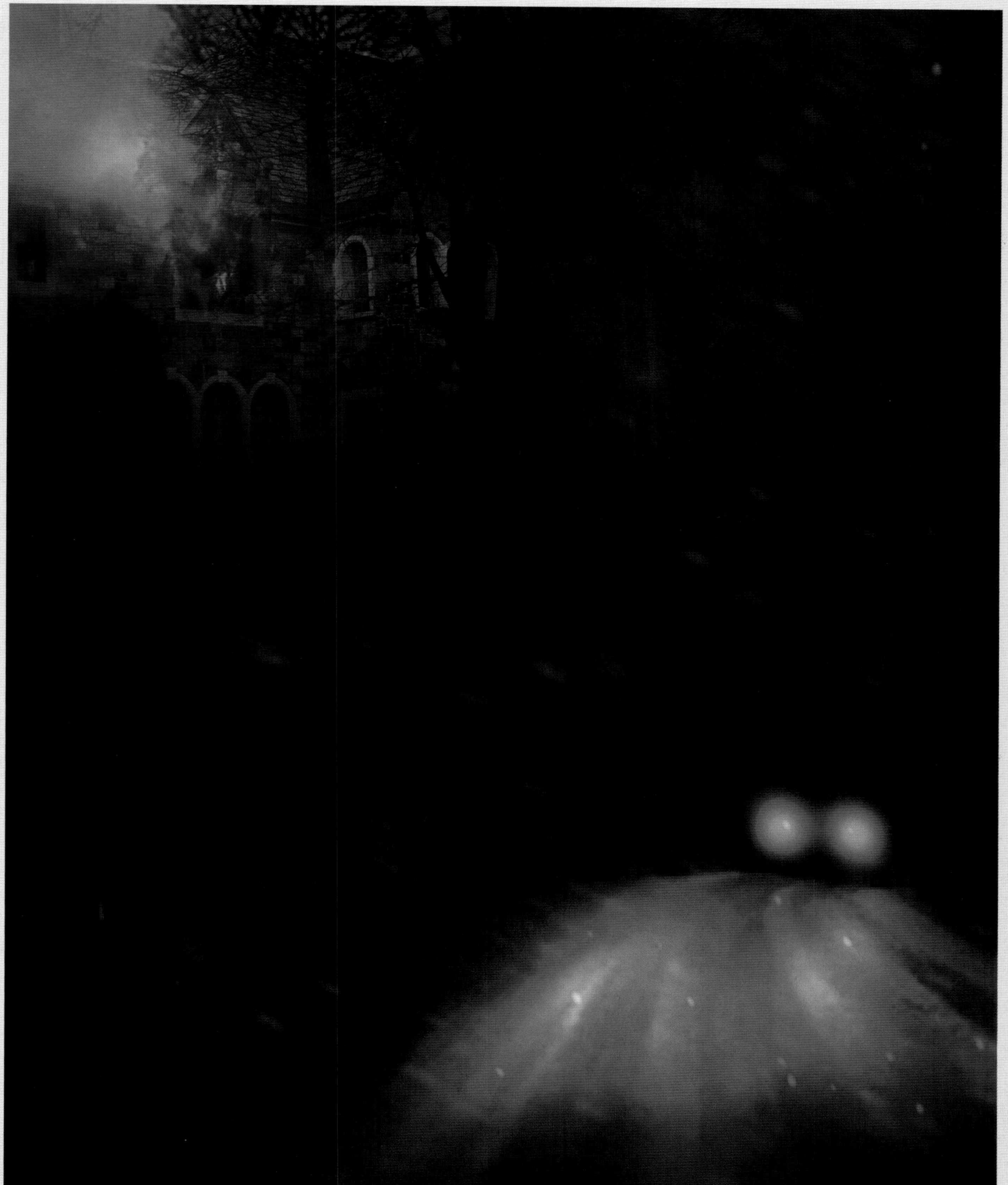

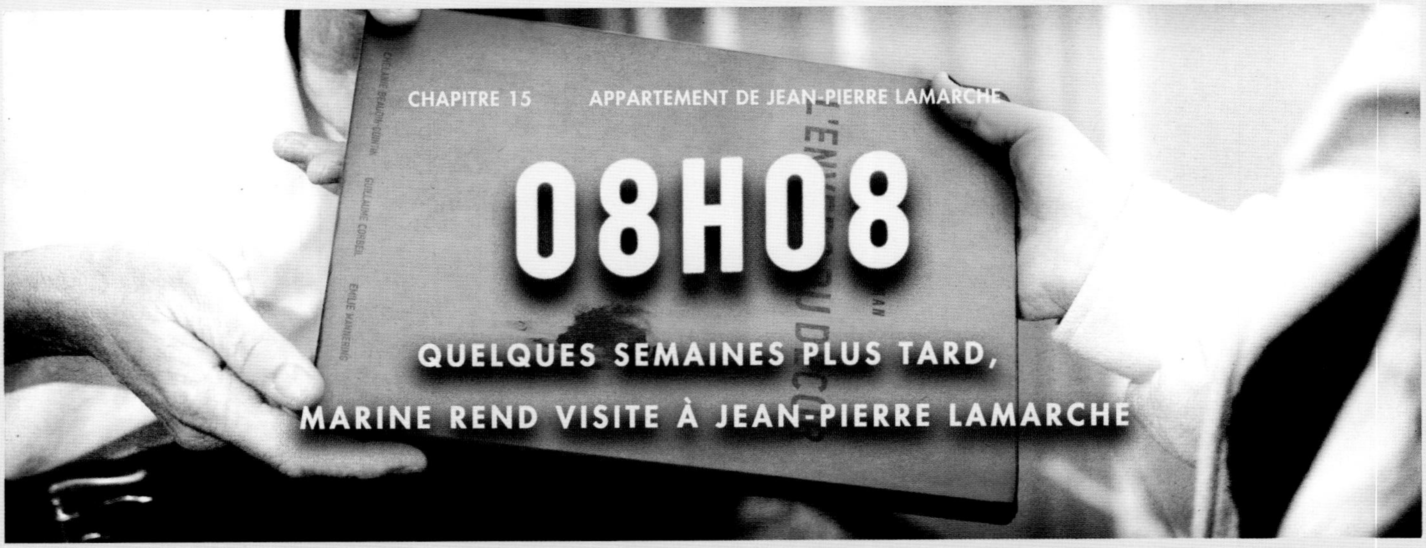
CHAPITRE 15
APPARTEMENT DE JEAN-PIERRE LAMARCHE
08H08
QUELQUES SEMAINES PLUS TARD,
MARINE REND VISITE À JEAN-PIERRE LAMARCHE

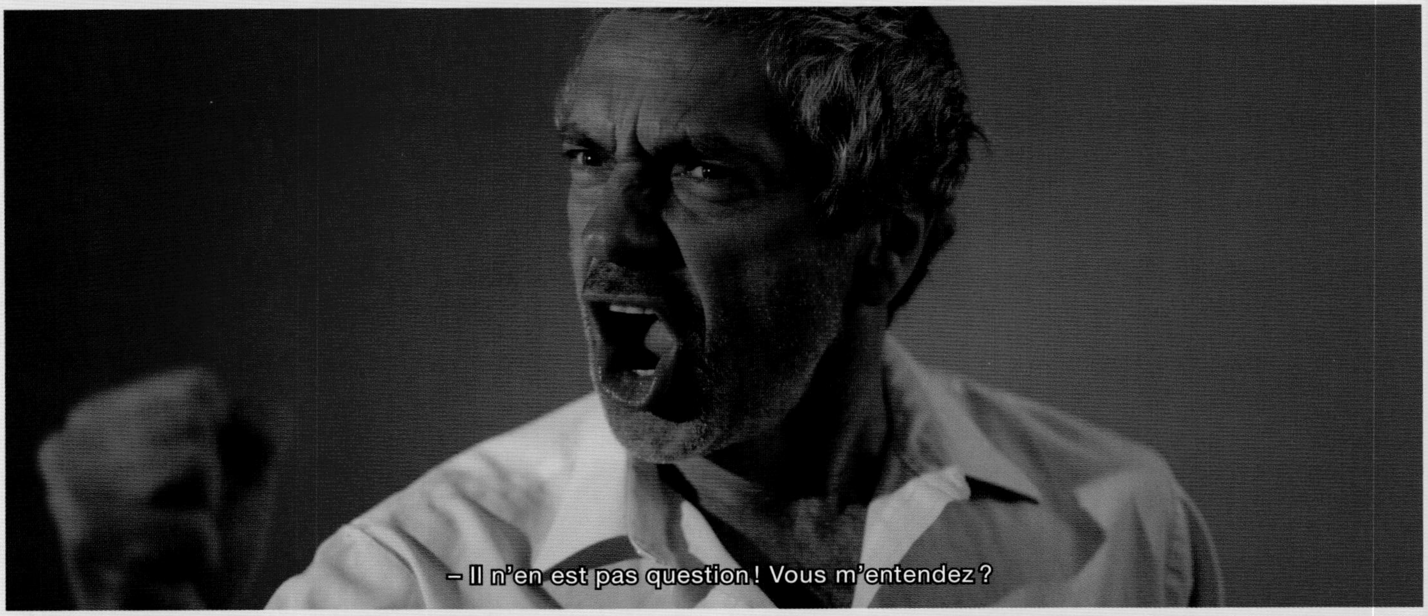
– Il n'en est pas question ! Vous m'entendez ?

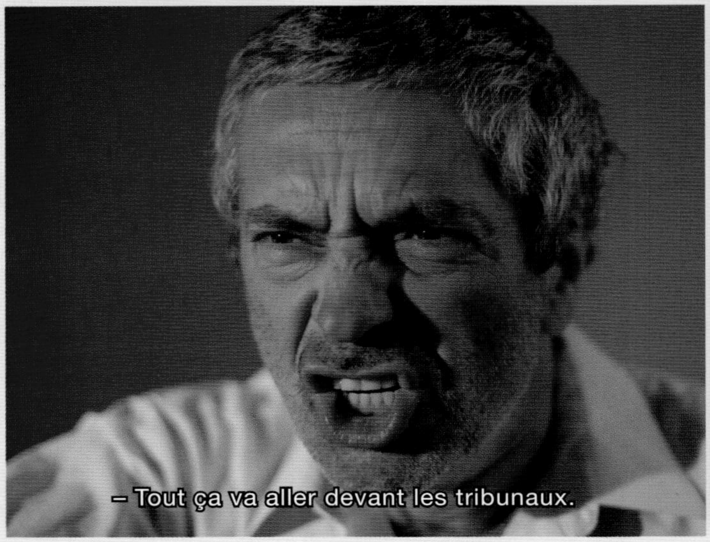
– Tout ça va aller devant les tribunaux.

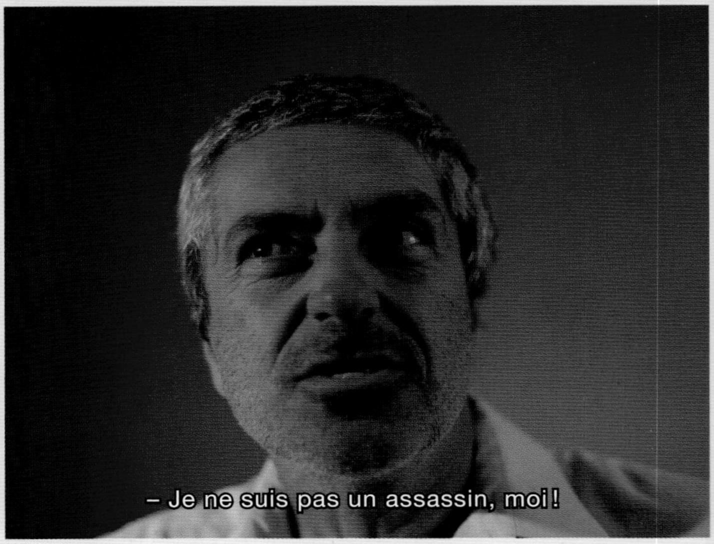
– Je ne suis pas un assassin, moi !

– Je l'aimais. C'est difficile à comprendre, ça ?
Pour elle, j'aurais été prêt à...

– Eh merde, j'aurais été prêt à quoi ?

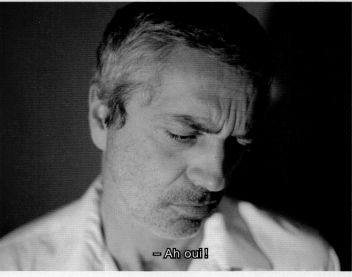

– Ah oui !

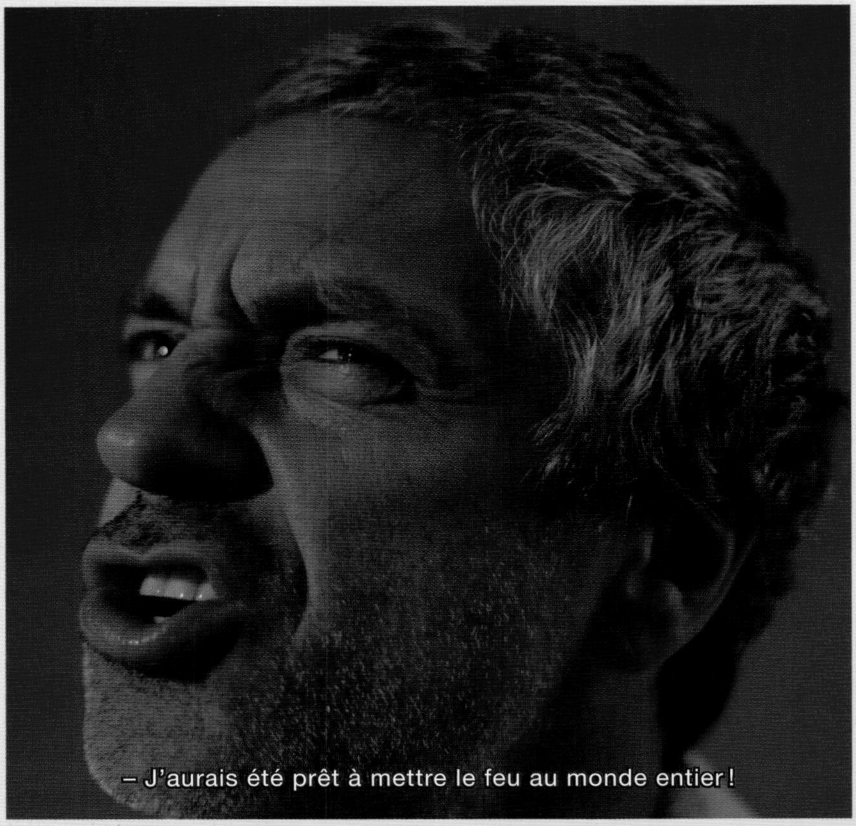
– J'aurais été prêt à mettre le feu au monde entier !

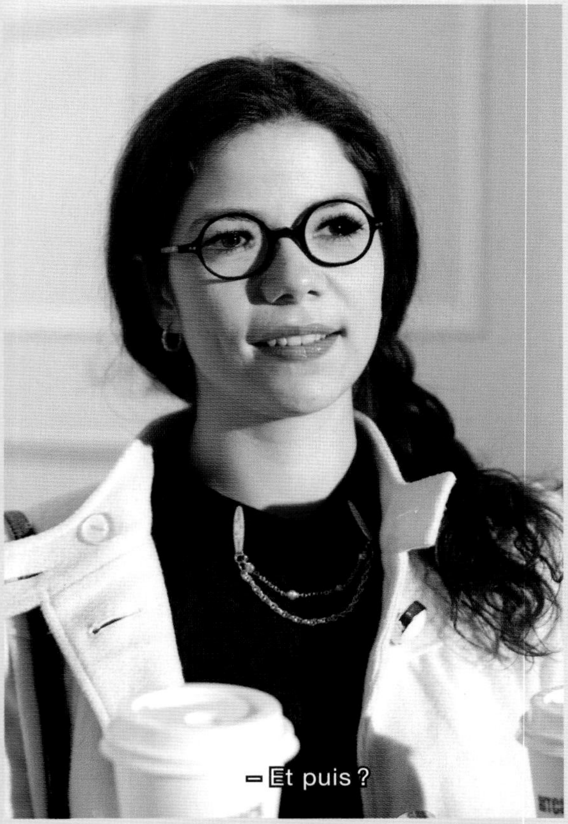
– Et puis ?

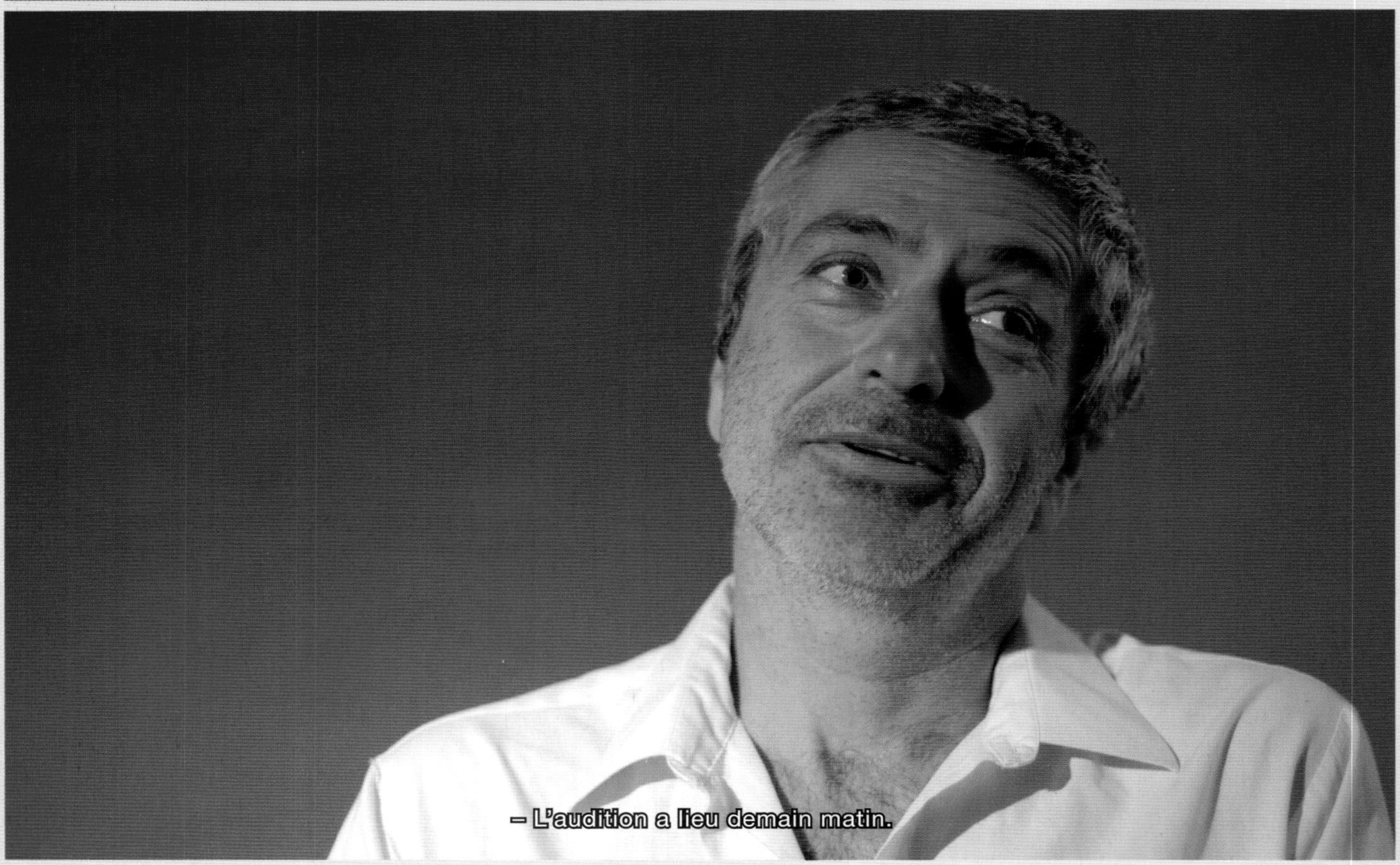
– L'audition a lieu demain matin.

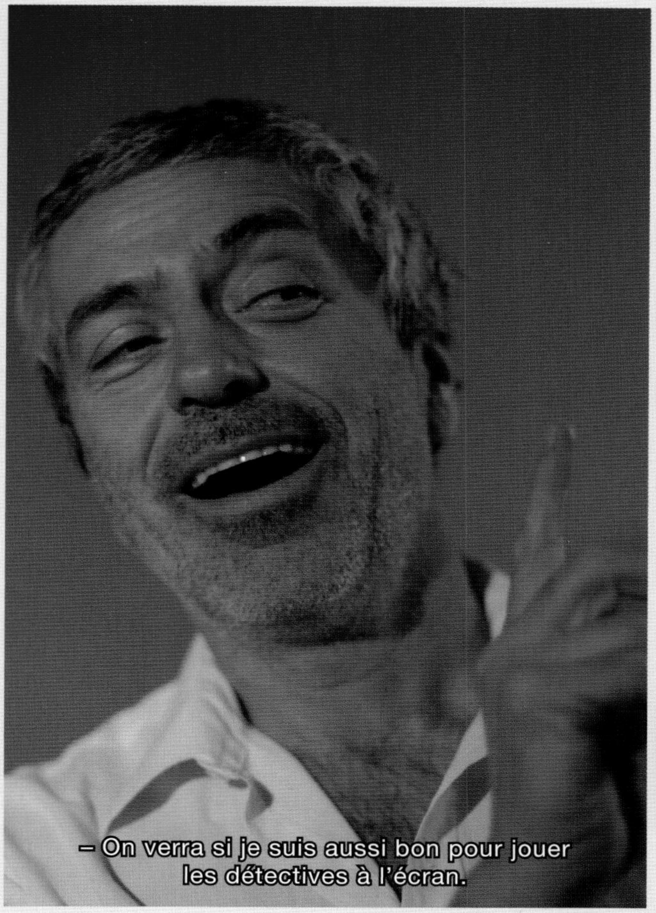
– On verra si je suis aussi bon pour jouer
les détectives à l'écran.

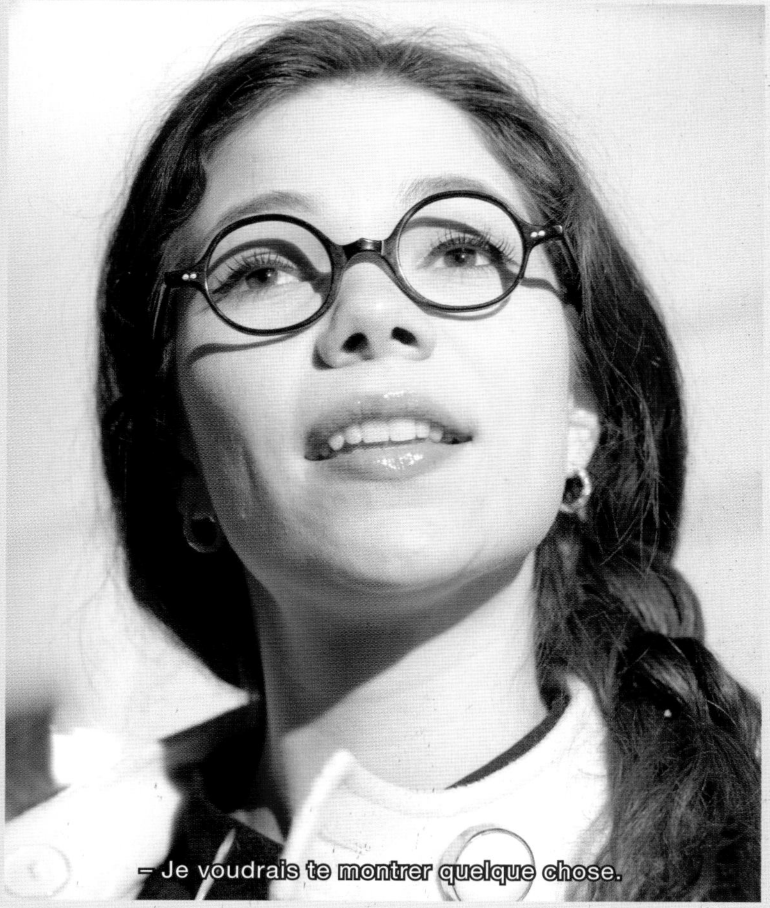
– Je voudrais te montrer quelque chose.

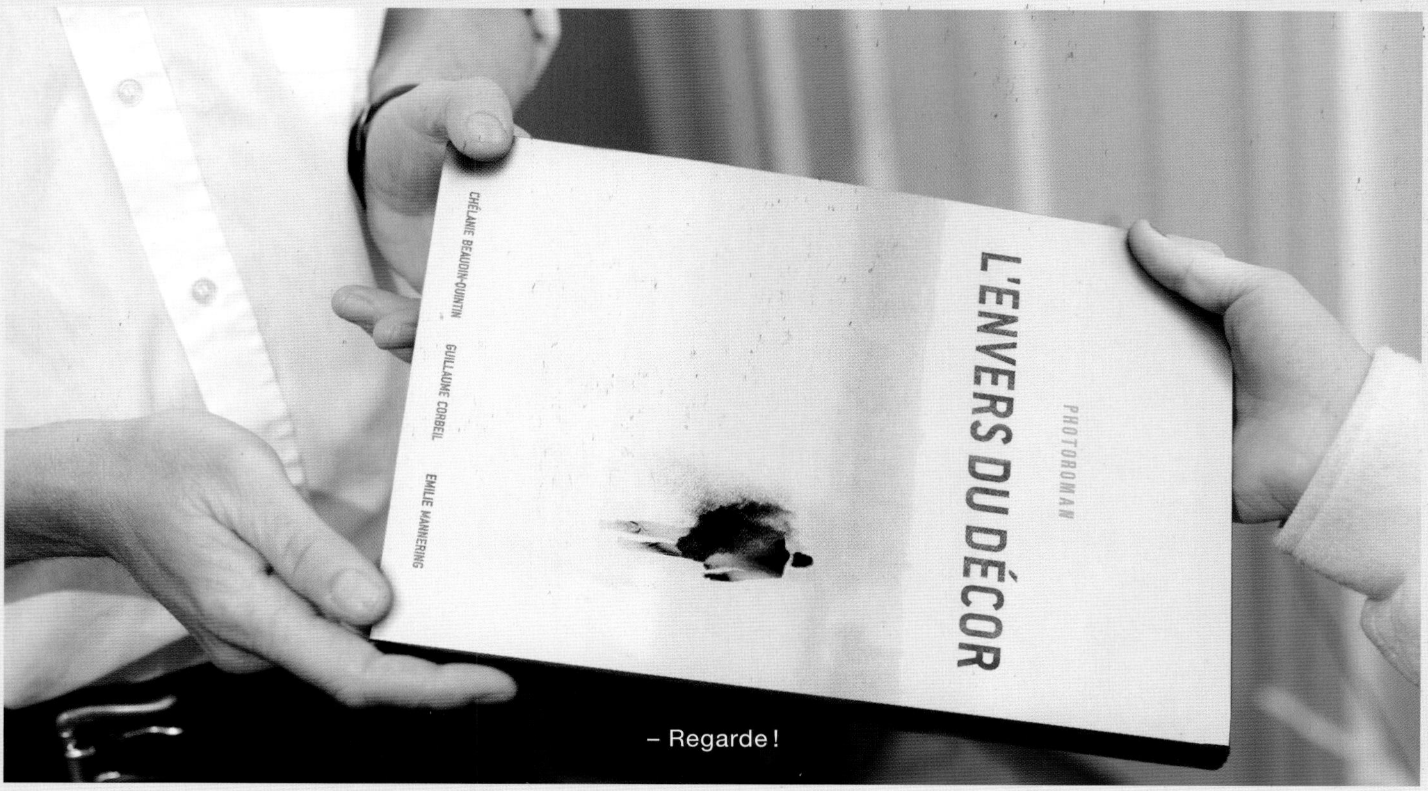
CHÉLANIE BEAUDIN-QUINTIN
GUILLAUME CORBEIL
EMILIE MANNERING
PHOTOROMAN
L'ENVERS DU DÉCOR
– Regarde !

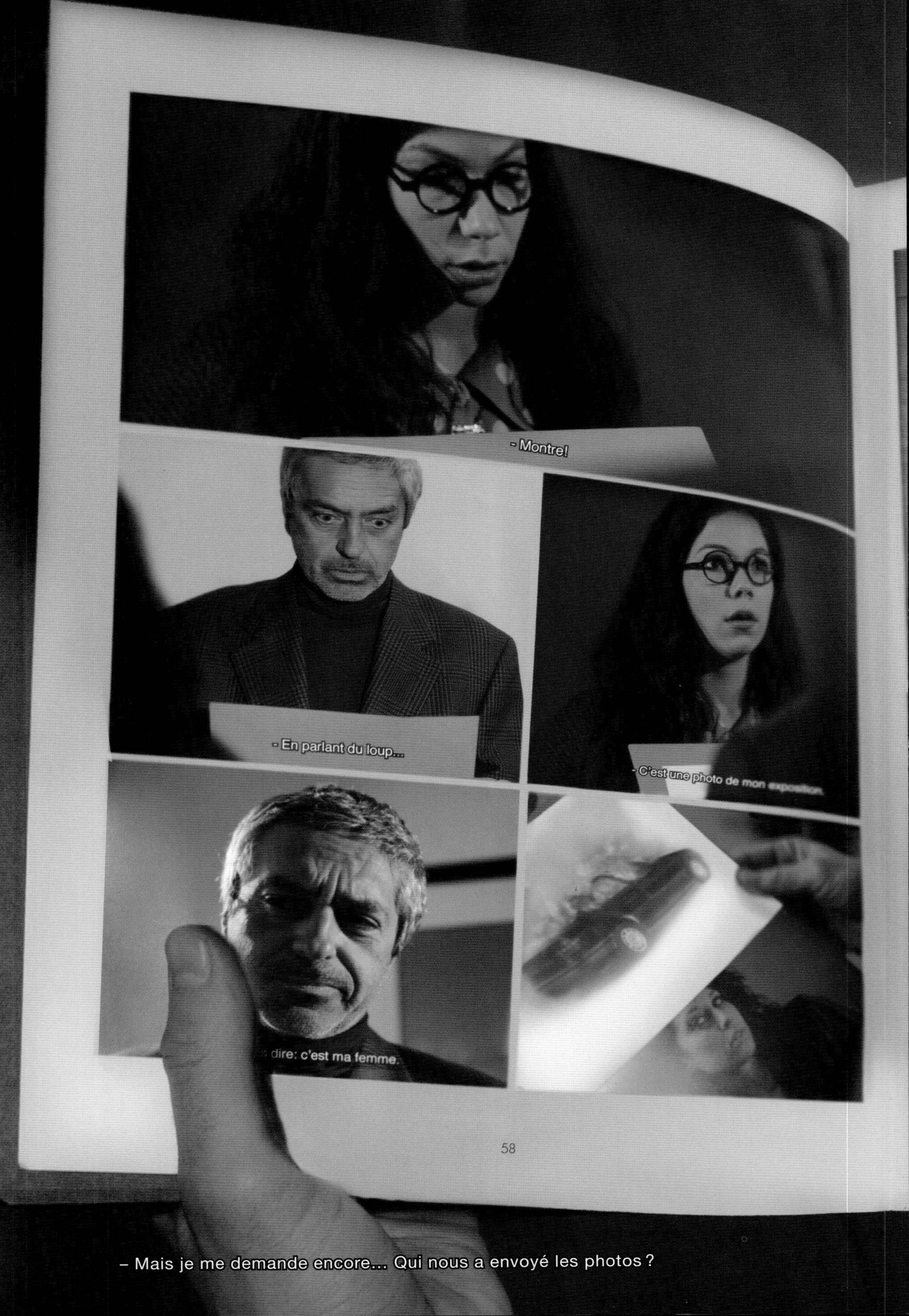
- Montre!
- En parlant du loup...
- C'est une photo de mon exposition.
dire: c'est ma femme.
58
– Mais je me demande encore... Qui nous a envoyé les photos ?

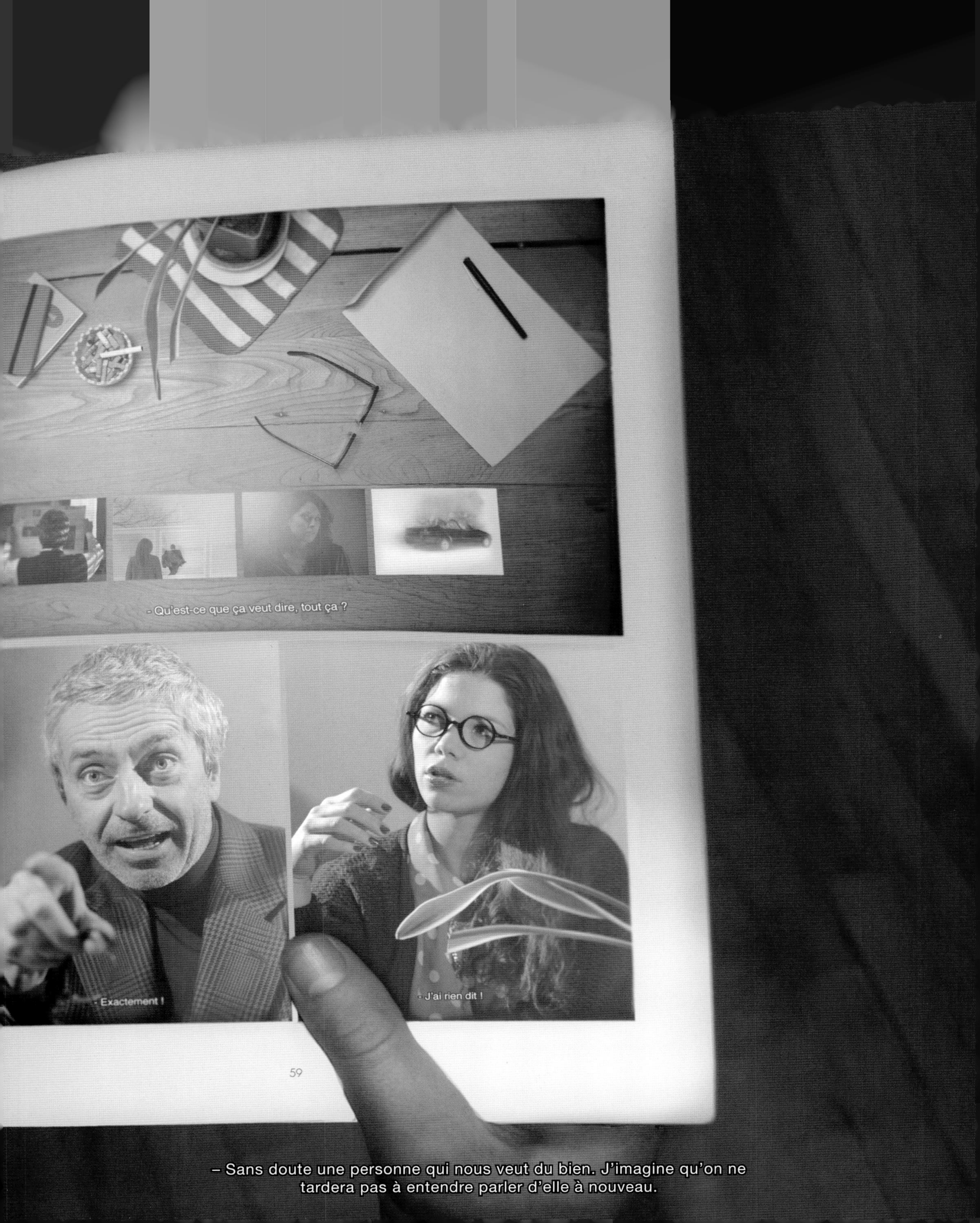
- Qu'est-ce que ça veut dire, tout ça ?
- Exactement !
- J'ai rien dit !
59
– Sans doute une personne qui nous veut du bien. J'imagine qu'on ne tardera pas à entendre parler d'elle à nouveau.

AINSI SE TERMINENT LES AVENTURES INVRAISEMBLABLES DE KURT AUSSELBERGER ET MARINE LÉVY. MAINTENANT QUE S'ARRÊTE NOTRE HISTOIRE, CHACUN PEUT RETROUVER CE QU'IL CONSIDÈRE COMME SA VRAIE VIE.

DANS LES JOURS QUI SUIVRONT, RÉJEAN TAYLOR SERA ARRÊTÉ ET UN AUTRE HOMME SERA ÉLU. CELUI-CI SERA-T-IL PLUS VRAI QUE L'AUTRE ?

DIFFICILE DE LE SAVOIR.

CE QUI EST CERTAIN, C'EST QUE NOS HÉROS SE TIENDRONT PRÊTS ET, S'IL LE FAUT, ILS UTILISERONT TOUS LES MENSONGES POSSIBLES POUR FAIRE JAILLIR LA VÉRITÉ.

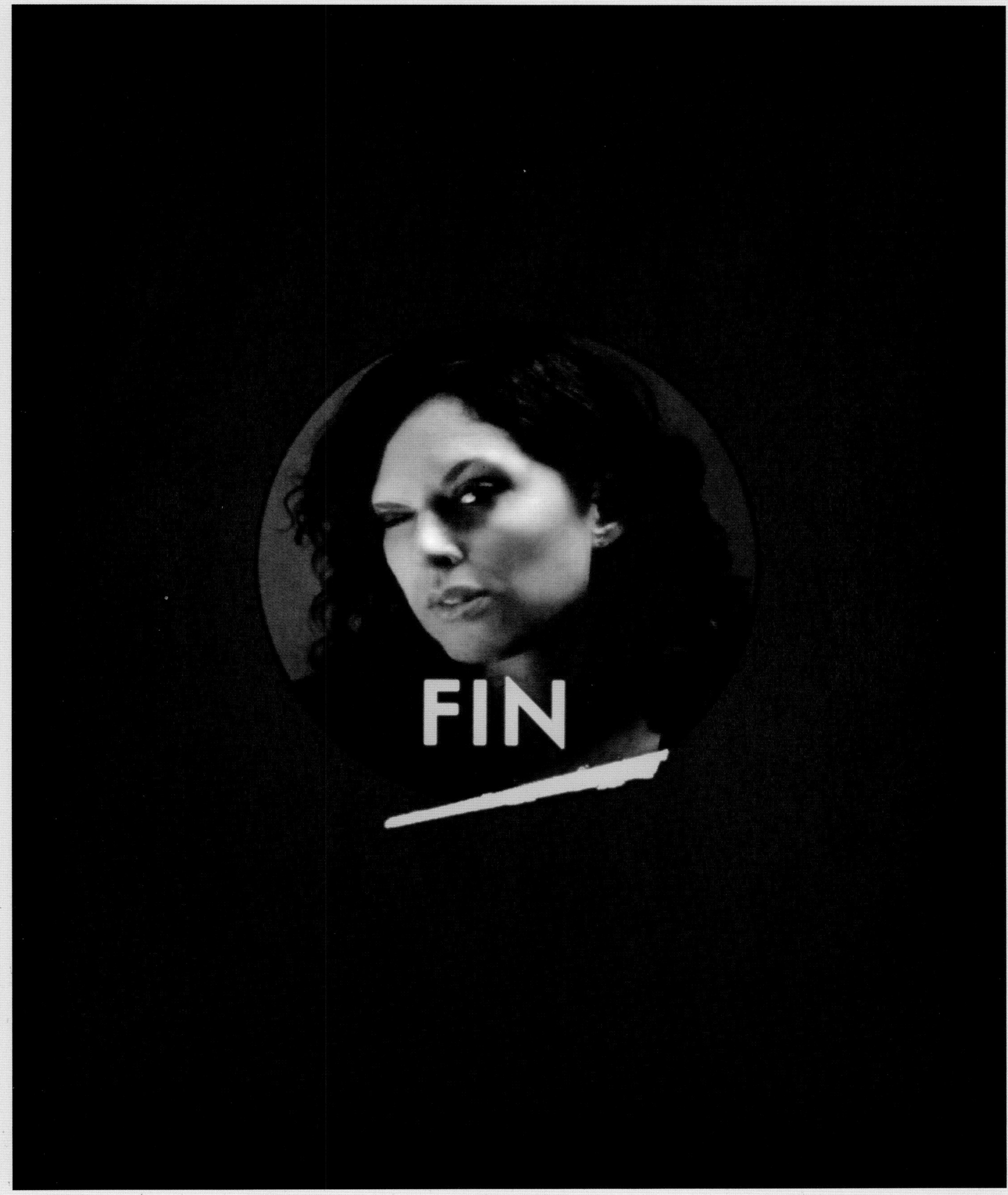
FIN

DISTRIBUTION DES RÔLES
EN ORDRE D'APPARITION

MARIFLORE VÉRONNEAU .... MARINE LÉVY

GHISLAIN TASCHEREAU .... KURT AUSSELBERGER

GUILLAUME CORBEIL .... LIVREUR D'ENVELOPPE

IANNICKO N'DOUA .... POLICIER STOÏQUE

ELOISA CERVANTES .... JEANNE BLOOMBERG

MARTIN SKOREK .... RÉJEAN TAYLOR

STEFFIE BÉLANGER .... JOURNALISTE TÉLÉ

SOUEN BONIFACE .... POLICIER

JEANNE OSTIGUY .... BANLIEUSARDE

JEAN-FRANÇOIS BLANCHARD .... PAUL MOREAU

PHILIPPE CLOUTIER .... HOMME MIROIR

TOBIE FRASER .... RÉGISSEUR

EUGÉNIE CLERMONT .... FEMME DE KURT

ADRIEN BLETTON .... FRANÇOIS CHEVALIER

ARNAUD FAURA .... PHOTOGRAPHE

NOTRE ÉQUIPE

RÉALISATION ET DIRECTION

CHÉLANIE BEAUDIN-QUINTIN
EMILIE MANNERING

SCÉNARIO

GUILLAUME CORBEIL

DIRECTION PHOTO ET ARTISTIQUE

CHÉLANIE BEAUDIN-QUINTIN
EMILIE MANNERING

MONTAGE / DESIGN GRAPHIQUE (LIVRE)

CHÉLANIE BEAUDIN-QUINTIN
EMILIE MANNERING

RETOUCHE PHOTO

MATHIEU GIRARD
YOUSSEF SHOUFAN
CHÉLANIE BEAUDIN-QUINTIN
EMILIE MANNERING

ASSISTANTE À LA PRODUCTION

GENEVIÈVE FREDETTE

COSTUMES, DÉCORS ET ACCESSOIRES

GENEVIÈVE FREDETTE
STEFFIE BÉLANGER
GABRIELLE BOSSÉ-BEAL
VÉRONIQUE LÉVESQUE-PELLETIER
CHÉLANIE BEAUDIN-QUINTIN
EMILIE MANNERING

DESIGN GRAPHIQUE (DÉCORS)

GENEVIÈVE FREDETTE
AUDREY WELLS

MAQUILLAGE

MARIÈVE PERREAULT-MOREAU
STEFFIE BÉLANGER

COIFFURE

ELIZABETH ALBERT

ÉCLAIRAGE

DOMINIC BERTHIAUME

UN ÉNORME, ÉNORME MERCI À NOTRE PETITE

MAIS EXTRAORDINAIRE ÉQUIPE!

ON VOUS AIME.

À GHISLAIN ET MARIFLORE, MERCI DE VOTRE PATIENCE.

REMERCIEMENTS

SOUEN BONIFACE

MAUD BROUGÈRE

GUILLAUME CHENAIL

GABRIEL CHÉNARD

VIATEUR CHÉNARD ET JOSÉE DE REPENTIGNY

SAMUEL GAUDREAU-LALANDE

MARTIN LACHAPELLE-BABINEAU

GEORGES LAOUN OPTICIEN

MARC-ANTOINE LAROCQUE

JEAN-FRANÇOIS LEBLANC

PHILIPPE G. LOPEZ

PATRICK LUCAS

ALESSANDRO MANGIAROTTI

AUDREY-MAUDE MCDUFF

JOCELYNE ET PIERRE MCDUFF

MOUSSA SAÏD SINARE

PIERRE VILLEPELET